양삼열의

재미있는 풍수 이야기

풍수 이론과 더불어 전국 길지 답산 록

양삼열의

재미있는 풍수 이야기

풍수 이론과 더불어 전국 길지 답산 록

양삼열

도서출판 디자인21

머리말

풍수지리는 학창 시절 정규과정에서 배운 학문이 아니기에 누구에게나 낯설고 어려운 학문이다. 그러나 2천 년이 넘도록 사라지지 않고 그 명맥을 이어오고 있다는 것은 어딘가 모르게 우리의 일상생활에 필요한 분야이기 때문이다. 본고의 내용은 필자가 수년 동안 주간지와 일간신문에 연재한 글로써, 풍수지리의 기초이론과 더불어 전국의 유명 길지와 고택, 사찰, 왕릉 그리고 유명인들의 생가 및 묘소 등에 관한 답산(踏山) 후기를 기록한 내용들이다. 일반인들도 접근하기 쉽게 풍수를 이야기식으로 풀어쓰고 간혹 재미있는 야사도 가미하였기에 흥미와 더불어 애독자들이 풍수를 이해하는 데 많은 도움이 될 것이다. 그러나 전문적 지식을 요구하는 단원에서는 흥미를 잃을 수밖에 없기에 독자들의 양해를 구하는 바이다.

풍수지리는 크게 3가지로 나눌 수 있다. 첫째가 죽은 자의 유택에 관한 음택이요, 두 번째가 산 사람들이 거주하는 양택이고 세 번째로 인간이 생활하면서 가택 내부에 좋은 기운이 흐를 수 있도록 조절해 주는 인테리어 풍수가 있다. 음택의 경우 동기감응(同氣感應)을 근본으로 하는바, 사람은 누구나 부모의 몸에서 태어났기 때문에 조상은 곧 나의 근본 뿌리이고 부모의 뼈를 땅속에 묻는 것은 나무뿌리를 땅에 심는 이치와 같다고 하였다. 좋은 땅에 심어진 나무는 충분한 영양분으로 좋은 씨앗을 맺을 것이고, 척박한 땅에 심어진 나무는 영양분이 부족해 부실한 씨앗을 맺게 된다. 이와 마찬가지로 사람도 부모의 유해를 좋은 길지에 장(葬)을 하게 되면 그 열매에 해당하는 후손들에게 좋은 기운의 영향이 미칠 것이고 흉지에 장(葬)을 하게 되면 나쁜 기운의 영향으로 각종 재화(災禍)가 따른다는 이론이다.

이것은 양택의 경우도 마찬가지다. 인간은 누구나 좋은 길지에 집을 지어 건강하고 안락한 생활을 이어 나가고 싶어 한다. 어떤 사람은 이사를 한 후 사업도 잘되고 모든 식구가 건강하고 행복한 가정이 지속되는 반면 어떤 사람은 그와 정반대되는 현상으로 정신적, 육체적, 경제적으로 어려움 속에서 허덕이는 경우를 가끔 볼 수 있다. 이러한 현상들은 대지의 위치와 주택의 좌향, 대문의 위치 그리고 내부 공간의 배치에 따라 그곳에서 생활하는 사람들의 화복(禍福)이 달라진다는 것이다. 사람이 좋은 집에 산다는 것은 어린아이가 인자한 어머니의 품속에 안겨있는 것과 같이 편안한 느낌이 들어야 한다. 공중에 날아다니는 새들도 휴식을 취할 때는 나무가지를 가려 앉거늘 만물의 영장인 사람이 어찌 아무 곳에나 보금자리를 정할 수 있겠는가.

집이란 우리가 건강한 생활을 유지하고 휴식과 안정을 취해 내일을 위한 활력소를 재충전하는 기본 공간이다. 집이 건강하고 생기가 넘쳐야 그 속에 사는 사람들 역시 건강하고 활기차게 생활해 나갈 수 있다. 인테리어 풍수는 집안의 공간 배치에서부터 집 내부 공간의 어느 위치에 어떤 물건들이 배치되어야 하고 허결한 곳은 어떤 물건으로 비보(裨補)를 해야 복가(福家)가 될 수 있는지를 다루는 학문이다. 가구나 전자제품, 화분과 각종 소품까지도 적소에 배치하여 집안 내부에 좋은 기운이 흐를 수 있도록 조절해 주는 것이 바로 인테리어 풍수다. 인테리어 풍수야말로 가랑비에 옷 젖듯 서서히 인간에게 그 영향을 미칠 수 있기에 주변 전문가의 조언이나 서적 몇 권의 탐독만으로도 집안의 기운을 잘 다스릴 수가 있어 누구나 복가에서 생활해 나갈 수 있다.

이렇듯 풍수는 다양한 분야에서 인간 생활과 밀접한 관계가 있지만 현시대를 살아가고 있는 많은 사람들은 풍수 사상을 지극히 이기적인 상술이나 미신 정도로 취급해버리기도 한다. 우리는 일상생활에서 좋은 운명을 타고난 사람에게 스스로 복이 찾아드는 경우와 아무리 노력해도 불행한 일들만 연속되는 경우를 가끔 목격할 수 있다. 이것은 세상만사 모든 이치가 원인 없는 결과가 없듯 풍수가에선 이러한 사안들에 대해 그 가문의 풍수적 입지를 살펴보고 원인을 찾아내기도 한다. 누구나 일상생활에서 가난과 질병 그리고 고통과 불미스러운 재앙이 연속되어 진다면 그 가문의 길흉화복(吉凶禍福)을 풍수적으로 접근하여 원인을 찾아보는 것도 중요한 해결책 중 한 방법이 될 것이다.

현대의 지리학에서는 땅을 단순한 광물질로만 취급하여 그냥 인간의 생활 터전이고 사람이 살아가는데 필요한 재화 생산의 장 정도로만 간주한다. 그러나 풍수지리는 땅(흙)속에 무한한 생명 에너지(地氣)가 있어 만물을 키워내는 활력이 있다고 보고 이 활력의 후박(厚薄) 정도가 인간의 길흉화복에 절대적인 영향을 미친다고 생각한다. 좋은 땅에 심어진 나무가 무성하게 잘 자라 좋은 열매를 맺듯이 인간 역시 좋은 땅에 집을 짓거나 묘소를 쓰게 되면 그곳의 좋은 기운으로 건강과 행복을 만끽할 수 있다는 것이다.

풍수지리는 땅의 길흉을 살피는 학문이다. 시중에는 자칭 도사라 하여 땅속을 훤히 꿰뚫어 볼 수 있는 것처럼 떠들어대는 사람이 간혹 있다. 이러한 것을 어디까지 믿어야 할지는 모르겠으나 학문적으로는 전혀 근거가 없다. 인간이 제아무리 도통한 경지에 오른다 할지라도 땅속을 꿰뚫어 보는 제주는 없는 법, 이러한 현상들이야말로 풍수의 불신임을 키우고 나아가 학문의 발전에도 큰 장애가 되고 있다. 풍수학은 주관적이라 같은 장소에서도 개인의 견해에 따라 약간의 차이는 있을 수 있다. 그러나 큰 틀에서 보아 이론을 제대로 적용하면 누가 보아도 거의 같은 결과가 도출된다. 이 책을 접하는 모든 독자분들께서는 자칭 도사들의 허언에 현혹되지 말고 부디 명사(明師)를 만나 일을 그르치지 않기를 바란다.

빗나간 풍수 사상이 한때는 우리 사회를 혼란스럽게도 하였으나 진정한 풍수 사상을 통해 유교적 교훈인 효(孝)의 의미를 한 번 더 가슴속에 되새겨 선량한 사회가 이 땅에 뿌리 내려지기를 바란다. 서구화의 영향으로 이기적 개인주의가 팽배한 현시대에 효(孝)의 사상은 점점 더 희박해지고 이웃 간의 정(情)마저 멀어진 지 오래다. 이러한 모든 현상들은 우리의 전통문화인 유교 사상을 멀리하는 데서부터 시작된다. 아무리 과학이 발달 된 첨단의 세상이지만 그 바탕에는 어른을 공경하고 베풂과 양보를 미덕으로 삼는 사회가 형성되어야 국민 모두가 안정된 사회 속에서 건강한 생활을 영위해 나갈 수 있으리라 생각한다.

차례

001. 풍수란 무엇인가 — 15
002. 풍수와 적덕積德 · 적선積善 — 16
003. 올바른 풍수 사상 — 17
004. 풍수지리의 역사 ㊤ — 18
005. 풍수지리의 역사 ㊥ — 19
006. 풍수지리의 역사 ㊦ — 20
007. 풍수 경전 『靑烏經』과 『錦囊經』 — 21
008. 반월성의 풍수 입지와 석탈해 — 22
009. 풍수지리의 비조 도선국사 — 23
010. 고려와 조선시대의 풍수 지사 — 24
011. 조선의 개국과 무학대사 — 25
012. 태조 이성계의 왕사王師 무학대사 — 26
013. 유불선을 회통한 탄허 스님 — 27
014. 탄허 스님의 예언 — 28
015. 동기감응론 ㊤ — 29
016. 동기감응론 ㊦ — 30
017. 생기 가득한 명당이란? — 31
018. 시신이 안장安葬되기에 좋은 땅 — 32
019. 풍수와 생기 — 33
020. 풍수의 목적 — 34
021. 대한민국은 세계 최고의 명당 — 35
022. 꿩은 땅의 기운을 감지한다 — 36
023. 풍수에서의 바람 — 37
024. 음풍과 양풍 — 38
025. 풍수와 음양오행 — 39
026. 12지지地支와 열두 동물(띠) — 40
027. 12지지地支와 우리나라 시간 — 41
028. 하도河圖와 낙서洛書 — 42
029. 선천과 후천 그리고 주역 팔괘 — 43
030. 오행의 종류와 풍수에서의 사용 — 44
031. 한양도성의 사대문과 음양오행 — 45
032. 천기天氣와 지기地氣 — 46
033. 묘소 주위의 석물石物 — 47
034 수의壽衣에 대하여 — 48
035. 매장과 화장문화에 대해서 — 49
036. 죽음과 4代 봉제사奉祭祀 — 50
037. 적덕積德과 원한怨恨 — 51
038. 조선의 왕릉王陵 — 52
039. 태조의 건원릉健元陵 — 53
040. 태종의 헌릉獻陵 — 54
041. 세종대왕의 영릉英陵 ㊤ — 55
042. 세종대왕의 영릉英陵 ㊦ — 56
043. 세종대왕 왕자태실 — 57
044. 단종의 장릉莊陵 — 58
045. 세조의 광릉光陵 — 59
046. 사도세자의 융릉隆陵 — 60
047. 고종과 순종의 홍·유릉洪·裕陵 — 61
048. 세조(수양대군)와 목효지 — 62
049. 신라의 마지막 경순왕릉 — 63
050. 나경과 패철 — 64
051. 나경 1층의 용상팔살龍上八殺 — 65
052. 나경 2층의 사로팔로四路八路 황천살黃泉殺 66
053. 나경 3층의 삼합오행과 쌍산오행 — 67
054. 나경 4층의 지반정침 — 68
055. 나경 5층의 천산 72룡 — 69
056. 나경 6층의 인반중침 — 70
057. 나경 7층의 투지 60룡 — 71
058. 나경 8층의 천반봉침 — 72
059. 패철 9층의 분금 법 — 73
060. 풍수에서의 용龍이란? — 74
061. 요도지각橈棹支脚 — 75
062. 생왕룡生旺龍과 사절용死絶龍 — 76
063. 5길룡吉龍과 7흉룡凶龍 — 77
064. 배합절配合節과 불 배합절 ㊤ — 78
065. 배합절配合節과 불 배합절 ㊦ — 79
066. 용맥의 마지막 입수처入首處 — 80

067. 지구의 태조 곤륜산崑崙山 — 81
068. 우리나라의 태조산 백두산과 천지 — 82
069. 제왕지지帝王之地 — 83
070. 남연군의 묘 ㊤ — 84
071. 남연군의 묘 ㊦ — 85
072. 흥선대원군의 묘 — 86
073. 전계대원군의 묘 — 87
074. 의안대군 이방석李芳碩의 묘 — 88
075. 회안대군 이방간李芳幹의 묘 — 89
076. 효령대군 이보李補의 묘 — 90
077. 인평대군 이요李㴭의 묘 — 91
078. 능원대군 이보李俌의 묘 — 92
079. 영창대군 이의李㼁의 묘 — 93
080. 풍수의 핵심 혈穴 — 94
081. 혈증穴證 이란? — 95
082. 혈穴의 사상四象 ㊤ — 96
083. 혈穴의 사상四象 ㊦ — 97
084. 혈穴을 찾는 요령 ㊤ — 98
085. 혈穴을 찾는 요령 ㊥ — 99
086. 혈穴을 찾는 요령 ㊦ — 100
087. 괴혈怪穴·교혈巧穴 — 101
088. 기혈지忌穴地 — 102
089. 풍수 고서에 기록된 흉지 — 103
090. 포은 정몽주의 묘소 — 104
091. 저헌 이석형의 묘소 — 105
092. 박문수 어사의 묘소 — 106
093. 방랑시인 김삿갓(김병연)의 묘 — 107
094. 여흥민씨 할머니 묘소 — 108
095. 동래정씨 정사의 묘 — 109
096. 황희정승의 조부 황균비의 묘 — 110
097. 우암 송시열의 묘 — 111
098. 구정 남재의 묘 — 112
099. 충간공 남지의 묘 — 113
100. 봉래 양사언의 묘소 — 114
101. 토정 이지함의 묘소 — 115
102. 아계 이산해의 묘 — 116
103. 사계 김장생의 묘 — 117
104. 퇴계 이황의 묘 — 118
105. 약포 정탁의 묘 — 119
106. 서애 류성룡의 묘 — 120
107. 학봉 김성일의 묘 — 121
108. 퇴제 권민수의 묘 — 122
109. 포저 조익의 묘 — 123
110. 약봉 서성의 묘 — 124
111. 경재 하연의 묘 — 125
112. 익원공 김사형의 묘 — 126
113. 광산김씨 김극뉴의 묘 — 127
114. 청주한씨 한확의 묘 — 128
115. 청송심씨 심온의 묘 — 129
116. 안동김씨 김번의 묘 — 130
117. 연안이씨 이말정의 묘 — 131
118. 청주양씨 양계원의 묘 — 132
119. 안동권씨 권근, 권제, 권람의 3代 묘 — 133
120. 김인백의 처 안동권씨 묘 — 134
121. 한확 부인 남양홍씨의 묘 — 135
122. 심온의 처 순흥안씨의 묘 — 136
123. 정경부인 밀산박씨의 묘 — 137
124. 소프트뱅크 손정의 회장의 선대 묘소 — 138
125 롯데그룹 신격호 회장의 부모 묘소 — 139
126. 한컴그룹 김상철 회장의 신후지지身後之地 — 140
127. 풍수에서 사세론砂勢論이란? — 141
128. 현무정玄武頂의 조건 — 142
129. 안산案山과 조산朝山의 조건 — 143
130. 청룡青龍과 백호白虎의 조건 — 144
131. 사성四星 [관官, 귀鬼, 요曜, 금禽] — 145

132. 각종 수구사水口砂 — 146
133. 산砂格의 생긴 모양과 발복 — 147
134. 산砂格의 방위에 따른 발복 — 148
135. 풍수에서의 형국론形局論 — 149
136. 김유신 장군의 묘 — 150
137. 신숭겸 장군의 묘 — 151
138. 윤관 장군의 묘 — 152
139. 김취려 장군의 묘 — 153
140. 최영 장군의 묘 — 154
141. 김종서 장군의 묘 — 155
142. 남이 장군의 묘 — 156
143. 원균 장군의 묘 — 157
144. 이순신 장군의 묘 — 158
145. 신립 장군의 묘 — 159
146. 권응수 장군의 묘 — 160
147. 김좌진 장군의 묘 — 161
148. 조선왕조의 뿌리 삼척 이준경의 묘 — 162
149. 남사고의 구천십장九遷十葬 — 163
150. 남사고의 신후지지(南氏 다리 尹氏 다리) — 164
151. 풍수에서 수세론水勢論이란? — 165
152. 풍수에서 물은 곧 재물財物이다 — 166
153. 우리나라 도읍지의 수세水勢 — 167
154. 물의 종류와 길흉 — 168
155. 혈穴 앞에 있는 저수지 — 169
156. 물의 득수得水 — 170
157. 물의 취수聚水와 거수去水 — 171
158. 자연황천自然黃泉 — 172
159. 배토장培土葬의 발복 사례 — 173
160. 음택의 발복 사례 — 174
161. 금시발복今時發福 풍수 설화 — 175
162. 나학천과 윤행임의 팔도인물론 — 176
163. 이중환의 팔도 인심론 — 177
164. 십승지十勝地 이야기 — 178
165. 경주 여근곡女根谷 — 179
166. 좌향론坐向論 이란? — 180
167. 좌향坐向을 정하는 방법 — 181
168. 12포태법胞胎法 — 182
169. 팔십팔향법八十八向法이란? — 183
170. 팔십팔향법八十八向法의 운용 방법 — 184
171. 정생향正生向과 자생향自生向 — 185
172. 정왕향正旺向과 자왕향自旺向 — 186
173. 정양향正養向과 정묘향正墓向 — 187
174. 절향절류絶向絶流와 태향태류胎向胎流 — 188
175. 8代 황천黃泉 — 189
176. 이율곡과 시묘侍墓살이 — 190
177. 갈처사葛處士와 숙종 대왕의 명릉明陵 — 191
178. 파평윤씨의 미이라 — 192
179. 생거진천生居鎭川 사거용인死居龍仁 — 193
180. 채신보 묘의 호환虎患 이야기 — 194
181. 조선에 귀화한 풍수 참모 두사충 — 195
182. 풍수비보風水裨補 — 196
183. 수맥파水脈波 — 197
184. 도시혈逃屍穴 — 198
185. 장사葬事와 재혈법裁穴法 — 199
186. 장사葬事와 천광법穿壙法 ㊤ — 200
187. 장사葬事와 천광법穿壙法 ㊦ — 201
188. 장사葬事와 봉분 만드는 법 — 202
189. 묘소 이장移葬 ㊤ — 203
190. 묘소 이장移葬 ㊦ — 204
191. 역장逆葬 묘 — 205
192. 계묘년癸卯年 새해를 맞이하며~ — 206
193. 수묘修墓와 이장移葬 — 207
194. 장사葬事와 택일擇日 — 208
195. 회두극좌回頭剋坐 — 209
196. 창녕성씨 시조 성인보成仁輔의 묘 — 210

197. 강릉김씨 시조 김주원金周元의 묘 211
198. 광주이씨 시조 이당李唐의 묘 212
199. 대구서씨 시조 서한徐閈의 묘 213
200. 전의이씨 시조 이도李棹의 묘 214
201. 반남박씨 시조 박응주朴應珠의 묘 215
202. 고령신씨 시조 신성용申成用의 묘 216
203. 기계유씨 시조 유삼재兪三宰의 묘 217
204. 파평윤씨 시조 윤신달尹莘達의 묘 218
205. 영산(영월)신씨 태사 신몽삼辛夢森의 묘 219
206. 청송심씨의 시조 심홍부沈洪孚의 묘 220
207. 의흥(부계)예씨 시조 예낙전芮樂全 묘 221
208. 곡강(흥해) 최씨 시조 최호崔湖의 묘 222
209. 동래정씨 시조 정문도鄭文道의 묘 223
210. 풍양조씨 시조 조맹趙孟의 묘 224
211. 한산이씨 시조 이윤경李允卿 묘의 설화 225
212. 이천서씨 중시조 서신일徐神逸의 묘 226
213. 성주이씨 중시조 이장경李長庚의 묘소 227
214. 청주한씨 중시조 한란韓蘭의 묘 228
215. 양택풍수란? 229
216. 음택과 양택풍수 230
217. 이중환의 『택리지』 231
218. 홍만선의 『산림경제』와 서유구의 『임원경제지』 232
219. 양택의 3요결三要訣 233
220. 택지의 조건으로 길한 땅 234
221. 택지의 조건으로 흉한 땅 ㊤ 235
222. 택지의 조건으로 흉한 땅 ㊦ 236
223. 주택의 남향과 북향에 대하여 237
224. 추사(김정희) 고택과 묘소 238
225. 다산(정약용) 생가와 묘소 239
226. 윤보선 전 대통령의 생가와 묘소 240
227. 대구시 달성군 묘골마을의 풍수 입지 241
228. 대구시 동구 옻골마을의 풍수 입지 242
229. 대구 남평문씨 세거지 인흥마을 243
230. 외손 발복지 봉화군 황전마을 244
231. 주택 가상家相론 245
232. 대지의 모양에 따른 길흉 246
233. 수세와 도로 및 각종 흉살 247
234. 건물의 좌향坐向 248
235. 건물의 형태와 공간 배치 ㊤ 249
236. 건물의 형태와 공간 배치 ㊦ 250
237. 건물 위 지붕 251
238. 건물의 창문 252
239. 대문(현관)의 모양과 위치 253
240. 건물 주변의 담장 254
241. 집안의 마당 255
242. 집안의 정원수 256
243. 건물 내부의 계단과 집안의 우물 257
244. 택지와 도로 258
245. 경주 양동마을 259
246. 성주 한개마을 260
247. 칠곡 매원마을 261
248. 안동 하회마을 262
249. 임하 내앞마을 263
250. 의성 사촌마을 264
251. 영주 무섬마을 265
252. 예천 회룡포마을 266
253. 예천 금당실마을 267
254. 봉화 닭실마을 268
255. 고성 왕곡마을 269
256. 낙안 읍성마을 270
257. 아산 외암마을 271
258. 제주 성읍마을 272
259. 여수시 소라면 중촌마을 273
260. 춘천시 서면 박사마을 274
261. 진주시 지수면 승산 부자마을 275

262. 삼성 이병철 회장의 생가 ㊤ 276
263. 삼성 이병철 회장의 생가 ㊦ 277
264. 인촌 김성수의 생가 278
265. 하서 김인후의 생가 279
266. 가인 김병로의 생가 280
267. 화서 이항로의 생가 281
268. 사명대사의 생가 282
269. 곽재우 장군의 생가 283
270. 명성황후의 생가 284
271. 윤봉길 의사 생가 285
272. 육영수 여사 생가 286
273. 울산 학성이씨 근재공 고택 287
274. 고불 맹사성의 고택 288
275. 정무공 오정방 고택 289
276. 강릉 모학당 고택 290
277. 영광 매간당 고택 291
278. 논산 명재고택 292
279. 정온(동계) 종택 293
280. 보은 선병국 가옥 294
281. 강릉 선교장 295
282. 구례 운조루 296
283. 밀양 영남루 297
284. 부산 범어사 298
285. 밀양 표충사 299
286. 양산 통도사 300
287. 합천 해인사 301
288. 순천 송광사 302
289. 구례 화엄사 303
290. 경주 불국사 304
291. 대구 동화사 305
292. 예산 수덕사 306
293. 안동 봉정사 307
294. 영주 부석사 308
295. 여주 신륵사 309
296. 사천 신해사 310
297. 운주사 천불천탑 311
298. 비보사찰 호압사 312
299. 청송 심부자와 송소고택 313
300. 청송의 만석꾼 심부자 314
301. 경주 최부자 가문의 내력과 풍수 입지 315
302. 최부자 가문의 부의 형성 316
303. 경주 최부자 가문의 초기 정착지 (이조리 마을 ㊤) 317
304. 경주 최부자 가문의 초기 정착지 (이조리 마을 ㊦) 318
305. 경주시 교동으로의 이주와 정착 319
306. 교동 고택의 풍수 입지 320
307. 교동 고택의 내룡맥과 혈장 321
308. 교동 고택의 안산과 조산 322
309. 교동 고택의 수세와 좌향 323
310. 교동 고택의 가상 분석 ㊤ 324
311. 교동 고택의 가상 분석 ㊦ 325
312. 경주 최부자의 선대 묘소 326
313. 1대 최진립, 2대 최동량의 묘소 327
314. 3대 최국선의 묘소 328
315. 경주 최부자 가문의 풍수 입지 종합고찰 329
316. 경주 최부자의 가계도와 마지막 부자 최준 330
317. 대통령집무실의 풍수 논란 ㊤ 331
318. 대통령집무실의 풍수 논란 ㊦ 332
319. 박근혜 대통령 사저私邸 풍수 입지 333
320. 문재인 대통령 사저私邸 풍수 입지 334
321. 양택삼요陽宅三要와 동·서사택 이론 ㊤ 335
322. 양택삼요陽宅三要와 동·서사택 이론 ㊦ 336
323. 내 집을 짓고자 할 때 337

324. 성조운成造運과 이사移徙길일 — 338
325. 전원주택지의 조건 — 339
326. 집 내부의 공간 배치 — 340
327. 구성법九星法 — 341
328. 공동주택(아파트) ㊤ — 342
329. 공동주택(아파트) ㊦ — 343
330. 좋은 아파트 선택 법 — 344
331. 인테리어 생활 풍수 ㊤ — 345
332. 인테리어 생활 풍수 ㊦ — 346
333. 현관 인테리어 풍수 ㊤ — 347
334. 현관 인테리어 풍수 ㊦ — 348
335. 거실 인테리어 풍수 ㊤ — 349
336. 거실 인테리어 풍수 ㊥ — 350
337. 거실 인테리어 풍수 ㊦ — 351
338. 안방 인테리어 풍수 ㊤ — 352
339. 안방 인테리어 풍수 ㊥ — 353
340. 안방 인테리어 풍수 ㊦ — 354
341. 부엌의 인테리어 풍수 ㊤ — 355
342. 부엌의 인테리어 풍수 ㊦ — 356
343. 욕실의 인테리어 풍수 ㊤ — 357
344. 욕실의 인테리어 풍수 ㊦ — 358
345. 아이 방의 인테리어 풍수 ㊤ — 359
346. 아이 방의 인테리어 풍수 ㊦ — 360
347. 인테리어 풍수의 지혜 — 361
348. 사무실 인테리어 풍수 — 362
349. 상가와 식당의 풍수적 조건 — 363
350. 상가 점포·식당의 인테리어 풍수 — 364
351. 집안의 각종 장식품과 액자 — 365
352. 집안의 꽃과 화분 — 366
353. 색깔과 방위 — 367
354. 본인의 사주四柱와 색깔 — 368
355. 이귀문裏鬼門 방위 — 369
356. 기운氣運이란? — 370
357. 현공풍수 이론 ㊤ — 371
358. 현공풍수 이론 ㊦ — 372
359. 풍수 연재를 마치면서... — 373
참고문헌 — 374
★ 선비정신으로 충만한 조선의 8대 명당 — 376

001. 풍수란 무엇인가

풍수란 바람과 물을 뜻하는 한자어에서 유래된 용어로 우리가 얹혀살고 있는 땅은 대부분이 바람과 물에 의해서 그 모양이 만들어지고 지질의 변화도 생긴다. 그러므로 풍수란 곧 바람과 물에 의해서 만들어진 장소마다의 지형과 그곳의 여러 가지 자연환경 요소들이 사람들에게 미치는 영향을 탐구하는 학문이다. 인간은 누구나 자연을 떠나 살아갈 수 없는 만큼 자연 속의 여러 가지 기운들을 이해하기 위해 꾸준히 노력해 왔고 이러한 노력들은 앞으로 우리 후손들의 세대에도 계속 이어질 것이다. 우주공간에는 바람과 물 이외에도 햇볕과 땅(흙)속의 생명 에너지(地氣) 등 수 많은 기운들이 존재한다. 이러한 기운들을 효율적으로 잘 이용함으로써 인간 생활에 득(得)이 될 수 있도록 조절하는 행위 즉 취길피흉(取吉避凶)하는 것이 곧 풍수 비결이다.

풍수의 최종 목적은 생기 가득한 장소를 찾아내는 것이다. 그러나 이러한 생기는 눈에도 보이지 않고 형체도 없으며 오직 직감으로만 느껴볼 수 있기 때문에 찾아내기란 쉽지가 않다. 이러한 생기에 대해 일반적인 단어를 설명하는 국어사전에서는 그냥 힘찬 기운 혹은 생명체들이 살아가는 데 필요한 힘 정도로만 설명하고 있고, 한영사전에서도 에너지(Energy)로만 표기해 놓았을 뿐 어떤 구체적인 설명이 없다. 그렇지만 풍수 경전인 『葬書』에서는 생기의 성격에 대해 다음과 같이 설명하고 있다. “기승풍즉산 계수즉지(氣乘風則散 界水則止)”라 하여 생기는 바람을 타면 흩어지고 물을 만나면 곧 멈춘다고 하였다. 즉 공간에 있는 생기는 바람을 타면 흩어지고, 땅속으로 흐르는 지기는 물을 만나면 그 행로를 멈춘다는 것이다. 그러므로 생기 가득한 곳이란 결과적으로 바람을 타지 않게 감추어 주고 물을 얻을 수 있는 곳, 즉 ‘장풍득수지(藏風得水地)’로 정리할 수가 있다. 이러한 장풍득수(藏風得水)의 줄임말이 곧 풍수이며 이러한 조건을 갖춘 땅을 풍수에서는 명당이라고 한다. 그러므로 명당이 되려면 혈장의 주위(전후좌우)에는 적당한 높이의 산이 있어 바람을 가두어주고 땅속으로 흐르는 지기(地氣)를 멈추게 하기 위해서는 혈장 앞쪽을 감싸주는 물이 있어야 한다.

우리가 자주 사용하는 배산임수(背山臨水)란 용어도 뒤편에는 산이 있어 겨울의 차가운 북서풍을 막아주고 앞쪽으로는 물이 있어 땅속으로 흐르는 지기를 막아주어야 그 안쪽은 생기 가득한 장소가 된다는 뜻이다. 그래서 풍수학문의 대부분은 혈장에 바람을 잘 가두어 줄 전후좌우의 산 즉, 북현무, 남주작, 좌청룡, 우백호의 생긴 모양과 크기 그리고 혈장과의 거리와 높이를 살피고, 땅속을 흐르는 지기를 멈추게 하는 물 즉, 혈장 앞쪽과 주변으로 흐르는 물의 형태와 양, 방향, 속도 등에 대해 연구하는 것이 대부분이다. 이러한 풍수는 우리나라 역사 속에서 전해져 내려온 조상의 지혜가 담긴 학문으로 인간 생활에 꼭 필요한 분야이고 전통문화의 명맥을 위해서라도 계속적인 연구가 진행되어져야 한다. 의학자들은 인체에 유해한 세포들을 찾아내어 지속적으로 연구시험을 해오고 있다. 이와 같이 자연과학자들도 우리의 전통 문화학문인 풍수를 지속적으로 연구하여 인간 생활에 이바지할 수 있어야 한다.

002. 풍수와 적덕積德 · 적선積善

인간은 누구나 자연을 떠나서 살 수가 없는 만큼 가급적 길지에 집을 지어 좋은 자연환경에서 살고 싶어 하고 생을 마친 후에도 생기 가득한 명당에 보관되기를 원하고 있다. 그러나 흔히들 명당은 임자가 따로 있다고들 하듯이 이러한 좋은 땅(명당)을 차지한다는 것이 쉽지만은 않다. 풍수적 길지를 찾으려면 3대가 적선(積善)을 해야 명당 터를 얻는다거나 길혈(吉穴)이란 적덕(積德)의 공(功)이 있어야 얻어진다는 풍수 고전의 가르침과 같이 하늘에서 조건 없이 아무에게나 길지를 선물하지는 않는다. 풍수고서 『설심부』에서도 적선함이 길지를 구하는 근본이요 학문은 택지(擇地)를 할 수 있는 요결이다. 하여 제아무리 지리에 능하다 하여도 적선한 자가 선량한 마음으로 길지를 구하고자 하는 것만 못하다 하였다. 길지를 얻는 데는 천운(天運)이 필요하고 천운을 타기 위해서는 무엇보다도 조상에게 효도하는 것과 남에게 선행을 베풀어 덕을 쌓으면 자연적으로 천운이 따른다 생각했다. 그래서 우리의 선조들은 길지를 얻기 위해 선행과 적덕을 행하면서 천운을 기대하기도 하고, 또한 천기와 지기의 힘을 빌려 그 영향으로 발복을 얻어보고자 풍수지리를 이용하기도 했다. 땅은 거짓이 없고 용서도 없다. 좋은 땅에는 반드시 좋은 감응이 있고 나쁜 땅에는 나쁜 결과를 가져다준다. 진혈대지(眞穴大地)는 천장지비(天藏地祕)라 하였다. 하늘이 감추고 땅이 숨긴 진혈지를 적덕의 공을 쌓지 않고서야 어찌 내 것이 될 수 있단 말인가. 덕을 쌓지 않고 길지를 구하려고 하는 것은 봄에 씨앗을 뿌리지 않고 가을에 수확하려는 이치와 같다고 하였다.

풍수에서는 산줄기의 방향에 따라 좌향을 놓아서는 안 되는 여덟 종류의 살(殺)이 있다. 이것을 용상팔살좌(龍上八殺坐)라 하는데 이 좌향을 범하면 그 시간 이후 곧 인패(人敗), 재패(財敗)가 찾아온다고 한다. 이것은 자연의 생김이 이 좌향을 범하도록 만들어져 있어 자연이 세상의 악인(惡人)을 위해 흉한 함정을 파놓은 곳이라고도 한다. 제아무리 당대 최고의 명풍수를 초빙했다 하더라도 그 땅을 쓸 사람이 생전에 악행을 많이 저지른 자라면 스스로 이러한 땅으로 안내되어 진다는 것이다. 이 살(殺)은 봉분뿐만 아니라 묘(墓)의 주변까지도 잔디가 자라지를 못하며 후손들은 한집도 남김없이 재앙을 당하게 된다고 하였다. 우리가 살고있는 주택도 이 좌향(坐向)을 범하게 되면 치명적인 병마를 불러들여 흉가를 면하기 어렵다.

신라 말의 고승 도선(道詵)이 어느 날 어머니의 산소를 모신 후 이렇게 탄식하였다. "하늘이 미워하고 귀신이 작해(作害)하여 아는 것도 쓸데없고 순천적덕(順天積德)하여 서라"하여 아무리 재주가 많고 풍수 술(術)이 도인의 경지에 이르렀다고 하지만 하늘이 길을 열어주지 않으면 아무 소용이 없더라 하면서 후세의 지관들에게 적덕에 대한 훈계를 하였다고 한다. 조선 중기 학자 격암 남사고 역시 풍수에 능하였으나 부모님의 묘를 쓰고 또다시 길지를 찾아 아홉 번이나 옮기는 구천십장(九遷十葬)이라는 일화를 남기고 길지(吉地)란 필히 주인이 따로 있는 법이다 하며 탄식하였다.

003. 올바른 풍수 사상

풍수지리의 최종목적은 명당 길지를 찾아 음·양택지로 사용하는 것이다. 그런데 같은 장소에서도 풍수 지사 개인의 견해에 따라 길흉이 상반되는 경우가 더러 있다. 시중에 발간된 수많은 책자도 마찬가지이며 풍수 지사들마다 자기식대로의 이론으로만 고집한다. 그렇다고 하여 길지(吉地)가 아닌 흉지(凶地)에 묘 터나 집터를 잡아준 풍수 지사를 제재할 법적 근거도 없다. 이러한 맹점을 이용하여 극소수 일부이기는 하나 금전에 눈이 멀어 자기 스스로 비술(祕術), 도통(道通), 초능력(超能力) 운운하면서 신(神)의 경지에 오른 도인처럼 떠들어대는 사람이 간혹 있다.

이러한 주장들을 어디까지 믿어야 할지 모르겠으나 학문적으론 전혀 근거가 없고 오히려 풍수의 불신임과 더불어 학문의 발전에 큰 장애가 되고 있다. 벼 이삭도 익으면 고개를 숙이는 법이다. 반대로 빈 깡통이 요란하듯이 얕은 지식인일수록 자기의 무식을 감추려 상대방을 비방하고 어려운 풍수 용어들을 써가며 자기가 최고 인양 큰 소리로 떠들어 댄다. 풍수지리를 애용하는 모든 국민들은 이러한 술사(術士)들께 현혹되지 말기를 바라며 풍수 학인들께서는 본인의 적덕(積德)을 위해서라도 그러한 술사가 되어서는 안 될 것이다.

음택(墓)지에 모셔져 있는 넋(魄)은 말이 없다. 말을 할 수 없는 시신이라고 함부로 다룬다면 그 값은 반드시 '부메랑'처럼 되돌아오게 되어있다. 이러한 현상은 양택지에서도 마찬가지다. 선량한 사람들은 집(宅)터를 점지해서 풍수 원칙과 이법에 어긋나게 좌향을 잡아준 지사를 원망하기 전에 대부분 자기 스스로 박복하다 판단하고 팔자소관으로 돌려버린다. 그렇지만 그 화근이 언젠가는 풍수 지사 본인에게도 돌아올 수 있다는 것을 명심할지어다. 인간이 제아무리 도통한 경지에 오른다 할지라도 땅속을 꿰뚫어 보는 재주는 없는 법, 풍수 원칙을 벗어나 나쁜 자리에 묘 터나 집터를 쓰게 되면 그 후손들만이 아니라 엉터리 혈(穴) 자리를 점지해 준 풍수 지사에게도 반드시 해(害)가 미쳐 험한 말로를 맞이하게 된다고 풍수서에는 기록하고 있다.

빗나간 풍수 사상이 한때는 우리 사회를 혼란스럽게도 하였으나 진정한 풍수 사상을 통해 유교적 교훈인 효(孝)의 의미를 한 번 더 가슴 속에 되새김으로 선량한 사회가 이 땅에 뿌리 내려져 국민들의 민족정신으로 승화시켜 나가야 할 것이다. 풍수는 과거 우리나라에서 고려와 조선시대를 합쳐 약 1천 년 동안이나 공인된 학문이었으나 일제시대를 기점으로 그들의 정치적 의도에 휩싸여 잠시 제도권 밖으로 밀려났다. 그렇지만 오랜 역사를 가진 우리의 전통문화 학문이고 국민들의 실생활에 밀접한 관계가 있었기에 그 명맥은 계속 이어져 왔고 앞으로도 계속 이어지리라 생각한다. 다행히 근래 들어서는 국내의 여러 대학에서도 풍수지리진공 정규학과가 생겨나 많은 후학들이 다방면으로 연구 활동을 진행해나가고 있다. 이들은 풍수를 현대의 지리학과 자연과학에 접목시켜 미래의 도시공학과 건축공학 그리고 환경 분야에까지 다양하게 적용시켜 인간 생활에 이바지하고자 한다.

004. 풍수지리의 역사 ㊤

우리나라에는 언제부터 풍수지리 사상이 전개되었는지 분명하지가 않다. 신라 말 도선국사(827~898年)가 중국의 당나라 일행선사에게 전수받아 처음으로 우리나라에 전래됐다는 설(說)이 있으나 『三國遺事』의 내용에 보면 신라의 4대 탈해왕이 집터를 잘 잡아 왕이 되었다는 기록이 남아있고, 고구려의 고분벽화에는 청룡(東), 백호(西), 주작(南), 현무(北)의 사신도(四神圖)가 그려져 있는 것으로 보아 신라 초기부터 풍수학이 이미 응용되고 있었음을 알 수 있다. 6세기 초 일본의 다카마스 고분에도 백제 왕릉의 전후좌우에 사신도가 그려져 있었으며, 일본 도쿄국립대 사회인류학자 와타나베 요시오(渡邊欣雄) 교수의 논문에서는 6~7세기경 일본에도 풍수가 있었는데 백제의 관륵이 일본에 풍수를 전했다고 기록하고 있다. 그리고 현존하는 우리나라의 고 사찰들에 대한 풍수적 입지 조건을 볼 때 삼국 초기부터 국가경영과 국민의 생활편의에 풍수가 이미 적용되었음을 알 수 있다. 이것은 삼국시대에 자장율사나 원효대사 등 유명 스님들이 창건한 사찰들을 보면 거의가 풍수적으로 손색이 없는 자리에 위치하고 있기 때문이다.

우리나라의 풍수는 통일신라 말기에 당시 선종 계통의 승려들이 당나라에 유학을 하고 돌아오면서 중국 풍수를 배워왔고 그들은 일반대중을 포교하는데도 풍수설을 많이 이용했다. 이러한 풍수 학문을 도선국사(827~898年)가 우리나라의 자생풍수와 접목하여 풍수지리를 집대성한 것으로 보여진다. 중국의 풍수가 우리나라로 들어왔다는 데는 의심의 여지가 없으며 현행 고등학교 국정교과서에도 신라 말기의 승려 도선은 당시 중국에서 유행하던 풍수지리설을 받아들였다고 기록하고 있다. 그러나 도선국사가 중국에 다녀왔다는 기록은 보이지 않아 확실하지 않지만 그의 유산록에 보면 다음과 같은 구절이 나온다. "내 나이 열다섯 살부터 풍수 공부를 했으나 이치를 깨우치지 못해 의문을 품고 선생을 찾아 나섰고, 결국은 바다 건너 당나라로 들어갔다. 7일을 목욕재계한 끝에 드디어 일행선사를 만나 가르침을 받으니 하루아침에 자연의 이치를 확연히 깨달았다. 이에 지난 일을 돌이켜 생각하니 49년 동안 배운 지식들이 하나같이 엉터리였음을 오늘에야 알겠구나."라고 기록하고 있다.

이 글은 후대에 그의 사상을 따르는 승려나 다른 사람에 의해 기록되었다는 설이 유력하지만 도선의 풍수 사상을 엿볼 수 있는 대목이다. 도선국사는 통일신라말의 고승으로 중국 풍수와 우리 자생풍수에 통달했던 큰스님이다. 이후 고려시대도 나라의 국교가 불교다 보니 풍수는 주로 승려들이 담당하였으며 이들 대부분이 도선의 후계를 자처하며 도선의 비기(秘記)에 따라 자신의 주장을 내 세웠다. 풍수지리의 발생은 중국에서 만들어진 여러 풍수 고서에 나오는 시대적 배경이나 원저자의 생년 그리고 기타 여러 가지 정황으로 보아 중국이 풍수지리의 발생지였음이 거의 확실시된다. 그러나 일부 학자들은 우리나라 국토의 지리적 조건과 산신숭배사상 등 몇 가지 이유를 들어 우리나라가 풍수지리 발생국이라고 주장하는 이도 있다.

005. 풍수지리의 역사 ㊥

지난주 연재에서 우리나라의 풍수는 통일신라 말기에 선종(禪宗) 계통의 승려들이 당나라에 유학을 하고 돌아오면서 중국 풍수를 배워왔다고 하였으나 중국 풍수가 우리나라에 최초로 도입된 시기는 그보다 앞선 자장율사(590~658)에 대해 주목할 필요가 있다. 자장율사는 서기 636년에 당나라에 유학을 갔다가 7년 정도 그곳에 머무른 후 귀국하였다고 「삼국유사」에 기록되어 있다. 그가 귀국한 후 신라에는 비보 사탑과 왕릉시선성 능 풍수적으로 많은 변화가 있게 된다. 왕릉지 선택에 있어서 자장율사가 당나라에 다녀오기 전 26대 진평왕까지는 대부분의 왕릉들이 평지의 도심지에 존재하고 있어 풍수적 개념을 찾아보기가 힘드나 당나라에 다녀온 후 27대 선덕여왕 이후부터의 왕릉은 거의가 풍수 이론과 부합하는 곳에 위치한다. 또한 양택에서도 늪이나 연못을 메운 자리는 풍수적으로 볼 때 흉지임에도 불구하고 진평왕 재임 시에 건립한 황룡사지는 늪을 메운 자리이고, 같은 시기 백제의 미륵사지는 연못을 메워 만든 터에 절을 세웠다는 주장이 있는 것으로 보아 그 당시까지만 해도 제대로 정립된 풍수 이론이 존재하지 않았음을 암시해주기도 한다.

그리고 황룡사 9층 목탑은 자장율사가 당나라에 다녀온 후 국가의 풍수적 문제점을 발견하고 비보(裨補:풍수적으로 결함이 있는 곳을 인위적으로 보완하는 것) 차원에서 왕에게 건의하여 지어졌다고 기록되어 있다. 이 외에도 자장율사의 당나라 유학기점을 기준으로 풍수의 적용사례가 곳곳에서 나타나는 것으로 보아 도선국사에 앞서 자장율사가 우리나라에 최초로 중국의 풍수를 도입하지 않았나 하는 학자들도 있다. 이는 자장율사(590~658)와 거의 동시대 인물인 원효대사(617~686)가 잡은 전국적으로 수많은 절터 역시 풍수적으로 명당이 아닌 곳이 없기 때문이다.

우리 민족에게는 우리 고유의 풍수지리 사상이 있는데 그것이 바로 자생풍수다. 그 자생풍수를 신라 말 도선국사가 정리하고 거기에 중국으로부터 유입된 이론 풍수를 우리 실정에 맞게 조합하여 이루어 놓은 것을 도선 풍수라고 한다. 이 도선 풍수가 바로 오늘날 우리가 사용하고 있는 풍수이며 비록 결함이 있는 땅이라도 풍수적 길지로 고쳐 사용하는 비보(裨補)풍수를 많이 사용하였다. 이렇게 시작되어 발전되어온 풍수지리는 고려시대에 들어 풍수의 전성기를 맞는다.

고려의 태조 왕건은 불교 신앙과 지리도참설을 전적으로 믿고 의존했다. 후대 왕들에게 유훈으로 남긴 『훈요십조』는 풍수적 사고 관념이 잘 나타나 있다. 『훈요십조』의 "제2훈"에서 절터는 도선이 산수(山水)의 순역(順逆)을 보아 앞일을 예견하고 자리를 잡은 것이니 함부로 다른 곳에 사찰을 창건하지 말라. "제5훈"에서 고려 개국은 삼한 산천의 음우(陰佑)를 받아 이룩된 것이며, 서경은 수덕(水德)이 순조로워 만대지지(萬代之地)이므로 왕이 수시로 순례하여 머물러야 나라의 안녕이 유지된다. "제8훈"에서 금강 이남의 산형 지세는 배역(背逆)한 모양이니 인심도 그러할 것이므로 그쪽 사람을 중용하지 말라고 유훈을 남길 정도로 풍수를 중시하였다.

006. 풍수지리의 역사 ㊦

고려시대에는 풍수의 전성기로 고려조 신종원년에는 국가에 산천비보도감(山川裨補都監)이란 관청을 설치하여 전국의 주요 사찰들을 관리하였다. 그리고 어떤 목적의 장소가 풍수상 흉지(凶地)라도 여러 가지 비보(裨補:풍수적으로 결함이 있는 곳을 인위적으로 보완하는 것)를 하여 길지(吉地)로 바꾸었으며 풍수 지사는 지기(地氣)의 영향을 조절할 수 있는 능력자로 인정받았다. 이러한 능력을 가진 풍수 지사들과 승려들은 국가의 수도이전 등 여러 가지 주요 정책에 많은 관여를 하게 된다. 묘청의 서경 천도설, 공민왕 때 승(僧) 보우의 한양 천도설, 신돈의 충주 천도설 등은 모두가 풍수에 기준을 두고 주장한 것이며, 무학대사는 풍수지리를 이용하여 조선의 개국을 도왔다. 이렇게 하여 우리나라 풍수의 맥은 도선국사에서 지공선사, 나옹선사 그리고 그의 제자 무학대사로 이어진다.

우리나라는 조선 초까지만 해도 불교사상의 영향으로 음택풍수 보다는 도읍지나 마을 터를 정해 집을 짓거나 사찰건축에 관한 양택풍수가 발전하였다. 그 후 조선 초기 이후부터는 유교 사상이 강조되면서 조상숭배와 더불어 음택풍수가 성행하기 시작했다. 유가에서는 많은 풍수 명사(맹사성, 서거정, 서경덕, 이지함, 남사고)들과 불가에서도 승려(일지, 성지, 송암)들이 많이 나와 유명인들이 많았으며 민간에서도 풍수를 신앙화하여 묘지 풍수가 널리 유행하게 되었다. 음택풍수가 급격히 발달하자 조선조에는 전체 소송분쟁의 절반 이상이 묘지에 관한 분쟁이었다고 한다. 그런 이후 온 국민들에게 풍수에 대한 관심이 점점 높아지다가 조선 후기에 이르러서는 유럽과 서양 문물이 조금씩 유입되면서 계몽파들에 의해 풍수지리가 차츰 비난을 받기 시작한다. 그러나 개화기에 들어 계몽파들은 풍수지리설을 크게 비난하면서도 본인들은 정작 풍수를 이용하는 이중성을 보였고, 일제강점기에 접어들면서 그들로부터 풍수지리는 점점 더 멸시당하다가 나중에는 미신으로까지 취급하게 된다.

이 당시 일제는 매장 및 화장에 대한 규칙을 제정하여 개인 묘지를 불허하고 공동묘지만을 허락하였으며 화장을 적극 장려하였는데 이는 우리의 전통 풍속과 관습을 완전 무시한 조치였고 온 국민들의 반감을 사기에 충분했다. 이러한 일제의 탄압으로 풍수사상을 점차 왜곡시켜 풍수지리가 미신이라고까지 주장하면서도 한편으로는 그들의 식민지 통치에 철저하게 풍수를 이용하였다. 총독부가 중심이 되어 명혈의 지맥을 자르고 정기 맺힌 우리나라의 명산에 쇠말뚝을 박는 등 우리나라 국민들이 패배 의식에 젖어들도록 하였다. 그러면서도 그들은 식민지 통치 자료를 얻고자 전국적인 행정력을 동원하여 풍수에 관한 자료들을 수집하였다. 그 당시 무라야마지준(村山智順)이 정리하여 책으로 엮은 『朝鮮의 風水』가 바로 이 책이다. 이 책은 우리나라 최초의 풍수설에 대한 전국적인 조사로 '지리오결' 이외에도 풍수에 관한 여러 가지 내용들 즉, 장례와 묘지제도까지도 상당히 깊이 있게 체계적으로 싣고 있기 때문에 오늘날 우리나라의 풍수지리 연구에 좋은 자료가 되고 있다.

007. 풍수 경전 『靑烏經』과 『錦囊經』

풍수지리에 관한 전문 서적으로는 역시 중국에서 출간된 것이 대부분이다. 그중에서도 대표적인 풍수 고서가 『청오경』과 『금낭경』이며 풍수 학인들은 이 책들을 풍수 교과서처럼 많이 애용하고 있다. 『청오경』은 지금으로부터 약 2천 년 전 중국 후한(後漢) 때 만들어진 책으로 풍수지리의 원전 격이면서 풍수 역사의 기원이다. 이 책은 작자미상의 책으로 저자를 『청오경』의 책 이름에서 따와 편의상 '청오자'라 하였다고 한다. 일부에서는 후대에 들어 누군가에 의해 만들어진 위작이라는 설도 있지만 지금까지도 『청오경』은 풍수학의 최고 경전으로 인정받는다. 그러나 오랜 역사만큼이나 그 구성 내용이 사자성어 식으로 간결하게 만들어져 있어 뜻을 이해하기가 어렵고, 보는 이에 따라 다양하게 해석할 수 있는 여지가 있어 정교하게 혈처를 정해야 하는 풍수 술(術)의 관점에서는 부족함이 없지 않다. 그러나 후대의 많은 풍수 고서들은 주로 이 책을 참고로 하여 저술하였다.

『금낭경』은 『청오경』에 비해 내용 면이나 구성면에서 한 단계 더 진일보된 책으로써 논리체계가 정연하며 현재까지도 풍수 학인들이 풍수서의 원전격으로 많이 애용하고 있는 실정이다. 이 책은 지금으로부터 약 1700년 전 우리나라 삼국시대 즈음 중국의 진나라 때 곽박(276~324)이 『청오경』을 인용하여 『금낭경』을 저술하였다. 그는 책 곳곳에 경 왈(曰) 하면서 『청오경』을 인용하였고 이 때문에 『청오경』을 『장경』이라 하고 『금낭경』을 『장서』라고도 부른다. 『금낭경』은 상하 2권 8편으로 구성되어 있으며 내용은 간결하게 2천여 자(字)에 불과하나 다루고 있는 범위가 매우 넓어 풍수 고전 중에서 최고로 친다. 『금낭경』은 중국 당나라 시대에 지리에 밝은 홍사라는 승려가 임금인 현종에게 바치면서 이 책은 세상에서 아주 귀한 책이므로 함부로 다른 사람에게 보여서는 안 되는 비보서라고 말하였다. 이 말을 들은 현종은 비단으로 만든 보자기 즉, 금낭(錦囊)에 싸서 장롱 속 깊이 넣어 보관하였으며 이때부터 책 이름도 금낭경이란 이름이 붙여졌다고 한다.

이 책은 생기 있는 터를 찾는 방법과 과정에 대해 구체적이고 체계적으로 설명하고 있다. 풍수학은 이 책으로 말미암아 크게 발전하면서 당나라 현종을 비롯하여 중국 왕실과 상류계층에 널리 보급되는 결과를 가져왔고, 그 이후에 만들어진 수많은 풍수 고서들도 거의가 이 두 권의 책을 참고삼아 저술하였다. 시기별로 대표적인 책들을 살펴보면 당나라(618~907) 때 복응천이 쓴 『설심부』, 『명산론』, 양균송의 『청낭경』, 『청낭오어』 송나라(960~1297) 때 호순신의 『지리신법』, 명나라(1368~1644) 때 서선계·서선술 쌍둥이가 쓴 『인자수지』, 청나라(1644~1911) 때 조정동의 『지리오결』, 『양택삼요』 등 이외에도 수많은 책들이 출간되었다. 오늘날의 풍수 학인들은 이러한 여러 고서들을 참고삼아 풍수를 한층 더 발달 된 현시점의 자연과학에 맞추어 인간 생활에 도움이 되는 새로운 학문으로 정착할 수 있도록 다방면으로 연구 활동을 해나가고 있다.

008. 반월성의 풍수 입지와 석탈해

풍수에서는 반달(半月) 혹은 초승(生)달 모양의 지세(地勢)를 양택적 길지로 본다. 초승달과 반달은 막 시작하거나 아직 성장하고 있는 과정의 형태이므로 앞으로 무한한 발전의 가능성을 지니고 있기 때문이다. 달은 차면 기운다는 노래 가사처럼 보름달은 차고 넘쳐 기울어져 가는 달이므로 풍수에서는 그러한 의미의 지세보다는 현재 막 성장하고 있는 초승달이나 반달형국의 지세를 더 선호한다. 그래서 반달형의 지세를 풍수적 길지로 보고 그러한 곳에 도읍지를 정하거나 주택을 지어 살게 되면 모든 기운이 상승하므로 그로 인한 발복과 더불어 장래의 발전성까지 가져다주는 땅으로 보고 있다. 풍수 이론이 막 흥행하기 시작하던 삼국시대에는 신라, 백제, 고구려 모두가 나라의 도읍지를 반월형 터전에 자리 잡고 있다. 신라의 수도 경주의 반월성과 백제가 수도로 삼은 부여도 반월형이고 고구려가 평양을 수도로 삼은 것 역시 지세가 행주형(돛단배:半月 모양)이기 때문이었다.

신라의 석탈해(?~80)가 반월성에 자리를 잡아 살면서 왕이 되기까지의 과정을 『삼국유사』에 자세히 기록하고 있다. 그 내용을 보면 용성국(龍城國)의 왕과 적녀국(積女國)의 공주 사이에서 태어난 탈해가 어느 날 토함산에 올라 서쪽 육촌을 바라보니 반월 모양의 땅이 무척 좋아 보였다. 그는 곧 그 장소가 누구의 땅인가 확인해보니 신라의 중신 호공의 집이였고, 며칠간 고민 끝에 탈해는 이 집을 빼앗을 욕심으로 한 가지 계략을 꾸미게 된다. 해가 지고 어두운 저녁이 되자 아무도 몰래 호공의 집 주변에 꽤 많은 양의 쇠붙이와 숯을 묻어두고 돌아간다. 그런 후 다음 날 호공의 집을 방문하여 "이 집은 원래 우리 조상들의 집이니 집을 돌려 달라"하였다. 호공이 어이없다는 듯 놀라며 증거를 대라고 하자 탈해는 서슴치 않고 "우리 조상이 여기서 오래 살다가 잠시 다른 지역으로 간 것인데 집터 주변을 파보면 그 증거물들이 나올 것이요. 우리 조상은 원래 쇠를 다루던 대장 장이었소." 하고 아무 스스럼 없이 말을 하니 기가 막힐 노릇이다. 억울한 호공은 시비를 가려 달라고 관청에 송사를 걸었다. 얼마 후 드디어 재판 날이 다가왔고, 탈해의 말대로 집주변을 파보니 과연 숯이 많이 나왔기에 관아에서는 탈해의 집이라 인정하고 재판을 마쳤다. 훗날 이 내막을 알게 된 신라의 제2대 남해왕은 탈해가 보통 사람이 아니란 걸 알고 큰딸 아효(阿孝) 공주의 사위로 삼게 되니 탈해는 왕가의 맏사위가 된다.

그런 후 탈해는 그 집터의 발복(發福)으로 3대 유리왕을 지나 4대째 신라의 왕이 되었다. 이 이야기는 『삼국유사』에 기록이 된 내용으로 우리나라 최초의 풍수 발복에 관한 기록이다. 이것은 풍수가 중국 당나라로부터 유입되기 전 우리나라에도 자생풍수가 있었다는 중요한 증거 자료가 된다. 집터를 차지하게 된 과정이야 억지를 부렸지만 그 집으로 말미암아 왕가에 사위가 되고 훗날 왕좌에까지 올랐으니 좋은 터에는 반드시 그만한 발복이 따른다는 이치가 성립된다. 이런 연유로 풍수 애호가들은 집터를 선정할 때 반드시 풍수적 길흉을 살피게 된다.

009. 풍수지리의 비조 도선국사

도선국사(827~898)는 광양 옥룡사의 비문에 기록되기를, 전남 영암 사람으로 통일신라 후기인 흥덕왕 2년(827)에 태어나서 효공왕 2년(898)에 죽었다고 새겨져 있다. 그는 15세에 출가해 월유산 화엄사에서 대경(大經)을 공부하여 깨달음을 얻었고 20~23세 때는 혜철 스님 밑에서 선종을 공부해 크게 깨달았으며 23세에는 천도사에서 불교 의식인 구계(具戒)를 받았다. 그는 운봉산에서 토굴 생활, 태백산 앞에서 움막생활을 하면서 수도를 하였고 마지막으로 옥룡사(玉龍寺)에 들어가 그곳에서 생을 마칠 때까지 수양하였다. 도선은 지리산 어느 동굴에서 백발노인을 만나 풍수를 배우기 시작했다는 전설이 있고 백성들을 포교하는 수단으로 풍수를 많이 이용하였다고 한다. 그는 우리나라의 풍수지리에 큰 영향을 미쳤고 훗날 풍수지리설의 원조이면서 대가로 인정받았다. 그가 유명세를 타게 된 계기는 송악(개성)의 성주인 왕륭의 집터를 잡아주면서부터다. 어느 날 전국을 순회하던 중 개성에 도달하여 "이곳에 집을 지으면 장차 삼한을 통일할 훌륭한 인물이 태어날 것"이라면서 왕건의 출생을 예언하였다. 그 예언이 적중하자 왕건을 비롯한 그의 후예들인 고려 왕들은 도선을 국사로 추증하여 공경하였고, 만백성에게 도선국사를 자손 대대로 공경하도록 하였다고 한다. 이것은 왕건이 후대 왕들에게 유훈으로 남긴 『훈요십조』에서도 잘 나타나 있다.

우리나라 풍수는 도선이 중국 당나라 일행선사에게 전수받아 처음으로 받아들였다고 전해지고 있으나 도선이 중국 당나라에 다녀왔다는 기록은 찾아보기 힘든다. 그 당시에 당나라로 유학을 갔다 온 사람들은 대부분이 중국 풍수를 배워왔고, 다만 도선이 중국에서 들여온 이론 풍수를 우리나라의 자생풍수와 접목시켜 집대성한 것으로 보여진다. 중국은 광활한 대지로 우리나라와는 지형이 많이 달라 면적이 좁은 우리나라에서 중국 풍수 이론을 그대로 적용하기에는 무리였다. 그래서 흠결이 있는 땅은 고쳐서 길지로 만들어 사용하는 비보(裨補)풍수를 많이 이용하였다. 사람이 병이 나면 침을 맞거나 뜸을 떠 치료하듯이 땅도 허한 곳은 보완하고 기운이 강한 곳은 눌러서 고쳐 사용하면 된다고 생각했기 때문이다. 이렇듯 우리의 국토를 인간의 질병을 치료하듯이 고쳐 사용하는 것을 풍수에서는 비보풍수라 하고 이 방법은 과거부터 현재까지도 많이 사용되어지고 있다. 도선국사는 만년에 전라남도 광양시 백계산의 옥룡사에 머물렀는데 그의 이론을 배우고자 늘 수 백명의 제자들이 모여들었다고 한다. 그는 전국에 지기(地氣)를 비보하는 사찰 500여 곳을 건립했고, 한국불교가 숱한 강대국의 침략전쟁에도 명맥을 유지하였던 것은 그가 전국의 사찰을 명당 터에 정해놓았기 때문이라는 설이 전해온다. 도선은 898년 향년 72세로 입적하였고 효공왕은 그에게 요공선사(了空禪師)라는 시호를 내렸다. 고려의 현종은 대선사(大禪師)로, 숙종은 왕사(王師)로, 인종은 선각국사(先覺國師)로 추봉(追封)하였으며 의종이 선각국사비를 세워 그의 일대기를 기록했다. 저서로는 '도선비기(道詵祕記), 송악명당기(松嶽明堂記), 도선답산가(道詵踏山歌), 삼각산명당기(三角山明堂記)), 옥룡기(玉龍記) 등이 전해지고 있다.

010. 고려와 조선시대의 풍수 지사

우리나라에서 풍수가 정식으로 공인된 것은 고려왕조에서다. '공인된 학문'이란 풍수를 국가고시의 한 분야로 채택하고 시험을 통해 관리를 선발하여 국가의 크고 작은 일들을 맡아 보았다는 것이다. 이렇게 국가고시에 합격한 풍수 관료를 고려에서는 '일관(日官)' 조선에서는 '지관(地官)'이라고 불렀다. 즉 한반도에서 고려 500년과 조선 500년을 합쳐 약 1천 년 동안이나 풍수가 국가 공인학문이었던 셈이다. 그런데 그 당시 고시 과목을 보면 거의가 중국 서적들이고 우리나라에서 저술한 책자는 1권도 안 보인다. 중국은 예전부터 풍수에 관한 체계적인 이론이 정립되어 많은 풍수 서적들이 있었으나 우리나라에는 학문적으로 따로 정립된 책자가 거의 없었다. 더군다나 지형이 중국과는 많은 차이가 있음에도 불구하고 중국의 풍수 서적을 그대로 받아들여 사용하였다. 그 당시 우리나라의 풍수서로는 신라 말 도선국사의 『도선비결』과 『옥룡자결록』, 고려 중엽 『해동비록』, 고려 말 무학대사의 『무학결』, 조선 중기 남사고의 『격암유록』과 『남사고결』, 박상희의 『박상희결』, 두사충의 『두사충결』 등과 같이 산서(山書)나 결록(訣錄), 비기(祕記) 등이 대부분이다. 이것 또한 유명 인사의 이름을 빌려 후대에 만들어진 위작이 대부분이라 한다.

풍수지리는 과거 일반인이 접근하기에는 어려운 학문으로 원래 귀족들의 학문이었다. 조선시대 과거제도에서는 풍수가 잡과인 음양과에 속했으며 개국 초부터 칠과(七科)의 하나로 포함돼 있었다. 과거제도에서는 양반들이 볼 수 있는 문과와 무과가 있었고 다음으로 중인들이 볼 수 있는 잡과에서는 역과, 의과, 율과, 음양과가 있었다. 음양과에는 영의정이 겸임하는 관상감의 주관 아래 천문학, 과학, 지리학으로 나누고 지리학 시험은 3년마다 보는 식년시에서 초시에 4명을 선출하고 복시에 2명을 뽑았다고 기록되어 있다. 그것도 책을 보지 않고 암기를 해야 하는 배강(背講) 방식이었으니 얼마나 입문이 어려웠는지 짐작해볼 만하다. 그 당시는 풍수의 전성기로 전국적으로 풍수 학인들이 많았지만 전국에 걸쳐 3년에 6명 즉 1년에 2명만 뽑은 셈이니 현시대의 어느 고시보다도 쉽지 않았을 것으로 짐작된다.

이 어려운 관문을 통과한 사람들은 나라의 도읍지 선정이나 궁궐, 사당 및 왕릉의 부지선정과 이전 등에 관한 중요한 역할을 담당하면서 풍수지리는 전문 기술직 대우를 받았다. 그 당시 시험과목들을 보면 한문을 읽고 해석할 수 있는 사람이 아니면 응시가 불가능하기 때문에 주로 승려나 상류계층이 아니면 거의 지관이 될 수 없었다. 그러므로 풍수 지사의 호칭도 그냥 지관 ○○씨라 부르지 않고 반드시 '지관 양반' ○○씨라고 불렀던 것이다. 이들은 퇴임 후 낙향을 한 이후에도 관료 생활의 경력을 인정받아 지방 어디를 가나 최고의 대우로 존경받았다고 한다. 따라서 지관의 위치는 다른 점복술을 하는 사람들과는 달리 사회에서 존경받는 직업이었고 경제적으로도 부유한 생활을 누릴 수 있었다고 한다.

011. 조선의 개국과 무학대사

고려 말 이성계는 왕위 찬탈을 위한 혁명 과정에서 개경(개성)지역 유민들의 민심을 잃었기 때문에 하루라도 빨리 개경을 벗어나 새로운 도읍지에서 왕조를 건설하기로 마음먹고 국호 개칭도 하기 전에 천도(도읍지 이전)부터 명한다. 풍수가 권중화 등으로부터 도읍지로는 충청지역 계룡산자락이 길지라는 말을 듣고 그곳의 지세를 살펴본 후 궁궐축조공사를 시작하게 된다. 1여 년쯤 공사가 진행되던 중에 경기 관찰사 하륜으로부터 계룡산자락은 위치상 또는 풍수적으로도 도읍지는 불가하니 공사를 중단하고 한양으로 옮기자는 상소를 받게 된다. 그 이유를 태조실록에서는 이렇게 적고 있다. 한 나라의 도읍은 마땅히 나라의 중앙에 있어야 하나 계룡산은 지대가 너무 남쪽으로 치우쳐서 동면, 북면, 서면과는 거리가 너무 멀기 때문에 통치하기가 불편할 뿐 아니라 계룡산은 풍수적으로도 길지가 되지 못한다고 하였다. 이곳의 산형 지세는 건(乾:서북)방에서 산이 오고 손(巽:동남)방으로 물이 빠지니 물이 장생(長生)방을 파(破)하여 쇠퇴와 패망이 곧 닥치므로 도읍지로서는 적당치 못하다고 반대 상소를 올렸다.(지금도 풍수에서 많이 사용하고 있는 지리신법의 포태법을 적용) 태조 이성계는 이 법으로 고려 왕릉을 감정케 하였으나 딱 맞아떨어지니 하륜의 손을 들어주고 다시 수도를 한양으로 옮기기로 결정하는데 그때 옮겨진 수도가 지금까지 이어져오고 있는 것이다.

한양에서의 궁궐축조는 어느 산을 주산으로 하느냐를 두고 치열한 논쟁이 있었다. 무학은 한양의 지세를 보고 서편의 인왕산을 주산으로 삼고 북쪽에 위치한 북악산을 청룡으로 남쪽의 남산을 백호로 삼으라고 하니 정도전은 자고로 제왕은 남면(南向)하여 다스리는 것이지 동향을 한다는 말은 듣지 못했다며 난색을 표했다. 이에 무학은 의상대사의 『산수비기』를 생각하며 내 말을 따르지 않으면 200년 후 큰 환란으로 내 말을 상기하게 될 것이다라며 경고성 발언을 했다고 전한다. 결국 정도전의 주장대로 경복궁은 동향이 아닌 남향으로 지어졌고 무학의 예견을 뒷받침이라도 하듯 조선은 1392년에 개국하여 정확하게 200년 후인 1592년에 임진왜란이라는 큰 대란이 일어났다. 또한 바위로 이루어진 화산(火山)의 남산(관악산)을 정면으로 하게 되었으니 경복궁은 1553년(명종 8년)과 1592년(임진왜란)에 잇따라 화마에 불타고 말았다. 어찌 성승이라 하지 않을 수 있겠는가. 풍수에서는 좌청룡은 장남과 벼슬을, 우백호는 차남과 여자 그리고 부(富)를 관장한다고 해석한다. 무학의 뜻대로 인왕산을 주산(北)으로 삼고 튼튼한 북악산을 좌청룡으로 삼았으면 정면으로 보이는 남산(관악산)의 화기(火氣)도 피하고 조선의 왕실은 장자상속의 왕위가 이뤄져 왕권도 강화되고 큰 환란도 피했을 것이다. 정도전의 주장으로 북악산을 주산으로 하고 산세가 약한 낙산을 좌청룡으로 하였기에 약한 청룡 자락의 영향으로 장남의 발복에 제약이 따를 수밖에 없다는 풍수적 해석이 나온다. 역사적 사실을 보더라도 실제 조선의 왕위계승은 장자상속은 많지 않고 장자상속이 이루어졌다 하더라도 단명에 그치고 실제 차남과 서자들로 대부분의 왕권을 이어갔다.

012. 태조 이성계의 왕사王師 무학대사

무학대사(1327~1405)는 태조 이성계의 왕사(王師)로 1327년 경남 합천군 대병면 혹은 서산에서 출생하였다고 하나 둘 다 확실하지가 않다. 그의 속성은 박씨이고 이름은 자초(自超), 법호는 무학(無學)인데 무학이라는 법호(法號)에 대해서는 다음과 같은 전설이 전해져 내려온다. 그에게 따라다니는 네 가지 설화 중 〈학의 보호〉란 이야기에서, 무학대사의 어머니는 서산 간월도 사람으로 만삭 중임에도 불구하고 시장에 해산물을 팔러 가고 있었다. 그러다 갑자기 산통이 생겨 길에서 해산을 하게 되었고, 아이를 그냥 풀 속에 놓아둔 체 시장으로 달려가 해산물을 다 팔고 돌아와 보니 학이 아이를 품고 있었다는 것이다. 그래서 아이 이름을 무학(舞鶴 혹은 無鶴)으로 지었다는 설이 전해지고 있다. 그는 1344년 18세에 출가하여 소지선사(小止禪師)의 제자로 승려가 되어 구족계를 받고 혜명국사(慧明國師)에게 불법을 배우면서 부도암(浮屠庵)에 머물렀다. 그런 후 진주 길상사(吉祥寺), 묘향산 금강굴 등에서 수도하다가 1353년(공민왕 2) 원(元)나라에 유학하여 먼저 중국에 와 있던 나옹(懶翁)과 인도 승 지공(指空)으로부터 가르침을 받았다. 그런 후 1356년 귀국하여 공양왕이 왕사로 삼고자 하였으나 응하지 않았고, 1392년 이성계가 조선을 개국하자 왕사가 되어 계룡산과 한양을 오가며 풍수적 길지를 찾아 도읍지를 옮기는 데 참여하였다.

태조는 무학을 전적으로 신임하였기에 1397년(태조 6) 왕명으로 회암사 북쪽에 그의 수탑(壽塔)을 세우게 하였다. 무학과 태조는 군신 관계를 떠나 격의 없는 사이였음이 아래의 야사에서도 나타난다. 태조가 도읍을 한양으로 옮기고 시국이 안정되자 궁궐에서 잔치가 열렸다. 잔치가 무르익고 술이 취할 무렵 태조는 무학에게 "오늘 대사의 얼굴을 보니 꼭 돼지처럼 생겼소" 하니 무학은 "전하께서는 꼭 부처님을 닮으셨습니다"하였다. 이에 태조가 농담이라고 받아치자 무학 왈, "세상 만물이란 것이 부처 눈으로 보면 부처로 보이고 돼지 눈으로 보면 돼지로 보이는 것입니다"하니 태조 왈, 내가 졌소이다 하면서 파안대소하였다고 한다. 또한, 풍수에 능한 무학이 어느 날 임금과 함께 길을 가다가 산 밑에 집을 짓는 농부를 보고 "저 사람은 3년 안에 거부가 되어 고래 등 같은 집을 짓고 살 것입니다. 하니 임금 왈, 저곳은 몇 년 안에 폐허가 될 것이오" 하며 내기를 걸었다고 한다. 그로부터 3년 후 그곳을 지나던 무학은 그 집이 폐허가 된 것을 보고 깜짝 놀랐다. 이 사실을 임금께 아뢰니 임금 왈, 대사님의 예견대로 큰 부자가 될 땅이 분명하지요. 그러나 큰 부자는 더 이상 이런 골짜기에 살지 않습니다. 하면서 대사께서는 나무만 보고 숲은 보지 못하였습니다. 하고는 크게 웃었다는 야사가 전해온다. 그는 고려 말부터 조선 초기의 대표적인 승려로 지공(指空)과 나옹(懶翁)의 법맥을 이었으며 조선 초기의 중요한 불사를 주관하였다. 그는 마지막에 금강산 금장암(金藏庵)에 머물다가 나이 78세, 법랍(法臘) 62세로 입적하였으며 대사의 부도는 나옹, 지공 선사와 함께 양주 회암사에 있다. 저서로는 『무학국사어록』, 『인공음』, 『불조종파지도』, 『무학비결』 등이 전해지고 있다.

013. 유불선을 회통한 탄허 스님

탄허 스님(1913~1983)은 전북 김제 출신으로 속명은 김금택이다. 어려서부터 학문에 대한 천부적인 재능을 보여 주변 사람들에게는 신동이란 평가를 받기도 했다. 어릴 적 마을 서당에서 한학을 배우고 14세 때에 면암 최익현의 문하 이극종으로부터 사서삼경을 공부했다. 일찍부터 유학의 전 과정을 마친 탄허 스님은 노자와 장자의 철학을 깊이 연구하고자 스승을 찾았고, 마침 오대산 상원사에서 조계종 초대 종정인 한암 스님을 만나 인연을 맺었다. 스님과 만나 처음에는 3개월만 공부를 할 계획이었으나 노장철학에 심취하면서 불교에 귀의하여 상원사에 21년간이나 머무르게 되었다. 탄허는 절에 들어온 뒤 일체 경전을 보지 않다가 한암 스님의 권유로 불경의 세계로 들어오게 되었다. 때마침 오대산 상원사에는 승려연합 수련소가 생기고 여기서 한암 스님의 조교가 되어 '금강경', '기신론', '범망경' 등을 가르치고 배우며 불교의 경전들을 섭렵하였다. 23살 때부터 승려들에게 불경을 강의했고 1955년 한국대학(지금은 폐교)의 요청으로 맡았던 노장철학(老莊哲學) 강의는 처음에는 일주일 계획이었으나 수강생들의 요청으로 두 달까지 연장되었으며 이 강의는 오늘날까지도 명강의로 소문나있다. 그 당시 수강생 명단에는 함석헌 선생을 비롯하여 양주동 박사 등 당대 쟁쟁한 학자들이 포함되어 있어 그의 명망이 어느 정도였는지 엿볼 수가 있다.

그는 1955년 월정사 조실에 추대된 뒤 우수한 인재 양성을 목표로 '대한불교조계종 오대산수도원'과 '영은사 수도원'을 설립하였다. 1966년 동국역경원 개원식에서는 공부하지 않고는 불경의 의미를 제대로 깨달을 수 없기에 법당 100채를 짓는 것보다 스님들을 공부시키는 것이 더 중요하다고 역설했다. 그는 한자로 100만 자에 이르는 방대한 양의 〈화엄경〉 80권을 붓다 이래 최초로 우리말로 번역해낸 유일한 인물이다. 10여 년간 매일 원고지 100장씩 쓰는 초인적인 작업을 거쳐 원고지 62,500장의 분량을 번역해냈다. 번역 후 출판기금을 마련하지 못해 전전긍긍하던 중 일본 불교신도회에서 원고를 사겠다고 나섰으나 거절하고 오랜 기간 여러 신도들의 도움으로 《신화엄경합론》이란 불교 최고의 경전을 간행하였다. 그런 후 번역의 공로를 인정받아 동아일보사 주최 제 3회 인촌 문화상을 수상했고, 이 경전은 자상한 주석을 곁들여 우리말로 옮겨 놓음으로써 "원효·의상 대사 이래 최대의 불사"를 이룩한 것으로 평가받고 있다. 평생을 불교 경전 연구와 번역에 전념한 탄허 스님은 선(禪)과 교(敎) 양 종에 수많은 업적을 쌓았고, 한국 불교계에서 역사 이래로 원효, 의상대사와 더불어 한국의 뛰어난 3대 고승으로까지 불리었다. 그는 정역, 주역, 화엄경의 대가로 불교뿐 아니라 유교, 도교 역 철학에도 정통하여 도쿄대학, 국립타이완대학 등 여러 곳에서 특강을 해 세계적 석학으로 인정받았다. 1983년 오대산 월정사 방산굴에서 세수 71세, 법랍 49세로 열반에 들었고, 입적 뒤 종교인으로서는 최초로 국가에서 내리는 은관문화훈장이 추서되었다. 스승인 한암 스님이 선수행을 중심으로 교(敎)를 전개했다면 탄허 스님은 교학을 중심으로 하는 선자(禪者)였다.

014. 탄허 스님의 예언

탄허 스님은 선과 교에 정통했을 뿐 아니라 한학과 동양 사상, 역사와 민속종교, 음양오행과 풍수지리에도 능통하였다. 해방 후 석학 함석헌과 양주동 박사는 그의 강의를 듣고 스님의 학문적 깊이에 탄복했다고 한다. 그는 주역의 대가로 64괘를 풀이하여 미래에 일어날 수 있는 수많은 사건들을 예언하였고, 그중 상당 부분이 적중하고 있어 놀라지 않을 수가 없다. 과거 조선조에서는 토정 이지함을 비롯한 격암 남사고 등 유명 예언가들이 다수 있었으나 근세기에 들어서는 탄허 스님이 유일하다. 그 대표적인 것으로 6·25전쟁 발발과 월남전에서 미국의 패배, 일본의 대재앙, 여자 임금 출현 등이다.

탄허 스님의 예언 중 그 첫 번째로는, 1949년 어느 날 월정사의 법당 뜰에서 개미 수천 마리가 싸움을 하여 죽어있는 모습을 보고 그 모습이 너무 불길하여 역학 원리로 괘 풀이를 해 보았다. 그 결과 내년에는 전쟁이 일어나는데 6월 25일의 날짜와 새벽 5시의 시간까지 정확하게 맞추어 사람들을 놀라게 했다. 스님은 전쟁을 예언한 후 제자들과 함께 양산 통도사로 피신하여 생활하였고, 이후에도 개미 무리들의 이동을 보고 울진삼척 무장공비들의 청와대 침투까지도 알아냈다고 한다.

두 번째로는, 월남전이 발발할 것과 그 전쟁에 미국이 뛰어드는데 미국이 베트남에 패하여 망신을 당한다고 하였다. 이유인즉, 오행으로 보았을 때 월맹은 남방이라 화(火)의 기운이고 미국은 서방이라 금(金) 기운이니 화극금(火剋金)의 원리로 쇠붙이가 불구덩이에 들어가면 녹아버리니 이길 수가 없다는 것이었다. 이 당시 미국에서 돌아온 숭산 스님을 비롯한 많은 사람들은 거대한 미국이 어찌 월맹에 질 수 있냐고 말도 안 되는 소리라며 믿지 않았지만 결과는 미국이 패배하면서 그 예언은 적중되었다.

세 번째로는, 탄허 스님은 자신이 죽는 날짜와 시간까지 예언하였고, 자신이 죽은 후 12년 만에 고베 대지진이 일어난다고 예언했는데 실제로 그가 죽은 후 12년 후인 1995년도에 고베 대지진이 일어났을 뿐만 아니라 사망자 수와 피해 규모까지 정확히 맞추었다. 그리고 또한 훗날 일본 열도의 2/3가 바다에 침몰하여 많은 사람들이 죽고 남은 사람은 주변국으로 피신한다고 하였다. 근래 들어 지구의 이상기온으로 북극의 빙하가 자꾸 녹아내려 해수면이 높아지고 있으니 이 예언과 무관하지 않아 보인다.

네 번째로는, 월악산 영봉 위로 달이 뜨고 이 달빛이 물에 비치면 30년쯤 후에 우리나라에 여자 임금이 출현하며 그로부터 3~4년 후 조국은 통일이 된다고 예언하였다. 탄허 스님이 예언한 1975년경에는 월악산 주변에는 강이나 호수가 없었고, 시대적 배경으로 보아 여자가 임금이 된다는 것은 상식 밖이었다. 그러나 1983년 충주댐이 들어서고 월악산 위에 뜬 달빛이 댐에 비추어졌으며, 그로부터 30년 뒤인 2013년 박근혜 대통령이 당선되었다. 그러나 임기 중 탄핵으로 물러났고 탄핵 때문인지 남북통일은 되지 않았기에 모두가 궁금증 속에 살아가고 있다. 이 외에도 지축이 바로 선다던가 지구에 대재앙이 일어나 인구의 70%가 죽고 우리나라가 지구의 중심 국가가 되며, 중국은 민족 갈등으로 인한 여러 개의 나라로 분열된다는 등 신비한 사건들을 많이 예언해 놓았다.

015. 동기감응론 ㊤

풍수 학인들이 음택(墓地)풍수를 공부하게 된 근거가 바로 동기감응론(同氣感應論)이다. 이것은 돌아가신 조상의 유골과 살아있는 후손과의 관계에서 조상과 후손은 같은 유전인자(同氣)를 가지고 있기때문에 같은 기(氣)가 서로 감응한다는 것으로 음택풍수의 이론적 근거가 된다. 예를 들어 방송국의 전파송출기와 TV나 Radio의 수신기는 같은 주파수끼리만 서로 송수신이 가능하다. 주파수가 다르거나 채널의 번호가 다를 경우 수신이 안 이루어진다는 것이다. 이와 마찬가지로 조상의 유골도 자신과 동일한 파장의 유전인자(DNA)를 가진 자손에게만 그 기운이 전달된다.

이 세상의 모든 인간은 음양의 교합으로 이승에 태어나게 되고, 타고난 명까지 살다 생을 마치게 되면 다시 음양으로 분리되는데 이것이 바로 혼(魂)과 넋(魄)이다. 여기서 혼은 하늘(天界)로 날아가고 넋은 땅속으로 들어가게 되는데 땅속에 있는 유골이 바로 후손들과의 감응을 일으킨다는 것이다. 그러므로 시신(遺骨)을 좋은 길지(吉地)에 장(葬)을 하게 되면 후손들에게 좋은 기운을 보낼 것이고 반대로 흉지(凶地)에 장(葬)을 하게 되면 나쁜 기운을 보낸다는 이론이다.

풍수 고전 『금낭경』에 이르기를 "사람의 뼈는 기(氣)가 모여서 된 것이기 때문에 뼈는 사람의 생기(生氣)라 할 수 있고 사람이 죽으면 피와 살은 없어져도 사람의 생기인 뼈는 오랜 기간 땅속에 남아있다. 그러므로 장(葬)이란 뼈를 좋은 땅에 묻어서 얻은 생기(地氣)를 자손들에게 전달하여 음덕(蔭德)을 입히고자 하는 것이다. 혈(墓地)이 길하고 온화하면 부귀가 오랫동안 갈 것이나 그렇지 못하면 자손은 외롭고 가난해질 것이다." 라고 기록하고 있다.

그래서 풍수에서는 뼈를 동기감응의 매개체로 보기 때문에 부모의 시체가 빨리 육탈되어 뼈만 남기 쉬운 따뜻한 자리를 길지로 보며 영구히 육체가 부패하지 않는 곳과 뼈가 빨리 썩어 없어질 자리는 흉지로 본다. 그래서 뼈가 오래 보관될 수 있는 자리가 곧 명당이고 우리들이 흔히 사용하는 '뼈대 있는 가문'이란 말도 조상의 시신을 명당 길지에 묻어 뼈가 오래 보관되고 있다는 뜻이며 바로 여기서 유래되었다. 부모와 자손은 나무의 뿌리와 그 나무에 달린 열매처럼 동기(同氣), 동류(同類)이고 같은 유전인자이기 때문에 부모의 시신을 생기 혈(穴)에다 안장한다면 생기열에 의해 서로 교신 된다는 것이다. 생기가 있는 곳엔 열이 있고, 열이 있는 곳엔 전류가 일어나고, 전류가 일어나면 진동이 있으며, 진동이 있으면 파장에 의하여 같은 형질의 물체끼리는 교신이 된다는 것이다. 그리고 자라는 나무는 그 뿌리가 좋은 땅을 차지해야 영양분을 충분히 흡수하여 좋은 열매를 남기고, 척박한 땅에 심어진 나무는 영양분이 모자라 좋은 열매를 맺지 못하듯이 인간 또한 그 뿌리인 조상을 좋은 길지에 장사(葬事)지내게 되면 나무의 열매에 해당되는 후손에게 좋은 기운을 보내준다. 그리고 그 경중에 따라 크고 작은 발복(發福)이 일어나고 반대로 흉지에 장사 지내면 후손들에게 크고 작은 재앙이 따른다는 이론이다.

016. 동기감응론 ㊦

동기감응은 친자 감응이라고도 한다. 지난주 연재에서 조상과 동일한 유전인자를 가진 자손에게만 길흉의 영향이 미친다고 하였다. 그런데 풍수 학인으로 생활을 하다보면 지인들로부터 양자(養子)도 양부(養父)의 영향을 받는가? 라는 질문을 많이 접하게 된다. 풍수 고전에서는 결론적으로 양자에게도 똑같은 영향력을 미치게 된다고 기록하고 있다. 풍수 고전의 원전격인 『금낭경』에서는 천륜(天倫)보다도 인륜(人倫)을 중요시한 구절이 있어 주목하지 않을 수 없다. 그 내용인즉,

"대게 친생 부모의 슬하는 굳이 말할 필요도 없거니와 출계(出系)한 자손도 깊이 분별하여야 하느니라. 요사이 무식한 자들이 왕왕 길러준 부모의 은공을 등한시한 채 낳아준 부모의 묘소에만 신경을 쓰고 길러준 부모의 묘소는 멸렬 되게 버려둔다. 사람들이 물으면 나를 낳아준 부모의 음덕을 입었노라고 하고 길러준 부모와는 상관이 없다고 하면서 양(養)부모의 고마움을 알지 못하는 경우가 왕왕 있다. 길러준 부모의 교훈을 받고, 길러준 부모의 제사를 이어 받들면서, 길러준 부모의 집에 거처하고, 양부(養父)의 전업을 이어받으면서, 양부모로부터 받은 사랑(愛)과 은혜가 뼈속 깊이 스며들어있거늘, 골수 해골도 신령이 있다면 음덕은 반드시 돌아오리라. 양자(養子)의 예(禮)를 다 하는 사람이 되어라. 후손들과 그 자식을 위하여 낳아준 부모와는 당연히 의를 끊어라. 어찌 의절한 부모가 의절한 자손에게로 음덕이 넘어가겠는가? 세상의 출계자(出繼者)들은 가히 명심할지어다."라고 하여 양부모에게도 감응할 수 있다는 것을 분명히 언급하고 있다.

이러한 현상은 제사(祭祀)라는 의례를 통하여 또한 마음(心)을 통하여 감응이된다. 이것은 양자가 영혼을 부르기 위해 매년 향불을 밝히고 제사를 지속적으로 지낸다면 조상의 영혼과 꾸준하게 연결이 됨으로써 양자(養子)가 음덕(陰德)을 받게 된다고 밝히고 있다. 그리고 적덕과 적선도 감응의 중요한 매개체가 된다고 한다.

풍수 고전 『의룡경』에서도 동기감응의 주체는 조상의 직접적인 후손이지만 양자(養子) 역시 동기감응을 받을 수 있다고 기록하면서 "어찌 조상의 뼈에만 집착하여 직접 낳아준 부모만을 장사지내려 하는가? 중요한 것은 제사를 받들고 향불을 피우는 것이다."라고 하여 제사를 꾸준히 지냄으로써 영혼과의 연결이되어 동기감응이 일어난다고 명시하고 있다. 풍수 고전 『흑낭경』에서도 마음이 기(氣)를 통솔하고 정(情)이 통하면 기(氣) 역시 통한다고 적고 있다. 마음(心)은 기(氣)의 주인이므로 마음이 통하면 기(氣)가 통할 수 있기 때문에 양자라고 하더라도 동기(同氣)로써 감응이 일어난다고 하였고 다른 여러 고서 들도 같이 설명하고 있다. 이러한 점들에 대해서는 화초나 과일나무에 접붙이는 원리와 같이 원래의 나무뿌리와 접붙인 가지는 서로가 근본이 달라도 접붙인 가지는 원뿌리와 줄기로부터 영양분을 계속적으로 공급받아 잘 자랄 수 있는 원리와 같다고 설명하고 있다.

017. 생기 가득한 명당이란?

풍수경전 『금낭경』의 첫머리에 보면 '장자승생기야(葬者乘生氣也)'라고 하여 장사(葬事)를 지낸다는 것은 생기를 타기 위함이다. 라고 기록하고 있다. 그래서 장사의 목적인 생기를 타기 위해선 생기 가득한 장소를 찾는 것이 우선이고 그러한 장소가 바로 흔히 말하는 명당이다. 이러한 명당 터에는 주변의 사신사와 수세도 잘 갖추어야겠지만 혈장에는 각종 혈증과 광 중의 혈토까지도 오색토를 갖추어야 완전한 명당 길지로 평가받을 수 있다. 이러한 곳에 조상의 시신을 장(葬) 하거나 사람이 살 집을 지으면 자손 대대로 부귀가 따르고 온 집안이 평안하다는 것이다.

풍수에서는 산수가 조화되어야 음양이 배합되고 음양이 배합하여야 생기가 만들어지므로 산과 물은 생기의 결집에 필수조건이다. 그리고 혈장 주변 전후좌우에는 적당한 높이의 산이 있어야 생기가 흩어지지 않게 바람을 막아주고 물이 혈장을 감싸줘야 땅속을 흐르는 지기를 멈추게 하여 혈장에는 생기 가득한 장소가 만들어진다. 그러므로 풍수에서는 땅의 길흉을 살필 때 혈장 주변에 있는 산(북현무·남주작·좌청룡·우백호)의 모양과 거리 그리고 물이 어디서 발원하여 어디로 흘러가는가를 잘 살펴보아야 한다. 혈장에서 물의 발원지(득수처)와 마지막으로 빠져나가는 방위를 살피는 것은 생기를 어디서부터 어떻게 얼마나 가두어 줄 수 있는가를 보기 위한 중요한 잣대이다. 이와 같이 혈장에 생기를 보존하기 위해서는 물과 바람이 필수요건이지만 『장서』에서는 '득수위상장풍차지(得水位上藏風次之)'라 하여 풍수의 술법은 득수(得水)함이 으뜸이요 장풍(藏風)이 다음이다. 라고 하여 물의 중요성을 한층 더 강조하고 있다. 이것은 풍수에서 물은 재물과 연관시켜 해석하기에 후손들의 먹고사는 문제와 직결되기 때문이기도 하지만 물이 곧 혈장의 생기 보전에 으뜸이 되기 때문이다. 안동하회마을의 경우 누가 보아도 풍수적 명당 길지로 평가하는데 이것은 물길이 마을 전체를 감싸면서 흐르고 있어 마을 안쪽의 생기를 잘 갈무리해주기 때문이다. 이러한 명당 터를 찾아내기 위해 풍수가에선 형기와 이기 등 모든 방법을 동원하지만 그리 쉽지가않다. 그리고 혈처를 찾았다 하더라도 생기가 뭉쳐져 있는 정확한 지점에 정혈하기는 더더욱 어렵기에 조상을 길한 땅에 장(葬)하려면 먼저 양사(良師:풍수지리에 밝은 어진 지사)부터 구해야 한다하였다. 이것은 명당 길지를 찾아내는 것도 중요하지만 음·양택을 막론하고 본인이 살(殺)을 받는 회두극좌(回頭剋坐)나 망명이 꺼리는 기좌(忌坐)를 찾아 피해야 하고 혈장에서 더 많은 생기를 받을 수 있도록 좌향을 조정하는 행위는 많은 학습과 경험이 필요하기 때문이다. 풍수가에선 정 위치에서 1m만 벗어나도 발복은 50%에 불과하고 2m 이상 벗어나면 희박하다고 하였다. 성현(聖賢)의 말씀에서 용의지오(庸醫之誤)는 불가일인(不可一人)이나 용사지오(庸師之誤)는 복인전가(覆人全家)라 하여 의사의 잘못은 한 사람의 피해에 그치나 지사의 잘못은 전 가문을 멸문지화(滅門之禍)시킨다 하였으니 조상에 대한 천·만년 유택지를 어찌 심사숙고하여 정하지 않을 수 있겠는가.

018. 시신이 안장安葬되기에 좋은 땅

땅속에서도 생기 가득한 좋은 토질은 돌도 아니고 흙도 아니고 비석비토(非石非土)다. 색깔은 동쪽 (木)의 기운이 응결된 청색, 서쪽 (金)의 기운이 응결된 백색, 북쪽 (水)의 기운이 응결된 흑색, 남쪽 (火)의 기운이 응결된 적색이 합쳐져서 중앙에는 모든 기운이 응결된 황색(土)의 밝은 빛을 띠어야 오색토(목·화·토·금·수)가 되어 최상의 혈토로 간주한다. 이 오색은 오행에 대한 기(氣)의 색이며 오행의 기(氣)가 있는 곳에는 오색이 있고 역(逆)으로 오색이 있는 곳에는 오행의 기(氣)가 존재하기 때문이다. 그리고 광중(壙中) 내부에는 항상 적절한 온도와 습도가 유지되어야 생기가 융화되고 여기서 목렴(木廉), 화렴(火廉), 수렴(水廉), 풍렴(風廉) 등의 각종 피해가 없어야 시신이 안정되고 세월이 지나 자연 소진된다.

이러한 조건을 갖춘 땅속에 시신을 묻어야 적당한 시간이 흐른 후 사체(死體)에 수분이 들어있는 근육과 내장 기관의 수분이 빠져나가면서 살점의 조직이 삭아 없어지고(이 부분을 가벼운 부패라고도 할 수 있겠지만 썩는 것과는 분명히 구별되어야 함) 유골은 노란 황갈색으로 윤기를 머금은 체 100년에서 150년 정도 사이에 천천히 삭아 흙으로 돌아가게 된다. 이러한 장소를 풍수에서는 생기를 가득 품은 좋은 땅으로 본다. 뼈가 시커멓게 변하고 습기가 많으며 곰팡이 냄새가 나는 것은 썩은 것이라고 볼 수 있고 누런 황갈색을 띄며 뽀송뽀송하고 윤기가 나는 것은 삭아 없어지는 과정이라고 볼 수 있다. 즉 물은 물로 돌아가고 뼈와 같은 고형물질은 흙으로 돌아가는 과정이라고 보면 된다. 풍수적으로 보아 이러한 과정이 일어날 수 있는 곳을 명당이라고 보면 되는데 이러한 명당을 찾기가 쉽지 않다. 더군다나 우리나라는 조선조 유교 사상의 영향으로 전국 곳곳에 명당 터는 거의 다 찾아 썼다. 좋은 장지의 땅속은 우선 적당한 수분과 더불어 적당한 공기의 유통도 있어야하고 바닥에 배수도 잘되어야 한다. 인간의 육체에 있는 세포는 물을 가득 품고 있다. 이러한 세포가 오랫동안 죽어서 활동을 하지 않게 되면 수분이 세포에서 빠져나가게 되며 세포는 건조한 상태가 되다가 공중분해 된다. 이러한 부분이 썩는 것과 다르다고 이야기하는 것이다. 이러한 현상을 쉽게 보려면 매미나 잠자리 같은 작은 곤충들의 시신을 공기가 잘 통하는 곳에 놓아두게 되면 시신은 썩지 않고 말라가면서 나중에는 곤충의 뼈라고 할 수 있는 껍질만 남게 되는 것을 볼 수 있다.

우리 육체도 죽은 다음에 지속적인 수분을 공급해주지 않을 경우 세포 내의 수분은 세포 밖으로 빠져나가게 된다. 하지만 시신의 바깥쪽(묘지 속)에 물이 항상 고여 있게 되면 역삼투압의 현상으로 바깥의 물을 빨아들이게 되므로 몸은 물에 불어 썩지 않고 손·발톱과 머리카락은 계속 자라 흉한 모습으로 변하게 된다. 풍수에서 찾는 좋은 묘터란 땅속에서 살점은 빨리 육탈 되고 뼈(遺骨)는 황골 상태로 가급적 오래 보관되다가 약 100년~150년 후 자연 소진되어 자연으로 돌아가게 되는 땅을 최고의 음택지(묘 터)로 친다.

019. 풍수와 생기

지구상의 모든 생명체는 자연 속에 존재하는 생기 즉 음과 양의 기운을 골고루 섭취해야만 살아나갈 수 있다. 여기서 양의 기운이란 하늘의 기운인 햇볕(溫氣), 바람(空氣), 물(水氣) 등의 천기(天氣)를 말하고, 음의 기운은 땅속의 생명 에너지 즉 지기(地氣)를 말한다. 식물의 경우 땅속에 뿌리를 내려 지기를 흡수하고 천기는 위치에 따라 대소의 차이는 있지만 나름 섭취가 된다. 그러나 움직이는 동물의 경우 천기는 일상생활에서 필요한 만큼 얻을 수 있지만 발을 땅속에 묻을 수가 없어 지기의 섭취가 문제다. 그래서 인간을 포함한 모든 동물들은 땅에서 자란 곡물과 채소를 먹어 지기를 섭취한다. 이렇듯 생기는 모든 생명체에 꼭 필요한 것이지만 위치와 주변 환경 그리고 땅의 성격에 따라 그 농도의 후박(厚薄) 정도가 다르다. 그래서 풍수가들은 땅의 길흉을 살피게 되는 것이고 어떻게 하면 생기 충만한 땅을 구하여 그 활력으로 건강하게 생활하면서 화(禍)를 피하고 복(福)을 받을 수 있을까 하는 것이 풍수지리의 목적이기도 하다. 이러한 생기는 형체도 없고 눈에도 보이지 않으며 오직 직감으로만 느껴볼 수가 있기 때문에 찾아내기란 쉽지가 않다. 즉, 생기를 인간의 예지력으로 감지해낼 수만 있다면 풍수의 모든 이론들은 소용이 없다고 할 정도로 생기는 풍수에서 중요한 핵심이다.

우리가 흔히들 말하는 명당 터란 곧 생기 가득한 곳이고 이러한 명당 터를 찾아내기 위해 풍수가에선 형국론, 삼합풍수, 정음정양법, 통맥법, 수맥풍수, 현공풍수, 기(氣)풍수, 그리고 각종 수법 등 여러 가지 방법을 사용하고 있지만 쉽지가 않다. 풍수인들은 원칠근삼(遠七近三)이라 하여 멀리서 주위 국세를 여러 번 살펴 혈이 있을 만한 곳을 예측하고 그곳에 올라 자세히 혈처를 찾아보라고 하지만, 천리나 긴 용(龍)에서 한두 평 남짓한 명당 터를 찾아내기란 쉬운 일이 아니다. 그래서 풍수가에선 '심룡삼년(尋龍三年) 점혈십년(點穴十年)'이란 말이 생겨났고 이것은 용맥(龍脈)을 보는 것도 어렵지만 명당 터를 찾아 정확한 지점에 점혈하기는 더더욱 어렵다는 뜻이다. 그리고 정확한 혈처를 찾았다 하더라도 그곳에서 최적의 천기를 받을 수 있도록 좌향을 조정하여 집을 짓거나 시신을 매장하는 행위는 상당한 기술과 경험을 요한다. 그러므로 음·양택지를 선택할 때는 누구든 본인이나 그 후손들의 운명에 많은 영향을 미칠 수 있기 때문에 반드시 풍수 전문가의 조언을 받아 결정하는 것이 바람직하다. 우리는 일상생활에서 좋은 운명을 타고난 사람에게 스스로 복이 찾아드는 경우와 아무리 노력해도 불행한 일들만 연속되는 경우를 가끔 목격할 수 있다. 이것은 세상만사의 모든 이치가 원인 없는 결과가 없듯 풍수가에선 이러한 사안들에 대해 그 가문의 풍수적 길흉을 살펴 원인을 찾아내기도 한다. 누구나 일상생활에서 건강한 생활이 되지 못하고 매사에 불미스러운 재앙이 연속되어 진다면 가문의 흥망성쇠를 그 집안의 선대 묘소와 함께 현재 기거하는 주택의 길흉을 살펴 원인을 찾아보는 것도 중요한 해결책 중 한 방법이 될 것이다.

020. 풍수의 목적

인간이라면 누구나 좋은 길지에 집을 지어 건강하고 안락한 삶을 원하고 있고 조상의 체백(體魄)을 길지에 모셔 영혼의 안녕과 더불어 후손들의 평안까지도 기대하고 있다. 이러한 기대와 더불어 꾸준히 연구되어온 풍수는 과거 고려와 조선시대를 합쳐 약 1천 년 동안이나 공인된 학문이었지만 구한말 서구문물의 유입과 일제강점기에 접어들면서 잠시 제도권 밖으로 밀려나기도 했다. 다행히 근래 들어서는 국내의 여러 대학에서 풍수지리학과가 개설되어 현대의 지리학과 자연과학을 접목시킨 새로운 풍수학문의 모습을 보이고자 많은 노력을 기울이고 있다. 현대의 지리학에서는 땅을 단순한 광물질로만 취급하여 그냥 인간의 생활 터전이고 사람이 살아가는데 필요한 재화 생산의 장 정도로만 간주한다. 그러나 풍수지리는 땅(흙)속에 무한한 생명 에너지(地氣)가 있어 만물을 키워내는 활력이 있다고 보고 이 활력의 후박(厚薄) 정도가 인간의 길흉화복에 절대적인 영향을 미친다고 생각한다. 좋은 땅에 심어진 나무가 무성하게 잘 자라 좋은 열매를 맺듯이 인간 역시 좋은 땅에 집을 짓거나 묘소를 쓰게 되면 그곳의 좋은 기운으로 건강과 행복을 만끽할 수 있다는 것이다. 그러므로 땅에 있는 생기(地力)는 곧 만물이 탄생하고 성장하는 힘의 원천이 되며 더 나아가 이것을 지모(地母) 사상으로 이해하고자 한다. 그렇지만 만물을 길러내는 땅도 그 활력의 정도가 일률적이지 않고 위치와 성질 그리고 그 주변 환경에 따라 길흉이 구분되어 진다. 그래서 풍수가들은 땅의 길흉을 살피게 되는 것이고 어떻게 하면 생기 충만한 땅을 구하여 그 활력으로 건강하게 생활하면서 화(禍)를 피하고 복(福)을 받을 수 있을까 하는 것이 풍수지리의 목적이기도 하다.

풍수에서는 땅을 감별하는 방법이 크게 둘로 나누어진다. 하나는 산천의 형세를 육안으로만 보고 지기가 많이 모여 있는 곳을 가늠하는 형기학이고, 다른 하나는 방위와 시간 등 음양오행의 원리를 이용하여 길을 추구하는 이기학이 있다. 여기서 이기학은 좌향론을 비롯한 패철사용법, 그리고 다양한 수법 등 복잡 난해한 것들이 너무 많아 형기학만 고집하는 풍수가들이 간혹 있다. 그러나 풍수에서는 형기학의 중요성이 무엇보다도 강조되지만 주역의 원리를 이용하여 자연의 이치를 규명해놓은 이기학 역시 형기학 못지않게 중요하다는 것을 명심하여야 한다. 우주 속의 자연현상은 어디까지나 일정한 법칙이 있고 이것이 인간 생활에 많은 영향을 끼쳐왔음은 부인할 수 없는 사실이다. 현시대를 살아가고 있는 많은 사람들은 풍수 사상을 지극히 이기적인 상술이나 미신 정도로 취급하다가도 막상 본인의 직계가 상(喪)을 당해 매장(埋葬)할 때는 아무 거리낌없이 풍수 지사의 조언을 받아들인다. 이러한 현상들은 부모님의 장사로 인해 혹시 후손에게 어떠한 화(禍)가 닥치지 않을까 하는 염려 때문이기도 하지만 평소에 우리의 정서 속에 풍수 사상을 안 믿기에는 어딘가 모르게 꺼림직하고 한편으로는 혹시 모르지 하는 마음에서 그냥 지나쳐 버릴 수 없다는 생각 정도로 취급하고 있기 때문이다. 우리들의 일상생활 속에는 아직 과학적으로 규명해내지 못한 기이한 현상들이 너무나 많다는 것을 명심해야 할 것이다.

021. 대한민국은 세계 최고의 명당

지구의 수많은 나라 중에 우리나라야말로 세계 최고의 명당이다. 이것은 풍수적으로 따져봤을 때 우리나라를 중심으로 전 지구가 형성되어 있는 모양임을 알 수 있다. 세계 지도를 펼쳐놓고 보면 우리 한반도를 중심에 두고 남향을 했을 때 왼편으로는 일본이 바짝 감싸주어 내청룡 역할을 해주고 그 밖으로 멀리 남북 아메리카대륙이 외청룡 역할을 완전히 해주고 있다. 우측으로는 중국내륙에서 저 싱가포르까지 대한민국 전체를 감싸며 내백호 역할을 해주고 밖으로는 아프리카 대륙이 외백호 역할을 톡톡히 하고 있다. 또한 지구 전체의 조종산(祖宗山)인 곤륜산이 중국의 서북쪽에 위치하여 있는데 풍수에서는 전 세계의 조산(祖山)이 모두 곤륜에서 발원한 것으로 본다. 곤륜산은 팔방으로 가지를 뻗어 나갔는데 그 중 북동쪽(艮方)으로 뻗어 나온 산맥이 압록과 황하 사이로 이어져 한반도의 백두산을 일으켰으니 이 백두산이 바로 우리나라의 주산이다. 여기서 1 정간, 1 대간, 13 정맥으로 우리나라의 뼈대를 형성하였으니 얼마나 힘차게 뻗어 내려왔는가. 그리고 우리나라 밑으로 나지막한 대륙 호주가 안산의 역할을 맡고 있으니 한반도 전체를 두고 사신사(四神砂: 북현무, 남주작, 좌청룡, 우백호)를 모두 다 갖춘 셈이다.

이와 같이 한반도의 바람막이는 주변국들이 사신사 역할을 톡톡히 해주지만 풍수에서는 바람 못지않게 수세(水勢)도 매우 중요시한다. 특히 물이 빠져나가는 파구는 풍수에서 굉장히 중요시 여긴다. 우리나라의 수세는 동해에서 남쪽으로 나라 전체를 환포(環抱) 하면서 흘러 제주도를 지나 대만과 중국내륙 사이로 물이 빠져나간다. 물은 혈장을 감싸고 구불구불 천천히 흘러나가야 혈장에 많은 생기를 공급해주는데 제주도를 비롯한 남해안 쪽에서 대만까지는 크고 작은 섬들이 많아 자연적으로 유속을 느리게 하고 있으니 이 얼마나 풍수적으로 유리한 조건인가.

우리나라는 태초부터 산이 아름답고 물이 맑아 '금수강산'이라 불러왔다. 아름다운 산수(山水)와 더불어 천기와 지기가 잘 조화된 한반도야말로 세계 제일의 명당이다. 이러한 땅에서 자란 우리 농산물은 맛과 영양가 면에서도 탁월할 뿐 아니라 특히 자생 산·야 초는 그 약효가 뛰어나 지구촌 어디를 가나 명품대접을 받는다. 우리나라의 과거를 보면 신라 천년의 역사와 더불어 고려와 조선의 천년에서 증명하듯 이렇게 긴 왕조의 역사를 가진 나라는 세계적으로 드물다. 삼면이 바다(물)로 감싸진 한반도와 지형 지세가 비슷한 이탈리아 역시 과거 로마제국을 건설하여 천 년이상 유럽을 통치하였기에 우리나라와 같은 지형이 풍수지리적 길지임을 한 번 더 증명해 준다. 주역을 연구하신 탄허 스님께서도 앞으로 한반도가 전 세계의 중심이 된다고 예언한 바 있다. 이렇게 좋은 길지에서 살아온 우리 국민들은 풍수지리학문의 맥을 2천 년이 넘도록 이어왔고 앞으로도 많은 학자들의 심도 있는 연구와 노력으로 풍수가 우리의 실생활에 반드시 필요한 학문으로 자리매김하여야 한다. 그리고 우리의 전통문화 계승과 효(孝)사상, 나아가서 국민들의 건강증진과 생활편의에도 반드시 필요한 학문이다.

022. 꿩은 땅의 기운을 감지한다

꿩의 직감적 예지력은 대단한 것 같다. 지하 땅속의 미세한 진동까지 감지해 이상 징후가 보이면 날개짓과 울음소리로 지진까지 예고해 준다고 한다. 산에 올라보면 꿩들이 땅을 파고 배를 비비며 놀던 자리나 털을 뽑아 보금자리를 만들어 알을 낳은 장소는 대부분 풍수적 길지다. 이것은 알이 부화 되고 새끼가 성장하려면 땅속 수맥파를 피하고 따뜻한 기운이 감도는 곳이어야 하기 때문이다. 이러한 현상은 꿩이 풍수에 밝아서가 아니라 동물적 감각으로 생기 가득한 장소를 찾아낼 수 있기 때문이다. 꿩에 얽힌 명당 이야기는 구전으로 많이 전해져 내려온다. 한 여인이 밭에서 일을 하고있는데 꿩 한 마리가 황급히 날라왔다. 여인은 깜짝 놀라 쳐다보니 꿩이 고개를 숙이며 "제발 저를 좀 숨겨주세요." 하는 눈빛으로 쳐다보자 이를 불쌍하게 여겨 얼른 나무 덤불 속으로 감추어 주었다. 잠시 후 총을 든 사냥꾼이 나타나 여인에게 말하기를, 이쪽으로 꿩이 한 마리 날아갔는데 혹시 보지 못했소? 하고 묻자 글쎄요 꿩은 본래 사람을 싫어하는 짐승인데 저는 보지 못했습니다. 하니 사냥꾼은 고개를 갸우뚱하면서 그냥 지나갔다. 잠시 후 꿩은 그 여인의 치마를 부리로 잡아당기더니 산 중턱에 이르러서는 발로 땅을 파헤치며 울어 댔다. 신기하다고 생각한 여인은 훗날 남편을 그곳에 장사지냈는데 그 후로 집안에선 높은 벼슬이 줄줄이 나왔다고 한다. 이러한 구전이야말로 과장하여 흥미로 꾸며진 얘기꺼리겠지만 실제 꿩들이 따뜻하고 생기 가득한 장소를 잘 찾아낸다는 것을 알려주기엔 충분하다.

꿩뿐만 아니라 산속을 가다가 산 짐승이 새끼를 낳은 장소를 발견하거나 새들의 분비물이 집중적으로 떨어져 있는 곳도 예사로운 자리가 아니다. 동물들은 흔히들 인간이 감지해내지 못하는 어떤 기운을 동물적 감각으로 찾아낸다고 한다. 몇 달 전 제자들과 함께 경북 영천의 모처로 간산(看山: 풍수에서는 명당을 찾으러 산에 오르는 것을 간산이라고 함)을 갔는데 짐승이 새끼를 낳은 장소를 발견하였다. 그곳은 넓게 보아 영천의 주산인 보현산(普賢山)에서 뻗어 내린 산자락이 고현천(古縣川)을 만나며 행룡을 멈추고 생기를 응결시킨 곳이다. 혈장에서의 물은 왼쪽에서 나와 오른쪽으로 빠지고 내룡은 우선으로 돌아가 자연의 순환 원리에도 합당하였다.

산 정상으로 올라가 아래쪽으로 혈을 찾아 내려오는 도중 괜찮은 혈장이 하나 보였는데 그 지점이 바로 새끼를 낳은 장소였다. 그곳에서 패철을 사용하여 내룡(來龍)과 득수(물을 얻는 곳)와 파구(물이 마지막으로 나가는 곳)를 측정해보니 이기론 수법(88향법)에서 대길하다는 자왕향(自旺向)의 혈지로 후손들에게 아주 빠른 발복을 예약하는 조빈석부(朝貧夕富)의 자리이다. 또한 주위를 살펴보니 나름대로 사신사도 잘 갖추어져 있고 당판의 토질도 단단했으며 몇 가지 혈증(穴證)까지 갖춘 자리였다. 옛날부터 꿩이 알을 낳거나 짐승이 새끼를 낳은 장소가 명당이라 했는데 그것을 이기론 풍수로 증명하고 확인한 셈이다.

023. 풍수에서의 바람

풍수에서의 바람은 물과 함께 양의 기운으로 굉장히 중요시 여긴다. 잔잔한 바람은 좋은 양기에 속하지만 세찬 바람이 문제를 일으킨다. 공기는 특성상 온도가 낮은 곳에서 높은 곳으로 이동하는 성격을 갖고 있다. 낮에는 계곡보다 산등성이 쪽이 더 따뜻하므로 계곡의 차가운 기운이 산 위의 더운 쪽으로 이동하면서 바람이 일어나고, 밤에는 산등성이 보다 지대가 낮은 계곡이 더 따뜻하니 기온 차에 의해 산 위에서 계곡 쪽으로 바람이 분다. 따라서 산에는 자체적으로 생긴 바람이 쉴 새 없이 불기 때문에 그 영향으로 땅의 모양과 땅속의 지질은 변화한다.

바람의 위력은 상상을 초월할 만큼 대단하다. 그런 바람이 봉분이 부실해 묘소 안으로 치고 들어간다면 어떤 현상들이 일어날까. 풍수는 묘소 안으로 바람이 드나들면 보통 절손되거나 후손들에게 인패(人敗), 재패(財敗) 등 엄청난 화(禍)를 가져다준다고 본다. 또한 바람은 묘소 안쪽의 혈에 응집된 생기를 흩어지게 하고 안정되어야 할 시신에 풍렴이 들어 오래 보관되어야 할 유골이 빠른 속도로 산화된다.

그래서 풍수 고전 『葬經』에서도 혈이 바람을 받을 경우를 기록하고 있다. '혈장의 사방(四方)이 허공으로 남아있으면 바람을 받아 생기가 흩어지므로 혈장은 청룡과 백호가 좌우에서 감싸주고, 주작과 현무가 전후에서 바람을 잘 막아줘야 생기가 결집 되어 길지가 된다. 내룡의 입수가 비록 훌륭해도 청룡과 백호가 없어 혈장의 좌·우가 허공이거나 주작에 해당하는 안산이 없어 앞이 허전하거나 뒤쪽의 현무가 단절되어 오목하게 들어간 곳은 바람을 많이 받아 혈장의 생기가 흩어지기 때문에 흉지가 된다.'라고 기록하고 있고 다른 고서에서도 하나같이 바람의 피해를 적고 있다.

어느 한 방향에서 바람이 묘소 쪽으로 계속 불어온다면 그 바람으로 인해 흙과 잔디의 수분이 증발하게 되므로 무덤을 덮고 있는 잔디는 말라 죽게 된다. 잔디가 없으면 봉분은 무너지고 그곳으로 바람이 들어 수년간 풍살(風殺)을 받게 되면 유골은 새까맣게 타서 매우 흉한 모습으로 변한다. 시신의 유골은 광 중에서 바람(風)과 물(水)의 피해가 없이 100년~120년 전후로 하여 자연소진 되어져야 좋은 길지에 장(葬)하였다 할 수가 있으나 공기 중에는 산소가 21%나 함유되어 있기 때문에 공기(산소)가 묘소 안으로 드나들면 유골이 급속도로 산화되어 버린다. 그러므로 이러한 묘소의 후손들은 각종 성인병(風病)을 앓거나 재산상의 손해나 송사에 휘말려 어려움을 겪는다고 보기 때문이다. 우리나라 속언에 '골'로 간다는 말이 있다. 이 말은 곧 죽음을 의미하며 골바람을 맞으면 그만큼 위험하다는 뜻이 내포되어 있다. 산에 올라 보면 계곡의 양쪽 산자락을 청룡·백호로 오인하고 가운데 윗부분에 묘소를 쓰는 경우를 가끔 볼 수가 있는데 이러한 곳은 골짜기의 윗부분에 불과하므로 절대적으로 피해야 될 장소다. 풍수에서는 음·양택을 막론하고 골바람이 닿는 곳을 최고의 흉지로 치며 이러한 곳이 바로 온 집안을 멸문지화 시키는 장소다.

024. 음풍과 양풍

풍수에서는 바람을 음풍과 양풍으로 나누어 설명한다. 음풍(陰風)은 요풍(凹風)이라고도 하며 오목하게 파이고 꺼진 곳이나 긴 골짜기에서 거세게 몰아닥치는 곡풍(谷風)을 말하는데 산세가 험준하고 골짜기가 깊어서 자연적으로 생기는 찬바람이다. 예를 들어 물이 넓게 퍼져서 흘러오다가 좁은 협곡에 다다르면 물의 형세가 급하고 속도가 빨라지는 것처럼 바람도 과협처나 골짜기에서는 그 힘이 더욱 증가하여 살기(殺氣)를 띄게 된다. 반면 양풍(陽風)은 불어오는 바람이 유순하고 넓고 부드럽게 불어서 만물에 해를 주지 않는 바람으로 대개 평지에서 땅 위로 부는 시원한 바람을 가리킨다. 풍수에서는 양풍보다는 음풍을 더욱 싫어한다.

따라서 주변 산세들의 특성을 잘 관찰해보고 사신사(四神砂: 북현무, 남주작, 좌청룡, 우백호)의 요(凹)함이 있어 황천풍(黃泉風)을 받거나 계곡풍의 피해가 있거나 음풍이 묘소까지 드나들 곳은 혈지로 삼지 않아야 한다. 또한 인위적으로 변한 지리적 환경도 자세히 관찰해야 한다. 용맥을 비롯하여 혈을 이루고 있는 주위의 사신사가 도로나 댐 건설로 파괴되는 경우가 많다. 이 경우 처음에 묘 터로 잡았을 경우에는 풍수 조건에 맞았다 해도 각종 공사로 자연환경이 파괴되거나 변하면 그로 인해 혈의 맥이 끊어지거나 풍수적 명당도 흉지로 변할 수가 있다. 특히 청룡이나 백호 자락의 중간이 잘려 그곳으로 바람이 통한다면 구궁도의 가족 분방에 따라 가족 중 해당자는 잘려 나간 부분의 영향을 받게 되므로 후천적 풍해를 입게 된다. 예를 들어 동(震)쪽의 청룡 자락이 잘려나가 허하다면 집안의 장남이 피해를 입는다는 것이다.

풍수 고서에서는 나경의 24방위를 8방위로 나누었을 때 그중에서 어느 곳이든 오목하게 파이고 낮은 곳이 있으면 그곳으로 요풍(夭風)을 맞게 되어 흉하다 하고 혈장을 기준으로 하여 방위 별로 팔요풍(八夭風)의 피해를 기록하고 있다. 먼저 혈후(穴後) 요풍은 주인이 일찍 죽고 자손이 드물다 하였고, 혈전(穴前) 요풍은 자손이 고독 빈궁하고 절손이 염려되며, 혈장의 좌측 청룡(青龍)쪽 요풍은 장손이 병약하여 집안에 과부가 난다고 하였으며, 혈장 우측의 백호(白虎)쪽 요풍은 차손이 패망, 요사(夭死)하며 주부와 여식이 단명하고, 건해(乾亥:서북)방 요풍은 부주풍(富周風)이라 하여 재산탕진과 절손이 염려되며, 곤신(坤申:남서)방 요풍은 양풍(凉風)인데 관재구설 연속에 여색 탕아가 나고, 손사(巽巳:동남)방 요풍은 청명풍(淸明風)이라 하여 송사, 형옥살이, 정신질환에 가산탕진을 염려하고, 간인(艮寅:동북)방 요풍은 조풍(條風)이라 하여 간질, 유산 탕진, 절손, 귀신 장난으로 인한 큰 사고로 팔요풍 중에서 가장 흉하다고 하였으니 혈장 부근의 요(凹)한 부분은 반드시 비보하여야 한다.

또한 소골풍이라 하여 이 바람이 닿는 곳엔 잔디가 말라 죽고 봉분이 무너져 시신의 뼈가 새까맣게 타는 현상을 말하는데 좌향(坐向)이 子坐(남향)에서는 艮寅風(북동풍), 午坐(북향)에서는 坤申風(남서풍), 卯坐(서향)에서는 乙辰風(남동풍), 酉坐(동향)에서는 乾亥風(북서풍)이 소골풍이라 하였다.

025. 풍수와 음양오행

동양철학의 기본은 음양오행 사상에서 출발한다. 음양설과 오행설은 초기에는 각각 따로 발생했으나 두 이론의 특성상 모두 자연의 원리에 대한 기초 이론으로써 우주의 자연현상을 이해하는데 편의상 결합해서 많이 사용되어지고 있다. 이러다 보니 두 이론은 시간이 지남에 따라 하나의 이론처럼 만들어지게 되었고 상호 제휴해 나가지 않으면 안 되기에 이르러 결국 동일한 이론처럼 하나로 묶어 사용하고 있다. 기(氣)는 우주를 형성하고 있는 근원으로 일원(一元)이라 부를 수 있는 무극의 태극(☯) 상태에 있다가 만물을 형성하려면 음(--)과 양(一)으로 나누어진다. 그러므로 음양설의 기초는 우주 형성의 근원인 태극에서 출발한다. 태극이란 아직 음양의 활동이 나타나지 않는 본연의 상태이지만 여기서 한번 동(動)하면 양이 되고 한번 정(靜)하면 음이 되는 것이 양의(兩儀)로 나누어져 음과 양으로 구분된다. 음양은 우주의 모든 현상을 둘로 대립시켜 하늘이 있으면 땅이 있고, 낮이 있으면 밤이 있고, 불이 있으면 물이 있고, 남자가 있으면 여자가 있는 것처럼 우주의 모든 존재 및 그 활동은 대립적 관계에 의해 다스려진다.

이것은 본래 태극에서 갈라진 2개의 기(氣)로써 이러한 기는 단독으로는 활동하지 못하고 음양의 두 기운이 만나야 비로소 생산적인 활동을 할 수가 있다. 밤이 지나면 낮이 오지만 시간이 지나면 다시 어둠이 찾아온다. 이렇듯 음양은 상반되는 성격이지만 결합되어 있고 끊임없이 상호작용을 하며 주기적 변화를 일으킨다. 이러한 음양이 다시 활동을하여 음은 태음과 소양으로, 양은 태양과 소음으로 사상(四象)을 펼치고, 사상은 다시 음양이 분화되어 팔괘로 나누어진다. 풍수에서는 사상에서 분화된 팔괘를 이용하여 8방위의 각 방위마다 가족관계를 분방하고 오행의 상생상극을 대조하는 등 이것으로 음·양택의 길흉 분석에 요긴하게 사용되어지고 있다.

우주 속의 모든 자연현상은 기(氣)에 의해서 나타나고 지배되기 때문에 음양설이나 오행설의 핵심 개념은 기다. 기는 하늘에서 발생 되는 천기와 땅에서 발생하는 지기가 있다. 천기와 지기가 합쳐 생명이 탄생 되고 자연에 널리 분포되어있는 기의 특성을 음양으로 나누고 음양의 작용으로 만들어진 기운을 다섯[목·화·토·금·수]가지 형태로 구분한 것이 오행이며 이러한 현상들을 정립한 것이 음양오행 사상이다. 풍수지리 역시 음양오행 사상에 그 뿌리를 두고 있다. 이러한 음양과 오행의 조화에 만물이 생성되고 소멸되니 이 우주의 모든 만물은 음양오행의 원리하에 이루어진다. 음양 운동의 가장 큰 주체는 하늘과 땅이다. 하늘은 생명을 내려주고 땅은 생명을 낳고 길러냄으로 하늘과 땅은 만물 생명의 근원이다. 음양의 변화 운동을 통해 목·화·금·수의 사상(四象)으로 펼치면서 봄, 여름, 가을, 겨울의 사계절을 빚어내고 이렇게 4계절로 변화할 수 있도록 도와주는 것이 토(土)의 힘이며 이러한 토를 중심으로 사상과 합한 것이 오행(목·화·토·금·수)이다. 이리하여 세상의 모든 물체는 반드시 오행의 다섯 가지 기운 중 하나의 성질을 갖는다.

026. 12지지地支와 열두 동물(띠)

우주공간에는 기(氣)로 가득 채워져 있다. 하늘에는 천기가 있고 땅에는 지기가 있는데 12지지는 바로 이 땅 기운의 부호다. 또한 하늘의 기운인 천기에도 목화토금수의 오행이 있고 땅에도 똑같이 오행이 있어 이것을 음양으로 나누니 부호가 10개나 된다. 그런데 하늘의 기운에는 부호가 10天干(갑을병정무기경신임계)의 10개지만 땅의 기운에는 12地支(자축인묘진사오미신유술해)의 12개다. 이것은 지구에는 봄, 여름, 가을, 겨울이란 4계절이 있어 계절이 바뀔 때마다 토의 기운이 필요하기에 진술축미란 토의 부호가 4개나 들어있다. 동양철학에서는 이 땅의 기운인 12지지에 각종 동물을 대입시켜 해마다 바뀌고 12년마다 다시 같은 띠로 되돌아온다. 왜 12년 주기일까? 지구상의 모든 동식물들은 태양이 없으면 살아갈 수 없는 것처럼 태양계의 여러 행성에 많은 영향을 받는다. 태양계 속에는 태양 다음으로 큰 행성이 지구 크기의 11배나 되는 목성이다. 지구는 태양을 1바퀴 도는 데 1년(365일)이 걸리지만 목성은 태양을 1바퀴 도는 데 약 12년이나 걸린다고 한다. 그러므로 지구와의 거리와 위치가 매년 달라 목성이 지구에 미치는 영향은 해마다 다르고 12년 주기로 같은 위치에 도달하기에 같은 해에 태어난 사람끼리는 띠(동물)가 똑같고 이것을 해마다 달리하여 12개로 나누어 놓았다. 여기서 사람의 타고난 운명은 어머니 뱃속을 벗어나 태어나는 순간 천체에 떠 있는 별들이 어느 위치에 있었는지에 따라 그 사람이 받는 에너지가 다르다. 즉 그 사람이 태어나 탯줄을 자르는 시점이 어느 계절이며 하루 중 어느 시간대인지에 따라 태양계로부터 받는 (타고난) 기운이 다르다는 것이다. 그래서 사람이 태어날 때의 연월일시를 4주(四柱)라 하고 각주마다 천간과 지지의 두 글자가 있어 여덟 글자(八字)가 되니 이것을 음양과 오행으로 풀이하여 그 사람의 사주팔자를 해석한다.

그리고 12지지에 동물을 대입시킨 것은 12지지에도 음양과 오행이 있어 이 음양오행의 성정에 맞추어 붙어놓은 것이다. 쥐(子)와 돼지(亥)는 오행이 수(水)의 기운이다. 수기운은 다산을 상징하기 때문에 새끼를 많이 낳는 쥐와 돼지를 붙여놓은 것이다. 여성도 신장과 방광(골반)의 수 기운이 강하면 애기를 잘 낳는다고 한다. 다음 호랑이(寅)와 토끼(卯)는 목(木)의 기운으로 나무는 봄에 쑥쑥 자란다고 하여 튀어 오르는 용수철과 같아 점프를 잘하는 토끼와 호랑이를 대입시켜 놓은 것이다. 뱀(巳)과 말(午)은 화(火) 기운으로 불은 붙을수록 더 빨리 타기 때문에 빨리 달리는 뱀과 말을 대입시켰으며 단 뱀(巳)은 화(火) 중에서도 음화(陰火)이기에 땅에서만 빨리 기어 다닌다. 진·술·축·미는 토(土)의 기운으로 토는 가운데에서 중심을 잡아주고 모든 것을 도와준다. 용(辰)은 상상의 동물로 하늘에서 비를 내려주고, 개(戌)는 집안의 도둑을 지켜주며, 소(丑)는 농사일을 돕고 인간에게 고기를 제공해 주며 양(未)도 털과 고기를 제공해 준다. 원숭이(申)와 닭(酉)은 금(金) 기운으로 원숭이는 도구(돌)를 사용할 줄 알고, 닭에 대해서는 조류는 원래 화(火)에 속하지만 날개가 퇴화되어 날 수가 없고 조금 난다 싶으면 무거워서 곧 떨어지기에 금(金)에 배속시켜 놓았다.

027. 12지지地支와 우리나라 시간

현재는 전 세계 공통으로 하루를 24등분하여 24시간제를 쓰고 있지만 과거 우리나라에서 24시간제가 도입되기 전에는 하루를 열두 등분 한 12시간제를 쓰고 있었다. 그 당시는 아직 아라비아숫자를 시간에 사용하지 않는 시기이다 보니 시간의 부호를 12지지의 글자를 빌려와 표시하였다. 일반적으로 밤 23시~01시 사이를 자(子)시라 하였고, 01시~03시 사이를 축(丑)시, 03시~05시는 인(寅)시, 05시~07시는 묘(卯)시, 07시~09시는 진(辰)시, 09시~11시는 사(巳)시, 낮 11시~13시는 오(午)시, 13시~15시는 미(未)시, 15시~17시는 신(申)시, 17시~19시는 유(酉)시, 19시~21시는 술(戌)시, 21시~23시 사이를 해(亥)시라 하였다.

그런데 우리들이 흔히 사용하는 위의 시간 들은 우리나라의 실제시간과는 차이가 있다. 각 나라의 정오 시간은 그 기준점이 있고 정오란 어떤 한 지역에 막대기를 세웠을 때 태양이 막대기의 바로 위에 있어 그림자가 생기지 않는 시각이다. 세계의 시간은 19C 영국(그리니치) 천문대를 경도 0으로 하여 표준시를 정하였는데 일본은 그 위치가 동경 135도에 있고 우리나라는 동경 127.5도 상에 있다. 지구가 동쪽으로 자전할 때 360도를 24등분하면 태양(지구)이 15도 이동할 때마다 1시간이 걸린다. 그러므로 일본과 우리나라는 7.5도 차이가 있으므로 정확하게 30분 차이가 난다. 즉, 일본의 정오 시간이 낮 12시 라면 우리나라의 정오 시간은 12시 30분이 된다는 것이다. 여기서 주의할 점은 누구나 한 번씩 사주를 볼 때 일본시간에 맞추어 자(子)시, 축(丑)시, 인(寅)시에 태어났다 등으로 하지 말고 우리나라 시간과 분에 맞추어 자(子)시 or 축(丑)시 등으로 표기해줘야 본인이 태어났을 때 어떤 기운을 받고 태어났는지 정확하게 알 수가 있다. 예를 들어 밤 1시 20분에 태어났다면 동경시를 기준 하면 축(丑)시에 속하지만 우리나라 시간은 아직 자(子)시다. 그러면 축(丑)은 오행으로 토(土)이고 자(子)는 수(水)이기 때문에 사주풀이가 완전히 달라져 엉터리 사주가 된다는 것이다. 우리나라의 표준시는 1908년 4월 1일부터 원래대로 동경 127.5도를 사용하였으나 1912년 1월 1일 일제강점기로 인해 일본에 맞춰 동경 135도를 사용하였다. 그러다 1954년 3월 21일 이승만에 의해 다시 우리나라의 실정에 맞춰 127.5도를 사용하다가 1961년 박정희 정권하 세계로의 무역을 위해 다시 동경 135도를 사용하게 되었다. 북한은 2016년 8월 15일부터 동경 125도인 평양시를 사용한다고 발표했다. 평양은 서울보다 더 서쪽으로 치우쳐 있어 경도가 동경 125도에 위치하고 있기 때문이다. 우리나라에서도 지역에 따라 약간의 차이가 있다.

예를 들어 제일 동쪽에 위치한 울릉도의 경우 정오(午時) 시작이 11시 17분 13초이고, 대구는 11시 25분 32초, 서울은 11시 32분 24초, 백령도는 11시 40분 26초가 된다. 우리 인체의 시계는 자연의 순환, 특히 태양의 순환에 맞추어져 있다. 생활 리듬이 평소 30분 정도 앞당겨져 있는 것이 장기적인 관점에서 국민건강 상 어떤 영향을 미치는지는 모르겠지만 우리는 그로 인해 나름의 부작용을 안고 살아가는 것이다.

028. 하도河圖와 낙서洛書

주역에서 하도(선천팔괘)는 지금으로부터 약 5,500년 전 동방배달시대의 태호복희(BC.3528~3413)씨가 황하에서 나온 용마(龍馬)의 등에 찍힌 55개의 반점을 보고 연구를 하여 그 그림 안에 우주의 심오한 이치가 담겨 있다는 것을 발견했다. 이를 황하에서 나온 그림이라 하여 선천의 하도(河圖)라 하고 이를 이용하여 우주의 기본구조를 설명해 놓았다. 낙서(후천팔괘)는 지금으로부터 약 4,200여 년 전 중국 하(夏)나라 우 임금이 낙수(洛水)에서 나온 거북의 등에 생긴 45개의 점을 발견하고 자세히 살펴보니 우주 만물의 생성과 조화 그리고 천지 운행의 이치가 구체적으로 나타나 있었다. 이를 낙수에서 나온 그림이라 하여 낙서(洛書)라 부르고 이 그림에서 하늘과 땅 사이에서 일어나고 있는 만물의 생성소멸과 순환의 이치를 밝혀내게 되었다. 하도와 낙서의 상수 원리는 문왕, 주공, 공자를 거쳐 음양 팔괘를 구성 원리로 한 주역(周易)으로 체계화되었다.

복희씨의 선천 팔괘가 우주의 기본구조인 체(體)를 표시했다면 문왕의 후천 팔괘는 우주의 운용 방법인 용(用)을 표시한 것이다. 다시 말해 선천 팔괘가 하늘과 땅 사이의 공간에 있는 우주의 대자연을 그림으로 나타낸 것이라면 문왕의 후천 팔괘는 하늘과 땅 사이에 일어나고 있는 모든 생활 변화의 모습을 그림으로 나타낸 것이다. 역학은 태호복희가 하도의 그림으로 태극과 팔괘를 처음으로 그으면서 시작되었다. 낙서를 기초로 하여 문왕이 문왕 팔괘를 만들고 팔괘를 응용하여 64괘를 풀이하였으며 그 후 주공이 384효의 효사(爻辭)를 풀이하였고 공자가 십익(十翼)을 달아 주역을 완성하였다. 이렇게 완성된 주역에는 괘 모양과 음양오행의 원리로 천지 현상과 인간관계에 대한 온갖 이법을 규명해놓고 있다. 이것은 현재까지도 자연의 이치를 이해하는 데 없어서는 안 될 동양과학의 근본 뿌리가 되고 풍수에서도 길흉화복을 알아보는 데는 이러한 주역의 원리를 이용하고 있다. 특히 상극의 원리를 이용하여 만들어진 후천 8괘에는 여덟 방위와 가운데를 포함한 구궁도를 만들어 각 방위마다의 괘 모양을 보고 음양오행과 가족관계를 배속하여 음·양택에서 모든 길흉을 논하는 데 요긴하게 사용하고 있다.

하도와 낙서는 우주 변화의 암호해독 판으로서 음양에 대한 자연의 변화원리를 그려놓은 것이다. 이 그림 속에는 천지 만물이 생성 변화하는 모든 원리가 담겨져 있어 우주의 청사진이라고도 할 수 있다. 이렇게 귀중한 청사진은 고대 왕실에서도 가장 소중히 보관했던 물건들 중 하나였으며 오늘날 책을 보관하는 도서관(圖書館)이라는 단어도 여기서 유래되었다. 과거 하도와 낙서는 워낙 중요한 문서였기에 이를 보관하는 곳이라 하여 하도와 낙서의 글자에서 도(圖)字와 서(書)字를 한자씩 따와 현재까지도 책을 보관하는 곳을 '도서관(圖書館)'이라 부르고 있다.

029. 선천과 후천 그리고 주역 팔괘

지구의 1년에는 봄, 여름, 가을, 겨울이란 4계절이 있다. 이 중에서 선천이 팽창(분열)하는 봄과 성장하는 여름이라면 후천은 수축하는 가을과 휴식하는 겨울에 해당된다. 생각을 해보라 1년 내내 팽창과 성장만 한다면 지구는 폭발하고 말 것이다. 그래서 성장을 멈추고 씨앗을 맺어 움츠려 영글게 하는 가을이 필요하고 또다시 시작의 계절인 봄을 맞이하기 위해 휴식의 기간인 겨울이 필요한 것이다. 이렇게 자연은 크게 분열[양陽]과 통일[음陰]의 과정을 어김없이 반복하게 된다. 지구 1년의 사계절을 보면 천지의 변화는 참으로 어김이 없다. 봄·여름 동안에는 싹을 틔워 가지와 잎으로 분열되어 산과 들을 온통 푸른 녹음으로 뒤덮고 가을이 되면 낙엽이 지며 풍성한 열매를 맺은 뒤 겨울에는 휴식을 취하게 된다. 그리고 다음 해 그다음 해에도 똑같은 변화를 거듭한다.

지난주에 연재한 하도는 상생의 세상인 선천에 해당되며 낙서는 상극의 시대인 후천에 해당된다. 낙서(후천)에 나오는 구궁도표의 숫자 배열을 보면 상극(목→토→수→화→금)의 순으로 양의 숫자(1,3,5,7,9)는 왼편에서 오른쪽으로 좌선을 하고 음의 숫자(2,4,6,8)는 오른쪽에서 왼쪽으로 우선을 한다. 남향을 기준 삼아 왼쪽인 동쪽은 해가 뜨니 양이고 오른쪽은 서쪽으로 해가 지니 음이다. 이렇듯 세상의 모든 이치가 남(양)좌 여(음)우를 원칙으로 한다. 그러니 혈장에서도 좌측에 있는 청룡(좌청룡)은 양으로써 남자와 벼슬을 주관하고 우측에 있는 백호(우백호)는 여자와 재물을 주관한다고 보는 것이다. 우리의 일상생활에서도 이러한 원칙들은 흔히 볼 수 있다. 배례(拜)할 때 남자(양)는 왼손이 오른손 위에 올라가고 여자(음)는 오른손이 왼손 위에 올리게 되며 상의 옷의 단추구멍에도 남자의 옷에는 왼편에 여자의 옷에는 오른편에 구멍이 뚫어져 있다. 산에 올라 부모님의 산소를 보아도 앞에서 보았을 때 왼쪽은 아버지(양) 오른쪽은 어머님(음)이 모셔져 있으며 제사를 지낼 때 홍동백서(좌측은 해가 뜨는 동쪽이니 붉은색으로, 우측은 해가 지니 서쪽이므로 흰색) 등 이외에도 여러 가지의 경우가 많이 있으나 모든 것들이 여기에 근원을 두고 있다.

풍수에서도 길흉화복의 판단은 거의가 주역의 원리를 이용한다. 음양과 오행의 여러 가지 원리들을 이용하여 만들어진 후천 팔괘는 괘(8괘)의 모양을 보고 방위마다 가족을 분방하였으며 건(☰)괘는 양효(陽爻)로써 하늘이고 아버지를 뜻하며 곤(☷)괘는 음효(陰爻)로써 땅(지구)이고 어머니를 뜻한다. 이러한 괘의 모양과 숫자로 따져 아버지, 어머니, 장남, 장녀, 중남, 중녀, 말남, 말녀 등 집안의 모든 가족들을 각 방위에 배치하여 각각의 길흉화복을 따지는 것이다. 산에 올라 묘의 좌향이나 주위의 산세를 보고 맏이가 발복을 하느니 차남이 안 좋다느니 혹은 몇째 아들이 벼슬을 하겠으며 형제 중 누구가 재복(財福)이 있다, 없다. 그리고 몇째 딸이 어떻다느니 등 모든 길흉화복은 후천 팔괘에 근원을 두고 판단하는 것이다.

030. 오행의 종류와 풍수에서의 사용

풍수에서는 천기(天氣)와 지기(地氣) 그리고 땅의 길흉을 판단하는데 여러 가지 오행이 사용되어지고 있다. 그 종류로는 정 오행을 비롯하여 팔괘오행, 성수오행, 납음오행, 삼합오행, 쌍산오행, 장생오행, 원공오행, 구성오행, 홍범오행, 현공오행 등 풍수에서 사용되어지는 오행의 종류만 해도 수없이 많다. 정 오행은 선천과 후천팔괘의 음양과 오행을 근거로 10천간과 12지지의 음양오행을 만들었으며, 모든 오행의 으뜸이고 기본이다. 정 오행은 양택의 좌(坐)와 향(向)을 볼 때도 사용하며 일반적인 방위의 오행은 모두 정 오행으로 본다. 이 외의 각종 오행들은 정 오행에 준하여 파생된 오행들이다. 동방(목), 남방(화), 서방(금), 북방(수), 중앙(토)라 하여 목(木:녹색)은 동방으로 봄이요, 화(火:적색)는 남방으로 여름이요, 금(金:백색)은 서방으로 가을이며, 수(水:흑색)는 북방으로 겨울이며 토(土:황색)는 사계의 중앙에 위치하여 어느 방위에도 속하지 않으며 계절의 끝이다.

팔괘 오행은 패철의 24방위를 3방위씩 묶어 8방위로 나누어 오행을 만들었으며 음·양택을 막론하고 여러 분야에서 많이 사용되어지고 있는 오행이다. 특히 양택의 동·서사택론에서 주택 가상의 길흉을 논할 때 팔괘 오행을 사용하고 괘의 모양에 따라 가족을 분방하여 음양의 배합과 팔괘오행의 상생상극으로 방위의 길흉을 따진다. 그리고 구성(九星)과 궁성(8괘)의 관계에서도 팔괘 오행의 상생상극을 보고 길흉을 논하는 등 양택의 길흉 판단에서는 필수적으로 많이 사용되어지고 있다. 성수오행은 묘(墓)에서 보아 주위에 있는 산봉우리들이 나에게 이로운 방위에 있는지 흉방에 있는지 등 산봉우리의 길흉을 판단할 때 사용하는 오행이고, 납음오행은 동양철학에서 여러 가지로 활용하고 있으나 풍수에서는 재혈과 분금(시신을 안장할 때 정확한 방위선정), 장사일시 등 주로 음택에서 많이 사용한다.

또한 쌍산오행은 산(山)의 내룡(來龍)맥에 대한 길흉을 판단하고, 삼합오행, 장생오행, 원공오행 등은 혈장 주위에 흐르는 물의 득수, 파구를 기준으로 혈장의 길흉을 논할 때 주로 사용되어지는 오행이다. 홍범오행과 현공오행은 음·양택의 좌향을 기준으로 혈장 바로 위쪽의 내룡과 물의 득수, 파구 그리고 묘의 향, 주위에 있는 산봉우리의 방위를 포태법의 12운성으로 따져 길흉을 판단하고, 좌산(坐山)과 장사년(葬事年)의 운(運)을 따져보는 데도 사용한다. 그리고 구성오행의 구성이란 우주 전체의 중심에서 우주를 지배하는 북두칠성과 좌보성, 우필성을 합한 아홉 개의 별을 말한다. 이 별들이 우주 전체를 지배하고 나아가서 지구에 있는 산과 물을 비롯해서 인간의 길흉화복까지도 구성의 영향을 받기 때문에 이기학에서 음·양택 모두 사용하고 있다. 특히 양택에서는 대문과 안방, 부엌의 위치가 중요한데 이 구성으로 집안 내부의 길·흉방을 결정한다. 이렇듯 여러 종류의 오행들이 풍수에서 길흉을 판단하는데 다양하게 사용되어지고 있다. 결론적으로 이기론 풍수란 음·양택을 막론하고 음양의 배합 여부와 오행의 상생상극으로 땅과 방위의 풍수적 길흉을 판단하는 것이다.

031. 한양도성의 사대문과 음양오행

조선시대 경복궁을 중심으로 좌측에는 종묘를 우측에는 사직단을 건립하고 외곽에 도성을 쌓으면서 동쪽의 출입문을 동대문(흥인지문), 서쪽의 문을 서대문(돈의문), 남쪽의 문을 남대문(숭례문), 북쪽의 문을 숙청문(숙정문)이라 하여 이를 사대문이라 하였다. 이 사대문은 동서남북의 방위에 따라 이름을 붙였으나 정식 명칭은 유교사상의 인·의·예·지·신(仁·義·禮·智·信)에 근거를 두고 지은 것이다. 동대문은 인(仁)을 일으키는 문이라 하여 흥인지문(興仁之門), 서대문은 의(義)를 돈독히 하는 문이라 하여 돈의문(敦義門), 남대문은 예(禮)를 숭상하는 문이라 하여 숭례문(崇禮門)이라 하였다. 그리고 북대문의 이름은 지(智)를 넣어 숙지문이라 하지 않고 청(淸)을 넣어서 숙청문으로 부르다 이후 숙정문(肅靖門)으로 고쳐 불렀으며 가운데는 보신각(普信閣)을 두어 믿을 신(信)字를 넣음으로써 두루 믿고 생활하라는 의미였다.

동쪽에 위치한 흥인지문(興仁之門)은 동쪽의 오행이 목(木)이라 목은 어진 품성을 나타내기에 어질 인(仁)字를 넣어 지었고, 또한 이 방향은 청계천이 흐르는 곳으로 지대가 낮아 땅의 기운을 돋우기 위해 갈 지(之)字를 하나 더 넣어 흥인지문이란 네 글자로 이름 지었다. 서쪽에 위치한 돈의문(敦義門)은 서쪽의 오행이 금(金)이기 때문에 금은 의로움을 나타내므로 옳을 의(義)字를 넣어 의리를 표시하였고, 남쪽에 위치한 숭례문은 남쪽의 오행이 화(火)이기 때문에 화는 예의를 상징하므로 예도 예(禮)字를 넣어 숭례문으로 하였다. 또한 남쪽의 숭례문은 다른 도성문의 글씨와 다르게 가로 방향인 횡액(橫額)으로 쓰지 않고 세로 방향인 종액(縱額)으로 쓰여져 있다. 이것은 남쪽의 관악산이 돌(石)이 많은 화산(火山)이기 때문에 그 불기운이 도성에 영향을 미치지 않게 하기위해 맞불로 현판을 세워 도성을 화기로부터 보호하고자 했다. 또한 그 화기를 비보(裨補)하기 위해 광화문 양측에 상상의 동물인 해태상을 설치하였고 숭례문 앞에는 남지(南池)라는 인공저수지까지 만들었다. 그러나 이러한 여러 가지의 화기 비보물을 설치하였음에도 불구하고 경복궁은 1553년(명종8년)과 1592년(임진왜란)에 잇따라 화마에 불타고 말았다. 북쪽에 위치한 숙청문(肅淸門)은 지(智)字를 넣지 않았는데 그것은 사대문의 이름을 정할 때 문 이름에 '지(智)'가 들어가면 백성이 지혜로워져 나라를 다스리는 일이 어려워지기 때문에 '지(智)'자 대신에 '청(淸)'자를 넣었다고 한다. 숙청문(肅淸門)은 원래부터 규모가 작게 소문(小門)으로 만들었다. 이것은 북쪽은 음양으로 볼 때 음(陰)에 해당되기 때문에 문을 크게 만들어 열어놓으면 음기가 번성하여 도성의 부녀자들이 음란해지므로 문을 작게 만들고 가급적 닫아두었다가 1413년(태종 13)엔 결국 폐쇄하였다. 조선 초 경복궁 건립 당시 정도전과 무학대사는 건물의 좌향을 두고 논쟁이 치열하였다. 정도전은 남향으로, 무학은 동향으로 주장이 달랐지만 정도전의 주장이 받아들여져 남향으로 지어졌다. 무학의 주장대로 동향으로 지어졌으면 정면으로 보이는 관악산의 화기를 피할 수 있어 각종 비보도 필요 없고 화재로부터 좀 더 안전하지 않았을까 생각해본다.

032. 천기天氣와 지기地氣

우리가 살고있는 우주공간에는 기(氣)로 가득 채워져 있다. 이러한 기의 발생은 하늘에서 만들어지는 천기와 땅에서 발생하는 지기가 있다. 풍수에서는 이러한 기운들을 잘 다스려 생전에는 인간 생활에 건강한 삶을 제공하고 사후에는 망인의 평안과 더불어 후손들의 발복까지도 기대하고 있다. 우리의 일상생활에서 풍수하면 먼저 명당이란 단어가 떠오르고 명당은 곧 좋은 땅, 좋은 장소를 연상하게 한다. 그러나 풍수에서의 명당이란 정확히 말해 양택에서는 집 건물이 들어설 자리가 아닌 건물 앞의 넓은 마당, 음택에서도 시신이 누워있는 묘소 앞쪽에 넓게 펼쳐진 공간을 말한다. 그럼 명당이란 어떠한 곳인가? '明堂'이란 글자의 한문 뜻을 풀이해보면 밝을 명(明)과 집 당(堂)으로 밝은 집을 뜻하지만 음·양택지에 햇볕이 많이 들거나 조명이 밝다고 하여 무조건 명당이 되는 것은 아니다.

'明'字를 살펴보면 해(日)와 달(月) 혹은 낮(日)과 밤(月) 즉, 음과 양이 합쳐져 있는 글자임을 알 수 있다. 그러므로 명당이란 곧 밝은 집이라기보다는 양기인 천기와 음기인 지기가 적당히 잘 조화된 장소(집)를 말한다. 이러한 음양의 기운 즉 생기가 가득한 곳(明堂)에 집을 짓거나 묘소를 써야 그곳의 좋은 기운으로 건강한 생활과 더불어 발복을 기대할 수가 있다는 것이다. 음 양택을 막론하고 발복은 기의 영향으로 나타나지만 이러한 기운은 위치와 장소 그리고 묘소나 집의 방향에 따라 그 분포도가 다르다. 그래서 풍수가들은 그 위치가 제공한 자연의 조건을 보고 땅의 길흉을 살피고 더 좋은 천기를 받기 위해 좌향까지 조정한다. 좋은 땅에 심어진 나무가 무성하게 잘 자라 좋은 열매를 맺듯이 인간 역시 좋은 땅에 집을 짓거나 묘소를 쓰게 되면 그곳의 좋은 기운으로 건강과 행복을 만끽할 수 있다는 것이다.

지기는 땅의 위치와 장소에 따라 천차만별이지만 하늘의 기운인 천기는 일정한 자연의 조건하에서는 방향에 따라 그 내용이 많이 달라진다. 예를 들어 산을 오르다 잠시 앉아 휴식을 취할 때도 편안한 방향이 있고 달리기를 할 때 바람을 마주하고 달리면 그만큼 더 힘이 든다. 이러한 현상들은 방향이란 단어가 인간 생활에 많은 영향을 미칠 수 있다는 것을 보여주고 있다. 일상생활에서야 편리한 방향을 취해 생활을 해나가면 되지만 음·양택의 좌향은 한번 정해놓으면 바꾼다는 것이 쉽지 않다. 그리고 인간은 누구에게나 태어난 사주(년·월·일·시)에 따라 자기에게 길한 방향과 흉한 방향도 정해져 있다. 실상이 이러하다 보니 누구나 기거할 주택이나 사후의 보금자리인 묘소를 장만할 때는 반드시 풍수 전문가의 조언이 필요하다. 그래서 풍수가들은 땅의 길흉을 살피게 되는 것이고 그 땅이 위치한 장소에서의 유리한 방향을 찾아보게 되는 것이다. 유리한 방향이란 거주자의 생년을 보아 그 사람이 타고난 운명에 따른 흉한 방향을 피하고 자연지세의 흐름에 맞추어 유리한 방향이 설정되어져야 한다는 것이다. 아무리 남향집이 좋다고 하여 남향만을 고집한다면 얻는 것은 하나이나 잃는 것은 아홉이라 하였다.

033. 묘소 주위의 석물石物

묘소 주위를 화려한 석물로 치장한다는 것은 매우 신중히 생각해야 될 사안이다. 이리저리 다니다 보면 엄청난 거액을 들여 화려하게 꾸며진 묘소가 가끔씩 눈에 띈다. 원래 인간은 빈손으로 태어나 결국 한 줌의 흙으로 돌아가는 것이 자연의 이치인바 묘소 주위가 석물로 화려한 것은 처음 몇 년간은 보기가 괜찮을지 모르나 세월이 흐른 후 관리 부재로 인해 석물이 무너지고 나뒹군다면 이것은 누가 보아도 흉물이기에 아니함만 못할 것이다. 묘소 주위뿐만 아니라 묘소 속에서도 마찬가지다. 나무뿌리나 각종 동식물들의 침입을 막는다고 하여 시신을 감싸고 있는 관(棺)을 석곽(石槨)으로 하는 경우가 있는데 이것 역시 좋은 현상이 못 된다.

석곽에 대해선 근래 들어 확연히 줄어드는 추세인 것 같아 다행스럽긴 하나 풍수에서는 묘소 주위의 모든 석물(金)은 (金生水)로 물을 머금었다가 뿜어내기 때문에 시신과 너무 가까이에 있으면 수렴(水廉)의 위험이 다분하다. 실제 현장에서 이장(移葬)작업을 하다 보면 석곽 속에 있는 시신의 대부분이 물에 잠겨있거나 수렴이 꽉 들어차 보는 순간 너무나 흉물스럽다. 이러한 현상들은 망자와 후손들에게도 나쁜 결과를 초래할 뿐 아니라 유골이 자연 소진되는 데도 큰 장애가 되고 있다.

더구나 돌(石)은 오랜 세월이 흘러도 풍화작용에 의한 약간의 침식만 있을 뿐 땅속에서도 썩질 않는다. 유교 사상이 점차 희박해지는 현시대에 후손들의 조상에 대한 산소관리는 점점 더 소홀해질 것이고 화려한 석물이야말로 세월이 흐를수록 흉물로 변할 뿐이다. 그리고 풍수에서는 그 지형의 형국에 따라 석물을 꺼리는 명당도 있다. 봉황포란형, 비봉귀소형, 금계포란형, 복치형(伏雉形) 등과 같이 조류형국에서는 주로 날개와 머리부위에 혈(穴) 자리가 있는데 그곳에 석물을 놓으면 새의 날개를 눌러 날지 못하게 하고, 뱀이나 용의 형상인 사(蛇)두혈, 용(龍)두혈 역시 뱀과 용의 머리 부분에 상석을 놓음으로써 뱀(용)을 죽게 한다하여 명당을 흉지로 만들어 화(禍)를 입게 된다고 풍수가에서는 꺼리고 있다. 그런데 주위를 둘러보면 조상의 묘소가 분명 봉황, 닭, 거위, 기러기, 비둘기, 제비, 꿩, 까마귀 등 우리나라 풍수계에서 사용하는 조류형국인데도 화려하게 석물로 장식한 곳을 흔히 볼 수가 있다. 조상님의 유택을 새로 단장하는 효심은 갸륵하나 이러한 곳은 곧 집안에 좋지 못한 재앙이 발생할 수가 있다는 것을 명심하여야 한다. 산소에는 석물뿐 아니라 이장이나 작은 개사초 작업이라도 반드시 풍수 전문가의 자문을 받아 실행하여야 화(禍)가 따르지 않는다. 또한 혈장으로 사용할 땅의 성격이 화국(水剋火)이거나 금국(金生水)에서도 지기(地氣)를 손상시킨다하여 석물을 사용하지 않는다. 누구나 무탈하게 잘 지내다가 권세나 재물을 얻게 되면 자기과시용으로 조상의 산소에 석물로 화려하게 치장하는 것을 가끔 볼 수가 있는데 이것이야말로 절대금물이다. 묘소에는 원래 망인를 식별할 수 있는 표지석 이외의 석물은 가급적 자제하여야 한다. 현재의 즐거운 생활이 조상의 음덕으로 이루어졌다고 단정할 수는 없으나 묘소를 잘못 건드려 갑자기 흉화를 입게 되는 경우가 종종 있으므로 조상의 산소에 관한 한 매사에 신중하여야 한다.

034 수의壽衣에 대하여

인간이라면 누구나 생로병사(生老病死)의 과정을 거치게 되어있고 죽음이야말로 누구나 피해 갈 수 없는 하나의 일대 과정이다. 자식은 부모의 보살핌으로 성장했고 부모가 생을 마감할 땐 그의 보답으로 격식에 맞추어 상·장례(喪葬禮)를 치러야 하는 것이 자식으로서 책임과 의무이기도 하다. 이승(生)을 하직하고 저승(生)으로 갈 때 부모님이 입고 갈 옷을 수의(壽衣)라고 한다. 과거에는 본인 스스로가 마지막 사후에 입고 갈 수의를 미리 준비해두는 경우가 많았지만 근래에는 거의가 전문장례식장에서 구입해 사용하다 보니 대부분이 천연 섬유가 아닌 화학 섬유 제품이다.

이장(移葬)을 하다 보면 조상님들의 묘지가 겉에는 멀쩡하더라도 속에는 각종 렴(濂)이 들어차는 경우가 허다하다. 관(棺)속에 물이 들어차는 수렴(水濂)이 있고 나무뿌리가 시신을 감고 있는 목렴(木濂), 바람을 타 유골이 검게 변해있는 풍렴(風濂), 묘지 속에 파충류나 각종 벌레가 들어가 살고있는 충렴(蟲濂), 솜털 같은 것(곰팡이)이 체백(體魄)을 감고 있는 모렴(毛濂), 화기에 노출되어 유골이 새까맣게 타들어 가는 화렴(火濂) 등 여러 가지가 있다. 이 모두가 조상의 시신을 길지가 아닌 흉지에 모셔져 있거나 매장 시 장법(葬法)의 잘못으로 생긴 현상이다.

그런데 근래에 들어 묘 터의 길흉을 떠나 한 가지 더 늘어난 것이 있어 신경을 쓰지 않을 수 없다. 바로 의렴(衣濂)이라는 것인데 의렴은 돌아가신 분의 옷인 수의를 옛날과 달리 천연소재가 아닌 화학 섬유로 된 것을 쓰다 보니 이것이 썩어서 없어지지 않고 유골(遺骨)을 칭칭 감고 있는 상태를 말한다. 그 화학 섬유들은(특히 나일론 같은 실) 잘 끊어지지도 않아서 결국 칼로 잘라내어야 하는데 이런 실들이 조상님들의 유골을 칭칭 감고 있는 것은 마치 유골이 포박줄에 감겨 있는 것과 같아서 망자와 더불어 후손들에게 아주 좋지 못한 영향을 준다. 안동포와 같은 제대로 된 수의들은 가격이 최하 수백만 원에서 심지어 천만 원대에까지 이른다. 일반장례식장에서 판매되고 있는 수십만 원에서 일백만 원대의 일반 수의들은 대부분 이런 화학 섬유가 섞여 있기 때문에 결국은 마찬가지가 되고 만다.

인공섬유야말로 색깔도 곱고 감촉도 부드러워 장례업체에서는 좋다고 권 하지만 전문가가 아닌 이상 확인할 수가 없기에 일반인들은 수의를 준비하기가 난감한 실정이다. 설령 원단을 천연 섬유로 했다고 하더라도 바느질하는 실을 화학 섬유로 쓰게 되면 결과는 마찬가지가 된다. 상황이 이러하다 보니 근래 들어서는 창호지로 수의를 지어 입히는 경우가 간혹 있다. 창호지야말로 절대로 유골(遺骨)을 휘감을 일이 없고 잘 썩어 없어지기 때문에 권유할만한 방법이고 유골의 자연 소진에도 많은 도움이 된다. 보통 윤달(閏月)을 기해서 혹시 부모님들의 수의를 장만하시려는 분들이 있는데 심사숙고하여 결정해야 한다. 공연히 몇백만 원의 큰돈을 들여서 준비한 수의가 부모님들의 유골을 칭칭 감고 있다면 조상에 대한 불효와 더불어 후손들에게도 좋지 않은 영향을 미치게 될 수도 있기 때문이다.

035. 매장과 화장문화에 대해서

풍수에서는 조상님의 시신을 길지가 아닌 흉지에 모신다는 것은 차라리 화장(火葬)하는 방법이 낫다고 한다. 그렇다고 제대로 명당의 조건을 갖춘 땅을 얻기도 쉽지 않을뿐더러 지금 우리나라의 현실에 길지의 조건을 갖춘 땅이 그리 많은 것도 아니다. 설령 어느 지역에 명당 터가 있다해도 본인의 소유가 아니면 무용지물이고 사후에 화장보다 매장을 원하더라도 우리나라 국민 중에 과연 자기 소유의 임야를 갖고있는 사람이 몇 퍼센트나 될까? 특히 우리나라는 조선시대 유교문화의 발달로 매장문화가 발달되어 그 시대 풍수가들은 전국 방방곡곡을 샅샅이 뒤져 명당이란 명당은 거의 다 찾아 써버렸기에 길한 땅을 구하기란 하늘의 별 따기와 같다.

그러나 풍수인의 한 사람으로 생각건대 반드시 길지가 아니라도 흉지만 피한다면 전국에 산재해있는 국유지를 이용해 매장문화를 장려해볼 만하다고 생각한다. 매장에서 비록 길지는 못되어도 흉지를 피할 수 있는 무해무득지는 아직 많이 남아있다. 지금까지는 묘지 문화에 대한 강제 규정이 미약하다 보니 아무 데서나 묘지를 사용하고 화려한 석물로 치장하는 잘못된 문화로 인해 전 국토의 묘지화를 부추긴다고 비난을 받아왔다. 그러나 매장문화도 봉분의 크기 제한과 석물의 사용금지 등 자연 친화적 조건으로 규제한다면 먼 미래의 환경보전에 오히려 도움이 될 것이다.

우리나라 국토의 70%가 임야임을 고려해볼 때 자연 친화적인 면에서도 권장할 만하다. 적당한 환경규제 속에 매장문화가 정착된다면 시간이 지날수록 봉분은 무너져 흔적조차 없어지고 땅속의 유골은 자연 소진되어 원상태로의 복구가 된다. 지구상의 모든 동물이 자연사하여 땅에 흩어지는데 인간이야말로 남이 하니까 나도 한다는 식으로 화장으로 그 흔적을 오래토록 지상에 남기고 있다. 차라리 땅속으로 들어가 자연에 동화되는 것이 음양의 법칙과 자연의 순리에도 합당하다.

요즈음 우리나라의 장례 풍습이 85%가 화장문화라는 통계가 있는 것으로 보아 화장은 세월이 지날수록 더 늘어날 것이고 근래 들어 부쩍 늘어나는 납골당의 공해도 만만치가 않다. 늑대를 피하니 호랑이를 맞는다고 했던가. 매장을 대신해 정체불명 양식의 기괴한 대규모 호화 납골당이 전국 곳곳에 산재해 있다.

주로 중국 등 외국에서 비싼 돈을 들여 수입한 거대 석물로 대도시 인근에 조성되어 있고 이대로라면 머지않아 우리나라 도시 공간 인근이 모두 납골당화가 되지 않을까 우려스럽다. 옛 속언에 산 사람은 모여 살고 죽은 사람은 멀리 떨어져 있어야 한다고 했다. 이러고 보니 납골당 근처의 인근 토지는 국민들의 생활 용지로 부적합하게 되고 납골당 수가 늘어날수록 많은 국토를 잠식하게 된다. 더군다나 이 석물들은 우선은 깨끗하고 보기가 좋을지 모르나 매장과 달리 훗날 절대로 자연으로 돌아가지 않고 흉물화된다는 것이다. 세월이 지날수록 늘어나는 납골당은 결국 거대한 공해물에 불과할 뿐 어떻게 원상회복해 볼 도리가 없다.

036. 죽음과 4代 봉제사奉祭祀

인간이라면 누구나 이 세상에 태어나 생로병사의 과정을 거치게 되어있고 죽음이란 생로병사의 과정 중 마지막 단계이면서 이승(生)에서 삶을 마감하는 인생 초유의 대사건이기도 하다. 지구상의 모든 생명체는 음양의 교합으로 탄생하게 되고 사람이 존재한다는 것도 원래 육체라는 겉 사람(陽=형체)과 그 안에 속사람(陰=사고력)이 합쳐져서 하나의 개체로 형성되어 있을 뿐, 생을 마치게 되면 또다시 음(넋魄)과 양(혼魂)으로 분리된다. 우주 만물의 모든 이치가 음양의 조화로 이루어졌기에 인간이 태어나서 죽는 것 또한 음양의 이치에 따른 것일 뿐이다. 그래서 인간의 죽음을 죽었다고 하지 않고 돌아가셨다라고 한다. 즉 원상태로 복귀했다는 것이다. 어떤 심령학자들은 태어남(陽)과 죽음(陰)이란 자연의 이치에 부합하기 위해 음양이 잠시 합쳐졌다가 목적 달성 후 다시 분리될 뿐이다. 라며 하나의 생명체를 너무 원론적으로만 설명하기도 한다. 사람의 정신을 주관하는 것은 혼(魂)이고 사람의 육체를 주관하는 것은 백(魄)으로 보아 혼과 백이 함께하는 상태를 '생(生)', 혼과 백이 분리된 상태를 '사(死)'로 보는 것이다. 유가(儒家)에 의하면 사람의 생명은 혼백의 결합양상이며 질병이나 노쇠 등으로 인하여 음양이 부조화를 이룰 때 또다시 분리되어 혼은 하늘로 올라가게 되고 백은 땅속으로 돌아가 혼비백산(魂飛魄散)한다는 것이다. 여기서 혼은 천상에 올라가 신(神)이 되어 후손들에게 제사(祭祀)를 받다가 4대가 지나면 영(靈)도 되고 혹 선(仙)도 되며, 넋은 땅으로 돌아가 4대가 지나면 귀(鬼)가 된다고 한다. 귀는 땅속에서 휴식을 취하다 다시 천상에 있는 신(神)과 결합하여 사후에 무형의 생명체라 할 수 있는 귀신으로 태어나기도 한다.

서양의 어느 의학자가 사람이 살았을 때와 죽었을 때의 몸무게를 비교해보니 약 21gm 정도 차이가 난다고 발표했는데 이것은 영적 요소인 혼(魂)이 빠져나갔음을 말하는 것이라고 하였다. 세상의 모든 이치가 음양의 조화이고 그 원리로 보아 이승에 인간(陽)이 있으면 저승에 귀신(陰)이 존재한다는 것은 너무나 당연한 이치이다. 이러한 귀신들은 살아있는 인간의 길흉화복에 많은 영향을 미칠 수 있는 능력이 있다고 보고 후손들은 조상의 제사를 정성껏 지내고 있다.

맹자는 군자의 유택(저승에서의 삶)은 5대에서 끊어진다고도 하였지만 우리나라 유가에서는 보통 4대까지 봉제사를 받들고 있다. 이것은 시신의 유골이 좋은 길지에 장(葬)하였을 경우 4대(100~120년) 정도의 기간이 지나면 땅속에 있는 인체의 뼈가 완전 소골 되어 그 흔적이 없어진다. 그러면 조상의 유골로 인하여 후손들에게 영향을 미치는 동기감응(同氣感應)에 별 의미가 없다고 보기 때문이다. 그래서 저승에서의 생명 기간이라 할 수 있는 4대(약 100~120년) 동안 제사를 지내고 있다는 것이다. 조상께 제사를 지낼 때는 향(香)을 피워 천상(天上)의 혼(魂)을 부르고 술을 땅에 부어 체백을 모셔 다시 음과 양이 합쳐지는 즉 영(靈)과 육(肉)이 하나가 되게 하여 음식을 올리고 배례를 하는 것이다.

037. 적덕積德과 원한怨恨

이 세상에 살아있는 모든 생명체의 최종 욕구는 훌륭한 후손, 좋은 씨앗을 후세에 남기고 생을 마치고 싶어 한다. 하나의 씨앗이 땅속에서 발아하여 싹이 트고 잘 자라 탐스런 열매를 맺기 위해선 태풍이나 우박 등 자연적인 재해나 인간이나 다른 동물들로부터 인위적인 피해가 없어야 잘 자라 좋은 씨앗을 남길 수 있다. 이와 마찬가지로 사람도 좋은 씨앗을 남기기 위해선 어떤 자연재해나 주위 사람들로부터 위해를 받지 말아야 한다. 자연의 재해는 적덕의 소치이고 타인의 위해로부터 안전하기 위해서는 먼저 남에게 원한(怨恨)을 쌓지 말아야 한다는 것이다.

인간이 일생동안 살아가면서 남에게 피해를 주어 원한을 쌓게 되면 그들의 후손들은 분명 편안한 생활을 이어갈 수 없다는 것이 불가(佛家)에서 말하는 인과응보의 이치이기도 하다. 그래서 불가(佛家)에서는 남에게 원한을 맺지 않고 선(善)하게 산자만이 사후에 혼백(魂魄)이 제 자리를 쉽게 찾아가나 그렇지 못하면 신명(神明)의 세계로 승천(昇天)하지 못하고 구천(九泉)에서 맴돈다고 한다. 여기서 원(怨)이란 남에게 일방적으로 당해서 가슴이 아픈 것을 말하고 한(恨)이란 어떤 본질적인 문제 즉 부덕의 소치로 인생의 가슴에 맺힌 나름의 한(恨)을 말한다. 예를 들어 부모가 일찍 돌아가셔서 마음에 상처가 생겼다면 그것이 한(恨)이 되는 것이다. 인간이 성숙해 나가면서 입은 상처가 쌓여서 맺힌 것이 한(恨)이다.

원래 인간의 원한(怨恨)이란 시간이 지난다고 없어지는 것이 아니라 그 원인을 제거하지 않는 한 늘 가슴속에 남아있다. 따라서 남에게 많은 원한을 맺고 죽은 사람은 그 사람과의 원한을 풀기 전에는 신명의 세계에도 진입을 못 하도록 막아 승천하지 못하고 구천에서 맴돌며 자기의 후손들을 괴롭히고 있다고 한다. 즉 자기의 후손들로 하여금 그 원한을 풀어주도록 다그치며 괴롭힌다고 한다. 그래서 불교의 가르침은 업(業)을 짓지 말고 살아갈 것이며 지은 업(業)이 있으면 반드시 스스로 업장소멸(業障消滅)한 후 생을 마치도록 권장하고 있다. 또한 스스로 소멸하지 못한 업(業)은 자손 대대로 내려가 언제까지라도 그 업(業)을 소멸하고서야 구천을 벗어날 수가 있고 그런 후 신명의 세계로 가서 다음의 생을 예약할 수 있다고 한다.

옛 '書'에 이르기를, 적덕지가(積德之家)에 필유여경(必有餘慶)이요, 적악지가(積惡之家)에 필유여앙(必有餘殃)이라고 하였다. 즉, 적덕가의 자손에게는 반드시 경사스러운 일이 있고 적악가의 자손에게는 반드시 재앙이 따른다고 하였다. 어떤 심령학자는 수목장이나 화장을 해도 혼령은 4代까지 존재하고 5代에서 사라진다고 한다. 풍수에서는 조상의 넋인 유골만 동기감응의 영향으로 후손에게 영향을 미친다고 하지만 심령학에선 조상의 혼령이 후손들에게 더 많은 영향을 미친다고 강조한다. 조상은 나의 뿌리다. 뿌리가 튼튼해야 튼튼한 가지에 좋은 열매가 맺히듯 인간으로 환생한 이상 많은 덕을 쌓고 자기의 뿌리인 조상들의 제사(祭祀)를 정성껏 받들어야 나무의 열매에 해당하는 후손들에게 편안한 생활을 보장해 줄 수 있을 것이다.

038. 조선의 왕릉王陵

조선시대에는 국왕이 죽으면 공무를 중지하고 3~5개월 동안에 걸쳐 조의를 표하며 나라에서는 국장도감(國葬都監), 빈전도감(殯殿都監), 산릉도감(山陵都監)이라는 세 종류의 임시관청을 설치하여 국장(國葬)을 전담케 하였다. 이 중에서 왕릉을 조성하는 업무는 산릉도감이 전적으로 담당했다. 산릉도감은 도제조를 중심으로 구성되며 상지관(相地官)이 후보지를 선정하면 도제조(都提調)와 제조는 왕릉의 입지를 검토하고 총호사(總護使)에게 보고한다. 총호사 혹은 원상은 왕릉의 입지에 대해 다각적인 검토를 하고 반드시 현장 확인을 거쳐 국왕이나 대왕대비께 보고하는데 국왕이 직접 현지에 나가 지세를 살피고 결정하는 경우도 있다.

이러한 과정을 거쳐 왕릉 입지가 길지로 판명되면 산릉도감은 제반 공사를 시작하고 왕릉을 조성하게 된다. 여기서 왕릉 조성과 관련된 모든 절차와 관리실태는 왕조실록에 상세하게 기록으로 남겨 후대에 모범으로 삼도록 하였고, 유교를 통치 이념으로 삼았던 조선왕조는 왕릉 조성과 관리에 효(孝)와 예(禮)를 갖추어 정성을 다하였다. 이러한 왕릉은 선정과정에서도 조건이 따르는데 첫 번째 입지 조건은 한양으로부터의 거리 규정이다. 조선의 법전 『경국대전』에서는 능역은 한양성 사대문 밖 100리 안에 두어야 한다고 규정하고 있다. 이것은 한양과 가까운 위치에 둠으로써 관리를 더욱 철저히 하고 선대왕을 자주 찾아뵐 수가 있으며 임금이 능행(陵行) 길에 변고가 발생하더라도 빠르게 환궁할 수가 있기 때문이다. 그다음 조건으로는 풍수지리적 입지이다. 조선왕조는 왕릉의 입지를 선정할 때 지기(地氣)의 힘을 빌어 왕실의 번영과 종묘사직의 안녕을 도모하고자 풍수지리를 이용했다. 풍수에 밝은 지관이 길지를 찾아 궁궐에 보고를 하면 여러 대신들과의 토론을 거쳐 임금이 최종적으로 결정하는 것이 관례였지만 간혹 왕 본인이 직접 풍수지관의 도움을 받아 사전에 점지해 두기도 했다. 또한 기존에 봉분이 있었던 자리도 일단 왕릉으로 선정이 되면 강제로 이장을 시키고 그 자리에 쓰기도 하였다.

이렇게 완성된 무덤을 능(陵)이라고 불렀지만 사람이 죽어서 들어가는 무덤이라도 그 주인의 지위에 따라 부르는 이름도 각각 다르다. 과거 우리나라의 무덤들은 능(陵), 원(園), 묘(墓)로 구분하여 불렀다. 여기서 능·원은 왕족의 무덤을 가리키며 그중 왕과 왕비의 무덤은 능(陵)으로, 그리고 임금의 부모 또는 왕이나 비(妃)의 자리에 오르지 못한 왕세자 내외의 무덤을 원(園)이라 하고 나머지 모든 무덤들은 묘(墓)로 칭한다. 또한 왕위에 있었다 해도 폐위되어 복원치 못한 연산군이나 광해군의 무덤 그리고 대군이나 후궁 등의 무덤도 똑같이 묘(墓)라고 했다.

이렇게 구분된 조선왕조 왕족의 무덤들은 모두 109기에 이르며 그중 능(陵)이 44기, 원(園)이 13기, 묘(墓)가 52기로 분류되고 있다. 조선의 왕은 모두 27명이였지만 25기의 능과 2기의 묘가 있는데 제2대 정종의 후릉은 북한 그리고 단종의 장릉은 강원도 영월에 있어 경국대전에서 규정한 거리에 부합되지 않지만 나머지 25대 왕과 왕비의 능은 모두 서울과 경기도 일원에 있다.

039. 태조의 건원릉健元陵

건원릉(健元陵)은 조선을 개국한 태조의 왕릉으로써 묘호는 태조이고 능호를 건원릉이라 하였다. 여기서 묘호(廟號)란 종묘(宗廟) 신위에 올리는 명칭이기에 조선을 개국한 창업지주이므로 태조라 하였고, 능호(陵號)는 왕릉에 붙이는 문패와 같은 것으로 조선왕조 건국의 원조이기에 건원릉이라 하였다. 태조의 건원릉은 수많은 왕릉 가운데서도 서너 손가락 안에 들 정도로 풍수적 길지다. 하륜 대감과 풍수 지관 기보 등은 건원릉을 둘러보고 어찌 이와 같은 천작(天作)의 땅이 있을 수 있는가? 이것은 분명 인위적으로 만든 산(山)일 것이다 할 정도였다.

이러한 말은 이곳이 길지임을 시사하는 말이고 건원릉의 풍수 입지에 대해서는 모든 신하와 지관들의 의견이 일치했다고 태종실록에 기록하고 있다. 건원릉은 그 당시에도 풍수가들에 의해 명당으로 평가받아 왔듯이 현재에도 그곳에 올라 보면 풍수가는 첫눈에 명당임을 알 수가 있다. 이곳은 혈장을 중심으로 사신사들이 조화와 균형을 잘 이루어 환포성이 좋으며 혈장 앞의 안산과 조산은 병졸들의 무리와 깃발을 휘날리는 형국을 하고 있어 장군대좌형으로 해석하고 있다. 이 외에도 형국론으론 보는 이에 따라 비룡입수, 맹호출림형, 용(用)자 형 명당 등 다양하게 불러 지기도 한다. 실제 지형도의 등고선이나 현지에 올라 보면 용(用)자 형 명당이 확인되며 형국의 이름이 다양하다는 것은 그만큼 상대적으로 혈(穴)이 좋다는 것을 인정하기 때문이다.

우리나라의 조선조 왕릉은 모두가 짧은 잔디로 뒤덮여 있으나 이 건원릉은 억새풀로만 뒤덮여 있다. 이유인즉, 태조는 조선을 건국하는 위업은 이루었지만 그 후 왕자들의 권력다툼으로 무거운 말년을 보내야 했다. 태조 왕비 신의왕후의 다섯째 아들인 이방원은 계모 신덕황후의 아들인 방석이 세자로 책봉되자 왕자의 난을 일으켜 방석을 제거하였으니 아버지 태조는 화가나 태종 이방원과 한곳에 있으려 하지 않았다. 함흥으로 돌아간 태조는 2년이 넘도록 그곳에 있으면서 한양으로 돌아오지 않았기에 우리가 흔히 사용하는 '함흥차사'란 말도 태조와 태종의 갈등에서 생겨나온 말이다. 태조는 생전 유언으로 아들 태종에게 한양은 몸서리치는 기억밖에 없으니 자신을 평온한 고향 땅 함흥에 묻어달라고 유언했다. 그러나 태조가 승하하고 조선의 첫 왕릉을 한양과 동떨어진 북녘 함흥 땅에다 조성할 수는 없었다. 이는 한양이 중심인 조선왕조에 있어서 왕권의 누수 현상이나 다름없고 조선왕조 초기였기에 국경수비대가 안정되지 않아 여진족과 같은 북방 민족이 침입해 왕릉도굴의 우려가 있었기 때문이다. 그렇다고 선친의 유언을 완전히 묵살할 수는 없었기에 함흥 땅에 자라는 억새 풀을 가져와 봉분에 떼를 입혔다고 기록되어 있다.

이 묘책은 그 당시 영의정이었던 하륜 대감이 함흥 땅에서 자라는 억새 풀을 왕릉 위에 덮어두면 그곳에 묻힌 것과 다름없으니 그렇게 조성하자고 상소를 올려 실행되었다. 그런 연유로 건원릉은 조선의 다른 왕릉과 달리 지금까지도 억새 풀로만 뒤덮여 있어 그 당시 복잡했던 이성계의 심중을 한 번 더 생각해보게 된다.

040. 태종의 헌릉獻陵

조선의 3대 임금인 태종은 이성계와 신의왕후 한씨의 5번째 아들로 두 번이나 왕자의 난을 치른 후 왕좌에 오른 인물이다. 그는 아버지가 왕좌에 오르는 데 큰 공을 세웠으나 왕자의 난으로 이복형제와 친형제의 피를 뿌리고 왕위에 오르다 보니 마지막엔 아버지 이성계와도 사이가 좋지 않아 함흥과 한양에서 각자 떨어져 생활하기도 했다. 그러나 17년 10개월간의 재임기간 동안 조선왕조의 기반을 닦는데 많은 치적을 남겨 창업 왕조를 반석 위에 올려놓음으로써 아들 세종의 원활한 국정운영에 큰 도움이 되었다. 헌릉은 태종과 왕비 원경왕후 민씨의 쌍릉으로 본인이 상왕 시절 이양달 등 지관의 도움을 받아 직접 점지한 곳이다. 세종 2년 원경왕후가 먼저 승하하자 현재 서울 서초구 내곡동에 있는 대모산에 안장하고 2년 후 자신도 이곳에 묻힌다. 「세종실록」에 의하면 "대모산에 땅을 파보니 흙의 빛이 번지르르하고 윤택하여 생기 가득한 오색토가 나왔다"라고 기록되어 있다. 태종과 신하들이 오색토의 진위여부를 분석한 이유는 풍수 입지 조건에서 명당의 흙 색깔은 반드시 오색토여야 하기 때문이다. 풍수에서는 아무리 좋은 혈장이 되어도 오색토가 나오지 않거나 올바른 천광을 하지 아니하면 그곳이 비록 명당이라 할지라도 지기가 미약해 제대로 발복을 받지 못하는 것으로 해석하기 때문이다.

헌릉의 풍수적 입지 조건은 전체적인 국세가 크고 대모산(292m)에서 출발한 용맥은 혈장까지 지현과 기복을 하였기 때문에 생기 충만한 용맥이다. 혈장 뒤에는 과협을 하였고, 혈장에는 혈증(穴證)이라 할 수 있는 귀성(鬼星)과 요성(曜星)이 붙어있어 혈에 많은 생기를 응축시켜준다. 주변의 사신사는 양호하며 특히 청룡이 발달하여 혈장을 잘 감싸주고 있어 장풍국(藏風局)을 이룬다. 물은 좌선룡에 우선수로 합법하고 좌향(坐向)은 양기를 많이 받을 수 있는 건좌손향(乾坐巽向:동남향)이다. 그런데 혈장과 앞쪽 안산과의 거리감이 좀 있어 앞쪽이 약간 허(虛)하게 보이는 결점도 있다. 이러한 허결함을 보완하기 위해 혈장 앞쪽에 정자각과 신도비를 세우고 혈장 주변에는 나무를 심어 비보(裨補)를 하여 능지(陵地)로 사용하였다. 이 묘역은 23대 순조와 순원왕후의 합장릉인 인릉(仁陵)과 함께 있어 두 능을 묶어 헌인릉이라 부른다. 태종의 헌릉은 주위에 여러 가지의 혈증(穴證)을 갖추고 있었다고 세종실록에 기록하고 있다. 이곳은 풍수 지관 이양달이 먼저 소점 하였고 좌의정 하륜이 길지로 인정한 곳이다. 그러나 이용(李庸) 등은 청룡쪽에 밖으로 향한 산의 줄기가 있어 혈장의 생기가 누설될 수가 있다며 반기를 들었으나 이 양달이 수구에 큰 산이 눌러 막으면 작은 산(山)가지는 무시해도 된다는 풍수 논리를 내세워 일단락 지웠으며 세종은 이양달의 논리를 근거로 왕릉을 조성하게 하였다. 이곳 묘소의 장명등 앞에는 넓은 돌(石)판이 놓여져 있는데 이것은 세종이 돌아가신 아버지와 대화를 나누고자 깔아놓은 것으로 세종의 효심이 엿보이는 광경이다. 이러한 조건들을 갖춘 태종의 헌릉은 조선왕릉 중에서도 4대 길지로 손꼽히고 있다.

041. 세종대왕의 영릉英陵 ㊤

영릉은 세종대왕과 소헌왕후인 심씨의 합장 능으로 조선왕릉 중 최초로 한 봉우리에 다른 방(室)을 갖춘 쌍 실의 능이다. 세종대왕(1397~1450)은 32년간 재위하면서 정치, 경제, 문화, 천문, 의학 등 여러 분야에 많은 업적을 남겼다. 그의 업적이 꽃봉오리처럼 여러 방면에서 활짝 피었다고 해서 꽃부리 영(英)字를 넣어 능호를 영릉(英陵)으로 하였다고 한다. 이 능은 원래 지금의 서울시 서초구 내곡동 대모산(298m)에 아버지인 태종이 모셔져 있는 헌릉의 서측 약 200m 지점에 위치하고 있었다. 세종은 재임 중 자신의 수릉(壽陵: 임금이 살아있을 때 잡아놓은 자신의 능 터)을 몇몇 대신들의 의견을 들어보고 직접 잡아 놓았는데 1446년(세종 28)에 세종의 비 소헌왕후(1395~1446)가 먼저 승하하자 이곳에 묻었다고 한다.

그러나 소헌왕후의 장사를 지내기 위해 구덩이를 파던 중 광 중에서 물이 솟아 나왔기 때문에 여러 풍수 지관들이 이곳은 흉지이므로 장사를 지내서는 안 되는 곳이다 하고 대왕께 반대 상소를 올렸다. 그러나 효심이 지극한 세종은 다른 곳에서 명당을 찾는다 하더라도 선영 곁에 잠들어있는 것만 못하며 이미 왕까지 지냈는데 이보다 더 큰 발복이 어디 있겠는가 하며 지관과 대신들의 상소를 일축했다고 한다. 소헌왕후가 사망하여 장사지낸 후 4년만인 1450년 세종이 승하하였고 대신들과 왕실에서는 세종의 생전 유언인지라 하는 수 없이 그곳에 소헌왕후와 합장으로 장사를 지냈으며 문종은 즉위하면서 이곳의 능호를 영릉(英陵)이라 칭하였다.

그런 후 그곳이 흉지임을 증명이라도 하듯 왕실에는 끊이지 않는 흉사(凶事)가 계속적으로 일어난다. 문종은 제위 2년 만에 건강이 악화되어 39세에 승하하고, 단종은 계유정난으로 숙부인 수양대군에게 왕권을 찬탈당하고 유배지에 처했다가 17세의 어린 나이로 한 서린 생을 마감하게 된다. 또한 세조는 52세에 승하하였으며, 장남인 의경 세자는 20세의 어린 나이에 요절하였다. 그런 후 차남으로 뒤를 이은 예종 역시 몸이 쇠약하여 19세로 나이로 일찍 생을 마쳤고 그 후 성종도 차남으로 이어졌다. 이렇게 짧은 19년 동안 왕이 4번이나 바뀌었으니 여러 관료들 사이에선 영릉의 길흉에 대한 의견이 분분하였다. 그러던 중 세조 대에 들어서면서 영릉이 좋지 않다는 이유로 왕릉을 옮겨야 한다는 주장이 있었으나 대신들의 반대로 실행하지 못하다가 예종 원년인 1469년 2월에 드디어 영릉을 여주로 옮기게 된다. 영릉을 이장하기 위해 능을 파 해쳐보니 예상대로 시체는 물속에 잠겨있고 장사지낸 뒤 19년이나 흘렀으나 시신의 육탈은 전혀 진행되지 않고 손발톱과 머리카락은 계속 자라 몰골이 말이 아니었다. 각종 부장품과 수의까지도 썩지 않고 그대로 있었다고 한다.

이런 연유로 세종 승하 후 여주로 이장하기 전까지 조선 왕실은 각종 질병과 여러 가지 우환으로 비극이 끊이질 않았다. 풍수에서는 장사 후 일정한 시간이 지나면 살점은 육탈이 되고 뼈만 간직되어 약 100년에서 150년 사이에 자연 소진되는 그러한 자리가 곧 명당 터이고 최고의 길지로 친다.

042. 세종대왕의 영릉英陵 ㊦

지난주 연재에서 조선조 3대 태종의 헌릉 옆에 모셔져 있던 세종대왕의 영릉이 여러 가지 우여곡절 끝에 예종 원년(1469)에 경기도 여주로 이장(移葬)을 하게 되었다고 설명하였다. 현재 세종과 소헌왕후가 안장된 경기도 여주의 영릉은 풍수적으로 거의 완벽한 장소이며 모두가 대 길지로 평가하고 있다. 이곳은 원래 세조 때 대제학을 지낸 광주이씨 이계전과 영의정을 지낸 이인손의 문중 묘 터였다. 임금의 명으로 영릉을 이장할 장소를 찾아다니던 지관이 갑자기 내린 소낙비를 피하기위해 때마침 근처에 있던 재실(齋室)에 들어가게 되었고 잠시 뒤 비가 그친 후 그곳의 산세를 보니 이인손의 문중 묘 터가 천하명당 자리였으며 이를 임금께 추천하였다고 전해지고 있다. 예종은 당시 평안도 관찰사였던 이인손의 장남 이극배를 불러 묘 자리의 양보를 청했으니 그는 어명이라 이에 응하지 않을 수가 없었다.

그런 후 이극배는 부친 이인손의 묘를 다른 곳으로 옮기기 위해 파묘를 하고 보니 묘지 속에서 다음과 같은 글귀가 나왔다고 전한다. 내용인즉, '내가 묻힐 곳은 이 자리에서 연을 날려 높이 오르거든 줄을 끊고 연이 떨어지는 자리에 묘를 써라' 라는 글이 나왔고, 후손들은 그 자리에서 연을 날려 그 내용대로 따르자 연은 서쪽 십 리밖에 떨어져 부친의 묘를 그곳으로 이장하였다는 이야기가 전해지고 있다. 그런 연유로 그 동네의 이름을 지금까지도 연하리라고 부르고 있으며 광주이씨 문중은 그 후에도 계속 번창하였다고 한다. 이인손의 묘소와 관련 또 다른 일화가 있다. 이인손은 한산 이씨인 이색, 이계전 등의 후손으로 아들 5명이나 대과에 급제를 한 명문 가문이었다. 이인손이 죽어 장례를 지낼 때 지관이 말하기를, 훗날 후손이 번창해도 묘의 봉분과 주위에 재실을 짓지 말도록 당부했다고 한다. 그런데 후손의 입장에서는 영의정까지 지낸 선대를 그럴 수 없었기에 제실도 짓고 봉분도 크게 만들었다. 어느 날 세종의 영릉을 찾아다니던 지관이 소낙비가 내리자 비를 피한다고 그 재실에 찾아 들어가면서 이 묘 자리의 명당 터를 보게 되었고 그런 연유로 묘 터를 빼앗겼으니 이인손의 장례를 주관했던 지관의 말이 딱 맞아떨어진다.

영릉은 과연 명당답게 주산(북성산)에서 힘차게 뻗어 내린 용맥이 혈장 뒤에서 과협을 하였고, 사신사(북현무, 남주작, 좌청룡, 우백호)와 안산 넘어 조산까지도 모두가 다 잘 갖추어진 명당에 자좌오향(남향)으로 모셔져 있다. 특히 청룡·백호 안쪽으로 뻗어 나온 하수사는 혈장의 기운을 한 번 더 갈무리해주고 있다. 예종 때 세종대왕을 이곳에 뫼신 덕으로 9대 성종은 성군이 되었으며 이때부터 조선왕조의 국운이 100여 년이나 더 연장되었다고 하는 영릉가백년(英陵加百年)이라는 말까지 생겨났다. 한편 조선시대 왕릉은 한양에서 100리 안으로 안장해 왕이 하루 만에 다녀올 수 있도록 법으로 정해놓았는데 이 영릉은 180리나 되어 대신들이 거리상으로 부적격이란 상소를 올렸으나 기지를 발휘해 물길로는 100리라는 이론을 내세워 이곳에 안장된 것이라고 한다. 풍수가에선 영릉을 태조의 능인 건원릉, 태종의 헌릉, 세조의 광릉과 함께 조선의 4대 명당 왕릉으로 꼽고 있다.

043. 세종대왕 왕자태실

태실은 옛날 왕실에 출산이 있을 때 그 출생아의 태(胎)를 봉안하고 표적을 세운 곳으로 태봉(胎封)이라고도 하며 태장(胎藏), 태실(胎室), 태묘(胎墓)라는 명칭을 쓰기도 했다. 이 모두가 왕자의 출산으로 생긴 태반(胎盤)이 묻혀있는 곳으로 국내 여러 곳에서 찾아볼 수가 있다. 성주군 월항면 인촌리 선석산(禪石山) 아래 태봉에 있는 세종대왕 왕자 태실지(사적 제444호)는 원형이 잘 보존된 곳으로 국내의 최대 규모다. 우리나라 태실(胎室)의 역사는 삼국사기에서 "신라 김유신의 태를 묻은 산을 태령산(胎靈山)이라 하였다"라는 기록에서 그 유래를 찾아볼 수가 있다.

이곳은 세종대왕의 적서(嫡庶) 18왕자 중 큰아들인 문종을 제외한 17왕자와 세손인 단종의 태실 등 19기가 있으며 세종 20~24년(1438~1442) 사이에 조성되었다. 과거 우리나라는 왕자의 태는 국운과 더불어 왕실의 존엄을 위해 매우 중요시하였기에 왕릉과 달리 한양과의 거리 제한 없이 전국의 명당 길지만을 찾아 안장하였다. 이곳의 태실지는 두 줄로 나란히 조성되어 있는데 앞쪽(우측)은 소헌왕후가 낳은 적손 대군들 즉 진양대군(수양), 안평대군, 임영대군, 광평대군, 금성대군, 원평대군, 영흥대군의 태실 7기이고 뒤쪽(좌측)은 후궁들이 낳은 화의군, 계양군, 의창군, 한남군, 밀성군, 수춘군, 익현군, 영풍군, 장(瑋), 거(담양군), 당(영해군)의 태실 11기를 배치하였다. 그리고 영흥대군과 약간 떨어져 뒤쪽에 원손(元孫)인 단종의 태실을 배치하였다. 그런데 19기 중 14기는 조성 당시의 모습을 그대로 유지하고 있으나 나머지 5기는 비석이 사라지고 없다.

이는 세조(수양대군)가 계유정란으로 집권한 후 그의 왕위찬탈에 불만을 품고 협력하지 않은 대군과 군들의 태실에 세워진 석물들은 모두 파괴하고 뽑아 산 아래로 던져버렸기 때문이며 근래 들어 1977년도에 산 아래로 던져진 태 항아리를 겨우 찾아 지금의 모습으로 복원해 놓은 것이다. 그리고 수양은 자신의 태실 앞에만 다시 큼직한 가봉비(加封碑)를 세워 두었다. 이곳의 태실 수는 17 왕자와 세손인 단종을 합쳐 18기라야 맞지만 하나가 더 많은 총 19기가 있다. 이에 대해 박주헌은 2004년 "태봉의 입지 특성 연구"라는 논문에서 영해군의 이름이 장(瑋)에서 훗날 당(瑭)으로 고쳐지자 태실을 다시 만들면서 2기가 되었다고 주장하였다.

이곳 태실지는 원래 성주이씨의 중시조 이장경의 묘가 있던 곳으로 형국론으론 연화부수형이라 할 수 있고 삼길육수(三吉六秀)봉이 사방을 둘러싼 가운데 비룡입수 한 돌형의 혈이다. 풍수적으로 볼 때 돌혈은 장풍(藏風)이 되어야 하는바, 태봉의 주위는 마치 병풍을 두른 듯 주밀하고 잘 닫힌 수구만 약간의 틈새를 보일 뿐 완전한 장풍국이 되어 있는 명당이다. 이곳이 태실로 정해지면서 이장경의 묘소는 이장되었으며 이때부터 태실을 두게 된 성주는 정3품 목사가 다스리는 성주목으로 승격되었다고 한다. 최근에는 성주 세종대왕자 태실의 세계문화유산 등재를 위해 「성주 세종대왕자 태실의 종합적 검토」란 주제로 학술대회를 개최하기도 했다.

044. 단종의 장릉莊陵

조선 제6대 임금인 단종은 숙부인 수양대군(세조)에 의해 왕의 자리에서 쫓겨난 비운의 임금이었다. 그는 왕좌에서 물러나 사가에서 지내다 다시 강원도 영월 청령포에서 약 2개월간 귀양살이를 하다가 그 해에 있었던 큰 홍수로 인하여 읍내 관풍헌으로 자리를 옮겨 생활하던 중 세조가 내린 사약을 받고 17세의 어린 나이로 짧은 생을 마감하게 된다. 그의 시신은 강물에 아무렇게나 버려졌고 세조는 "단종의 시신에 손을 대는 자는 삼족을 멸한다."라는 어명까지 내렸지만 그 당시 영월 호장이었던 엄홍도가 아무렇게나 강가에 나뒹구는 시신을 차마 그냥 볼 수가 없어 가족과 함께 시신을 수습하기로 한다. 주변 사람들은 큰 화를 입을 것이라며 만류했지만 엄홍도 왈(曰), "의로운 일을 하고 화(禍)를 입는다면 나는 달게 받겠다." 하면서 해가 기울고 어둠이 내리자 몰래 강가로 내려가 시신을 수습하였다고 전해진다.

그는 단종의 시신을 지게에다가 지고 산으로 오르던 중 노루가 앉은자리에 눈이 쌓이지 않는 것을 보고 그 자리에 봉분 없이 그냥 단종의 시신을 암장하였다 한다. 그 후 중종 11년이 되어서야 그 당시 영월군수 박충원에게 노산군(단종)의 묘소를 찾으라는 어명이 내려졌고 박충원은 수소문 끝에 엄홍도의 후손을 만나 비로소 단종의 암장지를 찾아내어 그곳에 바로 봉분을 만들었다고 한다. 그런 후 선조 13년에는 상석과 표석, 장명등, 망주석 등을 세우고 능역을 크게 조성하였으며 숙종 24년에 비로소 묘호를 단종, 능호를 장릉이라고 하였다. 조선왕릉은 한양에서 100리 안에 있어야 한다는 거리 규정이 있었지만 그 당시 장릉은 왕릉이 아니었으므로 멀리 영월에 모셔져 있어도 경국대전에 명시된 거리 규정에는 아무 제약을 받지 않았다. 영조 2년에는 단종을 이곳에 안장한 엄홍도를 알리기 위해 비각이 세워졌고 순조 때는 그에게 공조판서로, 고종 때는 충의공이란 시호가 내려졌다. 그의 충절이 없었더라면 지금의 장릉은 존재하지 않았을 것이며 현재까지도 단종문화제에서는 단종과 그를 따랐던 충신들의 넋을 기리기 위해 단종 제례를 지내고 있다.

장릉에는 다른 왕릉에서 볼 수 없는 것들이 많다. 칼을 든 자에게 왕위를 빼앗겼으니 무인석을 세우지 않고 문인석만 두었으며 묘역 주위로는 충신위 32인을 비롯해 264인의 위패를 모신 장판옥과 단종의 시신을 수습한 엄홍도의 정려비, 묘를 찾아낸 박충원의 행적을 기린 낙촌기적비 등 이 모든 것들이 다른 왕릉에서는 볼 수 없는 것들이다. 이러한 단종의 장릉은 아무 곳에나 묻힌 것 같아도 용맥이 지현굴곡을 하며 힘차게 내려오는 생룡이고 형국론으로는 목마른 용이 물을 마시는 모습의 갈룡음수형(渴龍飮水形)국으로 보기도 한다. 이 밖에도 혈장에는 묘소 바로 위쪽에 박혀있는 여러 개의 귀성(鬼星)과 나름대로 몇 가지의 혈증을 갖추고 있기에 대다수 풍수가들은 이곳을 길지로 평가하고 있다. 그러나 일부에서는 혈장이 용맥의 용진처(龍盡處)가 아닌 과룡처(過龍處)에 위치해있고 용맥이 내려오다 우측으로 방향을 트는 요도처에 위치해 있다며 흉지로 해석하는 이도 있다.

045. 세조의 광릉光陵

광릉은 조선 제7대 임금인 세조와 정의왕후의 능으로 죽엽산 아래 운악산(275m)을 주산으로 하고 같은 산줄기에 좌우 언덕(岡)을 달리하여 왕과 왕비를 각각 따로 봉안하였으므로 조선왕릉 최초의 동원이강릉(同原異岡陵)이다. 양쪽 능의 중간 아래지점에 하나의 정자각을 세웠으며 앞에서 보아 좌측이 1468년에 조성한 세조의 능이고 우측이 1483년에 조성한 정희왕후 윤씨의 능이다. 세조 능은 마주 보는 백령산을 안산으로 삼아 좌향(坐向)을 정남향(子坐午向)으로 하였고 정의왕후는 천령산을 마주 보아 우측으로 한 방위 틀어진 남서향(丑坐未向)으로 좌향을 잡았다.

세조는 평소 풍수에 해박한 지식의 소유자로 왕릉지 선택에 많은 관심을 가졌다. 풍수고서 『靑烏經』에서는 "부토자기지체(夫土者氣之體) 유토사유기(有土斯有氣)"라 하여 흙은 생기의 몸이기에 흙이 있는 곳에 곧 생기가 있다고 하였다. 그래서 풍수의 목적인 생기를 타기 위해선 흙에 묻혀야 하고 주위에도 흙으로 채워져야 하기에 세조는 다음과 같은 유언을 남겼다. "사람은 죽으면 속히 썩어야 하니 석실과 석곽 그리고 묘소 주위에 병풍석도 세우지 마라"하여 선왕들의 능과 달리 광릉에는 석실과 석곽 대신 석회로 메워 다지는 회격(灰隔) 방식으로 내부를 조성하였다. 또한 봉분 주위에 둘렀던 병풍석도 없애고 병풍석에 새겨져 있던 12지신상은 묘소 둘레가 아닌 난간석의 기둥에다 새겨두었다.

주산에서 혈장까지 힘차게 뻗어 내려온 산줄기는 그 용맥 속으로 많은 생기를 운반한다. 흐르는 생기가 왕릉 뒤쪽 입수처에 저장되어 있다가 능 내부에 있는 시신(屍身)쪽으로 생기(地氣)를 전달하게 되는데 실제 내 광에 흙이 아닌 석물(石)이 있으면 생기 전달에 많은 지장을 초래하게 된다. 그러므로 광릉은 횟가루를 사용하여 능 내부를 조성하였고 이 방식은 세조의 광릉을 기점으로 하여 그 후의 조선왕릉은 대부분 석곽은 물론 병풍석마저 쓰지 않고 만들어졌다. 광릉은 입지선정 과정에서도 풍수적 이견이 있었다. 세조가 승하하자 예종은 정인지 등에게 정흠지의 무덤 근처를 살펴보라 하였고 정인지는 정흠지 묘소 밑에 유견(兪堅)의 묘소 자리가 매우 좋다고 진언하였으나 신숙주 등 다른 신하와 지관들은 정흠지의 묘소 자리가 능침자리로 더 좋다고 의견을 달리했다 전한다.

단 정흠지의 묘소 자리는 주혈이 단정치 못한 것이 약간의 흠이 되나 보토를 통해 충분히 비보(裨補)할 수 있다고 하였다. 예종은 정흠지 묘소 자리를 상지관(國風) 안효례, 최호원 등에게 다시 확인시키고 긍정적인 답변을 얻은 후 최종적으로 결정하게 된다. 세조의 광릉은 청룡과 백호가 혈장을 잘 감싸주고 혈장에는 생기를 응축시켜주는 여러 가지 혈증〔혈장오악(五嶽)과 삼성(三星)〕까지 갖추고 있으며 물은 외명당에서 환포가 잘 이루어져 혈장에 많은 생기를 가두어준다. 그러므로 풍수 식견이 있는 자라면 누가 보아도 명당으로서 손색이 없기 때문에 세조의 광릉은 조선왕릉 중 태조의 건원릉, 태종의 헌릉, 세종의 영릉과 함께 4대 명당으로 손꼽는다.

046. 사도세자의 융릉隆陵

경기도 화성시 안녕동에 가면 조선조 21대 영조의 둘째 아들이고 22대 정조대왕의 생부인 사도세자(1735~1762)의 능이 있다. 사도세자가 처음 묻힌 장지는 원래 서울 동대문구 휘경동에 위치한 배봉산(현 서울시립대 뒷산) 아래였으나 이곳이 풍수적으로 흉지라하여 화성의 현재위치로 옮겨왔고 1816년 혜경궁 홍씨가 죽자 사도세자와 합장을 했다. 이 묘소의 호칭도 처음에는 사도 묘(思悼墓)에서 수은 묘(垂恩墓)로 개칭하였다가 정조 즉위 후 영우원(永祐園)으로 격상시키고 화성의 현 위치로 옮긴 후 현륭원(顯隆園)으로 불렀다가 고종 때 왕과 왕비에게만 붙일 수 있는 "릉"字를 붙여 융릉(隆陵)으로 격상시켰다. 이러한 호칭의 변경은 정조의 부친에 대한 지극한 효심의 발로이기도 하지만 한편으론 왕권 강화를 위한 정치적 포석이란 얘기도 있다. 1776년 영조가 83세로 승하하자 정조(1752~1800)가 즉위하자마자 "나는 사도세자의 아들이다"라고 선포하고 지관들에게 아버지의 묘를 이장할 길지를 찾도록 명하였다. 명당 길지의 선택은 시간이 걸렸고 어느덧 정조의 나이 38세가 되도록 대를 이어갈 자손이 없었다. 왕비인 효의왕후는 무자식이고 의빈 성씨에게 문효세자가 있었으나 일찍 죽었다. 정조는 풍수를 굳게 믿었고 아버지 사도세자의 묘를 좋은 길지로 이장해야 국운이 영원히 이어진다고 생각하면서 풍수에 조애가 깊은 윤선도에게 부탁한다.

그 당시 윤선도가 왕에게 올린 상소를 보면 "신이 여러 곳을 살펴보았으나 전혀 마음에 드는 곳이 없었습니다. 그러나 오직 수원의 산만은 상격임을 분명히 알았습니다. 세종대왕의 영릉과 비교했을 때 조금은 못 미쳤지만 진정 천리를 가도 이러한 곳은 찾기가 어렵습니다. 천년에 한 번 만날 수 있는 땅이어서 비록 도선과 무학이 다시 나온다고 하더라도 이 말을 바꾸지 못할 것입니다. 신의 소견만 그런 것이 아니라 윤강과 이원진 및 다른 지관들도 하나같이 흠이 없다고 칭찬하며 모두가 나라를 위해 축하하였습니다." 그런 후 정조 13년(1789) 7월 11일 박병원의 상소로 양주 배봉산에서 현재의 자리에 옮기기로 결정되었다고 한다. 정조는 친히 이장지에 참석해 산을 따라 올라가 보기도 하고 광 중의 흙을 살펴보면서 황금색 진토를 확인하고 하늘이 내려준 길지라 하며 기뻐했다고 한다. 이 묘를 이장하고 1년 후 왕자(순조)가 태어났으니 이곳이 명당이란 걸 한 번 더 믿게 되었고, 정조는 이곳의 산세를 용이 여의주를 가지고 노는 반룡농주형(盤龍弄珠形)이라며 극찬했다고 한다. 사도세자는 어려서부터 매우 총명하여 글과 시를 잘 지었고 무예도 뛰어났다. 그러나 영조를 대신하여 정치업무를 보게 되면서 노론들과 마찰을 빚게 되었고 급기야 영조 38년(1762) 나경언의 고변 사건으로 왕세자에서 폐위된 뒤 뒤주에 갇혀 세상을 떠났다. 영조는 곧 이를 후회하고 애도하는 뜻에서 사도(思悼)라는 시호를 내렸고 정조는 즉위 후 장조의황제(莊祖懿皇帝)로 추존하였다. 정조는 효심이 지극하여 본인도 사후에는 부친의 곁에 묻으라는 유언을 남겨 현재 경기도 화성시 화산(108m) 아래 융릉의 서쪽 언덕에 묻혀있고 능호를 건릉(健陵)이라 하였으니 이 두 능을 합쳐 융·건릉(隆健陵)으로 부르고 있다.

047. 고종과 순종의 홍·유릉洪·裕陵

경기도 남양주시 금곡동 141-1번지에 가면 조선조 마지막 임금의 무덤인 홍릉과 유릉이 있다. 홍릉은 제26대 고종(1852~1919)과 고종의 비(妃) 명성황후의 합장릉이고 유릉은 27대 마지막 임금인 순종과 순명효황후 그리고 순정효황후가 같이 모셔진 동봉 3실의 합장릉이다. 1895년 일본인들에 의해 시해된 명성황후는 그 당시 서울 청량리에 예장 되었으나 능(陵)이 풍수지리상 불길하다는 이론이 있어 1919년 고종황제가 승하하자 이곳으로 이장해와 고종과 함께 합장하였다. 순종의 첫째 부인인 순명효황후 역시 지금의 서울 어린이대공원 자리에 안장되었다가 1926년 순종 황제가 승하하자 이곳으로 이장해 합장릉을 만들었고, 1966년 순종의 두 번째 부인인 순정효황후가 죽자 그 역시 이곳에 합장해 유릉은 세 사람의 합장릉이다. 3실 합장릉은 우리나라 왕릉 역사상 처음 있는 일이고 일제강점기 그들의 감시하에서 억압에 찬 울분으로 생활하셨을 삶을 생각하면 사후에라도 한곳에서 맘 편히 얘기할 수 있는 기회의 장소가 아닌가 하는 생각을 하게 한다. 이 두 능은 고종이 왕위에 올라 중국으로부터 독립하고자 대한제국을 선포하였기에 왕이 아닌 황제의 자리에 올랐으므로 양식도 조선왕조의 양식이 아닌 명나라 황제릉을 본받아 능역을 꾸며 놓았다. 이는 중국 남경에 있는 태조 홍무제(주원장)의 효능을 본떠서 조성했기에 능 앞 제향 공간은 왕릉의 작은 정자각 대신 큰 침전이 자리 잡았고, 석물들도 배전 앞으로 옮겨 다른 왕릉에서 보지 못한 기린과 사자, 코끼리, 해태, 말 등 여러 동물들이 양쪽에서 묘역 입구를 지키고 있다. 이 묘역들 경내에는 고종의 아들 영친왕과 영친왕비(妃), 의친왕, 황세손인 이구, 고종의 막내딸인 덕혜옹주 그리고 황제의 여러 후궁들의 묘도 모두 같은 경내에 조성되어 있다. 이 두 능을 마지막으로 조선왕릉의 역사는 끝이 났고 519년이나 지속된 한 왕조의 왕과 왕비의 무덤은 현재까지도 완벽하게 보존되어 세계문화유산에 등재되어 관리되고 있다.

이곳의 산세는 남양주시 화도읍 천마산(810m)에서 남쪽으로 뻗어 내려온 용맥이 백봉산(587.2m)을 일으키고 여기서 남서로 방향을 틀어 이 묘역의 주산인 수리봉(485.5m)을 일으켰다. 주산에서 힘차게 내려오는 간룡(幹龍)은 그대로 내려가고 그 중간에서 우측으로 하나의 지맥을 뻗은 자리에 홍릉이 자리하고 있어 정맥을 벗어났다. 얼른 보면 청룡·백호가 혈장을 잘 감싸주는 모양이나 용호의 끝자락을 보면 벌어져 안쪽의 기운이 그대로 빠져나가는 장소다. 또한 옆 능선에 위치한 순종의 유릉은 땅속 지맥이 머무르지 않고 그대로 지나가는 과룡처(過龍處)에 쓰여져 있다. 홍릉과 유릉은 3.1 독립운동과 6.10 만세운동에 놀란 일본인들이 조선인들의 불만을 잠재우기 위해 겉으로 보이는 무덤은 화려하게 조성하였으나 내심 조선의 영원한 패망을 위해 고의로 풍수적 길지를 피한 것으로 보인다. 그리고 묘소 아래의 자연적인 저수지는 생기 보호차원에서 매우 좋으나 이 능 아래에는 지당(池塘)이란 인공저수지를 파 놓았고 이것 역시 묘역의 생기가 모두 빠져나가도록 계획적으로 조성한 연못으로 보여진다.

048. 세조(수양대군)와 목효지

수양대군(세조)은 정치인으로서는 분명 성공한 왕이었다. 왕권찬탈 과정에서야 불미스러운 일들이 많았지만 계유정란으로 임금 자리에 오른 뒤부터는 왕권 강화로 인한 정국 안정과 더불어 모범적 생활을 하였으며 훌륭한 지도자상을 보여주었다. 그런데 노비 출신의 풍수 지관이며 전농시 소속의 목효지란 사람이 대군 시절부터 풍수에 관해 그에게 많은 반대의견을 제시해왔다. 그는 무명의 풍수 학인으로 땅에 대한 예지력이 있었고, 세조가 풍수를 이용해 자기만의 큰 계획을 도모하고자 하는 속 마음을 어느 정도 알고 있지 않았나 추측된다. 수양대군은 원래부터 둘째 아들로 태어나 서열상 임금이 될 수 없었다. 세종대왕의 장남인 문종이 이미 세자책봉 되어있었고 세손(훗날 단종)까지도 있었기 때문이다. 그러나 그는 반란과 더불어 풍수를 이용해 본인이 임금의 자리에 오르고자 노력한 흔적들이 보인다. 예를 들어 단종의 어머니이자 본인의 형수인 권씨가 죽자 바닷바람이 거센 안산 해안가 쪽 최악의 흉지에다 모셨다. 이에 전농시 소속의 풍수가 목효지는 그 자리가 산의 내룡이 약하고 여러 곳에서 맥로가 끊어진 곳이 있어 장자절손지지(長子絶孫之地)임을 확인하고는 김종서를 통해 사안의 심각성을 알렸다. 이 상소로 조정은 발칵 뒤집어졌고 목효지는 수양대군의 목에 가시였다. 세월이 10여 년 흘러 문종이 죽었는데(1452년) 이번에도 능 자리 선정에 주도권을 잡은 사람이 수양대군이었고 문종의 능은 현재 국정원이 있는 내곡동 헌인릉 부근으로 결정한다. 조선왕조실록에서는 '세조(수양대군)가 손수 장서(葬書·풍수서)를 쥐고 가부(可否)를 결정하였다'라고 적고 있다.

그 당시 목효지는 단종에게 찾아가 문종 능의 풍수입지에 대해 그 자리는 주약객강(主弱客强: 주인은 약하고 손님이 강하다)의 자리로 주인보다 타인에게 힘이 실리는 땅이므로 왕릉으로 적당하지 못하다는 상소를 올렸다. 그런데 단종은 이 글을 도승지 강맹경에게 보였고, 강맹경은 당시 수양대군의 최측근이었으니 목효지는 또다시 수양대군의 미움을 싸게 된다. 이때까지 목효지의 상소문은 모두가 맞아떨어졌지만 수양대군과 측근들은 노비의 말을 따를 필요가 없다며 그대로 진행하였다. 그런 후 수양대군은 노비가 임금에게 편지를 올렸다는 죄목으로 목효지를 안성 역참의 노비로 쫓아버렸다. 그런데 그해 7월 수양대군이 결정한 헌인릉 근처에 광 중을 파보니 물이 솟아올랐다. 그래서 근처에 다시 광 중을 파게 하니 이번에는 또 돌이 나왔고 결국 목효지의 예언이 적중한 셈이다. 대신들 사이에서 목효지가 추천한 곳(마전현)을 가보자는 의견이 있었지만 수양대군은 의견을 묵살하고 건원릉의 동쪽으로 결정한다. 이곳은 "무지개가 나타나서 동쪽 건원릉에 닿았다"는 이유로 길지라 설명하지만 누가 들어도 설득력이 부족하다. 수양대군에게 목효지는 목에 가시였지만 조카인 단종이 임금 자리에 있으면서 목효지를 나름대로 챙겼기 때문에 어찌할 도리가 없었다. 수양대군은 조선을 자신과 그 후손으로 이어가기 위해 풍수를 애용하였고 훗날 계유정란으로 임금의 자리에 오르자 몇 달 후 목효지(?-1455)는 역모죄로 처형된다.

049. 신라의 마지막 경순왕릉

경기도 연천군 장남면 고랑포리 산 18-1번지에 가면 신라의 마지막 임금이었던 제 56대 경순왕의 묘소가 있다. 경순왕이 즉위할 당시 한반도는 후백제, 고려, 신라로 분열되어있는 후삼국 시대였다. 그 당시 신라는 후백제 견훤의 침략으로 영토는 점차 줄어들었고 국가의 기능이 거의 마비가 된 와중에도 귀족들의 권력다툼은 끊이지 않았다. 이에 경순왕은 나라를 안정시키기 위해 노력하였지만 이미 기울어져 가는 나라를 되살리기에는 역부족이었다. 하는 수 없이 그는 무고한 백성들이 힘들어하는 것을 막고자 신하들과 큰아들 마의태자의 반대를 무릅쓰고 고려 왕건에게 나라를 넘겨주었다. 이에 대해 경주김씨(경순왕 후손) 후예들의 의견은 한결같다. 일부 사학자들은 항복이라고 표현하고 있으나 항복이 아니고 양국(讓國)으로 불려야 하며, 군왕의 권위를 생각하기 이전에 백성들을 생각하여 스스로 왕좌에서 물러났다는 주장이다. 927년 경주 포석정에서 후백제의 견훤이 경애왕을 시해하고 자신(경순왕)을 왕위에 앉혔으나 그는 끝까지 마다하고 도량이 넓은 왕건에게 나라를 맡겼다. 경순왕이 만조백관을 거느리고 고려에 귀의할 때 차마(車馬)가 30여 리나 뻗쳤다고 역사는 기록하고 있다. 후에 경순왕은 왕건의 딸 낙랑공주를 아내로 맞아 정승공에 봉해졌으며 경주를 식읍으로 받아 최초의 사심관으로 임명되었다. 경순왕이 978년(고려 경종 3)에 개성에서 세상을 뜨자 그곳에다 능을 마련하였고, 이 능은 임진왜란 이후 실전되었다가 조선 영조 23년(1747)에 다시 찾아 재정비하였다. 원래 경순왕은 사망 후 본향인 경주로 내려가기 위해 나섰으나 임진강 고랑포에 이르렀을 때 고려 왕실에서 나와 "왕릉은 개경 100리밖에는 쓸 수 없다"고 하여 이곳에 모셨다고 한다. 이는 후삼국을 통일하고 왕권을 확립해 가던 고려가 경주에서 치러질 장례로 자칫 민심이 동요할 가능성에 대해 염려하지 않았나 하는 의구심이 든다.

경순왕릉은 남방한계선의 군사지역 안에 있어 답사를 할 수 없는 곳이었다가 2005년 말부터 개방해 지금은 관광객들이 드나들 수가 있다. 묘소 앞 경순왕릉 비에는 장단 남쪽 고부8리 계좌(癸坐) 방향의 언덕에 장사지냈다고 기록되어 있어 이곳이 남향임을 알 수가 있다. 경순왕릉의 풍수 입지를 두고 일부에서는 성거산(聖居山) 품 안의 아늑한 금계포란(金鷄抱卵)형 혹은 모란개화형(牡丹開花形)의 명당 터로 해석하고 있으나 실제 현장에 올라 보면 반드시 그렇지만은 않다. 사신사는 나름 갖추었으나 그 높이가 낮아 완전한 장풍국(藏風局)이 되어주지 못하고, 특히 용·호의 끝자락이 혈처를 감싸주지 못하고 비주(飛走)하는 형상이다. 수세에 있어서도 앞쪽의 임진강물이 약간의 거리감은 있으나 반궁수(反弓水)를 이루는 곳이고 물이 마지막으로 빠져나가는 수구가 훤히 내다보인다. 풍수서 「地理五訣」에서는 "열 개의 천혈(賤穴) 중에 아홉 개는 반궁이다."라고 하였으니 풍수에서는 주변에서 흐르는 물의 형세가 매우 중요하다. 그래서 풍수를 전적으로 믿었던 태조 왕건이 신라의 부활을 막기 위한 계략이 아닌가 하는 의구심이 들기도 한다.

050. 나경과 패철

풍수인들의 필참도구인 나경은 현장에서 각종 이기론의 요체를 알아내는 도구로 패철이라고도 한다. 이 말은 [포라만상(包羅萬象) 경륜천지(經綸天地)]에서 '라'자와 '경'자를 따온 말로 우주 만물에 존재하는 모든 이치가 나경안에 다 들어있다는 뜻이며 직역하면 우주 속에 있는 모든 삼라만상의 이치를 다스린다는 뜻이다. 나경은 둥근 원판에 층층으로 원을 그려 넣은 다음 그 안에 자연의 원리를 판단할 수 있는 문자를 기입해 놓았고 중앙에는 자성을 띤 침을 올려놓아 지구 자기성에 의해 침이 자연스럽게 남북을 가리키도록 만들었다. 패철이라는 용어를 사용하기도 하며 이 말은 차고 다니는 지남철(자석)이란 뜻에서 생겨난 말이다.

풍수적 목적으로 만들어진 나침반은 대체로 당(唐)나라 말기에 만들어져 송(宋) 대(代) 이후에 보편화되었다고 보고 있다. 우리나라에서 최초로 사용한 것은 조선조『선조실록』의 기록을 보면 임진왜란 기에 중국에서 들여와 대행 왕비의 묏자리를 잡는 일로 사용하였고, 경복궁의 터를 이기론으로 감정케 하였다고 기록되어 있다. 서양에서는 14세기 후반 콜럼버스가 신대륙을 찾기 위해 바다에서 항해할 때 나침반을 사용한 것을 보면 단순한 방위측정에만 사용하였고 동양에서는 주역의 후천 팔괘를 응용하여 나침반의 방위를 측정하도록 제작해 놓았다.

그 후로 발전을 거듭하여 우주 자연의 이치와 공간의 기운을 가늠할 수 있는 방법 즉, 산의 형태, 별자리의 이동, 물의 흐름, 계절과 시간의 변화 등 여러 가지 자연의 순환 원리를 연구해 나경의 각층에 자세하게 담아 사용하고 있다. 이러한 나경은 360도를 24개 방향으로 구분하여 측정하는 도구로써 하늘과 땅, 우주공간에 관한 심오한 이치가 담겨 있는 삼라만상(森羅萬象)의 축소판이다.

나경에 표기된 24방위는 천간과 지지로 이루어진다. 10 천간 중 무(戊), 기(己)는 오행으로 토(土)에 해당한다. 천간은 하늘을 뜻하므로 이치에 맞지 않기 때문에 빼고 나머지 8개의 천간에 사유(四維)字인 건(乾), 손(巽), 간(艮), 곤(坤)을 더하여 12자를 만들었다. 이것을 음인 12 지지 앞에 양인 천간 자를 하나씩 배정하여 음양 배합으로 짝을 만들어 24방위로 배열하였다. 나경은 원래 36층 또는 그 이상의 것도 있으나 풍수지리에서는 보통 9층으로 간추려 사용하고 있다. 더욱 축소판은 5, 6층까지 요약하여 사용하기도 하지만 풍수에서는 최소한 9층은 되어야 음·양택의 길흉 분석에 이기론의 필수적인 것을 담을 수 있기에 주로 9층짜리 나경을 많이 사용한다.

여러 층의 나경은 휴대하기는 불편하지만 많은 내용을 수록할 수 있어 사용하기엔 아주 편리하다. 측정 방법은 자오(北南) 정침을 정반 고정한 후 필요한 방향을 측정한다. 특히 묘지에서의 측정은 봉분의 중앙지점 혹은 상석 위에서 측정하는데 상석 속에 철분이 함유되어 있으면 자석에 영향을 줄 수 있음으로 어느 정도의 거리를 두고 측정하여야 한다. 이러한 나경이 풍수 학인들에게는 필수품으로 음·양택의 길흉 분석에 없어서는 안 될 중요한 도구 중 하나다.

051. 나경 1층의 용상팔살龍上八殺

산줄기에는 뻗어 내려오는 방향에 따라 여덟 종류의 살(殺)이 있다. 이것을 용상팔살이라 하고 나경 1층에는 이 살의 방향을 표시해두었다. 나경에 표기된 24방위를 3방위씩 묶으면 여덟 방위가 되는데 방위마다 한 글자씩 진(辰), 해(亥), 신(申), 사(巳), 묘(卯), 인(寅), 오(午), 유(酉)라는 8글자를 기록해 두었다. 용상팔살이란 이렇게 표시된 글자 방향으로 향(向)을 놓으면 그 향의 오행이 산줄기의 방위 오행을 극하기 때문에 살(殺)을 받는다는 것이다. 다시 밀해 4층(지반정침)에 표시된 24방위를 3개씩 묶어 8괘 방위로 나눈 후 그 팔괘 오행을 1층에서 표시한 지지 오행이 극(剋)하기 때문에 이 방위는 흉하다는 것이다. 이러한 용상팔살은 모든 제살(諸殺) 가운데 가장 흉한 살로서 잘못하여 범하게 되면 얼마 지나지 않아 곧 재산이 망하고 사람에게도 재앙이 닥친다고 하였다. 옛 書에 이르기를 "살요위제악지수(殺曜爲諸惡之首) 조장최기(造葬最忌)"라 하여 모든 악살(惡殺) 중에서도 가장 으뜸이므로 조장 때는 제일 먼저 피해야 한다고 기록하고 있다. 만약 잘못하여 용상팔살에 걸리도록 묘와 주택의 좌향을 놓으면 그 시간 이후 곧 인패(人敗), 재패(財敗)로 집안이 망한다고 하였고, 이것이야말로 자연이 악인(惡人)을 위해 흉한 함정을 만들어놓은 것이라고도 하였다. 이 살(殺)은 봉분뿐만 아니라 묘(墓)의 주변까지 잔디가 자라지를 못하며 후손들은 한집도 남김없이 재앙을 당하게 되고 주택에서도 이 좌향(坐向)을 범하게 되면 치명적인 병마를 불러들여 흉가를 면하기 어렵다고 하였다.

그리고 산줄기의 오행을 향(向)의 오행이 극(剋)하면 용상팔살좌라고 하지만 산줄기의 오행을 물이 있는 방위의 오행이 극하면 황천수(黃泉水), 산줄기의 오행을 골바람이 치는 방위의 오행이 극하면 황천풍(黃泉風)이라 한다. 즉 1층에서 지시하는 글자 방향에 험한 골짜기나 산의 요(凹)함이 있어 그곳으로 바람이 불어오거나 물이 들면 황천 방위가 된다는 것이다. 또한 장사(葬事)를 지내는 데 있어 날짜 즉 일진의 오행이 묘좌(墓坐)의 오행을 극하면 황천일(黃泉日)이라고 하는데 이 모든 것을 포함해 "팔요황천살(八曜黃泉殺)"이라고도 한다.

현장에서 음·양택의 좌향을 결정할 때는 이러한 모든 악살을 잘 피할 줄 알아야 진정한 풍수사라 할 수가 있다. 도선국사의 「유산록」에 보면, "영광에 아룡도강형(兒龍渡江形)의 명당이 있는데 열 번 묘(墓)를 써도 열 번을 다 파낸다." 이곳은 내룡이 병오(丙午:南)방에서 왔는데 주산과 안산, 그리고 좌우 청용·백호 및 수세를 보아 묘의 좌향을 놓으면 대부분이 사좌해향(北西向)으로 놓을 가능성이 크다. 병오룡에서 해향을 놓으면 이것이 바로 용상팔살좌이다. 그러므로 열 번의 묘를 써도 열 번을 다 파낼 수밖에 없다고 하였다. 인간이 욕심을 부려 천하의 명당을 차지했을 때 자연은 용상팔살에 걸리도록 사람을 유혹해 발복을 제재한다는 것이다. 용상팔살은 매섭고 흉한 바람의 기운으로 생물이 제대로 살지 못하는 경우에 해당한다. 이러하듯 풍수에서도 가장 무서워하는 좌향이 바로 용상팔살좌이다.

052. 나경 2층의 사로팔로四路八路 황천살黃泉殺

나경 2층의 사로팔로 황천살이란 사로는 나경의 24방위 중 [건(乾)·손(巽)·간(艮)·곤(坤)]의 4유(維)자를 이르는 말이고 팔로는 [갑(甲)·경(庚)·병(丙)·임(壬)]과 [을(乙)·신(辛)·정(丁)·계(癸)]의 여덟[천간]자를 이르는 말이다. 이 12 천간자를 나경의 2층에 기록하여 그 방향으로는 바람 혹은 물로 인한 살(殺)이 있다는 것을 표시해둔 것이다. 여기에서 살(殺)이란 팔요풍과 8代 황천수를 의미하는 것으로 풍수에서도 가장 이해하기가 어렵다는 수법(水法)의 한 분야이다. 이 황천살에 저촉이 되면 묘지에 청태(푸른 이끼)가 끼고 잔디가 자라지를 못해 말라 죽게 된다. 그렇게 되면 봉분은 무너지고 묘지 속에는 바람이 들어가 유골이 빠른 속도로 산화되므로 후손들은 각종 질병과 재산상 손해로 온갖 어려움을 겪게 된다.

이렇게 표시한 흉살(凶殺)의 방향은 나경의 24방위 중에서 4유字인 [건][손][간][곤]을 중심으로 하여 4유字의 밑에는 양측의 천간자를 기록해 놓았고 양측의 여덟 천간자 밑에는 바로 옆에 있는 [건][손][간][곤]字를 기입해 놓았다. 이것은 내룡맥 위에서 보아 2층의 천간자가 쓰여진 방향에서 바람이 불어오거나 물이 보이면 흉하다는 것을 표시해 둔 것으로 풍수에서는 이 바람을 팔요풍 혹은 황천수라고 한다. 2층의 24방위에서 지지자 위에는 빈칸으로 되어있으나 내룡맥은 항상 동궁으로 봐야 하기 때문에 바로 옆에 있는 천간자와 같이 읽어야 한다. 예를 들어 [임]字와 [신]字 밑에는 [건]字가 쓰여져 있는데 [건]의 동궁 짝인 [해]字를 생략한 것이다. 이것은 [임자]龍이나 [신술]龍에서는 [건해]방에서 팔요풍이 불어오니 그쪽 방향에 골이 파져 허(虛)하다면 튼튼하게 막아주라는 뜻이고 [건]字위에는 [신]字와 [임]字가 있으니 [건해]龍에서는 [신술]방과 [임자]방의 양쪽에 골이 파져 팔요풍이 불어오지 않는지 잘 살펴보라는 것이다.

그러므로 나경의 24방위 전체를 살펴보면 [건해, 손사, 간인, 곤신]龍에서는 양측 어깨 쪽 두 곳의 바람이 황천살이 되고, 8 천간인 [갑묘, 경유, 병오, 임자]龍에서는 우측 어깨 쪽의 바람이, [을진, 신술, 정미, 계축]龍에서는 좌측 어깨 쪽의 바람을 조심하라는 것이다. 이러한 방향에 물이 있거나 골이 져서 바람이 묘 쪽으로 계속 불어오게 되면 그 바람으로 묘지에 이끼가 끼거나 수분을 증발시켜 잔디가 말라죽는다는 것이다. 이런 경우 근본적인 대책 없이 잔디를 다시 심는다 해도 또다시 말라 죽게 된다.

이렇게 되면 봉분은 무너지고 공기가 광 중으로까지 침입하여 시신의 육탈을 방해하거나 각종 수렴(水廉)이나 화렴(火廉) 등의 원인이 되기도 하고 시신의 유골을 급격히 산화시킨다. 이 바람은 특히 계곡에서 불어오는 바람으로 자연이 순행하지 못해 내당에서 흘러간 바람이 외당의 바람에 맞부딪혀 혈장으로 다시 밀려 들어오는 경우 즉, 자연황천에 걸린 곳에 특히 심하다. 산에 올라 나경으로 2층에 표시한 방향에 물이 있거나 골이 지거나 바람이 불어온다면 반드시 나무를 심어 비보를 하든가 묘소 뒤쪽의 월형을 좀 더 높이 만들어 피해를 줄여야 한다.

053. 나경 3층의 삼합오행과 쌍산오행

삼합(三合)이란 말은 여러 분야에서 자주 사용되어지고 있다. 특히 논리적 근거는 알 수가 없으나 음식에서도 삼합이 있다. 홍어, 탁주에 김치와 돼지고기 혹은 돼지고기에 새우젓이나 된장 등 음식 삼합은 세 종류의 음식이 어우러져 좋은 맛을 내고 또한 영양과 소화에도 탁월한 효과를 낸다고 한다. 삼합의 근거는 오행이다. 결혼할 때 배우자의 나이나 사업상 동업자의 나이도 삼합이 될 때는 좋게 해석하는 것과 같이 우리의 일상생활에 삼합은 많이 젖어 들어있다. 패철의 3층에는 24방위를 동궁끼리 2방위씩 짝으로 묶어 12칸으로 만든 후 같은 오행끼리의 글자를 4칸마다 하나씩 배치함으로써 목, 화, 금, 수의 오행들이 각각 정 삼각형이 되도록 배열해 놓았다. 원래 오행은 목·화·토·금·수의 다섯 가지이나 토는 중앙에 위치하여 방위가 없으므로 빠졌다. 이것은 풍수 현장에서 혈장을 맺기 위해 뻗어 내려온 용맥과 혈장에서 물이 빠져나가는 수구 그리고 묘소나 집의 좌향(坐向)이 삼합이 되는가를 측정하기 위하여 만들어놓은 층이다. 풍수에서는 이 세 가지가 삼합이 이루어졌을 때 최고의 길지로 판단하고 후손들은 부귀쌍전(富貴雙全)하는 큰 발복을 기대할 수가 있다. 자연의 흐름이 우선수에서 삼합이 이루어지면 이를 정생향이라 하고, 좌선수의 국세에서 삼합의 조건이 이루어지면 정왕향의 혈자리라 한다. 용맥과 물이 빠져나가는 방향만 합이 된다면 좌향은 삼합 중 나머지 하나를 택하면 된다. 이러한 길지는 찾기도 어렵지만 이곳저곳 간산(看山)을 다니다 보면 가끔씩 눈에 띄기도 한다. 그런데 이게 웬일인가? 자연의 흐름이 삼합의 조건이 되는데도 불구하고 방법을 몰라 엉뚱한 좌향으로 시신을 안장한 묘지가 더러 보인다. 흔히들 명당은 임자가 따로 있다고 했던가, 또한 그분이 살아생전 적선과 적덕이 모자라서였을까, 하늘이 감추어 놓은 명당 길지를 바로 발밑에 두고도 옆으로 비켜 누워있으니 이 얼마나 안타까운 현실인가 지관으로서 만감이 교차하고 온갖 생각이 떠오른다.

삼합이란 12포태법으로 보아 목국, 화국, 금국, 수국의 생궁(生宮), 왕궁(旺宮), 묘궁(墓宮)을 말하는데 이것은 천지 만물은 생·노·병·사의 순환과정을 거치는바, 이를 12단계로 세분화하여 그중에서 내룡과 수구와 향(向)이 생·왕·묘의 합이 이루어지면 이를 삼합이라고 한다. 목국의 삼합은 해묘미(亥卯未)이고, 화국은 인오술(寅午戌), 금국은 사유축(巳酉丑), 수국은 신자진(申子辰)을 말한다.

나경의 3층에 있는 오행은 이것을 기록해 놓은 것이다. 12지지字에 8천간과 4유(維)가 하나씩 붙어 쌍산으로 되어있기 때문에 이것을 쌍산오행 이라고도 한다. 현재 우리나라 풍수학의 대다수가 형기론과 물형론에 치우쳐 있어 패철의 내용을 정확히 익혀 혈(穴)을 정하고 좌향을 놓을 수 있는 풍수사가 그리 많지 않다. 특히 88향법으로 얘기되는 좌향법은 그 어렵다는 이기론에서만 사용하는 수법이기 때문에 일정 기간의 교육을 받아야 이해를 할 수가 있다. 이 복잡 난해한 나경의 적용법을 모두 숙지하고서야 진정한 풍수사로의 빛을 발할 수 있을 것이다.

054. 나경 4층의 지반정침

나경 4층에 기록된 24글자의 지반정침(地盤正針)은 천지의 기본방위를 나타내는 층이므로 글자가 제일 크고 굵게 표기되어 있으며 360도 원을 24방위로 나누어 놓았다. 처음에는 12방위(12地支: 子·丑·寅·卯·辰·巳·午·未·申·酉·戌·亥)로 만들어졌으나 음양의 배합을 위해 12천간字를 넣었다. 이것은 10천간(甲·乙·丙·丁·戊·己·庚·辛·壬·癸)에서 무·기(戊·己: 중앙의 土이기 때문에)를 빼고 4유(乾·巽·艮·坤)字를 넣어 12천간을 만들고 12지지와 합하여 총 24字를 패철의 360도 원안에 15도 간격으로 써넣었다. 방위는 자(子), 오(午), 묘(卯), 유(酉)를 동서남북에 배치하여 4기둥을 세우고, 건(乾), 손(巽), 간(艮), 곤(坤)을 동서남북 사이에 하나씩 배치하여 8괘 방위를 이룬다. 12지지는 음이고 8천간과 4유(維/건·손·간·곤)는 양인데 지지자를 기준으로 하여 양을 음 앞에 하나씩 배정하여 음양이 서로 배합하도록 배치하였다. 풍수에서는 산맥이 뻗어 내려올 때 쌍산으로 음양 배합이 잘 이루어진 내룡인지 불 배합으로 이루어진 내룡인지를 감별하는 것은 상당히 중요하다. 내룡도 음과 양이 서로 조화를 이루어야 생기가 충만한 용(龍)이 되고 생물이 탄생하여 자랄 수 있는 흙으로 이루어져 있기 때문이다. 나경 패철의 모든 층들은 4층의 지반정침을 기준으로 하여 용도에 따라 만들어진 것이다.

이렇듯 나경의 여러 층 중에서 기준이 되는 4층 지반 정침의 사용 용도는 24방위의 정확한 위치와 음·양택의 좌향을 측정하고, 산에 올라 입수룡(入首龍)을 비롯하여 내룡의 방위를 측정하며, 양택에서는 동·서사택(東·西 四宅) 이론에 따른 주택 가상(家相)의 방위를 측정하는 데 사용한다. 산에 올라 음택의 혈장을 찾을 때 내룡이 혈을 맺기 위해 뻗어 내려온 산자락이 생기를 품은 배합룡인지 생기가 미약하거나 전혀 없어 혈지로 사용할 수 없는 불 배합 사룡(死龍)인지를 감별해내는 것은 풍수에서 상당히 중요하다. 또한 4층의 지반정침은 물이 빠져나가는 수구의 방향을 기준으로 12 포태법을 적용하여 그 용맥이 흙으로 이루어져 혈지로 사용할 수 있는 생룡(生龍)인지, 바위나 돌, 모래로 이루어진 사룡인지, 흙으로 이루어졌으나 지하에 수맥이 흐르거나 흙 속에 물기를 품은 목욕(沐浴)룡인지를 구분하는 데도 사용한다. 그리고 혈장에 올라 용맥의 상하를 조금씩 이동하면서 정확한 혈처를 정하고 혈처에서 시신이 누워야 할 좌향까지 결정하는데 사용하는 아주 중요한 층이다.

양택에서도 주택의 좌향과 대문의 위치, 안방, 부엌의 위치 등 집안의 주요 공간들을 배치할 때 4층의 지반정침으로 방향을 측정한다. 풍수학계에서는 음택(墓地)의 좌향을 측정함에 있어서 나경의 4층인 지반정침으로, 혹은 8층의 천반봉침으로 측정하여야 한다는 주장이 있으나 현재 풍수가에서 사용하고 있는 나경은 그 구조상 1층부터 9층까지의 모든 기준이 4층의 지반정침으로 중심이 이루어져 있기 때문에 4층의 지반정침으로 좌향을 측정하고, 그 정해진 좌향을 기준으로 1층부터 9층까지의 각종 이법들을 대입시켜 적용 해석함이 마땅하다.

055. 나경 5층의 천산 72룡

패철 5층의 천산 72룡은 산줄기가 혈을 맺기 위해 주산인 현무정에서 뻗어 내려온 용맥이 혈을 맺기 전에 어느 용맥으로 입수 도두 하는가를 가늠하는 층이다. 즉 내룡맥을 세분하여 6칸으로 나누었을 때 중심맥이 어느 라인으로 내려와 입수정에 취기(聚氣)하는지를 보고 길흉을 구분하는 층이다. 천산72룡은 12지지 중에서 자인진오신술(子寅辰午申戌)에는 천간자 갑병무경임(甲丙戊庚壬)이, 축묘사미유해(丑卯巳未酉亥)에는 을정기신계(乙丁己辛癸)가 붙어 짝을 이루고 있다. 나경의 5층은 4층의 24방위를 각각 3칸씩 나누어 여기에 60갑자를 기록하고 12천간자 밑에 공란을 1칸씩 두어 모두 72칸이므로 1칸이 5도로 측정 시 매우 정확도를 요하는 층이다.

지구는 우주의 기운(天氣)을 받고 그 기운은 산천에 퍼져있으며 땅속엔 지기(地氣)가 흐르고 있다. 즉 땅의 표면엔 천기가, 땅속엔 지기가 있으므로 이러한 기운들을 정확히 측정하여 땅의 기운을 알아내고 길지에 조상의 체백(體魄)을 안장(安葬)함으로 영혼의 안녕과 더불어 후손들의 부귀영화를 도모하기 위함이다. 천산72룡은 지기(地氣)라 하여 지하로 흐르는 땅의 기운을 측정하는 것이다. 원래 천산(穿山)이란 "산과 산을 뚫는다"는 뜻으로 어떤 산이 다음 산으로 솟구치려면 반드시 몸을 낮추면서 기운을 움츠린 곳이 있는데 그런 곳을 풍수학에서는 과협(過峽)이라고 부른다. 천산 72룡은 과협 내에서 어느 방위로 좋은 지기가 흐르는가를 측정하는 층이지만 1칸이 5도로 정확한 측정이 쉽지 않아 풍수 현장에서 등한시하는 경우도 있다.

측정할 때는 용의 특성이 가장 잘 나타나는 과협처나 결인속기처의 제일 높은 중심지점에 나경을 정반정침하고 4층으로 만두까지의 용맥을 살핀다. 그다음 중심으로 오는 맥을 5층으로 정확하게 측정한다. 입수 1절용의 정확한 측정은 이법론에서 상당히 중요하다. 그런데 측정할 때 1칸이 5도로 미세하기 때문에 측정자의 마음에 따라 가급적 좋은 각도로 적용하고 해석하려는 심리가 작용할 수 있으므로 세심한 주의를 요하는 부분이다. 그리고 시중 서점에 나와 있는 책 중에는 빈칸으로 내려온 천산 72룡을 사용할 수 있다고 쓰여진 책자도 간혹 있는데 옛 서(書)에 이르기를 "십이공간위위대공망위흉(十二空間謂爲大空亡爲凶)"이라고 하였다. 이것은 "12개의 빈칸을 설명하자면 대공망이 되어 흉하다"라는 뜻으로 사용해서는 안 되는 용맥이다. 용맥의 구분은 혈장에서 보아 자연의 흐름이 좌선수인지 우선수인지를 먼저 보고 좌선하면 물을 거수하는 쪽의 왕기맥(병자)을, 우선하면 생기맥(경자)에 해당된다고 보고 재혈(裁穴)시 참고한다.

또한 천산 72룡이 나쁘다 할지라도 주룡의 형기가 좋으면 이에 구애받지 않는다. 이론상으로 논리에 합당한 것 같으나 72룡으로 세분하여 1칸이 5도밖에 안 되는 용맥의 범위를 지중을 꿰뚫는 도인이 아닌 이상 맥의 기운을 인지하여 분별하기란 어려운 법, 이기(理氣)에 따른 약간의 결함은 있을지라도 혈의 결지에는 큰 지장이 없다는 것이 여러 풍수 학자들의 주장이다.

056. 나경 6층의 인반중침

패철 6층의 인반중침(人盤中針)은 중국 송나라의 뢰포의(賴布衣)가 만들면서 혈 주변에 있는 산봉우리의 방위를 측정하여 혈(穴)에 도움을 주는 것인지 해를 주는 것인지를 밝히는 데 사용하였다. 이것은 묘지나 주택의 좌향과 주변에 있는 산봉우리들의 방위를 살펴 오행으로 상생상극을 대조해서 그 봉우리들의 길흉을 알아보는 데 사용한다는 것이다. 6층의 인반중침은 모두 24방위로 구성되어 있는데 4층 지반정침의 자오선을 기준으로 보아 반위(7.5도) 뒤쪽(왼쪽)으로 처져 있다. 그 이유는 물은 양(陽)이기 때문에 좌선을 하여 반위(7.5도) 앞서고, 산(山)은 음(陰)이기 때문에 우선으로 하여 반위(7.5도) 뒤쪽으로 역행된 것이다. 그러므로 산봉우리들의 방위는 반드시 나경 4층이 아닌 6층 인반중침으로 측정하여야 한다. 측정 방법은 묘지나 당판의 중앙에서 4층 지반정침으로 혈(묘지)의 좌향을 측정하고 그것을 기준으로 하여 6층으로 산봉우리의 방위를 측정한다. 이것은 주변에 있는 산들이 묘지에 도움을 줄 수 있는 방위에 있는지 없는지를 이법적으로 살펴보는 것이다.

하늘에는 수많은 별들이 있지만 그중에서 인간이 살고있는 지구에 조응하는 별은 해와 달을 비롯하여 금성, 수성, 목성, 토성, 화성, 천왕성, 명왕성, 해왕성 등과 해(亥)방의 자미원, 간(艮)방의 천시원, 손(巽)방의 태미원, 태(兌)방의 소미원과 동서남북의 각각 7수를 합친 28성수가 있다. 이러한 별들은 지상에 조림하여 산의 형태를 만들고 산은 그 기운을 혈(묘지)에 비추어 후손들의 길흉에 관계한다. 다시 말해서 별들의 기운이 땅에 닿아 산천을 만들고 땅속에는 만물을 생육하는 생기가 흐른다. 따라서 천상의 별과 지상의 산이 서로 조응하여 좋은 기운을 가진 산봉우리가 혈 주변에 있으면 길혈이라고 보는 것이 이기론적 풍수 논리다. 묘지의 좌향과 주변 산들의 길흉을 살피는 데 사용하는 오행은 성수오행(星宿五行)이라는 특수오행이다. 그러므로 산의 방위를 측정하여 길흉을 판단할 때는 묘지의 좌(坐)도 반드시 성수오행에 대입시켜 상생상극 관계를 따져야 한다.

여기서 길흉을 논하는 데는 아래와 같이 다섯 가지의 경우가 있다. 첫째, 생아자(生我者)라 하여 산봉우리의 방위 오행이 나(묘소의 坐)를 상생(相生)하는 경우이고, 둘째, 아극자(我剋者)라 하여 내(묘소의 坐)가 산봉우리를 상극(相剋)하는 경우이며, 셋째, 비화자(比和者)라 하여 산봉우리의 오행이 나(묘소의 坐)의 오행과 같은 경우인데 이 세 가지는 길(吉)한 경우에 속하고, 넷째, 극아자(剋我者)라 하여 산봉우리의 오행이 나(묘소의 坐)를 상극(相剋)하는 경우이고, 다섯 번째, 아생자(我生者)라 하여 내(묘소의 坐)가 산봉우리를 상생(相生)하는 경우로 이것은 나(墓)의 기운이 설기(泄氣) 되기 때문에 이 두 가지는 흉하다. 이러한 다섯 가지의 경우로 혈장 주변의 산봉우리들이 나(墓)에 도움이 되는지 해가 되는지를 알아보기 위해 만들어진 것이 나경 6층의 인반중침이다. 이 외에도 주변 산봉우리의 길흉은 여러 가지로 살핀다. 예를 들어 삼길(卯,庚,亥)방과 육수(艮,丙,巽,辛,酉丁)방에 수려한 산이 있으면 오행과 상관없이 관직에 있는 후손들은 권력을 얻고 일반백성은 재물을 얻는다.

057. 나경 7층의 투지 60룡

나경 5층의 천산 72룡이 현무봉(과협처)에서 혈장 바로 뒤 입수까지의 내룡에 대한 길흉을 살피는 것이라면 7층의 투지 60룡은 입수에서 혈까지의 길흉을 살피는 층이다. 4층 지반정침의 쌍산 12방위에 각각 5개룡씩 60(12×5)갑자가 등재되어 있으니 1칸은 6도이다. 투지 60룡은 주룡의 생기가 최종적으로 혈(穴)에 전달되는 과정을 살피는 층으로 화갱살요공망맥(火坑煞曜空亡脈)은 피하고 주보왕생맥(珠寶旺生脈)만을 혈의 광 중에 입맥시켜 재혈을 올바르게 하는 데 사용한다.

4층의 쌍산 위에 배열된 다섯 룡 중에서 왕기맥인 두 번째의 병자순과 생기맥인 네 번째의 경자순만을 주보맥(珠寶脈)으로 사용할 수 있고 나머지 첫 번째 갑자순의 쇠기맥, 세 번째 무자순의 사기맥, 다섯 번째 임자순의 병기맥은 화갱살요공망맥(火坑煞曜空亡脈)이라 사용할 수 없다. 그런데 5층의 천산 72룡은 자연의 상태로 있는 용맥을 그대로 측정하는 것이기 때문에 임의로 조정할 수가 없지만 7층의 투지 60룡은 풍수 지사가 주보왕생맥(珠寶旺生脈)만을 정확히 선택하기 위해 임의로 조정하여야 하기 때문에 어느 정도의 숙련이 필요하다. 나경 7층은 영혼의 안녕과 후손들의 발복을 위해 재혈과 천광 시 매우 중요하므로 숙련된 풍수 지사의 정확한 측정이야말로 후손들의 발복을 도모할 수가 있다.

투지 60룡의 측정은 혈 뒤 입수도두의 중앙 분수척상(分水脊上)에 나경패철을 정반정침하고 혈을 보고 천광(穿壙)할 자리의 중심을 투지 60룡의 주보맥인 병자순의 왕기맥과 경자순의 생기맥에 맞추어 결정한다. 이때 병자순 혹은 경자순의 구분이 어려우면 혈장에서 보아 물이 좌선수인지 우선수인지를 먼저보고 좌선수이면 왕기맥인 병자순이고 우선수이면 생기맥인 경자순에 해당된다고 보면 된다.

이 용맥을 정확히 맞추는 데는 약간의 기술이 필요하기 때문에 초보자라면 실이나 줄을 이용하여 입수도두처 중앙에 막대기를 꽂아 실을 매어 달고 혈에 와서 7층 주보맥과 일치하도록 하여 천광할 자리의 상단 중심을 결정하는 것도 한 방법이 될 것이다. 투지 60룡은 혈장 내에서 혈의 중심을 어디로 잡을 것인가를 판단하는 층인바, 매장 시에 상당한 정확도를 요구한다. 이것은 내룡의 중심선(분수척상)에 혈을 잡았으면 시신을 좌우 어느 쪽에 두어야 하는지를 결정해야 하기 때문이다. 먼저 패철 4층 임자룡의 경우를 보자. 임자룡에 해당하는 7층에는 5칸으로 나뉘어져 있고, 왼쪽부터 갑자(병기맥)→병자(왕기맥)→무자(쇠기맥)→경자(생기맥)→임자(사기맥)이다. 이때 혈의 중심은 혈장에서 보아 자연의 흐름이 좌선수이면 병자(왕기맥)순에, 우선수라면 경자(생기맥)순에 중심을 잡아야 한다. 중심선인 쇠기맥에 혈을 잡으면 산등성은 좌우에서 바람이 지나가는 곳이므로 장사(葬事)의 목적인 생기를 탈 수 없기 때문이다. 그럼에도 불구하고 산에 올라 옛 묘를 보면 많은 분묘들이 쇠기맥에 혈이 잡혀져 있다. 이것은 간혹 풍수 지관들이 이기학의 요체인 패철의 이해가 쉽지 않아 현장에서 투지 60룡에 대한 적용을 하지 않고 있기 때문이기도 하다.

058. 나경 8층의 천반봉침

나경 8층의 천반봉침(天盤縫針)은 혈장 주변에 있는 물의 방위를 측정하는 데 사용하는 층으로 당나라 양균송이 그 이치를 밝혀 나침반에 올려놓았다. 이것은 혈장에서 보아 물의 득수(得水)와 파구(破口)의 방위를 보고 혈장에 좋은 기운을 많이 받을 수 있도록 혈의 위치와 좌향을 조정할 때 사용한다. 물의 득수와 파구의 방위가 좋아 발복이 빠른 곳은 조빈석부(朝貧夕富)라 하여 아침에 장사(葬事)지내면 저녁에 곧 부자가 된다고 할 정도이니 이법적으로 매우 중요한 층으로 이러한 명당 길지를 찾고 또한 흉지를 피하기 위해 풍수 현장에서 많이 사용하는 층이다.

당나라의 양균송은 이 법으로 많은 사람들을 가난에서 구제하였다고 하여 그의 호도 구빈(救貧)이라 하였다. 8층의 천반봉침은 24방위로 표시되어있고 4층 지반정침의 자오(子午)선을 기준으로 보아 반위(7.5도) 앞쪽(오른쪽)으로 놓여 있다. 그 이유는 물은 양(陽)이기 때문에 반위(7.5도) 앞서고, 산(山)은 음(陰)이기 때문에 반위(7.5도) 뒤쪽에 있는 것이다. 그러므로 음인 산봉우리의 방위는 나경 6층 인반중침으로 측정해야 하지만 양인 물의 방위는 반드시 4층도 6층도 아닌 8층 천반봉침으로 측정하여야 한다. 풍수에서 물의 중요성이란 용혈(龍穴)과 더불어 양대 기본이 되는 것이며 산맥이 있어서 물이 흐르고 물이 경계를 지우므로 산이 생기는 것은 서로 상대적이다. 음인 용과 양인 물이 서로 음양교배를 해야 생기가 모여 혈을 결지할 수 있으므로 물의 흐름을 정확히 판단하고 그 흐름에 대한 방위측정은 풍수에서 매우 중요하다. 득수처의 측정은 풍수지사의 견해에 따라 약간의 차이가 있고 마지막으로 물이 빠져나가는 수구 또한 위치를 정확하게 측정하기란 쉬운 일이 아니다. 수구의 측정이 잘못되면 패철 방위의 한 칸(15도)의 차이로도 땅과 물의 생왕사절이 완전히 바뀔 수 있다. 그러나 측정 방법은 대체적으로 다음과 같다.

혈장(穴場)에서 안산을 마주 보고 똑바로 서서 명당 앞으로 들어오는 물이 우선수인지 좌선수인지를 먼저 확인하고 그다음 몸은 돌리지 말고 고개만 좌우로 돌려 처음 보이는 곳이 바로 득수처다. 이곳은 대개 정면(向)을 기준하여 나경에서 약 8궁위(120도)쯤 떨어진 곳에 해당된다. 그리고 수구는 보국 안에 있는 물이 마지막으로 빠져나가는 곳을 말하는데 일반적으로 혈(穴)을 둘러싼 청룡·백호의 끝부분이다. 즉 혈장에서 보아 자연의 흐름이 좌선수이면 백호의 끝자락, 우선수이면 청룡의 끝자락이 수구에 해당된다. 이곳에 큰 저수지나 연못 등이 있어 청룡 혹은 백호의 끝부분이 물에 잠겨있다면 수면 위의 청룡이나 백호의 끝부분을 측정한다. 득수처와 수구처의 측정은 약간의 오차도 허용되어서는 안 된다. 포태법과 88향법에서는 1칸(15도)의 오차가 향을 세우는 데 있어서 길흉화복이 완전히 달라지기 때문이다. 현장에서 가장 중요한 것은 나경 8층의 사용법으로 특히 마지막으로 물이 빠져나가는 수구의 방위가 매우 중요하다. 파(破)를 정확히 판별해야 국(局)이 결정되고 국이 결정되어야 비로소 내룡(來龍)도 이기적으로 생왕사절(生旺死絶:길흉)이 판단되며 파구에 따라 좋은 향을 세울 수 있기 때문이다.

059. 패철 9층의 분금 법

나경 9층의 분금 법은 장사(葬事)에서의 마지막 작업에 사용되는 층이다. 하관시 흉한 고허살요공망맥(孤虛煞曜空亡脈)을 피하고 길한 왕생분금(旺生分金)만을 취하여 영혼의 명복과 후손들의 부귀왕정을 도모하기 위함이다. 패철의 9층에는 4층 지반정침의 24 좌산(방위) 위에 각각 5 분금씩 모두 120 분금이 등재되어 있고 1칸이 5도로 매우 세밀하게 나누어져 있다. 이것은 하관 후 시신의 좌향 조정이 정확히게 되어져아 후손들이 많은 발복을 취할 수 있어 상당한 정확도를 요구하기 때문이다. 여기서 5 분금 중 3 분금은 공란이고 2 분금만 60갑자가 쓰여져 있다. 그중에서도 60갑자는 천간자가 모두 병(丙), 정(丁), 경(庚), 신(辛)으로만 되어있고 갑(甲), 을(乙), 무(戊), 기(己), 임(壬), 계(癸)의 천간자로 시작되는 분금은 아예 기록하지 않고 공란으로 두었다. 이것은 120 분금 중에서 갑을맥은 고(孤)하고, 병정맥은 왕(旺)하며, 무기맥은 살요(煞曜)이고, 경신맥은 생(生)하며, 임계맥은 허(虛)한 맥이기 때문에 길한 왕생맥(旺生脈)인 병·정·경·신 맥만 사용하기 위함이다.

따라서 좌(坐)를 정하고 그 좌에서 9층에 있는 5 분금 중 2개의 분금만을 사용할 수 있다. 사용 방법은 병(丙)·정(丁) 혹은 경(庚)·신(辛)으로 된 2개의 분금 중에서도 납음오행을 보아 육친법(六親法)으로 분금의 납음오행이 망명의 납음오행을 생(生)하여 주거나 비화(比和)하거나 망명의 오행이 분금의 오행을 극(剋)하면 길하다. 그러므로 2개의 분금 중 이에 해당하는 하나를 골라 사용하면 된다. 만약 2개의 분금 중 어느 것도 망명의 납음오행을 생하거나 비화하거나 분금의 오행이 극을 당하지 않아서 사용할 수가 없다면 망명의 납음오행 대신 사손(嗣孫)인 장자나 장손 또는 다른 자손의 생년 납음오행과 맞추어 길한 분금을 선택한다. 이밖에 망명과 분금을 대조하여 합법하지 못하면 혈장(穴場) 앞을 지나는 물이 좌선수이면 우선분금(丙·丁)을, 우선수이면 좌선분금(庚·辛)을 사용할 수도 있다.

결과적으로 망인의 납음오행과 분금의 납음오행을 대조해 상생이냐 상극이냐를 따져서 분금이 망인을 생하면 길하고 분금이 망인을 극하거나 망인이 분금을 거꾸로 생하는 설기(泄氣)는 흉한 것으로 본다. 그리고 망인의 납음오행과 분금의 납음오행을 대조해 양측 분금 모두가 합법하다면 내광 안에서 시신의 머리 쪽을 9층 양측 분금 아무 곳이나 맞추어도 무방하나 이때는 물의 좌·우선에 맞추어 물을 거수할 수 있는 방향의 분금으로 사용함이 더 길하다. 그러나 분금의 오행이 망명의 납음오행을 생하는 쪽이 있다면 그 분금으로 우선 사용되어야 할 것이다. 하관 시 분금을 적용하지 않고 시신을 정좌(定坐) 중심선으로 안치하게 되면 음양의 산천 정기를 충분히 받을 수 없어 발복이 원활하지 못하고 배합귀절(配合貴節)에는 간혹 삭탈관직하고, 배합부절(配合富節)에는 사업부도 등 재산상에 손실이 크며 배합손절(配合孫節)에는 질병, 사고 등 각종 인패가 따를 수 있다. 초상이 아닌 이장의 경우 육탈이 끝난 유골은 분금 사용 시 뼈가 더 빨리 산화되기 때문에 일반적으로 분금을 사용하지 않는다.

060. 풍수에서의 용龍이란?

풍수에서는 산맥 또는 산의 능선을 총칭하여 용(龍)이라 하는데 능선의 모양이 용이 살아 움직이는 것과 같다하여 붙여진 이름이다. 산은 조종산(祖宗山)인 태조산에서 출발하여 중조산, 소조산, 현무봉을 거쳐 마지막으로 혈장을 만들고 물을 만나면서 행룡을 멈춘다. 이러한 과정을 내룡, 주룡, 용맥 등으로 다양하게 부르며 총칭하여 용이라 한다. 마치 사람이 시조(始祖)로부터 나와 중시조, 할아버지, 아버지, 자식으로 이어지는 이치와 같고 식물에 비유한다면 뿌리(太祖山)에서 나와 줄기(主龍)를 통하여 가지(中祖山)를 뻗고 다시 새 가지(小祖山)에서 꽃봉우리(玄武峰)가 되어 꽃과 과일(穴)을 맺는 이치와 같다. 이와 같이 산맥에서도 대부분이 산자락(용)의 마지막 부분인 용진처(龍盡處)에서만 혈을 맺는다.

우리나라의 태조산은 백두산이고 여기서 시작하여 지리산까지 계속 맥을 타고 내려와 연결된 줄기가 백두대간이며 이 백두대간에서 갈라진 1정간 13정맥이 국토 전반에 걸쳐 힘줄과 뼈대를 만들었다. 여기서 갈라진 산맥은 모두 이어져 곳곳마다 정기를 실어 나르고 그 사이로 핏줄과 같은 물길이 흘러 땅속의 생기를 가두어준다. 백두산에서 시작된 이 용맥들은 기세 있게 높이 솟아 험하고 억센 용으로 시작하지만 행룡하면서 바위는 부셔져서 점점 흙으로 변화를하고 여기서 계속 행룡 하다가 어느 정도 기세가 정재되면 혈을 맺기 위해 단정하고 수려한 산봉우리를 일으킨다. 이 봉우리가 바로 혈장 뒤편의 주산이 되고 주산은 혈에 생기를 공급해주는 모체가 된다. 풍수에서는 주산 기세의 생사(生死) 활기에 따라 혈지의 모든 길흉이 결정되기 때문에 사신사 중에서 주산을 제일 중요한 산으로 본다.

따라서 주산은 임산부의 모체가 건강해야만 건강한 자식을 출산할 수 있듯이 진혈을 맺기 위해서는 주산의 용세가 변화무상하고 기세가 생동적이어야 그 아래에 좋은 혈이 맺힌다. 주산의 형태를 분석하는 것은 그 지역의 지세를 분석하는 데 가장 중요한 요소 가운데 하나이다. 이 주산은 다시 깨끗한 기를 모으기 위해 단아한 봉우리를 일으키는데 이 봉우리가 바로 현무봉이다. 이것은 태조산에서 이곳까지 오면서 험한 기운은 모두 정제시켰기 때문에 바위가 없는 깨끗한 산이다. 현무봉은 혈 바로 뒤에 있으면서 양옆으로 날개를 펼쳐 내청룡·내백호를 만들고 가운데로는 중출맥이 뻗어 나와 혈을 맺는다. 깨끗하게 탈살 된 현무봉은 혈을 맺기 전 생기만 모아 저장하는 입수도두처를 만드는데 이곳은 깨끗한 생기만 모아두는 곳이기 때문에 약간 볼록하면서 밝고 깨끗하고 단단하다. 여기서 양변으로 선익(蟬翼)을 뻗어 생기가 좌우로 흩어지지 않도록 한 다음 중심으로 생기를 혈에 공급한다. 좋은 혈장이 만들어지려면 전체적인 보국이 잘 짜여져 있어야 하는데 현무봉에서 양쪽으로 뻗어나간 청룡·백호가 혈을 잘 감싸 안아주고 용·호의 끝자락이 교차하거나 만나 수구가 좁게 관쇄(關鎖)되어야 좋은 보국이 형성된다. 이러한 곳이라야 장풍(藏風)과 득수(得水)가 이루어져 혈장의 생기가 잘 보존되므로 최고의 혈지가 만들어진다.

061. 요도지각橈棹支脚

풍수에서는 산을 용(龍)이라 칭한다. 이것은 용이 살아서 꿈틀거리며 전진하듯 힘차게 뻗어나가야 생룡(生龍)이 되어 마지막에 좋은 혈(穴)을 맺을 수 있다. 요도지각(橈棹支脚)이란 용맥(山)이 행룡(行龍)함에 있어서 직진 혹은 좌·우측으로 방향을 바꿀 때 산줄기의 균형을 유지하기 위하여 솟아오른 산봉우리의 양쪽에 나타나는 다리(줄기)를 말한다. 이러한 산줄기는 그 생긴 형태가 마치 바다에 항해하는 배의 노(棹)와 같고 시네의 다리(脚)와 같다하여 요도지각이라 한다.

요도지각은 주룡의 능선에서 좌우로 뻗어 내린 가지이며 지네의 몸통을 지지하기 위해 양측에 붙어있는 여러 개의 다리와 같다. 이는 용의 전진을 도와주고 주룡이 넘어지고 무너지는 것을 막는 받침대 역할을 한다. 여기서 지각(支脚)이란 용을 지탱하는 다리로서 '균형의 유지'가 주요 기능인 반면 요도(橈棹)는 용의 '진행 방향 조정'이 주요 기능이다. 즉 요도는 항해 중인 배의 진행 방향을 조정하는 키(key)와 같은 역할로 용맥이 좌우로 방향을 틀 때 반대편에 두툼하게 붙은 암반이나 흙무더기를 말한다. 그러나 요도가 당판(穴場)에 붙게 되면 요성(曜星)의 역할로서 혈(穴)에 생기를 응축시키는 좋은 역할을 해준다. 요도는 생기를 역(逆)으로 밀어주기 때문에 그 힘으로 인하여 본 용맥은 방향을 바꾸게 되는데 이때 각도가 30도 정도가 되는 것이 행룡하는 데 용맥의 안정과 질서유지에 알맞다. 이러한 요도지각에는 혈(穴)이 없으며 만약 요도에 묘(墓)를 쓰거나 주택을 지어 사람이 거주를 하게 되면 각종 고질병(뇌졸중, 정신질환)이나 사고 등으로 인하여 갑작스럽게 가세가 기울게 되고, 지각에 묘를 쓰면 서서히 가세가 기운다고 했다. 또한 혈의 주변에 지각이나 요도를 단절하게 되면 발생 위치에 따라 자손들의 건강과 재물에 손상을 입게 되며 요도의 끝부분이라 해도 집을 짓거나 묘를 쓰게 되면 충(沖)을 받아 각종 피해가 예상됨으로 반드시 피해야 할 장소다. 일반적으로 배산임수(背山臨水)만 생각하고 산맥의 요도를 구분 못한 체 요도 자락의 산 밑에 집이 들어서 있는 것을 가끔 볼 수가 있는데 얼마 지나지 않아 열에 아홉은 폐가로 방치된 모습을 볼 수가 있다. 평지에서는 양쪽 물길로써 용맥의 진행 방향을 찾아낼 수 있다.

그리고 용이 행룡하다가 마지막에 멈출 때 생기는 다리 역시 풍수에서는 지각(止脚)이라는 용어를 사용하는데 용맥을 지탱해주는 지각(支脚)과는 분명히 구분해야 한다. 이 지각(止脚)은 산맥이 더 이상 진행하지 않고 마지막 멈출 때 발생하는 다리로써 대개 짧게 형성되며 용맥의 끝이 분벽 하듯이 양 가지를 뻗고 멈추는 것이 특징이다. 산에 올라 보면 이 지각(止脚)을 청룡·백호로 오인하고 와혈(窩穴)의 명당으로 착각하여 그사이에 묘가 쓰여져 있는 경우를 흔히 볼 수가 있는데 이곳은 혈처가 아닌 단순한 계곡의 윗부분이므로 음·양택을 막론하고 반드시 피해야 할 장소 중 하나다. 이러한 곳은 골바람의 피해로 집안에 각종 우환과 재산상의 손해를 가져다주는 곳이므로 반드시 풍수 전문가의 감정으로 그에 맞는 비보(裨補)책이 필요한 곳이다.

062. 생왕룡生旺龍과 사절용死絶龍

생왕룡이란 용(山)이 행룡할 때 뻗어 내려오는 모습이 마치 살아있는 뱀처럼 움직이며 지현(之玄:좌우)과 굴곡(屈曲:상하) 등 다양하게 변화하면서 힘차게 행룡하는 것을 생왕룡이라 한다. 이와 반대로 용맥에 변화가 없고 죽은 뱀과 같이 일직선으로 쭉 뻗어 좌우와 상하로 아무런 움직임이 없는 것을 사절룡이라 한다. 혈(穴)은 움직임이 있는 생왕룡에서만 맺는다. 살아있는 뱀은 구불구불 몸을 좌우로 흔들면서 기어가 생기가 왕성하지만 죽은 뱀은 일직선으로 쭉 뻗어 아무런 움직임이 없기 때문에 생기가 없어 음택지(墓所)로 사용할 수 없다는 것이다.

풍수고서인 『명산론』과 『인자수지』등 여러 고서에서도 용의 형태와 변화하는 모습을 보고 생왕룡과 사절룡으로 분류해 놓았다. 생왕룡은 단정하고 수려하면서 활발하게 움직이는 용을 말하며 주변의 호종 보호사(砂)와 여러 골짜기에서 나온 물이 2중 3중으로 보호한 가운데 행룡을 한다. 여기서 마지막으로 물이 빠져나가는 수구를 보아 이법(12포태법)적으로도 장생룡, 관대룡, 임관룡, 제왕룡 등 생기가 왕성한 길룡이라면 더욱 확실하다. 반면에 사절룡은 내룡의 기세가 나약하고 땅이 넓게 퍼져있으며 경직되어 깨지고 추악 복잡한 곳에 바위와 돌들이 많아 생기를 결집하지 못하는 용을 말한다. 즉 생기가 없어 혈을 결지할 수 없는 땅을 말한다. 이런 곳에는 사찰이나 무당굿 집이 들어서도 영력(靈力)이 없어 망해나간다고 하였다. 풍수에서는 이러한 용의 형태를 5가지 길룡과 7가지 흉룡으로 구분하여 12종류로 나누고 5길룡을 생왕룡으로 7흉룡을 사절룡으로 구분해 놓았다.

풍수고서 『발미론』에서는 생룡(生龍)과 사룡(死龍)에 대해서 그 기(氣)가 머문 것을 취하고 머물지 않는 것은 버리는 것을 말한다 하여 "대개 기가 있는 것은 생(生)이고 기가 없는 것은 사(死)가 되므로 생을 취하고 사를 버림이 혈을 잡는 방법"이라고 설명하고 있다. 그리고 생왕룡은 용(뱀)이 살아 움직이는 것과 같이 좌우 및 상하로 지현굴곡을 하는데 이때 꺾이는 마디를 절(節)이라 하고 절은 용의 움직이는 마디를 기준으로 1절, 2절, 3절…이라 한다. 일반적으로 1절은 1~30m 정도로 다양하나 그 이상인 절도 있다. 용맥은 짧을수록 생기가 많은 절이 되며 길수록 생기가 적은 무기룡에 가깝다. 즉 움직임이 없이 계속 뻗어 나갈수록 용은 사룡에 가깝다는 것이다. 이상적인 생룡은 약 15m 정도에서 1절을 이루고 있다.

그러나 풍수에서는 용맥의 크고 작은 것은 비교하지 말고 움직임이 많고 적음을 살피라 하였으니, 풍수의 기본 사상은 생기가 있는 생룡을 구해 그 터를 정하고 생기가 흐르지 않는 사룡을 피하는 것이 풍수의 원칙이다. 그리고 장지(葬地)를 찾을 때는 용(龍)의 어떤 부위라도 가능한 것이 아니고 생기가 멈추고 모이는 곳(용진처:龍盡處)이라야 한다. 이것은 꽃피고 열매를 맺는 것은 나무의 줄기에서가 아니라 반드시 가지의 끝에서 맺는 것과 같다. 이렇듯 생왕룡과 사절룡이 분명히 구분되지만 산에 올라 보면 생기가 없는 무기룡(사절룡)에 쓰여진 묘소가 허다하다.

063. 5길룡吉龍과 7흉룡凶龍

풍수에서는 용(山)의 형태를 보고 5가지 길룡과 7가지 흉룡으로 구분하여 12격으로 나누는바, 5길룡을 생왕룡으로 7흉룡을 사절룡으로 구분지어 놓았다. 먼저 5길룡에 속하는 생왕룡은 생룡(生龍), 강룡(强龍), 진룡(進龍), 순룡(順龍), 복룡(福龍)이 있고, 7흉룡에 속하는 사절룡에는 사룡(死龍), 약룡(弱龍), 병룡(病龍), 겁룡(劫龍), 퇴룡(退龍), 살용(殺龍), 역룡(逆龍) 등이 있다. 산의 형태와 흐르는 모양을 보고 이렇게 12격으로 나누는 바 이러한 용들의 특징에 대해 하나씩 알아보자,

5길룡 중 첫째, 생룡은 용이 지현과 굴곡을 하고 힘차게 움직이며 행룡하는 것을 말한다. 이러한 용맥의 용진처에 장사 지내면 후손들은 대대로 부귀를 누릴 수 있는 곳이다. 둘째, 강룡은 산 모양이 웅장하며 산봉우리와 봉우리 사이가 멀고 용의 기세가 웅대하면서 양명 수려하다. 이러한 곳에도 결혈하면 크게 부귀가 발복한다. 셋째, 진룡은 산봉우리가 모두 높고 요도지각이 고르게 발달되어 있으며 거칠고 험준한 석산이 점차 곱고 유연한 토산으로 박환하면서 행룡한다. 이러한 진룡에서 결혈된 곳을 찾아 장사를 지내게 되면 문장명필과 부귀 자손이 줄줄이 나온다. 넷째, 순룡은 용맥이 유순하고 지각(支脚)이 앞을 향해 순하게 뻗는 모습이며 산봉우리는 점차 낮아지고 좌우의 용호가 유정하게 감싸준다. 순룡에서 결혈하면 부귀가 오래가고 자손이 효도하여 가정이 화목하다. 다섯째, 복룡은 용맥이 특출하지는 못하나 후덕한 모습으로 호종 보호사가 주밀하다. 금궤 같은 작은 바위가 내룡 위에나 혹은 좌우에 붙어있거나 수구에 있으면 큰 부자 즉 국부(國富)가 출현한다.

그다음 7흉룡 중 첫째, 사룡은 용맥이 퍼지고 일그러져서 죽은 뱀처럼 뻗어있는 용으로 생기가 없어 혈을 맺을 수가 없다. 이러한 곳에 장사지내면 가난과 더불어 절손까지 염려된다. 둘째, 약룡은 산봉우리와 능선이 여위고 약해 광채가 없으며 용맥이 매우 허약하여 혈을 결지할 수 없다. 이러한 곳을 용으로 잘못 알고 장(葬)을 하면 가난과 질병으로 고생한다. 셋째, 병룡은 멀리서 보면 산의 모양새가 아름답지만 가까이에서 살펴보면 산이 깨지고 골이 파져 상처와 하자가 많기 때문에 생기를 결집할 수 없는 산이다. 넷째, 겁룡은 주룡이 행룡하다가 분맥이 너무 심해 방룡(傍龍) 혹은 지룡(支龍)으로 기운이 흩어지기 때문에 기운이 약해 혈을 결지할 수 없다. 다섯째, 퇴룡이란 주룡의 행룡은 큰 산에서 작은 산으로 행룡하는 것이 원칙이나 퇴룡은 작은 산에서 출발하여 행룡 할수록 산이 점점 높고 커지는 경우를 말한다. 이런 경우는 오역(忤逆)한 용으로 혈을 결지할 수 없는 매우 흉한 용이다. 여섯째, 역룡이란 정상적으로 행룡하는 용은 지각이 진행 방향으로 뻗어 용과 혈을 감싸 주지만 역룡은 반대로 지각이 뒤를 향해 역으로 뻗었다. 이곳에 장사지내면 성질이 흉악하고 반역하는 자손이 나온다. 일곱째, 살룡은 용의 모양이 뾰족하고 험악하고 깨지고 부서져 살기가 내포된 무서운 용이다. 거의가 석산(石山)으로 이루어졌으며 낭떨어지가 많아 도저히 혈을 결지할 수 없는 흉한 용이다.

064. 배합절配合節과 불 배합절 ㊤

풍수에서는 용(山)이 행룡할 때 꺾이는 각도에 따라 배합절인가 불 배합절인가를 구분한다. 이것은 나경의 4층인 지반정침으로 측정하는데 지반정침은 12천간(乾·巽·艮·坤·甲·乙·丙·丁·庚·辛·壬·癸)과 12지지(子·丑·寅·卯·辰·巳·午·未·申·酉·戌·亥)를 합하여 24방위로 나뉘어져 있고 나경의 360도 둥근 원판 안에 1칸을 15도로 하여 24글자를 배열해 놓았다. 여기서 12지지는 음(陰)이고 8 천간과 4유는 양(陽)인데 지지자를 기준으로 하여 양을 음 앞에 하나씩 배정하여 임자, 계축, 간인, 갑묘, 을진, 손사, 병오, 정미, 곤신, 경유, 신술, 건해로 음양이 서로 배합하도록 배치하였고, 서로 다른 궁위끼리의 배합은 불 배합 용맥이기 때문에 대부분 지기가 약해 혈지로 사용하지 않는다. 예를 들어 내룡이 자계, 축간, 인갑... 등의 방향으로 행룡한다면 이것은 불 배합 쌍산룡이다. 내룡을 측정할 때 쌍산으로 음양 배합이 잘 이루어진 내룡인지 아니면 불 배합으로 이루어졌는지를 감별하는 것은 진혈지를 찾아내는 데 상당히 중요하다. 내룡도 음과 양이 서로 조화를 이루어야 생기가 충만한 용이 되고 이러한 곳이라야 땅속에도 생기가 충만해 좋은 혈장을 만들 수 있다.

쌍산이 같은 궁(宮)으로 이루어진 배합룡이라면 일단 땅속이 대부분 흙이라 판단되지만 해와 임, 자와 계, 축과 간처럼 쌍산이 아닌 글자 사이로 뻗은 불 배합룡이면 이를 잠룡(潛龍)이라 하여 대부분 땅속에는 생물을 생육할 수 없는 바위나 돌이 들어있는 경우가 많다. 그리고 내룡이 비록 배합룡일지라도 이기(理氣)로 판단해, 양룡, 장생룡, 관대룡, 임관룡, 제왕룡이면, 땅속이 고운 흙으로 이루어진 생기 충만한 곳이지만 절룡, 태룡, 병룡, 사룡, 묘룡이라면 비록 배합룡이긴 하지만 땅속은 생기를 품을 수 없는 바위나 돌 혹은 흙과 자갈이 혼합된 곳이 많다.

그리고 목욕룡일 경우 습기가 많거나 수맥이 많이 지나가는 땅이고, 쇠룡은 평지에서는 생기를 품은 길룡이나 산지에서는 생기가 없는 흉룡이 대부분이다. 예를 들어 산에 올라 내룡의 휘이고 꺾인 지점마다 패철 4층 지반정침으로 내룡을 측정하였더니 모두 수국(水局) 내에서 신술(관대룡)→술건(잠룡)→건해(목욕룡)→해임(잠룡)→임자(장생룡)→자계(잠룡)로 판단되었다. 그러면 먼저 잠룡(불배합)인 술건, 해임, 자계룡은 생기가 없는 땅이므로 혈 자리를 만들 수 없고 건해도 목욕룡이니 버리고 임자(장생룡)나 신술(관대룡) 내에서 혈 자리를 찾아보아야 한다.

또 옛 묘가 어떤 용에 자리 잡고 있는가를 알려면 혈장에서 보아 먼저 물이 흘러나가는 곳 즉 수구의 방향을 정확히 판별해서 국(局)을 정하고 그다음 이기적으로 땅의 길흉을 판단한다. 이것은 패철을 묘의 뒤쪽 입수처에 가지런히 올려놓고 먼저 묘 쪽으로 뻗어 온 내룡(입수맥)의 방향을 측정하는데 여기서 잠룡(불 배합)이라면 일단 흉한 자리이다. 배합룡이라면 그중에서도 12 포태법으로 판단해서 양룡, 장생룡, 관대룡, 임관룡, 제왕룡이 되어야 생기를 품은 길한 용(땅)이 된다. 이러한 곳이라야 묘를 쓴 다음에 후손들의 발복을 기대할 수 있다.

065. 배합절配合節과 불 배합절 ㊦

풍수에서는 내룡의 방향을 측정하여 용맥의 길흉을 구분하지만 음(地支)과 양(天干)이 서로 조화를 잘 이룬 배합절에서도 방향에 따라 발복의 종류도 다양하게 구분한다. 먼저 물이 마지막으로 빠져나가는 파구를 기준으로 나경의 24방위를 6방위씩 묶어 수국, 목국, 화국, 금국의 4국(局)으로 나눈다. 수국은 혈장에서 보아 동남(을진, 손사, 병오)방으로 물이 빠져나가는 곳이고, 목국은 남서(정미, 곤신, 경유)방, 화국은 서북(신술, 건해, 임자)방, 금국은 북동(계축, 간인, 갑묘)방으로 물이 빠져나가는 곳이다. 여기서 용이 행룡할 때 각국마다 제일 앞쪽에 있는 진·술·축·미(을진, 신술, 계축, 정미)방으로 뻗어 내려오는 배합룡은 부절(富節)이라 하여 대부분의 용맥이 후부하게 생겨져 있고 이러한 곳에 묘를 쓰게 되면 후손들은 부자가 많이 난다. 가운데에 위치한 인·신·사·해(간인, 곤신, 손사, 건해)방으로 뻗어 내려오는 배합룡은 손절(孫節)이라 하여 용맥의 상부가 강하고 분명하여 건강한 자손과 후손들이 많이 태어나며, 마지막 자·오·묘·유(임자, 병오, 갑묘, 경유)방으로 내려오는 배합절은 귀절(貴節)이라 하여 용맥이 귀하고 양명하므로 이러한 곳에 묘를 쓰면 후손들이 관직에 나가 높은 벼슬에 오르는 귀한 자손들이 많이 태어난다.

그리고 배합절이나 불 배합절에서 용맥이 뻗어 내려오는 방위의 글자가 정음(淨陰)인 경우에는 여자 후손에게, 정양(淨陽)인 경우에는 남자 후손에게 더 많은 영향을 미치게 된다. 또한 삼합으로 보아 화(火)의 기운인 인·오·술(간인, 병오, 신술) 배합룡에서는 2, 7숫자(數)년에 발복을 하고, 수(水)의 기운인 신·자·진(곤신, 임자, 을진) 배합룡에서는 1, 6숫자(數)년에 발복을 하며, 목(木)의 기운인 해·묘·미(건해, 갑묘, 정미) 배합룡에서는 3, 8숫자(數)년에 발복을 하고, 금(金)의 기운인 사·유·축(손사, 경유, 계축) 배합룡에서는 4, 9숫자(數)년에 더 많은 발복을 한다. 이것은 주역(周易)의 선천과 후천팔괘 하락수(河洛數)에 근거를 두고 해석한다.

반면 음(地支)과 양(天干)이 서로 조화를 이루지 못한 불 배합룡에서는 발복(發福)이 아닌 발흉(發凶)이 찾아온다. 해임, 자계, 축간, 인갑, 묘을... 등 불 배합 된 용맥에 묘를 쓰게 되면 발흉(發凶)이 오게 되는데 용맥이 뻗어 내려오는 방위에 따라 후손들에게 사람이 상하는 인패절(人敗節), 재산상 손해를 끼치는 재패절(財敗節), 건강을 해치는 병패절(病敗節)이 있다. 여기서 인·신·사·해(인갑, 신경, 사병, 해임)의 불 배합절에 묘를 쓰게 되면 후손들에게 요절, 자살 및 기타 사고 등 사람이 상(傷)하는 인패절(人敗節)이고, 자·오·묘·유(자계, 오정, 묘을, 유신)의 불 배합절은 후손들 중에 금전적인 것이 원인으로 된 부도나 파산으로 재산상에 큰 손실을 보는 재패절(財敗節)이며, 진·술·축·미(진손, 술건, 축간, 미곤)의 불 배합절에서는 후손 중에 여러 가지 나쁜 질병으로 인하여 화(禍)를 당하는 병폐절(病敗節)이다. 뻗어 내려오는 용맥의 방위에 따라 이렇게 여러 가지의 좋지 못한 경우가 있음에도 불구하고 산에 올라 보면 불 배합 용맥에 옛 묘들이 많이 쓰여져 있다.

066. 용맥의 마지막 입수처入首處

태조산에서 출발한 용맥은 하나의 진혈을 맺기 위해 많은 변화를 거치면서 계속 행룡(行龍)한다. 어느 정도 기세(氣勢)가 정재되면 혈을 맺기 위해 단정하고 수려한 산봉우리를 일으키는데 이것이 주산이 되고 여기서 다시 뻗어 내려와 현무봉을 만든다. 현무봉은 혈 바로 뒤에 있는 산으로 양옆으로 개장하여 내청룡・내백호를 만들고 중심으로는 중출맥이 나와 혈(穴)을 맺는다. 현무정에서 뻗어 나온 중출맥은 혈 바로 뒤에 약간 볼록한 생기 저장소를 만드는데 이곳을 뇌두(腦頭)라 하고 뇌두로 맥이 들어오는 것을 입수(入首)라고 하는데 입수는 머리로 들어간다 하여 입수도두(入首到頭)라고도 한다. 다시 말해 깨끗하게 탈살 된 현무봉은 얼마 남지 않는 살(殺)까지 모두 털어내고 깨끗한 생기만 모아두는 곳이 혈 바로 뒤 입수 도두처인데 이곳은 생기만 모아두는 곳이기 때문에 약간 볼록하면서 밝고 깨끗하고 단단하다.

혈의 진가와 생사여부는 혈 바로 뒤의 '입수 1절룡'에 달려 있고, 천리를 행룡하여 온 용도 입수 1절룡이 부실하면 허사가 되고 만다. 만약 이곳(입수맥)으로 도로가 관통되거나 기타 손상이 되었다면 그 아래에는 혈을 결지할 수가 없고 그런 곳에 집을 짓거나 장사를 지내면 자손이 귀하여 절손될 우려가 있다. 마치 어머니 뱃속에서 탯줄이 끊어져 태아가 태어날 수 없는 현상과 같다. 그러니 아무리 잘 뻗어 내려온 용맥일지라도 혈을 맺고자 하는 마지막 1절[도두일절(到頭一節)]이 중요하니 혈을 찾고자 할 때는 혈장 바로 뒤쪽의 용맥을 잘 살펴보아야 한다.

풍수에서는 '천리내룡간도두(千里來龍看到頭)'라 하여 천리를 뻗어 내려온 용이라도 입수하는 부분이 가장 중요하다는 것을 강조하고 있다. 이것은 과일나무의 뿌리와 줄기가 아무리 튼튼해도 꽃이 핀 마지막 가지가 부러졌거나 병이 들었다면 과일은 열리지 않는 이치와 같다. 입수 1절룡이 이법적으로 생왕룡이면 그러한 곳은 매우 좋은 길룡에 속한다. 풍수고서 『지리정종』에서는 주룡에서 입수룡까지 내려오는 "천리의 내룡을 따지지 말고 혈장 바로 뒤쪽에 기(氣)가 있는지를 판단하라"고 하였는바 주룡에 의한 논리보다는 입수 1절을 중요시하라고 강조하고 있다. 혈장은 대간룡보다는 지룡맥에서 많이 생기기 때문에 진혈을 찾을 때는, 낮은 산에서는 능선을 타고 높은 산에서는 가지(枝龍)룡을 타야 혈장을 찾을 수 있다.

그리고 입수는 바른 것이 좋으며 만약 백호쪽으로 기울게 되면 상처(喪妻)하는 경우가 많고 청룡쪽으로 기울면 절손(絶孫)의 위험이 따른다. 입수는 용과 혈을 연결시켜 접맥하는 부분이다. 그러므로 깨끗하면서도 유연하고 상처가 있어서는 안 된다. 또한 입수는 후손의 두뇌 발달과 수명, 건강을 관장하고 특히 장자, 장손의 길흉화복에 더 많은 연관이 있다. 그러므로 혈장에서는 입수의 위치를 정확하게 찾아 그 바로 밑에 묘소를 써야 하나 산에 올라 보면 입수를 몰라 그 위쪽에 쓰여진 묘소를 간혹 발견할 수 있다. 입수를 기준으로 혈장과 혈심도 찾고, 점혈·재혈·좌향까지 결정하기 때문에 입수를 바로 찾아내는 것은 풍수에서 매우 중요하다.

067. 지구의 태조 곤륜산崑崙山

중국의 북서쪽에 위치한 곤륜산은 지구 전체의 태조산이요 백두산은 한반도의 태조산이다. 백두산 역시 중국 곤륜산의 여덟 맥 중 북동쪽(艮方)으로 뻗은 한 줄기이고 보니 넓게 보아 곤륜산은 우리 한반도의 태조산이기도 하다. 이 산은 중국의 북서쪽에 있는 산이라고 하나 현재 풍수에서 말하는 곤륜산은 지도상으로 존재하지 않고 다만 곤륜산맥은 확인되는데 이 곤륜산맥 전체를 곤륜산이라고 부른다. 현존하는 곤륜산맥은 중국의 서쪽 끝 티베트, 신강, 위구르 사이에 자리하고 있는 아시아 최대 산맥 중의 하나다.

곤륜산맥은 황하와 양자강의 발원지이며 최고봉은 7,723m의 울루무즈타 봉이고, 평균고도는 6,100m이며 길이는 2,500여km에 달하는 현존하는 산맥 이름이다. 이 산맥에는 해발 5,000m가 넘는 산들이 여러 개가 있으며 7,000m가 넘는 산도 2개나 있고, 세계에서 제일 높은 에베레스트산도 곤륜에서 뻗어 나간 줄기의 하나다. 풍수에서는 조산(祖山)이 모두 중국의 곤륜산에서 발원하는 것으로 보고 지구의 모든 산은 곤륜의 자손(山崑崙之子孫)이다. 라고 한다.

풍수고서 『감룡경』에서는 "곤륜산시천지골(崑崙山是天地骨)"이라 하여 곤륜산은 바로 하늘과 땅의 뼈대이다. 라고 하였고, 한반도로 들어오는 산맥은 곤륜산에서 동쪽으로 뻗은 산줄기라고 적고 있는데 비해 『인자수지』에서는 곤륜산에서 출발한 북룡(北龍)이 한반도로 뻗은 산줄기라고 하고 있다. 그러나 이중환의 『택리지』에서는 곤륜산의 한 가닥이 대 사막 남쪽으로 뻗어 동쪽으로 이르러 의무려산(醫巫閭山)이 되었고 여기서 맥이 끊어져서 요동(遼東) 평야가 되었다. 이 평야를 지나서 다시 솟아나 백두산을 일으키고 이 산이 한반도의 조종산이 되었다고 기록하고 있다.

그리고 풍수고서 『탁옥부』에서는 다음과 같이 기록하고 있다. 곤륜산은 꼭대기는 모지고 아래는 둥글다. 산의 줄기가 대략 일만이천칠백리로써 산맥이 팔방으로 뻗어있다. 이(離:남), 곤(坤:남서), 태(兌:서), 건(乾:북서), 감(坎:북)의 다섯 방위의 용(龍)은 외방으로 나가고, 간(艮:북동), 진(震:동), 손(巽:동남)의 세 방위는 중국으로 들어온다. 그중 하나인 남룡(巽)은 민산(岷山)으로부터 일어난 장강(長江)과 남해 사이에, 중간(震)은 서령(西嶺)에서 일어난 황하(黃河)와 장강 사이에, 북룡(艮)은 곤륜으로부터 출발하여 압록과 황하 사이로 이어져 백두산을 일으키고 이 산이 한반도의 조종산이다 하였으니 곤륜산에서 북동(艮)쪽으로 뻗어 나온 산줄기가 백두산을 일으켰다. 백두산은 우리나라의 조종산으로 1대간 1정간 13정맥으로 갈라져 한반도 전체의 뼈대를 형성하였다. 여기서 땅은 산줄기와 물줄기로 구분되며 그 중 산줄기의 갈래를 알기 쉽게 만든 것이 산경(山經)이고 물줄기를 정리한 지리서를 수경(水經)이라 한다. 이들 산줄기와 물줄기를 살펴보면 물줄기는 결코 산줄기를 넘지 않고 산줄기도 물줄기를 넘지 않고 있음을 알 수 있다. 풍수에서는 이들 산줄기(山經)와 물줄기(水經)를 잘 살펴 자연을 터득하고 각종 이법을 적용하여 음양교합이 잘 이루어진 곳을 찾아내어 길지로 삼는 것이다.

068. 우리나라의 태조산 백두산과 천지

우리나라의 태조산은 백두산(2,744m)이다. 백두산은 1년 중 8개월이나 눈으로 덮여 있고 꼭대기에는 흰색의 부석(浮石)이 많아 흰머리 산이라는 뜻으로 백두산(白頭山)이라 불렀다고 한다. 이 백두산을 시작으로 지리산까지 뻗어 내린 백두대간은 한반도의 기본 산줄기로 우리나라의 척추가 되었고, 여기서 갈라진 1정간 13정맥이 국토 전반에 정교한 힘줄과 뼈대를 만들었다. 이러한 산맥은 모두 이어져 곳곳마다 정기를 흘러내리고 그 사이로 핏줄과 같은 물길이 흘러 생기를 실어 나른다. 이와 같이 백두산은 우리나라의 태조산이고 단군이 태어난 성지로까지 여기며 한때는 영산(靈山)으로도 취급받았다. 이러한 백두산 정상에는 과거 946년 무렵 화산분출로 인해 거대한 칼데라가 만들어져 천지(天池)가 형성되었다. 천지는 직경이 5km에 둘레가 14km이고, 최대 수심은 384m에 평균 깊이가 213m이며 수량은 총 20억 톤이나 된다. 이러한 백두산이 근래 들어 또다시 거대한 화산폭발의 징조가 있다는 지구 과학계의 발표로 우리나라뿐만 아니라 전 세계 사람들을 공포에 떨게 하고 있다. 과거 1815년 인도네시아의 탐보라 화산폭발은 지구 전체의 년 평균 온도를 5도 씨 이상 떨어뜨려 이듬해 1816년도의 유럽은 여름이 없는 해가 되기도 하였다. 당시 화산재로 인해 반경 600km까지 3일 동안 캄캄한 밤이 되었으며 사망자 수만 9만 2천여 명에 달했다고 한다.

우리나라의 백두산은 현재 전 세계가 주목하고 있는 활화산으로 지하에는 활발하게 움직이는 마그마방이 4개나 존재하고 있다. 과거 946년에 일어난 백두산의 대규모 화산은 역사 이래 최대규모의 밀레니엄 분화였다. 그때 쏟아져 나온 분출물은 대략 100~150㎦로 과거 폼페이 분화의 약 50배 수준이라고 한다. 이러한 경력을 소유하고 있는 백두산이 또다시 폭발한다는 과학계의 발표는 전 세계인에게 두려움의 대상이 아닐 수가 없다. 현재 백두산의 높이는 2,744m이지만 과거 폭발 이전의 백두산은 원래 일본 후지산의 높이와 비슷한 약 3,500~3,800m 정도였다고 한다. 그러므로 약 1,000m가량 높이의 산이 공중분해 되었으니 당시의 위력을 상상해볼 수가 있다. 백두산 화산폭발의 예상 시기에 대해서는 과거 946년의 대폭발을 기점으로 100년 주기에서 마지막 분화가 1925년이었으므로 2025년이 유력하다고 한다. 그러나 일부 학계에서는 100년 주기설이 과학적 근거가 부족하다고는 하지만 근래 들어 백두산 천지 근처에서는 각종 화산폭발의 전조증상들이 나타나 신경을 쓰지 않을 수가 없다. 주요증상으로는 첫째, 천지 주변 온천의 수온이 평소 약 60도 전후였으나 근래 들어 83도까지 상승하였고, 둘째, 천지 주변 지형이 약 10cm 이상 팽창하였는데 이것은 지하의 마그마가 곧 상승하고 있다는 증거라고 한다. 세 번째로는 화산의 전조증상인 지진이 2002년부터 많이 발생하고, 한 달에 270번이나 지진이 일어나기도 했다는 것이다. 만약 화산이 폭발한다면 화산재로 인한 모든 교통과 통신두절은 물론이고 농사를 지을 수 없어 굶주림과 질병으로 주변의 모든 생명체들은 살 수가 없다. 그러므로 과학계에서는 슈퍼화산폭발에 대비하기 위한 지속적인 관심이 필요하다 하겠다.

069. 제왕지지帝王之地

인간이라면 누구나 좋은 땅에 집을 지어 건강하고 안락한 삶을 원하고 있고 사(死)후에도 생기 가득한 명당에 묻혀 영면하기를 기대하고 있다. 그러나 명당은 쉽게 얻어지는 것이 아니고 고서마다 3대가 적선을 해야 얻어진다는 등 길지를 얻는 데는 적선(積善)과 적덕(積德)을 쌓아야 하늘에서 내려준다고 기록하고 있다. 서양 과학의 발달에 밀려 풍수 애호가들이 그리 많지 않은 실정이나 터의 발복으로 제왕에 올랐다는 기록이 있어 음택과 양택의 경우를 한 가지씩 소개하고자 한다.

먼저 집터를 잘 잡아 왕위에 오른 인물로 고려의 태조 왕건을 꼽을 수 있다. 신라말 도선국사는 전국 방방곡곡을 돌아다니다가 하루는 송악(개성)에 머무르게 되었는데 그곳에서 좋은 길지를 발견하게 된다. 대사는 땅 주인을 알아보니 왕융이란 사람이었고 그를 만나 "저곳에다 집을 지어 살게 되면 틀림없이 왕이 될 큰 인물이 나올 것이오." 하니 그가 깜짝 놀라며 "대사님 저는 아직 자식이 없는데 대사님이 말씀하신 이야기와는 거리가 먼 듯합니다."하고 되묻자 도선대사는 "이곳 산수(山水)는 빼어난 곳이 많아 내가 시키는 대로 집을 지으면 반드시 득남을 하게 되고 훗날 삼한을 통일하여 나라를 다스릴 큰 인물이 태어날 것이다."하고는 사라졌다고 한다.

풍수서 『설심부』에서 인걸(人傑)은 지령(地靈)이다. 라고 하여 큰 인물은 땅의 신령한 기운을 받아 태어난다고 하였으니 도선국사 같은 신안(神眼)의 안목으로야 그곳 집터의 기운을 충분히 감지할 수도 있었을 것으로 판단된다. 고민 끝에 결국 그는 대사가 시키는 대로 집을 짓고 그곳에서 생활을하니 2년이 지난 후에 부인에게 태기가 있어 아들을 얻었고, 그가 바로 훗날 고려를 건국한 태조 왕건(王建)이었다. 왕건이 자라서 왕이 되고 고려의 국사로 이름을 떨치게 되니 풍수를 공부한 스님과 선비들이 그곳을 찾아와 산세를 살피느라 인산인해를 이루었다는 기록이 남아있다. 그리하여 태조 왕건은 도선국사와 풍수를 믿고 국정운영에도 많이 애용했으며 그가 후대 왕들에게 남긴 훈요십조에는 풍수적 사고가 조목조목 많이 남아있다.

그다음 묘 터의 발복으로 왕위에 오른 인물은 대한민국의 초대 대통령 이승만을 꼽을 수 있다. 이승만의 할아버지 묘소는 그의 아버지 이경선(李敬善)이 아주 비밀리에 썼는데 그 자리가 대 명당이였다고 전해진다. 그러나 지금까지도 그 묘의 위치가 어딘지 어떤 형국이었는지 아무도 모르고 있다. 사연인즉, 이 박사의 조부 묘 터를 잡아준 지관이 이 박사 부친에게 이르기를, 이곳은 후손 중에 왕에 버금가는 인물이 나올 자리인데 훗날 그것을 해치려는 무리들이 반드시 나타날 것이므로 아무에게도 알리지 말고 비밀에 부치라고 당부했다 전한다. 그래서 이 박사의 부친은 일제강점기에 일제의 위해가 가해질 우려가 충분히 있다고 보고 혼자만 알고 있다가 결국 아들(이승만)에게도 알려주지 않고 세상을 떠났으니 지금까지도 그 위치가 어딘지 아무도 모른다. 다만 금강산 구룡폭포 위쪽 어딘가에 있다는 설과 평안북도 영변의 묘향산자락에 모셔져 있다는 설로만 전해진다.

070. 남연군의 묘 ㊤

충청남도 예산군 덕산면 상가리에 위치한 남연군의 묘는 '2대 천자지지(二代天子之地)'라 하여 2대에 걸쳐 왕이 배출될 자리로 풍수가에선 꽤나 유명한 장소이다. 이곳의 묘는 왕릉에 버금가는 규모로 크고 우람하게 조성되어 있다. 이 묘소의 주인공인 남연군은 구한 말 고종의 할아버지 즉 흥선대원군의 아버지다. 남연군(李 球)은 사도세자의 둘째 아들인 은신군이 아들을 못 낳자 은신군의 양자로 들어갔으니 결과적으로 영조 대왕의 증손자가 되었으며 이씨조선의 왕족이 되었다. 그 당시 정조대왕은 서양 문화의 실학을 받아들여 대대적으로 개혁을 하려고 하였으나 반대파 수구 세력들의 저항이 엄청나게 심했기 때문에 많은 분쟁에 휩싸였다. 노론과 소론의 분쟁 소용돌이 속에서 정조대왕은 49세의 젊은 나이에 갑작스럽게 세상을 떠났고 그 원인은 오늘날까지도 반대세력에 의한 암살인지 아닌지 밝히지 못한 채 역사속의 미궁으로 빠져있는 상태다.

정조대왕의 갑작스런 죽음으로 그가 추구하던 탕평의 원칙은 사라졌고 반대파 수구세력들이 기세를 잡아 권력을 무자비하게 휘두르며 고려 말 무신정권에 버금가는 세도정치가 등장하였다. 그 세도정치의 주축이 바로 '안동김씨'와 '풍양조씨'의 세력이었다. 안동김씨의 수장 김조순은 어린 순조를 왕위에 앉히고 자기 딸과 결혼을 시켰으니 김조순이 바로 순조의 장인이 되고 이때부터 우리나라는 실제 김조순이 움직였다 해도 과언이 아니다. 안동김씨의 세도정치는 이후 60여 년간이나 계속되었다. 세도정치 하에서 왕권의 회복은 어려운 상태였고 각종 부정부패로 민심은 흉흉해지면서 홍경래의 난을 비롯한 전국에서 민란이 일어나기 시작한다. 이때 남연군의 아들인 흥선군 이하응은 왕권을 되찾을 계획을 하고 각종 개혁에 앞장서며 아버지의 도움을 얻고자 궁리 끝에 명당 길지를 찾아 부친의 묘를 이장하기로 마음먹는다.

이하응은 직접 묘 터를 물색하던 중 풍수 지관 정만인을 만나 그로부터 두 곳을 추천받는다. 한 곳은 충남 보령시의 광천 오서산 자락에 만대에 걸쳐 영화를 누릴 수 있는 '만대영화지지(萬代榮華之地)'가 있어 자손 대대로 부귀영화를 누릴 수 있는 자리고, 또 한 곳은 충남 예산군의 '덕산리 가야산' 동쪽에 2대에 걸쳐 천자(天子:제왕)가 나올 2대 천자지지(二代 天子之地)가 있다고 추천받았다. 이하응은 2대 천자지지란 소리에 눈이 번쩍 뜨이고, 선택의 여지 없이 무조건 2대 천자 지지인 '덕산리 가야산'자락을 선택하였다. 그런데 흥선군이 지관 '정만인'과 함께 현지 자리에 도착해보니 그곳에는 이미 가야사(伽倻寺)라는 절이 들어서 있었고 더구나 묘를 쓸 자리에는 5층 석탑이 우뚝 서 있었다. 아무리 왕족이라 하지만 그러한 곳에 개인의 이득을 위해 모든 시설물들을 없애고 부친의 묘를 이장하기란 여간 어려운 문제가 아니었다. 그러나 어떻게 해서라도 아버지 남연군의 묘소를 옮겨야 한다는 결심은 굳어 있었고 여러 가지 궁리를 생각한 끝에 방법을 찾아 결과적으로 2대 천자지지인 '덕산 가야산'자락으로 부친의 묘소를 옮기기 위한 계획을 세워나간다.

071. 남연군의 묘 ㊦

지난주에 이어 흥선대원군은 큰 뜻을 품고 아버지의 묘소를 2대 천자지지(二代天子之地)인 '가야산자락'에 옮기기 위해 하나하나 차례대로 일을 추진해 나간다. 먼저 경기도 연천 남송정에 있던 아버지의 묘를 가야사(寺) 가까운 곳으로 와야 했기에 영조 때 판서를 지낸 윤봉구의 사유지를 빌려 아버지의 묘소를 탑 뒤쪽에 임시로 옮겼다. 이때가 1844년이었으며 흥선군의 나이가 26세였다. 다음 순서는 가야사 절을 폐사시켜야 하였기에 흥선군은 전 재산을 처분한 2만 냥의 절반을 가야사 스님들께 주고 불을 지르게 했다고도 하고, 안동김씨의 세도정치 하에 당시의 실세였던 영의정 김좌근을 찾아가 중국산 명품 단계 벼루를 뇌물로 선사하고 충청감사로부터 가야사에 압력을 행사하여 강제로 불을 지르게 했다고도 전해진다.

어쨌든 흥선군의 계획대로 가야사는 화재로 폐사되고 다음 해인 1845년에 현재의 이곳으로 남연군의 묘소를 이장하였다고 한다. 이장을 하면서 이 장소를 추천한 풍수지관 정만인은 이곳은 훗날 도굴의 위험이 있으니 석회 3백 부대를 사용하여 내광(內壙)을 단단하게 다져 놓아야 한다고 하여 묘소의 내광을 석회로 단단하게 꾸몄다고 전한다. 그리고 7년 후 흥선군은 아들 '명복'을 낳았으며 철종이 후사가 없게 되자 '명복'을 철종의 양자로 입적시켜 훗날 조선의 제26대 고종황제가 된다. 고종의 아들이 순종이 되니 결과적으로 왕이 2명이나 배출되어 정만인의 예언은 적중했고 풍수가 정만인의 2대 천자지지(二代天子之地)는 사실대로 증명되었다. 고종이 왕좌에 오르고 대원군이 권력을 얻자 가야사의 절을 없앤 대가로 가야골 상가리에 보덕사(報德寺)란 절을 지어 가야사와 석탑의 은덕에 보답했다고 한다.

남연군의 묘소는 석문봉을 주산으로 하여 뻗어 내려온 용맥이 좌선을 하였고 그 산자락의 용진처(龍盡處)에 해좌사향(亥坐巳向: 동남향)으로 모셔져 있다. 이곳은 국세가 크고 사신사(四神砂:현무, 주작, 청룡, 백호)가 잘 발달되어 있으며 혈장 뒤편에는 과협이 있어 혈장에 많은 생기를 공급해준다. 특히 좌측 청룡 자락에 높이 솟은 옥양봉은 장자와 장손이 크게 발복 할 수 있는 풍수 입지 조건을 갖추고 있다. 특이한 것은 묘소 앞에 크고 넓은 암반이 2개나 땅속에 박혀있는데 이 암반이 옥새를 닮아 어보사로 보고 흥선군에게 2대 천자지지라고 얘기했던 것으로 보인다. 실제 풍수 고서에서도 혈장 앞에 아름다운 모양의 바위가 박혀있다는 것은 관성(官星)이라 하여 혈장의 생기를 밑으로 새 나가지 않게 가두어주는 역할로 매우 좋게 해석한다. 1868년 구한말 서구인들은 조선과의 통상교섭을 하다가 뜻을 이루지 못하자 그 원인을 남연군이 명당에 묻혀있기 때문이라 생각하고 야밤을 통해 도굴하려고 시도했으나 단단한 석회석 때문에 실패하였다. 이런 정황으로 볼 때 서구 유럽인들도 그 당시 우리나라의 풍수지리설을 인정한 것으로 보여진다. 그러나 불행하게도 그 명당자리는 2대 천자지지에 걸맞게 두 명의 제왕만을 배출하였고 이 두 사람을 마지막으로 오백 년 조선왕조의 역사는 끝이 나고 말았다.

072. 흥선대원군의 묘

경기도 남양주시 화도읍 창현리에 가면 이조 말 정권의 실세 흥선대원군의 묘소가 있다. 이 묘는 원래 1898년에 경기도 고양시에 있었으나 1906년 고종의 황명으로 경기도 파주시 운천면 대덕리로 옮겼다가 1966년 4월 다시 지금의 남양주로 이장해왔다. 경기도 기념물 제48호로 지정된 이 묘역을 흥원(興園)이라 하는데 조선시대에는 사람이 죽어서 들어가는 무덤이라도 그 주인의 지위에 따라 능(陵), 원(園), 묘(墓)로 구분하여 불렀다. 능과 원은 모두 왕족의 무덤이지만 왕과 왕비의 무덤은 능(陵)으로, 임금의 부모나 왕의 자리에 오르지 못한 세자 내외의 무덤을 원(園), 나머지 무덤들은 모두 묘(墓)라고 불렀기에 흥선대원군의 무덤은 왕의 아버지 자격으로 흥원(興園)이라 부른다. 이 묘역은 조선시대 능원제도(陵園制度)를 따르는 듯 규격에 맞게 조성되어 있으며 봉분 주변에는 기와를 얹은 나지막한 돌담이 둘러져 있다. 무덤 앞에는 원(園)이라는 무덤의 격식에 맞추어 석양을 밖으로 향하게 배치하였으나 1907년 이후에 위치를 변경한 것이다. 이 무덤의 각종 석물들은 조선 왕실에서 마지막으로 제작하였기 때문에 왕실 무덤의 마지막 계보를 잇고 있으며 근대양식을 대표할 수 있는 우수한 석물들로 학술적 의의가 크다.

대원군은 영조의 현손이며 남연군의 아들로 헌종 9년(1843)에 흥선군에 봉해졌다. 흥선대원군은 안으로 안동김씨와 풍양조씨의 세도정치 근절, 서원철폐, 세제개혁, 대전회통 등의 법전완비 등을 통해 왕권을 강화했으며 밖으로는 외세에 대적할 실력을 키워 조선을 중흥할 과감한 혁신정책을 추진하였다. 특히 서양 세력의 접근에 대해서는 천주교 탄압과 강력한 쇄국정책을 통해 통상 요청을 거부하고 병인양요, 신미양요 때는 프랑스군과 미군이 강화도로 쳐들어오자 그들의 침략을 무력으로 저지하기도 했다. 그러나 무리하게 경복궁을 중건하여 백성들의 생활고가 가중되고 쇄국정책을 고집하여 근대문명의 수용이 늦어졌으며 집권 후반기 섭정 10년 차에는 며느리인 명성황후를 중심으로 한 반대파와 대립하게 되어 정치에서 실권을 잃고 물러나게 된다. 그러나 1882년 임오군란이 일어나자 다시 집권하였으나 청나라에 강제 납치되어 천진에 4년간 갇혀 지내기도 했다. 그의 개혁 정치는 일시적으로 내부적 모순을 완화 시키고 외세의 침략을 저지하는 등 성과를 거두었으나 차차 외세의 침략이 심화되어 자주적 근대화에 실패하게 되었다.

흥선군은 아버지 남연군의 묘소를 충남 가야산자락의 '2代 天子之地'에 옮긴 덕택으로 대원군에 오르고 한때는 삼천리강산을 손안에 쥐고 호령했으나 죽어서는 2번이나 이장을 당하는 불운과 더불어 남양주의 현재 묘소도 그리 길지로 보이지는 않는다. 좌청룡은 그런대로 갖추었으나 우백호가 감싸주지를 못해 바람의 피해가 우려되고 내룡맥은 혈장 뒤편의 용맥이 솟구쳤다가 흘러 내려가는 과맥(過脈) 상에 쓰여져 있다. 과맥에서는 기가 멈추지 못하고 그대로 흘러가는 곳이고 고서에서도 '過龍之葬三代內絶香火'라 하여 이러한 곳에는 후손이 귀하다 하였다.

073. 전계대원군의 묘

경기도 포천시 선단동 산 11번지에 가면 이조 말 철종의 생부인 전계대원군의 묘가 있다. 일반적으로 대원군이라면 누구나 흥선대원군을 먼저 떠올리게 되는데 대원군이란 호칭은 왕이 된 아들의 아버지를 높여 부르는 말로 선왕의 후손이 없어 방계가족 중에서 누군가 왕위에 올랐을 때 그 왕의 아버지에게 붙여진 호칭이다. 조선조에서 대원군은 모두 4명으로 그들의 묘소는 전부 경기도에 있다. 선조의 생부인 덕흥대원군과 고종의 아버지 흥선대원군의 묘는 남양주에 있고 인조의 아버지 정원대원군은 김포에 있다. 전계대원군(1785~1841)은 조선조 21대 영조의 증손자이며 사도세자의 손자가 되는데 사도세자와 숙빈 임씨의 아들인 은언군, 은신군 두 아들 중 은언군의 아들이다. 그러므로 25대 철종은 은언군의 손자가 되고 26대 고종은 또 둘째 은신군의 증손자가 된다. 전계대원군의 할아버지인 사도세자는 뒤주에 갇혀 죽고, 아버지 은언군은 역모에 휘말려 목숨을 잃었으며 본인 역시 그 영향으로 강화도에 유배되어 일평생 가난한 농부로 생활했다. 빈농의 아들인 철종(이원범)은 아버지와 함께 농사일로 강화에서 생활하고 있었는데 분명 왕족이었음에도 불구하고 글자도 모르는 까막눈이었다. 이조 말 안동김씨와 풍양조씨의 세도정치 하에 똑똑한 왕족들은 그들이 정권을 유지하는 데 걸림돌이 되었으므로 어리석고 못난 자만이 생명을 부지 할 수 있었는지도 모른다. 1849년 24대 헌종이 후사 없이 승하하자 안동김씨들은 그들의 뜻대로 정권을 이어가고자 어리석은 철종(이원범)을 왕좌에 올려놓고 세도정치를 이어 나갔다. 덕분에 아들 원범이 철종으로 즉위하게 되자 아버지를 전계군에서 대원군으로 추봉하였고, 1841년 58세로 세상을 떠나 양주 땅에 묻혀있던 아버지(이광)를 1856년(철종 7)에 현재 포천군 선단리로 이장해 왔다. 묘역의 봉분 하단에는 호석을 둘렀고 앞쪽으로 묘비와 상석, 향로석, 장명등, 망주석 무인석 등을 갖추었으며 주변에는 곡장을 둘러 왕릉에 버금가는 묘역으로 크게 조성하였다. 이 묘는 전계대원군과 그의 첫째 부인인 완양부대부인 최씨의 합장묘이고, 둘째 부인이며 철종의 생모인 용성부대부인 염씨는 이 묘소를 기준으로 좌측 동쪽 약 20m 지점에 위치해 있다.

이곳의 산세는 한북정맥의 줄기인 해룡산(661.2m)에서 왕방산(736.8m)으로 넘어가는 중간 돌탑봉에서 남쪽으로 하나의 지맥을 뻗어 주산을 일으키고 계속 내려와 금형체의 현무봉을 만들고 그 아래 용진처에 묘소가 있다. 주산은 그 모양이 소의 뿔처럼 생긴 고축사로 귀한 산이다. 풍수고서 『人子須知』에서는 혈장 주변에 고축사가 있으면 제상 또는 왕의 은총을 받아 부마가 태어난다고 하였다. 혈장 좌우에는 청룡·백호가 나름 감싸주고 있으나 현무봉에서 혈장까지 내려오는 용맥은 별 지현굴곡이 없이 그냥 내려온 지맥이라 혈장에 지기가 그다지 왕성해 보이지는 않는다. 안산은 둥그스름한 아미산으로 그 모양이 아름다우나 혈장의 정면에서 약간 벗어났고 또한 거리감이 있어 혈장의 장풍에는 큰 도움이 되지 못하고 있다. 수세는 좌선룡에 우선수로 합법하고 좌향은 해좌사향(亥坐巳向)으로 동남향이다.

074. 의안대군 이방석李芳碩의 묘

경기도 광주시 중부면 엄미리 152번지에 가면 비운의 세자 의안대군 방석의 묘가 있다. 의안대군(1382~1398)은 태조 이성계의 8번째 아들로 계비 신덕왕후 강씨의 소생이다. 조선 개국 초 왕자들의 세자책봉을 함에 있어서 개국공신 배극렴과 조준 등은 정비 신의왕후 한씨의 5남 이방원을 지지했으나 정도전, 남은 등은 처음에는 강씨 소생의 장남 이방번을 내세우다 그의 성격이 세자로서 불합리하다 하여 둘째 이방석을 천거하여 관철시켰다. 이에 본처소생 이방원(1367~1422)은 불만을 품고 계모 강씨와 그를 지지했던 정도전, 남은 등과도 원수지간이 되었고 여기에 아버지조차도 계비 강씨와 세자 편을 들었다. 이렇게 살얼음판이었던 정국에 균형이 깨진 건 1396년 8월 13일 계비 강씨가 갑자기 죽으면서 시작된다. 이방원은 1398년 드디어 1차 왕자의 난을 일으켜 세자 방석과 그의 형 방번을 살해하고 정도전, 남은 그리고 세자의 장인인 심효생까지도 죽여 버린다. 이방원의 야망이 본격적으로 드러나기 시작한 것은 1392년(공양왕 4) 신진사대부 정몽주를 제거하면서부터다. 정몽주를 철퇴하고 이어 자신의 정적들을 무자비하게 제거해 나갔으며 형제들과의 피비린내 나는 싸움도 마다하지 않았다. 그러나 실록에는 1, 2차 왕자의 난 모두 이방원이 아닌 그의 정적이 먼저 난을 일으켜 어쩔 수 없이 이를 제압했을 뿐이라는 식으로 기록되어 있다. 역사의 기록은 승자의 편이라 했던가 2차 왕자의 난도 그의 형 방간에 의해 처음 시작되었다고는 하지만 결과적으로는 모든 권력이 이방원을 중심으로 재편되었다. 태조 이성계는 1392년 57세의 늦은 나이에 왕위에 올랐으나 자식들 간의 골육상잔으로 마음 편할 날이 없었다. 왕위를 두고 형제들끼리 죽이는 비극적인 모습을 본 태조는 1398년 왕위를 물려주고 고향인 함흥으로 가 은둔생활을 하게 된다. 1400년 태종 이방원이 집권하고 아버지로부터 왕위의 정당성을 인정받기 위해 아버지를 궁으로 모셔 오기로 했지만 태조는 몸서리쳤던 한양을 생각하며 절대로 돌아오지 않았다. 이어 연달아 함흥으로 신하를 보내 환궁을 요청하였으나 오히려 활로 쏴 죽이는 등 요지부동이었기에 이를 두고 '함흥차사'란 말까지 생겨났던 것이다.

이 묘역은 오랫동안 유실되었다가 1823년(순조 23) 후손들에 의해 위치가 확인되었고 1999년 무덤을 새로 단장하였으며 의안대군은 위쪽, 부인 심씨는 아래로 하여 상하로 나란히 모셔져 있다. 또한 이 묘역은 고려시대 묘제의 특징을 지닌 조선 초기의 것으로 돌담이 있고 봉분은 직사각 모양의 호석이 둘러져 있어 한강 이남 지역에서는 보기 드문 형태다. 아버지 태조 이성계는 어린 세자의 죽음을 불쌍히 여겨 무학대사에게 쓸 만한 묏자리 하나 잡아주도록 일렀고 이 묘역은 무학대사가 소점한 자리로 나름 명혈지에 속한다. 혈장 뒤 용맥은 살아있는 생룡으로 지현굴곡을 하였으며 좌우의 청룡·백호도 잘 감싸주고 혈장 바로 뒤에는 암반이 박혀있어 위에서 내려오는 기운을 모았다가 혈장에 잘 공급해준다. 풍수 고서에서도 혈장 위에 박혀있는 돌은 귀성(鬼星)이라 하여 굉장히 귀하게 여기고 이를 진혈의 증거로 삼는다.

075. 회안대군 이방간李芳幹의 묘

전북 전주시 덕진구 금상동 산 59-1번지에 가면 조선 태조 이성계의 넷째아들이고 태종의 친형인 회안대군 이방간(1364~1421)의 묘가 있다. 그는 1392년 아버지가 조선을 건국할 때 힘껏 도와 개국익찬공신 1등에 책록되고 현록대부의 벼슬을 받았으며 건국과 동시에 회안대군(懷安大君)에 봉해졌다. 1398년(태조 7)에 동생 방원이가 2차 왕자의 난을 일으켜 정도전 등을 제거할 때 가담하여 정사공신 1등에 책록되었고 이듬해에는 '의흥삼군부좌군절제사'가 되어 황해도와 평안도의 병권을 관할하였다. 그는 1차 왕자의 난 때 동생 방원과 함께 손잡고 난을 성공으로 이끌었지만 용상의 자리는 하나뿐이었고 형 정종(방과)에게 적장자가 없자 내심 왕위계승에 야심을 품고 있었다. 그런 후 지중추부사인 박포의 회유에 넘어가 동생 정안군(방원)과의 왕권찬탈 싸움에서 패하게 되자 오히려 역적이 되어 평생 유배생활을 한다. 그러나 동생 정안군은 형을 석방하려 하였지만 신하들이 극구 반대를 하는 바람에 하는 수 없이 황해도 토산으로 유배를 보냈다. 그러나 의정부와 양사에서는 계속해서 회안대군이 예우를 받는다며 줄기차게 탄핵하였고, 태종 즉위 후에도 계속 회안대군을 사형에 처해야 한다는 탄핵이 빗발쳤지만 받아들여지지 않았다. 1401년(태종 1년) 유배 중에 태종은 그를 다시 한양으로 소환하려 했지만 신료들의 반대로 실패하였다. 그 후 그는 스스로 본관지인 전주로 내려갈 것을 청하여 조정에 허락을 받고 전주부 동용진면으로 내려와 20년간 거주하였다. 1418년(세종 즉위년) 태종이 아들 세종에게 양위한 뒤 한양으로 올라올 것을 주문했지만 거절하였다. 이후 심종(沈宗) 등과 연락하며 모종의 거사를 계획하였지만 실패를 하고 1421년(세종 3년) 4월 10일(음력 3월 9일) 홍주(洪州)에서 병사하였다. 그는 한때 역적이었다 보니 왕실 족보에도 빠져있었기에 그의 후손들이 선조에게 상소하여 왕실 족보인 선원록에 넣어줄 것을 청하자 받아들여지지 않다가 1680년(숙종 6)에 이르러 태조의 후손이라 하여 선원록에 수록을 허락받았다.

이곳의 산세는 호남정맥의 만덕산(763m)에서 북서쪽으로 하나의 지맥을 뻗어 묵방산(527.4m)을 일으키고 다시 두리봉(436.3m)을 지나 서쪽 그리고 북쪽으로 행룡하다 혈장 뒤편에서 과협을 하고 마지막 용진처에 그의 묘소가 있다. 혈장 좌우에는 청룡·백호가 잘 감싸주니 장풍국(藏風局)을 이루고 혈장 뒤편에 과협처가 있으니 혈장에는 생기가 충만한 장소다. 풍수가에선 이곳의 형국을 늙은 쥐가 먹이를 구하기 위해 밭으로 내려오는 모양인 노서하전형(老鼠下田形)의 명당이라 부르고 있다. 이 묘소는 태종이 형님의 사망 소식을 접하자 명당 길지를 구하여 국장의 예우로 장사지내라는 어명을 내렸으나 훗날 군왕이 배출될 수 있는 장소라 하여 후룡의 지맥에 뜸을 떠버렸다는 이야기가 전해지고 있으며 실제 묘소 뒤쪽을 올라 보면 지맥을 자르고 뜸을 뜬 흔적이 남아있다. 이 묘역에는 그의 셋째 부인 금씨와 함께 아래위 상하로 두 기가 모셔져 있으며 전라북도 유형문화제 제123호로 지정되어 관리되고 있다.

076. 효령대군 이보李補의 묘

서울시 서초구 방배동 190-1번지에 가면 태종 이방원의 둘째 아들이고 세종대왕의 친형인 효령대군 이보(李補:1396~1486)의 묘가 있다. 부인은 좌찬성 정역의 딸 예성부부인이며 6남 1녀의 자녀를 두었고 측실에게도 1남 1녀를 두었다. 그는 독서를 즐기고, 활쏘기에 능해 아버지 태종을 따라 항상 사냥터에 다녔으며 효성이 지극했다. 형인 양녕이 세자에서 폐위되자 자신이 세자로 책봉될 것으로 생각했으나 동생 충녕이 세자로 책봉되자 불교에 심취하였다. 1417년 자신의 아호(雅號)이기도 한 연강(蓮江)이라는 법명(法名)으로 수계를 받았고, 「법화경」, 「금강경」, 「원각경」, 「반야심경」등 불경의 번역과 교정에도 힘썼다. 또한 조선의 숭유억불 정책으로부터 불교를 옹호하는 데 큰 역할을 했으며 불교의 보호와 진흥에 공헌한 바가 매우 크다. 이와 같이 유교문화 속에서도 불교에 독실하여 수많은 유신(儒臣)들의 반대에도 불구하고 승도(僧徒)를 모아 불경(佛經)을 강론하도록 했다. 1435년 회암사 중수를 건의했고, 1464년(세조 10) 원각사(圓覺寺)를 창건하게 되자 조성도감 제조(造成都監提調)가 되어 역사(役事)를 친히 감독했고《원각경(圓覺經)》을 국역(國譯)하여 간행하였다. 그는 어릴 적부터 글 읽기를 좋아하여 30세 전에 이미 학문과 덕성을 이룩하였고, 붓글씨에도 능해 명필이었다고 전해진다. 충녕과는 나름 우애가 깊었고 세종이 자기 집에 들르게 되면 밤이 깊도록 국사에 대해 의논했다고 전한다. 성격이 원만하여 친족들과의 우애도 깊었고 세종, 문종, 단종, 세조, 예종, 성종까지 거치면서 91세까지 장수하였다. 방배동의 묘소는 1972년에 서울특별시 유형문화재 제12호로 지정되었고, 사당은 1736년(영조 12)에 왕명으로 그의 묘 아래에 세우면서 '청권사'라고 하였다. 그의 시호는 정효(靖孝)이며, 1865년(고종 2) 양녕대군과 함께 세종대왕 묘정(廟庭)에 배향되었다. 대군은 생전에 손자 33인, 증손자 109인으로 후손이 크게 번성하여 전주 이씨 파종 회 중에 자손이 가장 번성하였다고 한다.

이곳의 산세는 신림동 관악산(632m)에서 동북쪽으로 하나의 지맥을 뻗어 남태령을 지나 우면산(293m)을 일으킨다. 우면산에서 북서쪽으로 뻗어온 지맥은 방배동에서 과협을 하고 서리풀공원에 봉우리를 일으켜 이 묘소의 현무봉이 되었다. 대군의 묘소는 현무봉에서 남쪽으로 뻗어 내린 지맥의 끝자락에 그의 부인인 예성부부인과 함께 쌍분으로 모셔져 있다. 그러므로 이곳은 조산(祖山)인 관악산을 마주하고 있어 회룡고조형(回龍顧祖形)의 혈장이다. 관악산은 돌(石)산으로 원래 안산으로는 적합하지 않지만 풍수에서 회룡고조혈에 있어서는 조산이 나의 조상에 해당되므로 흉하게 여기지 않는다고 하였다. 풍수 고서에서는 이러한 회룡고조혈에 대해 안산은 얻을 수 있으나 청·백 중 하나는 갖출 수가 없고 혈장은 단조로우나 속발하는 혈이다. 라고 적고 있다. 이와 같이 이곳 묘역도 좌우 청룡·백호 자락이 혈장을 완전히 감싸주지 못해 장풍국(藏風局)은 되지 못하고 있다. 이곳은 유혈(乳穴)의 혈장으로 입수가 분명하고 묘소 앞으로는 전순이 뚜렷해 혈장의 생기를 잘 가두어주고 있다.

077. 인평대군 이요李湄의 묘

경기도 포천시 신북면 신평리 산 46-1번지에 가면 조선 인조 임금의 셋째 아들이고 효종의 친동생인 인평대군(1622~1658)의 묘가 있다. 그는 병자호란 이후 두 형들과 함께 청나라에 인질로 끌려갔다가 이듬해 귀국하였고 귀국 후에도 사은사로 네 차례에 걸쳐 청나라를 다녀왔다. 그의 형 효종은 즉위 후에도 혈육의 동생인 인평대군을 잘 챙겼고 그의 아들들도 총애하였으며 서인들로부터 몇 차례 모함을 받았을 때도 효종의 도움으로 위기를 모면하기도 했다. 인평대군이 궁궐을 출입할 때는 하나뿐인 동생이라 매우 반겨주었고 효종의 아들 현종 또한 사촌인 인평대군의 아들들과 친형제처럼 지냈다. 현종의 외아들로 태어나 가까운 종친이 없었던 숙종 또한 오촌 당숙인 삼복 형제들을 잘 대접하였다. 인평대군에게는 복녕군, 복창군 복성군, 복평군의 네 아들이 있었지만 맏아들 복녕군이 32세의 나이에 죽고 나머지 3명은 숙종 때 역모를 꾀했다는 죄목으로 사사되었다. 숙종의 외척들은 이들 3형제의 외숙부들이 남인 정권의 실세들이라 늘 경계를 하였고, 혹시 숙종에게 변고가 생기면 왕위가 인평대군의 아들들에게로 넘어갈지도 모른다는 위험성 때문에 이들 형제를 제거하게 된 것이다.

효종과 인평대군의 남달랐던 형제애는 인평대군의 묘지명에도 잘 표기되어 있다. 묘지명에는 1658년 1월에 감기에 걸려 여름이 지나도록 낫지 않으니 효종이 공의 집에 친히 왕림하였다. 공이 병든 몸을 이끌고 옷깃을 여미어 임금을 맞이하니 효종께서 그의 초췌한 얼굴빛을 보고 눈물을 흘렸으며 저녁 해가 저문 뒤에서야 돌아갔다고 기록하고 있다. 또한 5월 13일 병세가 갑자기 위독해지자 효종은 몹시 놀라 곧장 달려왔으나 이미 숨을 거둔 상태라 시신을 부여잡고 대성통곡을 하였다고 적고 있으니 평소 이들 형제간의 우애가 얼마나 돈독했는지를 엿볼 수가 있다. 그리고 장사 일자에 효종은 직접 친림하여 제사를 지내고 그가 지은 제문에는 어려서부터 함께 놀았던 즐거움과 중년에 헤어지고 만난 정을 모두 서술하였으니 듣는 사람들이 하나같이 감격의 눈물을 흘렸다고 적었다. 인평대군은 제자백가에 정통하였고 시·서·화에도 능해 세종의 아들 안평대군과 비유되기도 했으며 사후 효종의 묘정에 배향되었다.

이곳의 산세는 한북정맥에서 뻗어 나온 지맥이 포천시의 왕방산(736.8m)을 일으키고 여기서 동북방으로 뻗어 나간 용맥이 원수봉(403.9m)을 거쳐 덕령산(350.5m)을 일으킨 후 계속 뻗어 혈장 뒤 금성체의 현무봉을 만들었다. 현무봉에서 혈장까지는 지현굴곡을 하였고 용맥의 끝자락인 용진처에 묘소가 있어 생기가 왕성한 곳이다. 묘소 양측에는 청룡·백호가 겹겹이 잘 감싸주고 있어 장풍국(藏風局)을 이루고 있으며 수세도 좌선용에 우선수로 합법하다. 풍수가에선 이곳 전체의 형세를 보고 마치 귀인이 단정하게 앉아있는 모습과 같다하여 '귀인단좌형'이라 부른다. 이 묘소는 원래 경기도 광주에 있었으나 아들들이 모두 참변을 당하자 후손들은 인평대군의 묘소가 흉지에 모셔진 탓이라며 숙종 19년(1693)에 이곳으로 이장을 해왔다. 그런 후 후손 중에 남연군과 흥선대원군을 비롯한 고종과 순종이 배출되었다.

078. 능원대군 이보李俌의 묘

경기도 남양주시 화도읍 녹촌리 산 14-3번지에 가면 조선조 16대 인조 임금의 동생 능원대군 이 보(1598~1656)의 묘가 있다. 이 보는 선조의 아들인 정원군과 인헌왕후 구씨의 둘째 아들이자 바로 인조의 친동생이 된다. 11세에 선조의 왕자인 의안군이 후사가 없자 백부께 양자로 입양되어 능원군에 봉해졌고 1631년(인조 9) 대군에 진봉되었다. 그는 1636년(인조 14) 병자호란 때 임금을 모시고 남한산성으로 들어가 오위도총부도총관으로 국난극복에 힘썼으며 척화론을 강력히 주장하였다. 병란 후 세자를 인질로 요구할 때 자신이 대신 갈 것을 주청하였으며 특히 인질로 끌려간 사람들의 가족을 극진히 보살펴주기로 유명했다. 이후 일체 조정에 관여하지 않았으며 모든 문서에는 청나라 연호를 쓰고 청에 대항하며 절개와 의리를 지켰다. 1656년 향년 59세로 세상을 떠나 처음에는 풍양(남양주시 진접읍)에 묻혔으나 1689년(숙종 15) 현재위치로 이장되었다. 이 묘소는 숙종의 명으로 묘소의 석물들을 강화(江華)에서 채취한 석재로 특별히 제작하였다. 1647년(인조 25)에 건립한 신도비는 넓고 커다란 귀부(龜趺)와 이수(螭首)가 화려하고 정교하게 조각되어 있다. 귀부는 거북꼬리가 틀어져 위로 올려진 모습인데 여기에 물이 있으면 극심한 가뭄에도 마르지 않는다는 이야기가 전해온다. 비문은 좌의정 송시열이 지었고, 이조판서 조상우가 글씨를 썼으며 영의정 최석정이 발문을 맡았다. 그가 운명하였을 때 효종이 친히 조상하였고 훗날 인조의 묘정에 배향되었다. 현재의 묘역은 첫 번째 부인 문화부부인(文化府夫人)과의 합장묘이며, 바로 밑에 두 번째 부인 영암김씨의 묘가 있다. 이 묘역은 2002년 9월 16일 경기도 문화재자료 제115호로 지정되었으나 2021년 11월 19일 「문화재보호법시행령」 고시에 따라 지정번호가 삭제되었다.

이곳의 산세는 한북정맥 포천시 수원산(709.7m)에서 남쪽으로 뻗어 내려온 지맥이 가평군 상면에서 주금산(815m)을 일으키고 여기서 계속 내려와 남양주시 진접읍의 철마산(709.5m)을 지나 오남읍에서 천마산(812m)을 일으켜 주산이 되었다. 대군의 묘소는 주산에서 다시 동남쪽으로 내려와 혈장 뒤에서 170m의 작은 봉우리를 일으키고 계속 내려와 과협을 한 후 비룡 입수하여 돌형의 혈장을 만들었다. 혈장 뒤편의 과협은 앞쪽에 진혈이 맺혀 있다는 증거가 되므로 혈장에는 생기가 가득하다. 이곳은 혈의 사상으로 볼 때 비룡입수를 하여 돌혈(突穴)의 형상으로 보이나 당판의 길이가 좀 있어 유혈(乳穴)로 볼 수도 있다. 그리고 좌우의 용·호는 좌청룡 자락이 높이나 거리 면에서 완전하지는 못하나 우백호는 양호해 겨울의 차가운 북서풍에는 큰 문제가 없어 보인다. 이곳의 수세는 묘역 좌우 용·호 자락에서 흘러나온 물들이 혈장 앞으로 흐르는 녹촌천에 흘러들어 서출 동류로 묵현천에 합류한다. 청룡 자락 뒤편에서 흘러나오는 묵현천은 이 묘소의 암공수(暗拱水)가 되어 혈장의 생기를 한 번 더 가두어준다. 일부에서는 이곳의 형국을 대신과 무리들이 임금 앞에 머리를 조아리며 예를 갖춰 알현하는 상제봉조형(上帝奉朝形)의 명당으로 평가하기도 한다.

079. 영창대군 이의李璜의 묘

경기도 안성시 일죽면 고은리 산 24-5번지에 가면 조선조 비운의 왕자 영창대군의 묘가 있다. 영창대군(1606~1614)은 선조 대왕의 유일한 적자(嫡子)로 지지 세력이 확고하여 세자로 거론되었으나 선조의 갑작스런 죽음으로 뜻을 이루지 못하였다. 그 당시 이미 세자로 책봉된 광해군이 있었지만 영창대군은 선조의 14 아들 중 유일하게 정비인 인목왕후의 아들로 선조의 총애가 각별하였기에 광해군을 대신하여 얼마든지 나시 세자로 책봉될 수도 있었다. 영창이 태어날 때 선조의 나이가 55세였고 인목왕후는 23세였으며 광해군은 32세가 되었다. 늦게나마 적자소생이 생기자 선조는 마음이 흔들렸고, 죽기 전 영의정 유영경 등 소북(小北)파들과 함께 영창대군을 세자로 책봉하려고 논의 하였으나 광해군을 지지하던 이이첨 등 대북(大北)파에 의해 좌절되었다. 그러던 중 선조가 갑자기 승하하자 세자책봉은 현실화되지 못했다. 이어 광해군이 즉위하자 소양강을 무대로 시와 술을 즐기던 명문가의 서자 출신 서양갑, 박응서 등 7명이 역모를 꾸몄다 하여 옥에 가두는 사건이 있었다. 그 당시 광해군을 지지하던 대북파들은 이들로 하여금 영창대군 추대 음모를 거짓 진술케 하였고, 영창을 왕위에 위협을 주는 인물로 낙인찍어 폐서인(廢庶人) 신분으로 강화도에 유배시켰다. 그가 철없는 8살의 어린 나이에 강화도로 유배되자 이듬해 강화부사 정항(鄭沆)이 영창대군을 독방에 가두고 장작불을 지펴 그 열기로 죽게 하였다. 그런 후 1623년에 인조반정이 일어났고 반정이 성공을 거두자 다시 광해군은 강화와 제주도에 유배되고 영창대군의 관작은 복구되었다. 이 묘소는 원래 경기도 광주군 남한산성 아래에 있었는데 인조는 영창의 무덤을 왕자의 예로 다시 이장하고 당시 우의정이던 신흠에게 묘지명을 짓게 하였다고 한다. 그러나 성남시의 도시개발계획으로 1971년 8월에 경기도 안성시 일죽면으로 다시 이장해왔다. 이 과정에서 묘지명이 미처 수습되지 못했다가 이후 도시가스 시설 공사 도중 영창의 운명처럼 파손되어 발견되었고 현재는 국립중앙박물관에 소장되어 있다.

이곳의 산세는 한남정맥인 문수봉(403m)에서 뻗어 내린 지맥이 이천시 모가면의 대덕산(350m)을 일으키고 여기서 동남쪽으로 내려와 과협을 한 후 설성면의 큰바래기산(414.1m)을 일으켜 이 묘소의 주산이 되었다. 본 묘소는 주산에서 다시 남서 방향으로 하나의 지맥을 뻗어 내려온 끝자락(龍盡處)에 위치하고 있다. 이곳 혈장은 주산과의 거리가 있어 뒤편이 허한 단점을 가지고 있고 좌우 청룡·백호도 높이나 거리면에서 완전하지를 못하며 안산과의 거리감도 있어 장풍국(藏風局)을 이루어주지 못하고 있다. 그리고 혈장에는 그럴싸한 혈증도 없고 현재는 묘소 뒤쪽으로 중부고속도로가 관통하고 있어 혈장으로 공급되는 생기조차 차단되고 있는 모습이다. 수세는 좌우 용·호 사이에서 흘러나온 물들이 마을 앞에서 만나 청미천으로 흘러들어 최종 남한강에 합류된다. 조선조에는 풍수의 전성기로 왕가의 묘소는 대부분 길지에 자리 잡고 있으나 이곳은 풍수적 길지로 평가하기에는 부족한 부분이 한두 곳이 아니다.

080. 풍수의 핵심 혈穴

풍수지리의 최종 목적은 좋은 혈처를 찾아 음택과 양택으로 활용하기 위함이다. 그런 의미에서 혈은 용맥을 타고 내려온 생기가 마지막으로 응집된 장소로서 풍수의 요체가 되며 풍수지리에서 가장 중요한 핵심이다. 이를 혈지(穴地), 혈장(穴場), 당판(堂坂)이라고도 하며 음택의 경우 시신이 직접 땅에 접하여 그 생기를 얻을 수 있는 곳이고, 양택의 경우 거주자가 실제 삶의 대부분을 얹혀살게 되는 곳이다. 다시 말해 혈이란 땅의 기가 뭉쳐져 있는 곳, 즉 생기가 응집된 지점을 말하며 용맥(龍脈)이 나무줄기라면 혈은 그 나무에 달린 열매에 해당된다.

주자는 『산릉의장』에서 "혈을 정한다는 것은 한의학의 침구술에 비유할 수 있는 것으로 혈은 스스로 일정한 위치를 갖는 것이기 때문에 털끝만큼의 차이도 있어서는 안 된다"라고 하여 풍수에서의 혈이 인체의 경혈(經穴) 지점에 비유할 수 있는 곳이라 하였다. 용맥을 따라 흐르는 지기(地氣)가 물을 만나 더 이상 흐르지 못하면 뭉치게 되는데 이러한 곳에 몇 가지 혈증을 갖추게 되면 이곳이 바로 혈이다.

그러므로 혈은 용의 흐름이 끝나는 용진처(龍盡處)에 주로 맺는다. 뒤로는 생기를 전달하는 용맥이 있고 앞으로는 생기를 멈추게 하는 물이 있어야 되는데 이러한 지형을 흔히 배산임수 형국이라 한다. 이때 전후좌우의 산(북현무·남주작·좌청룡·우백호)들이 혈 자리를 잘 감싸주어 바람으로부터 기(氣)가 흩어지지 않으면 좋은 길지가 된다. 여기서 아무리 산과 물이 법칙에 맞고 주변 산천의 형세가 혈장을 감싸주더라도 혈장 내에 뚜렷한 혈증(穴證)이 없으면 이는 가혈(假穴)인 것이다. 혈은 혈장의 구성요소인 혈장오악 즉, 입수[꽃꼭지], 좌·우선익[꽃받침], 전순[꽃순], 혈토[꽃심]가 갖추어져 있어야 한다. 입수는 혈판을 맺기 전 혈장의 뒤편 산천 정기가 볼록하게 모인 곳을 말하며, 그곳에서 양쪽으로 날개처럼 펴져 나와 혈장을 감싸 안아주는 것이 선익이고, 혈장의 생기가 흘러내리지 못하게 혈판 밑에 받쳐진 것이 전순이다. 혈장에는 이러한 여러 조건들을 갖추어야 진혈이 되는데 가혈은 얼핏 보면 짜임새가 그럴싸하게 보이지만 혈증이 뚜렷하지 못한 곳을 말한다.

그리고 혈장 주위에서는 삼성(三星:官,鬼,曜)이 발생할 수 있는데 이것이 용맥의 측면에 발생할 때는 지각(支脚)이나 요도(橈棹)의 기능을 하지만 만약 혈장 주변에 있을 경우에는 중요한 혈증이 된다. 이것은 혈장 안으로 기운을 밀어줌으로써 생기를 더더욱 응축되게 하여 혈장 속에 있는 혈토의 조직을 더 단단하게 만든다. 그러므로 진혈의 토질은 원래 돌도 아니고 흙도 아닌 비석비토(非石非土)이다. 색깔은 동쪽 (木)의 기운이 응결된 청색, 서쪽 (金)의 기운이 응결된 백색, 북쪽 (水)의 기운이 응결된 흑색, 남쪽 (火)의 기운이 응결된 적색이 합쳐져 중앙에는 모든 기운이 응결된 황색(土)의 밝은 빛을 띠어야 최상의 혈토로 간주한다. 그리고 혈심 내부에는 항상 적절한 온도와 습도가 유지되어야 생기가 융화되고 목렴, 화렴, 수렴, 풍렴, 등의 피해가 없어야 시신이 안정되고 일정 기간 후 자연 소진된다.

081. 혈증穴證 이란?

혈장에서 진혈(眞穴)의 외적 형상을 보면 음래양수(陰來陽水) 또는 양래음수(陽來陰水)로 결인속기(結咽束氣)하여 입수처(入首處)가 분명하고 물의 상하 분합과 선익(蟬翼) 그리고 전순(氈脣)이 확실이 갖추어져야 진혈이 될 수 있다. 풍수에서는 이러한 여러 조건들을 혈(穴)의 증거 즉 혈증(穴證)이라고 한다. 다시 말해 진혈에는 첫째 음래양수 또는 양래음수라 하여 용(龍)이 좌선하여 들어오면 물은 우선을 하며 용을 감싸주고, 용이 우선을 하면 물은 좌선을 하며 용을 감싸주어야 한다. 그다음 입수처(腦頭)에 많은 생기를 보내 응축하기 위해선 혈장 뒤편의 현무봉과 혈장 사이에 벌의 허리와 같이 잘록한 결인속기처(過峽)가 있어야 한다.

이것은 용을 따라 흘러오는 기(氣)가 한번 잔뜩 움츠렸다가 더 힘차게 나가게 하는 것으로 물이 통과하는 고무호스를 움켜쥐면 물이 더욱 세게 뿜어져 나가는 원리와 같은 이치다. 따라서 혈장 후면에 결인속기처(過峽)가 없으면 진혈이 맺혀지지 않는다. 그리고 혈에서는 혈장의 구성요소인 다섯 가지 증거 즉 혈장오악(穴場五嶽)이 제대로 갖추어져 있어야 한다. 그 다섯 가지를 꽃에 비유한다면 혈장 뒤편의 입수(入首)는 꽃꼭지, 좌·우선익(左·右蟬翼)은 꽃받침, 혈장 앞 전순(氈脣)은 꽃순, 혈판(穴坂)은 꽃심에 해당하며 이 다섯 가지가 곧 혈증인 것이다. 여기서 입수는 혈판을 맺기 전 산천 정기가 취기(聚氣)된 혈장 뒤편의 약간 볼록한 부분을 말하며 그 입수처에서 양쪽으로 매미의 날개처럼 펴져 나온 것이 선익이고 그 선익의 안쪽이 혈판이 되며 혈판 밑으로 생기가 새어 나가지 못하게 받쳐진 것이 전순이다. 그리고 내룡맥에서 흘러내리는 물이 혈장 위 입수처에서 양쪽 선익을 따라 갈라져(分水) 흐르고 다시 아래쪽의 전순이 있어 안쪽으로 모아 주는 즉 상하 분합이 잘 이루어져야 혈장의 생기가 새어나가지 않고 오래토록 머무를 수가 있다.

그러나 이 모든 혈증을 정확히 알아보는 데는 많은 경험이 필요하고 실제 현장에 올라 보면 혈증을 갖춘 곳이 그리 많지 않아 수구를 기준 삼아 이기적(理氣的)으로 상하좌우를 조정하는 경우가 많다. 아무리 주위의 보국(四神砂)이 좋아도 혈판에 혈증을 갖추지 않으면 안 된다. 혈의 모양과 크기에 대해선 일반적으로 모든 나무의 열매가 원형 혹은 타원형으로 이루어진 것과 같이 혈의 모양 역시 일반적으로 타원형이며 결지의 크기는 용의 줄기로써 대·소가 구분되고 결지의 귀천(貴賤)은 주위 사격(山)에 따라 결정된다. 진혈지를 찾는 것은 쉬운 일이 아니다. 산세와 수세 등 그 주위의 여러 가지를 살펴 혈이 있을 만한 곳을 예측하고 찾아내는 것을 풍수에서는 심룡법(尋穴法)이라고 하는데 끝없이 넓은 산야에서 한두 평 남짓한 혈지를 찾는 것은 매우 어려운 일이다. 그리고 산에 올라 혈장을 찾아도 그 안에 혈장오악(穴場五嶽)을 구분해 내는 데는 많은 경험이 필요하다. 이래서 풍수가에선 '심룡삼년(尋龍三年) 점혈십년(點穴十年)'이란 말이 생겨났고 그 뜻은 명당 터는 찾았으나 명당 터에서도 정확한 지점에 점혈하기는 더더욱 어렵다는 말이다.

082. 혈穴의 사상四象 (上)

한의학에서 사람의 체질을 4가지로 구분하듯 풍수에서도 음·양택을 막론하고 혈장은 그 위치한 주변의 형상에 따라 4가지(四象)로 분류한다. 즉 혈의 종류에는 와혈(窩穴), 겸혈(鉗穴), 유혈(乳穴), 돌혈(突穴) 등 4종류가 있으며 이것을 혈의 사상(四象)이라고 한다. 여기서 오목하게 생긴 와혈과 겸혈은 양혈(陽穴)이고 볼록하게 생긴 유혈과 돌혈은 음혈(陰穴)에 속한다. 음양에서도 태양, 소양, 소음, 태음으로 나뉘는바, 이 사상의 원리를 본뜬 것이 와·겸·유·돌이니 와(窩)와 겸(鉗)은 양이 되고 유(乳)와 돌(突)은 음이 된다. 그리고 와혈(窩穴)과 겸혈(鉗穴)의 오목한 중간에서 미미한 철(凸)이 있으면 음 중 양이니 소양이요, 철(凸)이 없으면 태양이다. 또한 유혈(乳穴)과 돌혈(突穴)에서 미미한 요(凹)가 있으면 양 중 음이니 소음이며 요(凹)가 없으면 태음에 속한다. 그러나 혈심에서도 와(窩)나 겸(鉗)의 혈장에서는 약간 미돌(微突)한 부분에 혈이 있고, 유(乳)나 돌(突)의 혈장에서는 약간 오목한 미와(微窩)한 부분에 혈이 있다. 이러한 것은 양 중 음하고 음 중 양하는 자연의 이치 때문이다.

그럼 먼저 와혈(窩穴)과 겸혈(鉗穴)의 특징에 대하여 하나씩 알아보자. 와혈(太陽)은 풍수에서 흔히 소쿠리 명당이라고도 하는데 혈 처 안쪽을 마치 활 등처럼 감싸주는 현릉사(弦稜砂)가 있고 혈 처 앞에는 대(臺)와 같은 전순(氈脣)이 있어야 진(眞) 와혈이 되지 그렇지 않으면 허와(虛窩)가 된다. 이것은 현릉사가 동그랗게 팔을 벌려 원을 그리며 혈장을 끌어안듯이 둘러싼 모양을 말한다. 혈장이 둥글게 생긴 현릉사에 둘러싸여 있어 소쿠리 모양이나 제비의 둥지처럼 생겼다. 와혈은 양혈로써 골짜기처럼 오목한 곳에 혈이 있으므로 음 중 양 하여 약간 볼록한 흔적이 있는 미돌(微突)한 곳이 혈이다. 주로 높은 산의 요(凹)한 곳에 혈증이 많은데 주위에는 흙이 많고 지저분한 바위가 없어야 하며 특히 장풍(藏風)을 요한다. 와혈은 주로 부(富)의 발복이 크다. 『地理五訣』에서도 열 개의 부자 혈중 아홉 개는 와혈이다 하였으며 또한 열 개의 귀혈 중에 아홉 개는 높은 위치에 있다고 하였다. 그러나 실제 풍수 현장에서는 분명한 와혈의 증거를 갖춘 장소가 그리 많지 않다.

겸혈은 현릉사의 모양이 집게 같다하여 붙여진 이름이다. 겸혈의 현릉사 역시 현무봉에서 좌우로 개장하여 내려오고 중출맥은 천심하여 내려오다가 용맥이 평평하게 골짜기가 시작되는 곳에 혈장을 만든다. 혈은 물이 흘러가는 중간 부분에는 없으며 반드시 골짜기가 시작되는 지점에 있다. 혈장은 와혈과 마찬가지로 앞에 있는 물길보다 한턱이 높고 약간 볼록하게 생긴 자연 상태의 대(臺)가 있어야 한다. 대(臺)가 없다면 단순한 골짜기에 불과하기에 이러한 곳은 혈 자리로 사용할 수가 없다. 또한 두 다리를 벌린 것과 같다하여 개각(開脚)혈 이라고도 하며 고산과 평지에 다 있다. 한쪽 각이 오므려 끌어 앉는 듯하고 양각 중심에서 입혈맥이 들어온 근거가 있어야 하며 양각의 한쪽이 물의 흐름을 거수하면서 오므리면 더욱 길하다. 겸혈은 국세에 따라 다르나 주로 부(富)의 발복이 크지만 이것 역시 그리 흔치 않다.

083. 혈穴의 사상四象 ㊦

지난주에 이어 혈의 사상(四象) 중 유혈(乳穴) 은 우리나라에서 가장 흔하게 볼 수 있는 형태로 대부분 산등성이에 위치하고 있으며 우리나라 조선왕릉을 살펴보면 대부분 유혈이 많다. 현무봉에서 내려온 입수룡이 평평하게 또는 약간 비탈지게 혈장으로 들어와서 용진처에 혈을 결지하는 형태를 말한다. 유혈(少陰)은 여인의 젖가슴 모양 같다는 데서 나온 말인데 젖가슴 중에서도 젖꼭지가 있는 자리에 혈이 있다는 의미로 유두혈이라고도 한다. 유혈은 바람에 노출되는 것과 요절(凹折)되는 것을 꺼리니 양쪽 선익(蟬翼)이 분명히 있어 혈장을 에워싸줘야 진혈이 된다. 이러한 유혈은 평지나 고산에 고루 있으며 주로 부와 귀를 동시에 가져다주고 발복은 늦으나 오래토록 지속된다.

유혈에는 유 6격이라 하여 여섯 종류가 있는데 장유(長乳: 乳가 긴 곳), 단유(短乳: 乳가 짧은 곳), 대유(大乳: 乳가 특히 큰 곳), 소유(小乳: 乳가 아주 작은 곳)의 정격과 쌍수유(雙垂乳: 乳가 두 곳), 삼수유(三垂乳: 乳가 세 곳) 등의 변격이 있다(長短大小爲正雙乳三乳爲變). 장유는 입수와 안산에 비해 청룡·백호의 응력이 보다 강할 때 주로 발생하는 것이고 단유는 청룡·백호보다 입수와 안산의 응력이 강할 때 발생한다. 유혈이 결지 되려면 일반적으로 양 중 음이라 하여 혈장의 중심 부분에 약간 오목한(乳中微窩) 부분이 있는데 이곳이 바로 혈의 중심이다.

돌혈(太陰)은 혈장이 입수룡보다 높은 곳에 위치하고 있으며 그 형태가 원형을 이루면서 지면으로 불룩하게 솟아오른 형태로 무쇠솥을 엎어놓은 모양, 바다 위에 거북이가 둥둥 떠 있는 형상 등과 비슷한 모양이다. 돌혈은 높은 산에 있는 산곡의 돌혈과 낮은 평지에 있는 평야의 돌혈로 구분할 수 있다. 산곡의 돌혈은 내룡맥이 혈장의 근처에 이르러서는 결인속기를 하고 위로 솟아오르는 비룡입수 형태로 혈을 결지하며 이것은 반드시 4유(乾·巽·艮·坤) 방에 지각(支脚)이 있어야 한다. 그리고 평야의 돌혈은 은룡(隱龍)에서 생기는바, 이는 용맥이 비산비야(非山非野)로 흐르는데 사방이 평탄해야 하고 득수가 중요하기 때문에 반드시 입수맥의 양쪽으로 분명한 수계(水界)가 있어야 한다. 용맥을 경계 지으며 흐르는 물은 용맥 마지막 부분의 혈 앞에 고이거나 환포하면 더욱 이상적이다. 고산의 돌혈은 장풍(藏風)이 되어야하기 때문에 혈장 주변에 사신사(청룡, 백호, 현무, 안산)가 필요하지만 평지 돌혈은 바람이 지면을 따라 흘러 순풍이므로 주변에 사신사가 반드시 필요하지는 않다.

돌혈의 종류로는 대돌(大突: 돌형이 높고 큰 곳), 소돌(小突: 약간 솟아있는 돌형), 쌍돌(雙突: 쌍으로 일어난 돌형) 등이 있다. 돌혈은 산곡이든 평야지든 혈장이 볼록한 봉우리에 있기때문에 바람의 영향을 받기 쉬운데 산곡의 돌혈은 특히 바람을 두려워해야 하기에 주변 사신사를 잘 살펴야 한다. 또한 돌혈은 볼록한 곳 중에서도 약간 오목한(突中微窩) 곳을 찾아야 한다. 혈이 갖는 의미는 풍수의 처음이자 마지막이 바로 이 혈 개념으로 귀착된다고 할 정도로 중요하기 때문에 풍수 지사들의 최종 목적이 바로 이 진혈을 정확히 식별해 낼 줄 알아야 하는 것이다.

084. 혈穴을 찾는 요령 ㊤

풍수에서는 혈을 찾는 방법으로 여러 가지가 있다. 먼저 심혈법(尋穴法)과 정혈법(定穴法)으로 구분하여 나누는바 심혈법은 주변의 산세와 수세를 살펴 혈이 있을만한 곳을 예측 관찰하는 것을 말하고 정혈법이란 혈장 주변에 가서 시신을 매장할 자리 혹은 주건물이 들어설 자리 등 정확한 혈처를 정하는 방법을 말한다. 이번 주 연재에서는 심혈법 중에서도 삼세심혈법(三勢尋穴法)에 대해서 알아보자. 삼세심혈법(三勢尋穴法)이란 산을 10부 능선으로 보고 1/3로 하여 각각 나누면 높은 곳의 1/3에 위치하는 혈을 천혈(天穴), 중간부위에 있는 혈을 인혈(人穴), 하단부의 1/3지점에 해당하는 혈을 지혈(地穴)이라 하여 3곳으로 각각 나눈다. 이것은 주위에 있는 사신사(현무, 안산, 청룡, 백호)의 높낮이라든가 거리 그리고 주변 형국을 보아 혈이 있을 만한 위치를 가늠하여 결정하는 것이다.

좌우의 청용·백호가 높고 혈 앞에 있는 안산과 조산들이 높으며 혈 뒤의 현무정이 높으면 천혈을 취해야하고, 사신사의 높이가 중간 정도이면 인혈을, 낮으면 지혈을 취해야 하는바, 이때 먼 산이 아름답게 보인다하여 그것을 기준으로 천혈이나 인혈을 취하게 되면 불길하여 재산이 줄어든다고 하였다. 더욱이 사신사(청룡, 백호, 현무, 안산)의 높이는 모두 낮은데 천혈(天穴)을 취하게 되면 혈(穴)만 유독 높아 외롭고 바람만 맞게 되므로 자손이 단명하여 젊은 과부가 난다하였고, 주위 형세를 보아 마땅히 천혈을 정해야 할 위치에 인혈이나 지혈을 취하게 되면 전후좌우에서 압박을 받게 되어 복록이 박하고 자손이 귀하며 재앙이 빈번하다 하였다. 그리고 좌우의 산과 안산이 높지도 낮지도 않으면 반드시 인혈을 취해야 재산이 부유할 것이다. 『地理五訣』에서는 부(富)혈은 산이 거의 비만하고 혈장에서 물을 가까이 접할 수 있는 곳 즉 위치가 낮은 곳(地穴)에 많은 반면, 귀(貴) 혈은 높은 곳(天穴)에 많이 위치하고 주위의 산수가 모두 수려하면서 아름답다. 이것은 풍수에선 물을 재물과 연관시켜 해석하기 때문이다. 그리고 궁(窮)혈은 혈장에 바람을 받고 앞에 물이 곧게 흐르며 천(賤)혈은 산수(山水)가 반궁(反弓)하여 무정하다고 기록하고 있다.

결과적으로 혈(천, 인, 지)의 선택은 좌우 청룡·백호와 안산의 높고 낮음을 기준으로 하지만 주위 산(四神砂)의 원근 거리감을 감안하여 혈의 위치를 예측하는 방법도 있다. 이것은 좌우 청용·백호산이 안산보다 높으면서 혈과 가깝다면 가까운 청룡·백호 산의 높이에 따라 혈도 높은데 정하고, 반대로 청룡·백호가 안산보다 낮고 안산이 혈 앞 가까이 있어 높으면 혈은 안산을 기준하여 인혈을 취해야 한다. 이것은 좌우의 산과 안산의 높고 낮음이 다를 때 가까이 있는 산의 영향을 더 많이 받게 되므로 가까운 산의 높이를 기준하기 때문이다. 또한 주변 산이 높으면서 가까이 있으면 압박감이 느껴지므로 높은 곳에서 혈을 찾고 주변 산이 높으면서 좀 멀리 떨어져 있으면 그 거리와 비례하여 좀 낮은 곳에서 혈처를 정해도 된다.

085. 혈穴을 찾는 요령 ㊥

지난주에 이어서 혈을 찾는 방법 중에는 주변 산세의 모양과 행룡하는 용맥의 특성을 살펴 혈을 찾아낼 수 있다. 먼저 과협심혈법(過峽尋穴法)이란 과협을 보고 혈을 정하는 방법으로 산이 행룡할 때 벌의 허리처럼 잘록한 과협이 생기면 그다음에 바로 혈을 맺는데 과협이 튼튼하고 아름다우면 그 밑에는 반드시 좋은 혈을 맺는다. 과협이 바르게 나가면 혈도 바르게 붙고 좌(左)로 나가면 혈도 좌편에서 찾아야 하고 우(右)로 나가면 혈도 오른쪽에 있으며 과협이 짧으면 혈도 가까운 곳에 있고 길면 혈도 먼 곳에 있으니 용(龍)과 협(峽)과 혈(穴)의 관계는 그만큼 밀접하다. 과협은 용맥에 생기가 뭉쳐진 증거이니 혈의 진가 여부도 과협을 보고 판단한다.

그다음 안산심혈법(案山尋穴法)이란 깨끗하고 아름다운 안산을 보고 그 맞은편에서 혈을 찾는 것을 안산심혈법이라 한다. 산을 거닐다 전후좌우 어디든 아름다운 산봉우리가 있으면 그 맞은편에 올라 혈을 찾아보라는 것이다. 혈은 거의가 이러한 안산을 똑바로 보고 맺기 때문이다. 안산이 높거나 가까우면 혈은 높은 곳에 있고 안산이 낮거나 멀리 있으면 혈은 낮은 곳에 있다. 수려한 안산의 봉우리가 약간 왼편에 있으면 혈도 왼편에 있고 수려한 봉우리가 약간 오른편에 있으면 혈도 오른쪽에 있다. 먼 곳의 조산이 비록 수려해도 가까운 안산이 중요하니 먼 조산을 취하지 않고 가까운 안산의 수려함과 유정함을 좇아 혈을 정해야 된다. 이 방법은 혈을 찾을 때 아주 유용하게 사용할 수 있는 방법 중 하나다.

용호심혈법(龍虎尋穴法))이란 청룡과 백호의 형태을 보고 혈을 찾는 법이다. 용호의 멈춘 곳을 보아 혈의 허실(虛失)을 가늠하고 용호의 형세를 보아 혈의 위치와 좌우를 정한다. 용호가 얕으면 낮은 곳의 지혈(地穴)을 택하고 용호가 높아 혈을 압박하면 높은 천혈(天穴)을 택해야 하는데 한쪽은 높고 한쪽이 낮을 경우는 중간에 위치한 인혈(人穴)을 택하라 하였다. 일반적으로 혈은 용호보다 낮은 곳에 위치한다. 만약 용호가 여러 겹으로 이루어졌다면 내 백호와 내 청룡이 낮아도 문제가 되지 않지만 그렇지 못하면 장풍(藏風)이 되지 못하기 때문이다. 그리고 청룡이 강하면 청룡을 좇고 백호가 강하면 백호를 좇으라 하였으니 용호의 높고 낮음과 용세의 강약을 살펴 그에 맞는 적당한 위치에 재혈(裁穴) 하라는 뜻이다.

수세심혈법(水勢尋穴法)은 혈장을 중심으로 주변의 물길을 보고 혈을 찾는 방법이다. 용수(龍水)가 음양 교합을 이루는 곳에 혈이 결지되므로 수세를 살펴보면 혈의 결지 여부를 알 수가 있다. 풍수고서 『人子須知』에서도 물의 소재를 알게 되면 혈의 소재를 저절로 알게 되는 것으로 반드시 물이 활과 같이 감싸 안아 흐르며 명당으로 물이 모여들면 혈을 찾아볼 만하나 그렇지 못하면 찾아볼 가치도 없다하였다. 그리고 혈 앞의 원진수가 직출하게 되면 혈이 결지되지 않고 지현자로 흐르거나 앞을 환포하면 혈이 결지된다. 이 외에도 수구에 길한 수구사라든가 득수와 파구의 방위나 각종 지호수(저수지) 등을 살펴 혈의 결지 여부를 알 수 있다.

086. 혈穴을 찾는 요령 ㊦

풍수에서는 '심룡삼년(尋龍三年) 점혈십년(點穴十年)'이란 말이 있다. 이것은 용(龍)을 보는데 3년 공부요, 점혈하는데 10년이나 공부하란 뜻이다. 즉, 명당 터는 찾았으나 명당 터 내에서도 정확한 지점에 점혈하기는 그만큼 더 어렵다는 뜻이다. 풍수 고서들마다 점혈하는 정혈의 법이란 조그마한 차이에서도 화복(禍福)에는 천양지차로 이어지기 때문에 많은 경험과 세심함이 요구되는 작업이라고 강조하고 있다. 그럼 현장에서 흔히 쓰이는 정혈법 중 몇 가지만 골라 알아보자.

지난주에 이어 혈의 정혈법 중 천심십도정혈법(天心十道定穴法)이란 혈을 중심으로 전후좌우 사방에 있는 산의 봉우리를 연결하면 십자형으로 서로 응하는 경우를 말한다. 혈장의 뒤에 있는 현무봉과 앞에 있는 안산의 중심을 가상으로 연결하여 일직선을 만들고, 좌측에 있는 청룡 협이봉(夾耳峰)과 우측의 백호 협이봉을 연결하여 십자 모양을 만든다. 혈은 열십자의 두 선이 만나 교차하는 지점이 되며 이곳에 점혈하는 방법을 천심십도정혈법이라 한다. 이때 산의 모양과 형상은 상관이 없으나 산의 4지점을 연결했을 때 정확하게 십자가 이루어지지 않으면 진혈이 아니다. 용진혈적에 천심십도가 정확하면 발복이 크고 아주 오래간다. 그다음 육후처정혈법(肉厚處定穴法)이란 혈장의 당판을 보아 가장 넓게 벌어진 육후처를 찾아 정혈하는 방법이다. 육후처란 유혈(乳穴)이나 돌혈(突穴)의 혈장 앞면이 넓게 벌어지고 살이 도톰하게 붙은 곳을 말하는 것으로 혈장 상하의 육후처를 연결하면 혈의 중심이 나타난다. 혈은 대부분 능선의 등성이에 자리 잡는 것이 원칙이므로 능선의 등성이가 혈의 좌우 중심이 되고 그중에서도 주위보다 좀 더 넓게 벌어진 부분을 찾아 상하좌우의 중심을 잡는다. 이곳은 일반적으로 둥글면서 약간 오목한 태극 운(穴暈)이 나타나는데 그 중심부에 정확히 점혈해야 올바른 정혈법이다. 그리고 지장정혈법(指掌定穴法)이란 혈장을 사람의 손에 비유하여 정하는 것을 지장정혈법이라 한다. 손바닥에는 장심혈(掌心穴)이 있고 손가락 마디에는 각각 다른 지혈이 있다. 용진혈적은 했는데 청룡·백호가 가까이서 감싸주지 못한 혈지에 사용하는 법이다. 장심혈(掌心穴)은 그 산세가 마치 손바닥을 젖혀놓은 모양과 같이 생겼으며 손바닥 가운데 오목한 부분이 혈이 된다. 혈의 사상으로 구분할 때 이것은 와혈(窩穴)에 속한다.

지혈(指穴)은 혈지의 모양이 마치 손가락의 엄지와 검지가 집게 모양을 한 것과 같다. 이때는 손가락에 있는 혈을 참고하여 혈을 찾는 방법이다. 엄지와 검지에는 7개의 혈이 있다. 이 중에서 대부혈(大富穴), 구혈(毬穴), 홍기혈(紅旗穴), 곡지혈(曲池穴) 등 4개의 혈은 길하나 절혈(絶穴), 소탕혈(掃蕩穴), 조화혈(燥火穴) 등 3개의 혈은 흉하다. 이외에도 사람의 몸과 연관시켜서 혈을 정하는 방법으로, 산 정상 꼭대기의 약간 오목한 지점에 있는 정문 백회혈, 산의 정상과 중간 사이에 중턱에 맺는 인중 혈, 비교적 높은 곳에 오목하게 생긴 와혈의 견정혈, 사람의 가장 중심인 배꼽에 있는 제륜혈, 배꼽 밑에 위치한 단전 혈 등 정혈법은 이 외에도 수없이 많다.

087. 괴혈怪穴·교혈巧穴

괴혈(怪穴)·교혈(巧穴)이란 혈이나 혈장이 기이하고 교묘하여 일반적인 풍수 기준과는 달리 평범한 상식으로는 도저히 이해할 수 없는 곳에 존재하는 혈을 말한다. 이러한 혈은 얼핏 보면 대수롭지 않게 보여도 자세히 살펴보면 묘하게 조화를 이룬 혈이고 풍수 기준으로 따져 도저히 혈이라 할 수 없는 땅이면서도 나름대로 조건을 갖추어 진귀한 혈이 되는 것을 말한다. 풍수에서는 이를 가리켜 천장지비지(天藏地祕地)라 하여 하늘이 감추고 땅이 숨겨놓은 곳으로 이러한 혈 자리는 임자가 따로 있기 때문에 아무나 차지할 수 없는 괴이한 혈이라 한다.

그러므로 평범한 사람으로서는 발견하기도 어렵고 눈앞에 두고도 그냥 지나쳐 버리기 때문에 고서에서는 적덕자(積德者)만이 얻을 수 있다고 기록하고 있다. 이러한 곳은 천지조화가 은거(隱居)되는 곳으로서 보통의 혈은 일반 지사라도 알 수가 있으나 괴혈은 도안(道眼)과 신안(神眼)의 경지에 오른 풍수사가 아니면 도저히 분별할 수 없을 정도의 혈이다. 간혹 용사(庸師: 이치에 밝지 못한 지사)가 걸핏하면 괴혈이라 빙자하여 사람들을 속이는 폐단이 없지 않으므로 괴혈을 사용할 때는 조심하고 또 조심해야 한다. 만약 괴・교혈이 아닌데도 괴혈로 잘못 알고 사용하게 되면 망자와 그 후손들에게는 상당한 피해가 우려되기 때문이다.

이러한 괴혈은 괴이한 형태로 넓은 광야에 감추어져 하늘이 그곳을 보호하고 있다는 곳이기 때문에 적덕자들만이 차지할 수 있다고 한다. 그러므로 유덕자(有德者)는 좋은 인연으로 명사(明師)와 쉽게 인연이 될 수 있어야 하고 명사는 진정한 유덕자를 만났을 경우에만 진혈지를 찾아줄 수 있다는 것을 명심해야 할 것이다. 그리고 명사 중에서도 유덕한 명사라야 식별이 가능하므로 반드시 인덕(人德)이 있고 적선(積善)하는 자만이 길지를 얻을 수 있다고 한다. 풍수에 밝은 명사가 괴혈을 찾았을 때는 반드시 그 땅을 차지하는 본인의 덕을 판단하여 점혈해 줄 것이며 절대로 경솔한 행동을 해서는 안 된다. 그렇지 못하면 이를 점지해준 지사가 도리어 화(禍)를 당할 수 있다고 전해지므로 아무리 유덕한 명사라도 심사숙고해야 한다.

그런데 괴혈에 대해서는 일부 풍수 고서에서도 해석을 달리하고 있다. 『撼龍經』에서는 "괴이한 혈에서는 흉악한 사람이 나오고 사람을 살육하고 마침내는 크게 망한다." 하여 괴혈은 사용할 수 없다 하였고, 『疑龍經』에서는 괴혈도 경우에 따라서 사용할 수 있다고 하였으며, 『葬書』에서도 기(氣)는 흙에 의지하므로 돌산에 장사(葬事)지내서는 안 된다 하였지만 석산의 돌 틈에 숨어있는 괴혈은 사방이 돌이고 그 가운데 토혈(土穴)이 있기 때문에 장사를 지낼 수 있다 하였다. 고서 『발미론』에서도 괴혈이 좋다는 것은 아니지만 훌륭한 산수(山水)를 얻고 이것이 올바르다면 괴혈도 결혈될 수 있음을 밝히고 있다. 그 외 『地理新法』, 『人子須知』, 『입식가』 등에서도 대체로 사용할 수 있다고 하였으니 풍수 현장에 올라 자세히 관찰해보고 혈증만 확실하다면 충분히 사용할 가치가 있다.

088. 기혈지 忌穴地

기혈지(忌穴地)란 혈지로서 부적합한 망지나 흉지를 말한다. 용이 생룡이면 용진처에서 혈이 결지되는 것이 풍수의 법칙이나 지형지세가 조화를 못 이루거나 물과 바람이 부딪히는 곳에는 혈을 맺지 못한다. 기혈지를 알아둔다면 심혈(尋穴)과 정혈(定穴)에 있어서 좀 더 쉽게 혈을 찾을 수 있을 것이다. 풍수 고서에서는 일반적으로 다음과 같은 곳은 혈처로서 꺼리는 장소이므로 피하여야 한다고 기록하고 있다.

첫째, 조악(粗惡)이라 하여 산이 거칠고 흉한 암석이 많은 곳을 말하는데 사람의 경우와 마찬가지로 외모에 나타난 체격이나 인상을 보고 선악(善惡)을 짐작하는 것과 같다. 산세가 부드럽고 평온하여 국세가 안정된 곳에 장사를 지내면 자손들도 선하고 준수한 사람이 나오지만 산세가 추악하거나 거칠면 악한 사람이 출(出)한다. 둘째, 준급(峻急)이라 하여 산세가 높고 바위가 많아 거칠고 경사가 심한 곳을 말한다. 이러한 곳에 장사를 지내면 자손들이 성급해지고 포악하여 패가망신한다. 셋째, 옹종(擁腫)이라 하여 산의 표면이 깨끗하지 못하고 곳곳이 파져있어 종기가 난 것처럼 추한 곳을 말한다. 이런 곳에 장사를 지내면 자손들이 질병으로 고생한다. 넷째, 단한(單寒)이라 하여 홀로 외롭게 내려온 산줄기를 말한다. 이러한 곳은 대체로 빈궁하고 과부가 출하여 결국은 대가 끊어진다. 다섯 번째, 허모(虛耗)라 하여 토질이 푸석푸석하여 바람에 흙이 풀풀 날리는 땅을 말한다. 이러한 땅은 벌레와 곤충이 침범하여 지기가 누설되니 인정(人丁)이 상하고 재물이 줄어든다. 여섯 번째, 수삭(瘦削)이라 하여 산세가 여의고 나약하여 혈을 맺지 못하는 땅을 말하는데 이러한 곳은 자손이 병고에 시달리고 후손이 끊어진다. 일곱 번째, 돌로(突露)라 하여 전후좌우에 산이 없이 홀로 돌출되어 사방팔방에서 바람의 피해를 받는 곳을 말한다. 이러한 곳은 자손들 중에 고아(孤兒)가 출(出)한다. 여덟 번째, 흘두(疙頭)라 하여 용신(龍身)이 마르고 허약하여 사람의 얼굴이나 머리에 부스럼이 난 것처럼 지저분한 곳을 말한다. 이러한 곳에 장사지내면 비열(卑劣)하고 우둔한 자손이 나온다. 아홉 번째, 산만(散漫)이라 하여 진행하는 용맥이 퍼져 생기를 모으지 못하는 곳을 말하는데 이러한 곳에는 재물이 흩어져 집안이 가난해진다. 열 번째, 유냉(幽冷)이라 하여 골짜기가 깊어 음습하고 싸늘한 곳을 말한다. 이러한 곳에는 오랜 시간이 지나도 시신이 썩지를 않아 육탈이 쉽게 되지 않는다. 열한 번째, 첨세(尖細)라 하여 혈처가 뾰족하고 가늘어 생기가 머무를 수 없는 흉지를 말한다. 이러한 곳은 후손들이 각종 재앙에 시달린다. 열두 번째, 탕연(蕩軟)이라 하여 혈처가 낮아 물이 침범하여 질퍽거리는 땅을 말한다. 이러한 곳은 재산이 흩어지고 자손들이 한미(寒微)하다. 열세 번째, 완경(頑硬)이라 하여 혈 뒤(위)쪽의 입수처가 무디어 둔하고 딱딱하다. 이러한 곳은 패가망신한다. 열네 번째, 요결(凹缺)이라 하여 혈처가 움푹하게 꺼져 골바람을 많이 받는 곳을 말한다. 이러한 곳에 장사지내면 후손들이 중풍과 같은 질병으로 고생한다고 기록되어 있다.

089. 풍수 고서에 기록된 흉지

풍수고서 『금낭경』에서는 장사(葬事)를 지내서는 안 될 여덟 가지 흉지(八不相)에 대해 적고 있다. 첫째, 조완(粗頑)이라 하여 용신(龍身)이나 혈처에 거칠고 추한 돌이 널려 있는 곳. 둘째, 고단용두(孤單龍頭)라 하여 주변 산의 보호함이 없는 외로운 용. 셋째, 신전불후(神前佛後)라 하여 신당의 앞이나 사찰의 뒤편에 해당하는 곳. 넷째, 묘택휴수(墓宅休囚)라 하여 대개 땅의 기운이 왕성할 때는 비록 작은 혈도 발복이 크고, 쇠퇴할 때는 대지도 발음이 없다. 따라서 파구 터, 즉 이미 묘지로 썼던 땅은 안장을 취하지 말라 하였다. 다섯째, 산강요란(山岡瞭亂)이라 하여 산이 이리저리 가지 쳐 나가고 달아나 무정한 곳. 여섯째, 풍수비수(風水悲愁)라 하여 바람과 물소리가 슬피 통곡하는듯한 소리를 내는 곳. 일곱 번째, 좌하저연(座下底軟)이라 하여 주산이 왕성하지 못하고 너무 낮고 연한 곳. 여덟 번째, 용호첨두(龍虎尖頭)라 하여 좌우의 산(龍·虎)들이 서로 싸우는 모양으로 서 있는 곳은 생기를 흩어지게 하므로 이러한 곳은 장사(葬事)에서 길지라도 자손에게는 무익(無益)하게 된다고 하였다. 그리고 팔풍(艮山: 동남풍, 巽山: 북서풍, 坤山: 동풍, 坎山: 북동풍, 震山: 북서풍, 離山: 남서풍, 兌山: 북풍)이라 하여 산줄기에 따라 불어오는 나쁜 방향의 바람을 말하는데 이러한 방향의 산줄기에 움푹 꺼진 곳이 있어 팔풍의 방향으로 바람이 친다면 시신의 뼈가 녹아 진흙이 되어버린다고 하였다.

그다음 『청오경』과 『지리신법』의 5불가장(不可葬)은, 첫째, 동산(童山)이라 하여 음양이 교회하고 생기가 일어나는 곳에서만 풀이 자란다. 그러니 민둥산은 장지로 불가하다. 둘째, 단산(斷山)이라 하여 생기는 용맥을 따라 이동하기 때문에 앞뒤 특히 뒤쪽이 단절된 곳은 자리를 잡지 마라 용맥 따라 흐르는 기운이 단절된 곳이다. 셋째, 석산(石山)이라 하여 생기는 흙 속으로 이동한다. 따라서 돌로 이루어진 석산 속에는 생기가 진행할 수 없으니 장지로서 부적당하다. 넷째, 과산(過山)이라 하여 용맥의 끝자락이 아니고 계속 진행 중인 과산(過山)에서는 생기도 같이 지나쳐 버린다. 혈장은 생기가 멈추는 곳(龍盡處)에서만 형성된다. 다섯째, 독산(獨山)이라 하여 생기는 여러 산이 모여 장풍(藏風)이 된 곳에서 흐름을 멈추고 응결된다. 따라서 사신사(四神砂)가 없는 곳은 장지(葬地)로써 버려야 한다.

이 외에도 『요금정』의 육계(六戒)에서는, 첫째, 거수지 즉, 물이 빠져나가는 곳에 장사지내지 마라. 패가한 모습을 본다. 둘째, 칼등과 같은 용(龍)을 찾지 말라. 살인의 땅이고 풍수 지사가 해를 입는다. 셋째, 용호의 허리가 끊겨 그곳으로 살풍이 닿는 곳을 취하면 후손이 끊어진다. 넷째, 안산이 없는 곳에 장(葬)하면 의식(衣食)이 곤궁하다. 다섯째, 명당이 기울어 비탈진 곳에 장(葬)하면 가업을 패한다. 여섯째, 용호가 벌어져 비주하면 가족이 이별한다고 하였다. 이 외에도 여러 풍수 고서들마다 장사를 지내서는 안 될 흉지에 대해 기록하고 있으니 누구나 혈장을 정할 때는 반드시 전문가의 조언을 받아 고서에 기록된 흉지를 피해야 한다.

090. 포은 정몽주의 묘소

정몽주(1338~1392)는 고려 말 24세 되던 해인 1360년(공민왕 9년) 과거에서 초시(初試)와 복시(覆試) 전시(殿試)의 삼장(三場)에 잇달아 합격하면서 그것도 모두 장원으로 급제하여 벼슬길에 오른 학자이며 고려의 충신이다. 특히 성리학에 뛰어나 동방이학의 시조로 불리며 시와 글, 그림에도 뛰어났고 그의 애국충절 단심가는 오늘날 우리의 산 교훈이 되고 있다. 포은 선생은 목은 이색, 야은 길재와 함께 고려 3은의 한 사람으로 사후 묘소는 경기도 용인시 모현면 능원리에 안장되어 있고 동방 18현의 한 분이 되어 문묘에도 배향되어 있다. 포은 선생의 묘소가 고향 영천이 아닌 이곳 경기도 용인에 안장된 유래가 특이하여 소개하고자 한다.

정몽주는 이성계(1335~1408)가 고려를 멸망시키고 새로운 나라를 세우는 것에 끝까지 동조하지 않았다. 1392년(고려 공양왕 4년) 4월 4일 저녁 정몽주는 이성계를 만나 국정을 논하고 귀가하던 중 개성 선죽교에서 이방원의 수하 조영규와 그 일파에게 암살을 당했다. 정몽주가 죽은 후 그 피를 흘렸던 자리에는 정몽주의 곧은 절개를 말해주듯 대나무 1그루가 솟아났고 그 장소가 원래는 선지교(善地橋)였으나 그 대나무로 인하여 선죽교(善竹橋)로 고쳐 부르게 되었다고 전한다.

그는 원래 경북 영천시 임고면에서 태어났으나 나라의 관원으로 개성에서 생활했으니 죽어서 고향으로 돌아오지 못하고 개성 땅에 묻히게 된다. 후손들은 고려의 충신이며 절개가 곧은 포은 선생을 고향인 영천으로 모시고자 궁궐에 허락을 요청하였고, 태종 이방원은 자신이 죽인 정몽주를 복권까지 시켜 문충(文忠)이란 시호를 내려주면서 고향인 영천으로 이장토록 허락했다. 태종 6년(1406) 드디어 후손들과 많은 유림의 선비들이 뒤따르는 가운데 아침 일찍 시신을 수습하여 고향 영천으로 내려가는 도중 지금의 경기도 용인시 풍덕동에 이르렀을 때 갑자기 회오리바람이 일면서 명정이 날아가 버렸다. 바람에 날려 명정이 떨어진 곳을 이상하게 여긴 후손들이 지관을 불러 물어보니 이 자리는 보기 드문 명당이라고 하면서 이곳에다 시신을 모실 것을 권유하였다고 한다. 후손들은 "하늘이 충신을 알아보고 자리를 잡아 주었다"고 감탄하면서 명정이 바람에 날아가 문수산(221m) 아래쪽 지금의 묘역에 떨어진 것을 하늘의 뜻으로 알고 그곳에 모시게 되었다. 포은의 묘역은 왕릉이라 해도 손색이 없을 만큼 큰 규모다. 입구에는 우암 송시열이 비문을 지었다는 신도비각이 있고 커다란 홍살문이 참배객들을 맞이한다. 지금도 용인에서는 매년 5월이면 선생의 넋을 기리고 그의 충절과 효, 뛰어난 정신문화를 계승하기 위한 포은 문화제가 매년 열리고 있다. 나라에서는 그의 업적을 기리기 위해 명종 8년(1553) 고향인 영천 임고면에 서원을 세웠으나 임진왜란으로 소실되었고, 선조 36년(1603)에 다시 복원하여 임금으로부터 이름을 받았으니 사액(賜額)서원이 되었다. 그 뒤 대원군의 서원철폐령으로 고종 5년(1868)에 또다시 철거되었다가 1965년에 정몽주의 위패만을 모시고 다시 복원되어 현재에 이르고 있다.

091. 저헌 이석형의 묘소

경기도 용인시 처인구 모현면 능원리 산 3번지에 올라 보면 고려 말 충신 포은 정몽주 선생의 묘소와 나란히 조선 전기의 문신인 저헌 이석형(1415~1477) 선생의 묘소가 있다. 연일정씨의 묘원에 성이 다른 이씨의 묘소가 들어서게 된 사연이 있어 소개를 한다. 이석형 선생은 연안이씨이지만 우측의 옆 능선에 잠들어있는 정몽주 선생의 증손녀 사위가 된다. 이곳은 원래 바로 옆 능선에 안장되어 있는 정몽주 선생을 모시고자 한 자리였으나 증손녀인 이석형 선생 부인의 계략으로 자기 남편이 안장되었다고 한다. 사연인즉, 정몽주의 후손들은 상여를 메고 고향 영천으로 이동할 때 명정이 바람에 날아가 떨어진 이 능선에 포은 선생을 뫼시기로 하고 장사 하루 전날 광 중을 파 놓았다. 포은의 증손녀는 이곳이 천하명당이란 말을 듣고 친정보다는 시댁의 가문을 일으키고자 아무도 몰래 밤중에 광 중에 물을 길어다 부어놓았다.

다음날 포은 선생을 모시고자 현장에 올라 보니 광 중에는 물이 가득 차 있었고 후손들은 이상하단 생각이 들었지만 어쩔 수 없어 바로 옆 능선에 모셨다고 한다. 훗날 이석형이 죽자 부인은 친정에 가 지난번 물이 솟았던 그 자리에 남편의 묘소를 쓰게 해달라고 부탁을하고 허락을 받아 그곳에다 이석형 선생을 모셨다는 이야기가 전한다. 우리나라는 신라시대부터 조선시대까지 명당에 물 붓기라 하여 전국적으로 흔히 벌어진 일들이다. 그런데 이 묘소가 명당 길지임을 증명이라도 하듯 연안이씨 집안에서는 그 후 수많은 인재들이 배출되었다. 연안이씨 대종회 자료에 의하면 부원군 3, 정승 8, 대제학 6, 판서 42, 공신 4, 청백리 2, 문과급제자 120명 등 묘소 하나의 후손 중에 이토록 많은 인물이 배출되기는 드문 일이다. 반면 포은 정몽주의 후손들은 현종 때 우의정에 오른 9대손 정유성과 판서 2명이 있었을 뿐 이석형의 후손에 비해 발복이 아주 빈약한 편이다. 이 장소는 우리나라의 풍수인이라면 누구나 한 번쯤은 다녀왔을 만한 이름 있는 곳이고 문수산(221m) 아래 양쪽으로 나란히 뻗어 내려온 용맥에 한곳씩 차지한 두 묘소는 전형적인 쌍유혈이다. 그런데 보는 이에 따라 이곳이 명혈지다, 저곳이 더 명혈지다 하면서 각자 해석을 달리 하고있는 장소이기도 하다. 그러나 필자의 식견으로 보아 이곳의 풍수 입지는 먼저 혈장 뒤편의 현무봉은 금체로써 대체로 양호한 편이나 포은 선생 묘소의 용맥은 지현 굴곡이 거의 없는 사룡(死龍)에 가깝다. 반면 이석형 선생의 묘소 뒤편을 올라 보면 현무봉에서 혈장까지 지현 굴곡이 있어 살아있는 생룡(生龍)임을 확인할 수가 있고 입수도 뚜렷하다. 국토지리원에서 발행한 축적 지도의 등고선을 보아도 우측 이석형의 묘소가 있는 용맥의 기운이 훨씬 더 강하다. 또 하나 살펴볼 것은 포은 선생의 묘소가 있는 용맥이 이석형 선생 묘소의 위치보다 고도가 좀 더 높아 이석형 묘소의 내백호 역할을 톡톡히 해주고, 동시에 그 계곡에서 흘러나온 물은 우선으로 이석형 묘소의 용맥을 감싸고 흐르기 때문에 이곳에 많은 생기를 응축시켜 준다. 따라서 이석형 선생의 묘소가 더 생기 가득한 진혈지로 판단된다.

092. 박문수 어사의 묘소

누구나 박문수 하면 먼저 떠오르는 것이 '암행어사 출두야'를 연상하게 한다. 박문수는 조선 영조 때 청백리이며 암행어사로 많은 이야기를 남긴 분으로 묘소는 지금의 천안독립기념관 동쪽에 위치한 은석산(456m)자락에 위치하고 있다. 이곳 묘소에는 다음과 같은 일화가 전해지고 있어 소개하고자 한다. 조선조 박문수가 어사로서 무주구천동에 갔을 때 그곳의 부사인 천운서(千云西)의 횡포를 징벌로 다스리고 유안거(兪安居)라는 선비의 억울함을 풀어주었다. 유 선비는 그 고마움을 잊지 못하다가 세상을 떠나게 되었고, 후일 박문수가 다시 암행어사를 제수받아 충청도 지방을 순행하던 중 어떤 한 노인이 불현듯 앞에 나타나더니 큰절을 올리며 아뢰는 것이었다. 어사님 놀라지 마십시오. 소인은 과거 어사께서 억울함을 풀어주신 무주구천동에 살았던 유안거라는 그 선비이옵니다. 살아생전 그 은혜를 갚지 못해 애통해하다 죽어서나마 보은을 하고자 이렇게 나타났습니다. 어사께서 사후에 편히 영면할 수 있는 명당자리를 점지해 드리고자 하니 저를 따라와 주십시오."하여 따라간 곳이 지금의 천안독립기념관이 있는 흑성산 자락이었다는 야사가 전한다.

이곳 흑성산은 풍수에서도 대길지로 꼽히는 금계포란형국(금닭이 알을품고 있는형국)의 명당자리였다. 박문수는 생을 마치고 이곳에 자신의 묘를 쓰려고 했으나 그와 절친했던 유명한 지관이 그 장소를 보고는 다른 곳으로 권장하였다고 한다. 이곳은 훗날 나라에서 요긴하게 사용할 자리이니 그때 가서 이장을 하는 것보다 이곳에서 멀지 않은 은석산 중턱(지금의 묘소 자리)으로 묏자리를 권하였다고 한다.

은석산은 풍수 형국론으로 보아 장군대좌형이다. 원래 풍수에서의 형국론이란 산천의 생긴 모양을 보고 사람이나 사물 또는 동물이나 식물, 문자 등 어떤 형상에 비유하는 것을 형국론이라 한다. 이 이론은 산천의 겉모양과 그 안의 정기는 서로 상통한다는 관점으로 보아 그 지형의 안에 있는 음·양택지에 영향을 미친다고 보는 것이다. 그런데 형국은 단독으로도 성립이 가능하나 대부분 서로 짝이 이루어져 대응함으로써 완성되어야 길하다. 예컨대 뱀 형국에는 주위에 그의 먹이가 되어줄 쥐나 개구리 모양의 바위나 사(砂)가 있어야 되고 와우형(臥牛形)에는 소의 먹이가 되어줄 볏짚 더미나 구유에 물이 있어야 짝이 되어 진혈로 인정을 받을 수 있다는 것이다. 이곳은 장군대좌형으로 마치 장군이 진영을 둘러보며 단정히 앉아있는 모습의 형국인데 주위에 병사를 뜻하는 작은 바위나 봉우리들 혹은 창, 칼, 말(馬) 등과 같이 장군에 걸맞는 모양의 형상이 있어야 진혈이 될 수 있다. 그런데 이곳은 은석산 밑에 병천시장(아우내 장터)이 있고 시장에는 항상 사람이 많이 있으니 그것을 병졸로 보아 나름대로 장군대좌형의 짝을 이루었다고 본 것이다. 일제강점기에는 왜적들이 이 시장을 강제로 없애려고 하였으나 고령박씨 문중에서 죽을 각오로 반대를하여 현재까지 보존되어지고 있다고 한다. 이 묘소는 귀신이 어사께 보은하기 위해 잡아줬다는 재미있는 전설이 전해지고 있는 묘소다.

093. 방랑시인 김삿갓(김병연)의 묘

강원도 영월군 김삿갓면 와석리 897-2번지에 가면 방랑시인 김삿갓으로 불리는 김병연(1807~1863)의 묘가 있다. 그는 조선 후기의 사람으로 한국 사람이 김삿갓을 모르면 '외계인'이라 할 정도로 해학과 풍자로 유명한 사람이었다. 그의 묘가 처음 발견되고 지역이 외부에 알려지자 영월군은 이곳의 관광 활성화를 위해 2009년 행정구역의 명칭을 하동면에서 김삿갓면으로 바꾸기까지 하였다. 김삿갓은 안동김씨로 그의 할아버지 김익순이 선천부사로 있을 때 홍경래의 난을 진압은커녕 오히려 그에게 투항을 하였기에 역적의 신분이 되었다. 이로 인해 폐족을 당한 후 가족들은 영월로 옮겨와 은둔생활을 하였는데 어머니는 아들에게 이러한 사실을 숨긴 채 글공부를 가르쳤다. 병연은 할아버지에 대한 사실을 전혀 모른 채 성장하였고, 20살이 되던 해 영월 동헌에서 시행하는 백일장에 참가하였다. 그날 시제에서는 마침 역적 김익순에 대해 비판하라는 내용이 나오자 그를 신랄하게 비판하는 글로 장원급제하였다. 그는 기쁜 마음으로 어머니에게 이 소식을 알리자 어머니는 눈물을 흘리며 숨겨왔던 집안 내력을 아들에게 이야기해 주었다. 김병연은 스스로 앞날에 희망은 없고, 할아버지를 욕되게 하였으니 하늘을 쳐다볼 수 없는 죄인이라 생각하여 삿갓을 쓰고 전국을 돌아다니며 방랑 생활을 시작하였다. 그는 주로 상류사회를 풍자하는 시를 지으며 재치와 해학으로 서민들의 애환을 읊었고, 그의 수많은 한문 시는 지금까지도 구전되고 있다. 22세에 가족과 연락을 끊고 방랑 생활을 시작하였는데 그의 둘째 아들 김익균이 아버지를 찾아다니다 만나게 되어 귀가를 권유받기도 했으나 거절하고 방랑 생활을 계속했다. 그는 마지막(1863년)에 57세의 일기로 전남 화순에서 생을 마쳐 그곳에다 묘를 썼으나 3년 후 둘째 아들 익균이 지금의 자리로 옮겨와 안장하였다고 한다.

이곳의 산세는 우선 보기에는 청룡·백호가 감싸 안아주는 듯 보이나 혈장으로 뻗어 내려온 중출맥이 없고 지나가는 산줄기의 측면에 쓰여져 있어 지기가 약한 곳이다. 오히려 계곡의 골바람이 닥치는 안쪽에 위치하고 있어 바람의 피해가 예상된다. 풍수에서 제일 먼저 피해야 할 산고곡심(山高谷深) 즉 산이 높고 골짜기가 깊은 곳이다. 혈장 앞으로 흐르는 물은 본 묘역을 감싸주지 못하고 반궁수(反弓水) 형상이니 이 또한 흉격이다. 풍수서 『地理五訣』에서는 '10개의 천혈(賤穴) 중에 아홉 개는 반궁이다' 할 정도로 물의 형상을 중요시하고 있다. 이것은 혈장 주변의 물은 혈장을 감싸 주면서 천천히 흘러나가야 안쪽의 생기를 잘 갈무리해주기 때문이다. 안산은 그런대로 반듯한 것을 취하고 있지만 이 역시 사람이 정면으로 쳐다봤을 때 눈썹의 높이보다 한참 높아 오히려 혈장을 압박하는 형상이다. 그러나 일부에서는 마대산 줄기가 버드나무 가지처럼 흘러내려 꾀꼬리 둥지 같은 '유지앵소형(柳枝鶯巢形)'의 명당이라 하기도 하고, 마대산을 조종산으로 옥녀가 편히 앉아 발을 닦는 옥녀세족형(玉女洗足形)의 명당이라고 평가하기도 한다. 그러나 실제 혈장에서 주변을 살펴보면 풍수에서 길흉 평가의 기준이 되는 산세와 수세가 풍수 원칙에 어긋나는 곳이 많다.

094. 여흥민씨 할머니 묘소

전남 장성군 북이면 명정마을 뒷산에 올라 보면 제법 큰 규모의 단정한 묘소가 하나 있는데 이곳의 주인공은 바로 울산김씨의 중시조인 흥려군(興麗君) 김온의 부인 여흥민씨의 묘소다. 민씨 할머니는 조선의 3대 태종의 비(妃)인 원경왕후의 4촌으로 평소 학문을 좋아하였기에 부친과 친분이 있던 무학대사로부터 천문과 지리, 복서 등을 배웠으며 장성군 황룡면 맥동 마을의 집터와 이곳 신후지지(身後之地)도 직접 잡았다고 한다. 누가 보아도 아 명당이구나 할 정도의 이 묘소는 호남의 8대 명당 중 한 곳으로 우리나라 풍수인 들이라면 누구나 한 번쯤은 가 보았을 만한 곳이다.

그녀의 풍수 이론을 정립한 「하소결(荷沼訣)」은 울산김씨의 문화유산으로 지금도 전해오고 있다. 김온은 태종 이방원이 외척을 척결할 당시 원경왕후의 동생들인 민무구, 무질 형제의 옥사에 연루돼 화를 당했고 당시 위기를 느낀 민씨 부인은 아들 3형제를 데리고 한양을 떠나 전남 장성으로 피신하여 정착했다. 민씨 할머니의 후손들은 묘역앞 비석에 다음과 같은 글귀를 새겨놓았다. "여기 백두대간의 한줄기가 서남으로 달려와 온 정기를 뭉쳐 이룩한 복부(覆釜)대혈이 울산김씨 중시조 흥려군(興麗君)의 배(配) 정부인(貞夫人) 민씨 할머니의 유택이다. 할머니께서 친히 잡으신 터로서 말을 탄 자손이 이 앞들에 가득하리라는 말씀 그대로 후손이 번성하고 가문이 흥왕하여 오늘에 이르고 앞으로도 무궁토록 이어지리라 … 생략"

이 글귀는 민씨 할머니가 세상을 뜨기 전 "나를 명정마을에 묻어라. 그러면 말을 탄 자손들이 말 등에 가득하리라"라는 유언을 남겼기에 그 내용을 새겨두었다. 이 묘소의 음덕으로 할머니의 5대 후손인 하서 김인후(1510~1560) 선생이 태어났으며 그는 성균관 문묘와 전국 향교의 대성전 그리고 장성 필암서원에 배향되어 있다. 우리나라 역사상 공자를 모신 문묘(文廟)에 배향된 인물은 모두 18명으로 그중 호남 출신으로는 하서 김인후가 유일하다. 그로 인하여 장성사람들은 지금까지도 선비의 고장이라는 강한 자부심을 가지고 생활하고 있다. 근현대에도 제2대 부통령을 지낸 인촌 김성수를 비롯한 초대 대법원장 김병로, 전 국무총리 김상협, 더불어민주당 대표 김종인, 삼양그룹 창업회장 김년수 등 이외에도 수많은 인사들이 전국 각 분야에서 활동하고 있다. 이곳의 혈처는 가마솥을 엎어놓은 것 같은 형국인 복부혈(覆釜穴)의 명당 터로 유명하다. 가마솥같이 생긴 땅은 혈의 사상(四象) 가운데 돌혈(突穴)에 속하고 솥은 재물을 뜻하기에 이런 땅에 묘를 쓰면 후손들에게 반드시 부귀가 이어진다고 본다. 그런데 풍수무전미(風水無全美)라 하여 완전무결한 땅은 없는 법, 현장에 올라 보면 안산과의 거리감 때문에 혈전에서 불어오는 바람에 취약하고 점혈에 있어서도 돌혈의 정상 부위라 묘소의 뒤편이 낮다. 풍수에서는 묘소 뒤쪽이 낮은 곳을 장자절손지지(長子絶孫之地)라 하여 후손이 귀하다 하였으니 현재의 위치보다 2~3m 더 앞으로 당겨썼으면 하는 생각이 든다.

095. 동래정씨 정사의 묘

경북 예천군 지보면에 가면 정사(鄭賜)의 묘가 있는데 이 묘는 부산시 진구 양정동에 있는 동래정씨 시조 정문도의 묘와 함께 조선의 8대 명당에 속하는 곳이다. 옛날부터 동래정씨는 명당에 묘 잘 쓰기로 유명한 집안으로 시조 정문도의 묘는 『신증동국여지승람』에 소개할 만큼 대단하다. 이에 못지않게 동래정씨 13세손인 정사의 묘소도 옥녀단좌형(玉女端坐形)의 명당으로 이름난 곳이고 우리나라 풍수인이라면 누구나 한 번쯤 나녀갔을 법한 자리다. 옥녀단좌형이란 여자가 다리를 벌리고 남자를 유혹하기 위해 앉아 있는 형국을 말하는데 묘 혈은 여자의 자궁에 해당하는 곳이다. 정사의 묘소가 이곳에 정해진 이유가 야사로 전해져 내려온다. 그가 진주목사로 재직 중 사망하자 고향인 예천 용궁에다 장사지내려고 배로 낙동강을 거슬러 올라왔다. 현지에 도착하니 명당 터에는 이미 누군가가 장사를 지내기 위해 산역을 하고 있었다. 한걸음 늦었구나 생각하면서 현장에 올라 보니 광 중에는 물이 차올랐고 그들은 장사를 포기하고 돌아갈 준비를 했다. 그들이 떠난 후 정사의 일행과 같이 온 지관은 광 중의 물이 건수(乾水)임을 확인하고 묘역 아래에 세 곳의 구덩이를 파니 그곳으로 물이 빠져나왔으며 광 중은 차차 굳어져 그곳에다 정사의 장사를 지냈다고 한다.

정사(1400~1453)는 경북 예천 출신으로 1420(세종 2)년 사마시에 합격한 뒤 이어 식년문과에 병과로 급제하였다. 그는 조선 초기의 문신으로 예문관직제학, 진주목사를 지내면서 고을을 잘 다스려 용궁의 완담향사(浣潭鄕祠)에 영의정 정광필 등과 함께 봉안되었다. 또한 슬하에 다섯 아들을 두었는데 그중 셋째 아들인 난종의 후손들이 크게 발복한다. 정난종은 우찬성을 역임했으며 그의 후손에서 13명의 정승과 문과급제자 123명이나 나왔고 그의 아들 정광필은 중종 때 영의정을 역임했으며 손자 정창연은 광해군 때 좌의정을 지냈다. 풍수가에선 그 이유를 정사의 묘소에 이어 경기도 군포 수라산에 있는 난종의 묘소가 다른 형제들의 묘보다 훨씬 좋기 때문으로 보고 있다. 조선의 3대 명문가라 해도 손색이 없는 동래정씨가 많은 인물들을 배출해 낸 주요 원인은 바로 풍수지리를 생활화하여 조선의 8대 명당을 두 곳이나 차지할 만큼 조상들을 명당에 모신 덕택으로 믿고 있다.

이 묘소의 주산은 안동의 학가산에서 남서쪽으로 가지를 뻗어 내려오다가 연화산을 만들고 다시 떨어졌다가 과협을 거쳐 주산인 옥녀봉을 만들었다. 옥녀봉은 둥근 금형체이고 혈장의 청룡과 백호는 대체로 묘역을 잘 감싸고 있다. 묘소 좌우의 내청룡과 내백호 역시 혈장을 감싸고 있는데 그 모양이 마치 여자가 다리를 벌리고 앉아 사내를 유혹하는 모양이다. 그리고 강 건너 조산인 비봉산은 호탕한 사내가 춤을 추며 여자를 바라보는 형상으로 혈장과 음양의 짝이 되니 형국론으론 옥녀단좌형이라 부른다. 혈장은 오목한 와형에 속하지만 양쪽 개각이 있어 겸혈로 보는 이도 있다. 물은 좌선수가 향(向)을 지나 곤신(坤申)방으로 빠지고 좌향은 계좌정향(癸坐丁向)을 놓았으니 88향법으로도 정묘향이므로 장수와 더불어 부귀가 동시에 보장된다.

096. 황희정승의 조부 황균비의 묘

전북 남원시 대강면 풍산리 산촌마을에 가면 조선시대의 대표적인 청백리 황희정승의 조부 황균비(黃均庇)의 묘소가 있다. 이 묘소의 음덕으로 황희정승이 태어나게 되었다는 재미있는 일화가 전해져 내려오고 있어 소개하고자 한다. 황균비가 묻힌 이곳은 황희정승의 아버지인 황군서가 어려움에 처한 나옹선사를 구해주고 그 보답으로 얻은 명당이라고 한다. 장수황씨 문중에서는 시조 2세인 황균비의 묘와 고려 말 고승인 나옹선사의 비화를 굳게 믿고 있다. 전설에 의하면 무학대사의 스승인 나옹선사가 전국을 유람하다가 남원의 오부자 댁에 머물게 되었다. 오부자는 자신의 신후지지(身後之地)를 잡아 달라며 나옹선사에게 거금의 시줏돈을 주고 오랜기간 자신의 집에 머무르게 했으며 나옹선사는 그 돈으로 가난한 절에 주어 시주를 하는 데 사용해버렸다. 그런 후 혈자리를 점지해주기 위해 마을 뒷산에 올라갔으나 이상하게도 산 아래서는 보이던 혈 처가 산에 오르면 보이지 않고 다음 날 또다시 올라갔으나 보이지 않아 하는 수없이 그냥 내려왔다는 것이다. 차일피일 날짜는 지나가고 오부자는 돈만 받아 가고 혈 처를 잡아주지 않는 나옹선사를 다그치면서 온갖 욕설과 함께 폭력까지 가했다고 한다. 이 광경을 목격한 황희정승의 아버지 황군서가 오부자에게 받은 돈을 대신 갚아주고 위기의 곤경으로부터 구해주었는데 이게 웬일인가 그동안 가려져 있던 자리가 훤히 보이는 것이 아닌가. 나옹선사는 바로 황군서에게 그 자리를 점지해 주면서 일국의 명 제상이 나올 자리이긴 하나 가난한 혈처이고 반드시 타지로 이사를 나가야 발복을 받을 수 있다는 말을 했다고 한다. 황군서는 바로 아버지 황균비의 묘를 그곳으로 이장을 하고 얼마 지나지 않아 부인에게 태기가 있자 개성으로 이사를 하게 되었는데 개성에서 황희정승이 태어났다는 것이다. 황희는 조선 태종 때부터 세종대왕 때까지 육판서와 우의정, 좌의정, 영의정을 두루 거치면서 얼마나 청렴했으면 그의 사후에 남은 재산이라곤 세종대왕이 원로들에게 하사한 지팡이 하나뿐이었다고 전한다. 따라서 그 많은 조선의 관리들 중 첫째로 손꼽히는 청백리로 지금까지도 많은 공직자들에게 큰 귀감이 되고 있다.

옛 부터 명당은 원래 임자가 따로 있다고 했던가 이곳이 바로 기러기(or 고니)가 울면서 바람을 해치고 멀리 날아간다는 명홍조풍형(鳴鴻遭風形)혹은 홍곡단풍혈(鴻鵠斷風穴)의 명당으로 유명한 곳이다. 밑에서 혈장과 주변의 산세를 보면 마치 기러기(고니)가 날개를 펴고 날아가는 모습과 같다. 혈장 주변의 사신사는 북현무와 좌청룡 우백호 모두가 잘 짜여져 있으나 앞쪽 안산과는 거리감이 있어 혈전의 명당수가 바로 빠져나가는 흠결도 있다. 풍수에서는 물을 곧 재물로 보기에 황희정승의 빈곤함이 곧 이와 연관이 있지 않나 하는 의구심을 지울 수가 없다. 주산으로부터 혈장까지 이어지는 용세가 지현굴곡을 하니 마치 구슬을 꿴 것 같다하여 그들의 족보에는 귀주형(貴珠形) 명당이라 하고 묘소의 좌향은 을좌신향(乙坐辛向)으로 기록하고 있으나 현재는 손좌건향(巽坐乾向)이 아닌가 할 정도로 약간 틀어져 있다.

097. 우암 송시열의 묘

충청북도 괴산군 청천면 청천리에 가면 조선 중기의 대학자 우암 송시열의 묘소가 있다. 원래 송시열의 묘소는 경기도 수원의 무봉산에 있었으나 숙종 23년(1697)에 이곳으로 옮겨 왔다. 이곳은 노론사림(老論士林)의 중심인 화양서원이 있던 곳으로 조선시대 학자들의 집결 장소였으며 송시열이 벼슬을 그만두고 은거했던 곳이기도 하다. 그의 생애는 인조 11년(1633) 27세의 나이로 생원시에 합격하고 2년 뒤 봉림대군(효종)의 스승이 되었다. 병자호란 후 낙향하였으나 효종이 즉위하자 다시 등용되어 반청(反淸)을 기치로 북벌계획을 추진하였으며 현종 때는 좌의정까지 올랐다. 1689년(숙종 15년)에 세자책봉에 반대하는 상소를 올렸다가 제주도로 귀양을 갔으며 국문을 받기 위해 상경 도중 남인의 책동으로 전북 정읍에서 사사되었다. 그러나 1694년 갑술환국(甲戌換局)으로 다시 서인이 정권을 잡자 그의 죽음이 무죄로 인정되어 관직이 회복되었다. 사후 영의정에 추증되었고 『조선왕조실록』에 3천 번이나 그 이름이 등장하며 사약을 받고 죽었음에도 유교의 대가들만이 오른다는 문묘와 효종묘(孝宗廟)에 배향되었으며 전국 23개의 서원에 배향되었다. 그는 노론의 영수로 조광조와 더불어 조선을 유교의 나라로 만든 장본인이었고 우리나라 학자 중 공자, 맹자와 같이 '자(子)'字를 붙인 유일한 인물로 역사상 가장 방대한 문집인 송자대전(宋子大全)을 남겼다.

충북 청주시 서원구 남이면 문동리 산 114-2번지에는 그의 증조부모의 묘가 신좌을향(東向)으로 모셔져 있고 조부의 묘도 바로 밑에 있다. 이 묘소의 풍수 입지는 옥녀가 베를 짜는 형국인 옥녀직금형(玉女織錦形)이라 불리는 명당으로 알려져 있다. 풍수가에선 이 조상들의 음덕으로 송시열이란 큰 인물이 배출되었다고 보고 있다. 그리고 괴산군 청천면에 있는 우암 송시열의 묘소는 안산이 수체(水體)로 깃발처럼 보이고 묘소 아래에 군졸을 의미하는 청천시장이 있어 풍수가에선 이곳을 장군대좌형의 명당으로 보고 있다. 그러나 형국이 아무리 좋아도 점혈이 잘못되면 무용지물이다. 필자의 식견으로는 이곳 묘소의 위치가 주산에서 뻗어 내려온 용맥이 마지막으로 멈출 때 양분해 뻗은 지각(止脚)의 윗부분이고, 묘소 아래쪽은 계곡으로 계곡풍을 맞는 장소였다. 여기서 좌향은 자좌오향의 정남향이고 물은 우선수로 향을 지나 손사(巽) 방위로 빠져나간다. 이는 팔십팔향법으로 볼 때도 제일 흉하다는 살인대황천(殺人大黃泉)을 범하였다. 자좌오향은 변국을 하면 화국(火局)이 되고 손사(巽巳) 방위는 십이포태법으로 임관궁(臨官宮)에 해당되니 『地理五訣』에서는 이러한 향에 대해 다 큰 자식이 죽고 본국의 재록을 담당하는 복(福)궁까지 치고 나가니 명예와 재물 모두를 잃는다는 아주 흉한 향이다. 이럴경우 향을 우측으로 한 방위(15도) 더 돌려 계좌정향을 놓았더라면 88향법에서 제일 좋다는 정양향(正養向)이 된다. 아무리 좋은 형국이라도 정확한 지점에 정혈이 되어야 하고 국세(水勢)를 보아 지형에 맞는 좌향을 놓아야 발복을 기대할 수가 있다.

098. 구정 남재의 묘

경기도 남양주시 별내동 918번지(역사공원 내)에 가면 조선조에서 영의정을 지낸 구정 남재(1351~1419)의 묘가 있다. 남재는 의령남씨로 1371년(공민왕 20년) 목은 이색의 문하에서 과거에 급제하고 고려 말 판전교시, 철원 부사를 역임했으며 이성계가 위화도에서 회군할 때 동생 남은과 함께 그를 도왔다. 1392년 조선이 개국 되자 개국공신 1등에 책훈되었으며 중추원 학사 겸 사헌부 대사헌을 제수받았고 1396년 도병마사가 되어 대마도 정벌에 참여하여 공을 세웠다. 1400년 태종 이방원이 왕위에 오르는데 큰 힘을 보탰고 이후 경상도 관찰사, 대사헌, 우의정, 좌의정을 거쳐 태종 16년(1416)에 영의정에 올랐다. 성품이 활달하고 도량이 넓었으며 문장이 뛰어나고 산술에도 능통하여 그에게는 남산(南算)이라는 별명이 붙었다고 한다. 그는 1419년 69세로 세상을 떠나니 나라에서는 조회(朝會)를 정지하고 세종이 직접 조문하였다. 조선 태조의 묘정(廟庭)에 배향되었으며 충경(忠景)이라는 시호를 받고 저서로는 『규정유고』가 있다. 남재의 묘가 이곳 남양주시 별내동에 자리 잡게 된 일화가 전해지고 있어 소개하고자 한다. 본래 이 자리는 이성계의 신후지지(身後之地)였지만 남재가 이곳에 묻히고 이성계는 남재가 점지해 둔 신후지지(지금의 건원릉)에 묻혔다. 사연인즉, 이성계는 어느 날 남재와 같이 자기의 신후지지에 방문을 하여 땅을 살펴보다가 남재가 나도 신후지지를 점지해 두었다고 자랑을 하자 같이 가 보기로 한다. 남재의 신후지지를 구경하러 갔는데 이게 웬일인가 남재의 묫자리가 훨씬 좋아 보였다. 이성계는 풍수에 일가견이 있었고 남재의 신후지지가 탐이나니 좋다는 말을 연발하면서 욕심을 내자 남재가 양보를 했다는 곳이 현재 태조가 묻힌 건원릉이다. 이에 남재가 자기의 자리를 양보하자 이성계는 돌아오는 길에 근심을 덜었다고 하여 그곳의 지명이 오늘날 '망우리(忘憂里)'가 되었다는 야담이다. 그런데 남재가 "왕의 자리에 묘를 쓰면 역적이 나온다는 말이 있다"고 하며 걱정을 하자 "만일 역적이 나오더라도 당사자만 문제 삼아라"는 유훈을 남기겠다고 약속을 한다. 그 약속에 따라 후일 남이장군이 역모로 몰려 삼족이 멸할 운명에 처했으나 남이만 처벌되었다는 설이 있다.

이곳의 산세는 한북정맥에서 한쪽 지맥이 수락산(638m)을 거쳐 불암산(508m)에 이른다. 불암산은 이 혈장의 주산이지만 바위가 많아 원래 부처 바위로 불리게 된 데서 불암산이라는 이름이 유래되었다고 한다. 주산에서 동남진하여 삼각형 모양의 봉우리를 일으켰는데 완전히 탈살이 되어 토(흙)산으로 변했다. 이곳에서 도시개발로 인한 평지로 내려온 지맥이 약간의 봉우리를 만들면서 돌형의 혈장을 맺었다. 풍수가에서는 야산처럼 생긴 혈장은 둥근 목탁처럼 생겼고 주산인 불암산을 부처님으로 본다면 이러한 형상을 노승예불형(老僧禮佛形)의 명당이라고 한다. 즉 노승이 부처님께 예불을 올리는 형상이란 뜻이다. 수세는 우선룡에 좌선수로 합법하고 좌향은 술좌진향으로 측정된다. 묘소는 상하 3기가 있는데 재일 위쪽은 남재 선생의 부모 합장묘이고 그 바로 밑에 남재 선생, 그 밑에 신인 의령남씨의 묘가 있다.

099. 충간공 남지의 묘

충북 진천군 문백면 평산리 산 18-1번지에 가면 조선 초기의 문신이며 좌의정을 지낸 충간공 남지(南智: ?~1453)의 묘소가 있다. 그는 영의정을 지낸 개국공신 남재(南在)의 손자로 17세에 음보로 벼슬길에 나가 사헌부 감찰을 시작으로 1429년 정3품인 동부대언, 1438년 호조참판과 대사헌을 역임하였다. 이어 1440년 형조판서, 중추원사를 거쳐 호조판서를 지냈고, 세종 31년(1449) 우의정을 거쳐 문종 13년(1451) 좌의정에 올랐다. 그의 이러한 출세 가도에 대해 세종실록에는 "남재의 자손으로 천성이 단정하고 온아하여 일찍부터 이름이 있더니 갑자기 높은 지위에 오르매 광영(光榮)이 빛났었다."라고 기록하고 있다. 비록 문음으로 출사하였지만 훗날 율곡 이이까지도 그의 능력은 출중하였다고 평가할 만큼 주변에서는 모두가 인정하였다. 조선시대에는 문음으로 출사하는 경우 당상의 반열에 오르기도 힘들었을뿐더러 요직에는 거의 제수되지 않았다. 그는 조부 덕에 음보로 관직에 나아갈 수 있었고 이후 세종의 사랑을 받아 참판, 판서 정승에까지 이르렀으니 이는 매우 드문 경우라 할 수 있다. 또한 세종, 문종, 단종 3대에 걸쳐 봉직하면서 신병을 이유로 수차례 사직을 청하였으나 모두 반려되었다. 1452년 단종은 그의 원활한 와병 치료를 위해 영중추원사의 직위를 제수하여 업무를 줄여주고 계속 고명대신(顧命大臣)으로 곁에 두었다. 그의 딸은 안평대군의 아들과 혼인을 하여 사돈지간이 되었고, 문종과 단종의 고명대신으로 있었기에 당시에는 최고의 권력자로 인정받았다. 그러나 계유정난이 일어나자 높은 지위에 있었던 만큼 수양대군과 한명회에게는 제거 대상 1호였다. 수양대군 일파는 황보인·김종서 등을 모두 죽이고 안평대군과 그의 사위까지 죽였으나 그는 다행이도 지병인 풍질 때문에 화를 면했다. 얼마 후 세상을 떠났지만 시호를 받지 못하고 있다가 손자 남기의 상소로 성종 20년(1489)에 충간이란 시호를 받았다. 묘소 아래에 세워진 신도비는 1713년(숙종 29) 그의 8세손인 남구만이 지었다고 한다.

이곳의 산세는 금북정맥인 천안시 위례산(530m)에서 동남쪽으로 뻗어 내린 지맥이 진천군 백곡면의 만뢰산(611m)을 지나 문백면 양천산(351.1m)을 일으켜 이 묘소의 주산이 되었다. 주산에서 혈장까지는 지현굴곡과 과협을 하여 혈장에는 생기가 충만한 장소다. 좌우 청룡·백호는 거리나 높이 면에서 완전하지는 못하나 나름 갖추고 있어 장풍국을 이루고, 안산은 백호 자락이 혈장 앞까지 뻗어 내려온 본신 용맥이다. 이곳의 수세는 좌선룡에 우선수로 합법하며 좌향은 자좌오향(子坐午向)의 남향으로 부인은 위(뒤)쪽에 있고 앞쪽에 본인의 묘소가 있다. 필자의 식견으로 보아 부인의 묘소는 비룡입수한 돌형의 혈장으로 볼 수도 있지만, 아직 행룡이 끝나지 않아 맥이 그냥 통과하는 과룡처로 정혈처가 되지 못하고 남지 선생의 묘가 정혈처로 보인다. 두 봉분 모두가 사다리꼴로 조성한 대형 봉분(封墳)으로 바닥에는 돌로 사방을 두른 특이한 형식이다. 이러한 형태의 묘제는 고려시대의 분묘 형태로 려말선초에도 가끔 사용하던 형식이며 남지의 묘는 지방기념물 제80호로 지정되어 있다.

100. 봉래 양사언의 묘소

조선 전기의 문신이면서 서예가로 유명한 봉래 양사언(1517~1586)의 묘소는 경기도 포천시 일동면 길명리 뒷산에 위치하고 있다. 중종 35년(1540) 유명한 단사부(丹砂賦)를 지어 성균관 진사에 뽑힌 인물로 훗날 불행하게도 아버지에 이어 어머니가 곧바로 돌아가셨으니 산소 아래 여막에서 6년간이나 시묘(侍墓)살이를 했다. 그는 상(喪)을 마친 다음 명종 1년(1546) 식년문과 병과로 급제하여 대동승(大同丞)에 발탁되었으며 그 후 삼동현감, 평창군수, 강릉부사, 함흥부윤 등 여덟 고을의 수령을 지냈다. 회양군수로 있을 때는 금강산에 자주 드나들어 만폭동 바위에 새긴 「봉래풍악원화동천(蓬萊楓岳元化洞天)」이란 글씨를 남겼고 「금강산유람기」를 짓기도 했다. 선조 10년(1577) 안변부사가 되었는데 그곳은 관북(關北) 관문의 도회지로 풍속이 거칠고 까다로워 정무지침(政務指針)을 효제(孝悌) 제일주의로 삼아 민속교화에 큰 성과를 거두게 되니 백성들이 양부사(楊府使)를 친어버이 같이 받들었다고 한다. 함경도 관찰사는 그를 도내 제일의 관료라고 조정에 상신하여 정삼품(正三品) 통정대부에 올랐다. 그러나 이성계의 증조부 익조의 무덤인 지릉(智陵)의 화재 사건에 책임을 지고 해서(海西:황해도)에 유배되었다가 2년 후 풀려났으나 돌아오는 길에 68세의 나이로 세상을 떠났다. 40여 년 동안 관직에 있으면서도 청백리로 이름났고 유족에게는 재산을 남기지 않았다고 전한다. 특히 초서와 큰 글씨에 능해 안평대군과 김구, 한호 등과 함께 조선의 4대 명필(서예가)로 손꼽히며 그가 남긴 태산가(태산이 높다하되 하늘아래 뫼이로다....)는 현재까지도 우리들의 귓전에 아련히 남아있다. 한편 예언가 격암 남사고에게 수학하였는데 선조 25년 임진왜란과 선조 40년(1607) 누루하치 난을 미리 예견하였고, 북한의 평양 대동문 편액 가운데 초서체로 쓰인 현판이 그의 글씨로 알려져 있다.

현재 포천시 향토 유적 제32호로 지정되어 있는 그의 묘소는 포천 금주산 아래에 있고 이곳은 본인이 살아생전 점지한 신후지지(身後之地)라 한다. 봉분은 3단 호석으로 둘러져 있고 묘 앞에는 비두에 연화문이 조각된 묘비와 상석, 향로석 그리고 좌우에는 동자 문인석, 망주석이 배치되어 있으며 바로 아래에는 숙부인 음성박씨와 간성이씨 두 부인이 합장으로 모셔져 있다. 묘소 뒤에 주산인 금주산은 금형의 탐랑봉으로 혈장에 좋은 기운을 보내주고 있으나 주산에서 혈장까지의 용맥이 큰 움직임이 없이 그냥 길게 내려오고 있어 지기가 왕성한 곳은 못 된다. 그러나 혈장은 나름 용맥의 끝자락인 용진처에 자리 잡았고 묘소 앞자락 끝은 기운을 가두어주기 위해 행룡해 온 용맥이 급하게 머무른 듯하다. 그 결과 전순 밑으로는 급경사지를 만들어 묘소에 올라오려면 93개나 되는 돌계단을 밟고 올라와야 묘소에 당도할 수가 있다. 좌우 용·호가 가까이서 감싸주지를 못해 장풍(藏風)이 되지 않아 묘소의 봉분과 주변에는 잔디가 잘 자라지 못하고 있고 수세는 좌선룡에 우선수로 합법하며 좌향은 축좌미향으로 남남서향이다.

101. 토정 이지함의 묘소

조선 중기 학자이며 기인으로 이름난 토정 이지함(1517~1578) 선생의 묘소는 충남 보령시 주교면 고정리 산 27-3번지에 모셔져 있다. 그는 살아생전 토정비결이란 책을 저술해 지금까지도 많은 사람들의 뇌리 속에 토정비결 하면 이지함을 떠올리게 한다. 우리 민족들은 과거부터 새해가 되면 간절한 소망과 더불어 한해의 운수를 보고 싶어 했고 미래에 대한 궁금증은 누구나 다 갖고 있다. 토정비결은 주역을 기반으로 구성된 점술로 하늘과 땅 그리고 자신의 기운이 어느 쪽으로 흐르는지를 알아내어 나쁜 기운을 미리 방어해보자는데 목적을 둔 비결서다. 그는 화담 서경덕(徐敬德) 문하에 들어가 공부를 하고 천문, 지리, 의약 등에 능통하였으나 평생 벼슬을 사양하다가 도덕과 학문이 뛰어난 선비로 추천되어 57세인 선조 6년(1573)에 경기도 포천 현감이 되었다. 그런 후 60세인 선조 9년(1576)에는 충청도 아산 현감으로 재직 시 걸인청(乞人廳)을 지어 빈민을 구제하는 데 힘쓰다가 선조 11년(1578) 재임 중에 사망하였고 사후 이조판서에 추증되었다. 영조 37년(1761) 문강공(文簡公)의 시호를 받았으며 보령 화암서원에 배향되어 있다. 이지함은 한산이씨 출신으로 고려 말 대학자인 목은 이색의 6대손이고 그의 아버지 이치(李穉)는 의금부 도사와 수원 판관을 지냈으며 어머니도 명문 가문으로 보령에 많은 인물을 배출한 광산김씨 출신이었다.

토정 이지함의 묘소가 있는 이곳에는 부모와 형제를 비롯해 무려 14기나 모셔져 있다. 제일 위쪽에 부모님의 합장묘가 있고 그 아래에 아들 3형제가 나란히 있다. 가운데가 맏이 이지번, 동쪽으로는 중형 이지무, 서쪽에는 이지함의 묘소가 있다. 토정은 이곳에 집안의 묫자리를 정하면서 "우리 삼형제의 후손들 중 일품의 벼슬을 하는 사람이 나올 것"이라는 예언을 했다고 전한다. 예언대로 맏형의 아들 이산해가 영의정을, 중형의 아들이 판서를 역임했으며 후에 추증된 것까지 하면 그의 예언은 빗나가지 않고 딱 맞아떨어졌다. 토정은 자라면서 맏형 이지번에게 많은 의지와 보살핌을 받았다. 이곳의 용맥은 금북정맥의 오서산(790m)에서 지현굴곡을 하며 계속 남서쪽으로 뻗어 내려와 배재산(289m)을 지나 고정리 마을 뒷산에 이른다. 묘소 주변에는 야트막한 산세들이 사방을 감싸며 장풍국(藏風局)을 이루고 안산은 활모양을 한 면궁사 모양이며 수세는 우선룡에 좌선수로 합법하다. 이곳에는 14기나 모셔진 넓은 혈장이지만 어느 산이나 맥로가 통과하는 지점은 그리 넓지 않다. 이 혈장에서는 부모님의 산소가 지맥이 통과하는 중심 지점이고 그다음이 바로 밑에 모셔진 큰아들 이지번의 묘이고 그다음 중형의 묘소는 약간의 맥이 지나가는 곳이지만 막내 이지함이 묻혀있는 곳은 맥로를 완전히 벗어난 지점으로 보인다. 일설에 의하면 토정이 생전에 자리를 정하면서 형들을 먼저 좋은 위치에 모시고 나는 정혈처를 벗어나도 그 흉함을 감수할 테니 걱정말라는 말을 했다고 한다. 아이러니하게도 장손 이산해는 북인의 영수로 영의정에 올랐고 중형의 아들 이산보는 이조판서를 역임했으나 본인 이지함의 세 아들은 모두가 요절하거나 병사로 일찍 죽었다.

102. 아계 이산해의 묘

충남 예산군 대술면 방산리 산 7-1번지에 가면 조선 중기 영의정을 지낸 아계 이산해(1539~1609)의 묘가 있다. 그는 사육신 이개의 종 고손이 되고 토정 이지함의 조카가 되며 어려서부터 작은아버지인 이지함에게 글을 배워 신동이란 말을 들었다. 13세에 충청우도 향시에서 장원하였고 20세에 진사, 23세에 식년문과에 급제해 승문원에 등용되었다. 그는 뛰어난 글씨로 24세에 홍문관 정자(正字)에 임명되니 명종이 경복궁의 현판을 쓰게 하였고 그 후로도 전국의 주요 건물과 묘비에 많은 글을 남겼다. 이어 부수찬을 거쳐 1564년 병조좌랑 이듬해 정언을 거쳐 이조좌랑이 되었고 1570년 동부승지로 승진하였으며 1577년에는 대사성·도승지가 되었다. 그리고 1578년 대사간을 거쳐 다음 해 대사헌으로 승진하고 1580년엔 형조판서 이듬해 이조판서와 우찬성을 거쳐 1588년 우의정에 올랐다. 다음 해 좌의정에 이어 영의정이 되었고 종계변무(宗系辨誣)의 공으로 광국공신 3등에 책록되었으며 아성부원군에 책봉되었다. 그는 조선 중기의 문인으로 율곡 이이와 송강 정철 등과도 막역한 사이로 친구처럼 지냈고 서화에도 능해 문장팔가(文章八家)로 불리었으며 그의 저서 『아계유고』는 문학적 가치를 높이 평가받고 있다. 그러나 조정에서 붕당정치가 한창일 때 북인의 우두머리가 되어 윤두수, 윤근수, 윤현 등을 탄핵하여 파직시켰고 절친한 친구였던 송강 정철마저 세자책봉으로 문제를 일으키자 강계로 유배시켰다. 이와 관련하여 많은 서인의 우두머리들을 파직 또는 귀양보내고 동인의 집권을 확고히 하였다. 그러나 권불십년(權不十年)이라 했던가, 1592년 임진왜란 때 왕을 호종해 개성에 이르렀으나 나라를 그르치고 왜적을 침입하도록 했다는 양사(사간원·사헌부)의 탄핵을 받고 파면을 당하게 된다. 그러다 1595년 다시 영돈녕부사로 복직되어 대제학을 겸하였고 1599년 재차 영의정에 올랐다가 이듬해 또 파직되었지만 선조가 죽자 부원군으로 다시 복직되어 원상(院相)으로 국정을 맡아보았다.

이곳의 산세는 아산시 송악면 봉수산(535.3m)에서 남서쪽으로 뻗어 내린 지맥이 묘소 뒤 현무봉(220m)을 만들고 여기서 남남서 방향으로 하나의 줄기를 뻗어 내려와 본 묘소의 혈장을 만들었다. 혈장의 좌우에는 청룡·백호가 겹겹이 잘 감싸주니 장풍국(藏風局)을 이루고 혈장 뒤편에는 과협이 있어 혈장에 많은 생기를 보내준다. 묘소 앞쪽엔 인공으로 만든 연못이 있고 이 연못 속에는 인공으로 만든 섬 삼신도(三神島)가 있다. 「예산군지」에 의하면 이산해의 묘와 이 삼신도에 얽힌 전설이 기록되어 있다. 기록에 의하면 팔도를 유람하던 세 명의 스님이 이산해의 묘지를 보고 이곳은 옥녀탄금형의 명당이지만 물이 없어서 아쉽구나 하였다. 스님들은 고민 끝에 인근 천방사와 안국사의 승려를 동원해 아래에 연못을 파고 그 파낸 흙으로 3개의 인공섬을 만들었다는 것이다. 실제 이 저수지는 옥녀탄금형인 형국의 비보(裨補) 이외에도 묘소가 산 중턱에 위치하고 있어 양쪽 계곡에서 흘러나오는 물을 이곳에 모아 혈장의 생기 누설을 방지해주는 역할도 해주니 일거양득인 셈이다.

103. 사계 김장생의 묘

충남 논산시 연산면 고정리에 가면 조선 예학의 거두 사계 김장생(1548~1631)의 묘가 있다. 그는 처음에 구봉 송익필에게 예학을 배우고 후에 율곡 이이에게 성리학을 배워 예학파 유학의 거두가 되었으며, 그 뒤 우계 성혼의 문하에도 출입하여 수학하였다. 우리는 흔히 유학하면 이율곡과 퇴계 이황을 중심으로 한 영남학파를 먼저 생각하게 되는데 경기 전라를 아우르며 논산을 중심으로 한 기호학파가 또한 있어 이 둘은 조선 유학의 근본 뿌리가 된다. 기호학파의 중심에 선 인물이 김장생이고 그는 과거를 거치지 않고 선조 11년(1578) 학행으로 천거되어 늦은 나이에 창릉참봉·현감을 지냈으며 후일의 관직은 가의대부 행용양위부호군에 이르렀다. 1582년 사헌부 대사헌을 지낸 아버지 김계휘가 상을 당하자 조선 예학의 거두답게 3년 상을 치루면서 상례(喪禮)와 제례(祭禮)를 한결같이 가례(家禮)대로 하고 아울러 초막을 지어 무덤을 지키며 시묘살이를 했다. 선조 17년(1584년) 스승 율곡 이이의 상을 접하였지만 김장생은 아버지의 3년 상으로 시묘살이 중이었으나 스승에 대한 예를 다하였고 이러한 정성은 스승 송익필의 상을 당한 뒤에도 마찬가지였다. 그는 3년 상을 마치고 다시 남양부사, 안성군수를 거치고 1600년에는 유성룡의 천거로 청백리에도 뽑혔다. 1613년 관직에서 물러나 다시 스승 송익필과 성혼의 문하를 출입하며 학문을 연마하고 향리로 내려가 후학양성에 힘을 쏟았다. 1631년 향년 83세로 세상을 뜨니 조정에서는 증 자헌대부 이조판서로 추증하였고 그의 장례식에는 문하생과 선비 등 1천여 명의 인파가 몰렸다고 한다. 저서로는 『사계전서(沙溪全書)』, 『경서판의』, 『가례집람(家禮輯覽)』, 『상례비요(喪禮備要)』, 『근사록석의(近思錄釋疑)』, 『경서변의(經書辨疑)』, 『송강행록(松江行錄)』, 『사계유고(沙溪有故)』 등이 있다. 그는 아들 김집과 함께 문묘에 배향된 해동 18현 중의 한 사람으로 유학을 국가이념으로 삼은 조선에서 부자간 두 명이나 문묘에 배향되었으니 조선 최고의 명문 대접을 받았던 것이다. 그의 본관인 광산김씨는 조선시대 총 265명의 문과 급제자를 배출하였고, 대구의 달성서씨, 연안이씨와 더불어 조선 3대 명문에 속하는 집안이었다.

이곳의 산세는 금남정맥 함박봉(404m)에서 서쪽으로 하나의 지맥을 내어 매봉(146m)을 일으키고 여기서 남서 방향으로 방향을 틀어 논산 저수지를 앞두고 이 묘역의 주산인 고정산(145m)을 일으킨다. 고정산의 원줄기는 계백장군 유적지가 있는 충장산 쪽 서북방으로 뻗어 나가니 이 혈장을 완전히 감싸주고 있다. 주산에서 혈장으로 뻗어 내린 용맥은 양쪽으로 분맥을 하였으며 여기서 왼쪽 자락의 용진처에 광산김씨의 가문을 중흥시킨 그의 7대 조모 양천허씨 묘가 있다. 그 위에 김장생의 묘가 있으니 역장으로 쓰여져 있고 우측 능선에는 그의 6대조이신 김철산의 내외분을 비롯한 4기의 묘가 있다. 묘역 좌우 청룡과 백호는 겹겹으로 감싸주어 장풍국(藏風局)을 이루고 묘소 앞 수구도 관쇄되어 혈장에 많은 생기를 가두어준다. 또한 고정산 뒤쪽의 논산 저수지의 물은 이 묘역의 공배수(拱背水)가 되어 혈장의 생기를 한 번 더 갈무리해준다.

104. 퇴계 이황의 묘

경북 안동시 도산면 토계리 건지산 남쪽 산자락에 오르면 퇴계 이황(1502~1571) 선생의 묘소가 있다. 그는 조선조의 대표적인 유학자로 율곡 이이가 서인들의 정신적 지주라면 퇴계 이황은 동인들의 지주라 할 수 있다. 그는 우리나라뿐 아니라 중국과 일본에서도 인정한 주자(朱子) 이래 최고의 학자였으며 현재 대한민국에서 유통 중인 화폐 천원 권의 앞면 모델이기도 하다. 그는 어릴 때 아버지를 여의고 편모슬하에서 자랐다. 6세 때 이웃 노인에게 천자문을 배워 학문의 길에 들었고, 12세에 숙부에게 논어를 배우며 본격적인 학문을 시작하여 19세 때 주희의 성리대전을 독파하였다. 대학자인 만큼 어린 시절부터 학문에 두각을 나타냈지만 의외로 과운이 없어 24세부터 3번이나 과거시험에 낙방하였고, 27세인 1527년 경상도 향시에 합격한 후 34세인 1534년 문과 초시에 2등으로 급제했다. 관원 생활 중 풍기 군수 재직 시에는 주세붕에게 건의해 최초로 사액서원인 소수서원을 지었고, 60세에는 고향에 도산서원을 지어 본격적으로 후학을 양성했다. 그는 당대의 대유학자였던 서경덕과 논쟁을 벌여 '기를 이끄는 이'를 부각시켰으며 이러한 이황의 사상은 조선시대 주리론(主理論)의 뼈대가 되었다. 선조 때 대제학으로 일하면서 성학십도를 저술해 임금께 올렸고, 성리학이 국가이념이 되도록 만들었다. 저서로는 「도산십이곡」, 「성학십도」, 「퇴도선생자성록」 등 수많은 문집이 있으며 사후에 영의정으로 추증되었고 문순공(文純公)의 시호를 받아 문묘에 들어갔으며 동국 18현의 한사람으로 남았다. 이황의 묘소는 다른 명사(名士)들에 비해 초라하다. 그는 임종 전 유언을 남겼는데 '내가 죽으면 조정에서 예장을 내릴 것인데 반드시 사양하라 하였고 덧붙여서 비석조차 세우지 말라'는 유언을 남겼다고 한다. 후손들은 마지막까지 화려한 장례가 아닌 검소한 죽음을 택한 퇴계의 뜻을 받들어 묘소를 화려하게 단장하지 못했다고 한다.

이곳의 산세는 봉화군 만리산(791.6m)에서 남서쪽으로 뻗어 내린 산줄기가 안동시 도산면의 건지산(557m)을 일으켜 본 혈장의 주산이 되었다. 여기서 계속 남쪽으로 뻗어 내린 산자락 끝 지점에 이황 선생의 묘소가 있고 그 아래에 맏며느리 봉화 금씨의 묘가 있다. 이황은 살아생전 며느리를 끔찍이도 아꼈고 며느리는 죽어서라도 시아버님을 가까이서 모시고자 무덤을 곁에 만들어 달라는 유언을 남겼다고 한다. 묘소는 비록 초라하지만 주산에서 혈장까지는 지현(之玄) 굴곡(屈曲)과 더불어 두 번이나 과협을 하였기에 혈장에는 생기가 왕성한 자리다. 과협의 모양 또한 벌의 허리처럼 잘록해 아름다운 형상으로 후면에 혈이 맺혀 있음을 암시해주고 있다. 풍수고서 『雪心賦』에서는 과협이 있어야 그 뒤쪽에 혈이 맺힌다 하였고, 다른 모든 고서들도 혈을 맺음에 있어 과협의 중요성을 강조하고 있다. 그리고 혈장에 바람을 가두어 줄 청룡과 백호는 혈장을 향해 유정한 모습이지만 혈장 앞을 완전히 감싸주지 못해 정면에서 불어오는 바람의 피해가 예상된다. 다행히 청룡 자락은 좌측의 낙동강 쪽에서 불어오는 강바람을 잘 막아주고 이 물은 혈장의 암공수(暗拱水) 역할을 톡톡히 해주고 있다.

105. 약포 정탁의 묘

경북 안동시 풍산읍 오미리 산 166번지에 가면 조선조 명재상이었던 약포 정탁(1526~ 1605)의 묘가 있고 산자락 우측 아래에는 재실이 있다. 이곳은 마을 중앙으로 가로지르는 길을 따라 양쪽이 2개의 행정구역으로 나뉘어져 있다. 묘소가 있는 곳은 행정구역상 안동시 풍산읍에 속하고, 재실은 예천군 호명면에 속한다. 그는 원래 예천 출생이었으나 어린 9살에 어머니를 여의고 아버지를 따라 안동시 외룡면으로 이사를 와 17세에 퇴계의 문하에 들어갔다. 1552년(명종 7) 생원시를 거쳐 1558년에 식년문과에 급제하여 6조 중 5조의 판서와 우의정, 좌의정을 역임하였다. 선조 36년 사직을하고 향리인 예천으로 돌아와 보문면 고평동에 은거를 하였다. 이듬해 호종공신(扈從功臣) 3등으로 서원부원군에 봉해졌고 선조 38년 향년 80세로 세상을 떠나 사후에 향현사와 도정서원에 제향되었다. 정탁은 서애 류성룡과 함께 이황의 제자로 임란을 전후하여 나라에 큰 공을 세운 인물이다. 1592년 왜군들이 쳐들어오자 류성룡은 선조를 따라 피난길에 올랐고 정탁은 세자(광해군)를 따르며 보필하였다. 그리고 민족의 영웅 이순신을 발탁한 사람이 류성룡이라면 그가 모함을 받아 죽음 직전에 목숨을 구해준 사람은 정탁이었다. 또한 명나라 장수 이여송의 작전 참모인 두사충의 실수로 패전을 하게 되자 이여송이 그를 참하려 하였는데 정탁이 '신하를 죽이느니 차라리 나에게 달라'고 하여 그의 목숨을 구해주었다고 한다. 두사충은 그 은혜를 갚기 위해 「감여요람(堪與要覽)」이라는 풍수서를 지어 정탁에게 주었는데 이 책은 지금도 고평리 그의 유물관에 보관되고 있다. 책에는 예천지방의 명당 10곳을 찾아 적어 놓았고 약포의 신후지지(身後之地)도 연주패옥형(連珠佩玉形)의 명당 터를 정해 주었으나 자식에게 알리지 못하고 죽었다는 이야기가 전해지고 있다. 이 내용은 훗날 소문이 퍼졌고 전국의 내로라하는 풍수사들이 그 자리를 찾기 위해 예천지방을 샅샅이 뒤졌으나 1곳만 밝혀내고 9곳은 아직 베일에 감추어져 있다는 설이 전해져 내려오고 있다.

이곳의 산세는 안동시 북후면 학가산(870m)에서 남서 방향으로 뻗어 내려온 지맥이 예천군 보문면의 보문산(642.6m)을 지나 호명읍 본리에서 340m의 봉우리를 일으켜 이 묘소의 주산이 되었다. 주산에서 다시 남쪽, 남서쪽으로 방향을 틀며 지현굴곡(之玄屈曲)으로 내려와 혈장 뒤에서 과협을 한 후 비룡 입수하여 나지막한 돌형의 혈장을 만들었다. 이러한 지현굴곡과 혈장 뒤의 과협은 앞쪽에 혈이 맺혀 있음을 증명해 준다. 돌혈은 그 특성상 산곡에서는 바람의 피해가 예상되지만 이곳의 혈장은 나름대로 좌우의 청룡과 백호를 갖추었기에 장풍(藏風)에는 큰 문제가 없다. 안산은 외청룡 끝자락이 그 역할을 해 주지만 혈장과의 거리감이 있고 수구가 넓은 것이 이 묘소의 흠결이다. 수세는 좌우 용·호 자락 안쪽에서 흘러나온 물이 혈장 앞에서 만나 좌선으로 내성천에 흘러든다. 또한 주산(절고개) 좌측 뒤쪽 행갈저수지에서 흘러나온 물은 혈장 뒤 현무봉을 완전히 감싸면서 우측으로 흘러나가니 본 혈장의 공배수(拱背水)가 되어 생기 누설을 방지해 준다. 좌향은 간좌곤향(艮坐坤向)으로 남서향이다.

106. 서애 류성룡의 묘

경북 안동시 풍산읍 수리 산23번지에 가면 조선 중기의 명재상이였던 서애 류성룡(1542~1607)의 묘소가 있다. 그는 황해도 관찰사였던 류중영의 차남으로 외가인 경북 의성에서 태어나 3살에 대학을 읽을 정도로 신동이란 소리를 들었다. 어릴 때부터 아버지의 임지를 따라다니며 글을 배우다 21세 때 형 류운룡과 함께 퇴계의 문하에 들어가 학문을 배웠으며, 1564년 명종 때 사마시에 합격하였고 1566년 별시 문과를 거쳐 승문원 권지부정자가 되었다. 1570년 이조좌랑, 이듬해 병조좌랑을 거쳐 1579년 직제학·이조참의·동부승지 등 요직을 두루 거쳤다. 1582년에는 도승지와 대사헌을 지내고 1584년 예조판서, 이조판서를 거쳐 1590년 우의정에 올랐다. 1592년 임진왜란이 일어나자 병조판서로서 군무를 총괄하는 도체찰사의 직책을 맡았고 이어 영의정에 임명되어 왕의 피난길에 따라갔으나 나라를 그르쳤다는 반대파의 탄핵을 받아 파직되었다가 이듬해 또다시 영의정에 제수되었다. 그는 임진왜란 당시의 재상으로서 권율과 이순신을 천거하여 임란을 대비케 하였고, 이순신이 원균의 모함으로 감옥에 갇혔을 때 적극적으로 구명을 하여 백의종군케 하였다. 이순신은 임란 전 그의 천거로 전라좌수사가 되었으며 그로 인해 서해와 남해안의 바다를 지켜 전쟁의 양상을 바꾸게 하였다. 평생 동지였던 이순신 장군과의 운명은 서로 교차되는 듯 1598년 11월 9일에 이순신 장군이 노량진 해전에서 전사하는 날 공교롭게도 유성룡은 파직되어 삭탈관직하고 고향인 안동으로 내려와 두문불출하게 된다. 훗날 선조는 선생에 대한 복권과 더불어 조정으로 다시 불렀으나 한사코 거절하고 집필에 몰두해 임진왜란의 참상과 교훈을 담은 『징비록』을 저술해냈다. 그가 병들어 누워있다는 소식을 듣고 임금은 궁중의 의원을 보내 병을 다스리게 했지만 1607년 65세를 일기로 세상을 떠났다. 그의 저서로는 『서애집』과 『징비록(懲毖錄)』을 비롯하여 여러 서책이 있고 사후에는 안동 호계서원, 병산서원, 의성 빙산서원 등에 제향 되었다.

이곳의 산세는 백두대간에서 뻗어 나온 지맥이 봉화군의 만리산(791.6m)을 거쳐 영주의 박달산(579.5m)을 일으키고 다시 안동시 서후면 천등산(576m)을 지나 혈장 뒤 현무봉(160m)을 일으켰다. 현무봉에서 남쪽으로 하나의 가지를 뻗어 혈장을 만들었고 묘소는 이 용맥의 끝자락에 위치해있다. 혈장 좌우의 청룡·백호는 약간 낮은감이 있으나 두 겹으로 잘 감싸주니 나름 장풍국을 이루고 특히 외 백호 자락은 혈장 우측을 완전히 감싸면서 본 혈장의 안산이 되었다. 수세는 좌선용에 우선수로 합법하고 좌향은 丑坐未向(남서향)에 파구가 손사(巳)방이니 88향법에서 제일 길하다는 정양향(正養向)이다. 『지리오결』에서는 좌향을 정함에 있어서 정양향을 놓게 되면 귀인녹마상어가(貴人祿馬上御街)라 하여 임금이 하사한 말을 타고 어도를 다닐 만큼 귀한 대접을 받는다고 하였고 또한 정재왕양(丁財兩旺)하고 공명현달(功名顯達)하며 발복이 오래가 88향법 중 최고로 친다고 하였다. 물론 그 당시 조선조에는 88향법이 도입되기 전이나 자연의 생김이 그러하니 좋은 혈처로 판단할 수 있다.

107. 학봉 김성일의 묘

경북 안동시 와룡면 서지리(가수내길 38-15)에 가면 조선 중기 문신 학봉 김성일(1538~ 1593)과 그의 정부인 안동권씨의 묘(雙墳)가 있다. 그는 퇴계 이황의 제자로 1568년 과거(문과)에 급제하여 승문원 권지부정자(承文院 權知副正字)에 임명된 후 여러 벼슬을 두루 거쳤다. 1577년(선조 10)에는 사은사서장관(謝恩使書狀官)으로 명나라에 파견되어 종계변무(宗系辨誣)의 공을 세웠고, 1590년(선조 23) 통신부사(通信副使)로 일본에 파견되었다. 일본에 다녀온 후 일행인 정사(正使) 황윤길(黃允吉)의 주장과는 달리 왜군은 쳐들어오지 않는다고 보고 하였으나 2년 후 임진왜란이 일어나자 그 책임으로 파직되었다. 그러나 유성룡의 변호로 다시 경상우도초유사(慶尙右道招諭使)가 되어 의병들을 규합하였고 그해 경상좌도관찰사와 우도관찰사에 차례대로 임명되었다. 1593년(선조 26) 경상우도관찰사로 재임 시 일본군에 대한 항전을 독려하던 중 지병을 앓아 56세의 나이로 생을 마감하였다. 그는 1605년(선조 38) 선무원종공신(宣武原從功臣)에 녹훈되었고, 가의대부(嘉義大夫) 이조참판에 증직되었다. 1676년(숙종 2) 이조판서에 추증되고, 1664년(현종 5)에는 신도비가 세워졌으며 1679년 '문충(文忠)'이라는 시호가 내려졌다. 김성일은 류성룡과 더불어 퇴계학파를 대표하는 인물로서 그의 학통은 장흥효(張興孝), 김흥락(金興洛)으로 이어지면서 한 말까지 영남학파의 중추적 역할을 하였다. 그는 사후 청송의 송학서원(松鶴書院)을 비롯해 임천서원(臨川書院), 여강서원(廬江書院), 사빈서원(泗濱書院), 영산서원(英山書院) 등에 배향되었다. 또한 그는 예학에 밝아 많은 저술을 남겼으며 문집으로는 『학봉집』 16권 10책이 전하며, 저술로는 『해사록』, 『상례고증』, 『조천일기』, 『기묘일기』, 『북정일록』, 『조선연혁풍속고이』 등이 있다.

이곳의 산세는 백두대간에서 남쪽으로 하나의 지맥을 뻗어 여러 봉우리를 거쳐 안동시 와룡면 이하리에 240m의 봉우리를 일으켜 본 혈장의 주산이 되었다. 묘소는 이곳 주산에서 남쪽으로 뻗어 내린 산자락의 용진처(龍盡處)에 위치하고 있다. 청룡·백호가 완전히 감싸주지는 못하나 풍수가에선 이곳의 혈장을 금계포란형의 명당으로 해석하기도 한다. 수세는 좌선룡에 우선수로 합법하며 묘소 우측 뒤편 와룡면 이화리 쪽에서 흘러나온 물은 혈장 앞을 둥글게 감싸주면서 흘러 마지막에는 낙동강에 합류한다. 학봉은 전란 중에 사망하였기에 시신을 바로 운구하지 못하고 지리산 산록에 가(假)매장 하였다가 같은 해 11월 장남이 마을 뒷산인 선영에 남향으로 옮겨왔다. 그는 한양의 유명 풍수 지관을 초빙하였으나 지관이 응하지 않다가 기일보다 늦게 도착하자 후손들과 약간의 언쟁이 있었고, 화가 난 지관은 광 중을 파던 중 땅속에 묻혀있는 탕건암(宕巾岩)을 파내어 버렸다. 이 돌은 생기를 갈무리하고 있던 중요한 돌이기 때문에 땅속의 기운이 다 빠져나가 그의 후손들이 크게 번성하지 못했다는 전설이 전해지고 있다. 지금도 묘 옆에 있는 큰 돌이 그때 그 바위이며 당시 안동부사 한강 정구(鄭逑: 1543~1620) 선생의 제문이 그 돌에 새겨져 있다.

108. 퇴제 권민수의 묘

경북 상주시 공검면 율곡리 산 67-1번지에 가면 조선조에서 충청도 관찰사를 지낸 권민수(1466~1517)의 묘가 있다. 그는 1489년 사마시에 합격하고 성종 25년(1494)에 별시문과에 병과로 급제하여 이듬해 홍문관 정자를 거쳐 사간원, 병조좌랑이 되었다. 1504년 갑자사화 때 이조좌랑으로 직언을 하다가 유배를 가게 되고 2년 후 중종반정으로 다시 풀려나 홍문관 부제학을 거쳐 동부승지 대사간, 대사헌을 역임하였다. 그런 후 1516(중종 11)년에는 충청 관찰사로 나갔으나 이듬해 1월 관아에서 사망하고 상주 함창의 계좌정향의 언덕에 장사지냈다고 그의 묘갈명에 기록되어 있다.

일반적으로 유명인의 묘소에는 대부분 하나씩의 전설을 간직하고 있듯이 이 묘소 역시 재미있는 일화가 전해져 내려온다. 권민수의 묘는 풍수지리상 잉어 명당이라고 부르는데 그 이유가 재미있다. 장삿날 "묘 자리를 점지한 지관이 이 자리는 명당이지만 너무 깊게 파지 말고 묘를 쓰시오" 즉 두 자 이상 깊게 파지 말 것을 후손들에게 당부했다고 한다. 그러나 퇴제 후손들은 광 중을 파 내려가다가 흙이 너무 좋아 지관의 말을 무시하고 계속 더 깊이 파 내려갔다. 그런데 이게 웬일인가 광 중에서 갑자기 잉어가 한 마리 툭 튀어나오더니 아래쪽 연못으로 들어가 버리는 것이었다. 놀란 자손들은 지관의 말을 어긴 것을 후회하며 그 연못의 물을 다 퍼냈으나 잉어를 찾지 못했다. 하는 수 없이 그대로 하관을 한 뒤 봉분을 만들었으며 그 후 이상하게도 후손들은 줄줄이 높은 관직에 올랐다는 야사가 전해져 내려온다. 일제강점기 때 묘소 아래 연못을 메웠더니 그 앞쪽의 들은 해마다 흉년이 들어 다시 작은 연못을 파고 그 자리에 잉어 무덤을 만들어 주니 이듬해부터는 풍년이 들었다고 전한다. 지금은 잉어 묘는 흔적도 없고 묘소 밑에 조그마한 웅덩이만 남아있다.

이곳의 산세는 백두대간의 동쪽에 위치한 소머리산(449m)에서 북동쪽으로 뻗어 나간 산줄기가 상주시 공검면의 국사봉(338.8m)을 거쳐 이 묘소의 주산인 숭덕산(235.7m)을 일으켰다. 여기서 다시 남쪽으로 길게 뻗어 내려와 혈장을 맺었다. 주산에서 길게 뻗어 나온 줄기에는 학슬(鶴膝)이나 봉요(蜂腰) 형태의 과협이 필요한데 이렇다 할 모습이 보이지 않는다. 그냥 과맥으로 길게 행룡하다 마지막에 약간 비룡입수하여 혈을 맺었다. 풍수가에서는 이곳의 혈장을 돌혈, 유혈, 겸혈 등 보는 사람마다 다양하게 설명하고 있는바 이러한 현상은 어느 쪽이든 뚜렷한 특징이 없기 때문이다. 혈장의 뒤에서 비룡입수 하였으니 돌혈로 볼 수도 있고, 양쪽 개각이 있으니 겸혈로 볼 수도 있으며, 당판의 길이와 그 모양으로 볼 때 유혈로도 볼 수가 있다. 그러나 혈의 사상(四象)에는 그마다의 특징이 있고 이곳 혈장은 그렇지 못하다 보니 보는 이마다 견해가 다를 수 있다는 것이다. 이런 경우 일반적으로 당판의 혈증을 찾아 점혈하여야 하는바 이곳은 혈장 앞의 전순이 분명하기에 그 전순을 기준하여 그 위(안)쪽에 점혈을 하면 된다. 이곳은 혈장 좌우의 청룡·백호가 완전하지는 못하나 나름 갖추어져 있지만 안산이 멀어 앞쪽이 허(虛)한 단점을 갖고 있다.

109. 포저 조익의 묘

충남 예산군 신양면 신양리 33-1번지에 가면 조선 후기의 문신으로 좌의정을 지낸 포저 조익(1579~1655) 선생의 묘가 있다. 그는 1602년 25세에 별시문과의 병과로 급제해 승정원 정자에 임명되어 그때부터 관원 생활이 시작되었다. 그러나 삼사의 관직을 두루 지내던 중 1611년(광해군 3년) 34세의 나이로 김굉필, 조광조, 이언적, 정여창 등을 문묘에 배향할 것을 주장하다가 고산도찰방으로 좌천되고 이어 웅천현감을 역임하였다. 뒤이어 인목대비가 유폐되자 벼슬을 그만두었다가 1623년 인조가 즉위하자 다시 이조 좌랑에 임용되어 조정에 들어갔으며 이듬해 이괄의 난을 겪은 후 직재학 등을 거쳐 동부승지에 올랐다. 1631년 어머니의 상을 당해 잠시 벼슬을 그만두고 3년 상을 마친 뒤 관직에 복귀하여 김육과 함께 대동법을 확대 시행하는데 크게 기여하였다. 그 후 예조판서, 대사헌을 거쳐 1648년에는 좌참찬에 이르렀고 효종 때에 우의정 그리고 좌의정에까지 올랐다. 그는 1655년 3월 세상을 떠나 광주 명고서원 개성의 숭양서원 신창의 도산서원 등에 제향 되었으며 저서로는 곤지록 중용주해, 대학주해, 서경천설, 포저집 35권 18책이 전한다. 조익선생은 성리학의 대가로 예학에도 밝았으며 77세의 나이로 세상을 마감하니 효종은 문효(文孝)라는 시호를 내리고 6월에 대흥(大興) 동화산(東華山) 아래에 장례 하기까지 관원을 보내어 치조(致弔)하였다고 기록하고 있다.

이곳의 산세는 금북정맥(錦北正脈)의 한줄기가 신양면 시왕리의 명우산(370m)을 일으키고 여기서 다시 남서 그리고 서쪽방향으로 하나의 지맥을 뻗어 나가다 혈장 뒤 주산(240m)봉을 일으켰다. 주산에서 다시 서북쪽으로 지맥을 뻗어 지현굴곡과 과협을 거친 후 본 혈장을 만들었다. 현무봉에서 혈장까지는 2번이나 과협을 하였고 마지막 절 우측에는 요성이 붙어있어 우선으로 입수하였으며 지현하는 마디가 짧기 때문에 용맥에 힘이 있어 혈장에는 지기가 아주 왕성한 곳이다. 풍수고서 『인자수지』에서는 혈장 뒤 과협이 없으면 혈이 맺히지 않는다 하였고, 과협은 혈을 맺기 위한 필수조건으로 용을 살필 때는 반드시 과협을 살피라 하였다. 그러나 필자의 식견으로는 과협을 지나 점혈을 함에 있어서 입수와 마지막 절 우측 요성의 위치를 볼 때 현재의 묘 자리 보다 약 5m 정도 더 밑으로 내려와 점혈이 되었으면 하는 소견을 가져보았다. 그렇지만 조익 선생의 묘소 아래에 그의 아버지 묘소가 있어 아버지 바로 위에 쓰기엔 역장으로 인한 마음의 불편함 때문인지는 모르겠으나 어쨌든 정혈처에서는 조금 벗어난 듯하다. 풍수에서는 '심룡삼년(尋龍三年) 점혈십년(點穴十年)'이란 말이 있다. 이것은 용을 보는데 3년 공부요 점혈하는 데는 10년 공부라 하여 정확한 지점에 시신을 묻는다는 것이 얼마나 어려운지를 말해주는 대목이다. 아무리 좋은 명당 길지를 찾았다 하더라도 정확한 지점에 시신을 묻지 못하면 허장(虛葬)이 되고 제대로 된 발복을 기대할 수 없다. 이곳의 수세는 우선룡에 좌선수로 합법하며 좌향은 을좌신향(乙坐辛向)의 서향을 놓았다.

110. 약봉 서성의 묘

경기도 포천시 설운동 산 1-14번지에 가면 조선 중기의 문신 약봉 서성(1558~1631)과 부인 여산송씨의 합장묘가 있다. 그는 1586년(선조 19) 문과에 급제한 후 6개 도의 관찰사와 3조의 판서, 사헌부 대사헌, 판중추부사 등 주요 요직을 두루 거친 인물이다. 서성이 이렇게 훌륭하게 자라난 데는 그의 어머니 고성이씨가 있었기 때문이었다. 그의 어머니는 청풍군수 이고(李股)의 무남독녀로 다섯 살 되던 해 하녀가 실수로 가져온 독초(부자) 물로 세수를 하는 바람에 눈이 멀어 일평생을 장님으로 살아야 했다. 그의 아버지는 딸의 앞날 때문에 근심이 떠날 날 없었고, 어느 날 딸의 배필을 찾던 중 퇴계 이황을 찾아가 부탁을 하게된다. 이황은 제자 중에 훌륭한 인품을 가진 서해라는 사람이 있으니 혼인을 시키라고 하였다. 그래서 딸은 서해와 혼인을 하게 되었고, 아들 서성을 낳았으나 남편은 결혼 5년 만에 23세의 나이로 죽고 만다. 그는 과부가 된 몸으로 한양 약현에서 청주를 빚어 팔면서 생계를 이어 나갔는데 그녀의 술은 맛이 좋아 사람들이 '약주'라 불렀다고 한다. 눈은 보이지 않았으나 약주, 약밥, 약과를 만들어 크게 성공하였고 현재의 약과, 약밥, 약주 등의 단어도 여기서 유래되었다고 한다. 한양에서 살림살이가 어느 정도 안정이 되자 그는 시아버지와 남편의 묘를 현재의 장소(포천)로 이장해왔는데 이장 과정 중 재미있는 일화가 전해져 내려오고 있다. 이장할 때 상여 대가 부러져 고치던 중 날은 어두워지고 노숙을 해야 할 처지였는데 어떤 한 노인이 나타나 큰 기와집으로 안내를 하여 잠자리까지 마련해 주었다. 그런데 아침에 일어나보니 기와집은 오간 데 없고 풀밭이었으며 길을 나서기 위해 상여를 드니 상여가 꼼짝을 하지 않는다. 하는 수 없이 그곳에다 장사를 지내려고 땅을 팠는데 땅속에서 훈훈한 기운이 감돌며 오색토가 나오는 명당이었다고 한다. 현재 서성의 묘 옆 재실 뒤편의 묘역이다. 이 묘소를 이장한 후 아들 서성은 열심히 공부하여 과거에 급제하고 임진왜란, 정묘호란 때 큰 공을 세워 종1품 벼슬까지 올랐다. 이후 서성의 후손들은 조선말까지 약 300년 동안 문과급제자 123명, 정승 8명, 판서 34명 등 수 많은 인물들을 배출하였고 광산김씨, 연안이씨와 함께 조선의 3대 명문가였다. 일찍이 남편을 여윈 과부에다 시각장애인으로서 아들 서성을 훌륭하게 길러낸 이 이야기는 얼마 전(2020년) TV 체널 A '천일야사'에서 "가문을 일으킨 열혈 어머니"라는 제목으로 방영되기도 했다.

이곳의 산세는 한북정맥의 축석령에서 북동쪽으로 뻗어 나간 산줄기가 해룡산(661m)을 일으켜 이 묘소의 주산이 되었고 주산에서 동남쪽으로 하나의 지맥을 뻗은 용진처에 위치하고 있다. 풍수가에서는 서성의 묘역을 조선 8대 명당이라고도 하며 갈룡입수형(渴龍入水形)의 명당 터로 소개하고 있지만 현장에 올라 보면 장풍(藏風)이 되지 못하는 등 몇 가지 흠결이 보인다. 묘역 주변의 사신사들이 너무 멀고 낮은 편이라 우리나라의 계절풍인 차가운 북서풍에 노출되어 있다. 그래서 무덤 뒤편을 둘러싼 곡장(曲墻)은 북서풍을 막기 위해 쌓은 것으로 보인다. 수세는 우선수에 손사(巽巳) 파이고 좌향은 계좌정향(癸坐丁向)으로 88향법에서는 최고의 길향인 정양향(正養向)이다.

111. 경재 하연의 묘

경기도 시흥시 신천동 산 12번지에 가면 조선 초기의 문신으로 영의정을 지낸 경재 하연(1376~1453) 선생의 묘가 있다. 그는 1389년 14살에 아버지와 친분이 있는 포은 정몽주 문하에 들어가 성리학을 배우면서 선비가 벼슬하는 것은 야망 때문이 아니라 백성을 위한 것이라고 배웠다. 그러던 중 4년 뒤인 1392년 정몽주가 선죽교에서 이방원 일파에게 살해당하고 조선이 건국되면서 할아버지와 아버지가 두문동 72현으로 은거하는 것을 직접 보았다. 그런 후 자신도 조선 개국 초기에는 출사를 하지 않았지만 결국에는 새 왕조의 관직에 나갔다. 그는 1396년 21세의 나이로 식년문과 병과에 급제하였고 27세 때인 1402년(태종 2)에 사헌부 감찰이 되었으며 이듬해 승정원 동부대언이 되었다. 세종이 즉위한 후에는 비서실장 격인 지신사(知申事)가 되어 업무능력을 인정받아 후일 예조참판과 대사헌을 지냈다. 1423년(세종 5)에는 대사헌으로서 조계종 등 불교 7종파를 선·교 양 종 36 본산으로 통합하고 사원의 노비와 토지를 혁파하여 국가로 환수하는 등 불교의 폐단을 없애고 국가의 재정을 튼튼히 하는 데 큰 공을 세웠다. 그 후 1425년에 경상도 관찰사가 되었고 예조 참판을 거쳐 평안도 관찰사로 나갔다. 그는 한때 업무상 일로 모함을 받아 천안에 유배되었으나 곧 풀려났고, 형조·병조의 참판을 거쳐 1431년에 대제학이 되었으며 그 뒤 대사헌·형조판서·좌참찬 등 요직을 두루 거쳤다. 이어 1445년(세종 27)에 좌찬성을 거쳐 우의정에 올랐으며 1449년(세종 31)에 황희의 뒤를 이어 영의정이 되었다. 1451년(문종 1년) 영의정에서 물러난 하연은 1453년에 78세를 일기로 세상을 떠나 시흥 소래산 자락의 묘소에 묻혔다. 이듬해인 1454년에 문종의 묘정에 배향되었으며 숙종 때 진주의 종천서원(宗川書院)과 합천의 신천서원(新川書院)에 제향 되었고 시호는 문효(文孝)이다. 저서로는 『경상도지리지』·『진양연고』·『사서오경대전』·『성리대전』·『경재집』등이 있다.

이곳의 산세는 한남정맥 시흥시 대야동 성주산(216.5m)에서 남쪽으로 하나의 지맥을 뻗어 내려와 인천시 남동구의 소래산(299.4m)을 일으켜 주산이 되었다. 본 묘소는 주산에서 남남서쪽으로 뻗어 내린 산자락의 끝 지점에 위치하고 있다. 주변 사신사는 높이가 완전하지는 못하나 나름 장풍국을 이루고 좌우 용·호 자락에서 흘러나온 물 들은 신천에 합류하여 소래포구 앞바다로 흘러나간다. 일부에서는 이곳의 묘역을 무인단좌형(武人端坐形)의 명당이라고도 한다. 묘소에서 보아 뒤쪽의 소래산이 투구를 쓴 장군의 모습이고 그 뒤쪽의 관모산은 장군을 보좌하는 문관이며 좌우로 겹겹이 감싸며 호종하고 있는 청룡과 백호를 장졸로 보아 무인단좌형이라는 것이다. 풍수 형국론이란 혈장 주변에 있는 산의 모양이 어떤 형상을 하고 있느냐에 따라 그곳의 기운도 달라진다고 보는 것이다. 예를 들어 무인단좌형의 경우 그 후손들에게는 훌륭한 무사가 배출되고, 닭이 알을 품고 있는 금계포란형의 경우 닭은 한 번에 여러 마리의 알을 품기 때문에 무리를 이끄는 호걸이 출 한다고 본다는 것이다.

112. 익원공 김사형의 묘

경기도 양평군 양서면 목왕리 산 49번지에 가면 고려말부터 조선 초기의 문신이었던 김사형(1341~1407)의 묘소가 있다. 그는 고려 공민왕 9년(1360)에 문과에 급제하여 벼슬을 하고 이성계를 도와 조선을 세우는 데 공을 세워 개국공신 1등에 책록된 인물이다. 1396년(태조 5) 문하 좌정승으로서 오도병마도통처치사(五道兵馬都統處置使)에 임명되어 대마도 원정군을 지휘하였고, 이듬해 우정승으로 세자의 혼인을 관장하는 가례도감(嘉禮都監) 제조에 임명되었다. 1398년 제1차 왕자의 난 때에는 정조의 즉위를 도운 공으로 정사공신 1등에 책봉되었고, 이듬해 명나라에 사신으로 갔다가 중국에서 만든 세계지도를 가지고 와 이무(李茂), 이회(李薈) 등과 함께 우리나라 최초의 세계지도인 '혼일강리역대국도지도(混一疆理歷代國都之圖)'를 편찬하였다. 태조(1392~1398) 연간에는 좌정승 조준과 더불어 우정승으로서 국정운영에 중책을 수행하였고 1401(태조 7)에 상락부원군(上洛府院君)에 봉해진 뒤 관직에서 물러났다고 기록하고 있다. 그가 67세로 세상을 뜨니 조정에서는 3일간 조회를 정지하고 좌부대언 윤수(尹須)를 보내 빈소에 제사하고 익원공이란 시호를 내렸다. 태종실록에는 김사형이 죽고 한 달여 후 태종은 그의 빈소와 묘막에 친히 조문하였다고 기록되어 있다. 그의 졸기(卒記)에서는 성격이 원만하여 처음 벼슬을 할 때부터 운명을 할 때까지 한 번도 탄핵을 당하지 않았으니 시작도 잘하고 마지막을 좋게 마친 것이 이와 비교할 만한 이가 드물다고 하였다. 묘소는 부인 죽산박씨와의 합장묘로 아홉 정승이 묻혀있다는 목왕리의 9 정승 골 제일 안쪽 산 봉우리에 있는데 위쪽은 익원공 김사형의 묘소이고 아래에는 그의 사위인 신효창(1364~1440)의 묘소가 있다. 신효창은 1383년에 과거에 급제한 조선 초기의 문신으로 충청도 관찰사와 1420년에 좌군도총제(左軍都摠制)에 오른 인물이다. 그는 풍수에 밝아 조선조에서 풍수학 제조를 지냈으며 이 묘역 역시 그가 점지한 자리라고 한다.

이곳의 산세는 백두대간인 강원도 평창군의 두루봉(1,442m)에서 서쪽의 오대산(1,564m)을 거쳐 양평군 옥천면의 용문산(1,150m)에 이르고, 여기서 다시 서쪽으로 뻗어 나와 가평군 설악면의 유명산(860m)과 소구니산(801.3m)을 거쳐 묘소 뒤 청계산(656.1m)을 일으켜 본 묘역의 주산이 되었다. 주산에서 혈장까지는 지현굴곡을 하였으며 혈장 뒤에서 과협을 하고 비룡 입수하여 혈장을 만들었다. 이곳의 혈장은 두 곳 모두 돌형으로 약간 높은 곳에 위치하고 있기 때문에 완전한 장풍국을 이루지는 못하고 있지만 마치 여의주를 실에 꿴 듯한 연주혈을 맺고 있다. 혈장 뒤편에서는 과협을 하였기에 당판에는 지기가 왕성한 곳이고 풍수서마다 혈장 뒤편에 과협이 있으면 앞쪽에는 반드시 혈이 맺힌다 하였다. 이곳은 춘천 소양댐에서 흘러나오는 북한강과 남쪽의 충주호에서 올라오는 남한강이 합류하는 두물머리 안쪽 내륙에 위치하고 있어 전체적으로 생기를 잘 갈무리해주는 곳이다. 일부에서는 이 묘역을 등잔에 호롱불을 올려놓은 것과 같은 괘등혈 혹은 청학포란형의 명당이라고도 한다.

113. 광산김씨 김극뉴의 묘

전남 순창군 인계면 마흘리에 가면 조선 성종 때 대사간을 지낸 김극뉴의 묘가 있다. 이 묘는 천마가 바람을 가르며 울부짖는다는 '천마시풍형'의 말(馬) 명당으로 순창군의 향토문화유산 제1호로 지정된 곳이다. 이 말 명당은 전국의 풍수인들에게 잘 알려진 조선 8대 명당 중의 하나로 풍수 학인이라면 누구나 한 번쯤은 가보았을 만한 곳이다. 이곳은 원래 김극뉴의 장인인 함양박씨 박 감찰이 신후지지(身後之地)였는데 사후에는 박 감찰이 아닌 사위 김극뉴의 묘소로 쓰여지게 된 재미있는 설화가 전해지고 있어 소개하고자 한다. 박 감찰이 죽어 장사를 치르기 위해 광 중을 팔 때 그의 딸이 친정아버지가 묻힐 장소가 천하명당이란 이야기를 듣고 그날 밤 야음을 틈타 광 중에 물을 가득 부어놓았다. 상주 일행이 다음날 하관을 하려고 산에 올라 보니 광 중에 물이 가득 차 있었고 이상하다 생각하면서도 하는 수 없이 포기를 하고 그 위쪽에다가 장사를 지냈다고 전한다. 세월이 지나 남편이 죽고 그녀는 친정에 들러 그 묘 터를 자기에게 양보해 달라고 간청을하니 별생각 없이 허락해 주어 그곳에 남편인 김극뉴가 묻히게 되었다고 한다. 또 다른 하나는 박 감찰이 자신의 신후지지로 말 명당을 잡았지만 자신의 대를 이을 후사가 없어 사위에게 양보하면 외손이 번창하여 자신의 제사를 받들고 대를 이어 나갈 것이라 생각하고 스스로 양보했다는 설이 전해지고 있다. 그래서인지 지금도 김씨 후손들은 선조의 제사를 모시기 전에 박 감찰의 묘에 먼저 제사를 모신다고 한다. 과거 조선시대에는 묘지 문화의 발달로 이곳 외에도 일명 '명당에 물 붓기'라 하여 시집간 딸들이 시댁의 번창을 위해 전국 곳곳에서 많이 행하여 졌다. 경기도 용인의 정몽주 묘소와 경북 울진의 남사고 묘소 등 이외에도 여러 곳에서 이러한 전설이 전해지고 있다.

아무튼 이 자리는 외손 발복지로 유명하고 그 덕분에 김극뉴는 조선 예학의 태두 사계 김장생의 4대조(고조부)이고 부자지간에 문묘에 함께 배향된 아들 김집에게는 5대조가 된다. 광산김씨는 조선조에서 문과 256명, 정승 5명, 대제학 7명, 왕비 1명, 공신 9명, 청백리 5명 등을 배출한 명문 가문으로 김극뉴의 후손 중 특히 김장생의 후손이 가장 번성하였고 대제학은 모두 김장생의 후손들이다. 현대에 이르러서도 김극뉴의 자손 중에 고시 합격생만 150여 명에 이른다고 한다. 이곳은 호남정맥에서 동쪽으로 뻗어 나온 용맥이 혈장 뒤 현무봉(용마산)을 일으키고 여기서 동남쪽으로 하나의 지맥을 내어 과협을 하고 그다음 길게 혈장(乳穴)을 만들었다. 묘소 뒤에 우뚝 솟은 용마산은 마치 말 머리와 등처럼 보이는 산봉우리가 이어져 있어 풍수적 형상으로 천마가 바람을 가르며 우는 모습처럼 보인다하여 '천마시풍형(天馬嘶風形)'으로 부른다. 풍수 문외한이라도 누구나 첫눈에 명혈지로 보이는 이곳에는 제일 위쪽에 박감찰의 묘가 있고 그다음 김극뉴의 부인 묘, 그다음이 김극뉴의 묘소이다. 그리고 그 아래쪽으로 자기 아들과 증손자, 사위와 딸의 합장묘가 있다. 이 묘소들 중 입수와의 거리 및 당판의 모양(말의 콧구멍 위치) 등으로 보아 김극뉴의 자리가 최고의 정혈처다.

114. 청주한씨 한확의 묘

경기도 남양주시 조안면 능내리 산 69-5번지에 가면 조선 전기의 문신이며 인수대비의 아버지이고 성종의 외할아버지인 한확(1400~1456)의 묘가 있다. 이 묘소는 크기가 왕릉에 버금갈 정도로 웅장하기에 후일 이곳의 마을 이름을 능내리라 불렀다고 한다. 인수대비가 친정아버지의 묘에 비가 없음을 슬퍼하자 성종은 어명을 내려 신도비를 세우게 하였고, 묘비명은 서거정이 지었고 비문의 글씨는 임사홍이 썼다. 그런데 이 비석은 중국에서 들여온 돌로 교통이 불편한 과거에 어떻게 이곳까지 옮겨왔을까? 그것은 양주시 은현면에 있는 그의 부인 남양홍씨의 묘소 앞에 가보면 코끼리의 묘가 있는데 중국 황제가 내려준 돌을 이 코끼리가 운반하였다고 전해진다. 이러한 선물은 한확의 두 누이동생들이 중국 명나라 영락제와 선덕제의 후궁이 되었으니 중국 왕실과는 처남 매부지간이었기 때문이다. 이러한 관계로 한확은 중국과의 외교에서 매우 중요한 인물이었고, 세조는 의경세자빈을 한확의 딸로 책봉함으로써 사돈 관계를 맺었으니 그가 곧 인수대비이다. 그는 음서로 관직에 올라 누이동생들을 명나라로 호송하고 귀국 후 판한성부사, 판병조사, 판이조사를 거쳐 의정부좌의정에 이르렀다. 이후 한명회, 신숙주 등과 함께 세조의 즉위를 도운 공로로 정난공신 1등에 녹훈되었으며 좌의정과 좌익공신에 이어 서원부원군에 봉해졌다. 한확은 세조에게는 더할 나위 없는 충신이었고 누이동생 또한 명나라 선종(宣宗)의 후궁으로 간택돼 외교적 입지를 더욱 다졌다. 이에 힘입어 세조의 왕위 찬탈을 승인하지 않던 명나라에 들어가 단종이 왕위를 물려준 양위라고 설득하여 골치 아픈 외교 문제를 해결하였다. 그런 후 1456년 세조의 책봉 고명을 받아냈고 귀국 중 사하포에서 56세의 나이로 객사했다. 1470년(성종 1년)에 세조의 묘정(廟庭)에 배향되었고 시호는 양절(襄節)이다.

이곳의 산세는 한북정맥에서 남쪽으로 뻗어 내린 지맥이 가평군 주금산(814m)을 일으키고 다시 남양주시 오남읍의 천마산(812m)을 지나 조안면 능내리의 적녀봉(590m)을 일으켜 이 묘소의 주산이 되었다. 묘소는 주산에서 동쪽 다시 남쪽으로 뻗어 내려온 끝자락에 위치 해있다. 이곳의 혈장은 유혈(乳穴)로 주변 사신사가 양호해 장풍국(藏風局)을 이루어주고 있다. 특히 전면 좌측에 있는 낮은 봉우리는 미인의 눈썹을 닮은 아미사(蛾眉砂)로 이러한 봉우리가 혈장 주변에 있으면 왕비가 난다는 귀한 산이다. 수세는 북한강과 남한강이 두물머리에서 합류하고 남쪽에서 올라오는 경안천의 물이 팔당호에 모였다가 한강으로 흘러나간다. 묘소와의 거리감은 약간 있으나 북한강과 남한강 그리고 경안천의 물이 합류하는 안쪽에 위치하여 최고의 수세 조건이다. 풍수서 『설심부』에서는 수(水)를 논하는 것은 삼차구곡의 수가 으뜸으로 세 곳에서 합쳐 모인 물이 굽이굽이 굽어 조당에서 모이면 대귀할 곳이다."하였고 양공께서도 삼차구곡수가 대면에 와서 모이면 자손이 금은을 쌓는다. 라고 하였다. 이기적으로 분석을 해봐도 임자(壬子)입수에 좌선수이고 물이 정미(丁未)방으로 빠져나가니 임관룡이라 지기가 왕성하고, 여기에 좌향도 임좌병향을 놓았으니 88향법으로도 발복이 빠르다는 좌왕향이다.

115. 청송심씨 심온의 묘

경기도 수원시 영통구 이의동 산 13-10번지에 가면 세종대왕의 비인 소헌왕후의 아버지이며 조선 초 영의정을 지낸 심온(1375~1419) 선생의 묘가 있다. 그는 청송심씨 시조 심홍부의 5세손으로 고려말 11세에 진사(進士)가 되고 문과에 급제하였다. 고려말부터 관원생활을 하다가 조선 개국에 참여하여 본격적인 관직 생활을 했다. 개국 후 조선 태조 1년(1392)에 병조와 공조정랑을 거쳐 태종 13년(1413)에는 대사헌, 이듬해 형조, 호조판서와 한성부판윤을 지냈다. 그리고 세종 원년(1418)에는 왕의 장인으로 청천부원군(淸川府院君)으로 봉작됨과 동시에 영의정에 올랐다. 그해 9월에는 세종의 즉위를 알리기 위해 명나라에 사신사로 가는데 수장으로 임명되었다. 그때 태종은 왕권 강화를 위한 정책으로 외척을 철저히 배척하였으며 자신의 처남인 민씨 형제들을 모두 죽이고 훗날의 외척인 심온의 아우 심정 등에게도 불경죄를 씌워 처형하였다. 이후 사태가 일단락되는 듯하였으나 심온이 명나라에서 돌아오자 그마저 의금부로 압송하여 태종이 보낸 사약으로 죽게 하였다. 이 사건은 처음부터 끝까지 당시 좌의정 박은과 영돈녕부사 유정현 등의 무고로 인한 음모였기에 심온은 죽기 전 나의 후손은 절대로 반남박씨와는 혼인을 하지말라는 유언까지 남겼다고 한다. 그는 세종대왕의 장인이면서도 상왕인 이방원에게 사약을 받고 죽은 비운의 주인공이다. 청송심씨는 조선조의 명문가로 대대로 명당에 묘 잘 쓰기로 유명했다. 시조 심홍부의 묘는 경북 청송에 있고, 2세 심연의 묘는 전북 익산, 3세 심용은 경기도 안성, 4세 심덕부의 묘는 경기도 연천에 있는데 이 모두가 명당으로 소문나 있다. 수원 광교 역사공원 내에 있는 심온의 묘소는 세종이 직접 상지관 이양달을 시켜 소점한 자리이고 이 묘소는 1979년 경기도 기념물로 지정되었다.

이곳의 산세는 한남정맥인 용인시 광교산(581.2m)에서 남동쪽으로 지맥을 뻗어 내려와 매봉재를 지나기 전 수원시 영통구 이의동에서 하나의 봉우리(230m)를 일으켜 주산이 되었다. 묘소는 주산에서 남남서 방향으로 지현굴곡(之玄屈曲)을 하며 뻗어 내려온 용맥의 끝자락에 위치해 있다. 지금은 묘역 전체가 광교역사 공원 부지이나 광교신도시가 개발되기 전까지는 청룡·백호가 잘 감싸주고 물이 환포하였다. 이곳은 혈의 사상(四象)으로 보아 유혈(乳穴)의 혈장으로 혈증인 입수(入首)와 좌우 선익(蟬翼) 그리고 앞쪽으로는 혈장의 기운을 받쳐주는 전순(氈脣)까지 갖추고 있다. 그리고 전순 아래로는 작은 요석(官星)들이 10여 개나 박혀있어 혈장의 기운을 잘 갈무리해주고 있다. 수세는 우측 백호 자락에서 흘러나온 물들이 제법 큰 하천인 여천을 이루고 여천은 공원 전체를 감싸며 흘러 좌측 원천호수로 흘러든다. 여천 옆에는 여의주처럼 동그란 독산도 하나 있다. 그래서 일부에서는 이곳의 혈장을 용이 여의주를 가지고 놀고 있는 황룡농주형(黃龍弄珠形)의 명당 길지로 해석하기도 한다. 그러나 지금의 현황은 혈장 뒤편으로 영동고속도로가 관통되면서 내룡맥이 잘려 묘역으로 공급되는 지기맥이 단절된 상태라 도시개발로 인한 아쉬움이 남는다.

116. 안동김씨 김번의 묘

김번(1479~1544)은 조선 중기의 문신으로 연산군 2년(1498)에 20세의 나이로 진사시에 합격하고 중종 8년(1513) 35세에 식년문과에 갑과로 급제한 인물이다. 그는 대간으로부터 요승(妖僧) 학조(學祖)의 조카라 하여 탄핵을 받았으나 왕의 신임이 두터워 화를 면했고, 관직은 통훈대부, 평양부서윤 겸 춘추관편수관에 이르렀으며 사후에는 증 자헌대부, 이조판서, 홍문관과 예문관 대제학 그리고 세자좌빈객에 증직추서 되었다. 김번의 묘소는 경기도 남양주시 와부읍 덕소리 산 5번지 석실마을에 있는데 이곳에 자리 잡게 된 연유가 있다. 김번의 큰아버지인 학조대사는 풍수에 식견이 있는 스님이었고 세조 때 국사(國師)로 불경을 우리말로 번역하는 고승이었다. 그가 양주 화엄사에 있을 때 어느 날 김번의 처가곳을 지나다가 처갓집에서 방앗간을 하고있는 자리가 예사로운 자리가 아니었음을 간파하고 나중에 남편이 죽으면 이곳 방앗간 자리에 묻으라고 권고했다 한다. 이곳은 옥관자(玉貫子) 금관자(金貫子) 세 말씩 나온다는 옥호저수형(玉壺貯水形)의 명당으로 우리나라 풍수인이라면 누구나 한 번쯤 다녀온 조선의 8대 명당 중 한 곳이다.

김번의 부인은 남양홍씨로 훗날 남편이 죽어 그곳에 묘를 쓰려고 하니 친정에서도 이곳이 천하명당임을 알아차리고 광 중에 물을 붓는 등 묘를 쓰지 못하도록 회유했다고 전한다. 그러나 부인은 학조대사가 일러준 말을 상기하며 이를 눈치채고 “상관없으니 그냥 쓰겠다”고 하여 남편을 그곳에 장사지냈다고 한다. 또한 광 중을 파던 중 황금색과 흰색 돌이 많이 나와 인부들이 이를 모두 걷어 냈는데 이를 본 학조대사가 노란 돌은 금괴이고 하얀 돌은 은괴라고 하며 자갈 하나가 벼슬 한자리이니 욕심내지 말고 적당히 넣으라고 하였다. 그래서 다시 집어넣은 금괴가 모두 21개였는데 그의 후손 중에서 영의정, 좌의정 우의정 등 정승이 15명 대재학이 6명을 합쳐 21명이 이 묘소의 음덕으로 나왔다는 전설도 있다. 하였튼 김번의 묘를 이곳에다 쓴 후 안동김씨 문중에서는 정승 15명, 왕비 3명, 대제학 6명, 판서 35명, 청백리 3명, 문과 급제자가 무려 120명이나 배출되었다고 한다. 이 묘소는 조선왕조 말에 있었던 안동김씨의 세도정치와 관련이 있으며 세도정치의 시발점이 된 김조순이 김번의 후손이기 때문이다. 정조의 죽음으로 순조가 11살의 나이로 왕위에 오르자 당시 왕을 보좌하던 김조순이 자신의 딸을 왕비로 삼으면서 권력을 장악하고 이후 안동김씨의 세도정치는 60여 년간이나 이어졌다.

이 묘소는 옥항아리에 물을 가득 담은 형국과 같다하여 옥호저수형(玉壺貯水形)의 명당으로 유명하다. 혈장 좌우측 용호는 관쇄를 해주지 못하고 벌어진 상태지만 자기 안산으로 그 공간을 막아주니 혈전의 장풍(藏風)에는 큰 피해가 없다. 수세는 좌수도우(좌선수)이고 자좌오향에 좌측에서 들어온 물이 향을 지나 우측 정미방으로 빠져나가니 88향법으로도 최고의 길향인 자왕향을 놓았다. 그 당시에는 88향법이 아직 우리나라에 통용되기 전이지만 좋은 향임에는 분명하다. 『地理五訣』에서 자왕향은 후손들이 장수하고 인정이 왕(旺)하며 발부발귀한다고 적고 있다.

117. 연안이씨 이말정의 묘

김천시 구성면 상원리 산 6번지에 가면 조선조 문신인 이말정(李末丁: 1422~1474)의 묘소가 있다. 그는 연안이씨로 시호는 평정공(平靜公)이고 연성부원군에 봉해진 인물이다. 그는 일찍이 평절공(平節公) 한옹(韓雍)의 사위가 되어 그 문하(門下)에서 수학하였고 1426(세종 8)년 사마시에 합격하여 검교(檢校), 충청도사(忠淸都事) 그리고 종3품의 예빈소윤(禮賓小尹)에 이르렀다. 그는 훗날 벼슬을 그만두고 향리인 김천시 구성면으로 돌아와 학문에 전념했으나 얼마 후 거창으로 이사를 하였고 그곳에서 정원에 매화를 심고 반석(盤石)에 앉아 다섯 아들과 학문을 논하였으니 주변에선 그 바위를 오자암(五子岩)이라 불렀다고 한다. 그의 다섯 아들은 숙황(문과급제-성균관 직강), 숙형(문과급제-현감), 숙규(문과급제-감찰), 숙기(무과급제-延安君) 숙함(문과급제-이조참판)으로 5형제 모두가 급제하였다. 이처럼 다섯 아들들이 모두 다 훌륭하게 자란 배경에는 부모님의 묘자리가 명당 터였기 때문이라는 일화가 전해지고 있다. 내용인즉, 1446년 이말정의 처 곡산한씨가 죽어 장례를 치르고자 묏자리를 찾던 중 상갓집 앞을 지나는 스님이 흘린 말을 듣고 따라가 대덕산 아래에서 쉬고 있는 그를 만나 묏자리를 부탁했다는 것이다. 자식들의 정성에 발걸음을 돌린 스님은 상원마을 뒤 매봉산 자락을 지목하며 땅을 파면 석함이 나올 것인데 절대 열어보지 말라는 것이었다. 그러나 인부의 실수로 석함이 열렸고, 그 속에서 벌 두 마리가 나와 날아가 버렸다. 이를 본 스님은 아쉬워하면서도 발복이 미뤄지기는 하겠지만 후손 중에 많은 인물이 나올 것이라고 했다. 스님의 말대로 이말정의 아들 5형제는 모두 아홉 차례에 걸쳐 과거에 급제하였고, 그 후 후손들은 구군팔판(九君八判)과 3대에 걸친 대제학을 비롯하여 7명의 청백리가 배출되었다. 이곳의 묘소는 이말정의 묘소가 아래쪽에 있고 그의 후손들이 위쪽에 있어 역장(逆葬)의 모습이나 조선조에는 이러한 일이 허다하였고, 오히려 역장 덕분으로 명당이 아니다 하여 위기 때 파묘를 당하는 화를 면했다고 한다.

이 묘역의 산세는 백두대간의 줄기인 충북 영동군의 황악산(1,120m)에서 동남쪽으로 뻗어 내린 지맥이 김천시 구성면의 삼악산(490m)을 일으키고 여기서 남쪽으로 계속 뻗어 내려와 이 묘소의 주산인 안산(324.3m)을 일으켰다. 여기서 동쪽으로 하나의 지맥을 뻗어 혈장 뒤 금형의 현무봉(응봉산)을 일으키고 계속 뻗어 내려와 끝자락인 용진처에 혈장을 만들었다. 수세는 좌선룡에 우선수로 합법하고 좌우용·호와 더불어 사신사들이 잘 갖추어져 있어 장풍국(藏風局)을 이루고 있다. 이곳은 형국론으로 금비녀가 땅에 떨어진 형국인 금채낙지형(金釵落地形)의 명당으로 알려져 있고, 일부에서는 뱀이 기어가는 형국과 같다하여 사두혈(蛇頭穴)이라고도 한다. 혈장 앞 감천 너머로 보이는 문필봉의 안산은 금비녀에 어울리는 옥소(玉梳/머리빗) 모양으로 금채형의 형국과 짝을 이루니 형국의 완성도를 이루어주고 있다. 일부에서는 이곳의 혈장을 조선의 8대 명당 중 한 곳으로 평가하기도 한다.

118. 청주양씨 양계원의 묘

경북 포항시 북구 신광면 냉수리 705번지에 가면 조선조 초기 예조정랑(禮曹正郎)을 지냈고 원종공신(原從功臣) 3등에 녹훈된 양계원(楊繼元)의 묘가 있다. 그는 청주양씨 시조 양기(楊起)의 5세손으로 조선 전기의 인물이다. 청주양씨 시조 양기는 원래 중국 출신으로 원(元)나라에서 벼슬이 대광보국숭록대부(大匡輔國崇祿大夫)에 올라 도첨의정승(都僉議政丞)과 중서성 정승을 지냈다. 1351년 고려 공민왕이 원나라 노국 대장 공주와 결혼을 하게 되면서 황제의 명으로 공주를 배종하고 고려에 들어와 정착하였다. 그런데 당시 우리나라 백성들의 어려움을 보고는 다시 원나라로 돌아가 중국에 바치고 있던 동녀(童女) 5천 명, 준마 3만 필, 비단 3만 동, 모시 6만 필을 삭감 받게 하여 그 공으로 벽상삼한창국공신(壁上三韓昌國功臣) 청백리(淸白吏) 상당백(上黨伯)에 봉해졌으며 이때 본관을 청주로 하사받아 청주양씨의 시조가 되었다. 훗날 그의 후손들은 임금께 상소하기를 상당백 양기께서 우리나라에 끼친 공훈이 막대합니다. 그런 데도 불구하고 그 자손들에게 군역과 잡역을 부역하는 것은 지극히 부당합니다. 하면서 꾸준히 상소를 올렸다고 한다. 그 결과 선조 임금은 그들에게 군역과 잡역을 영원히 면제하라는 어명을 내렸고, 예조에서는 왕명에 따라 바로 시행하니 후손들은 조선시대에 군역과 잡역을 영원히 면하게 되었다고 한다.

이 묘소는 원래 울산광역시 범서읍 서사리 산 74번지에 있었으나 울산광역시의 택지 개발사업으로 인해 부득이 2019년 이곳 포항으로 이장해 왔다. 이장과정에 있어서 필자 역시 청주양씨 21代 孫으로 선대의 묘소이기에 모든 과정을 직접 맡아 시행하게 되었다. 다행히 본 문중의 선산이 있어 이곳으로 이장하기로 하고, 이틀간에 걸쳐 간산(看山)을 하여 최종 장소를 결정한 후 문중 어른들께 아뢰었다. 그리고 이장 일자를 받아 울산의 택지조성 주최측에 통보를 하고 곧바로 작업을 시행하였다. 현재의 묘역은 낙동정맥의 포항시 북구 상옥리 병풍산(810m)에서 동남쪽으로 뻗어 나간 지맥이 포항 북구의 주산인 비학산(762m)을 일으키고, 여기서 계속 뻗어 나가 신광면 냉수리의 도음산(385m)을 일으켜 본 혈장의 주산이 되었다. 이곳 묘역은 주산에서 서쪽으로 하나의 지맥을 뻗어 내려온 끝자락(龍盡處)에 자리 잡았다. 본 용맥은 남쪽으로 조금 더 뻗어 나가다가 서쪽으로 방향을 틀면서 본 혈장의 좌청룡 자락이 되었고, 우측 백호 자락은 거리가 멀어 장풍(藏風)에 취약하나 안산은 금형과 토형의 복합체로 후손들에게 부귀를 가져다주는 귀한 산이다. 이곳은 혈의 사상(四象)으로 볼 때 유혈(乳穴)의 혈장으로 입수(入首)가 뚜렷해 혈장에는 지기가 충만한 장소다. 묘소의 좌향은 을좌신향(乙坐辛向)이고 수세는 좌선룡에 우선수로 합법하며 우측 계곡에서 흘러나온 물이 혈장을 완전히 감싸고 좌측 곤신(坤申/남서) 방으로 빠져나간다. 을좌신향에 곤신파구는 정양향(正養向)으로 88향법 중에서도 최고의 길향이다. 풍수고서 『地理五訣』에서는 정양향을 쓰면 "貴人祿馬上御街"라 하여 후손들은 임금이 내린 말을 타고 어도를 다닐 만큼 귀한 대접을 받는다고 하였고, 부귀를 겸비한 발복이 아주 오래간다고 하였다.

119. 안동권씨 권근, 권제, 권람의 3代 묘

충북 음성군 생극면 방축리 산 7번지에 가면 권근(權近), 권제(權踶), 권람(權擥)의 묘가 위에서부터 아래로 나란히 조성되어 있다. 권근(1352~1409)의 묘소는 원래 경기도 광주에 있었으나 조선 세종 6년(1444)에 이곳으로 이장해 왔다. 그는 고려 말 문신으로 공민왕 18년(1369)에 문과에 급제하였으며 조선 태종 1년(1401)에 1등 좌명공신으로 길창부원군에 봉해졌고 의정부찬성사를 지냈다. 사후 좌의정에 추증되었으며 시호는 문충이다. 그의 둘째 아들 권제(1387~1445)는 조선시대의 문신이며 학자로 태종 14년(1414)에 문과에 급제하였고 세종(1423년)초에 집현전 부제학을 거쳐 1435년 이조판서, 1437년 예조판서를 거친 후 우찬성에 이르렀다. 우찬성이 되어서는 정인지(鄭麟趾), 안지(安止) 등과 함께 「용비어천가」를 지었고, 사후 영의정에 추증되었으며 시호는 문경이다. 권근의 손자이며 권제의 둘째 아들인 권람(1416~1465)은 어려서부터 책읽기를 좋아했지만 35세까지 과거에 급제하지 못하고 문종 즉위년(1450년)이 되어서야 향시와 회시(會試)에 모두 장원급제하였다. 그해 바로 사헌부 감찰이 되었고 이듬해 집현전 교리로서 수양대군과 함께 『역병대요』『음주(音註)』를 편찬하는 데 동참하면서 수양대군과 가까워졌다. 1453년 계유정난 때 친구 한명회와 함께 수양대군을 도와 김종서 황보인 등 대신들을 제거하고 세조가 집권하는 데 기틀을 만들었다. 그 공으로 정난공신 1등에 책록되었고 이어 승정원 동부승지에 특진 되었다. 1455년 세조가 즉위하자 이조판서가 되었으며 1459년 좌찬성과 우의정을 거쳐 1462년 좌의정에 올랐다. 사후 세조 묘(墓)에 배향되었고 시호는 익평이다.

이곳의 산맥은 한남금북정맥에의 음성군 보현산(483m)에서 북쪽으로 뻗은 지맥이 부용산(645.2m)을 지나 이 혈장의 주산인 수리산(462.6m)을 일으킨다. 수리산에서 서북 방향으로 길게 내려온 지맥은 묘역 앞쪽의 안산을 만들고 다시 계속 뻗어 나가다가 원을 그리듯 빙 돌아 이 묘소의 현무봉을 만든 후 안산을 바라보며 멈추었다. 이러한 형상을 풍수에서는 회룡고조혈(回龍顧祖穴)이라 하고 발복이 크고 오래 지속되는 곳으로 평가한다. 일부 고서에서는 회룡고조혈은 안산은 얻을 수 있으나 청백을 다 갖출 수 없어 단조롭기는 하나 속발하는 혈이라고도 한다. 현무봉 아래의 권근의 묘 뒤쪽에는 혈장에 힘을 실어주는 과협이 만들어져 있고 과협 양측에서 바람을 막아주는 공협사와 더불어 혈장에서 혈증(穴證)이라고 할 수 있는 입수(入首)와 선익(蟬翼), 전순(氈脣) 등을 모두 갖추고 있다. 그리고 그 아래 우측으로 방향을 틀어 만들어진 권제의 묘소에도 위와 같은 혈증이 갖추어져 있고 바로 밑 권람의 묘소에도 마찬가지다. 한 지룡맥에 3곳이나 각각 혈증을 갖춘 곳은 정말 보기 드문 용맥으로 풍수가에선 이곳을 조선의 8대 명당 중 1곳으로 평가하고 있다. 혈장 좌우측의 청룡과 백호는 혈장을 잘 감싸주어 장풍국(藏風局)을 이루고 용호의 끝자락은 관쇄되어 혈장의 생기를 잘 갈무리해주고 있다. 묘소 아래의 저수지도 주변 계곡에서 흘러나오는 물을 모두 모아 혈장에 많은 생기를 공급해준다.

120. 김인백의 처 안동권씨 묘

경기도 의왕시 고천동 171번지 오봉산 자락에 가면 김인백의 처 안동권씨의 묘가 있다. 김인백(1561~1617)은 청풍김씨 13세손으로 이 가문에서는 조선 효종에서부터 정조대에 이르기까지 정승 8명, 대제학 3명, 왕비 2명을 포함한 문과급제자 수만 110여 명을 배출한 명문가 집안이었다. 가문에서는 이러한 발복이 그의 부인인 안동권씨의 묘에 대한 음덕이라고 굳게 믿고 있으며 풍수가에서도 이 묘를 조선 8대 명당 중 1곳으로 꼽고 있다. 이 묘소는 화순 현감을 지낸 그의 아들 김극형의 지극한 효성으로 이곳에 묘를 쓰게 되었으며 묘를 쓴 후 그의 증손부터 16세 김유(대제학), 김구(우의정), 17세 김약로(좌의정), 김상로(영의정), 김재로(영의정), 18세 김치인(영의정), 19세 김종수(좌의정) 등 6명의 재상과 대제학 등 수많은 벼슬이 배출되었다고 한다. 조선시대를 통틀어 3대 연속으로 정승을 낸 집안은 청송심씨와 달성서씨, 청풍김씨 가문뿐이다. 과거부터 우리나라 명문 가문의 묘소에는 대부분 전설을 하나씩 보유하고 있듯이 이곳에도 재미있는 설화가 전해지고 있다. 원래 이 묘 터 자리는 이 고을의 부자 석씨네 집터였다. 어느 날 지리에 밝은 도승 두 사람이 이곳을 지나다가 이 집터를 보고 아 천하명당자리로구나 하며 감탄을 한다. 그런 후 명당 여부를 확인하기 위해 그들은 주인 몰래 마루 밑에다 땅을 파고 푸른 솔잎을 묻어두었고, 1년 후 그 솔잎이 황금색으로 변한다면 분명한 명당이란 말을 했다. 때마침 김인백의 셋째아들 김극형이 이들 도승들의 행동을 몰래 지켜보았고 1년 후 도승들이 오기 전날을 기억해 두었다가 그곳으로 가 땅을 파보니 진짜 황금색으로 변해있었다. 김극형은 이 땅이 천하명당임을 확인하고는 주변의 산에 가서 썩은 솔잎을 몰래 갖고 와 바꾸어 묻어 놓았다는 것이다. 다음날 스님들이 그곳에 와 확인해 보니 솔잎은 썩어 있었고 이상하다는 듯 고개를 갸우뚱거리다가 그냥 돌아갔다는 것이다. 이런 일이 있은 후 얼마 지나지 않아 그 집에 큰불이 났고 석씨네는 다른 곳으로 이사를 가버렸다. 김극형은 석씨를 잘 설득하여 이 땅을 구매하였고 어머니가 돌아가시자 이곳에다 장사지냈다는 야사가 전해져 내려온다.

이곳의 묘소는 속리산에서 김포 문수산까지 이어지는 한남정맥 상의 오봉산에서 동쪽으로 뻗어 내린 지맥의 용진처에 위치하고 있다. 오봉산(210m)은 이 묘소의 주산으로 둥그스름한 금형체의 봉우리가 다섯 개나 있다하여 붙여진 이름이지만 겨울철 낙엽이 진 후에는 작은 봉우리가 하나 더 보여 이 기운으로 6 정승이 배출되었다는 이야기가 전한다. 주산에서 혈장까지의 용맥은 지현굴곡으로 힘이 있으며 혈장에 도달하기 전 의왕시청과 도서관으로 이어지는 지점은 잘록한 과협으로 이루어져 혈장에 많은 생기를 공급해준다. 풍수에서는 고서마다 과협이 없으면 혈을 맺지 못한다 할 정도로 과협을 혈의 주요 증거로 삼는다. 이러한 과협을 지나 혈장에서는 양팔을 벌려 끌어 안 듯 가운데는 오목한 와혈(窩穴)의 혈장을 만들었다. 수세는 좌선룡에 우선수로 합법하고 좌향은 술좌진향(戌坐辰向)으로 동동남향이다.

121. 한확 부인 남양홍씨의 묘

경기도 양주시 은현면 용암리 산 54-1번지에 가면 조선 전기 문신이었던 한확의 부인 남양홍씨의 묘가 있다. 부인 남양홍씨(1403~1450)는 이조판서 홍여방의 딸로 한확과 결혼하여 3남 6녀를 낳고 그중 막내딸이 수양대군의 며느리 즉 덕종(의경 세자)의 비(妃)이자 성종의 어머니인 인수대비 소혜왕후다. 한확(1400~1456)은 조선 전기 이조판서와 좌찬성, 좌의정을 지낸 문신으로 인수대비의 아버지이고 성종의 외할아버지가 된다. 또한 그의 두 누이는 중국 명나라 영락제와 선덕제의 후궁이 되었으니 중국 왕실의 처남으로도 유명한 인물이다. 이러한 인연으로 1417년(태종 17)에 진헌부사(進獻副使)가 되어 명나라 사신으로 다녀오기도 하고 1420년(세종 2)에는 예조참판 하연과 함께 명나라에 가서 태종 이래 추진했던 금과 은의 공물 면제를 허락받고 귀국하는 등 중국과의 외교에 많은 공을 세웠다. 그는 단종 즉위년(1452년) 좌찬성이 된 뒤 그 이듬해 계유정난 때 수양대군을 도와 정난공신 1등에 책록되고 1455년(세조 1)에는 좌의정이 되었으며 좌익공신 1등에 올라 서원 부원군에 봉해졌다. 1456년에는 중국 왕실과의 교분을 앞세워 사신사로 명나라에 가 세조의 왕위찬탈을 양위로 설득하고 허락을 받아냈다. 단종을 폐위시키고 왕위를 찬탈한 세조는 중국 명나라로부터 정당성을 인정받는 데 큰 공을 세운 한확에게 고마움의 표시로 자기가 묻힐 능지를 하사하였다. 그는 1456년 명나라에서 귀국길에 사하포(沙河浦)에서 객사하여 능지에 묻혔고 1470년(성종 1)에 세조 묘에 배향되었다.

한확은 왕릉지에 묻혔으나 부인 남양홍씨는 그의 유언 때문에 남편과 합장하지 못했다는 얘기가 전해져 내려온다. 사연인즉, 살아생전 국사 핑계로 평소 가정에는 무심한 남편이어서 불만이 많았기에 내가 죽으면 남편과 합장하지 말라는 유언을 남겼다고 한다. 훗날 부인이 죽고 자손들은 어머니 홍씨의 유언을 무시하고 합장하기 위해 아버지가 묻힌 능내리로 가려고 하는데 상여가 꼼짝않고 움직이지 않았다는 것이다. 이를 본 여종이 마님의 유언을 얘기하자 어디로 갈까 고민하던 중 갑자기 회오리바람이 불어 명정이 저 멀리 날아가 버렸다. 명정이 떨어진 곳을 보니 따뜻한 기운이 느껴져 그 자리에다 땅을 파고 장사를 지냈으므로 한확은 조안면 능내리에, 부인 홍씨는 은현면 용암리에 묻히게 되었다고 한다. 남양홍씨의 묘소 앞에는 신도비가 있는데 이것은 조선시대 유일하게 여성에게 내려진 신도비로써 인수대비가 세웠고 비문은 임사홍이 지었다. 이곳의 산세는 한북정맥 불곡산(466.4m)에서 남남동쪽으로 뻗어 나간 지맥이 도락산(439.6m)을 일으키고 여기서 다시 남서 방향으로 지현굴곡을 하며 내려와 예원 예술학교를 지나 야트막한 현무봉을 일으켰다. 지금은 학교 건립과정에서 지기맥의 손상이 많으나 혈장에는 양쪽 선익과 전순 등 혈증들이 갖추어져 있어 생기 가득한 명당자리다. 묘소 좌우 청룡·백호도 혈장을 잘 감싸주고 정면의 안산은 그 모양이 여인의 눈썹과 같은 아미산이다. 아미산은 귀인을 배출하는 산으로 이 산의 영향으로 왕비(인수대비)가 탄생하지 않았나 하는 풍수적 해석을 하게 된다.

122. 심온의 처 순흥안씨의 묘

경기도 안성시 금광면 오흥리 산 32-1번지 금광저수지 위쪽에 보면 조선 세종 때 영의정을 지낸 안효공 심온(沈溫)의 처 순흥안씨의 묘가 있다. 순흥안씨는 바로 세종의 비인 소헌왕후의 모친이고 세종대왕의 부부인으로 한평생을 남편의 내조와 자녀교육에만 헌신했다고 한다. 청송심씨는 고려 충열왕 때 문림랑(文林郎)으로 위위시승(衛尉寺丞)을 역임한 심홍부(沈洪孚)를 시조로 하고 있다. 심온은 그의 5세손이며 세종의 장인으로 영의정을 지냈고 또 심온의 둘째 아들 심회(沈澮)도 세조 때 영의정을 지냈다. 그리고 심회의 증손인 심연원(沈連源)도 명종 때 영의정에 오르고 청천부원군(靑川府院君)에 봉해졌으며 이어 심연원의 아들 심강(沈鋼)도 명종의 장인으로서 청릉부원군(靑陵府院君)에 봉해졌다. 또한 그의 손자 심열(沈悅)은 인조 때 영의정에 올랐으며 심열의 현손 심호(沈浩)도 경종의 장인으로 청은부원군(靑恩府院君)에 봉해졌다. 그러므로 이 가문에서 세종비 소헌왕후, 명종비 인순왕후, 경종비 단의왕후 등 안효공파에서만 왕후 3명과 부마 4명을 배출한 조선조 최고의 가문이었다. 그리고 약 200여 명에 이르는 대과급제자 중 13명이나 정승에 올랐으며 이는 조선조에서 전주 이씨(22명), 안동 김씨(19명), 동래 정씨(17명)에 이어 네 번째 순이고 특히 그의 아들 심온과 손자 심회까지는 3대에 걸쳐 정승에 올랐다. 그런데 세종대왕의 아버지인 태종 임금은 외척들을 유난히 경계하고 싫어하였는데 심온의 세력이 점점 커질 것을 우려한 나머지 당시 좌의정이었던 박은의 무고로 그 역시 태종의 사약을 받고 죽은 비운의 관료였다. 이 묘소는 1444년 순흥안씨가 죽자 사위인 세종대왕은 수원시 이의동 안효공(심온) 묘역에 예를 갖추어 장례를 치렀으나 세조 13년(1467) 5월 3일에 왕명으로 다시 이곳에 이장해 왔다.

이곳의 산세는 안성시 금광면 오흥리의 청량산(338.2m)에서 남쪽으로 뻗어 내린 산자락 용진처(龍盡處)에 위치하고 있다. 주변에는 장풍(藏風)의 조건인 사신사를 완벽하게 갖추고 있어 어디 하나 흠잡을 곳 없는 완벽한 자리로 보인다. 특히 청룡·백호는 혈장을 잘 감싸주고 있으며 혈장 아래의 금광저수지는 혈장의 생기를 잘 갈무리해주고 있다. 풍수에서는 청룡·백호 끝자락에 저수지가 있어 주변의 모든 물이 이곳으로 모여들면 이를 융저수(融貯水)라 하고 물이 깊은 만큼 발복이 오래간다 하였다. 주산인 청량산 후미에서부터 남쪽으로 뻗어 내려온 용맥은 우선룡이고 혈장 앞 물길은 좌선수로 용수배합에서도 합법하다. 여기서 묘소의 좌향은 임좌병향(壬坐丙向)이고 물이 마지막으로 빠져나가는 파구는 우측의 정미(丁未) 방향이다. 이는 88향법으로도 자왕향을 얻었으니 향법으로도 아주 좋은 길향이다. 풍수서 『地理五訣』에서는 용진혈적(龍眞穴的)에 자왕향(自旺向)이 합법이면 남총여수(男聰女秀)하고 조빈석부(朝貧夕富)하는 속발의 길향이라 하였으니 남자는 총명하고 여자는 그 외모가 빼어나며 아침에 가난한 자가 저녁에 부자가 될 만큼 속발한다고 하였다. 풍수가에서는 이 묘소의 발복으로 청송심씨들의 번영을 의심하지 않고 있다.

123. 정경부인 밀산박씨의 묘

전북 완주군 용진면 간중리 봉서산 자락에 올라가면 고려말의 정경부인이었던 밀산박씨(1343~1381)의 묘가 있다. 그는 고려 충혜왕 때 밀산군(密山君) 박인(朴璘)의 따님으로 밀양박씨 전서공(典書公) 박침(朴沈)의 부인이고 정난공신 1등이며 밀양박씨 중시조인 박중손의 조모가 된다. 박침은 고려 공민왕 때 문과에 급제하여 전의판사(典儀判事)를 지냈으나 고려의 국운이 기울자 새 왕조를 거부하고 두문동으로 들어가 두문동 72현으로 남았다. 그는 슬하에 3남 1녀를 두고 58세로 세상을 떠났으며 훗날 호조판서에 추증되었다. 그의 맏아들은 지생(祗生)으로 간성병마사(杆城兵馬使)이고, 둘째는 강생(剛生)으로 집현전 부재학을 지냈으며, 셋째는 눌생(訥生)으로 참판 벼슬을 지냈다. 완주에 있는 부인 밀산박씨의 묘는 한동안 실전되었으나 1838년(현종 4) 후손들이 봉서산으로 들어가 샅샅이 뒤진 결과 옛 지석과 묘광을 찾아내고는 그 자리에 엎드려 대성통곡하였다고 한다. 그런 후 묘소를 개봉축하고 석물을 세워 새롭게 단장한 후 현재까지 관리해오고 있다. 밀산박씨 묘소 변혁사실기(變革事實記)에는 세상에 조상산소의 음덕이 없다면 모르거니와 만약 있다고 한다면 그것은 반드시 이 산소에서 연유(緣由)하였음이 명백하다고 기록하고 있다. 우리나라 박씨 성 가운데 가장 번창한 문중인 규정공파는 조선조에서 70여 명의 문과 급제자를 배출했고 봉군(封君)된 분들이 15명, 시호(諡號)를 받은 분들이 13명이나 된다.

이 묘소의 조산은 종남산(680m)의 뾰족한 문필봉(文筆峯)이고 주산은 혈장 뒤 서방산(612.1m)이다. 혈의 사상으로 보아 돌혈(突穴)의 혈장으로 주산에서 혈장까지 내려온 용맥은 지현굴곡과 과협(過峽)을 하며 내려왔기에 혈장에는 생기가 가득하다. 혈장이 높아 좌청룡은 약간 낮은 편이나 외청룡이 뒤에서 받쳐주고 있고, 우백호는 거리나 높이면에서 완전하여 장풍국(藏風局)을 이룬다. 안산은 적절한 높이로 유정한 모습이고 안산 뒤의 조산은 뾰족한 문필봉으로 혈장에 좋은 기운을 보내주고 있다. 일부에서는 이곳 조산의 모습을 보고 규봉(窺峯)으로 해석하여 흉봉(凶峰)이라고 하나 규봉이란 서(書)에 이르기를, 입견좌불견(入見坐不見), 좌견와불견(坐見臥不見)이라 하여 서면 보이고 앉으면 안보이거나 앉으면 보이고 누우면 안 보이는 것이라 하였기에 보일 듯 말 듯 약간 고개를 내민 봉우리를 말한다. 그러나 이곳의 문필봉은 안산 너머로 훤히 보이기에 규봉으로 해석하지 말아야 한다. 혈장 앞으로는 주요 혈증 중 하나인 전순석(氈脣石)이 박혀있어 당판의 생기를 잘 갈무리해준다. 이곳의 수세는 용·호의 끝자락이 잘 관쇄(關鎖) 되어있고, 용·호 사이에서 흘러나오는 물은 묘의 앞쪽에서 합수(合水)한 후 재실인 봉서재 옆으로 지나 아래의 저수지에 흘러 들어간다. 이 묘역은 앞뒤로 뾰족한 문필봉의 귀봉이 솟아 있어 후손들에게 많은 문사들이 배출될 것을 미리 예견해주고 있다. 풍수가에서는 이곳을 봉황포란형 혹은 비봉귀소형의 명당이라고 하며 조선 8대 명당 중 한 곳으로 평가하고 있다. 후손들은 이 묘소의 음덕으로 밀양박씨 규정공파가 크게 번창하였다고 믿고 있다.

124. 소프트뱅크 손정의 회장의 선대 묘소

일본 IT업계의 선두주자 손정의 회장은 1957년 8월 일본 사가현에서 태어난 재일교포 3세의 한국계 일본인으로 일본 재계순위 1~2위를 다투는 거부다. 그의 할아버지는 1914년에 일본으로 건너가 어렵게 생활하다가 아버지 대에 이르러 부동산과 기타 사업 등으로 제법 많은 재산을 모은 것으로 알려져 있다. 손정의는 어린 시절 인종차별(조센징)로 인한 마음의 상처를 안고 일본의 후쿠오카 지역 명문고에 입학했으나 미국 어학연수를 다녀온 후 자퇴를 하고 검정고시로 고교과정을 마쳤다. 그런 후 1974년 미국으로 유학을 떠나 UC 버클리대에서 경제학과 컴퓨터공학을 전공했다. 미국 생활을 마치고 일본으로 돌아온 그는 1981년 9월 직원 2명을 데리고 자본금 1억으로 소프트뱅크를 창업하였는데 컴퓨터 관련 제품 소프트웨어가 대박을 터트렸다. 그런 후 미국의 첨단회사에 투자하면서 승승장구하여 1998년에는 미국의 〈타임지〉가 선정하는 '사이버공간에서 가장 영향력 있는 인물 50명' 가운데 17위에까지 올랐다. 이러한 손회장의 기업이 근래 들어 상당한 금액의 손실이란 먹구름이 드리워졌다. 2022년 8월 12일자 조선일보에 의하면 올 상반기에만 대략 5조엔(약 50조원)이란 사상 초유의 큰 적자를 기록하였다. 이것은 2016년 펀드 출범이 후 최악의 성적이고 일본 사상 최고의 적자기록이라는 보도까지 나왔다. 왜 이렇게 어마어마한 돈이 갑자기 손실을 보게 되었을까? 이러한 원인에 대해 손회장측은 세계적인 주가 하락과 급격한 엔화약세 등을 이유로 들었지만 풍수가에선 그 원인이 손회장 선대 묘소의 영향이 아닌가 하는 강한 의구심을 갖는다.

대구시 동구 도동마을 뒷산에 올라 보면 손회장의 증조부모를 포함한 그 윗대의 가족 묘원이 있다. 이곳은 대구의 주산인 팔공산에서 남쪽으로 하나의 지맥을 뻗어 도동의 문암산(427.1m)을 일으키고 다시 계속 뻗어 내린 용맥의 끝자락이다. 그런데 이 묘소의 뒤편으로 대구의 외곽순환도로가 관통되면서 주산에서 흘러내리는 맥로가 차단되어 생기(지기맥)의 공급을 완전히 끊어버렸다. 이 도로는 2014년에 공사를 시작하여 올해 2022년 3월에 개통되어 현재 수많은 차량들이 왕래하고 있다. 오비이락(烏飛梨落)이라 할까 소프트뱅크에 대해 지난해부터 부정적인 뉴스가 나오더니 도로가 개통되자마자 올 2분기에만 순손실이 약 30조 원을 넘었다는 8월 8일자 머니투데이의 보도가 있었다. 손회장의 선대 묘원은 풍수 입지가 좋아 우리나라 풍수인이라면 누구나 한 번쯤 다녀가는 장소다. 묘소 주변의 사신사들(현무, 안산, 청룡, 백호)은 거리나 높낮이 면에서 완전하지는 못하나 나름 장풍국을 이루고 혈장 앞 안산은 그 모양이 아름다워 후손들에게 많은 부귀를 예약해주고 있다. 특히 풍수에서 부(富)를 관장한다는 백호 자락은 혈장 앞까지 쭉 뻗어 나와 수구를 좁혀주니 혈장 안쪽의 생기를 잘 갈무리해주고 있다. 이러한 장점들을 가진 선대들의 묘소를 보고 풍수가에선 이 묘역의 음덕으로 손 회장과 같은 대재벌이 탄생하였을 것이라 굳게 믿고 있다. 후손들의 재물복이 반드시 풍수가 원인이라고 단정 지울 수는 없지만 몇 가지 중요한 원인 중 하나임에는 분명한 사실이기 때문이다.

125 롯데그룹 신격호 회장의 부모 묘소

울산시 언양읍 구수리 산 114번지에 가면 롯데그룹 신격호 회장의 부모 묘소가 있다. 이 묘소는 몇 해 전 도굴사건으로 인해 매스컴에서 시끌벅적했던 바로 그곳이다. 필자와 경주대학교 풍수지리 학회 회원들은 2022년 2학기 수업을 마치고 이 묘소의 풍수 입지분석을 위해 답사를 다녀왔다. 이곳의 산세는 낙동정맥 줄기인 양산시 하북면의 정족산(700m)에서 동북 방향으로 하나의 지맥을 뻗어 울산시 남구의 주산인 문수산(600m)을 일으켰다. 여기서 서북 방향으로 하나의 가지를 뻗어 묘소 뒤 금형체의 현무봉(170m)을 만들고 현무봉에서 다시 남서 방향으로 뻗어 내린 산자락 중턱에 묘소가 있다. 이곳의 산세를 보면 주변 사신사(북현무, 남주작, 좌청룡, 우백호)들이 모두 높아 이러한 곳은 일반적으로 혈 처가 높은 곳에 위치한다. 이 묘역은 산 아래 멀리서 쳐다보면 금계포란형국의 명당 길지에 묘소가 있는 것처럼 보이나 실제 현장에 올라보면 제법 경사도가 있는 지점에 축대를 쌓아 당판을 만들고 그곳에 망인을 모셨다. 이러한 곳은 풍수인이라면 누가 보아도 도저히 기가 머무르지 못하고 그냥 흘러가 버리는 장소다. 본인의 식견으로는 현재의 묘소보다 조금 위쪽에 올라 보면 현무봉에서 뻗어 내린 산줄기에서 혈증(穴證)이라 할 수 있는 과협(過峽)을 하고 이어서 평평한 당판을 형성한 후 앞쪽에 전순까지 갖춘 멋진 혈장이 하나 있다. 바로 위에 명당 길지를 두고도 그 아래쪽에 누워있으니 풍수 학인으로서 만감이 교차한다. 풍수에서는 '심룡삼년(尋龍三年) 점혈십년(點穴十年)'이라 하여 용(龍)을 보는데 삼년 공부요 점혈하는 데는 십년이나 걸린다 하였으니 이 말은 정확한 지점에 시신을 장(葬) 한다는 것이 얼마나 어려운지를 말해주는 대목이다. 그러나 재벌가의 묘소답게 수세의 조건은 아주 좋다. 묘소 좌측 계곡에서 흘러나온 물 들은 혈장 앞을 지나 우측의 태화강에 들어가고 태화강은 서쪽에서 동쪽으로 흐르니 혈장을 완전히 감싸준다. 풍수에서는 물이 혈장을 감싸주면서 천천히 흘러나가는 것을 최고로 친다.

울산이란 도시가 낙동정맥의 동쪽에 위치하다 보니 시내를 가로지르는 울산의 젖줄 태화강이 서쪽에서 동쪽으로 흐른다. 우리나라는 지형적 특성상 북쪽보다는 남쪽이, 동쪽보다는 서쪽이 낮기 때문에 일반적으로 물줄기가 북에서 남으로, 혹은 동에서 서쪽으로 흐른다. 그러나 이와 반대 방향인 남에서 북으로 또는 서에서 동으로 흐르는 지역을 역수국(逆水局)이라 하고 풍수에서는 이러한 지역의 주변을 대 길지로 친다. 역수국의 물은 대체로 유속이 느린 것이 특징이므로 풍수에서는 유속이 느려야 주변에 많은 생기를 공급해줄 수 있기 때문이다. 풍수 고전 『人子須知』에서는 "수관재물(水管財物)"이라 하여 물은 재물을 관장한다고 하였고, 『錦囊經』에서도 "수과서동 재보무궁(水過西東 財寶無窮)"이라 하여 서쪽으로 들어온 물이 동쪽으로 흘러나가면 재보(財寶)가 무궁할 것이다 하였으니 이러한 수세 조건이야말로 울산시 전체를 부유한 도시로 만들기에 충분하다. 풍수가에서도 울산은 재물이 풍부한 도시로 평가하고 있고 실제 광역도시 중 재정자립도 면에서 상위권에 속한다. 우리나라 최대의 재벌기업인 현대가 일찍부터 울산에 터전을 잡은 것도 이와 무관하지 않았을 것이다.

126. 한컴그룹 김상철 회장의 신후지지身後之地

경기도 가평군 설악면에 가면 천혜의 자연조건과 더불어 맑은 정기가 모인다는 복합 라이프 플랫폼 청리움(淸-rium)이 있다. 이곳은 우리나라 굴지의 기업 한컴그룹의 소유로 서울에서 약 40분 거리에 위치하고 있다. 도심 생활에 찌든 현대인들이 일상을 벗어나 휴식을 취할 수 있는 최고의 공간으로 처음에는 한컴그룹의 연수원으로 출발하였으나 현재는 교육의 장 외에도 전통 공연, 문화축제 등 다양한 이벤트장으로도 사용되고 있다. 수십만 평의 넓은 공간에 고풍스러운 유럽식 건물과 푸른 잔디가 있는 앞마당, 전통 그대로를 보존한 너와집과 연못 등 과거와 현대가 공존하는 복합 문화공간이다. 이처럼 모든 이들의 이목이 집중되고 있는 이 넓은 공간의 안쪽 산자락에는 한컴그룹 김상철 회장님의 신후지지(身後之地)가 있다. 신후지지란 본인이 살아 있을 때 미리 잡아놓은 묏자리를 말하는 것으로, 과거에는 누구에게나 하나의 숙원이었다. 그러나 우리나라는 과거 조선조 음택풍수의 발달로 전국의 산야에서 명당이란 명당은 대부분 다 찾아 썼기에 근래 들어서는 음택풍수의 길지를 접하기가 쉽지 않다. 그런데 이게 웬일인가 정말 풍수 교과서에 기록된 명당의 조건들을 거의 다 갖춘 회장님의 신후지지를 접하고 혹시 인작(人作)의 장소가 아닌지 하는 의심까지 들 정도였다.

이곳의 산세는 백두대간인 강원도 평창군의 두루봉(1,442m)에서 서쪽의 오대산(1,564m)과 홍천의 금물산(775.5m)을 거쳐 양평군 용문산(1,150m)에 이르고, 여기서 다시 북쪽으로 하나의 지맥을 뻗어 봉미산(856m)을 일으킨다. 이 묘소의 주산은 봉미산에서 북서쪽으로 방향을 틀어 계속 올라와 보리산(620m)을 일으켜 이 묘소의 주산이 되었다. 본 묘소의 혈장은 보리산의 행로가 끝나기 전 봉긋 솟아오른 현무봉에서 우측으로 하나의 지맥을 뻗은 끝자락(龍盡處)에 위치하고 있다. 혈장에는 입수(入首)와 전순석(氈脣石) 그리고 그 밑으로는 혈장의 기운을 받쳐주는 여러 개의 요석(官星) 등 진혈의 증거들을 볼 수가 있고 주변 사신사 또한 양호하다. 우백호는 보리산 정상에서 동쪽으로 하나의 지맥을 뻗어 나오다 북동쪽, 북쪽으로 방향을 바꾸면서 혈장 정면에서 금형체의 안산(나산: 513m)을 만들어 주고, 좌청룡 역시 보리산 자락에서 동쪽으로 혈장보다 더 길게 뻗어 나와 혈장을 감싸주니 장풍국(藏風局)을 이룬다. 이곳은 혈의 사상으로 보아 유혈(乳穴)의 혈장으로 현무봉에서 지현굴곡을 하며 뻗어 내려왔기에 혈장에는 생기가 가득하다. 수세는 좌선룡에 우선수로 합법하며 수구에는 곳곳에 크고 작은 저수지가 있어 생기를 한 번 더 가두어준다. 풍수에서는 혈장 주변의 백호 자락과 그 주변으로 흐르는 수세(水勢)를 부(富)와 연관 지어 해석한다. 이곳은 혈장 우측을 감싸주는 백호 자락과 수세가 좋아 대대로 이어가야 할 기업가의 음택지로써는 최고의 명당자리이다. 단, 김상철 회장님의 타고난 생갑(生甲)으로 보아 회두극(回頭剋)이 서쪽(庚酉辛) 방향이다. 그러므로 사후 좌향을 정할 시는 우측으로 한 방위(15도) 더 돌려 술좌진향(戌坐辰向)을 놓고 분금은 경술(庚戌) 분금으로 맞추어야 망자의 편안한 영면과 더불어 후손들에게 완전한 발복을 기대할 수가 있을 것이다.

127. 풍수에서 사세론砂勢論이란?

사(砂)란 용어는 옛날 지리를 가르칠 때 종이와 붓이 귀하기 때문에 대신 모래로 산(山) 모양을 만들어 설명 한데서 유래되었다고 한다. 사(砂)는 혈장의 전후좌우에 있는 모든 산과 바위를 통털어 일컫는 말로써 일반적으로는 사신사(현무, 주작, 청룡, 백호)를 말함이며, 더 나아가 외곽을 둘러싸고 있는 나성(羅城)과 물이 나가는 수구에 있는 한문(捍門), 화표(華表), 북진(北辰) 그리고 혈장 주위의 선익(蟬翼), 연익(燕翼), 하수사(下水砂), 사성(鬼, 官, 曜, 禽), 및 주위의 건물까지도 포함된다. 현무는 혈장 뒤편의 사(砂)이고 주작은 혈장 앞의 안산이며, 청룡은 혈장의 좌측, 백호는 우측의 사(砂)를 말하는 데 이들 전후좌우 4곳의 산을 사신사(四神砂)라 한다. 사신사는 원래 주룡의 보호차원에서 장풍(藏風)과 득수(得水)에 중요한 역할을 하는 요소이고 혈을 결지하는데 반드시 필요한 주위의 사(砂)이다. 길지란 우선적으로 용과 혈이 좋아야 하고 그다음 주위 사격(山)의 모양이 좋아야 한다. 용과 혈이 고귀하면 주변에 귀한 사격이 있기 마련이고 용과 혈이 천박하면 천한 사격이 있는 것이 풍수지리의 원칙이다. 따라서 혈장의 주변에 깨끗하고 아름다운 사격들이 있어야 길한 혈이 형성된다. 길혈의 조건에서는 또 한 가지 방위도 매우 중요시한다. 이법적으로 길한 방위에 좋은 사격이 있으면 혈의 발복을 도와주지만 흉한 방위에 나쁘게 생긴 사격이 있으면 온갖 재앙을 초래하기 때문이다. 이와 같이 사의 종류와 모양 그리고 방위에 대하여 설명한 것이 풍수에서 사세론(砂勢論)이다.

풍수의 목적은 생기를 타기 위함인데 풍수서 『葬經』에서도 논하고 있는 것처럼 생기는 바람을 타면 흩어진다 하였으니 바람을 주의하지 않으면 안 된다. 이러한 바람을 잘 갈무리하기 위해서는 반드시 혈장의 전후좌우에 사신사(북현무, 남주작, 좌청룡, 우백호)가 필요하게 되고 사신사가 없어 혈을 감싸주지 못하는 곳은 혈의 생기를 보호할 수가 없으므로 진혈지가 될 수 없다는 것이다. 풍수 경전 『葬書』에서는 장풍(藏風)에 필요한 사신사의 중요성과 그 형상에 대해 다음과 같이 기록하고 있다.

"무릇 장사를 지냄에 있어서 혈장의 왼쪽은 청룡, 오른쪽은 백호, 앞을 주작, 뒤를 현무로 삼는다. 현무는 머리를 드리운 듯해야 하고, 주작은 날개를 펴 춤을 추듯 날고, 청룡은 꿈틀거리듯 나아가야 하며, 백호는 마치 호랑이가 걸터앉아 있는듯해야 한다. 만약 형세가 이와 반대가 되면 당연히 집안이 망하고 사람이 죽임을 당하는 법이다. 그러므로 백호가 몸을 되돌려 있는 것은 시신을 물어뜯기 위한 것이고, 청룡이 웅크리고 있으면 주인을 시기함이며, 현무가 똑바로 드리우지 않는 것은 시신을 거부하는 것이며, 주작이 춤추듯 맑고 밝지 않으면 높이 날아서 가버린다." 하여 이것은 주변의 산들이 혈장과 명당을 향하여 집중하고 호위하는 듯한 상태를 취하고 있어야 한다는 말이다. 이처럼 사신사는 생긴 모양과 위치에 따라 혈장의 길흉화복을 결정하는 중요한 요소가 되고, 장풍(藏風)국을 이루어 혈장의 생기 보전을 위해 꼭 필요한 산이다. 이러한 산들은 풍수에서 용, 혈과 함께 매우 중요시하는 분야이므로 진혈의 조건을 결정하는 데는 혈장 앞쪽의 물과 함께 필수요건이다.

128. 현무정玄武頂의 조건

현무정(玄武頂)이란 혈장의 뒤편 가까이에 높이 솟은 산을 말한다. 이것은 태조산으로부터 흘러오는 생기를 혈장에 직접 공급하기 때문에 사신사 중에서 가장 중요한 산이다. 그래서 풍수에서는 현무정을 주산이라 부르기도 한다. 형체는 천차만별이지만 그중에서 단정한 것이 으뜸이고 그렇지 못한 것은 불길한 것으로 본다. 일반적으로 토성(土星: 산 정상이 평평한 일자문성), 금성(金星: 반달모양), 목성(木星: 문필봉 모양)의 산만이 그 아래에 제대로 된 혈을 맺을 수가 있고, 화성(火星: 바위로 이루어진 석산), 수성(水星; 물결모양)의 산 아래에서는 진혈이 맺히지 않는다.

풍수고서 『錦囊經』에서는 큰 부자가 되는 터는 둥그스름한 봉우리가 금궤처럼 생긴 것으로 재물이 몰려 들어옴이 마치 냇물이 들어옴과 같다 하였고, 『明堂論』에서도 부봉사(富峰砂) 있는 곳에 거부 자손 틀림없다 하였다. 또한 세상 만물은 근본 없는 물체 없고 이름 없는 물상 없다하여 천체의 근본은 북극성에 있고, 지체의 근본은 북극 측에 있으며, 초목의 근본은 뿌리에 있고, 인간의 근본은 조상에 있으며, 명당의 근본은 주산(현무봉)에 있다 하였다. 그러므로 풍수에서는 혈장 뒤 현무봉의 모양에 따라 후손들에게 미치는 영향도 다양하다고 해석한다. 또한 주산(현무봉)이 후부하면 거부 자손 태어나고 주산봉이 험악하면 추한 자손 태어난다 하여 후손들의 빈부와 귀천이 모두 혈장 뒤 현무봉의 모양에 따라 결정된다고 하였다. 이와 같이 모든 고서에서 주산(현무봉)의 형상을 중요시하고 있는데 풍수에서 주산을 중시하는 까닭은 혈의 결지 여부, 혈의 크기, 지기의 종류, 국세의 크기까지도 주산이 결정적인 역할을 하는 요소이기 때문이다.

그리고 현무(주산)는 혈의 뒤쪽에서 불어오는 바람을 막아 혈장의 생기 보존에도 큰 도움을 주지만 주된 역할은 혈을 맺을 내룡을 출맥시킨 어머니와 같은 산이다. 태조산에서 뻗어온 용맥이 중조산과 소조산을 거쳐 지기(地氣)가 일단 머문 곳이고, 이 기운이 입수를 거쳐 혈(묘소 안)에 생기를 주입 시킨다. 그 모습은 혈장을 향해 머리를 드리운 듯해야 한다. 고서 『錦囊經』에서도 혈장 뒤 현무정이 혈장을 향해 고개를 숙이지 않고 높이 쳐들었다면 이것은 시신의 안장을 거부하는 형상으로 그곳에서 뻗어 내린 내룡에는 생기가 없다고 하였다. 일반적으로 혈장에서 뒤를 보아 하늘이 훤히 보인다는 것은 현무정이 수두(垂頭)를 하지 않는다는 것이고 현무정 뒤편에는 불룩하게 탁(托)이 붙어야 반작용의 힘으로 앞쪽으로 밀어주어 수두를 한다. 현무정은 기품과 위엄을 가지되 유정함을 잃어서는 안 되고 다른 산(주변 사신사)을 위압하는 자세도 바람직하지 않다. 이는 남편은 가장으로서 위엄을 갖추어야 하되 자상함이 있어야 되는 것과 같고, 또한 자식들은 평범한데 아버지가 지나치면 자식들이 열등감을 가질 우려가 있는 것과 마찬가지이다. 현무정이 많은 양의 생기를 공급해야 입수와 혈도 많은 양의 생기를 공급받게 되고 이러한 곳에 시신을 안장해야 망명의 안녕과 더불어 그 후손들에게도 발복을 기대할 수 있다.

129. 안산案山과 조산朝山의 조건

풍수에서는 혈의 정면 앞으로 보아 가장 가까이 있는 산을 안산(案山) 혹은 주작(朱雀)이라 하고 그 뒤에 있는 산은 모두 조산(朝山)이라고 한다. 이들 안산과 조산의 역할은 주산에서 내려오는 기운이 밖으로 빠져나가지 못하게 막아주는 역할과 혈 앞에서 불어오는 바람을 막아 혈장의 생기를 보존해주고, 또한 자신이 품고 있는 기운을 혈장으로 뿜어 보내준다. 음택은 물론이고 양택에서도 안산을 부와 연결시켜 그 모양이 단정하고 귀한 형상이면 집안에 부가 쌓인다고 하였다. 그래서 명가들은 그러한 산을 안산으로 삼을 수 있는 장소에 입지하여 대문을 통해 집안에 좋은 기운을 받아들이고자 한다. 현무가 주인이라면 안산은 빈객으로 그 모양은 상무(翔舞)라 하여 새가 날아오르듯 춤을 추는 모습을 하는 것이 좋다.

안산은 모양에 따라 목, 화, 토, 금, 수의 오형산으로 구분하고 있는데 혈에 도움을 주는 좋은 안산으로는 산 정상이 평평한 일자형의 토형산이나 산 정상이 반달처럼 둥근 금형산, 산 정상이 뾰족한 목형산(문필봉)이 길격이며 불꽃모양의 화형산은 적합하지 않고 물결모양의 수형산도 청룡·백호로는 좋으나 안산으로는 선호하지 않는다. 특히 혈 앞에 반듯한 일자문성의 안산을 얻으면 지게꾼도 벼슬한다 할 정도로 큰 벼슬을 얻는다는 귀한 산이 되고, 반달 모양의 방정한 금체(金體) 안산은 부(富)를 관장하므로 부봉사(富峰砂)라 하여 후손들은 많은 재산을 얻게 된다고 한다.

풍수에서는 안산의 높이 또한 중요시한다. 『地理五訣』에서는 '높으면 눈썹의 높이요 낮으면 심장의 위치이다' 하여 이것은 정면에서 일직선으로 보아 15도 정도의 높이로 쳐다보는 위치를 말한다. 모양은 좌우로 치우치지 않아야 참다운 안(案)이 되고 거리는 손을 뻗쳐 안산을 잡을 듯이 보이면 재물을 천만 관이나 쌓는다고도 했다. 외방에 수려한 봉우리가 천봉(千峰)이나 있다 해도 면전에 하나의 면궁(횔)만 못하다고 하였다. 또한 안산은 사회운이라 하여 부귀와 동시에 벼슬길에 가장 빨리 오르게 하는 것이 바로 안산의 영향력으로 보고 후손들의 사회생활에 여러 가지로 길흉의 관계에 영향을 미친다고 하였다.

그리고 안산의 길흉화복은 주로 부인궁과 재산궁도 관장한다. 고서에서는 수려하고 반듯한 안산이 혈과 정면으로 조응하면 아내는 어질고 자식은 효도하며 재물과 곡식이 앞마당에 가득하게 쌓일 정도로 부자가 된다고 하였다. 그리고 안산 뒤편에 있는 조산 역시 모양이 문필봉이면 문장가가 나고, 귀인봉이 있으면 대귀인이 출하고, 둥글어 곡식을 쌓아놓은 노적봉의 형상이면 거부가 나고, 보름달과 같으면 부귀하고 남자 후손을 많이 낳는다고 하였다. 안산이 높으면 혈도 높게 형성되어야 하나 조산은 높아도 상관없다. 안산 넘어 수려한 조산이 한층 더 높이 있어 2중으로 막아주면 혈장에 더 많은 생기를 보내주니 더욱더 길한 것이다. 만약 혈장 앞쪽 가까이에 물이 있어 혈장을 둘러싸면 안산이 없어도 전면으로의 생기 누설을 막아주기 때문에 어느 정도 안산의 역할을 대신할 수가 있다.

130. 청룡青龍과 백호白虎의 조건

청룡과 백호는 원래 풍수에서 사용하는 용어이지만 모르는 사람이 없을 정도로 누구에게나 귀에 익숙한 단어이다. 이것은 중국의 사천 동물인 용(龍)·호(虎)·작(雀)·구(龜)의 넷 중에 그 동서에 위치하는 동룡(東龍)과 서호((西虎)의 이름을 따온 것으로 주 임무가 혈장에 바람을 가두어주기 위한 것이다. 혈장을 중심으로 하여 좌측에 있는 지룡맥을 청룡, 우측에 있는 지룡맥을 백호라 한다. 지룡맥의 바깥 부분에 불룩한 요도가 붙어 혈장 쪽으로 밀어주면 좋은 용·호가 되나 반대로 안쪽에 요도가 붙어 바깥으로 밀어 비주(飛走)를 하게 되면 흉한 용·호가 된다. 그리고 용·호의 끝자락은 고개를 숙인 듯 엎드린 형태여야지 고개를 쳐들면 불리하다. 특히 백호는 마치 호랑이가 걸터앉은 듯 하는 것을 이상으로 여기며 반대로 백호가 되돌려 고개를 들고 주산을 노려보는 형상은 시신을 뜯어먹으려는 모양이라 안 좋은 산으로 본다. 이들의 주된 역할은 혈을 호위하면서 혈장에 부는 바람을 막아주는 일이므로 바람을 막기 위해서는 겹겹으로 감싸주면 더 좋다. 그러기 위해서는 용·호가 한 겹보다는 두세 겹으로 둘러싸면 더욱 좋고 멀리 있는 것보다는 가까이서 혈을 다정하게 감싸고 있으면 그 발복도 아주 빠르다고 해석한다. 용·호의 주 임무는 장풍(藏風)을 위한 것이기 때문에 혈을 향하여 감싸주고 있어야 하고 그 높이 또한 혈장보다는 높아야 한다. 만약 청룡·백호가 낮아 그 너머로 들판이나 강물이 보이면 이것을 월수(越水)라 하고 그곳으로 혈장에 바람이 불어오기 때문에 흉한 것으로 본다.

풍수에서는 청룡은 남자 후손들의 벼슬과 건강 그리고 수명에 관계가 있으며 특히 장손이 가장 많은 영향을 받는다. 그중에서도 청룡 자락의 가장 윗부분은 장남에게, 가운데는 차남, 맨 끝부분은 막내아들에게 더 영향을 미친다고 해석하기도 한다. 청룡이 끊어지면 집안이 절손되고, 짧거나 부실하면 남자 쪽 후손이 단명하거나 병치레를 많이 한다. 만약 혈장을 감싸지 않은 채 등을 돌리고 있으면(바깥쪽으로 구부러짐) 불효자가 나고, 끝머리가 끊어지거나 미약하면 객사하는 후손이 나오고, 끝머리에 암석이 돌출해 있으면 인재가 태어난다고 하였다.

반면 백호는 딸이나 며느리 등 여자 후손의 건강과 집안의 재물운을 관장한다. 백호가 아름다우면 후손 중에 재색을 겸비한 여자가 나오고, 백호가 부실하면 여자 후손이 빨리 죽어 홀아비가 나온다고 한다. 백호가 전체적으로 왜소하면 굶어 죽는 후손이 나오고, 끝머리가 뚝 끊겨진 듯 뭉툭하면 후손이 끊기거나 과부가 생겨난다. 그리고 청룡이 백호 자락을 밖에서 끌어안는 형국이 좋은 형상이지만, 반대 현상으로 백호의 위용이 지나치게 당당하면 집안에 청상과부가 생기거나 며느리의 주장이 거세어진다. 또한 집안의 여자 중에서도 딸은 백호 자락, 며느리는 혈장 옆에 있는 백호 선익과 더 연관이 있다고 해석한다. 풍수에서는 혈장 앞의 물이 좌측에서 나오면 백호가 길게 나와 거수를 해주고 우측에서 나오면 청룡이 길게 나와 그 물을 거수해야 내부 생기를 더욱 응기시킬 수 있다. 그리고 혈장에서 보아 백호와 청룡의 끝자락은 이기 풍수에서 많이 쓰이는 수구의 방위측정에 매우 중요하다.

131. 사성四星 [관官, 귀鬼, 요曜, 금禽]

사격(山)에는 사신사 이외에도 안산의 바깥(뒤편)에 붙어있는 흙 무더기나 바위를 관성(官星), 북현무 뒤편에 붙어있는 귀성(鬼星), 좌우 용·호 바깥에 붙어있는 요성(曜星) 그리고 수구에 있는 금성(禽星) 등이 있어 이를 사성(四星)이라고 한다. 이 중에서 관성과 귀성, 요성은 사신사의 뒤에 붙어 그 기운을 안쪽으로 밀어주기 때문에 혈장의 생기 응축에 많은 도움을 주고, 금성은 수구에서 물의 흐름을 막아 유속을 늦추어 주기 때문에 이 역시 혈장에 생기를 머물게 해 후손들의 발복과 망명의 안녕에 지대한 영향을 미친다. 안산의 뒤편에 붙어 혈장 쪽으로 그 기운을 밀어주는 것도 관성이지만 혈장 바로 밑 전순(氈脣)의 하단부에 붙어있는 흙무더기나 암석도 관성이라 한다. 이것은 혈장의 여기(餘氣)가 밑으로 새 나가는 것을 막아주며 생기를 혈장으로 재응축 시켜주는 작은 사격(山)이다. 전순 밑에 붙어있는 관성의 발생 원리는 안산의 반응기 작용으로 형성된다. 그러나 안산의 뒤쪽에 붙어있는 관성이 너무 크고 길면 오히려 안산의 기운을 빼앗아 가기 때문에 적당한 크기여야 한다.

그리고 귀성(鬼星)은 용맥 뒤에서 나온 것으로 마치 죽음의 이미지(象)가 있다하여 귀(鬼)라 하였다. 이것은 현무봉의 반대편(뒤)에 붙어있는 작은 사(砂)나 바위를 말하며 횡룡입수 혈에는 낙산과 더불어 필수조건으로 반드시 필요하다. 또한 내맥의 생기를 입수 두뇌에 공급하는 과정에서 입수를 재응축해주는 역할도 한다. 만약 귀성이 소의 뿔처럼 두 개가 나란히 있으면 이것을 효순귀(孝順鬼)라 하여 매우 길하게 여기며 횡룡 입수에 붙은 귀성은 짧은 것이 좋고 너무 길면 지룡(枝龍)으로 혈장의 기가 오히려 그곳으로 빠져나간다. 또한 혈장의 바로 뒤(위)쪽에 작은 바위나 흙무더기가 있어 혈장에 생기를 응축시켜주는 것도 귀성이라고 한다.

요성(曜星)은 주룡의 기운이 왕성하여 혈을 맺고 남은 기운으로 생긴 작은 사격(山)이다. 이것도 흙이나 바위로 이루어져 있으며 위치는 정해져 있지 않다. 일반적으로 청용·백호의 뒤편에 붙어 혈장 쪽으로 용·호의 기운을 밀어주는 사격(山)을 요성이라고 하지만 혈장의 양옆 좌우 선익의 밖에 발생한 작은 사격도 요성이라고 한다. 혈장의 바로 양옆에 붙어있는 요성의 발생 원리는 좌우 청룡·백호에 의한 강한 응축을 받음으로 생겨난다. 이들은 혈장에 생기를 가두어주고 재응축해주는 역할을 하기에 매우 귀하게 여기며 선익 밖의 요성은 중요한 혈증으로 삼는다. 그리고 금성(禽星)은 명당 좌우 및 혈장에서 물이 흘러나가는 수구에 짐승이나 새 모양을 하고있는 큰 돌을 말하는데 거북, 자라, 물고기, 혹은 기러기가 백사장에 날아드는 모습과 같다하여 붙여진 이름이다. 너무 작아서는 안 되고 2~3장(丈) 정도의 높이는 되어야 길하며 이것 역시 물의 흐름을 느리게 하여 혈장에 있는 생기의 이탈을 방지한다. 암석이나 독봉사 형태로 형성되는 것이지만 반듯하여야 하고 모양이 흐트러진 것은 불길하다. 『人子須知』에서는 만약 2~3장(丈) 높이의 돌이 수구 가운데에 있으면 벼슬사가 되어 조정입조(朝廷入朝) 하는 극품의 벼슬과 성곽의 지방 장이 난다고 하였다. 풍수에서는 혈장 주변의 이러한 사성들을 보고 진혈의 증거로 삼는다.

132. 각종 수구사水口砂

풍수에서는 음·양택지를 막론하고 주변의 물길은 혈처를 감싸듯이 환포하며 천천히 흘러나가는 것을 좋게 해석한다. 이것은 혈장 앞의 명당수가 반배하거나 빠르게 직류하게 되면 혈장에 생기를 머무르게 하지 않고 오히려 빼앗아 달아나기 때문이다. 『地理五訣』에서도 열 개의 천혈(賤穴) 중에 아홉 개는 반궁(反弓)이다 하였으니 물의 형세 즉 환포와 유속을 얼마나 중요시하고 있는지 알 수가 있다. 그리고 유속을 늦추어 혈장에 생기가 오래토록 머물게 하려면 무엇보다 수구의 관쇄(關鎖: 좁아지는 것)와 수구처에 여러 종류의 장애물이 있어 물의 흐름을 자연적으로 늦추어 주어야 한다. 이렇게 수구에서 유속을 늦추어 주는 여러 가지 장애물을 풍수에서는 수구사라고 하고 매우 귀하게 여긴다. 즉 다시 말해 수구사는 물이 흘러나가는 수구에 있는 작은 산이나 바위 등을 일컫는 말로 이들이 물의 흐름을 막아 유속이 늦어지게 되니 명당에 오래토록 생기를 보존해주는 역할을 한다. 수구사의 종류로는 그 생긴 모양에 따라 한문(捍門), 화표(華表), 북신(北辰), 나성(羅星) 등으로 구분한다. 이들로 인하여 수구의 막힘 여부가 바로 혈장의 생기 형성과 응축에 직결되는 요소이기 때문에 입지 선정 시 반드시 살펴보아야 할 필수 조건들이다. 그래서 물이 흘러나가는 수구에 수구사가 있으면 그 안쪽은 대길지로 보는 것이다.

이러한 수구사들 중 한문(捍門)은 수구 사이에서 두 산이 서로 마주 보고 마치 문을 지키고 있는 것처럼 수구를 막아주는 것을 말한다. 이것은 수구의 양쪽에 서 있는 바위나 산을 일컬으며 물의 직출(直出)을 막아주는 장애물로 수구가 보국의 대문이라면 한문은 대문의 문기둥에 해당한다. 고서에서도 “한문의 간격이 조각배 하나 지나칠 정도로 좁으면 그 안쪽에 백세 부귀가 기약되는 대혈이 있다”고 하였다. 그리고 북신과 화표는 물이 흐르는 가운데 있는 바위를 말하는데 북신은 동물이나 어떤 사물의 형상을 하고있는 것이고, 화표는 단순한 바위를 말한다. 북신은 대 부귀를 상징하는데 그 모습이 흐르는 물의 반대 방향으로 앉아있는 형상이면 더욱 길하다. 화표는 수구의 물 가운데 박혀있는 바위로 대게 한문 사이에 있는 것을 말하고, 이들 모두가 유속을 느리게 하여 혈장에 생기를 보존시켜주므로 풍수에서는 화표가 있어 수구가 관쇄되면 그 안쪽에는 진혈이 있다는 증거로 삼는다.

나성(羅星)은 수구처에 돌, 흙 등이 퇴적하여 생긴 작은 섬을 말하며 물의 직류나 급류를 막아 유속을 늦추어 주는 역할을 하는데 이것 역시 어떤 동물의 모양을 하여 흐르는 물의 반대 방향으로 앉아있으면 대 부귀가 기약된다. 물이 빨리 흐르게 되면 바람도 같이 따라 움직인다. 이러한 현상은 일반 평야지보다 유속이 빠른 강가에 서 있어 보면 확실히 더 시원하다는 것을 느낄 수 있다. 그러므로 이러한 수구사들이 많이 있을수록 물의 흐름을 막아 유속을 더 늦추어 준다. 따라서 수구사가 있어 물이 천천히 흐른다는 것은 동시에 바람의 이동도 그만큼 속도를 늦추어지게 되므로 기운이 더 오래토록 머물게 되어 그 안쪽은 생기 가득한 길지가 된다는 것이다.

133. 산(砂格)의 생긴 모양과 발복

혈장 주변에 있는 산봉우리의 길흉 판단은 산의 생긴 모양과 형세를 보고 판단하는 방법과 방위에 따라 음양오행을 적용시켜 판단하는 두 가지 방법이 있다. 풍수에서는 산의 외적 모양을 보고 판단하는 것을 형세적 사격론이라 하고 방위에 따라 음양오행을 적용시켜 길흉을 따져보는 것을 이기적 사격론이라고 한다. 여기서 형세적 사격론이란 태초에 하늘의 기운이 땅에 닿아 그 형상대로 산천이 생겨났고 그 땅속으로는 만물을 생육하는 생기가 흐르고 있기 때문에 산천의 생긴 모양에 따라 그 기운도 다르다고 보고 있다. 즉 형기 풍수에서는 산의 생긴 모양을 오형(목·화·토·금·수)산으로 구분 짓고 그 모양에 따라 발복도 각각 다르게 해석한다는 것이다. 그럼 오형(목, 화, 토, 금, 수)형 산의 특징을 하나씩 살펴보자.

먼저 목성(木星) 사격(山)은 산 정상이 죽순처럼 뾰족하거나 붓의 끝 모양과 같이 생긴 산으로 문필봉이라고도 하며 혈장 주변에 이러한 사격이 있으면 탐랑봉(貪狼峰)이라 하여 총명, 문필, 관직 등 주로 귀를 관장하므로 길봉으로 해석한다. 그리고 화성(火星) 사격은 불꽃처럼 뾰족한 암석들이 날카롭게 서 있는 산을 말하며 이러한 화형산을 마주하고 있는 곳은 화재가 자주 발생하기 때문에 흉봉으로 친다. 이러한 화형산은 염정봉(廉貞峰)이라 하여 주로 형살과 반역, 패망을 관장한다. 또한 토성(土星)사격은 산 정상이 날 일(一)字 모양으로 평평한 모양을 말하며 거문봉(巨門峰)이라 하여 주로 부귀, 장수를 동시에 관장하므로 좋은 길봉으로 해석한다. 금성(金星)사격은 산 정상이 원형이며 종을 엎어놓은 모양으로 부봉이라고도 한다. 부봉은 재물을 상징하기에 원만 단정하고 균형이 잡혀야 하며 이러한 금형산은 무곡봉(武曲峰)으로서 혈장 주변에 있으면 부(富)로 인한 발복을 가져다준다. 마지막으로 수성(水星)사격은 물결의 파도처럼 연속적으로 이어지는 산을 말하는데 이러한 산은 혈장 주변의 국(局)을 형성하거나 청룡·백호로서는 이상적인 산이라 할 수 있다. 수성산은 문곡봉(文曲峰)으로 총명한 문인과 처복을 관장한다.

오행 중 한 형태만 닮은 산은 오행산으로 구분이 쉽지만 실제 산에 올라 보면 오행으로 구분할 수 없는 형태도 많다. 토형산으로 모양이 작고 예쁜 것은 금형산과 유사하고, 목형산이 첨예하고 난(亂)한 것은 화형산과 유사하다. 특히 두 가지 기운이 혼합된 형태의 산이 있는데 목산과 화산 혹은 토산과 수산의 중간 형태 이거나 위쪽은 목산이고 아래는 금산으로 된 혼합 산도 있다. 이러한 경우 기운의 특징도 혼합되어있다. 그리고 혈장을 중심으로 주위에 오성이 모두 갖추어졌으면 극귀한 직(職)이 보장되는 곳으로, 남방에는 화성, 북방에는 수성, 동방에 목성, 서방에 금성이 위치하고, 중앙에 토성이 있어 오성들이 각각 제 위치에 자리하고 있으면 이를 오기조원(五氣朝元)이라 하여 아주 귀한 자리로 친다. 이러한 곳에 시신을 장(葬)하면 성현이나 제왕, 재상 또는 극귀인이 출하는 대명당의 길지로 본다.

134. 산砂格의 방위에 따른 발복

산(山)은 모양이 단정하고 수려해야 길 하지만 그 위치가 음양오행의 이치에 맞지 않으면 그 복분을 다 할 수 없다. 즉 아무리 좋은 모양의 산도 혈에 도움이 되지 않는 방위에 있으면 효과가 없다는 것이다. 예를 들어 자기의 주위 사람 중에 귀인이나 큰 부자가 있다 하더라도 그 사람이 직접적으로 나를 도와주지 않는 사람이라면 무용지물이다. 마찬가지로 아무리 모양이 좋은 산도 혈에 도움이 되지 않는 방위에 우뚝 솟아 있으면 별 효과가 없다는 것이다. 이러한 현상은 흉한 사격(山)도 마찬가지고 혈장에서 보아 보이지 않는 위치에 있으면 아무런 영향을 받지 않는다. 이기 풍수에서는 음·양택을 막론하고 혈장에서 보아 삼길육수(三吉六秀) 방위에 수려 양명한 산(砂格)이 있으면 관직에 있는 사람은 권력을 얻고, 선비나 학자는 자리를 얻으며, 일반백성은 재물을 얻는다고 하여 매우 귀하게 여긴다. 여기서 삼길육수 방이란 삼길 [震(동), 庚(서), 亥(북서)]의 3방위와 육수 [艮(북동), 丙(남), 巽(동남), 辛(서), 兌(서), 丁(남)] 의 6방위를 말한다. 그리고 혈장의 좌향을 중심으로 그 좌향에 맞는 귀인방에 문필봉(文筆峰)이나 귀인봉(貴人峰), 고축봉(告軸峰) 등이 있으면 후손들은 등과 급제하여 벼슬길에 오르며 좌향을 기준으로 하여 그 좌향에 맞는 녹방(祿方)에 풍만하고 원만한 부봉이나 창고사가 있으면 많은 재물을 얻어 큰 부자가 된다고 한다. 그리고 좌향에 따른 역마방(驛馬方)의 사격은 속발 부귀를 가져다주며 좌향마다 정해놓은 천을귀인(天乙貴人) 방에 산이 있으면 복록이 오래토록 유지된다고 한다.

이외에도 혈장에 도움을 주는 방위도 많지만 겁살(劫煞)방 등 흉한 방위도 많이 있으므로 음·양택 조장(造葬) 시 패철의 정확한 측정으로 좌향을 놓아야 취길피흉(取吉避凶 : 길한 것은 취하고 흉한 것은 피함)을 할 수 있다. 그리고 사격이 아무리 좋은 방위에 있다 하더라도 그 모양이 깨지거나 불손하여 모양이 흉하면 혈장에 도움이 되지 못한다. 또한 사격(山)의 길흉을 판단하는 방법으로 묘소나 집의 좌향과 주변 산봉우리의 관계를 성수(星宿)오행으로 따져서 주변 사(山)의 성수오행이 좌(坐)의 성수오행을 생해주면 제일 좋고, 그다음 좌의 성수오행이 사의 성수오행을 극하거나 같은 오행이면 길하다. 그러나 사(산봉우리)의 방위 성수오행이 좌의 성수오행을 극하거나 좌의 성수오행이 사의 성수오행을 생해주는 방위에 있으면 기운이 설기(泄氣)가 되어 아주 흉하다. 이는 풍수 현장에서 음·양택지의 좌향 조정 시 많이 사용되어지므로 세심한 주의를 요하는 부분이다. 그리고 혈에서 주변에 있는 산의 방위를 패철 6층 인반중침으로 측정하여 8괘 방위의 가족분방[東(장남), 西(막내 딸), 南(중간 딸), 北(중간 男), 北西(아버지), 南西(어머니), 東南(장녀), 북동(막내 男)]과 연관 지어 길흉을 해석하기도 한다. 예를 들어 동쪽인 진(震)방에 수려한 산이 있으면 장남과 장손의 발복이 더 크고 북쪽인 감(坎)방에 부서진 흉한 산이 있다면 특히 중간 남자 자손이 더 큰 피해를 본다는 것이다. 이하 다른 방위들도 마찬가지다.

135. 풍수에서의 형국론形局論

풍수에서 형국론이란 산천의 생긴 모양을 보고 사람이나 사물 또는 동물이나 식물, 문자 등 어떤 형상에 비유하는 것을 형국론 혹은 물형론이라고도 한다. 이것은 산천의 겉모양과 그 안의 정기는 서로 상통한다는 관점에서 보아 그 지형의 안에 있는 음·양택지에 영향을 미친다고 보는 것이다. 이러한 현상은 우주의 이법에 따라 우주의 기운은 각각의 물체마다 형체를 갖게 하는데 소우주인 땅에도 어느 지점에 생기가 분출되는 혈이 맺히면 물체의 형상과 유사한 지형이 만들어진다는데 근거를 두고 있다. 따라서 먼저 물체의 형상을 찾고 있는 그 모양을 기본으로 혈을 찾거나 설명하는 풍수 이론이다. 우리나라의 재야 풍수인들이나 일반인들은 형국론에 많은 관심을 가지고있다. 그렇지만 멀리서 산수의 대략적인 윤곽만 보고 풍수를 논하는 것은 옳지 않으며 형기 풍수의 원칙을 적용한 학습과 심혈법, 정혈법이 바람직한 방법이라 생각한다. 형국은 산을 보는 위치와 관찰하는 사람의 주관에 따라 크게 차이가 나기 때문이다. 예를 들어 어떤 사람은 산의 형태를 사자로 보았는데 다른 사람은 호랑이로 볼 수 있다는 것이다. 그런고로 풍수고서 『인자수지』에서는 물형에 관하여 너무 구애받아서는 안 된다고까지 기록하고 있다.

현재 우리나라에서 불러지고 있는 형국론의 이름은 수없이 많아 일일이 나열할 수 없으나 흔히 사용되어지고 있는 몇 가지만 설명해보기로 한다. 금닭이나 봉황이 알을 품고 있는 형국이라 하여 금계 혹은 봉황포란형이라 하는데 이것은 한 번에 많은 알을 품을 수 있으므로 무리를 이끄는 위대한 호걸이 출하거나 많은 자손을 둘 수 있는 곳이라 해석한다. 그리고 소가 누워있는 모양의 와우형(臥牛形)은 높은 벼슬보다는 부(富)의 발복이 크다. 소는 옛 부터 부의 상징이며 새끼 수가 적기 때문에 부는 이루되 자손은 귀하다고 해석한다. 또한 봉황이 날개를 펼치고 둥지로 날아오는 형상의 봉황귀소형은 후손 중에 성인군자가 출하며, 연꽃이 물 위에 떠 있는 형상의 연화부수형은 자손이 모두 고귀하여 화려한 생활을 하게 된다고 해석한다. 주위 산세의 모양이 한문글자의 야(也)字 혹은 물(勿)字 모양의 형을 갖추면 이름 있는 학자를 출하며, 주위의 산세가 매실나무 혹은 복숭아의 가지가 늘어져 그 꽃이 땅바닥에 닿아 있는 모양이면 사방에 향기가 퍼져 모든 자손이 크게 발복을 하고, 산세가 장군대좌형이면 훌륭한 무사가 출 한다고 해석한다.

그러나 모든 물형론은 혈장 앞에 그와 걸맞는 짝이 있어야 진혈로 인정한다. 예를 들어 와우형(臥牛形)은 혈장 앞에 소의 먹이가 되는 곡식이나 풀 더미 모양의 안산이 있어야 하고, 장군대좌형은 주위에 병사를 뜻하는 작은 바위들이나 말을 뜻하는 천마사(天馬砂)나 병졸을 뜻하는 사람이 많이 모이는 시장 등이 있어야 진혈이 된다는 것이다. 이외에 배가 물 위에 떠 있는 모양의 행주형은 주로 양택지로 적합하며 큰 부(富)를 이룰 장소로 양택지로서는 대길지로 해석한다. 이 외에도 헤아릴 수 없을 정도로 많지만 지면 관계상 다음 기회로 미룬다.

136. 김유신 장군의 묘

경북 경주시 충효동 산 7-10번지(흥무로 71)에 가면 삼국통일의 주역인 신라의 명장 김유신(595~673년) 장군의 묘가 있다. 그는 원래 금관국 김수로왕의 12대 후손으로 가야 왕족 출신이며 신라에 귀순한 후 백제와 고구려를 통일하고 당나라도 물리친 신라의 명장이고 정치가이다. 금관국의 마지막 왕 구형왕은 법흥왕 19년(532년) 세 명의 아들을 거느리고 신라에 항복했으며, 곧바로 신라의 진골 귀족으로 편입되었다. 구형왕의 막내아들 김무력 장군이 바로 김유신 장군의 할아버지이고, 그는 무장으로 활동하며 백제와의 전쟁에서 성왕을 잡아 죽이는 등 큰 공을 세웠다. 김무력의 장남이었던 그의 아버지 김서현은 대량주도독(大梁州都督)을 지냈고 어머니는 진흥왕의 아우인 숙흘종의 딸이다. 김유신은 성장 후 신라 화랑의 우두머리였으며 신라 제26대 진평왕부터 제30대 문무왕에 이르는 다섯 명의 왕을 섬겨 신라 정권의 중추적 인물로 활동하였다. 「삼국유사」에 기록하기를 김유신은 백제와의 전쟁을 대승으로 이끈 공로로 상주행군 대총관에 올랐으며 진덕여왕으로부터 직접 환대를 받는 등 극진한 예우를 받았다고 한다. 진덕여왕이 후사 없이 죽자 화백은 상대등이었던 알천을 추대했으나, 알천은 이를 거부하며 이찬 춘추를 왕으로 추대하였고 그가 바로 29대 태종 무열왕이다. 김춘추는 김유신의 누이동생과 결혼하였고, 유신은 무열왕 2년(655년) 대각간(大角干)에 임명된 후 무열왕의 셋째 딸이자 외조카였던 지소와 혼인했다. 이러한 신라 왕실과의 이중, 삼중의 혼맥을 통해 그는 신라의 최고 권력자로 부상했으며 무열왕 7년(660년) 초에 상대등으로 승진했다. 그는 당나라 군사와 합류해 백제를 멸망시키고 고구려를 함락시켜 삼국을 통일한 후 당나라 군사도 몰아냈다. 김유신은 673년 79세의 일기로 자택에서 사망하였고, 훗날 무열왕의 즉위 및 삼국통일 전쟁 등에 기여한 공적을 인정받아 왕족이 아님에도 불구하고 순충장렬흥무대왕(純忠壯烈興武大王)으로 추존되었다.

이곳의 산세는 낙동정맥인 경주시 서면 인내산(433m)에서 남동쪽으로 하나의 지맥을 뻗어 건천읍 용명리 구미산(594.4m), 그리고 대곡리 용림산(520m)을 거쳐 충효동 송화산(275.5m:옥녀봉)에 이르러 이 묘소의 주산이 되었다. 김유신 장군 묘는 주산인 옥녀봉에서 남쪽으로 하나의 지맥을 뻗어 내려오는 중간지점에 위치하고 있다. 혈은 일반적으로 배산임수의 원칙에 따라 산자락의 끝 지점인 용진처(龍盡處)에 맺는 것이 원칙인데 이곳은 용진처가 아닌 중간지점이라 지맥이 그냥 통과해 버리는 과룡처이다. 일부에서는 혈장 뒤편 입수가 분명하다고 하여 명당 길지로 해석하고 있으나 풍수에서는 과룡지장삼대내절향화(過龍之葬三代內絶香火)라 하여 이러한 곳에 장사를 지내면 후손이 끊어지는 흉지로 해석한다. 그러나 이곳의 수세는 양호하다. 묘소는 남향이고 우측 충효동 쪽에서 흘러나온 제법 큰 소하천이 묘소 앞쪽을 지나 남에서 북으로 흐르는 형산강에 합류하여 흘러나가니 이 산자락을 완전 U자형으로 감싸 준다. 풍수에서는 이러한 곳을 역수국(逆水局)이라 하여 최고의 수세 조건으로 친다.

137. 신숭겸 장군의 묘

평산신씨의 시조인 신숭겸 장군은 후삼국 시대(서기 918년)에 배현경, 복지겸, 홍유 등과 힘을 합쳐 태봉국의 궁예를 몰아내고 왕건을 추대하여 고려를 세운 충신이다. 후삼국이 서로 자국의 영토 확장을 꿈꾸던 중 서기 927년(태조 10년)에 후백제의 견훤이 신라로 쳐들어가 포석정에서 연회를 즐기던 경애왕을 생포하여 강제로 자결하게 하고 온갖 만행과 약탈을 저질렀다. 이 소식을 접한 고려 왕건이 즉시 군사를 이끌고 경주로 향하던 중 대구 팔공산 근처에서 백제의 군사에 포위되어 죽을 위기에 처하게 된다. 이때 신숭겸 장군은 지혜를 발휘해 임금(왕건)의 옷을 평복차림으로 갈아입히고 반대 방향으로 피신시켰다. 그리고 자신은 임금(태조 왕건)의 옷으로 갈아입고 임금인 양 위장하여 김락 장군과 함께 후백제 군사와 접전을 벌이며 싸우다 목숨을 잃게 된다. 그를 고려의 왕으로 오인한 백제의 군사들은 전리품으로 그의 목을 잘라 가는 바람에 머리가 없는 시신만 전장에 남았다. 목이 없는 신숭겸 장군의 시신을 수습하여 돌아간 왕건은 슬픔에 잠긴 나머지 후히 장사를 지내준다. 장소는 도선국사가 태조의 묘 터로 점지해 둔 최고의 명당을 하사하고 시신의 머리가 없어졌으니 금으로 머리를 만들게 하여 장례를 치렀으며 묘지는 지금의 춘천시 서면 방동리에 위치하고 있다. 그런데 이곳 신숭겸의 묘는 이상하게도 사람은 한사람 뿐인데 묘소는 3기가 나란히 있다. 전국에서 유일하게 1인 3분묘 형태로 조성된 이곳에는 그럴만한 이유가 있다. 사연인즉, 머리가 없는 신숭겸의 시신을 값 비산 금으로 두상을 만들어 매장하였기에 도굴을 염려해 진짜 시신이 어느 무덤에 있는지를 모르게 하기 위해 똑같은 묘를 3개나 만들었으며 지금까지도 시신이 어느 무덤에 들어있는지는 후손들조차도 모른다고 한다. 왕건은 그의 시호를 장절공(壯節公)으로 하사하고 그가 전사한 팔공산 자락에도 기묘한 지혜를 발휘한 곳이다 하여 동네 이름을 지묘동으로 바꾸었으며 그곳에 지묘사(智妙寺)란 이름으로 사찰을 창건하여 명복을 빌게 하였다.

이곳은 풍수 대가 도선국사가 소점한 자리로 풍수가에선 조선 8대의 명당 중 한 곳으로 꼽고 있다. 그러나 일부에서는 몇 가지 이유를 들어 명당이 아니라는 사람과 국세로 보아 과히 임금이 묻힐 만한 곳이라는 사람도 있으니 보는 이에 따라 평가를 달리하고 있다. 그러나 풍수 문외한들은 누구라도 이곳의 산에 올라 보면 전망이 좋아 무 조건적인 명당으로 평가한다. 혈장 뒤편 현무봉은 부귀를 가져다주는 금형 산이고 사방으로 사신사가 잘 갖추어져 있어 장풍(藏風)이 잘되고 있기 때문에 생기가 모아질 수 있는 합법한 곳이다. 그러나 현장에 올라 보면 경사가 제법 있어 당판에 물이 바로 빠져나가는 단점이 있다. 현재의 묘역은 묘소 앞쪽에 인작으로 둑을 쌓아 평지를 만든 후 당판을 조성하였다. 필자의 식견으로는 현재의 위치에서 약 15~20m 정도 더 밑으로 내려왔으면 경사도 완만해지고 좌측의 깊은 계곡풍도 피할 수 있지 않았나 하는 생각이 든다. 이것은 묘 봉분의 좌측면을 보면 계곡풍의 습기로 인한 청태(이끼)가 자라고 있기 때문이다. 원래 풍수무전미(風水無全美)라 하여 완전한 땅은 없는 법, 당대 최고의 풍수 대가 도선국사가 점지한 곳이니 어찌 흉지라 할 수 있겠는가.

138. 윤관 장군의 묘

경기도 파주시 광탄면 분수리 산 4-1번지에 가면 고려시대의 명장 윤관 장군의 묘가 있다. 그는 파평윤씨의 시조 윤신달의 5대손이고, 고려 문종 때 문과에 급제했지만 문무를 겸비한 인물로 숙종(1104년) 때 변방을 침범한 여진족을 몰아내어 영토를 확장하고 동북 9개 성을 축조한 인물이다. 윤관 장군은 1111년 5월에 72세의 나이로 세상을 떠나 이곳에 묻혔는데 조선조 중반에 이 묘를 실전하게 된다. 그 이유는 조선조 연산군이 이 지역을 사냥터로 정하다 보니 일반인의 출입이 금지되는 바람에 그 후로 묘를 실전하게 되었다는 설과 중종의 처남 윤원형의 폭정으로 그에게 원한을 품은 자들로부터 도굴의 위험이 생기자 묘소의 봉분을 헐어 평장으로 만들어 놓았기에 실전했다는 2가지 설이 전한다. 그러다 세월이 지나 1763년 장군의 후손들이 그의 묘소를 찾던 중 조선 효종 때 영의정을 지낸 심지원의 묘소 아래에서 윤관 장군의 시효인 '문숙공'이라 적힌 비석 조각을 발견하게 된다. 이것은 1764년 〈조선왕조실록〉 6월 14일자 기록을 보면 윤관 장군의 묘에서 확인된 비석의 조각을 통해 윤관 장군의 묘라는 것이 확인이 되었다고 기록되어 있다. 그런데 문제는 실전된 사이 윤관 장군의 묘 뒤로 청송심씨의 묘역이 조성되었다는 점이다. 파평윤씨 문중에서는 바로 위에 역장을 한 청송심씨와 산송을 벌이게 되고 지방관아에서 해결이 되지 않자 조정의 영조 임금에까지 보고하게 되었다. 그러나 이 사건은 파평윤씨나 청송심씨 모두 왕비를 배출했던 명문가였다는 점에서 가문의 자존심 대결로 이어졌다. 조정에까지 알려진 이 다툼은 영조의 중재에도 해결이 되지 못하고 250여 년간이나 더 이어지다가 근래 들어 2005년 윤씨 문중에서 땅 2,500평을 증여하기로 하여 심씨 문중에서 묘를 이장해 가기로 합의했다. 그러나 2005년 손학규 경기지사 당시 이장이 허락되지 않아 또 미루어지다가 2007년 김문수 경기지사의 도움으로 완전하게 해결이 되었으니 250년 동안의 기나긴 산송분쟁이 마무리되게 되었다. 윤관 장군의 묘소 주변 곡장을 보면 다른 묘와 달리 유달리 높게 만들어졌는데 이것은 뒤쪽 청송심씨 묘소의 앞쪽 조망을 막기 위해 고의적으로 쌓은 행위로 그 당시 감정으로 인한 산송분쟁의 흔적이라고 볼 수 있다. 파평윤씨 가문은 이 묘소의 음덕으로 왕비 4명이 나오고 묘 바로 뒤에 심 씨의 묘를 쓰자 또 심씨 문중에서도 왕비 3명이나 나왔다.

이 묘소의 산세는 주산인 박달산(369m)에서 서북쪽으로 내려오다 다시 남서쪽으로 방향을 틀어 혈장 뒤 둥근 금형체의 현무봉을 만들었다. 현무봉 아래로 뻗어 내린 지맥은 과협을 하고 다시 길게 뻗어 내려와 유혈의 혈장을 만들었다. 혈장 뒤편의 과협은 그 아래에 진혈이 맺혀 있다는 증거가 되고 좌우 청룡·백호는 혈장을 잘 환포해 장풍국(藏風局)을 이루고 있다. 주변 산세는 모두 부드러운 귀인봉이고 특히 안산은 혈장 쪽으로 밀고 들어오는 당배 안산으로 혈장의 기운을 잘 막아주고 있다. 그 뒤로 길게 이어진 아미사는 그 모양이 아름다운 여인의 눈썹과 같아 후손들에게 왕비와 같은 귀인의 배출을 미리 예견해주고 있다.

139. 김취려 장군의 묘

김취려 장군은 언양김씨의 시조 김선(金鐥)의 8세손으로 고려 후기 예부시랑을 지낸 김부의 아들이다. 그의 묘소는 현재 울산시 언양읍 송대리 산 15번지에 제법 큰 규모로 조성되어 있지만 한편으로는 인천 강화군 양도면에도 그의 묘소가 있으니 1인 2기의 형태다. 그러나 김취려 장군이 고종 21(1234)년 전쟁으로 혼란한 시기에 강화도에서 사망하였기에 고향으로 운구하지 못하고 강화도에서 장사지낸 것은 사실이나 훗날 평온을 되찾아 지금의 장소인 울산시 언양읍 송대리 능골에 이장해왔다는 주장이 있다. 옛 문헌에 이 분의 묘소가 강화에 있다는 기록은 없으나 이난영(李蘭暎)이 엮은 「한국금석문추보(韓國金石文追補)」에 실린 장군의 묘지명에 '고종 21(1234)년 7월 12일 진강산(鎭江山) 대곡동의 서쪽 기슭에 예장하였다'라는 기록이 있어 그 당시 묘소의 위치가 지금 강화군의 자리와 동일한 곳임을 알 수 있다. 그러나 이 묘가 장군의 묘라는 사실을 몰랐으나 어느 도굴꾼이 이 묘를 도굴하면서 지석(誌石)을 빠뜨려 확인할 수 있었고, 그 묘지석이 발견된 곳에 강화군과 언양김씨 종친회에서 묘소를 새롭게 정비하였다고 한다.

김취려 장군(1172~1234)은 거란의 침략을 여러 번이나 물리친 명장으로 거란족들은 그의 이름만 들어도 스스로 몸을 감추었다고 한다. 1217년에는 거란군 5천여 명이 침략하자 전군병마사(前軍兵馬使)로서 적을 무찔렀고 1218년(고종5)에도 다시 침입하여오자 강동성(江東城)으로 쫓아냈다. 그리고 대외정세가 유동적인 몽고와의 관계에서도 탁월한 외교능력을 발휘해 평화체계를 구축하였다. 이러한 업적으로 그는 최고 관직인 '문하시중(門下侍中)에 제수되었고 위열공(威烈公)이라는 시호를 받았다. 그가 1234년(고종21) 강화에서 63세로 사망하니 고종이 친히 빈소에 나와 조의를 표하고 3일간 정사를 중지시켰으며 그는 조선시대에서도 위대한 인물로 평가되었다.

2001년에 발간한 언양읍지에 의하면 김취려 장군은 외모와 체격이 출중하였고 키가 6척 5촌(195cm)이나 되는 체격에 수염이 길어 예복을 입을 때마다 반드시 여종 2명에게 수염을 좌우로 갈라 들게 한 다음 띠(帶)를 매었다 한다. 활을 쏘는 재주는 놀랄 만큼 묘한 경지에 다다랐으며 전술은 귀신같은 전법에 행동은 번개처럼 빨랐다라고 기록하고 있다. 언양 송대리 뒤편에 있는 그의 묘소는 낙동정맥의 줄기인 단석산의 한 줄기가 남쪽으로 계속 내려와 고헌산을 거쳐 마을 뒤 화장산을 일으켰고, 여기서 한쪽 지맥이 북쪽으로 행룡하다가 동쪽으로 1개의 지맥을 뻗어 혈장을 만들었다. 이 혈장은 전형적인 유혈로 지현굴곡과 과협을 하였기에 혈장에 많은 기운이 실려 있고 묘소 앞에는 혈장의 기운을 막아주는 전순석(氈脣石)까지 있어 혈장에 많은 기운을 응축시켜준다. 단, 혈장에 비해 좌우 용호가 조금 낮은 편이라 장풍에 약간의 취약점이 보이고 안산과의 거리가 멀어 단점이 될 수 있으나 '풍수무전미(風水無全美)'라 하여 완전한 땅은 없는 법 그런대로 좋은 혈장으로 평가받는다.

140. 최영 장군의 묘

경기도 고양시 덕양구 대자동 산 70-2번지에 올라 보면 고려 말의 명장 최영 장군(1316~1388)의 묘가 있다. 최영 장군하면 우리의 머릿속에는 "황금 보기를 돌같이 하라"는 말이 먼저 떠오른다. 이 말은 최영이 16세 때 그의 아버지 최원직이 세상을 떠나면서 남긴 유언으로 지금까지도 공직자들의 귀감이 되고 있다. 최영 장군은 고려 말 공민왕 때 1359년과 1361년에 고려를 침략한 홍건적을 물리쳤으며 1376년 우왕 때는 60세의 노장으로 충남 부여에서 왜구를 무찌른 무적의 장수다. 이리하여 그는 나랏일을 총괄하는 문하시중에 오르고 그의 딸은 우왕의 비(妃)가 되어 권력의 최고조에 달한다. 그러던 중 중국의 명나라가 철령(함경도와 강원도의 경계)의 이북 땅을 자기네 땅이라고 주장해와 명나라와의 전쟁을 선포한다. 1388년 최영은 팔도 도통사가 되고 이성계와 조민수를 좌우 도통사로 지명하여 요동을 징벌하러 가는데 이성계가 몇 가지 이유를 들어 반기를 들었다. 그 이유인즉, 첫째, 작은 나라가 큰 나라를 거스르는 일은 옳지 않다. 둘째, 여름철 농번기에 군사동원이 어렵다, 셋째, 요동과 전쟁하는 중 왜군이 창궐할 것이다. 넷째, 무더운 우기에는 활의 아교가 녹고 병사들이 전염병에 걸릴 위험이 높다는 4불가론을 제시하였다. 그러나 문하시중인 최영과 우왕은 강력하게 밀어붙여 요동 정벌을 실행에 옮긴다. 이성계는 4불가론이 받아들여지지 않자 조민수와 상의한 뒤 위화도에서 회군을 단행하여 최영의 군대와 일전을 벌이게 되고 그 결과 이성계 일당이 승리하게 된다. 이성계는 최영 장군을 고봉현(高峯縣)으로 유배하고 우왕을 폐위해 강화도로 보냈는데 이때 최영 장군 '왈(曰)' 내 평생에 단 하루라도 내 자신을 위해 탐욕을 품었다면 내 무덤에 풀이 나지 않을 것이오, 그렇지 않으면 풀이 날 것이다. 란 유언을 남겼다.

최영은 이성계 일당에게 처형당한 후 아버지 최원직의 묘소가 있는 경기도 고양시 대자산 중턱 지금의 묘 자리에 묻혔고, 많은 사람들이 그의 죽음을 슬퍼하여 고양지역을 중심으로 무속신앙의 숭배 대상으로 섬겨지기도 하였다. 장군의 묘소에는 그의 유언처럼 580년 동안이나 풀이 나지 않았으나 지금은 그의 후손들에 의해 묘를 정비하고 잔디가 심어져있다. 중종 25년(1530)에 편찬한 『신승 동국여지승람』에는 최영의 묘가 대자산에 있는데 142년이 지난 지금도 무덤에 풀이 나지 않는다(至今 塚上不生草)하고 이를 붉은 무덤(赤墳)이라 한다고 기록되어 있다. 이 묘소의 주산은 대자산(210m)이며 한북정맥 호남산(423m)에서 갈라져 나온 용맥이 앵무봉(621m)과 우암산(328.6m)을 거쳐 내려온 용맥이다. 대자산에서 현무봉까지 많은 변화를 하면서 탈살을 했으나 완전히 순화되지는 못했고 현무봉에서 입수도두까지도 아직 살기가 남아있지만 혈장에 와서는 험한 기운을 다 털어버렸다. 이곳은 산들이 가까이 있어 외부 산이 잘 보이지 않아 전체적으로 용이 또아리를 틀고 있는 모습과 같다하여 이를 은산반룡형(隱山蟠龍形)이라 부른다. 수세는 우선룡에 좌선수로 합법하고 용·호가 잘 관쇄되어 안온한 장풍국(藏風局)을 이룬다.

141. 김종서 장군의 묘

세종시 장군면 대교리 산 45번지에 가면 조선 초기의 재상으로 단종 때 좌의정을 역임한 김종서(1383(?)~1453) 장군의 묘가 있다. 그는 충남 공주 출신으로 태종 5년(1405) 문과에 급제한 후 주로 지방의 민정을 살피는 감찰직을 맡아보다 세종에게 큰 신임을 받아 함길도 도절제사와 형조, 예조판서 등 여러 관직을 거쳤다. 세종 16년(1434)에 북방의 6진을 개척하여 국토 확장의 위업을 이룩함으로써 현재 두민강 이남을 조선의 영토로 만드는 데 큰 공을 세웠다. 당시 그의 별명이 큰 호랑이(대호)였으니 북방의 여진족에게는 분명 두려움의 대상이었다. 세종은 "북방의 일은 김종서가 있어도 과인이 없었으면 이루지 못했을 것이고 과인이 있어도 김종서가 없었으면 이루지 못했을 것이다."하면서 김종서의 공적을 높이 평가했다고 한다. 이렇듯 그는 장군의 이미지가 강하지만 분명 문신 코스를 밟았기에 훌륭한 행정 수완과 더불어 학문적 조예가 깊어 〈고려사〉와 〈세종실록〉의 편찬 책임자를 맡기도 했다. 세종 사후 문종 즉위년에는 의정부 좌찬성이였다가 이듬해에 우의정에 올랐고 단종 즉위년에 남지가 와병으로 사직하자 좌의정이 되면서 정계의 실력자가 되었다. 그러던 중 단종이 12세로 왕위에 오르자 좌의정으로 어린 왕을 보필하다가 1453년 계유정난 때 수양대군에 의해 두 아들과 함께 죽임을 당하였다. 그 후 300여 년이 지난 영조 22년(1746)이 되어서야 사육신과 함께 관직이 복구되어 충익(忠翼)이라는 시호를 받았다. 그의 묘가 있는 곳은 원래 공주시 장기면이었으나 2012년 세종시에 편입되면서 장군의 묘가 있는 곳임을 알리기 위해 행정구역이 세종시 장군면으로 바뀌었다. 이 묘소에는 당시 그가 역적으로 죽게 되어 시신을 전부 수습하지 못하고 한쪽 다리만을 이곳에 묻었다고 전한다. 2019년에는 묘소 앞에 충익사를 건립하였고 이곳에서 매년 음력 10월 전통 제례에 따라 절재 김종서 제향 행사가 개최된다.

묘소 앞에는 묘비가 3개나 세워져 있는데 앞에서 보아 제일 우측편의 작은 비가 원래의 것인데 영조 24년에 공주 판관 이익진과 지방 유생들이 세운 것이다. 비석 뒷면에는 그의 옷과 신발을 장사 지냈다는 내용이 적혀 있다. 이곳의 산세는 이 묘소의 주산인 연기면 수산리 국사봉(214.6m)에서 동남쪽, 다시 남서쪽으로 방향을 틀며 내려와 묘소 뒤편에서 한 번의 과협을 하고 그 아래에 장군의 묘소가 있다. 혈장 뒤편에 과협이 있다는 것은 앞쪽에 진혈이 맺혀 있다는 증거가 되기도 하지만 현재의 묘소는 용진처(龍盡處)가 아니라 지기맥이 그냥 통과해 버리는 장소로도 보인다. 주산은 단정하고 혈장 좌우의 청룡과 백호도 나름 갖추어져 있어 장풍국(藏風局)을 이루어주고 있다. 수세는 우선룡에 좌선수로 합법하고 특히 우측 백호 자락 넘어 대교 저수지에서 나오는 율곡천은 이 묘역의 암공수(暗拱水)가 되어 혈장의 생기를 한 번 더 갈무리해 준다. 그래서 풍수서 『인자수지』에서도 "명조불여암공(明朝不如暗拱)"이라 하여 보이는(明朝) 물길이 암공(暗拱)만 못하다고까지 하였다.

142. 남이 장군의 묘

남이는 1441년에 태어나 1468년에 생을 마감한 비운의 장수다. 그는 세조의 장인인 남휘(南暉)와 태종의 4녀인 정선공주의 손자이고 좌의정 권람의 사위이기도 하다. 1460년(세조 6년) 20세의 나이로 무과에 장원급제하고 세조의 총애 속에서 여러 무직을 역임하던 중 함경도에서 이시애가 반란을 일으키자 우대장이 되어 반란군을 진압하는 데 큰 공을 세웠다. 그 공으로 적개공신 1등에 책록되었고 이어서 여진족의 토벌 등 승전을 거듭하여 1468년에는 오위도총부도총관을 겸임했으며 26세의 나이에 병조판서가 되었다. 그의 용맹과 기상은 귀신조차 두려워할 정도로 대단한 인물이라 전한다. 그러나 신숙주, 한명회, 정창손, 정인지 등 훈구파 세력들이 이시애의 난 평정으로 등장한 신진세력을 제거할 때 병조판서에서 해직되고 겸사복장으로 좌천당했다. 그리고 예종 즉위 후 그의 반대파 부하 서열인 유자광의 모함으로 역모를 꾀한다고 하여 28세의 나이로 국문 끝에 억울한 죽임을 당한다. 그를 죽음으로 이끈 시 「북정가」가 전하는데 그 내용을 보면, "白頭山石磨刀盡 豆滿江水飮馬無 男兒二十未平(得)國 後世誰稱 大丈夫"라 하여 '백두산 돌은 칼을 갈아 없애고 두만강 물은 말을 먹여 없애며 사나이 스무 살에 나라 평정 못하면 훗날에 뉘가 대장부라 칭하랴' 하고 읊었으니 20세에 나라를 평정한다는 이 말이 곧 왕권찬탈로 곡해하고 이에 누명을 씌워 역적으로 몰았던 것이다. 그의 탄탄한 가문도 소용없고 한명회의 친구였던 장인 권람도 몇 년 전 세상을 떠났기에 그의 방패막이가 되어주지 못했다. 다행히 훗날 역모가 아님이 밝혀져 1818년(순조 18년) 후손인 우의정 남공철의 주청으로 관작이 복구되었지만 조선 조에서 잃어버린 가장 아까운 인물로 회자 되고 있다. 백성들은 남이 장군의 죽음을 안타까워하며 채 피기도 전에 꺾여버린 그의 운명을 아기 장수 설화에 대입시키기도 하고, 무속에서는 억울하게 죽은 그의 원혼이 크나큰 위력을 발휘한다고 생각하여 신령으로 받들기까지 했다. 그는 조선시대에 있었던 9명의 충무공 중 한 명으로 창녕의 구봉서원과 서울 용산의 용문사 그리고 서울 성동의 충민사에 배향되어 있다.

그의 묘소는 2곳에 위치하고 있는데 하나는 경기도 화성시 비봉면 남전리 산 145번지의 야산에 부인과 함께 쌍분으로 모셔져 있으며 경기도 기념물 제13호로 지정되어 있다. 또 하나는 강원도 춘천시 남산면 방하리 198-3 남이섬에 있는데 민족문화대백과사전에는 남이장군의 묘소는 경기도 화성시에 위치하고 있다고 기록하고 있으니 춘천의 묘소는 가묘(假墓)인 것이다. 화성시에 위치한 남이장군의 묘소에는 그 당시 역적으로 죽었기에 비석이 없다가 근래(1971년) 들어 후손들이 세웠고 그를 수호하는 문인석 2개는 사후 약 200년이 지난 1600년대에 문화재청에서 제작하여 세운 것으로 추정된다. 그런데 일부에서는 화성시에 있는 현재의 묘소도 앞쪽에 세워진 석물이 무인석이 아닌 문인석이라 남이장군의 묘소가 아닐 가능성을 제기하고 있다. 과거 춘천 소남이섬에 오래 살았던 서재욱 옹에 의하면 남이장군의 후손들이 그의 유해를 찾으러 소남이섬의 남이장군 묘소를 찾아와서 묘를 파해친 후 다시 덮고 갔다는 말이 전해져오는 것으로 보아 실제 암장 된 곳은 춘천시 남면 소남이섬일 가능성도 있다는 것이다.

143. 원균 장군의 묘

경기도 평택시 도일동 산 82번지에 가면 조선조 삼도수군통제사였던 원균 장군의 묘가 있다. 그는 1540년(중종 35) 병마절도사 원준량의 장남으로 태어나 28세 때 무과에 급제하였으므로 가문 대대로 무인 집안의 출신이었다. 처음 선전관으로 출발하여 함경도 일대에서 여진족을 토벌하고 조산만호(造山萬戶)로 있을 때는 그 공로로 부령부사로 특진하였다. 그런 후 1591(선조 24)년 전라좌도 수군절도사에 임명되었으나 거제 현령 시절의 무능함 때문에 파직되었다가 1년 뒤 다시 경상우도 수군절도사에 임명되었다. 그러나 부임한 지 3개월 만에 임진왜란이 일어났고, 임진왜란은 양국 간의 전쟁 준비 격차로 말미암아 발발 초부터 일방적인 패전의 연속이었다. 이런 상황에서 이순신 휘하 병사들과는 달리 경상 우수사 원균과 좌수사 박홍 장군의 병사들은 모두 흩어져 약간의 장병들만 남아있었다. 원균 장군은 전라 좌수사 이순신에게 원병을 요청하였고, 이순신의 원병이 도착하자 옥포, 당포 등지에서 연전연승을 거두었다. 그러나 포상과정에서 이순신과의 공로 다툼으로 많은 언쟁이 발생하였고, 이순신이 신설된 삼도수군통제사직에 임명되어 지휘권을 장악하자 원균은 크게 반발했다. 그는 이듬해 충청 병사로 전출되었고, 병사로 재직 중에도 이순신의 부당함을 고변하는 등 수군 작전권에 관한 계획을 여러 번 조정에 건의하였다. 그런 와중에 이순신이 조정의 명령을 따르지 않았다는 이유로 한양으로 압송되어 투옥되자 1597년 2월 전라 좌수사 겸 삼도수군통제사로 이순신의 자리를 물려받았다. 그러나 그해 또다시 정유재란이 일어났고, 그는 삼도 수군을 이끌고 왜군과의 전투 중 칠천량 해전에서 전사하였다. 원균은 우리나라 여러 장수 중 평가가 가장 많이 엇갈리는 대표적인 인물이다. 임진왜란 당시 선조로부터 권율, 이순신과 더불어 선무공신 1등으로 책록된 인물인데도 불구하고 충무공 전기에는 이순신을 모함한 인물로 나와 현대를 살아온 사람들에게는 부정적 이미지가 강하게 새겨진 인물이기도 하다.

경기도 평택에 있는 그의 묘소에는 실제 그의 시신이 아닌 장군의 신발만 묻었다고 한다. 그 이유는 전쟁으로 장군이 전사하자 그의 말이 장군의 신발을 입에 물고 수 천리 고향까지 달려와 전사 소식을 알려주고는 쓰러져 바로 죽었다고 한다. 그래서 묘지에는 장군의 신발만 묻고 봉분을 만들었으며, 묘지 아래에는 그 말을 묻은 작은 봉우리 앞에 애마총(愛馬塚)이라는 비를 세워놓았다. 풍수가에서는 이곳의 혈장을 목마른 말이 목을 쭉 빼고 혈장 아래의 저수지에 물을 마시는 형국인 갈마음수형(渴馬飮水形)의 명당이라고 하나 아쉽게도 시신이 없어 발복은 있을 수가 없다. 그런데 훗날 원균의 묘로 추정되는 장소가 통영에서 확인이 되어 주목된다. 해당 장소는 경상남도 통영시 광도면 황리 산 435번지로, 외형으로만 보면 무덤인지도 알기 어려울 정도로 방치되어 있는데, 지역에서는 엉규이(지역 사투리) 무덤 혹은 傳(전) 원균 묘로 불리고 있다. 그러나 이러한 구전만 전해올 뿐 확실한 자료나 근거가 없어 해당 묘의 발굴조사를 통해 하루빨리 원균의 묘가 맞는지부터 확인할 필요가 있다.

144. 이순신 장군의 묘

충남 아산시 음봉면 삼거리 산 2-1번지에 가면 충무공 이순신 장군(1545~1598)의 묘소가 있다. 그는 서울에서 태어나 1576년 32세의 늦은 나이로 식년시 무과에 급제하여 초창기에는 북쪽 함경도 지역으로 배정받아 생활하면서 무사의 길을 걸었다. 그러던 중 47세에 영의정인 서애 유성룡의 추천으로 전라좌수사에 임명되었으나 곧바로 임진왜란이 발생했다. 1592년 임진왜란이 일어나자 경상우수사 원균의 요청으로 경상도 해역으로 출정해 왜군과의 해전에서 여러 번 승리를 거두게 된다. 이로 인해 조선 수군은 해전에서 자신감을 가지게 되었고 이어 한산도 대첩, 당항포해전 등 모든 해전에서 승리를 이끌었으나 원균과의 갈등으로 인해 억울하게 탄핵을 당한다. 그런 후 한양으로 압송되어 한 달 가까이 투옥된 상태에서 혹독한 문초를 받고 권율 장군의 진영에서 백의종군하라는 명을 받았다. 조정에서는 이순신의 뒤를 이어 삼도수군통제사가 된 원균이 칠천량 해전에서 왜군에 크게 패하면서 전사를 하게 되자 이순신을 다시 삼도수군통제사로 임명을 했다. 1597년 이순신은 남아있는 배와 전략 물품을 수습하여 붕괴된 수군을 재건하였고 그해 10월 25일 진도 울돌목에서 13척의 배로 130여 척의 왜군에 맞서 대승을 거두었다. 명랑대첩에서 승리를 이끈 후 다음 해 12월 16일 노량해전에서도 500여 척의 왜군과 싸워 200여 척의 적선을 불태우는 등 대승을 거두었으나 도주하던 적선을 추격하다 왜군의 유탄에 맞아 전사하였다. 「조선왕조실록」에서 당시 이순신 왈(曰), "싸움이 지금 당장 급하니 조심하고 내가 죽었다는 말을 하지말라"는 말을 남기자마자 바로 숨이 끊어졌으며 조카인 이완(李莞)이 그의 죽음을 숨긴 채 전투를 독려했다고 기록되어 있다. 그의 죽음에 대한 소식을 들은 조정은 이순신에게 우의정을 추증했다. 이순신은 1604년(선조 37) 선무공신 1등으로 녹훈되었으며 사후 좌의정이 증직되었고 덕풍부원군(德豊府院君)으로 봉해졌다.

충무공은 1598년 노량해전에서 전사 후 처음에는 음봉면 산정리 금성산 중턱에 안장하였고 이 장소는 명나라 장수 이여송의 풍수 참모로 우리나라에 온 두사충이 점지한 자리라고 한다. 그런 후 16년 뒤에 현재의 장소로 이장해왔으며 이 묘소에는 부인 상주 방씨와의 합장묘로 주변에 호석을 두른 봉분과 화려하지 않는 석물을 볼 때 이순신의 품격에 맞게 조성되었다. 이곳의 산세는 금북정맥에서 서쪽으로 하나의 지맥을 뻗어 국사봉(222.8m)을 일으키고 여기서 계속 뻗어 안산(200m)을 지나 다시 남쪽으로 방향을 틀어 행룡하다 본 혈장의 현무봉인 어라산(123.6m)를 일으켰다. 어라산 아래에 묘역을 조성했는데 현무봉에서 혈장까지는 지현굴곡이나 과협이 없고 용맥도 넓게 퍼져있어 혈장에 생기가 응결된 증거를 찾을 수가 없다. 그리고 혈장 좌우의 청룡·백호도 낮은 편이라 장풍국(藏風局)이 되어주지 못하고 특히 양쪽 어깨 부분이 낮아 바람의 피해가 예상되는 곳이다. 풍수에서는 혈장의 양쪽 어깨가 낮아 바람에 노출되면 재산피해와 더불어 절손의 위험이 있다고 해석한다.

145. 신립 장군의 묘

경기도 광주시 곤지암읍 신대리 산 15-1번지에 가면 조선 중기의 명장 신립 장군(1546~1592)의 묘가 있다. 그는 어릴 때부터 글 읽기보다는 무예 닦기를 좋아하여 22세 때 무과에 급제한 뒤 선전관·도총관·도사(都事)·경력(經歷) 등 다양한 벼슬을 거쳐 외직인 진주 판관으로 나갔다. 이때 문장가로 이름난 진주목사 양응정(梁應鼎)으로부터 거친 성격을 고칠 것을 종용받기도 하였으며 한편으로는 목사를 스승으로 삼아 배우기도 하였다. 선소 16년(1583)에는 온성 부사가 되어 북방에 쳐들어온 여진족 니탕개(泥湯介)를 물리쳐 당대 최고의 무장으로 추앙받았으며 또한 여진족의 계속되는 침입으로부터 6진을 지켜냈다. 육진을 지킬 수 있었던 것은 오직 신립의 용맹 때문이었으며, 평상시에도 철기(鐵騎) 500여 명을 정병으로 훈련시켜 그 민첩함이 귀신같아 야인들이 모두 감복하였다고 한다. 이러한 공로로 1584년 함경도 병마절도사가 되었고, 1590년 2월 평안도 병마절도사로 나갔다가 내직인 한성부판윤이 되었으며, 항상 군비(軍備)의 부족함을 논하여 조정의 신임을 받았다. 1592년 임진왜란이 일어나자 충청·전라·경상의 3도 순변사로 임명되었는데 아군의 열세에도 불구하고, 충주성 밖 탄금대에서 배수진을 치고 왜군과 접전을 벌이다가 패배하자 남한강에 투신하여 스스로 목숨을 끊었다. 부하들이 시체를 건져 서울로 오는 도중 '장군님' 하고 부르면 관속에서 '오냐'하는 대답 소리가 들렸다는 전설이 전해지고 있다. 신립 장군의 묘는 지금 광주시 곤지암읍에 있는데 이는 신립 장군의 시신을 수습하여 한양으로 운구 중 곤지암 앞을 지날 때 운구 마차가 땅에 붙어 꼼짝도 안 하자 이곳에 묻히고 싶다는 장군의 뜻이라 생각하고 인근 양지바른 곳에 묻었다고 전한다. 장군이 죽은 후 조정에서는 영의정으로 추증하였으며 충장(忠壯)이라는 시호를 내렸다.

이곳의 산세는 경기도 광주시 퇴촌면 앵자봉(670.2m)에서 남서 방향으로 뻗어 내린 지맥이 학동리의 뒷골산(490m)을 일으키고, 다시 남쪽으로 내려와 초시당산(390m)을 지나 묘소 뒤 윗장고개산(300m)을 일으켜 이 묘소의 주산이 되었다. 혈장 뒤 현무봉은 금형체의 귀봉이고 좌우의 청룡·백호는 두세 겹으로 거듭 유정하게 묘역을 잘 감싸주고 있어 완전한 장풍국(藏風局)을 이룬다. 이곳 묘역은 혈의 사상으로 보아 유혈(乳穴)의 혈장으로 주산에서 묘소까지는 지현 굴곡을 하였기에 용맥에는 힘이 있다. 그런데 이곳 장군의 묘소는 평산신씨 종중 묘원으로 긴 산줄기에 상하로 5기가 모셔져 있고 장군의 묘는 위에서부터 세 번째 묘소인데 부인 전주최씨와 함께 합장으로 모셔져 있다. 본인의 식견으로는 현재의 위치보다 좀 더 아래 용진처 쪽이 정혈처가 아닌가 하는 생각을 해본다. 풍수에서는 계수즉지(界水則止)의 원칙에 따라 혈은 용진처(龍盡處)에서만 맺기 때문이다. 그리고 이곳의 수세는 좌우 용·호 자락에서 흘러나온 물들이 혈장을 환포 해주며 마을 앞 곤지암천에 합류 후 우측으로 흘러 팔당호에 모여드니 안쪽의 생기를 잘 갈무리해준다. 일부에서는 이곳의 묘역을 말이 목을 쭉 빼고 물을 마시는 형국인 갈마음수형의 명당으로 보기도 한다.

146. 권응수 장군의 묘

조선 중기의 무신인 권응수 장군(1546~1608)은 본관이 안동으로 1546년 영천시 화산면 가상리에서 태어났다. 1584년 39세로 무과에 급제하고 1592년 임진왜란이 발발하자 여러 곳에서 크게 전공을 세워 중임을 두루 맡은 뒤 선무공신 2등으로 화산군(花山君)에 책봉되고, 오위도총관 겸 공조판서에 이르렀다가 63세로 생을 마치자 의정부 좌찬성에 추증되었다. 그는 임란 중 고향인 영천으로 돌아가 의병을 모집해 영천 성을 탈환하였으니 남공철이 지은 「영천복성비명」에 이르기를 바다에는 충무공 이순신 장군이 있었고 육지에는 권응수 장군이 있어 그 공적을 감당할 자 없도다. 라고 하였다. 실제 영천 성 탈환 전투는 일본군이 주둔하고 있던 성곽을 공격해 점령한 최초의 전투로 일부 임진왜란 연구자들은 이 전투를 '임진왜란 지상전 최초의 승리'라고 평가하기도 한다. 하지만 권응수 장군을 포함한 영천복성 공신들은 업적에 비해 많이 알려지지 않아 재조명이 필요한 실정이다. 그는 경전과 사서에 널리 능통하였고 궁마도 겸하여 문무를 동시에 겸비한 장수였다. 선조 17년(1584) 별시 무과에 급제한 후 경상좌수사 박홍(朴泓)의 막하에 있다가 임진왜란이 일어나자 그는 이 지역에서 최초로 창의하여 1592년 5월부터 여러 곳에서 전과를 올리고, 7월에 각 고을의 의병장을 규합하여 의병 대장이 되었다. 그 당시 영남좌도가 보존된 것은 권응수 장군의 성과였음을 알 수 있다. 만년에는 정사를 귀수(龜水) 위에다 짓고 생도들을 교육하였으며 산수와 문적을 즐겼는데 임금께서 이 사실을 듣고 “무공을 세우고 학문의 가르침을 밝혔다.” 하면서 『심경』과 『좌전』, 『대학』, 『소학』 등을 하사했다. 권응수 장군의 묘소는 영천시 청통면 애련리에 있으며 영천 신령의 경덕사에 제향 되어 충의(忠毅)라는 시호가 내려졌고 현재 『백운재실기(白雲齋實紀)』가 남아 있다. 한편 ‘선무공신녹권(宣武功臣錄券)’, ‘태평회맹도병풍(太平會盟圖屛風)’, 장군의 영정, 장검, 유지(有旨) 및 장군간찰(將軍簡札), 교지(敎旨), 유서(諭書) 등 권응수 장군 유물은 1980년 8월 23일 보물 제668호로 지정되어 현재 국립진주박물관에 위탁 관리되고 있다.

경북 영천시 청통면 애련리 산 48-1번지에 있는 장군의 묘소는 대구시 팔공산(1,192m)에서 동쪽으로 하나의 지맥을 뻗어 묘소 뒤 현무봉을 만들었다. 현무봉에서 또다시 동남쪽으로 방향을 틀면서 내려온 용맥은 좌우측 계곡물을 만나면서 그 행로를 멈추었다. 주산에서 묘소까지 지현 굴곡을 하며 한참 동안 내려온 중출맥은 혈장 뒤편에서 길다란 과협을 하고 비룡입수를 하였다. 혈장에는 전순(氈脣)석을 비롯한 몇 가지 혈증이 있으나 묘소와 전순의 거리감이 있어 필자의 식견으로는 약 5~6m 앞(밑)쪽으로 더 내려온 곳이 정혈처로 보인다. 그러면 혈장의 뒤편이 낮아 장자절손지지(長子絶孫之地)라는 오점도 없었을 것이다. 좌향은 해좌사향의 동남향이고 수세는 우선룡에 좌선수로 합법하며 묘소 아래의 저수지는 혈장의 생기를 잘 가두어준다. 그리고 좌우의 청룡·백호는 본신 용맥으로 묘소를 감싸주고 있으나 좌측 청룡 어깨 쪽이 약간 낮아 완전한 장풍국(藏風局)은 되지 못하고 있다.

147. 김좌진 장군의 묘

충남 보령시 청소면 재정리 산 51번지에 가면 백야 김좌진(1889~1930) 장군의 묘소가 있다. 그는 독립운동가로 개화사상이 투철하여 15세 때 집안의 노복 앞에서 노비문서를 불태우고 논밭을 모두 나누어 주었으며 1905년 육군무관학교에 들어가 1907년 졸업을 하고 18세에 호명 학교를 설립하여 문맹 퇴치에도 앞장섰다. 1916년에는 군자금을 모금하고 광복단에 가담하여 항일투쟁을 전개하다가 3년간 옥고를 치르기도 하였다. 1919년 3.1독립운동 후 만주로 건너가 북로군정서(北路軍政署)의 총사령관이 되어 독립군을 훈련 시키고 이들과 함께 청산리에서 일본과 전투를 벌여 3,000여 명을 살상하는 등 대승을 거두었다. 1925년 김혁과 신민부를 조직하여 중앙 집행위원장이 되었으며 1930년 한족 총연합회를 조직하고 주석에 취임하여 재 만주 동포의 교육과 민생문제에 주력하였다. 조국의 광복을 위해 몸을 아끼지 않았던 그는 조국의 광복도 보지 못한 채 1930년 1월 24일 머나먼 이국땅에서 41세의 일기로 공산 당원 박상실에 의해 암살당했다. 그는 사망 후 바로 만주 땅에 묻혔다가 1940년 부인 오씨가 장군의 유골을 밀감 상자로 위장해 본국으로 들여와 고향 땅인 홍성으로 이장했다. 그 후 1957년 부인이 세상을 뜨자 아들 김두한이 홍성에 있던 아버지의 묘를 보령의 현 위치에 이장해와 어머니와 함께 부부합장으로 모셨고, 1989년 충남도에서는 장군의 업적과 독립정신을 계승하기 위해 이 묘역을 충청남도기념물 제73호로 지정하였다. 그가 공산 당원에게 총탄을 맞고 쓰러지면서 남긴 말("할일이... 할 일이 너무도 많은 이때에 내가 죽어야하다니...")에서 그에 대한 애국심의 진면목을 가늠해볼 수 있다. 김좌진 장군의 아들이 전 국회의원 김두한이고 김을동 전 의원이 손녀이며 연기자 송종국이 외 증손자이다.

이곳의 산세는 금북정맥 줄기 오서산(790m)에서 서쪽으로 뻗어내려 아차산(423.8m)을 일으키고 아차산에서 이어져 내려온 지맥의 끝자락에 묘소가 있다. 상하 아래위로 두 기의 묘소가 있는데 위에 있는 묘는 아버지 김형규와 어머니 한산이씨의 합장묘이고 바로 아래의 묘가 장군 부부의 합장묘다. 이 혈장은 혈의 사상으로 볼 때 유혈(乳穴)의 혈장으로 묘소 주변의 산세는 혈장 뒤의 현무와 묘소 앞의 주작 그리고 좌청룡, 우백호의 모든 사신사들이 서로 끌어안듯 감싸주어 장풍국(藏風局)을 이룬다. 그리고 주변 골짜기에서 나온 물들은 묘소 앞 명당에 모여들어 혈장에 생기를 공급하고 우측 술(戌)방으로 빠져나간다. 마지막 입수 1절 용은 우선룡이고 수세는 좌선수로 합법하며 좌향은 묘좌유향(卯坐酉向)의 정 서향이다. 그 당시에만 해도 국내 풍수가에서 88향법을 거의 사용하지 않았지만 묘좌유향에 좌선수 신술파는 88향법으로 보아 자왕향이다. 『地理五訣』에 이르기를, 자왕향은 남총여수(男聰女秀)하고 조빈석부(朝貧夕富)라 하여 매우 빠른 발복을 가져다준다고 기록하고 있다. 한편 풍수가에선 김좌진 장군이 태어나서 자란 홍성군 갈산면 행산리 생가도 철마산 아래 배산임수형 명당으로 평가하고 있다.

148. 조선왕조의 뿌리 삼척 이준경의 묘

강원도 삼척시 마로면 활기리 산 149번지에는 국가지정 문화제 사적 524호로 지정된 조선 태조 이성계의 5대 조부 이양무(준경) 장군의 묘소가 있고 그 위쪽으로는 약 4km 떨어져 그의 부인 영경의 묘가 있다. 삼척에서 태백으로 가는 38번 국도를 따라가면 활기리란 마을이 있고 여기서 오른쪽으로 진입하여 1.5km쯤 가면 준경 묘 입구라는 안내판이 있는데 도보로 약 30분(1.8km) 거리에 위치하고 있다.

이곳은 조선왕조 태동의 발상지로 대한제국 고종이 광무 3년(1899) 4월 16일에 묘소를 수축하여 공식적인 선조의 묘로 추봉(追封)하고 묘와 제각과 비각을 건축했다. 이양무는 태조 이성계의 5대조이며 목조(추존) 이안사의 아버지이다. 원래 이들은 전북 전주에서 살았으나 멀리 강원도 삼척에 묘소가 정해진 사연이 있어 잠시 소개를 한다. 이양무는 원래 전주 지방의 호족이었는데 그 지방 수령과의 불화로 신변에 위험을 느끼게 되자 그를 따르던 백성 170여 호를 거느리고 가족과 함께 강원도 삼척으로 이주하게 된다. 세월이 지나 아버지가 돌아가시고 목조 이안사는 아버지의 묘소 자리를 찾아다니다가 잠시 나무 밑에서 쉬고 있는데 한 도승이 지나가면서 주위를 살피더니 참 좋은 명당이로구나 하는 소리를 듣게 된다. 이안사는 마침 묘 터를 구하던 중이었고 그 얘기가 귀에 번쩍 들려 도승을 따라가 자세히 물어보았다. 도승 왈(曰), "이곳에 장사를 지내면 5대 안에 한 나라를 개국하는 그런 큰 인물이 태어날 것이다. 그러나 발복이 따르려면 처음 개토제(開土祭)를 지낼 때 반드시 소 일백(100) 마리를 제물로 바쳐야 하고 금으로 만든 관(棺)을 사용해야 한다는 것이었다."

집에 돌아온 그는 깊은 생각에 잠겼다. 넉넉지 못한 살림살이에 소 일백 마리와 금관은 생각조차도 할 수 없는 처지이다 보니 한 가지 방법을 고안해 낸다. 소 백(百) 마리는 흰(白)소 1마리로 대신하여 백(百)을 만들고 금관은 보리 짚이 황금빛이 나므로 이것으로 관을 싸면 되겠구나 하는 생각을 한다. 이안사는 마침 처가에 흰 소가 한 마리 있어 백우(百牛)를 백우(白牛)로 대체하기 위해 부탁을 하였다. 그런 후 흰 소 1마리를 잡아 제사 지내고 아버지 관(棺)을 보리 짚으로 잘 싼 다음 도승이 점지한 그 자리에다가 장사를 지냈다는 것이다. 그리고 몇 년 후 그는 함경도 덕원으로 이사를 갔으며 그곳에서 이양무의 5대손 이성계가 태어나고 훗날 조선을 건국하니 묘를 쓴지 약 150년 만의 일이다. 태조 이성계는 즉위하자마자 삼척에 있는 조상 묘를 찾도록 하였으나 찾지 못하고, 선대의 묘가 있는 곳이라 하여 삼척을 현(縣)에서 부(府)로 승격시켰으며 세종 29년에야 이 묘를 찾았다고 전한다. 이곳이 바로 한 도승의 예언대로 5대 후에는 제왕이 나온다는 '백우금관설화(百牛金棺說話)'가 탄생한 곳으로 누가 보더라도 풍수지리적 명당으로 인정하고 있다. 그리고 우리나라 풍수인이라면 누구나 한 번쯤 찾아가 보는 간산(看山) 장소로 이름난 곳이기도 하다. 그러나 그의 부인 영경의 묘는 혈장에 경사도가 제법 있어 석축을 쌓아 당판을 조성하였기에 기운이 멈추지 못하고 그냥 흘러내리는 비혈지로 보인다.

149. 남사고의 구천십장九遷十葬

조선 전기의 학자인 격암 남사고(1509~1571)는 효성이 지극하고 청렴하기로 이름이 난 학자이다. 그는 역학, 풍수, 천문, 관상에도 능하여 많은 예언들을 하였으며 그 중 상당 부분이 적중하였다고 한다. 서울의 산 이름을 보고 당파싸움이 일어날 것을 예언하였고, 명종 19년에는 '내년에 기필코 태산을 봉하리라' 하여 이듬해 문정왕후가 죽어 태릉에 장사지낼 것을 예언했으며, 심지어 하늘의 별을 보고 자기의 죽음까지도 예언했다고 한다. 이 외에도 세상의 여러 가지 일들을 정확하게 예언하였기에 조선조에서는 학자 및 유명한 예언가로 이름을 떨쳤다. 저서로는 『격암유록』, 『남사고 결록』등이 있으나 실제 남사고가 쓴 책인지는 분명 하지가 않다.

풍수, 역학, 천문 등 다방면으로 해박한 그에게도 풍수가에서는 구천십장(九遷十葬)이라는 재미있는 일화가 전해지고 있어 소개하고자 한다. 내용인즉, 천하의 유명한 남사고가 세상 앞일을 정확하게 예언하고 특히 풍수에 해박한 지식이 있었으나 자신의 어머니도 명당에 모시지를 못했다. 구전에 의하면 자신의 어머니가 돌아가시고 나름대로 명당을 구해 장사를 지냈으나 후일 그곳에 와서 다시 보니 명당이 아니었다. 다시 명당을 구해 이장하고 다음에 와보면 역시 명당이 아니었다. 이러기를 아홉 번을 반복하였으니 이것이 바로 구천십장(九遷十葬)이라는 것이다.

그런데 최종적으로 비룡승천형(飛龍昇天形:용이 하늘로 날아가는 형국)의 대지를 구해 어머니의 유골을 안장하고 편안한 마음으로 돌아오는 길에 길옆에서 밭을 갈고 있던 한 농부가 노래를 부르면서 말하기를 "아홉 번을 옮기고 열 번을 장사한 구천십장 남사고야 용이 하늘을 향해 올라가는 형국인 비룡승천형 좋아하지 마라. 그곳은 죽은 뱀을 나무에 걸쳐놓은 형국인 고사괘수(枯蛇掛樹)형이 아니던가." 하거늘, 이 소리를 들은 남사고가 깜짝 놀라 다시 어머니의 묘소로 달려가 산형을 살펴보니 정말 사룡(死龍)이였다. 그래서 급히 내려와 조금 전 밭을 갈고 있던 농부를 찾아가니 그는 흔적도 없이 사라지고 없었다는 기록이 남아있다. 남사고가 탄식하기를 "길지란 필히 주인이 있는 법이니 평소 덕을 쌓지 않는 어머니를 억지로 명당에 모시려고 해도 되지를 않네. 길지란 적선과 적덕을 쌓은 자만이 하늘에서 내려주는 땅이고 명당 길지란 아무나 얻어지는 것이 아니구나." 하면서 모든 욕심을 버리고 무해지지(無害之地:득도 해도 없는 땅)를 찾아 이장하였다고 한다. 그러나 봉화군 상운면 가곡리에 있는 묘소에 찾아가 보면 물이 반궁을 하는 등 도저히 길지로 평가할 수 없는 곳이다. 이래서 진혈대지(眞穴大地)는 천장지비(天藏地祕), 천리래용(千里來龍)에 일석지지(一席之地)라 하였다. 하늘이 감추고 땅이 숨기고 천리나 긴 용에서 한 자리뿐인 진혈지를 적덕의 공을 쌓지 않고서야 어찌 내 것이 될 수 있단 말인가. 라는 격언이 풍수 문헌에 자주 등장한다. 풍수 고서에서도 하나같이 덕을 쌓음은 길지를 구하는 데 있어서 근본이 된다고 강조하고 덕을 쌓지 않고 길지를 구하려고 하는 것은 봄에 씨앗을 뿌리지 않고 가을에 수확하려는 이치와 같다고 하였다.

150. 남사고의 신후지지(南氏 다리 尹氏 다리)

풍수지리학문에는 누구보다 해박한 남사고였지만 부모님이 평소 덕을 쌓지 않아 구천십장(九遷十葬)이라는 일화를 남기며 명당을 구해 9번이나 이장하였다. 그는 마지막에도 결국 부모님을 흉지에 모시게 되었고 본인 역시 사후에는 좋은 길지에 안장되지를 못했다. 남사고는 살아생전 자기의 묘소(身後之地)를 직접 점지해 두었는데 후일 병이 들자 자식들을 불러 모아놓고 내가 덕을 쌓지 않고 명당을 구하다가 조상의 유골을 결국 흉지에다 묻었으니 이는 하늘이 내린 천벌이다. 내 자리는 큰 명당을 바라지 말고 적당한 곳에 자리를 잡아두었으니 이 애비의 명을 어기지 말고 내가 죽거든 그곳에다 묻도록 하여라 하면서 유언을 남겼다고 한다.

세월이 지나 남사고가 죽고 후손들은 장례일 하루 전 그곳에다 관(棺)이 들어갈 수 있게 땅을 파놓고 집으로 돌아왔다. 그런데 윤(尹)씨 집안으로 시집간 남사고의 딸이 그곳이 명당 길지임을 알고는 밤중에 시댁 식구들과 몰래 와 광 중(壙中)에 물을 가득히 부어놓고 돌아갔다. 남사고의 후손들은 다음 날 아침 상여를 메고 장지로 와보니 광 중(壙中)에는 물이 가득 차 있었고 아들들은 저마다 한마디씩 중얼거렸다. 풍수 대가이신 아버지께서 어떻게 이런 곳에 묏자리를 잡아두었단 말인가? 자식 된 도리로서 아버지를 물이 나는 흉지에 모실 수 없다. 훗날 다른 곳에 길지를 찾아 이장하기로 마음먹고 임시방편으로 인근 고갯마루 인근에다 체백을 모셨다. 현재 울진군 근남면 수곡리 뒷산에 오르면 남사고의 묘로 전해 내려오는 곳이 바로 그곳이다. 장례를 치르고 친정아버지의 묏자리 광 중에다 물을 부어 못쓰게 만든 딸은 훗날 시아버지가 돌아가시자 친정에 찾아와 오빠들에게 이왕 못 쓰는 자리라면 자기에게 달라고 부탁하게 된다. 친정 오빠들은 아무 영문도 모른 채 그냥 허락하였고, 윤씨 집안으로 시집간 딸은 그곳에다가 시아버지의 체백을 모셨다고 한다. 그런 후 명당을 차지한 윤씨 집안의 후손들은 대대로 번창하여 많은 관료들이 배출되었으나 남사고의 후손들은 뚜렷한 인재들이 별로 태어나지 못했다고 전한다.

세월이 지나 이러한 사실들은 후손들에게 알려지게 되었고 남(南)씨와 윤(尹)씨 집안은 사이가 벌어져 얼굴조차 마주치려 하지 않았으며, 개울가를 건너는 다리도 같이 사용하기를 꺼려했다고 한다. 그러다 한 개울에 두 다리가 놓아졌고 이것이 남(南)씨 다리, 윤(尹)씨 다리란 것이다. 경북 울진군 원남면 매화리에 가면 얼마 전까지만 해도 그 흔적이 남아있었다고 한다. 전북 순창군 인계면 마흘리에 있는 조선시대 대사간을 지낸 김극뉴의 묘소 역시 김극뉴의 부인이 친정아버지의 장사 전날 밤 묘소에다가 물을 부어 얻은 자리로 이곳은 호남의 8대 명당에 속하는 말명당(馬明堂)으로 유명한 곳이다. 이 외에도 경기도 용인에 있는 고려 충신 정몽주의 묘소 등 과거 조선시대는 유교문화의 영향으로 조상에 대한 묘지 풍수가 발달함에 따라 '명당에 물 붓기'라 하여 이러한 일들이 전국각지에서 빈번하였다고 전해진다.

151. 풍수에서 수세론水勢論이란?

풍수지리에서 물은 용(龍:山)과 함께 가장 중요한 요소이며 서로 불가분의 관계에 있다. 물은 움직이니 양(陽)이요 용(山)은 움직임이 없으니 음(陰)이 되어 모든 자연의 현상은 산과 물의 조화에서 비롯된다. 풍수에서는 산(山)·수(水)가 조화되어 음양이 배합하여야 생기가 만들어지고 그러한 곳에 혈(穴)을 결지한다. 고서 『탁옥부』에서도 "풍수에서 혈이 형성되기 위해서는 반드시 음과 양, 즉 산과 물이 만나야 한다. 이는 마치 성인 남녀가 만나야 자식을 잉태할 수 있는 이치와 같다."라고 하여 산과 물이 만나야 혈장을 만들 수 있다 하였다.

『청오경』에서도 "산은 본래 조용한 것이라 나아가 맞이하려 하고 물은 움직이는 것이라 조용함이 필요하다. 산이 다가들고 물이 돌아들면 곧 귀하게 되고 재물도 풍족해질 것이요, 산이 홀로되고 물이 빠져나가 버리면 왕은 잡히고 제후는 망할 것이다."라고 하여 이는 산과 물을 음과 양으로 보고 음양의 조화가 이루어질 경우 복(福)이 있지만 그렇지 않을경우 화(禍)가 따른다는 것을 설명해주고 있다.

이 외에도 여러 풍수 고서들이 음양의 원리에 비교하여 산과 물이 조화를 이루어야 혈을 결지한다고 언급하고 있다. 그리고 산은 하나의 조종산에서 출발하여 그 끝은 여러 갈래로 갈라 지지만 물은 산골짜기 여기저기서 출발하여 그 끝은 하나(바다)로 모여드니 이것 또한 음양의 이치에 따른 산·수의 조화인 것이다. 용맥을 따라 흐르는 생기는 바람을 만나면 흩어 지지만 물을 만나면 멈춘다. 물이 없으면 혈을 결지 할 수 없으며 풍수고전 『명산론』에서도 "대개 산과 물의 관계는 인체의 살과 피와 같아서 이 둘이 서로 보이지 않는 이익이 된다." 하였고, 『금낭경』에서는 하나의 혈을 결지하기 위해서는 풍수의 법술에서 득수(得水)가 으뜸이요 장풍(藏風)이 그 다음이다 할 정도로 바람보다는 물의 중요성을 한층 더 강조하였다.

그리고 풍수에서는 혈장 주변의 물은 곧 부(富)와 연관지어 해석한다. 물이 들어오는 곳에 재물이 모이고 물이 나가는 곳에 재물도 빠져나간다. 하였으니 풍수 터 잡기에서 물의 형태를 살피는 것은 매우 중요하다. 물은 지형과 지질을 변화시키고 내룡이 혈을 맺게 해주는 주체로써 풍수에서 절반 이상의 큰 비중을 차지한다. 이러한 물의 중요성 때문에 혈을 찾고자 할 때는 산을 보지 말고 물을 먼저 보라고 하였으며 또한 산은 있으나 물이 없는 곳에서는 혈을 찾지 말라 하였다. 이러한 물은 혈의 형성에 필수조건이지만 흐르는 형상에 따라 또한 길흉이 구분되어 진다. 『청오경』에서는 "산이 모여서 쌓이고 물이 휘돌아 들면 자손이 번창하고 산이 달려 나가고 물이 세차게 흘러나가면 남에게 의지하여 생활하게 될 것이다" 하였다. 이것은 물의 흐름은 혈장을 환포하면서 굽이굽이 천천히 흘러야 길하다는 뜻으로, 물이 빠른 속도로 흘러나간다는 것은 혈장의 기운도 같이 빠져나가 버리기 때문이다. 그러므로 풍수에서는 혈장 앞쪽으로 흐르는 물길 속에 흙무더기나 큰 바위가 있어 유속을 늦추어 주면 그 안쪽을 대 길지로 해석한다.

152. 풍수에서 물은 곧 재물財物이다

풍수고서 『인자수지』에서는 "산관인정(山管人丁) 수관재물(水管財物)"이라 하여 산은 사람을 관리하고 물은 재물을 관장한다 하였다. 또한 물이 깊고 많은 곳에서는 부자가 많이 나고 물이 얕고 적은 곳에서는 가난한 사람이 많이 나며 물이 많이 모이는 곳에는 재물이 풍부하지만 물이 흩어지는 곳은 그와 반대 현상이다 라고 기록하고 있다. 그리고 조선 중기 실학자 이중환의 『택리지』에서도 택지 주변에서 흐르는 물의 형태와 양, 방향, 속도 등에 따라 그곳에 사는 사람들의 빈부(貧富)가 결정된다 하였으니 풍수에서는 물을 곧 재물과 연관 지어 해석한다. 그러나 물의 양이 무조건 많다고 하여 재물이 쌓이는 것은 아니다. 물이 혈장과 어느 정도의 조화와 균형을 이루어야지 산세에 비해 물의 기운이 너무 많으면 양의 기운이 음보다 지나치게 강해 압도당하게 되므로 지극히 흉하다. 풍수 격언에 '바닷가에 귀인 없다.' 고 한 것은 바다를 정면으로 한곳에 명당이 없다란 말로써 물의 양이 너무 많은 곳엔 좋은 혈이 맺히지 않는다는 것이다. 그리고 풍수 경전 『靑烏經』에서는 "물이 서쪽을 지나 동쪽으로 가면 재보(財寶)가 무궁할 것이요, 굽이굽이 흘러 겹겹이 감싸 안으면 가장 높은 관직에 오를 것이다." 하였으니 물의 굽어 흐름이 거듭 중복되면 부(富)가 영원히 이어지고 벼슬도 얻을 수 있지만 흐르는 물이 직류하면 그 반대 현상이 되어 좋지 못한 재앙만 닥친다는 것을 강조하고 있다.

또한 풍수 격언에는 '물 안은 행복하고 물 바깥은 불행하다.' 란 말이 있다. 이것은 물이 'S'字 모양으로 굽이굽이 굽어 흐를 때 풍수는 '之'字나, '玄'字로 흐른다고 한다. 여기서 'S'字의 오목한 안(面)쪽은 생기가 모인 곳이나 바깥(背) 부분은 생기가 흩어지는 곳이다. 안동의 하회(河回) 마을을 가보면 낙동강의 흐름이 복주머니의 바깥 선을 따라 그린 것처럼 마을 전체를 감싸고 흐른다. 이 경우 복주머니 안쪽에 위치한 마을은 길하고 바깥쪽에 위치한 택지는 물길이 혈장을 등지고 흐르기 때문에 재물이 모이지 않고 각종 재앙이 따르는 흉지가 된다. 이와 같이 모든 풍수 고서에서 강조하고 있는 좋은 수세(水勢)란 물은 혈장을 환포 하면서 천천히 흘러야 하고 마지막으로 빠져나가는 수구는 좁아야 한다고 강조하고 있다. 이것은 물이 굽어 흐르고 수구가 좁아야 유속을 늦추어 주기 때문이다. 이중환의 『택리지』에서도 풍수지리를 살필 때는 가장 먼저 수구를 살피라 하였고, 수구가 좁지 않고 넓으면 좋은 밭 만 이랑과 넓은 집 천 칸이 있어도 다음 대(代)까지 내려가지 못하고 없어진다 하였다. 그러므로 물의 흐름은 교쇄(交鎖)와 환포(環抱)를 최고로 치며 교쇄와 환포의 정도에 따라 그곳에 사는 사람의 빈부귀천이 결정된다고 한다. 누구나 내 집 주변의 수세를 살펴 집(마을) 앞의 물길이 집(마을)을 감싸고 흐르는지 반대 현상인지 또는 유속이 빠른지 늦은지를 살펴보면 그곳이 재물 복이 있는 땅인지 흉지인지를 바로 알 수가 있으므로 택지 선정 시 유의할 사항이다.

153. 우리나라 도읍지의 수세水勢

풍수학에서는 물의 종류를 여러 가지로 분류하여 길흉을 따진다. 물은 천천히 흘러 혈장 주위에 오래 머물러있어야 생기 보전에 많은 도움이 된다. 그래서 혈장 주위에 흐르는 물은 유속이 빠른 직수(直水)보다는 구불구불 서서히 다가와서 혈장을 둥글게 감싸 안으며 흐르거나 혈을 향해 사방에서 물이 들어와 나갈 때도 머뭇거리듯 서서히 빠져나가야 그 안쪽의 땅을 길지로 본다. 반대로 혈장으로 들어오고 나가는 물이 직수(直水)가 되어 유속이 빠르다거나 혈에서 물이 빠지는 것이 바로 보이면 재물이 들어왔다가 다시 나가는 것으로 여겨 흉한 것으로 친다. 그러나 혈장을 향해 천천히 거꾸로 들어오는 모습이면 이를 역수(逆水)라 하여 좋은 조건으로 해석한다. 용(龍)에도 역룡(逆龍)이 있고 물의 흐름도 역수가 있으니 이런 곳을 자세히 분석해 보면 도읍지나 마을을 선정함에 있어 좋은 길지로 평가받을 수 있다. 우리나라는 지형적 특성상 북쪽보다는 남쪽, 동쪽보다는 서쪽이 대체적으로 낮기 때문에 물의 흐름도 대부분이 북에서 남으로 혹은 동에서 서쪽으로 흐르는 것이 일반적이다. 그러나 우리나라 지형의 특성과 반대 방향인 남에서 북쪽으로 혹은 서에서 동쪽으로 흐르는 지역이 있어 이를 역수국(逆水局)이라 하고 매우 길한 수세 형국으로 친다. 이러한 곳은 대체적으로 경사가 완만해 유속이 늦기 때문에 도읍지나 큰 마을 부락이 들어서기에 아주 좋은 길지로 평가받는다. 역수국에 위치한 도시들은 충만한 생기로 무한한 발전성이 있기에 과거 우리나라 신라의 수도였던 경주와 조선의 도읍지였던 지금의 서울, 미래도시 충남의 세종시 모두가 역수국에 자리하고 있다.

신라 천년의 도읍지였던 경주를 보면 경주의 젖줄인 형산강이 남에서 북으로 흘러 포항 앞바다로 들어가고, 이조 500년부터 지금까지의 우리나라 수도인 서울 역시 시내를 가로지르는 청계천을 보면 한강의 흐름과 반대 방향인 서쪽에서 동쪽으로 흐르다가 중랑천을 만나 합수하여 다시 서쪽으로 흐르는 한강에 흘러 들어간다. 그리고 우리나라의 수도이전 예정지인 충남 연기, 공주에 위치한 세종시의 젖줄인 금강 역시 전북 덕유산자락에서 흘러나온 물이 무주, 장수, 진안을 거쳐 북으로 충남 연기에 있는 세종시까지 한참 동안 역수(逆水)로 흐르다가 공주를 거쳐 서해안 바다로 흘러 들어간다. 이렇듯 과거부터 현재까지 우리나라의 수도들은 모두 역수국에 위치해 있다.

역수는 물의 흐름에 대한 유속도 늦지만 대게 한 지역을 환포하는 형국이다. 물이 천천히 흐르면서 환포하는 도읍지야 말로 풍수에서는 생기 가득한 대길지로 본다. 풍수에서 물은 재물을 관장한다하여 지사들은 무조건 물을 선호하는 경향이 있지만 그것도 물이 혈장과 어느 정도 조화와 균형을 이루어야 길격이지 무조건 많다고 좋은 것은 아니다. 산세(山勢)에 비하여 물의 기운이 태과(太過)하여 양이 음보다 지나치게 강하다면 혈장이 수기(水氣)의 기운에 압도당하여 지극히 흉하다. 세상사 모든 자연의 이치가 음양의 조화로 대등하게 이루어져 있는바 어느 한쪽의 힘이 강하면 그 조화가 깨져 결실을 이루지 못하는 원리와 같다.

154. 물의 종류와 길흉

풍수에서는 물의 흐르는 모양을 보고 크게 다섯 가지로 나누어 분류하고 있다. 산봉우리를 오행산으로 분류한 것처럼 물의 흐름도 오행(목·화·토·금·수)으로 분류하고 이를 오성수(금성수, 목성수, 수성수, 화성수, 토성수)라고 한다. 이러한 오성수의 길흉에 대해 알아보자. 금성수는 활처럼 혈장을 감싸 안고 흐르는 물을 말하는데 아주 좋은 물이다. 풍수에서는 금성수가 혈장을 감싸고 흐르면 그곳에 사는 사람들에게는 부귀가 따르고 세상의 존경을 받는 후손이 태어난다고 한다. 그다음 목성수는 물이 일자처럼 곧장 흐르는 것을 말하는데 물이 혈장으로 바로 흘러왔다가 용혈을 충사(沖射)하고 직각으로 방향을 바꾸어 흘러나가기 때문에 아주 흉하다. 이런 경우는 가산이 빈곤하여 유리걸식하고 살상(殺傷)이 난다고 되어있다. 수성수는 혈장 주위에 지현(之玄)자로 굴곡(屈曲) 하면서 구불구불하게 흐르는 물을 말하는데 일반적으로 유속이 늦어 혈장에 많은 생기를 공급해주기 때문에 길수(吉水)로 친다. 이 물은 후손 중에 거부가 출현하지만 전체 물줄기가 혈처를 감싸주면서 흘러야지 반궁(反宮)하면 오히려 흉하다. 화성수는 혈장 앞에서 직선으로 곧장 빠져나가는 물을 말하며 흉수이다. 화성수가 혈장을 충사하면 성품이 오만한 자손이 출하며 집안에 온갖 재앙이 이어진다. 마지막으로 토성수는 사격의 일자문성과 같이 물이 직각으로 곧게 흐르는 경우를 말하는데 대체적으로 길흉은 반반으로 본다. 혈을 감싸며 흐르는 토성수는 길하지만 반배하면 오히려 흉하다.

위에서 열거한 오성수가 물의 형세를 보고 길흉을 구분한 형세론적 수법론이라면 혈장을 중심으로 어느 방위에 물이 있는지를 보아 길흉을 구분하는 이기론적 수법론도 있다. 이것은 혈지의 좌향과 상관없이 나침판의 남북을 기준으로 어떠한 방위로 물이 득수(得水)하거나 지호수(池湖水)가 있으면 길하다는 이론인데 다음과 같은 종류가 있다. 먼저 음양최관수(陰陽催官水)라 하여 艮(북동), 巽(동남), 震(동), 兌(서)의 음(陰) 방위와 남(丙,丁), 서(庚,辛) 방위에 득수처나 지호수가 있으면 속발부귀(速發富貴)하고, 삼양육건수(三陽六建水)라 하여 동남(巽), 남(丙, 丁)의 삼양 방과 (亥, 艮, 丁, 卯, 巽, 丙)의 육건 방위에 득수처나 지호수가 있으면 정재발왕(丁財發旺)하고, 삼길육수수(三吉六秀水)라 하여 진(震), 경(庚), 해(亥) 방위의 삼길방과 간(艮), 병(丙), 손(巽), 신(辛), 태(兌), 정(丁) 방위의 육수방에 득수처나 지호수가 있으면 부귀왕정(富貴旺丁)하여 후손들에게 부와 권력을 가져다준다. 이렇듯 풍수에서는 길수도 있지만 방위와 형세에 따라 흉수도 많다. 대표적인 흉수로는 패철 1층과 2층으로 방위를 측정하는 팔요황천수와 사로팔로황천수가 있고 물이 빠져나가는 파구를 중심으로 국(局)을 정하고 12 포태법으로 기포하여 득수와 파구 및 내룡에 대한 길흉을 구분하는 방법이 있으며 최근에 많이 쓰이고 있는 88향법은 물의 득수와 파구를 먼저 보고 좋은 향을 놓아 인위적으로 발복을 얻게 하는 방법 등 물의 형세와 방위로 풍수적 길흉을 알아내는 방법은 참으로 다양하다.

155. 혈穴 앞에 있는 저수지

음택의 경우 산에 올라 보면 계곡 하단부에 각종 저수지가 많이 있는데 산줄기의 중간지점 좌우측이나 끝자락 아래에 있는 작은 물웅덩이부터 크고 작은 저수지도 그 모양과 형태에 따라 묘소에 미치는 영향이 각각 다르다. 저수지나 작은 웅덩이 형태로 된 물의 종류로는 진응수(眞應水), 원진수(元眞水), 지당수(池塘水), 천지수(天池水), 암공수(暗拱水), 공배수(拱背수), 융저수(融貯水) 등 이외에도 여러 가지 종류가 있으나 대표적인 몇 가지만 골라 알아보기로 하자.

먼저 진응수란 묘소 앞 즉 전순의 하부에서 샘물이 솟아올라 고인 물로 이것은 아주 귀한 물이다. 이 물은 산세의 기운이 극히 왕성한 증거라고 여기며 게다가 맑고 수려하다면 재복(財福)이 아주 크다. 이런 경우 집안에는 곡식이 썩을 정도로 많이 쌓여 부귀하다는 좋은 물이다. 그러나 너무 많은 물이 흘러 대천(大泉)이 발생하는 것은 비록 진응수라 할지라도 혈장의 생기가 오히려 누설된다. 그다음 원진수는 현무정을 비롯하여 청룡·백호의 안쪽으로 흐르는 물을 말하는데 혈은 원진수를 먹고 산다는 말이 있듯이 아주 중요하다. 이 물이 모이지 않고 혈 중심으로 곧게 흘러나가 버리면 흉하기 때문에 안산이 있어 막아주어야 길하다. 지당수는 묘소 앞쪽에 고여 있는 물로 작은 연못이나 물웅덩이다. 혈 주변의 모든 물이 이곳으로 모여들기 때문에 물이 깨끗하면 길하나 오염되어 악취가 나고 탁하면 오히려 흉하다. 고서에서도 혈 앞에 지당수가 맑고 가뭄에도 마르지 않으면 부귀왕정한다고 기록하고 있다. 최근에는 묘지의 발복을 위해 묘지 앞에 인공으로 연못을 파는 경우가 있다. 『인자수지』에서는 혈장 앞에 지당수를 파거나 매우면 용혈에 상처를 입혀 생기를 누설시키는 결과를 초래하여 화를 자초한다 하였으니 자연적인 지당수가 아니면 인공적인 연못을 파는 것은 풍수적으로 좋지 않다. 반대로 지당수를 매몰하는 경우도 물의 흐름을 변화시켜 재앙을 초래할 수가 있어 금물이다. 천지수는 높은 산 정상에 자연적으로 있는 연못이나 호수다. 이는 지극히 귀한 물로 사계절 마르지도 넘치지도 않는다. 산 정상분지에 맺는 혈은 왕후장상이 난다는 천교혈이다. 또한 암공수와 공배수는 보이지 않는 곳에서 혈을 감싸주고 있는 큰물을 말하는데 청룡·백호와 안산 그리고 현무 뒤쪽에 있는 큰 강물이나 호수로써 혈장의 기운을 막아주니 길하다. 융저수는 혈 앞 명당이나 청룡·백호 사이에 연못이나 호수가 있는 것으로 혈 주변 모든 물들이 이곳으로 모두 모여드는 물로써 물이 깊은 만큼 발복이 크고 오래간다. 용진혈적에 융저수가 있으면 비록 안산이 난잡하여 흉살이 있어도 해가 없다하였다. 일반적으로 묘소 아래의 크고 작은 저수지나 물웅덩이는 생기의 누설을 방지해주기 때문에 길하지만 어디까지나 맑고 깨끗하여야 한다. 그러나 인공적으로 저수지나 연못을 파는 것은 그 윗부분(혈장)의 생기가 그곳으로 모두 빠져나가 버리기 때문에 금기 중의 금기이다. 이조 말엽 고종과 순종의 능인 금곡의 홍릉과 유릉 아래에 연못이 조성되어 있는데 일제가 조선의 영원한 패망을 위하여 인위적으로 만들었다고 한다.

156. 물의 득수得水

풍수에서는 득수, 취수, 거수를 물의 삼세(三勢)라고 한다. 이 세 가지 물의 작용과 방법이 원만해야 용은 혈을 맺고 이러한 곳에 묘소를 써야 자손이 부귀왕정한다. 여기서 득수란 용혈이 물을 얻는 것으로 발원지를 말한다. 그다음 취수는 득수한 물이 혈 앞 명당에 모여 혈과 음양 교합을 하는 것이며, 거수는 명당의 물이 보국 밖으로 빠져나가는 수구를 말한다. 득수는 주룡의 능선과 청룡·백호 사이의 골짜기를 따라온 물이다. 좌우 양쪽 골짜기에서 득수한 물이 혈 앞 명당에서 합해진다. 이 물을 내 득수라 하고 실제로 용혈과 음양 교합을 하는 물로 혈장의 생기 보전에 매우 중요하다. 내 득수한 물이 모이는 혈 앞마당을 내 명당이라고 하고 외청룡과 외백호 사이에서 나오는 물은 외 득수라 한다. 이 물은 외명당에 모여들어 외곽에서 용맥의 생기를 보호해준다. 물의 득수와 파구에 있어서 물을 얻는 득수는 12포태법상 길한 방위여야 하고 물이 나가는 파구는 흉한 방위여야 길하다. 이것은 사람이 깨끗한 음식을 섭취하여 영양분을 충분히 공급받고 나머지 찌꺼기를 항문으로 배출하는 원리와 같은 현상이다. 이에 대해 여러 고서에서도 하나같이 언급을 하고 있다. 『명산론』 에서는 "산(山)은 좋은 방위에서 와야 하고 물은 나쁜 방위로 빠져나가야 한다. 산이 일어나는 방위가 좋으면 복록이 나날이 더하고, 물이 나가는 방위가 흉하면 복록이 오래간다." 하였으며, 『지리신법』에서도 "무릇 물은 각자 좋은 방위에서 들어와서 나쁜 방위로 나가야 한다."하였고, 『호수경』에서는 "(물이) 마땅히 나가야 할 곳으로 들어오면 눈물이 흘러 쌓이고, 마땅히 들어와야 할 곳으로 나가면 몸이 다치거나 패배하는 결과를 가져온다." 하여 이기론 풍수에서는 물이 들어오고(得) 나가는(破) 방위를 매우 중요시하고 있다.

현장에서 물의 득수처를 측정할 때는 아주 정확하여야 한다. 아무리 좋은 이론을 적용하여도 방위측정이 잘못되면 길흉화복이 완전히 뒤바뀌게 된다. 물의 득수처는 혈에서 보아 처음 보이는 곳이다. 처음 보이는 곳이란 물의 발원지를 뜻하는 것이 아니다. 혈 앞에서 향(앞)을 바라보고 똑바로 서서 어깨는 움직이지 말고 고개만 돌려서 보이는 곳이다. 대개 향에서 120도 정도 어깨 뒤쪽의 방위에 해당되며 나경의 24방위 중 8방위 앞 혹은 뒤쪽에 해당한다. 그러나 발원지가 짧아 120도가 되지 않을 때는 실재 발원지를 득수처로 본다. 이때 혈 앞을 지나는 물이 좌측에서 들어오면 좌측을 우측에서 들어오면 우측으로 고개를 돌려보고 측정한다. 파구는 혈 앞을 지나는 물이 보국 밖으로 빠져나갈 때 마지막에 보이는 곳이며 내파와 외파가 있을 경우에는 내파를 우선으로 한다. 비가 오면 물이 흐를 수 있는 골짜기나 개울을 건천이라고 하는데 이곳에도 같은 양기에 속하는 바람이 통과하므로 똑같이 물로 보아야 한다. 그리고 연못, 호수, 저수지, 바다와 같이 큰물이 있을 때는 혈에서 보아 수면 위의 좌우에 있는 용호 끝자락을 측정한다. 이때 산에 가려서 안 보이는 부분은 제외되나 나무에 가려서 안 보이는 부분은 적당히 가감(加減)한다.

157. 물의 취수聚水와 거수去水

풍수에서 취수는 명당 수라고도 하며 물이 혈 앞으로 모여드는 것을 말한다. 이 물은 용혈과 음양 교합을 이루는 물로 양기를 혈에 공급해주기 때문에 취수를 해야만 용이 혈을 맺을 수 있다. 풍수에서 물은 '수관재물(水官財物)'이라 하여 재복과 연관이 있기 때문에 명당에 물이 많이 고여 있으면 큰 부(富)를 이룬다 하였다. 『人子須知』에서도 혈 앞에 천 년동안 마르지 않는 물이 있으면 재물도 천 년동안 마르지 않는다고 하였다. 또한 풍수에서 말하는 명당이란 혈 앞에 펼쳐진 평평한 땅을 말하는데 이곳은 혈을 중심으로 주변 산들이 감싸고 있기 때문에 산 따라 흐르는 물 들은 모두 혈 앞에 모이게 되므로 이곳에 모인 물들을 명당 수라 한다. 명당의 넓이는 용혈의 크기와 균형을 이루어야 하고 평탄 원만한 모양의 명당에서 좋은 혈이 맺힌다. 그리고 명당에도 내 명당과 외명당이 있다. 일반적으로 내 명당은 후손들의 발복 속도를 조절한다고 하지만 너무 광활하거나 협소하면 생기의 결집을 기대할 수가 없고 외명당은 발복의 대소를 주관하는바, 너무 협소하지 않고 훤히 트여야 길격 명당이 될 수가 있다. 그러므로 내외의 명당도 모양과 크기에 따라 길흉이 구분되어지기 때문에 혈장 앞 안산에 올라 전체적인 조화를 살펴보아야 그 길흉을 알 수가 있다. 풍수고서 『人子須知』에서는 외명당이 네모반듯하게 넓어 가히 만마(萬馬)를 들일 수 있다면 왕후(王后)의 능침이요, 그 위세가 천기(千騎)의 군사가 깃발을 휘날리며 모여 있는듯하면 장군의 벼슬을 약속받고, 평평하기가 숫돌 같고 가마솥 밑둥 같으면 정승이 나올 자리다고 하였다.

거수(去水)는 명당에 모인 물이 보국을 빠져나가는 것을 말하며 풍수에서는 거수처를 수구(水口) 또는 파구(破口)라고도 한다. 명당에 모인 물은 혈처에 생기를 공급해주고 빠져나가야 새로운 물이 들어와 계속 생기를 공급할 수가 있다. 그러나 물은 혈을 감싸며 천천히 흘러나가야지 보국에서 빠져나가지 않고 그냥 고여 있어도 썩기 때문에 혈장에 나쁜 기운을 가져다주고 일직선으로 너무 빨리 급류하여도 오히려 혈장의 기운을 뺏어가는 현상을 초래한다. 이렇듯 명당의 물은 천천히 흘러나가는 것이 좋기 때문에 수구는 막히듯 좁은 것이 좋다. 따라서 수구가 청룡이나 백호의 끝자락으로 가로막혀 있는 지세에서는 물이 그곳을 감싸고 돌아나가는 '之'字 형태를 취하기 때문에 자연적으로 유속이 늦어지게 되고 유속이 늦은 곳에서는 바람도 직접 빠져나가지 못하게 되므로 혈장의 생기를 오래토록 가두어준다. 그리고 수구가 너무 넓어 물이 빠른 속도로 빠져나간다면 바람과 함께 혈처의 생기까지 함께 따라 나가게 되므로 수구의 모양은 무엇보다 관쇄(關鎖)가 제일 중요하다. 관쇄는 청룡 백호의 끝자락이 서로 빗장걸이 한 상태를 말하며 혈장에서는 수구가 좁아 명당의 기운이 천천히 빠져나가는 것을 가장 이상적인 조건으로 삼고 있다. 수구는 관쇄 여부와 더불어 방위측정도 매우 중요하다. 이기론 수법에서는 방위측정이 잘못되면 길흉 판단이 완전히 달라지기 때문이다.

158. 자연황천自然黃泉

풍수에서는 '용수배합(龍水配合)'이란 용어가 있다. 이것은 용맥의 방향과 물길(득수, 파구)이 자연의 이치와 합법하다는 것을 의미한다. 즉 좌선룡에는 우선수요, 우선룡에는 좌선수가 되어야 한다는 것이다. 그리고 내당(내청룡·내백호 안쪽)의 물과 외당(외청룡·외백호 안쪽)의 물도 방향이 일치하여야지 반대 현상이면 이러한 곳을 자연황천에 걸렸다 하고 혈장에 좋지 못한 현상을 가져다준다. 먼저 산에 올라가 산 아래의 형세 즉 전체적인 자연의 흐름을 살펴보자. 먼저 외당의 물이나 바람이 왼쪽 계곡에서 흘러나와 오른쪽으로 흘러나가면 좌선수, 오른쪽 계곡에서 흘러나와 왼쪽으로 흘러나가면 우선수라고 한다. 그런 다음 혈장 바로 옆 산자락(내당)을 살피는데 외당이 좌선수라면 내당도 좌선수여야 한다. 즉 왼쪽의 계곡이 오른쪽의 계곡보다 크고 넓어야 한다는 것이다. 또 외당이 우선수라면 내당도 당연히 오른쪽 계곡이 왼쪽의 계곡보다 크고 넓어야 우선수가 된다. 그래야 외당과 내당의 자연 순환이 일치하여 그 산자락엔 물이 차지 않고 바람도 들어 치지 않는다.

여기서 외당은 좌선수인데 내당이 우선수라면(외당은 우선수인데 내당이 좌선수인 경우도 마찬가지임) 외당에서 흘러나가는 양기(陽氣:물과 바람)와 내당에서 나가는 양기가 서로 부딪치는 형세가 된다. 즉 내당의 물이 외당의 물에 부딪쳐 쉽게 흘러나가지 못하니 다시 내당으로 밀려 들어와 산자락에는 물과 바람이 들어차게 된다. 풍수에서는 이러한 현상을 자연황천(自然黃泉)이라 하고 이런 곳에서 명당을 구하려는 것은 '연목구어(緣木求魚)' 즉 나무에 올라가 고기를 잡고자 하는 이치와 같다고 하였다. 즉 그만큼 풍수의 피해가 있어 혈장으로 부적합하다는 것이다.

이 원리를 좀 더 쉽게 설명하면 이는 외당과 내당이 같은 자연조건이면 외당의 양기에 의해 내당의 물과 바람도 같이 합쳐 쉽게 빠져나가겠지만 내당과 외당의 물이 반대 방향이라면 외당의 큰 물줄기에 의해 내당의 물이 부딪쳐 빠져나가지 못하고 역류를 해 안으로 다시 밀려 들어온다는 것이다. 예를 들어 큰 하수도관에 역행하여 작은 하수관을 연결해 비스듬히 마주보고 있으면 작은 하수관의 물은 큰 물줄기의 압력 때문에 다시 작은 하수관으로 밀려 들어간다. 그러면 작은 수도관에 있는 물은 빠져나가지 못하고 역류하여 안으로 다시 치고 들어오게 되고 그 영향으로 안쪽(혈장)에는 바람과 물이 들어차게 되어 풍수적 피해를 입게 된다는 것이다.

따라서 명당을 구하기 위해 산에 올랐을 때는 제일 먼저 보아야 할 것이 바로 외당과 내당의 자연 순환이 서로 일치하는지 반대 현상인지를 살펴야 한다. 풍수를 공부한 사람 중에서도 자칫 이러한 기본을 무시하고 용맥의 흐름과 좌우의 산세만 보고 혈을 잡아 물이 차거나 바람이 들어 치는 곳을 명당으로 착각하는 경우가 더러 있다. 자연은 1미터만 차이가 나도 흙 색깔이 확연히 다를 정도로 환경이 다르다. 집터나 묘 터를 정할 때는 자연이 순행하는 곳을 선택해야 풍수적 피해가 없어 집안에 재복(財福)이 따르고 건강한 생활을 이어 나갈 수가 있다.

159. 배토장培土葬의 발복 사례

장서(葬書)에 이르기를, '葬者乘生氣也'라 하여 장사를 지낸다는 것은 생기를 타기 위함이다 하였으니 장사를 지낼 때는 땅속에 기운이 많이 모여 있는 곳(명당)에 시신을 안장해야 발복이 원활하다는 것이다. 지상에는 천기가 있고 지하에는 지기가 있다. 이러한 지기가 많이 흐르고 있는 땅속의 깊이를 일률적으로 정할 순 없지만 일반적으로 보아 지표면으로부터 1~2m 정도 밑에서 많은 지기가 흐르고 있다. 조선왕조실록에도 보면 장사를 지낼 때 천광의 깊이를 상투 끝이 보일락 말락 할 때까지 파라고 되어있다. 그러니 사람이 서 있을 때의 키 높이 정도다. 그런데 이와 달리 지기가 땅의 표면 가까이로 흐르는 특별한 장소가 있는데 이러한 곳에 장(葬) 하는 것을 배토장(培土葬)이라 한다. 이러한 곳은 땅을 깊이 파지 않고 표피만 걷어 낸 후 그 위에 관을 놓고 흙을 북돋우어 봉분을 만들어야 장사의 목적인 생기를 탈 수 있다.

조선 정조 때 배토장에 관한 재미있는 설화가 있어 적어본다. 경기도 어느 지방에 살림이 너무나 어려워 떠돌이 생활을 하면서 동냥으로 살아가는 한 가족이 있었다. 이 집안의 아들은 주변에서 이름난 효자로 부모님을 봉양하는데 조금도 게을리하지 않았다. 동냥을 위해 이리저리 돌아다니던 중 아들은 마침 다 쓰러져가는 초가 하나를 발견하고 그곳에서 부모님을 모시고 살았지만 엄동설한이라 노쇠한 부모님은 잠결에 얼어 죽게 된다. 아들은 부모의 죽음을 자기의 불효에서 비롯되었다고 생각하면서 집 근처 제일 양지바른 곳에 묻기로 하고 혼자서 땅을 파는데 땅바닥이 얼어 깊이 팔 수가 없었다. 하는 수없이 조금만 파고 그 얕은 구덩이에 부모님의 시신을 안장하고 봉분을 만들었다. 그런데 묘를 쓴 지 얼마 되지 않아서 큰 눈이 내리는 어느 날 어떤 여인이 움막을 찾아와 눈이 너무 많이 내려 길을 갈 수가 없으니 하룻밤만 묵게 해달라는 것이었다. 방이라곤 하나밖에 없고 더구나 귀한 신분으로 보이는 여인이 묵기에는 자신의 집이 너무 초라하여 처음엔 거절하였으나 계속적인 요구로 그 여인을 받아들였다. 해는 저물고 이불도 하나밖에 없는 움막 속의 단칸방이라 하는 수없이 그 여인과 동침을 하게 된다. 그런데 그 여인의 신분은 원래 명문대가의 무남독녀였지만 아버지가 병환으로 죽자 계모의 학대로 집을 나와 여기까지 오게 되었다고 한다. 아침이 되자 그녀는 자신이 지닌 패물과 돈을 내놓으면서 이것이면 작은 가계를 하나 차려 장사를 시작할 수 있을 거라며 함께 살기를 원하였다. 이게 웬 횡재인가. 가난한 아들은 양반집의 귀한 딸을 아내로 맞고 포목상을 열었는데 장사가 너무 잘되어 훗날 큰 부자가 되었다. 그는 언제나 늘 가슴속에 부모님의 시신을 너무 얕게 묻어 잘못 모셨다는 죄책감을 간직하고 있었다. 세월이 지나 경제적 여유가 생기자 부모 묘를 파서 더 깊게 묻고 다시 봉분을 만들었다. 그런 후 이상하게도 그렇게 잘 되던 장사가 안되는 것이었다. 이웃에 사는 풍수 지관이 말하기를 이 묘 자리는 배토장으로 얕게 땅을 파고 묘를 써야 발복을 하는 자리라며 다시 얕게 묻으라고 하였다. 하는 수 없이 원래대로 부모님을 얕게 파묻고 장사가 잘되어 평생 부자로 살았다는 재미있는 야사가 전해져오고 있다.

160. 음택의 발복 사례

풍수애호가들 중에서 부자들은 명풍수에게 거금을 주고 천하의 명당을 소개받아 조상의 묘를 쓰거나 집을 지어 대대로 부귀영화를 누릴 것 같으나 그렇지만은 않다. 몇 주 전 강의실에서 용상팔살좌(산줄기의 방향에 따라 사용할 수 없는 좌향)에 대해 설명하였는바, 이 좌향은 세상에서 부덕하고 악독한 자를 위해 자연이 만들어놓은 함정의 땅이라 하였다. 우리나라 구전 중에 명당 터를 얻으려면 3대가 적선을해야 얻을 수 있다는 말과 같이 하늘에서 아무에게나 조건 없이 길지를 선물하지는 않는다. 풍수 고전마다 적덕(積德)의 공(功)이야말로 명당 터를 얻을 수 있는 첫 번째의 지름길이라 강조하면서 흔히들 명당이란 임자가 따로 있다고들 한다. 적덕의 공이 없는 부자들은 의심이 많아 어떤 풍수 지관도 믿지를 못한다. 이 풍수 저 풍수를 찾아 자문을 구하나 같은 대답을 얻긴 어렵고 결국은 본인이 결정하거나 언변 술이 화창한 사이비 풍수사의 꾀임에 속아 대부분 나쁜 흉지로 안내받아진다. 자연의 지세가 겉으로 보기엔 명당 길지로 보이나 땅속에는 수맥파나 물(水)기가 흐르는 흉지가 많다. 이러한 곳에 집이나 묘의 좌향까지 잘못되면 후손들은 각종 질병이나 가난으로 허덕일 수 있다는 것이다. 세상의 악인들이 온갖 수단과 방법을 써 길지를 구해본들 그 땅이 본인의 명(命)과 맞지 않던지, 아님 2차적으로 저승(生)으로의 관문에서는 자연이 그 사람을 제재한다는 것이다. 풍수고전 『雪心賦』에 이르기를 “적선필획길천(積善必獲吉遷)이요 적악환초흉지(積惡還招凶地)”라 하여 적선함은 반드시 길지를 얻고 적악은 흉지로 안내받는다 하였다.

충북 괴산의 제월리에는 성씨가 서로 다른 두기의 묘가 아래위로 바짝 붙어있는 곳이 있다. 사연인즉, 위쪽에 있는 묘는 S그룹 창업주인 K모 회장의 고조부 묘소이고, 아래쪽은 A씨의 조상 묘지이다. K 회장의 조상은 대대로 A씨 집안에서 머슴살이를 했는데 그는 대단히 부지런하고 인정이 많은 사람이었다고 한다. 그는 주인댁의 선산에 나무를 하러 다니다가 명당 터를 발견하고 그곳에 자기 조상을 이장해야겠다는 생각 끝에 집주인에게 조심스럽게 말을 꺼냈다. “어르신! 사정이 생겨 제 고조부의 묘를 이장해야 하는데 주인댁의 선산에 묘를 좀 쓰게 해 주십시오” 하고 허락을 청하자 평소에 착한 머슴이라 주인은 별생각 없이 그냥 허락을 해주었다. 허락이 떨어지자 머슴은 곧바로 고조부를 그곳으로 이장했고 그때부터 발복이 일어나기 시작했다. 큰아들은 기업가로 성공하고 둘째는 고위 공무원으로 재직하니 부귀의 발복이 동시에 일어나 생활이 주인과 완전 반대입장이 되어버렸다. 훗날 그곳이 명당 터임을 알게 된 주인은 묘를 다른 곳으로 이장해 갈 것을 강요하자 소송으로까지 번지게 됐다. K 회장 측은 동네 노인들을 증인으로 내세웠는데 증언내용은 하나같이 “과거 머슴이 주인에게 고조부의 묘 자리를 부탁하자 주인이 흔쾌히 승낙을 했다는 말을 들었다는 것이었다.” 재판 결과 묘지에 대한 분묘기지권이 인정되었고 억울한 A씨는 궁리 끝에 머슴 고조부의 발아래에 바짝 붙여 자기의 조상 묘를 이장했다고 한다. 그렇지만 그 묘소의 아래쪽에는 더 이상의 발복이 일어나지 않았다고 전한다.

161. 금시발복今時發福 풍수 설화

묘를 쓰고 효과가 빠르게 나타나는 것을 금시발복(今時發福)이라고 한다. 이러한 일들은 쉽게 접할 수 있는 현상이 아니지만 금시발복 설화 중 사시[巳(9~11)時] 하관에 오시[午(11~13)時] 발복, 오시[午(11~13)時] 하관에 사시[巳(9~11)時] 발복이란 설화가 전해지고 있어 두 편을 소개하고자 한다. '사시 하관 오시 발복'은 오전 9시~11시 사이에 장사를 지냈는데 잠시 후 낮 12시 전후에 곧바로 발복이 일어났다는 선 하관 후 발복의 경우이고, '오시 하관 사시 발복'은 낮 12시 전후에 장사를 치를 예정인데 오전 9시~11시 사이에 이미 발복이 일어났다는 선 발복 후 하관의 경우다. 먼저 선 하관 후 발복의 경우를 보면, 충청도 어느 고을에 병든 홀아버지를 모시고 살아가는 총각이 천석꾼의 부잣집에서 머슴살이를 하고 있었다. 주인집 남자들은 모두 전염병으로 사망하고 젊은 며느리들만 살고 있었다. 이런 상황에서 이 집에서 머슴살이를 하고있는 총각이 어느 날 나무하러 산에 갔다가 배고픔에 지쳐 쓰러진 한 노인을 발견하고 자신이 갖고 있던 점심 도시락을 대접했다. 노인은 묘터를 찾으러 다니다가 길을 잃고 헤매다 쓰러졌다. 총각이 노인을 극진히 보살펴주자 노인은 그 보답으로 자신이 찾은 명당 터를 총각에게 가르쳐 주며 후에 이곳에 부모님을 모시라고 했다. 훗날 아버지가 세상을 뜨자 총각은 노인이 말한 그 자리에다 장사를 지내기 위해 일꾼들과 광(壙)을 파던 중 잠시 집으로 와 일꾼들의 점심을 준비하고 있었다. 그런데 때마침 그곳에 와있던 부잣집의 예쁜 며느리와 인연을 맺게 된다. 총각과 젊은 과부는 그날부로 재산을 모두 정리하여 타지로 떠나 신분을 감추고 부자로 행복하게 살았으며 둘 사이에서 태어난 아들은 훗날 높은 벼슬에까지 올랐다고 한다. 총각은 쓰러진 지관을 보살폈고 지관은 총각에게 길지를 보은한 셈이다.

한편 오시 하관 사시 발복. 즉 선 발복 후 하관 이야기는 충청도 어느 고을에서 전해지는 야사다. 이야기의 배경이 된 혈장은 뒤로 한 발자국만 벗어나도 경사가 급한 곳으로 현무봉에서 뻗어 내려온 산 중턱에 괴혈(등잔 혈)로 혈장을 맺은 곳이다. 이곳에 부모님의 묘를 쓰기 위해 먼저 산신제를 올리려고 제물 보따리를 푸는 순간 실수로 사과를 혈장 아래로 떨어뜨렸다. 그러나 경사가 워낙 급한 위험한 곳이라 아무도 사과를 찾으러 낭떠러지 아래로 내려가려 하지 않았다. 하는 수 없이 상주가 직접 혈장 아래로 내려가 나무 덤불 속을 뒤적였다. 그런데 이게 웬일인가 그 나무 덤불 속에서 엄청난 돈다발을 발견하고 깜짝 놀랐다. 상주는 누구의 돈인지 정체를 알 수도 없고 결과적으로 로또의 횡재를 맞은 셈이다. 요즘 같으면 수십억 원의 상금에 당첨될 복권을 습득한 것과 다를 바 없으니 장사를 지낼 준비를 하다가 횡재를 한 것이다. 상주는 좋은 과일을 제상에 올리려 했고 그의 효심과 용기 있는 행동에 횡재가 뒤따른 것이다. 이것은 어디까지나 설화일 뿐이지만 조상숭배와 관련된 이야기는 이 밖에도 많이 전해져 내려온다.

162. 나학천과 윤행임의 팔도인물론

조선시대 지리학자들은 조선팔도의 땅에 대한 풍수지리적 해석을 하면서 각 지역마다의 땅이 인간의 심성에 미치는 영향이 다르다고 하였다. 풍수에서는 지령(地靈)은 인걸(人傑)이라 하여 산천의 형세가 좋으면 좋은 인물이 태어난다고 하는 지리인성론(地理人性論)을 주장하였고 그 지형의 형세가 사람의 성격 형성에도 많은 영향을 미친다고 주장하였다. 인구의 이동이 거의 없는 과거에는 모두가 인정하였고 인구의 이동이 많은 요즈음과는 사뭇 달랐을 것이다.

임진왜란 때 이여송의 지리 참모로 조선에 왔던 두사충의 사위인 나학천은 장인과 함께 조선에 귀화한 인물이다. 그는 조선 팔도사람들의 인물평을 이렇게 하였다. 함경도 사람은 우직지협(愚直知夾)이라 하여 우직하지만 지혜를 가졌다 하였고, 평안도 사람은 견강용예(堅剛勇銳)라 하여 의지가 강하고 용감하며 날쌔다 하였으며, 황해도 사람은 우준무실(愚蠢無實)이라 하여 느리고 어리석어 용골차지 않다 하였고, 경기도 사람은 선용후유(先勇後柔)라 하여 앞에서는 억세고 뒤로는 부드럽다 하였으며, 강원도 사람은 칩복지단(蟄伏知短)이라 하여 자기 거처에 가만히 있고 아는 것이 부족하다 하였고, 충청도 사람은 부경용호(浮輕勇豪)라 하여 행동이 경솔하지만 용맹스럽다 하였으며, 경상도 사람은 우순질신(愚順質信)이라 하여 어리석고 순하고 질박하지만 참된 기질이 있다고 하였고, 전라도 사람은 사교경예(詐巧輕藝)라 하여 속임이 많고 교활하고 가벼우나 예술성이 많다고 표현하였다.

또한 조선 정조 때 규장각 학자인 윤행임(1762~1801)은 팔도 백성의 성격을 다음과 같이 표현하였다. 함경도 사람은 이중투구(泥中鬪狗)라 하여 개들이 싸우는 격으로 강인한 의지와 인내력이 있다 하였고, 평안도 사람은 맹호출림(猛虎出林)이라 하여 사나운 호랑이가 숲속에서 나오는 격으로 용맹하고 과단성이 있다 하였으며, 황해도 사람은 석전경우(石田耕牛)라 하여 돌밭을 일구는 소와 같은 격으로 고난을 이겨내는 근면성이 있다 하였고, 경기도 사람은 경중미인(鏡中美人)이라 하여 거울 앞에선 미인 격으로 이기적이고 명예를 존중한다 하였으며, 강원도 사람은 암하노불(岩下老佛)이라 하여 바위 아래에 앉아있는 부처님 격으로 누가 알아주든지 말든지 자기 할 일을 해 나간다 하였고, 충청도 사람은 청풍명월(淸風明月)이라 하여 깨끗한 바람과 밝은 달 격으로 풍류를 즐기는 고상한 면이 있다 하였으며, 경상도 사람은 태산교악(泰山喬嶽)이라 하여 크고 높고 험한 산 격으로 웅장하고 험악한 기개가 있다 하였고, 전라도 사람은 풍전세류(風前細柳)라 하여 바람에 쉽게 흔들리는 버드나무 가지 격으로 시대에 민감하게 적응하면서 살아간다고 표현하였다.

이러한 것은 조선팔도의 지형에 대한 사람들의 인심을 풍수적으로 표현한 것이므로 실제와는 차이가 있을 수가 있다. 과거에는 대부분이 자가가 태어난 곳에서 생활했기에 그 지역의 생활 특성에 길들여져 어느 정도 같은 성격이 형성될 수 있었으나 현재는 생활반경이 전국적이다 보니 이 이론은 타당성이 떨어진다.

163. 이중환의 팔도 인심론

조선후기 실학자 이중환(1670~1756)은 『택리지』「복거총론」'인심편'에서 사람들의 인심을 어떻게 논할지에 대해 다음과 같이 적고 있다. 공자께서는 "마을의 풍속이 착하면 아름다운 곳이 되고 아름다운 곳을 가려 살지 않으면 어찌 지혜롭다 할 것인가"라고 하여 살 곳의 풍속을 중요시하였고 맹자의 어머니가 세 번이나 집을 옮긴 것도 자식을 훌륭하게 가르치고자 함이었다. 사람이 살 고장을 찾을 때에 그 착한 풍속을 가리지 않으면 자신에게뿐만 아니라 그 자손에게도 해가 미쳐 좋지 못한 습관이 스며들 우려가 있기 때문에 살 곳을 정할 때는 반드시 그 땅의 세상 풍속(인심)을 살펴보라 하였다.

이중환은 우리나라 팔도의 인심을 이렇게도 표현하였다. 평안도 인심은 순후(醇厚)하여 제일이요, 다음은 소박하고 진실(眞實)한 경상도 풍속이다. 함경도는 오랑캐 땅과 접해있기 때문에 백성이 모두 거칠고 사나우며, 황해도는 산수(山水)가 험악한 까닭으로 백성들의 성격이 모두가 사납고 모질다. 강원도는 산골짜기 백성으로 어리석은 사람이 많고, 전라도는 오로지 교활함을 좋아하기 때문에 그른 일에 움직이기 쉽다. 경기도는 도성 밖의 야읍(野邑)은 백성들의 재물이 시들어 쇠하였고, 충청도는 오로지 세력과 재리(財利)에만 따른다. 이것이 팔도 인심의 대략이다.라고 하였다. 그러나 이것은 서민을 두고 논한 것이요, 사대부의 풍속에 이르러서는 또한 그렇지 않다고도 하였다. 또한 조선 영조 때 실학자 성호 이익은 『성호사설』에서 경상도는 산수가 모두 취합하고 바람소리와 풍기(風氣)와 습관 또한 흩어지지 않으며 옛날 풍속이 그대로 지켜져 명현(名賢)이 배출되는 국내 최대의 길지인 반면 전라도는 산수(山水)가 모두 산발체(散髮體)를 이루면서 흩어져 나가 국면(局面)을 이루지 못하므로 그 지방에는 재주와 덕행이 드물고 인정도 고약하다고 표현하였다.

풍수고서 『설심부』에서는 "지령(地靈)은 인걸(人傑)이다"라고 하여 인물은 산천의 기운을 받아 태어나는데 생활 주변의 산천이 생기롭고 모양이 좋으면 훌륭한 인재가 배출된다 하였고 산이 수려하면 귀인이 나고 물이 좋으면 부자가 난다"라고 했다. 또한 이중환은 그의 저서 『택리지』에서 "조선 선비의 반은 영남에서 나고 영남 인재 가운데 반은 선산에 있다"라고도 했다. 이는 선산에서 구미에 있는 금오산을 보면 마치 붓을 세워놓은 것과 같다고 해서 사람들은 이 산을 문필봉이라고 불렀고 이 산을 보고 자란 선산 사람들 중에는 문장가가 많이 나왔다고 한데서 연유되었다. 이리하여 풍수 애호가들은 살 집을 구할 때 반드시 주위의 산세를 살피게 되는 것이다. 전남 여천군 소라면 현천리 중촌 부락에는 쌍둥이 마을이 있는데 전체 75가구 중 36가구가 38쌍의 쌍둥이를 낳아 세계적으로 그 유래를 찾아볼 수 없는 '쌍둥이 다 출산' 기록을 가진 마을이다. 마을 사람들은 그 원인을 마을 동쪽에 있는 쌍태산(雙胎山) 또는 쌍봉산(雙峰山)의 정기를 받았기 때문이라고 믿는다. 이 외에도 우리나라는 주변의 산세에 따라 그 영향을 받은 곳은 수없이 많다.

164. 십승지十勝地 이야기

풍수에서는 사람이 살아가면서 세 가지 악재가 들어올 수 없는 땅을 삼재불입지지(三災不入之地)라 하여 전쟁, 흉년, 전염병 등 세 가지 재앙이 닥치지 않는 장소 10곳을 지정하여 십승지(十勝地)라고 불렀다. 조선시대 예언서 『정감록』, 『격암유록』 등에 따르면 가까운 미래에 엄청난 천재지변이 일어나 인간은 끔찍한 질병과 굶주림, 추위와 더위, 공포에 시달리게 되고 대다 수 사람들이 죽음을 맞이함으로써 인류는 절멸의 위기에 처하게 될 것이라고 예언해 놓았다. 그러나 십승지에 들어가 생활하는 사람은 이러한 끔찍한 재앙으로부터 목숨을 보전할 수 있다고 하였다. 또한 이곳은 안락한 생활을 누릴 수 있으며 자손이 끊이지 않고 후세에까지 보존될 것이라고 하여 재난을 피하는 방법까지 제시하고 있다.

십승지를 언급한 책은 『정감록』, 『남사고 비결』, 『남격암 산수 십승보길지지』, 『장비록』, 『유산록』, 『감결』, 『운기구 책』 등 이외에도 여러 가지 60여 종이 있으나 우리나라 십승지의 정확한 위치는 책마다 조금씩 다르게 기록하고 있다. 이 예언서들은 파자(破字) 등으로 기록하여 이해하기가 어렵고 표현 또한 직설법이 아닌 우회적으로 하여 해석하는데 어려움이 따른다. 또한 책을 쓴 저자와 시기가 불분명한데 당시에는 이러한 책들이 나라와 사회를 어지럽히는 것이라 하여 소지하거나 배포하는 것을 금하였기 때문이다. 그리고 인쇄술이 발달하지 못한 시기에 일일이 손으로 베껴 쓴 필사본이기 때문에 쓰는 사람에 따라 실수든 의도적이든 내용을 누락 삭제하거나 첨가하여 보충하였기 때문에 똑같은 책이라도 내용이 다를 수밖에 없다. 우리나라에서 십승지로 전해지는 열 곳은 ①영월 정동 상류(강원도 영월군 상동읍 연하리 일대) ②봉화 춘양(경북 봉화군 춘양면 석현리 일대) ③보은 속리 난증 항(충북 보은군 내속리면과 경북 상주군 화남, 화북면 일대) ④공주 유구 마곡 두 강 사이(충남 공주시 유구읍 사곡면 일대) ⑤풍기 차암 금계촌(경북 영주시 풍기읍 금계리 일대) ⑥예천군 금당 동북쪽(경북 예천군 용궁면 일대) ⑦합천 가야산 남쪽(경남 합천군 가야면 만수동 일대) ⑧무주 무풍 북쪽 덕유산 아래(전북 무주군 무풍면 일대) ⑨부안 변산 동쪽 호암 아래(전북 부안군 변산면 일대) ⑩남원 운봉 두류산 아래(전북 남원시 운봉읍 일대) 등이다.

일반적으로 풍수를 이야기할 때 십승지 하면 양택지로써 아주 좋은 길지를 연상케 하는데 십승지란 의미는 풍수적 길지라기보다 전쟁이나 질병 기타 등으로부터 안전한 장소를 말하는 것으로 대체적으로 깊은 산중에 위치하여 외부 사람들의 눈에 띄지 않는 곳이다. 그러므로 전쟁이 일어나도 쉽게 피할 수 있고, 인구가 적어 1년 농사로 3년을 버틸 수 있으니 흉년이 없고, 외부와의 접촉이 거의 없으니 전염병이 들어오지 않는 곳이므로 삼재(三災)로부터 안전하다 하여 삼재불입지지(三災不入之地)라 하였다. 그렇기 때문에 그 안의 모든 땅이 풍수적으로도 길한 조건을 갖춘 땅이라는 뜻은 아니고 전국적으로 교통이 발달 된 현시대에는 어울리지 않는 이야기다.

165. 경주 여근곡女根谷

경주시 건천읍 신평리 뒷산에 올라 보면 신라시대부터 불러오던 여근곡(女根谷)이라는 지명을 가진 골짜기가 있다. 이곳은 그 생김새가 여자의 은밀한 부위와 비슷하게 생겼다고 하여 붙여진 이름이고 그 중심부에 있는 샘물은 가뭄과 상관없이 지금도 물이 솟아나고 있다. 이곳에는 다음과 같은 전설이 있는데 신라 선덕여왕의 지기삼사(知幾三事)에 관한 내용 중의 하나다. 내용인즉, 선덕여왕 5년(636) 어느 날 한겨울임에도 불구하고 영묘사(靈廟寺) 앞 옥문지(玉門池)라는 연못에서 수 많은 개구리(or 두꺼비)들이 3~4일 동안 계속적으로 울어대고 있었다. 사람들은 이 사실을 이상하게 여겨 선덕여왕께 아뢰었는데, 왕은 곧바로 병란이 일어날 징조라 판단하고 알천(閼川)과 필탄(弼呑) 두 각간을 불러 지금 바로 2,000명의 군사를 데리고 경주 서쪽의 여근곡에 숨어있는 백제 군사들을 섬멸하라는 명을 내렸다. 신라 군사들은 의아해하면서도 어명을 받들어 여근곡에 이르니 신기하게도 백제의 우소(于召) 장군이 거느린 500여 명의 군사들이 숨어있었고, 곧바로 포위하여 그들을 전멸시켰으며 뒤따라오던 후속부대 1천2백 명도 모두 물리쳤다고 한다. 구중궁궐 깊은 곳에서 적군이 숨어든 것을 알아낸 선덕여왕의 슬기로움에 놀란 신하들이 그 연유를 물어보았다. 왕이 답하기를, "개구리가 성이 난 것은 군사를 뜻하고 옥문지(玉門池)의 옥문(玉門)은 여근(女根)이며, 여근은 곧 음(陰)으로 서쪽을 의미하기 때문에 서쪽에 위치한 백제 군사가 여근곡에 숨어있다는 것을 알아냈다고 한다. 그리고 남근(男根)이 여근(女根) 속으로 들어가면 반드시 죽기 때문에 백제 군사를 쉽게 섬멸할 줄 알았다고 하였다. 『삼국유사』에 기록된 이 내용은 음양오행의 원리를 이용하여 이러한 사실을 짐작할 수 있었으며 그 당시에도 벌써 음양오행설이 보편화되고 있었음을 알 수 있다. 선덕여왕은 이외에도 자기의 죽음을 예언하는 등 아주 지혜로운 여왕이었다고 한다.

이곳의 풍수 입지는 백두대간에서 동해안을 따라 뻗어 내린 낙동정맥의 줄기인 경주시 오봉산(632.9m)에서 동북방으로 하나의 지맥을 뻗어 내려오다 양쪽으로 팔을 벌리면서 여근곡의 청룡·백호를 만들었다. 산 아래에서 위쪽으로 쳐다보면 여근을 가운데 두고 좌우로 청룡·백호가 멋지게 감싸 안은 듯한 모습이지만, 실제 현장에 올라 보면 혈을 맺을 수 있는 중출맥이 없고 주변 어디를 살펴보아도 뚜렷한 혈증들을 찾아볼 수가 없다. 또한 낙동정맥의 동쪽 사면 자락이다 보니 해가 일찍 지고 골이 많아 습기가 가득하다. 풍수에서는 주변의 산·수가 아무리 좋아도 혈장에 혈증이 없으면 진혈이 될 수 없다. 이것은 나의 주변 환경이 아무리 좋아도 내가 건강하지 못하면 아무 소용이 없다는 이치와 같다. 거기에다가 경부고속도로가 낙동정맥의 지맥을 자르면서 통과하는 근거리의 아래쪽이다 보니 이 또한 풍수적 결함이 아닐 수가 없다. 일반인들은 여근곡이 마치 어머니의 따뜻한 보금자리인 자궁으로 보고 대단한 길지로 생각하고 있으나 실제 그렇지는 않다. 여근곡은 선덕여왕의 지기삼사(知幾三事) 중 하나의 전설을 만들어낸 장소일 뿐 풍수적 명당과는 거리가 멀다고 할 수 있다.

166. 좌향론坐向論 이란?

풍수를 모르는 사람들도 산소(墓)의 좌향과 자기가 살고있는 집이 남향이니 북향이니 하는 정도는 무슨 뜻인지 알고 있을 것이다. 이와 같이 청룡·백호란 단어처럼 좌향도 일반인들에게는 익숙한 단어다. 음·양택을 막론하고 어떠한 장소에 안착할 때는 그에 맞는 방향이 있다. 예를 들어 등산을 하면서 휴식을 취하기 위해 자리에 앉을 때도 편안한 방향이 있다. 산의 정상부를 등 뒤에 두고 위에서 낮은 곳을 바라보면서 앉아야 편하지만 밑에서 위로 쳐다보면서 앉아 휴식을 취한다면 뭔가 이상하면서 편하지 않다. 이와 같이 일상생활에도 편리하고 우주 속의 좋은 기운을 많이 받을 수 있도록 방향을 연구하는 학문이 좌향론이다. 풍수의 구성 원리를 산(山), 수(水), 방위(方位)로 볼 때 좌향론은 방위와 관련된 것으로 이기론이라고도 한다. 형기론과 이기론은 풍수학문의 양대 축으로써 형기론은 역사적으로 하나의 일관된 학문으로 구성되어 발전하여왔지만 이기론은 형체도 없고 눈에도 보이지 않는 우주 속의 좋은 기운을 찾아내야 하기에 과학적 근거나 문헌적 자료가 부족한 것도 있다. 그러나 풍수 현장에서는 주역의 원리를 적용하여 꾸준하게 많이 이용되어지고 있다. 이러한 이기 풍수는 나경(패철)이란 도구를 이용해 방향을 측정하는데 산을 떠난 도시공간에서는 형기 풍수보다 이기 풍수가 훨씬 쓰임새가 많다. 그것은 비록 길지가 아니더라도 좌향으로 그 길함을 충분히 고조시킬 수 있기 때문이다.

음·양택을 막론하고 좌향을 정하는 방법으론 이기론을 제외하고는 원칙이 없다. 형기학에선 일체의 언급이 없고 그저 산줄기가 끝날 때의 방향으로 좌향을 정하라고만 한다. 이기론은 좌향론이라 부를 만큼 방향을 중요하게 여긴다. 좌향은 혈을 기준으로 하여 혈이 등진 뒤가 좌(坐)이고 혈에서 앞쪽으로 바라보는 방향을 향(向)이라 하며 서로 상대 방향이 된다. 좌향론은 방위론이라고도 하며 지세의 기운이 방향에 따라 차이가 나는 이유를 분석하는 학문이다.

풍수에서는 우주의 좋은 기운과 땅속의 생기를 더 많이 공급받기 위해 정확한 생기선을 찾아 음양오행의 법칙에 맞춰 좌향을 결정한다. 그러므로 그 좌향에 속하는 기(氣)가 어떠한가를 보고 땅의 성격과 길흉화복을 알아보는 데 목적이 있다. 우리가 보통 방위를 말할 때는 동서남북의 4방위를 기준으로 한다. 하지만 풍수에서의 방위는 개략적인 방위가 아니라 상당히 세분화된 정확한 방위를 일컫는다. 음·양택을 막론하고 일반적으로 좌향을 볼 때는 24방위로 세분되지만 음택풍수에서 실제로 시신이나 유골을 안치할 때는 우주의 좋은 기운을 받아 영혼의 안녕과 후손들의 부귀왕정을 도모하기 위해 120방위까지도 나누어 판단한다. 이처럼 방위를 세분하는 것은 시신이나 유골은 한번 좌향을 정해 안치하면 땅은 조금의 움직임도 없이 영구적으로 그 좌향의 길흉에 따른 음양의 생기를 공급하기 때문이다. 그러므로 시신의 하관(下棺)시에는 망명과 그 땅의 납음오행을 비교하여 육친법으로 유리한 관계가 될 수 있도록 360도를 120칸으로 나누어놓은 분금을 사용한다.

167. 좌향坐向을 정하는 방법

풍수의 최종 목적이야말로 생기 가득한 장소를 찾아 그곳에서 하늘과 땅의 좋은 기운을 더 많이 받기 위함이다. 풍수 현장에서는 좌향의 조정이 잘되어야 정확한 생기선을 찾아 땅속의 지기와 더불어 하늘의 천기까지 듬뿍 받을 수가 있다. 음·양택을 막론하고 좌향을 결정하는 데는 혈장 주변의 자연지세를 보고 그에 부합하는 좌향을 선택해야 하는데 일반적으로 다음과 같은 방법들이 있다.

첫째, 의룡입향(依龍立向)이라 하여 용(龍)을 의지하여 좌향을 결정하는 방법인데 이것은 용의 마지막 부분이 멈출 때 어느 방향에서 흘러와 어느 방향으로 가는가를 보고 좌향을 결정한다. 이때 중요한 것은 현무 중심선을 취하면 후면이 꽉 차서 든든하기 때문에 무엇보다 후손들의 안정된 생활이 이어진다. 둘째, 안대(案對) 위주 방법이라 하여 혈 앞에 있는 안산이나 조산의 아름다운 봉우리와 방향을 일치시키는 방법으로 혈장으로 내려오는 용맥이 불분명한 곳이나 평지에서 주로 사용한다. 안산이 3봉(三峰)이 있을 때는 중간 봉(峰)을 취하며, 쌍봉이 있을 때는 양봉의 중간이 길하나 쌍봉의 중간이 허공일 때는 산(脈)이 들어오는 첫 봉을 정면으로 해야 한다. 셋째, 횡룡입수(橫龍入首)라 하여 귀산(鬼山)이나 낙산(樂山)의 방향을 기준으로 좌향을 정하는 방법이다. 이것은 산줄기인 용맥이 행룡하다가 90도로 꺾어지면서 혈이 맺히는 경우(횡입수:橫入首)인데 이때 혈 뒤의 공허한 부분은 비보(裨補)를 해주고 귀산이나 낙산의 방향과 일치시켜 좌향을 정하는 방법이다. 그리고 마지막 네 번째, 의수입향법(依水立向法)이라 하여 물의 흐름 즉 득수와 파구의 방향을 보고 좌향을 결정하는 방법인데 88향법 등 주로 이기론 풍수에서 많이 사용한다.

이 모든 것은 풍수 원칙에 의해 용(龍), 혈(穴), 사(砂), 수(水)를 보아 좋은 혈 자리가 있다면 다음은 좌향을 어떻게 하여 우주의 좋은 기운을 받을 수 있을지 조정하는 것이다. 혈 자리를 찾는 것도 중요하지만 제대로 발복이 될 수 있도록 좌향을 우주이법에 맞게 결정하는 것도 무엇보다 중요하기 때문이다. 포태법이나 구성법이나 88향법, 그 외 모든 수법(水法)들이 모두 용과 혈 그리고 물과 좌향을 하나로 조화시켜 취길피흉(取吉避凶)하는 것이 목적이다. 그러나 결과가 서로 다를 경우가 있기 때문에 어느 법이 더 정확한지는 아직 검증되지 않았고 이 분야는 앞으로도 학계나 풍수학도들의 더 많은 연구가 필요한 과제다.

또한 입수좌우선법(入首左右旋法)이라 하여 배합절에서 내룡의 마지막 입수 1절이 좌선이냐 우선이냐에 따라 천간좌(天干坐) 혹은 지지좌(地支坐)를 결정해야 하고, 정음정양입향법(淨陰淨陽入向法)이라 하여 혈장 뒤 입수처에서 나경으로 측정하여 입수룡이 양룡(陽龍)이면 양향(陽向), 음룡(陰龍)이면 음향(陰向)으로 향정음양의 원리를 이용하는 방법도 있다. 이 외에도 삼합법, 현공풍수법, 통맥법, 팔십팔향법 등 우주의 좋은 기운을 받기위한 방법은 여러 가지가 사용되어지고 있지만 누구나 망명에 따른 기좌나 회두극좌는 반드시 피해야 할 좌향이다.

168. 12포태법胞胎法

포태법이란 인간과 우주 만물이 생성·성장·소멸 되어가는 생·로·병·사의 4 과정을 12단계로 세분하여 설명한 것이다. 사주학에서도 길흉화복을 가릴 때 많이 사용하지만 풍수지리에서는 이러한 과정의 12단계를 용맥이 뻗어 내려온 방위와 물이 들어오고 나가는 방위에 따라 땅의 길흉을 구분하는 데 사용하였다. 이것은 혈장의 길흉을 보는 수법(水法)으로 많이 사용되고 있으며 나경의 24방위를 동궁끼리 2개씩 묶어 12방향으로 나누고 물이 마지막으로 흘러나가는 방향을 기준으로 4국으로 나누어 다음의 순서대로 붙여나간다. ①포(胞) ②태(胎) ③양(養) ④생(生) ⑤욕(浴) ⑥대(帶) ⑦관(官) ⑧왕(旺) ⑨쇠(衰) ⑩병(病) ⑪사(死) ⑫묘(墓)의 12궁이다.

이상의 12포태 중에서 양(養), 생(生), 대(帶), 관(官), 왕(旺), 쇠(衰)의 여섯 궁은 대소의 차이는 있으나 길하며 절(絶), 태(胎), 욕(浴), 병(病), 사(死), 묘(墓)의 여섯 궁은 역시 대소의 차이는 있으나 흉하다. 이처럼 땅과 양기의 12가지 기운도 좋고 나쁜 것으로 구분된다. 즉, 땅의 기운이 절(絶)의 상태라면 생기를 전혀 품을 수 없는 바위를 말하고 태(胎) 역시 아직 생기를 품지 못한 땅이고, 양(養)부터 생기를 품은 흙으로 평가하고 길한 땅으로 친다. 생(生)은 장생(長生)이라고도 하며 생기가 왕성한 최고의 흙(땅)이고, 욕(浴)은 목욕(沐浴)이라고도 부르며 수맥이 흘러가는 땅으로 흉하고, 대(帶)는 관대(冠帶)라고도 하는데 생기가 왕성한 땅이고, 임관(臨官)은 비록 생기는 있지만 관대(冠帶)보다는 못하다. 제왕(帝旺)은 생기가 최고로 왕성하며, 쇠(衰)의 단계에 대해서는 물(水)은 득수나 파구 모두를 소길(小吉)로 보지만 용의 길흉을 구분함에 있어서는 평지에서는 좋으나 산지에서는 흉한 것으로 판단하고 있다. 그다음 병(病), 사(死), 묘(墓) 역시 생기를 전혀 품을 수 없는 흙이므로 흉지로 평가한다. 이 12단계의 내용 중에서도 풍수인들이 가장 속기 쉬운 용이 목욕룡이다. 목욕룡은 겉은 멀쩡하나 속에 물이 가득 찬 땅으로 장사지낼 때 광 중에 물이 스며들거나 고이면 대개가 목욕룡이니 피해야 한다. 그리고 목욕룡에 쓴 묘는 잔디가 잘 자라지 않고 억새풀이나 이끼만이 봉분을 뒤덮는다. 조상의 묘가 억새풀이나 이끼가 자라면 혹시 목욕룡이 아닌지 의심을 해봐야 한다. 목욕룡은 자연의 사악함이 감춰 둔 땅으로 물이 차고 아래로는 대부분 수맥이 흐르는 곳이다.

풍수서 『지리오결』에 의하면 목욕룡 뿐만 아니라 목욕수 역시 도화수로 음란하여 경계해야 한다고 지적한다. 물이 목욕방에서 득수하여 들어오면 여자들이 음란해지고 익사하거나 목매어 자살하는 후손들이 생기며 재산을 잃어 집안이 망한다고 하였다. 그리고 나경의 24방위를 목·화·금·수국의 4국으로 나누어 자연의 생김새에 따른 목국과 금국의 목욕수는 사업에 실패하고, 화국과 수국의 목욕수는 도박이나 사치가 심해 탕아가 된다하였으며 만약 목욕방에서 득수하여 장생방으로 물이 빠지면 살림은 망가지고 파탄과 색정으로 수감생활을 면치 못한다하였으니 목욕룡과 목욕수야 말로 장지(葬地)를 결정할 때 반드시 피해야 할 경계 대상 1호다.

169. 팔십팔향법八十八向法이란?

88향법이란 하늘의 좋은 기운을 받아 영혼의 안녕과 후손들의 발복을 얻기 위해 풍수 현장에서 많이 사용하는 방법으로 혈장에서의 좌향은 물이 마지막으로 빠져나가는 수구(水口)의 각도에 따라 그 길흉화복이 다양하게 차이가 난다는 것이 기본 관념이다. 즉 물이 좌선수인지 우선수인지를 먼저 살핀 다음 혈장에서 보아 물이 마지막으로 빠져나가는 방향을 보고 입수룡과의 배합 관계를 고려하여 어떤 향(向)을 놓으면 더 좋은 기운을 많이 받을 수 있는지를 살피는 것이다.

88향법은 중국 당나라 때 구빈(救貧) 양균송에 의해 비롯되었다고 전해지며 이 법칙으로 불쌍한 백성들을 가난으로부터 구제해 주었다하여 '양공구빈수법' 이라고도 한다. 용·혈·사·수가 지기(地氣)를 가늠하는 것이라면 향법은 천기(天氣)를 가늠하는 것으로 우리나라에 88향법이 도입된 것은 그리 오래되지 않았다. 88향법을 제시한 조정동의 『지리오결』이 중국 청나라에서 18~19세기에 나온 서적임을 감안한다면 빨라도 조선 말엽에나 한반도에 유입된 것으로 보인다. 우리나라 조선왕조실록에도 등장하지 않고 조선조 고시 과목에도 전혀 등장한 흔적이 없으며 『지리오결』이란 풍수서가 규장각에도 소장되지 않았음을 보면 조선말까지는 88향법을 정부에서 지관들이 공식적으로 사용한 흔적이 전혀 없다. 다만 1930년대 일제가 발간한 『조선의 풍수』에서 『지리오결』에 있는 88향법이 소개되었고, 근래(1960년대)에 들어와서 『풍수지리약설』이란 책에 소개되고 있다.

이렇게 본다면 88향법은 일제시대를 거쳐 근대에 들어오면서 술사(術士)들에 의해 풍수에 적용된 것으로 우리나라에서의 역사는 매우 짧다고 본다. 그렇지만 근래 들어 많은 풍수 학도들이 88향법을 현장에서 애용하고 있는 실정이다. 『지리오결』에서는 "천리 강산이 오직 향(向) 속에 있다"하여 향을 용·혈·사·수의 집합점이라고 하면서 88향법만 잘 맞추어 쓰면 온천지를 다녀도 버릴 땅이 하나도 없으며 대지는 대발하고 소지는 소발하는 진백발백중지결(眞百發百中之訣)이라 하였다. 이것은 혈장에서 보아 물이 마지막으로 흘러나가는 수구(水口)의 방향에 따라 향을 세운다고 하여 '의수입향법'이라고도 하며 물에 의하여 향을 세우면 문득 살(殺)이 변하여 벼슬이 된다고까지 하면서 많은 풍수 학도들이 신봉하고 추종하였다. 그런데 88향법에 의하면 어떤 땅에서든 좋은 향(向)만 골라 사용하면 모두가 다 길하다고 주장하기 때문에 사실상 '쓸모없는 땅'이란 존재하지 않는다. 이렇다면 수구(水口)의 위치와 향이 동일할 경우 길흉화복이 모두 같을 수 있다는 것이 88향법의 논리이므로 풍수에서의 대원칙인 장풍득수의 형기론을 무시하게 된다. 즉 묘나 집의 향이 동일하고 혈에서 측정한 파구의 위치가 동일할 경우 수많은 묘나 집의 길흉화복이 모두 같다는 논리가 성립되기 때문이다. 이렇기 때문에 장풍득수지가 길지인 형기론 입장에선 의구심을 품지 않을 수 없다. 따라서 88향법은 역사적 고증을 다시 거쳐 그 이론을 재정립한 후 풍수 현장에서 사용되어져야 한다고 주장하는 학자들도 있다.

170. 팔십팔향법八十八向法의 운용 방법

88향법은 혈장에서 물이 마지막으로 빠져나가는 방향(破口)을 기준으로 했을 때 나경의 24방위마다 향(向)에 대한 길흉화복이 모두 다르다는 이론이다. 그렇다면 원형으로 된 나경에는 24방위가 있고 혈장에서 볼 때 물의 흐름이 우선수인 경우와 좌선수의 경우가 있으니 도합(24×24=) 576향이 생길 수가 있다. 이 중에서 88향만 길하고 488향은 흉하다고 하여 그 이름을 88향법이라고 한다. 또한 변향인 묘향묘파도 당문파이기 때문에 길하다고 주장하는 학자들이 있어 각 국마다 2개씩 포함하면 결국 길향은 96향이되어 「88향법 96향론」이라고도 한다.

88향법은 파구(破口: 혈장에서 보아 물이 마지막으로 빠져나가는 곳)를 기준으로 「목, 화, 금, 수」의 4국으로 나누어 운용한다. 먼저 목국(木局)은 남쪽과 서쪽 사이의 방위인 정미, 곤신, 경유의 여섯 방위이고, 화국(火局)은 서쪽과 북쪽 사이에 신술, 건해, 임자의 여섯 방위이고, 금국(金局)은 북쪽과 동쪽 사이에 계축, 간인, 갑묘의 여섯 방위이고, 수국(水局)은 동쪽과 남쪽 사이에 을진, 손사, 병오의 여섯 방위이다. 이렇듯 24방위를 4국으로 나누는바, 88향법을 운용하는 데는 파구의 방위가 무엇보다 중요하며 파구에 따라 그에 적당한 향만 놓아야 길하다는 것이다. 묘궁(정미, 신술, 계축, 을진)으로 파구되는 곳에서는 정생향, 정왕향, 자생향, 자왕향만 놓을 수 있고, 절궁(곤신, 건해, 간인, 손사)으로 파구되는 곳에서는 정양향, 정묘향, 절향절류, 그리고 태궁(경유, 임자, 갑묘, 병오)으로 파구되는 곳에서는 태향태류, 쇠향태류, 문고소수, 목욕소수의 향만 놓을 수 있다.

그리고 88향법을 운영하고 결정하는 데는 몇 가지 원칙이 있다. 첫째, 혈장에서 득수한 물은 혈을 감싸고 돌아 향과 음양 교배할 수 있는 물이어야 한다. 그래서 용이 혈을 결지하는데는 우선룡에 좌선수, 좌선룡에 우선수가 원칙이지만 용혈을 감싸주는 물이 혈의 향과 음양의 조화를 이루므로 반드시 구애받을 필요는 없다. 둘째, 혈에 직접적인 영향을 줄 수 있는 물은 내파가 우선이고 외파가 차선이며 파구는 혈 앞을 지나는 물이 최종적으로 보국을 빠져나가는 곳을 측정하는데 방위측정은 매우 정확하여야 한다. 셋째, 88향법은 물의 좋은 기운을 의지하여 향을 세우는 의수입향법이라 물의 측정은 반드시 나경의 8층 천반봉침으로 측정해야 한다.

이러한 방법으로 결정되는 88향법은 정향 6개와 변향 5개를 합하여 각국마다 11개씩 있다. 여기서 정향은 정생향, 정왕향, 정양향, 정묘향, 태향태류, 쇠향태류의 6개 향이고 변향은 자생향, 자왕향, 문고소수, 목욕소수, 절향절류의 5개 향이 있어 각 국마다 11개의 향이 된다. 여기서 4개의 국이 있으니 44개의 향이 되며 각 향마다 쌍산이 되니 모두 88개의 향을 만들 수 있다. 88향법은 경우의 수가 많아 초보자가 풍수 현장에서 사용하기엔 좀 어려운 학문이다. 그중에서도 절반은 '불가경용(不可經用)'이라 하여 가벼이 사용하면 오히려 화(禍)를 당하게 된다고 하였으니 충분한 학습과 더불어 나경의 정확한 측정 등 세심한 주의를 요한다.

171. 정생향正生向과 자생향自生向

정생향과 자생향은 하늘의 좋은 기운을 받아 영혼의 안녕과 후손들의 발복을 위해 사용되어지고 있는 좌향 조정법 중의 하나로 풍수 현장에서 많이 사용하는 88향법이다. 즉, 정해진 자연의 형태는 바꿀 수가 없으나 혈장에서 마지막으로 물이 빠져나가는 방향을 보고 하늘의 천기(天氣)를 적당히 받을 수 있도록 묘소의 좌향을 유리하게 조정함으로써 혈장의 길(吉)함을 고조시킨다는 것이다. 그런데 정생향과 자생향의 향을 놓기 위해서는 몇 가지 조건이 따른다.

첫째, 혈장에서 정면을 바라보았을 때 좌선룡에 우선수 즉, 용(龍)은 좌측에서 우측으로 방향을 틀고 물은 우측에서 얻어 향을 감싸고 지나 좌측으로 빠져나가야 한다. 여기서 패철로 물이 빠져나가는 방향을 측정하는데 둥근 나경 속의 24방위에서는 남쪽과 서쪽 사이의 방위인 정미, 곤신, 경유의 여섯 방위를 목국이라 하고, 서쪽과 북쪽 사이에 신술, 건해, 임자의 여섯 방위를 화국이라 하며, 북쪽과 동쪽 사이에 계축, 간인, 갑묘의 여섯 방위를 금국이라 하고, 동쪽과 남쪽 사이 을진, 손사, 병오의 여섯 방위를 수국으로 하여 목·화·금·수의 4국으로 나누어 놓았다.

둘째, 파구는 위에서 열거한 목·화·금·수의 각 국마다 반드시 정미, 신술, 계축, 을진 방위로 물이 빠져나가야 하고 이곳은 12 포태법으로 따져봤을 때 묘궁(墓宮: 庫葬宮)에 해당되며 이때 생방(生方)으로 향(向)을 놓으면 정생향 혹은 자생향이 된다는 것이다. 여기서 정생향은 혈을 맺기 위해 뻗어 내려온 용맥, 향(墓의 방향), 파구(破口: 물이 마지막으로 빠져나가는 곳)가 삼합을 이루게 된다. 제왕궁(帝旺宮)에서 득수한 물은 임관궁(臨官宮), 관대궁(冠帶宮)을 거쳐 장생궁(長生宮)에 모여 혈에 생기를 공급하고 묘궁으로 파구 된다. 다시 말해 물이 왕궁에서 득수하여 생궁에서 향과 만나 묘궁으로 파구되니 생·왕·묘 삼합이 이루어진다는 것이다. 정생향을 두고 『地理五訣』에서는 왕거영생(旺去迎生)에 옥대전요(玉帶纏腰)라 하여 물이 옥대를 허리에 두른 것처럼 둥그렇게 흘러나가니 금성수로써 부귀쌍전(富貴雙全)하고 아내는 어질고 자손은 효도하여 가정에 행복이 가득하다고 하였다.

자생향은 정국으로 보면 파구는 묘궁이 되고 득수는 목욕궁(沐浴宮)이 되며 향은 절궁(絶宮)이 된다. 목욕궁에서 득수한 물은 장생궁, 양궁(養宮), 태궁(胎宮)을 거쳐 절궁에 모여 혈에 생기를 공급하고 묘궁으로 파구 되니 득수가 좋지 않다. 그러나 88향법에서는 이러한 경우 '절처봉생(絶處逢生)'이라 하여 타국(他局)의 고장(庫葬)궁을 빌려 생(生)향을 봉(逢)하라 하였으니 향상으로 작국하여 변향(變向)으로 생향을 취하게 되므로 이를 차고소수(借庫消水) 자생향이라 한다. 본래는 나쁜 향이지만 향상으로 작국을 하니 좋은 향이 된다는 것이다. 그래서 흔히들 지옥에서 부처님을 만나 회생한 향으로 비유한다. 용진혈적에 자생향이 합법이면 부귀왕정(富貴旺丁)하고, 조빈석부(朝貧夕富)라 하여 아침에 가난했던 자가 저녁에 부자가 된다 할 정도로 아주 빠른 발복을 가져다주는 길향이다.

172. 정왕향正旺向과 자왕향自旺向

정왕향과 자왕향은 하늘의 좋은 기운을 받아 영혼의 안녕과 후손들의 발복을 위해 사용되어지고 있는 좌향 조정법 중의 하나로 풍수 현장에서 많이 사용하는 88향법이다. 즉 정해진 자연의 형태는 바꿀 수가 없으나 혈장에서 물이 마지막으로 빠져나가는 방향을 보고 하늘의 천기(天氣)를 적당히 받을 수 있도록 묘소의 좌향을 유리하게 조정함으로써 혈장의 길(吉)함을 고조시킨다는 것이다. 그런데 정왕향과 자왕향의 향을 놓기 위해서는 몇 가지 조건이 따른다.

첫째, 혈장에서 정면을 바라보았을 때 우선룡에 좌선수 즉 용(龍)은 우측에서 좌측으로 방향을 틀고 물은 좌측에서 얻어 향을 감싸고 지나 우측으로 빠져나가야 한다. 여기서 패철로 물이 빠져나가는 방향을 측정하는데 둥근 나경 속의 24방위에서는 남쪽과 서쪽 사이의 방위인 정미, 곤신, 경유의 여섯 방위를 목국이라 하고, 서쪽과 북쪽 사이에 신술, 건해, 임자의 여섯 방위를 화국이라 하며, 북쪽과 동쪽 사이에 계축, 간인, 갑묘의 여섯 방위를 금국이라 하고, 동쪽과 남쪽 사이에 을진, 손사, 병오의 여섯 방위를 수국으로 하여 목·화·금·수의 4국으로 나누어 놓았다.

둘째, 파구는 위에서 열거한 목·화·금·수의 각 국마다 반드시 정미, 신술, 계축, 을진 방위로 물이 빠져나가야 하고 이곳은 12 포태법으로 따져봤을 때 묘궁(墓宮:庫葬宮)에 해당되며 이때 왕방(旺方)으로 향(向)을 놓으면 정왕향 혹은 자왕향이 된다는 것이다. 여기서 정왕향은 혈을 맺기 위해 뻗어 내려온 용맥, 향(墓의 방향), 파구(破口: 물이 마지막으로 빠져나가는 곳)가 삼합을 이루게 된다. 장생궁(長生宮)에서 득수한 물은 관대궁(冠帶宮), 임관궁(臨官宮)을 거쳐 제왕궁(帝旺宮)에 모여 혈에 생기를 공급하고 묘궁으로 파구 된다. 다시 말해 물이 생궁에서 득수하여 왕궁에서 향과 만나 묘궁으로 파구되니 생·왕·묘 삼합이 이루어진다는 것이다. 정왕향을 두고 『地理五訣』에서는 생래회왕(生來會旺)에 옥대전요(玉帶纏腰)라 하여 생방에서 물이 와 왕방에 모여 옥대를 허리에 두른 것과 같이 둥글게 흘러나가니 대부대귀(大富大貴), 충효현량(忠孝賢良)에 남총여수(男聰女秀)한다고 기록하고 있다.

자왕향은 정국으로 보면 파구는 묘궁이 되고 득수는 임관궁이 되며 향은 사궁(死宮)이 된다. 임관궁에서 득수한 물은 제왕궁, 쇠궁(衰宮), 병궁(病宮)을 거쳐 사궁에 모여 혈에 생기를 공급하고 묘궁으로 파구 된다. 그러나 88향법에서는 이러한 경우 '사처봉왕(死處逢旺)'이라 하여 타국(他局)의 고장(庫葬)궁을 빌려 왕(旺)향을 봉(逢)하라 하였으니 향상으로 작국하여 왕향을 취하게 되므로 이를 차고소수(借庫消水) 자왕향이라 한다. 또한 정국으로는 사(死)향이지만 향상으로 작국하여 왕향으로 변향하니 화사위(化死爲) 자왕향이라고도 한다. 본래는 나쁜 향이지만 향상으로 작국을 하니 좋은 향이 되었다는 것이다. 용진혈적에 자왕향이 합법이면 부귀왕정(富貴旺丁)하고, 조빈석부(朝貧夕富)라 하여 아침에 가난했던 자가 저녁에 부자가 된다 할 정도로 아주 빠른 발복을 예약하는 길향이다.

173. 정양향正養向과 정묘향正墓向

정양향과 정묘향은 하늘의 좋은 기운을 받아 영혼의 안녕과 후손들의 발복을 위해 사용되어지고 있는 좌향 조정법 중의 하나로 풍수 현장에서 많이 사용하는 88향법이다. 즉, 정해진 자연의 형태는 바꿀 수가 없으나 혈장에서 물이 마지막으로 빠져나가는 방향을 보고 하늘의 천기(天氣)를 적당히 받을 수 있도록 묘소의 좌향을 유리하게 조정함으로써 혈장의 길(吉)함을 고조시킨다는 것이다. 그런데 정양향과 정묘향의 향을 놓기 위해서는 몇 가지 조건이 따른다.

첫째, 혈장에서 정면을 바라보았을 때 정양향은 좌선룡에 우선수 즉, 용(龍)은 좌측에서 우측으로 방향을 틀고 물은 우측에서 얻어 향을 지나 좌측으로 빠져나가야 한다. 반면 정묘향은 이와 반대로 우선룡에 좌선수 즉, 용(龍)은 우측에서 좌측으로 방향을 틀고 물은 좌측에서 얻어 향을 감싸고 지나 우측으로 빠져나가야 한다. 여기서 패철로 물이 빠져나가는 방향을 측정하는데 둥근 나경 속의 24방위에서는 남쪽과 서쪽 사이의 방위인 정미, 곤신, 경유의 여섯 방위를 목국이라 하고, 서쪽과 북쪽 사이에 신술, 건해, 임자의 여섯 방위를 화국이라 하며, 북쪽과 동쪽 사이에 계축, 간인, 갑묘의 여섯 방위를 금국이라 하고, 동쪽과 남쪽 사이에 을진, 손사, 병오의 여섯 방위를 수국으로 하여 목·화·금·수의 4국으로 나누어 놓았다.

둘째, 정양향은 위에서 열거한 목·화·금·수의 각 국마다 반드시 우선수로 하여 곤신, 건해, 간인, 손사 방위로 물이 빠져나가야 하고 이곳은 12 포태법으로 따져봤을 때 절궁(絶宮)에 해당되며 이때 양방(養方) 즉, 목국의 곤신파-신술향, 화국의 건해파-계축향, 금국의 간인파--을진향, 수국의 손사파-정미향(向)을 놓으면 정양향이 된다는 것이다. 정양향은 정국의 양향이며 임관궁(臨官宮)에서 득수한 물은 관대궁(冠帶宮), 장생궁(長生宮)을 거쳐 양궁(養宮)으로 모여 혈에 생기를 공급하고 절궁으로 파구 된다. 이러한 조건의 정양향을 두고 『地理五訣』에서는 귀인녹마상어가(貴人祿馬上御街)라 하여 귀인이 녹마를 타고 벼슬길에 오르니 최고의 길향으로 치며 용진혈적에 정양향이면 정재왕정(丁財兩旺)하고 공명현달(功名顯達)하며 발복이 오래토록 유지되기 때문에 88향법 중에 최고의 길향으로 친다고 기록하고 있다.

정묘향은 목·화·금·수의 각 국마다 반드시 좌선수로 하여 곤신, 건해, 간인, 손사 방위로 물이 빠져나가야 하고 이곳은 12 포태법으로 따져봤을 때 절궁에 해당되며 이때 묘방(養方) 즉, 목국의 곤신파-정미향, 화국의 건해파-신술향, 금국의 간인파-계축향, 수국의 손사파--을진향(向)을 놓으면 정묘향이 된다는 것이다. 정국의 묘향이며 좌측 제왕궁에서 득수한 물은 묘궁으로 모여 혈에 생기를 공급하고 절궁으로 파구 되니 부귀만당(富貴滿堂)이며 후손들이 건강하고 장수한다. 『地理五訣』에서는 용진혈적에 정묘향이면 발부발귀(發富發貴)하고 복수쌍전(福壽雙全) 한다고 하였다. 그러나 정양향은 반드시 좌선용에 우선수여야 하고, 정묘향은 우선용에 좌선수여야 한다. 만약 이와 반대 현상이 되면 아주 흉한 향이 되어버린다.

174. 절향절류絶向絶流와 태향태류胎向胎流

절향절류와 태향태류는 하늘의 좋은 기운을 받아 영혼의 안녕과 후손들의 발복을 위해 사용되어지고 있는 좌향 조정법 중의 하나로 풍수에서 많이 사용하는 88향법이다. 즉, 정해진 자연의 형태는 바꿀 수가 없으나 혈장에서 물이 마지막으로 빠져나가는 방향을 보고 하늘의 천기(天氣)를 적당히 받을 수 있도록 묘소의 좌향을 유리하게 조정함으로써 혈장의 길(吉)함을 고조시킨다는 것이다. 그런데 절향절류와 태향태류의 향을 놓기 위해서는 몇 가지 조건이 따르고 향을 세울 때는 세심한 주의를 요한다.

첫째, 혈장에서 정면을 바라보았을 때 좌선룡에 우선수 즉, 용(龍)은 좌측에서 우측으로 방향을 틀고 물은 우측에서 얻어 혈장 앞으로 와 향의 정면으로 빠지는 당문파(堂門破)여야 한다. 특히 백보전란(百步轉欄)에 불견직거(不見直去)라 하여 혈장으로부터 걸어서 백보(약 70m)안에 수구가 있어 그곳으로 바로 빠져나가 물이 보이지 않는 곳이어야 한다. 여기서 패철로 물이 마지막으로 빠져나가는 방향을 측정하는데 둥근 나경 속의 24방위에서는 남쪽과 서쪽 사이의 방위인 정미, 곤신, 경유의 여섯 방위를 목국이라 하고, 서쪽과 북쪽 사이에 신술, 건해, 임자의 여섯 방위를 화국이라 하며, 북쪽과 동쪽 사이에 계축, 간인, 갑묘의 여섯 방위를 금국이라 하고, 동쪽과 남쪽 사이에 을진, 손사, 병오의 여섯 방위를 수국으로 하여 목·화·금·수의 4국으로 나누어 놓았다.

둘째, 절향절류는 위에서 열거한 목·화·금·수의 각 국마다 반드시 우선수로 하여 곤신, 건해, 간인, 손사 방위로 물이 빠져나가야 하고 이곳은 12 포태법으로 따져봤을 때 절궁(絶宮)에 해당되며 이때 절방(絶方) 즉, 목국의 곤신파-곤신향, 화국의 건해파-건해향, 금국의 간인파-간인향, 수국의 손사파-손사향을 놓으면 절향절류가 된다는 것이다. 정국의 절향이며 목욕궁에서 득수한 물은 장생궁(長生宮), 태궁(胎宮)을 거쳐 절궁에 모여 혈에 생기를 공급하고 바로 절궁으로 파구 된다.

태향태류는 목·화·금·수의 각 국마다 반드시 우선수로 물을 얻어야 하는 것은 절향절류와 같으나 파구는 달리 경유, 임자, 갑묘, 병오 방위로 물이 빠져나가야 한다. 이곳은 12 포태법으로 따져봤을 때 태궁에 해당되며 이때 태방(胎方) 즉, 목국의 경유파-경유향, 화국의 임자파-임자향, 금국의 갑묘파-갑묘향, 수국의 병오파-병오향을 놓으면 태향태류가 된다는 것이다. 정국의 태향이며 관대궁(冠帶宮)에서 득수한 물은 장생궁, 양궁을 거쳐 태궁에 모여 혈에 생기를 공급하고 태궁으로 파구 된다. 이 둘은 모두 물이 향 앞으로 바로 빠져나가는 당문파이다. 용진혈적에 절향절류와 태향태류가 합법이면 대부대귀(大富大貴)하고 인정흥왕(人丁興旺)하여 발복이 오래가는 길향이다. 그러나 반드시 천간자로 파구 되어야 하고 만약 지지자를 침범하면 패절한다. 그러므로 이를 '불가경용(不可輕用)'이라 하여 절대로 가벼이 사용해서는 안 된다하였으니 많은 경험과 패철의 정확한 측정을 요한다. 패철 한 방위의 각도가 15도이므로 측정 시 조금의 실수만 있어도 천당과 지옥을 넘나들 수 있다.

175. 8代 황천黃泉

하늘의 좋은 기운을 받기 위해 좌향을 조정하는 88향법은 현장에서 향으로 사용할 수 있는 경우의 수가 총 576향이나 된다. 패철의 동그라미 원안에는 방위가 모두 24방위로 나뉘어져 있어 물이 마지막으로 빠져나가는 방위에 따라 세울 수 있는 향은 (24×24)=576향이 되지만 이 중에서 88향만 길하고 488향은 흉하다고 하였다. 그 흉한 향 중에서도 특히 살인대황천(殺人大黃泉) 4개와 충록소황천(沖祿小黃泉) 4개를 합쳐 8대 황천이라 부르고 아주 흉한 향으로 취급하고 있다. 만약 이를 범하게 되면 모든 자손들이 상하고 재물까지 망한다고 하였으니 좌향 조정 시 특별히 주의를 요하는 향이다. 아무리 좋은 혈을 찾았다 하더라도 풍수는 주변의 자연과 조화를 이루는 향(向)을 놓아야 자연의 이로운 기운들을 제대로 받을 수가 있다.

풍수에서는 취길피흉(取吉避凶)이라 하여 좋은 향을 잘 선택하는 것도 중요하지만 나쁜 흉향을 잘 피하는 것도 그 이상 중요하다. 88향법에서는 둥근 나경 속의 24방위를 6방위씩 묶어 크게 4국으로 구분하고 남쪽과 서쪽 사이의 방위인 정미, 곤신, 경유의 여섯 방위를 목국, 서쪽과 북쪽 사이에 신술, 건해, 임자의 여섯 방위를 화국, 북쪽과 동쪽 사이에 계축, 간인, 갑묘의 여섯 방위를 금국, 동쪽과 남쪽 사이에 을진, 손사, 병오의 여섯 방위를 수국으로 하여 목·화·금·수의 4국으로 나누어 놓았다. 여기서 각 국마다 살인대황천과 충록소황천이 하나씩 있으니 8개 향이 되고 이를 8대 황천이라 하여 좌향 조정 시 반드시 피해야 하는 향이다. 이것은 모두 혈장에서 보아 우측에서 들어오는 물 즉 우선수에서 생길 수 있는 향이다.

살인대황천은 목국(남서쪽)에서는 곤신파에 경유향, 화국(서북쪽)에서는 건해파에 임자향, 금국(북동쪽)에서는 간인파에 갑묘향, 수국(동남쪽)에서는 손사파에 병오향인 경우다. 이것은 12 포태법으로 보아 물이 향상으로 임관궁(臨官宮)을 치고 나가며 본국으로는 절(絶)방인 녹(祿)궁까지 치는 격이다. 이러하니 자손이 성장하여 벼슬(官)길에 들어섰는데 물이 관궁(官宮)을 치고 나감으로써 다 큰 자식이 죽임을 당하는 꼴이다. 그리고 본국의 재록(財祿)을 관장하는 복(福)궁까지 치니 명예와 재물 모두를 잃는다. 재앙이 나타나면 먼저 둘째 자손이 패절하고 차차 다른 자손으로 옮겨 가는데 결국 모든 자손이 다 망하는 무서운 살(殺)이다.

충록소황천은 목국(남서쪽)에서는 경유파에 신술향, 화국(서북쪽)에서는 임자파에 계축향, 금국(북동쪽)에서는 갑묘파에 을진향, 수국(동남쪽)에서는 병오파에 정미향인 경우다. 이것은 12 포태법으로 보아 물이 본국의 태(胎)방으로 흘러나가 녹(祿)궁을 치니 자손들은 빈한(貧寒)하고 특히 향상으로는 고장(庫葬: 墓)궁으로 향을 놓으니 창고가 금세 허물어져 재산이 빨리 줄어든다. 그리고 수명(壽命)을 관장하는 사(死)궁으로 물이 흘러나가므로 자손들이 요절(夭折)하여 집안에 과부들이 줄줄이 나오고 간혹 장수하는 자손들도 있지만 결국 쇠퇴하여 대가 끊기고 만다는 흉한 향이므로 반드시 피해야 한다. 이들이 바로 88향법에서 제일 무서운 살(殺) 들이다.

176. 이율곡과 시묘(侍墓)살이

과거 조선조에서 가끔 있었던 상례(喪禮)의 절차 중 하나인 '시묘살이'란 부모님이 돌아가시면 자식이 탈상을 할 때까지 3년 동안 묘소 근처에 움막을 짓고 지내면서 묘를 돌보고 제사를 올리는 일을 말한다. 3년이라는 기간은 혼자 먹고 활동할 수 없는 유아기까지 길러주신 부모님의 은혜에 보답하기 위한 기간이다. 예전에는 부모님이 돌아가시면 3년 동안의 시묘(侍墓)살이를 자연스럽게 받아들였지만 아무나 실천할 수 없는 일이 시묘살이였다. 그 당시에도 시묘살이를 마친 자식은 그의 효심을 높이 평가하여 어디에서나 칭송의 대상이 되었다. 조선조 최고의 학자 이율곡의 어머니 신사임당은 자식교육을 위해 서화를 가까이하며 모범을 보였고 사임당이란 당호를 직접 지었는데 이것은 중국 주나라 문왕의 어머니이자 중국 최고의 현모양처로 이름난 태임을 본받겠다는 의미였다고 한다.

어머니로부터 남다른 교육을 받은 율곡은 13살 어린 나이에 진사 초시에 합격하고 벼슬길에 오를 때까지 아홉 번이나 급제해 구도장원공(九渡壯元公)으로 불리기도 했다. 이 세상 그 누구가 자기의 부모를 존중하지 않으랴 만은 율곡 역시도 어머님에 대한 효심은 지극하였다. 신사임당이 지병으로 마흔아홉에 세상을 떠났지만 율곡은 외지에 나가 있어 임종을 지키지 못했다. 어머님의 사망 소식을 접하고 뒤늦게 도착한 율곡은 파주 자운산에다 장사지내고 그로부터 3년간 시묘살이에 들어간다. 부모님의 죽음이 자신의 불효에서 비롯되었다고 여겨 수염이나 머리도 깎지 않았다. 눈물과 한 서린 생활로 3년 상을 치르고도 어머니를 잃은 상실감이 채워지지 않아 금강산에 들어가 수양하고 그 후 한양 본가로 돌아가 학문에만 정진했다고 전해진다. 스물아홉에 대과 장원급제를 차지한 율곡은 관직에 머물며 실천하는 조선의 정치가이자 수많은 저술을 남긴 대학자로 명성을 떨치게 된다. 율곡의 뛰어난 사상과 철학을 모아놓은 율곡전서 중에서 제왕의 학문을 정리한 성학집요와 후학을 위해 지은 격몽요결은 율곡의 높은 경륜을 증명하는 저서로 손꼽힌다.

정조 임금은 율곡에 대한 존경의 뜻으로 오죽헌 옆에 어제각(御製閣)을 지어 율곡이 지은 격몽요결과 율곡이 어린 시절 사용했던 벼루를 보관하게 했고 벼루 뒤에는 율곡을 찬양하는 글을 친히 기록했다. 후대 왕조차 존경한 조선 최고의 대학자 율곡 이이를 백대의 스승으로 길러낸 지혜로운 어머니 신사임당이야말로 3년의 시묘살이로도 늘 부족함이 없지 않았을 것이다. 수년 전 TV 체널 인간극장이란 프로그램에서 유범수씨의 시묘살이 이야기가 방영되어 화제가 되었다. 그는 2002년부터 2005년까지 3년 동안 하루도 거르지 않고 어머니의 무덤을 지켰다. 살아계신 어머니를 모시듯 매일 세 끼씩 상식을 올리고 책을 읽어드리는 등 우리 모두는 유범수씨에게서 효의 중요성을 한 번 더 깨달았고 서구화의 영향과 이기적 개인주의가 판을 치는 현시점에 많은 이들에게 경각심을 심어주기에 충분했다.

177. 갈처사葛處士와 숙종 대왕의 명릉明陵

조선조 19대 임금 숙종 대왕이 어느 날 민심을 살피려고 평복차림으로 밀행을 다니던 중 경기도 수원천 부근을 지날 무렵 허름한 차림의 젊은 부부가 관 하나를 옆에 두고 슬피 울면서 땅을 파고 있었다. 임금이 깜짝놀라 가까이 가서 보니 광 중(壙中)에는 어느새 물이 가득하였고, 가난하고 착한 부부는 어찌할 바를 몰라 계속 울고만 있었다. 아무리 가난하고 어리석은 백성이라고는 하지만 묘를 쓰려면 산에다 써야지, 어찌 물이 솟아 나오는 냇가에 쓰려고 하는지 숙종은 의아하기 짝이 없었다. 임금은 그들 부부에게 "여보게! 왜 이렇게 물이 솟아나는 곳에 묘를 쓰려고 하는가?" 하면서 물어보니 저희들도 그 이유를 모르겠습니다. 어머니께서 오랜 병환 끝에 어제저녁에 돌아가셨는데 아침에 저쪽 언덕에 사시는 갈처사라는 분이 찾아와서 평소 저희들의 효심에 놀랐다 하면서 오늘 이 시간에 이 자리에다 장사(葬事)를 지내면 큰 발복이 일어난다고 하였습니다. 그분은 이 고을에서 꽤나 유명한 지관이신데 어찌 이러한 곳에 어머니의 묘터를 잡아주었는지 그 연유를 잘 모르겠습니다.

임금은 수행해온 신하들에게 어리석고 가난한 이 부부에게 즉시 쌀 삼백 석을 내려주고 국풍[왕실 전속 풍수]을 불러 다시 묘터를 잡아주라고 명령하였다. 임금은 이러한 흉지를 잡아 준 지관에게 자초지종을 알아보려고 찾아가니 지관은 높은 언덕 자락의 다 쓰러져가는 초가집에서 아주 가난하게 살고 있었다. 임금은 자신의 신분을 밝히지 않고 지관에게 "나는 한양에 사는 이 서방이라고 하는데 당신은 이 지방에서 꽤나 명성이 있는 지관이라고 들었건만 어찌하여 착하고 가난한 사람에게 물이 솟아나는 냇가에다 묘터를 잡아주었는가?" 하고 물었다. 그러자 지관은 혼잣말로 개코도 모르면서 웬 참견이야~ 하고 중얼거리면서 "저 자리는 시신이 광 중에 들어가기도 전에 쌀 삼 백석이 생기는 금시발복 할 자리며 나라의 국풍이 다시 좋은 자리로 옮겨줄 터란 말이오. 내 저들 부부의 평소 효성에 감동하여 자리를 잡아 준 것인데 무엇이 잘못되었소." 하고 반문하였다. 숙종은 금방 자신이 조치한 내용과 똑같았기 때문에 놀라지 않을 수가 없었다. 임금은 또다시 "영감님은 그렇게 잘 알면서 호의호식하지 않고 어찌하여 이런 누추한 곳에서 살고 있소?" 그러자 지관은 껄껄껄 웃으면서 말하기를 "내가 잘 살려면 남을 속이고 거짓말하면서 나쁜 짓을 해야 하는데 가급적 그런 짓은 하지 않고 살려고 노력하는 사람입니다. 이곳은 비록 초라한 오막살이지만 훗날 나라의 임금이 찾아올 집인데 이보다 더한 명당이 어디 있단 말이요" 그럼 임금이 언제 찾아옵니까? 하고 다시 물으니 잠시 머뭇거리다 손가락 마디로 일자를 꼽아보고는 앞의 선비가 바로 임금이란 걸 알고 깜짝 놀라며 고개를 숙였다고 한다. 숙종이 감동하여 갈처사! 내가 묻힐 자리 하나 잡아주지 않겠소 하여 점지한 곳이 지금의 서울 서북쪽의 서오릉에 자리한 명릉이며 그 후 숙종 대왕은 갈처사에게 3천냥을 하사하였으나 노자로 30냥만 받고 홀연히 떠났다는 야사가 전해지고 있다.

178. 파평윤씨의 미이라

2002년 10월 23일경 신문에 발표된 기사 내용을 보고~~

지금으로부터 437년 전 1566년 병인년 윤시월에 아이를 낳다가 죽은 파평윤씨 여인의 미이라가 지난 2002년 9월에 발굴되어 세상을 놀라게 한 사실이 있었다. 경기도 파주시 교하읍 파평윤씨 정정공파 묘역에서 미이라 상태로 발굴된 여인의 뱃속에 태아의 미이라가 다시 발견되어 여인의 죽은 원인이 밝혀지고 신원이 문정황후의 종손녀로 추정이 된다고 발굴을 맡은 고려대학교 팀에서 밝혔다.

이 지역은 TV 연속극 여인천하로 유명했던 정난정과 그의 남편 윤원형 부부의 묘를 위시한 쟁쟁한 세도가들이었던 파평윤씨들의 묘가 집중된 곳이다. 문제는 이렇게 오랜 시간이 지났음에도 불구하고 시신이 썩지 않고 있다가 발굴된 것이 풍수적 측면에서 볼 때 좋은 일이냐 좋지 않은 일이냐로 풍수학자들 간에도 논란의 대상이 되기도 했다. 일반적으로 지기(地氣)가 맺힌 명당에 묘를 쓰면 물과 바람이 침범하지 않은 상태에서 육질은 썩어 없어지고 뼈만 깨끗하게 남게 된다. 이것은 사체(死體)에 수분이 들어있는 근육과 내장 기관의 수분이 빠져나가면서 살점의 조직은 삭아 없어지고 유골도 100년에서 150년 정도 사이에 천천히 흙으로 돌아가게 된다. 그러나 이곳은 특수한 경우로 뼈가 썩지 않고 수백 년이나 보관되어 있었으니 논란의 대상이 될 만도 하다. 단순히 과학적으로만 따져본다면 광(壙) 중에 공기가 없어 시신을 부패시키는 세균이나 바이러스가 생존하기 어려운 조건이였을 것이다. 풍수적 발복이란 조상의 유골과 후손과는 같은 유전인자(DNA)를 갖고 있기 때문에 같은 기운끼리 교신이 이루어져 그 동기감응으로 발복이 일어난다고 본다. 그러므로 뼈가 오랜 기간 보존되어 있다는 것은 그만큼 발복이 오래 지속되었다는 것으로 해석할 수도 있지만 만약 그곳이 흉지라면 후손들에게 발흉을 가져다준다.

조상의 유골이 오랜 기간 보관되었다고 하여 무조건 명당이라고 단언할 수는 없다. 풍수가에선 조상의 시신을 명당 길지에 장(葬)하였을 경우 시신의 유골은 약 100~150년 정도 보관되었다가 흙으로 돌아간다고 보기 때문이다. 맹자는 군자의 유택(저승에서의 삶)은 5대에서 끊어진다고도 하였지만 우리나라 유가에서는 보통 4대까지 봉제사를 받들고 있다. 이것은 시신의 유골을 좋은 길지에 장(葬)하였을 경우 4대(100~120년) 정도의 기간이 지나면 땅속에 묻혀있던 유골도 완전 소골이 되어 후손들에게 영향을 미치는 동기감응에 별 의미가 없다고 보기 때문이다. 1960년 노벨화학상 수상자인 미국의 윌라드 리비(Willard Libby)박사는 사람의 뼈에서 14종의 방사선 탄소가 있는데 완전 소멸되는 기간은 100(약 4代)년 정도 걸린다고 발표했다. 그러므로 오백여 년이나 보관된 미이라의 경우 그 혈장(묘소)의 입지 조건으로 보아 그곳이 명당 길지라면 후손들에게 발복을 가져다주었을 것이고 그곳이 혈증을 갖추지 못한 흉지라면 후손들에게도 좋지 못한 영향을 미쳤으리라 생각한다. 결론적으로 그 장소의 풍수 입지 조건으로 길흉이 구분되어져야 할 것이다.

179. 생거진천生居鎭川 사거용인死居龍仁

우리나라 구전에 "생거진천(生居鎭川) 사거용인(死居龍仁)"이란 말이 있다. 이것은 살아서는 충북 진천에서 생활하고 죽어서는 경기도 용인에 안장(安葬)되란 뜻으로 과거 진천에는 넓은 들과 비옥한 토지가 많아 먹을거리가 풍성한 고장이었고, 용인에는 산과 강이 어우러지는 풍수적 명당이 많아 묘지 쓰기에 적합한 장소가 많아 생겨난 말이었을 것이다. 그러나 이러한 내용과는 달리 재미있는 야사가 몇 가지 전해지고 있는데 그중 하나를 소개하고자 한다. 전해오는 설화에 의하면 지금으로부터 4백여 년 전 용인군 이동면 묘봉리에 어떤 착하고 가난한 부부가 살고 있었는데 농사일로 피곤한 남편은 점심을 먹고 논두렁에서 잠시 낮잠을 자고 있는데 갑자기 천둥과 번개가 치더니 천재지변으로 그만 죽게 되었다. 염라대왕께서 그의 신원을 확인하고는 "너는 아직 죽을 때가 멀었으니 다시 돌아가라"하여 집으로 돌아왔으나 집에서는 이미 장사를 치른 후라 시신과 접속을 할 수가 없었다. 그의 혼령은 접속할 시신을 찾느라 전국을 떠돌아다니던 중 충북 진천의 천석꾼 부잣집에서 아들의 초상에 장례를 치르지 않은 집이 있어 그 시신으로 접속하여 살아나게 되었다. 진천에서 다시 살아난 용인사람은 매일같이 "용인군 이동면 묘봉리에 내 처자식이 살고 있고 몇 살이다."라는 말을 반복하기에 이를 이상히 여긴 어머니가 인마를 거느리고 용인 집으로 찾아갔더니 그곳에는 소복을 입은 여자가 울고 있었다. 어머니가 그 여자의 사연을 확인하고는 다시 태어난 자기 아들의 말과 너무나도 비슷하여 진천으로 데리고 왔다. 그 여자는 얼굴은 달랐지만 몇 마디의 대화로 남편임을 확인하고 남편도 그 여자를 보고는 서로가 부부임을 확인하였다. 이렇게 해서 남편은 진천부인과 용인부인을 같이 데리고 살게 되었다. 세월이 지나 그는 진천 본부인에게 두 아들, 용인 부인에게 세 아들을 두고 노환으로 죽었는데 여기서 진천 아들과 용인 아들 사이에 아버지의 혼백을 서로 모시겠다고 분쟁이 일어났다. 결국 진천 관아에 가서 재판을 받게 되었고, 진천군수가 "살아서는 어디서 살았느냐?"고 묻자 아들들은 한목소리로 "진천서 살았습니다." 하니 진천군수는 "그래? 그럼 생거 진천했으니 사거 용인해라." 하면서 살았을 때는 진천에서 살았으니 죽어서는 용인으로 가라는 판결을 내렸다고 한다.

이 이야기가 용인지역의 대표 설화(야사)로 전해져 내려온 데에는 용인의 자연환경이 수려하고 풍수적으로 명당의 조건을 갖추고 있다는 지역적 자부심이 자리하고 있기 때문으로 보인다. 과거 경기도 용인지역은 왜 명당이였을까? 그것은 조선의 법전 『경국대전』에서 능역은 한양성 사대문 밖 100리 안에 두어야 한다고 규정하고 있다. 왕릉은 한양과 가까운 위치에 두어야 관리가 편리하고 선대왕을 자주 찾아뵐 수가 있으며 임금이 능행(陵行) 길에 변고가 발생하더라도 빠르게 환궁할 수가 있기 때문이었다. 그러므로 용인은 왕릉 터 잡기의 영향권 밖으로 한양과 가까우면서도 한번 안장(安葬)되면 영원히 영면할 수 있는 장소이기 때문이였을 것이다. 그리고 산세가 아름다워 음택지로 각광 받는 장소가 많은 곳으로 전한다.

180. 채신보 묘의 호환虎患 이야기

충북 음성군 원남면 삼용리 뒷산에 가면 조선 전기의 문신이며 인천채씨 중시조 채신보의 묘가 있다. 그는 1438년(세종 20)에 18세의 나이로 진사시에 합격하고 함창현감을 거쳐 음성 현감과 1482년(성종 13)에는 남양 도호부사를 지냈다. 훗날 관직을 그만두고 처가가 있던 음성군 원남면 물 언덕에서 소산정사(梳山精舍)를 짓고 지내다가 향년 70세의 나이로 세상을 떠났다. 생전 강희맹과 친분이 두터워 강희맹이 「梳山精舍記(소산정사기)」를 썼는데 그 내용을 보면 채신보의 일면과 그의 성품이 잘 나타나 있다. 그의 묘소는 이 마을 뒷산에 모셔져 있는데 성묘를 하러 가면 반드시 호환을 당한다는 전설이 전해지고 있어 소개하고자 한다. 복호형(伏虎形) 명당으로 알려진 이 묘역은 채신보가 벼슬을 그만두고 여생을 보내다가 세상을 떠나 묻힌 곳이다. 아들 채수는 조선왕조 500년을 통 털어 단 두 명밖에 없다는 삼장장원의 한 사람으로, 대사성과 호조판서 등을 역임하였다. 젊었을 때는 한양에서 벼슬살이를 하느라 자주 성묘를 오지 못했고, 나이가 들어서는 함창과 음성이 너무 멀어서 3, 4년에 한 번 정도 문중 사람들과 성묘를 하러왔다. 그리고 무엇보다도 성묫길에는 반드시 일행 중 누군가가 호환을 당하기 때문에 문중 사람들이 성묘오기를 꺼려했다는 것이다. 다음의 내용들은 『음성의 구비문학』과 『음성군지』 등에 실려 있는 이야기들이다. 어느 날 길지를 찾아 이곳을 방문한 지관이 채신보의 묘를 보고 탄식하기를, "관운은 자손 대대로 이르겠으나 호환을 막을 수가 없겠구나." 하였다. 때마침 이 소리를 채씨 문중 사람이 듣고 대책을 마련해달라고 부탁을 하자 지관은, "채공의 묘는 산의 형세가 호랑이가 엎드려 있는 복호형이라 자손이 성묘를 가면 반드시 호환을 당하게 되어있습니다.라고 하였다. 후손들이 그 이유를 묻자 묘가 호랑이의 머리 앞에 있기 때문이라"고 하였다. 그래서 하는 수 없이 후손들은 성묘를 할 때 채신보의 묘소가 마주 보이는 먼 곳에서 망배(望拜)만 하고 돌아왔다고 한다. 그 후로는 호환을 당하는 일이 없었다고 하지만 아무리 생각해봐도 이 구전은 복호형 명당을 강조하기 위해 지어낸 말이 아닐까 하는 생각이 들게 한다.

이곳의 산세는 한남금북정맥의 보덕산(509.9m)에서 서쪽으로 하나의 지맥을 뻗어 내려와 묘소 뒤에서 230m의 봉우리를 일으키고 계속 내려온 끝자락에 위치하고 있다. 수세는 북쪽의 소속리산(431.6m)과 북동쪽의 보현산(476.1m)자락에서 흘러내린 물들이 만나 초평천을 이루고 이 물들은 묘소 앞을 완전히 감싸면서 흘러나가니 혈장의 생기를 잘 갈무리해준다. 이렇듯 수세는 유리한 조건이지만 묘소 앞의 안산이 높아 흠이 되고 있다. 풍수서에 이르기를 복호형은 혈장 앞쪽에 호랑이의 먹이가 될만한 개나 소, 사슴 모양을 한 바위나 산봉우리가 있어야 한다고 기록하고 있다. 그런데 혈장에 비해 앞쪽의 안산이 너무 높다 보니 호랑이의 먹이는커녕 오히려 혈장의 기운을 눌러 압박하는 형상이라 복호 형국에는 어울리지가 않는다. 그래서 배고픈 호랑이가 사람을 해친다는 말이 나오지 않았나 하는 생각이 들게 한다.

181. 조선에 귀화한 풍수 참모 두사충

중국의 황제들은 나라에서 큰 공사를 계획하거나 전쟁을 일으킬 때 대부분 풍수 전문가의 자문을 구하곤 했다. 이것은 모든 성공과 실패의 원인을 신비한 땅의 힘 즉 지력(地力)에 의하여 좌우된다는 믿음이 있었기 때문이다. 장개석 총통이 권세를 잡은 것은 그의 어머니 산소가 풍수적으로 좋았기 때문이고 훗날 그가 몰락한 것은 공산군이 그의 산소를 파 헤쳤기 때문으로 중국인들은 믿고 있다. 등후의 달인 이소룡이 갑자기 죽은 것도 그의 좋지 않은 집터 때문이라는 등 서양인이 영문으로 쓴 중국의 풍수서를 최창조 전 서울대 교수가 편역한 '서양인이 본 생활 풍수'에 나오는 구절들이다. 과거부터 전쟁을 일으킬 때 풍수 전문가의 자문을 구하곤 했다는 부분은 중국은 물론 우리나라에서도 확인이 된다.

1592년 임진년 왜군의 침입으로 위기에 빠진 조선이 중국에 원군을 요청하게 된다. 이에 명나라는 원군을 이끌 수장으로 이여송 장군을 임명하였고 그는 그의 일급 참모이자 풍수 전략가인 두사충을 대동하여 조선에 왔다. 두사충은 임진왜란에 많은 공을 세우고 고국으로 돌아갔다가 몇 년 후 정유재란 때 다시 두 아들을 데리고 조선에 왔으며 그 길로 중국에 돌아가지 않고 조선에 귀화해 정착하게 된다. 그는 귀화 후 대구에 살기를 원했으며 조정에서는 그의 공을 인정하여 자기가 원하는 곳에 살도록 배려해 주었다. 그리고 자신이 살던 동네 이름을 그의 고국 '명'나라 이름을 따 대명동(大明洞)이라 하였고 이것이 현재 대구시 남구에 있는 대명동의 유래다. 그는 원래 풍수 참모였기에 그 당시 명나라의 국운이 다했음을 미리 알고 두 아들과 함께 조선에 귀화했으며 예견대로 5년 뒤 명나라는 청나라에 의해 멸망했다. 두사충은 풍수 전문가로서 젊은 시절 대구 인근에 자기가 묻힐 장소를 잡아두었고 훗날 자기의 죽음이 다가오자 그 장소를 아들에게 알려주려고 병든 몸을 이끌고 그곳으로 찾아갔다. 당시 몸이 너무도 쇠약하다 보니 기관지에 담이 끓어 도저히 그곳에 이르지 못하고 되돌아왔는데 그 고개가 현재의 수성구에 있는 담티 고개이며 돌아오는 길에 아들에게 오른쪽의 형제봉을 가리키며 저 산 아래 계좌정향(남향)으로 묘를 쓰면 자손들이 번창할 것이다 하고는 숨을 거두었다.

그런데 아들들은 아버지가 잡아놓은 명당자리에 정확히 묘를 쓰지 못하고 그 아래쪽에다 매장하였다. 현재의 대구 만촌동 남부 정류장 뒤편에 위치한 형제봉 아래에는 두사충의 묘소와 함께 사당 모명제가 있는데 모명제 역시 명나라를 사모한다는 뜻에서 이름을 지었다고 한다. 그가 남긴 풍수서 두사충결(杜師忠訣)은 생전 조선팔도를 답사해 여러 명당자리를 소개한 책자이고 지금까지도 국내 풍수계에 회자 되고 있다. 조선의 명장 충무공 이순신과 절친하여 충남 아산에 있는 초창기 충무공의 묘소 역시 두사충이 점지한 곳이었다. 그의 직함은 수륙지획주사(水陸地劃主事)로 전투 때 군사가 머물 군진(軍陣)에 적합한 장소를 잡는 임무였고, 이러한 역할은 당시 군 조직에 장수를 보필하는 풍수 참모제도가 있었다는 것을 뒷받침한다.

182. 풍수비보風水裨補

풍수비보란 풍수적으로 결함이 있는 기존의 땅을 고쳐서 길지로 바꾸어 주는 것을 풍수에서는 비보(裨補), 압승(壓勝), 염승(厭勝)이란 용어를 쓴다. 비보란 땅의 허결한 곳을 찾아내어 보완해주는 의미이고, 압승 혹은 염승이란 땅의 기운이 지나치게 강한 것을 눌러준다는 의미이다. 이것은 한방에서 침과 뜸 그리고 보약으로 허약한 사람에게 몸의 기를 보충해주는 것과 같은 이치로 모자라는 경우에는 비보하여 보완하고 지나친 경우는 적당히 눌러준다는 뜻이다. 신라 말 도선국사는 풍수적으로 결함을 가진 우리의 국토를 인간의 질병을 치료하듯이 살아가는데 불편한 땅을 살기 좋은 땅으로 고쳐 사용할 수 있음을 제시하였다.

그래서 어떠한 땅이 무엇인가 부족하여 결함이 있으면 그곳을 고쳐 사용하고 그 장소에 상서로운 기운이 있으면 그 기운을 눌러 진압을 한다. 비보의 방법으로는 사찰, 불상, 부도 탑 등을 세우거가 연못이나 나무숲을 조성하거나 돌무더기를 쌓는 등 자연물로 비보하는 경우가 있고 장승, 해태 등의 조각상을 만들어 인공물로 비보하는 경우도 있다. 이러한 비보물은 고려와 조선시대에도 유행하였고 현재까지도 많이 사용되어지고 있다. 경주의 황룡사 9층 목탑은 자장율사가 중국 유학 시절 오대산의 문수보살로부터 한국의 산천은 험준하므로 나라의 호국을 위해 불탑을 세우면 외세침입으로부터의 안전과 더불어 모든 액운을 면할 수 있다는 말을 들었다. 그런 후 중국에서 귀국 후 선덕여왕께 탑의 건축을 간청하였고 선덕여왕의 허락하에 이 탑을 세우고 나니 천지가 평안하고 삼한의 통일까지 이루게 됐다고 전해지고 있다.

풍수비보를 용도에 따라 살펴보면, 용맥(龍脈) 비보, 장풍(藏風) 비보, 수구(水口) 및 득수(得水) 비보, 화기(火氣) 비보 등 그 종류도 다양하다. 또한 지명 비보라 하여 상주에 있는 노악산은 그 모습이 지네 모양으로 생겨 마을 소년들이 많이 죽는다는 풍수 속설이 있어 그 액(厄)을 방지하기 위해 지네가 제일 싫어하는 밤나무를 심어 그 액을 방어했다는 기록이 있고, 인근 마을 비산동은 동네의 뒷산이 서쪽에서 동쪽으로 칼날처럼 뻗었기에 옛날에는 인산(刃山)이라 하였는데 마을에는 살인사건이 자주 일어나 산 이름을 비산(飛山)으로 바꾸었다고 한다.

그리고 고려가 망한 것은 개성에서 삼각산이 규봉(窺峰)으로 보이기 때문이였다고 한다. 이것은 도선국사가 개성을 고려의 도읍지로 정할 때에 불행하게도 날씨가 흐려 멀리 바라볼 수 없었다. 훗날 맑은 날씨에 다시 이곳의 형세를 살펴보니 巽(동남) 방에서 개성의 기운을 도적질하려는 규봉(삼각산)이 보였다. 이 규봉으로 인해 개성의 운수가 점차 쇠진해져 갈 것을 염려한 도선은 이를 비보하기로 결심하고 도적을 막는 데는 등(불)과 개(犬)가 제격이다. 그래서 장명등 1개를 거대한 바위 위에 놓고 철로 만든 개(犬)를 12개 만들어 도성의 巽(동남) 방에 배열함으로써 삼각산 규봉의 기운을 눌러 막았다. 현재 개성의 덕암리에 있는 등경암(燈擎岩)과 오천에 놓여 있는 좌견교(坐犬橋)는 그 당시의 유적들이다.

183. 수맥파水脈波

일반적으로 수맥이란 지하에 고여 있거나 지속적으로 흐르는 물줄기를 말한다. 지하에서 흐르는 물이 자연적으로 지표를 뚫고 올라와 흘러나오는 샘물이라든가 인간이 생활하면서 필요에 의하여 인공적으로 뽑아 올려진 양(量)만큼 스스로 보충하여 그 공간을 메워야 하기 때문에 자연적으로 지표수를 끌어들이게 된다. 이 과정에서 수맥이 지나가는 자리의 위쪽은 땅의 균열이 생기게 되고 땅의 균열이 생길 때의 진동과 지하수가 흐르면서 발생되는 전자기파동을 수맥파라고 한다. 컴퓨터나 전자레인지에서 방출되는 전자파와 마찬가지로 수맥파 역시 인체의 리듬을 깨트리고 각종 이상을 유발시킴으로 풍수에서는 유해파로 간주한다. 이러한 파장을 발생시키는 지하수맥 위에 건물을 세우게 되면 콘크리트 벽이 갈라질 정도이니 그 위력은 상상을 초월한다. 인간은 보이는 것만 믿고 보이지 않는 것은 무시하려고 하나 그 위에 사람이 집을 짓고 산다면 견디어 낼 재간이 없을 것이며 또한 그 위에 산소를 모시게 되면 동기감응론에 의하여 자식들에게 흉사가 끊이지 않게 된다. 그러므로 음·양택을 막론하고 이런 자리를 피할 수 있는 방법을 찾는 것이 풍수 터 잡기에 있어서 한 가지 큰 과제이기도 하다.

지하에서 흐르는 수맥을 찾는 방법으로는 전기저항 측정법, 지진계에 의한 방법, 중력 측정법, 자력 탐사법, 온도 탐사법 등 여러 가지 방법이 있으나 비용이 많이 들거나 기술적인 어려움이 있다는 단점 때문에 간단한 집터나 산소 자리에서 지하수맥을 확인하는 방법으로 쓰기에는 모두 어려움이 있다. 현재 시중에도 간단히 사용할 수 있는 여러 가지 도구들이 개발되어 판매되고 있으나 그 효과의 검증에 대해선 아직 미흡한 상태다. 그렇지만 현재 수맥 탐사가들이 주로 사용하는 도구는 다양한 종류의 엘(L)-로드(Rod)와 금속 추 그리고 버드나무 막대기 등 여러 가지를 이용하고 있다. 인체 곳곳에도 혈관이 흐르듯 지하에도 크기와 간격의 차이는 있으나 곳곳마다 지하수가 흐르고 있다. 그러므로 정확한 수맥 진단을 통해 수맥이 없는 곳이나 아님 미세하게 흐르는 곳을 찾아 생활하는 것이 최선의 방법이다. 연구발표에 의하면 수맥파는 상하 수직으로만 영향을 주기 때문에 집에 수맥이 흐른다 하여도 정확한 진단으로 그 장소 위에만 피하게 되면 절대 피해를 입지 않는다. 그럼에도 불구하고 일부에서는 집에 수맥이 흐르면 이사를 권하고 흉가라고 지칭하는 사람들이 있는데 흉가는 수맥으로 따지는 것이 아니다. 그리고 시중에서는 수맥을 차단한다고 하여 동판이나 여러 가지 중화제 약품, 염불 에너지, 달마도, 알루미늄 호일, 부적, 돌침대 등 수많은 수맥파 차단제가 유통되고 있으나 그 효과는 과연 어느 정도인지 심히 의심스러울 뿐이다. 대부분의 지질학자들은 지하에서 발생되는 수맥파는 여하한 방법으로도 차단시킬 수 없으며 층층 마다 두꺼운 철근과 각종 내부 시설로 뒤덮인 서울의 63빌딩 위에서도 감지되기 때문에 수맥파는 차단한다기보다 피해서 생활하는 것이 현명한 방법이라고 할 수 있다.

184. 도시혈逃屍穴

이장을 하려고 봉분을 열어보니 유골이 흔적도 없이 사라졌거나 관(棺)의 위치가 봉분과 어긋나 있는 경우를 간혹 볼 수 있다. 풍수에서는 이러한 혈 자리를 '시체가 도망가는 자리'라는 뜻으로 도시혈(逃屍穴)이라고 한다. 이런 곳에서는 유골이 없어져 귀신이 곡할 노릇이라 하면서도 다른 방법이 없어 광 중의 흙 일부를 퍼 담아 이장하기도 한다. 그 이유에 대해서는 옛날부터 여러 주장이 있어왔는데 풍수 고전 『靑烏經』에서는 관이 뒤집혀지거나 부서지는 원인을 무덤을 둘러싸고 있는 주위의 산 어느 곳에 골이 지거나 땅 밑으로 물이 흐르면 그렇다고 기록하고 있지만 이것 또한 확실한 것은 아니고 현대 과학으로 보아도 근거가 희박하다.

현대 지리학에서는 이런 현상을 토양포행(土壤匍行:soil creep) 때문이라고 설명한다. 토양포행이란 지하 암반층 위에 연약지층이 형성된 경우 표토(表土)는 나무와 잡초 뿌리와 풍화작용으로 단단하나 중간에 있는 연약지층은 암반의 경사에 따라 이동하는 현상을 말한다. 실제로 이와 같은 현상으로 인해 지표층 아래 일정 지층이 지속적으로 움직임으로써 그 위에 놓여진 관(棺)이 함께 따라 움직이는 경우가 적지 않다. 우리나라 무덤들 대부분이 경사진 산비탈에 자리 잡고 있고 또한 외부 기후조건이 영향을 미치는 지표면 1m 내외에 시신이 안장되어 있기 때문이다.

토양포행은 진행 속도가 매우 느려서 직접 관찰할 수는 없으나 경사진 면에서 일어나고 있다는 것을 알 수 있다. 그리고 토양이 얼었다 녹았다 혹은 물에 젖었다 말랐다 할 때는 팽창과 수축 현상이 반복되므로 기후의 계절변동이 큰 지역에서 가장 활발하게 진행되는데 이때 암설은 사면 아래로 약간씩 이동하게 된다. 겨울철 서릿발 역시 토양의 표층을 거의 일률적으로 들어 올리는데 솟아오를 땐 수직으로 녹아내릴 땐 사면으로 내려온다. 그래서 수축과 팽창할 때마다 토양은 아래로 조금씩 내려온다. 또한 동물이 사면에서 구멍을 파거나 흙을 밟을 때, 식물이 성장하고 부패할 때, 지진이 일어날 때도 토양이 움직이기 때문에 그때마다 암설은 아래(높은 곳에서 낮은 곳)로 이동한다. 토양포행에 있어서 암설의 이동속도는 사면 경사의 증가에 비례하여 빨라지나 대체로 연간 1mm 이하에서 수cm까지의 폭을 갖는다.

포행의 속도는 지표면에서 밑으로 내려갈수록 감소하는데 깊이 1m 미만의 표층이 포행의 영향을 가장 많이 받으며 효율적으로 일어날 수 있는 최적의 경사는 5°라고 알려져 있다. 일반적으로 산에 올라 비탈진 경사면에서 자라고 있는 큰 나무들을 보면 나무의 뿌리는 경사면 아래쪽으로 줄기와 가지는 위쪽으로 기울어진 경우를 볼 수 있는 반면 일정 지대 밖은 반듯함을 볼 수 있다. 이것이 토양포행이 진행되고 있다는 증거이다. 이런 곳에 산소를 쓰게 되면 유골 상태가 좋지 않아 후손들을 불안하게 하므로 산소 자리로 적당치 못하다. 풍수가에선 경기도 금곡에 있는 고종황제의 무덤인 '홍릉'이 도시혈에 해당된다고 보고 있다. 식민지 시절 일본이 의도적으로 도시혈에 조선의 황제 무덤을 조성했다는 혐의를 주장하고 있다.

185. 장사葬事와 재혈법裁穴法

장사(葬事)란 사람이 사망했을 때 시체를 처리하는 절차 및 방법에 관련된 모든 일을 말한다. 풍수고서 『靑烏經』에 이르기를 "사람이 백 년을 살면 죽게 되니 영혼은 형체를 떠나 참(宇宙)으로 돌아가고 유골(遺骨)은 땅속으로 들어가게 되는바, 장지의 길흉에 따라 좋은 기운이 감응하면 후손들에게 복을 가져다주지만 그렇지 못하면 반대 현상이 되므로 후손들의 앞날에 많은 영향을 미친다" 하였다. 그리고 "혈이 온화하고 길하면 부귀가 오랫동안 이어질 것이고 그렇지 못하면 자손은 외롭고 가난할 것이며 혈 자리는 좋은데 장법(葬法)이 흉하면 마치 시체를 버리는 것과 같다"고 하였으니 어찌 소홀히 할 수가 있겠는가.

장사를 지낼 때 재혈(裁穴)은 정확한 위치에 하여야 한다. 혈장에 올라 혈증[입수, 좌우선익, 전순]이 뚜렷한 곳에서는 혈장을 보호하는 양쪽 선익의 끝부분을 기준으로 하여 가로선을 긋고 그 중심에서 혈장 뒤 입수의 중심과 세로선을 그어 교차하는 지점에 관(棺)의 하부가 닿도록 하는 것이 올바른 재혈이다. 그러나 실제 장지(葬地)에 올라 보면 혈증(穴證)이 뚜렷이 갖추어진 장소가 거의 없다. 현실이 이러하다 보니 장지에서의 올바른 정혈은 많은 경험과 지식을 요구한다. 풍수서(書)에는 정위치에서 1m만 벗어나도 발복의 효과는 50%에 불과하고 2m 이상 벗어나면 희박하다고 하였다. 그리고 정위치에서 위쪽으로 치우쳐 재혈이 된다면 묘소의 윗부분이 미약하게 되므로 장손(長孫)의 발복이 줄어들고, 반대로 아랫부분은 기운이 왕성하기 때문에 막내 자손의 발복이 크다. 반면 아래쪽으로 치우쳐 재혈을 하게 되면 그와 반대 현상이 일어나는 것이다. 또한 정위치에서 좌측 청룡 선익 쪽으로 치우쳐 재혈을 하게 되면 양동 기운의 지면이 좁아져 남자의 기세가 줄어들고 음정 기운이 커져 집안에서는 여자가 큰소리치고 살아가게 되며, 우측 백호 선익 쪽으로 치우쳐 재혈을 하게 되면 여자의 기세가 줄어들어 이와 반대 현상이 된다.

풍수고서 『人子須知』에서도 천리 행룡에 오직 8척의 혈이 융결된다 하였으니 정확한 재혈(點穴)법이야 말로 무엇보다 중요하다. "혈점(穴點)이 태고(太高)하면 상룡(傷龍)이 되고 화(禍)가 빠르며 혈점이 태저(太低)하면 상혈(傷穴)이 되며 화는 늦게 온다"고 하였다. 또한 혈장에 생기를 응축시켜주는 요성은 위쪽에 있는데 밑 부분에 재혈을 하게 되면 그 요성의 힘이 반감된다고 하였으니 장사 시 정확한 정혈은 무엇보다 중요하다. 그래서 풍수가에선 '심룡삼년(尋龍三年) 점혈십년(點穴十年)'이란 말이 생겨났고 이것은 용맥(龍脈)을 보는것도 어렵지만 명당 터를 찾아 정확한 지점에 점혈하기는 더더욱 어렵다는 뜻이다. 풍수 고서에서도 "천광 시 상하좌우에 약간만 틀림이 있어도 길혈에 화(禍)를 입힐 것이니 주의하여 잘 살피라" 하였다. 아무리 좋은 장지를 구하여도 시신을 정확한 지점에 묻지 못한다면 허혈(虛穴)에 불과하니 유능한 풍수 지사의 선택이야말로 한 집안의 운명을 좌우할 수가 있다.

186. 장사葬事와 천광법穿壙法 ㊤

지난주에 이어서 정확한 재혈로 위치가 정해지면 천광(穿壙)을 해야 한다. 천광이란 시신이 들어갈 광(壙)의 깊이에 관한 사항으로 고서에서는 24坐山(산의 방향)에 따라 몇 척(尺)씩 천광해야 한다는 기록(理論)이 있으나 혈장에 올라 보면 혈지의 지질구조가 일정하지 않고 지표변화가 심하기 때문에 굴착의 깊이를 미리 정할 수가 없다. 굴착은 미흡하면 허장(虛葬)이 되고 지나치면 파혈(破穴)이 된다. 다시 말해서 부토(腐土)와 생토의 두께가 산에 따라 일정하게 정해져 있는 것이 아니라 지형지세와 수목의 성고(盛故)에 따라 지층구조가 각각 다르기 때문이다. 진혈지가 아니면 일반적으로 겉흙 속에는 모래, 자갈, 혹은 암석층으로 되어있다. 땅속이 이와 같이 일정하지 않고 복잡함에도 무조건 좌산(산의 방향)에 따라 일정한 깊이로 천광하고 매장해야 한다는 주장은 이치에 맞지않다. 혈심의 깊이는 정해진 것이 아니라 장소에 따라 또는 혈의 대소와 지질에 따라 각각 다르기 때문이다.

일반적으로 높은 산에서는 깊어야 하고 평지는 얕아야 하는데 대략 90~150cm(3~5자) 사이가 정석이다. 요컨대 생기를 품은 흙(生土)의 두께를 재어 충분히 관(棺)을 싸고도 아래쪽에 생토가 어느 정도 남는 것이 좋으며 생토의 가운데에 시신을 안장해야 장사(葬事)의 목적인 생기를 탈 수가 있다. 『葬經』에서도 다음과 같이 경고한다. "혈은 반드시 적당히 파야 한다. 얕게 팔 곳을 깊게 파면 진기(眞氣)가 위로 지나가고 깊이 팔 곳을 얕게 파면 진기가 아래로 지나간다. 털끝만큼이라도 오차가 있으면 화복(禍福)에는 천양지차이다. 그리고 혈심의 상하를 정하되 정심(正深)보다 1척만 깊어도 용(龍)이 상하고 생기는 위로 지나며 1척만 얕아도 맥이 밑을 지나쳐 버리게 된다. 또한 상하좌우의 공간도 틀림이 없어야 하니 혈심을 정하기는 정말 어렵다." 라고 기록하고 있으니 광중의 깊이는 장사에서 매우 중요하다.

그럼 이론을 어떻게 현장에 대비시킬 수 있는가? 산의 표면을 덮고 있는 흙(腐土)을 걷어 내고 3~5자 깊이로 파 내려내면 갑자기 흙 색깔이 변하는 지점이 나온다. 붉고 누런 윤기를 띠며 약간 습기가 스민 흙이면 좋고, 햇빛에 비추었을 경우 오색[紅, 黃, 紫(靑), 白, 黑]을 발하면 더욱 좋다. 이 오색이란 목화토·금·수의 다섯 색깔을 합한 황금색을 말하며 이러한 곳이 바로 지기가 많이 흐른다는 혈토층이다. 그리고 생기가 담겨 있는 흙은 보기에는 돌처럼 단단해 보이지만 막상 만져 보면 바스러져 밀가루처럼 고운 흙으로 변하는 비석비토(非石非土)다. 좋은 토질의 조건이라면 무엇보다 물이 고이지 않고 스며들어 빠져나가기 때문이다. 흙의 좋고 나쁨은 땅을 파 보아야 알 수 있지만 겉모습을 관찰하여 어느 정도 진혈을 가리는 방법도 있다. 묘소 주변에 나무가 잘 자라지 않거나 봉분의 잔디가 듬성듬성 자라면 땅속은 생기가 없거나 허약한 곳이다. 그리고 주위에 계곡이 깊어 바람이 윙윙 소리를 내는 곳이나 물이 흐르면서 소리가 나는 곳도 진혈지로 부적합하다. 풍수에서는 이러한 곳을 산이 신음을 토해 내는 장소라 여겨 매우 꺼린다.

187. 장사葬事와 천광법穿壙法 (下)

장지(葬地)에서 천광의 요령은 먼저 혈장 주변의 초목을 제거한 다음 표피층의 흙을 걷어 낸다. 표피층의 흙은 썩은 낙엽이 포함돼 있어 비가 오면 수분을 많이 함축하고 있기 때문에 이를 걷어 내지 않으면 잡초가 많이 자라고 동시에 함축하고 있던 물이 광중으로 스며들게 된다. 표피층을 걷어 내면 그다음 층이 생토인데 여기서부터 천광을 하는 것이 바람직하다. 천광은 좌산에 상관없이 생토에서 혈토인 진토가 나올 때까지 파 내려가서 조장(造葬)은 그 진토에다 하여야 바른 안장(安葬)이라고 할 수 있다. 진토란 오색이 합쳐진 밝은 빛의 비석비토(非石非土) 층을 말한다.

일반적으로 깊이는 용맥에 따라 즉 그 지역의 지층구조에 따라 다소 차이가 있으니 혈장 자체의 상태를 정확히 감정한 후 천광 시에 나타나는 흙의 색깔과 상태를 보고 판단해야 한다. 혈장의 혈토를 부토와 진토로 2등 분하여 나누었을 때 일반적으로 부토 다음에 바로 진토가 나온다. 이 진토는 진기가 응집하는 곳이기 때문에 입장(入葬)할 때 너무 많이 파서도 안 된다. 진토의 후박(厚薄) 여부를 보고 광 중의 깊이를 정한다. 요컨대 이 진토가 관(棺)을 싸고 그 아래쪽에도 아직 진토를 조금 남겨야 한다. 배토장(培土葬)의 경우라도 표피층이 있다면 그 표피층은 걷어 내고 위에 관을 올려 봉분을 만들어야 장사의 목적인 생기를 탈 수 있다.

장사를 지낼 때에 현장에 올라 보면 자연의 원리를 깨닫지 못한 일부 풍수사가 자신의 안전만을 생각해 생토가 나오도록 충분히 땅을 파지 않은 채 서둘러 관을 안치하는 경우를 간혹 볼 수 있다. 이것은 만약 구덩이에서 돌이나 바위 혹은 물이 나올까 두려운 나머지 겨우 1미터도 파기 전에 '그만, '그만, 하고 소리를 지른다. 이러한 경우야말로 진혈지도 허혈(虛穴)로 만들어 평안하게 영면해야 할 망인과 더불어 그 후손들까지도 피해를 입히게 된다. 따라서 명당도 중요하지만 생기가 응집된 진혈의 깊이를 정확히 찾아야 하고 진혈 중에서도 시신이 생기를 충분히 받을 수 있는 정확한 깊이(비석비토층)까지 파 내려가야 한다.

만약 땅속의 생기맥을 정확히 찾지 못한다면 10~20cm 차이에도 발복의 수위는 천양지차이다. 진정한 명당 길지에서 장사를 지내고 제대로 발복이 이루어지려면 첫째 주위 국세와 여러 조건들을 살펴 생기를 품은 용맥을 찾아내고 그다음 그 용맥 위에서 정확한 혈증을 찾아 점혈을 한 후 땅속의 지맥이 제일 많이 흐르는 맥근층의 깊이에다가 안장(安葬)하여야 완전한 장사법이 되고 후손들의 발복을 기대할 수가 있다. 과거 왕조실록이나 일기 등에 의하면 왕릉의 깊이는 10척(尺)으로 하였고 일반 백성들은 '상투끝이 보일락 말락 할 때까지 파라'는 기록이 남아있는 것으로 보아 일반인은 왕릉에 비해 절반 정도인 130~160cm 정도였음을 알 수 있다. 일반적으로 지층은 대개 표면으로부터 토피층, 맥피층, 맥근층, 맥골층으로 이루어져 있는바, 지기가 많이 흐르는 토층은 맥근층으로 깊이는 지형, 지질에 따라 약간씩 다르지만 보통 100~150cm의 깊이에 맥근층이 지난다.

188. 장사葬事와 봉분 만드는 법

봉분을 만들 때 주의할 점은 혈장 가까운 곳에 중장비로 흙을 깊이 파내어 성분(成墳)하는 경우를 가끔 볼 수 있는데 이는 스스로 길지를 흉지로 만드는 결과가 된다. 혈장 주위의 땅을 파게 되면 혈장의 생기가 그곳으로 누설되어 흉지로 변하기 때문이다. 또한 지맥의 생기는 위에서 아래로 흐르기 때문에 혈장의 윗부분을 파게 되면 흐르는 맥로(生氣線)를 차단하게 되고 아랫부분을 파면 혈장의 생기가 바로 누설된다. 그러므로 가급적 좀 떨어진 좌우의 흙을 이용하여야 한다. 그리고 혈장에서는 천광(穿壙) 시 중장비가 땅을 진동시키면 그 조직이 파괴되어 흐트러지게 된다. 즉 바위나 큰 돌을 흔들어 놓으면 조그마한 틈만 있어도 그 사이로 물이 스며들게 되고 물이 들어가게 되면 바람도 따라 들어가게 된다. 고서에 이르기를 "혈장의 원훈(圓暈)에는 호미질도 두려워하라"고 하였으니 입수처나 광 중에 큰 돌이 있을 때는 어느 정도 거리를 두고 봉인에 신경을 쓰며 천광을 해야 한다. 그리고 혈장에서 혈의 증거인 전순이나 선익을 파괴 시키는 것도 혈의 그릇을 깨는 것과 같다 하였고, 재혈 후에는 당판의 기울기도 약 15°정도의 경사를 두어 지표수가 광 중에 스며 들어가지 않도록 세심한 작업이 필요하다.

망인의 시신을 합분할 때도 마찬가지다. 이것은 양측 시신 사이에 공간을 두고 천광을 내게 되므로 먼저 모신 영혼이 고요히 안정 상태에 있기 때문에 가급적 중장비를 사용하지 않고 인력으로 흔들림 없이 하여야 한다. 또한 천광을 내고 공기 중에 오래 노출 시키는 것은 유골이 산화되기 때문에 빠른시간 내에 봉인을 해야 한다. 합분의 경우 내룡의 넓이가 아무리 후부(20m이상) 하여도 맥이 통하는 부분은 대략 3~4m의 넓이에 불과하므로 처음 장사 시 시신을 안장할 때 좌 혹은 우측 중 어느 한쪽에다가 맥로를 벗어나지 않게 안장하고 다음을 위하여 20~30cm의 간격을 띄우고 횟가루로 길게 표시를 한 후 봉분을 만들어야 한다. 그런 후 훗날 합분을 위해 봉분을 걷어낼 때는 20~30cm의 높이만 놔두고 모든 흙을 걷어 낸다. 그리고 시신이 묻힐 장소를 좌측 혹은 우측에서 옆으로 조심스럽게 표시된 부분까지 파 들어간 후 천광을 하여 시신을 안장하고 봉분을 다시 만든다. 그래야 묘지의 좌우측에 흙의 다져짐이 같아 갈라지거나 내려앉는 경우가 없다.

묘지 조성 시에는 중심점에서 전후좌우 약 4m 정도의 넓이를 확보하고 봉분의 넓이는 반지름이 150~180cm 정도가 적당하지만 높이는 가급적 낮게 하고 넓게 하는 것이 오히려 풍수적 피해가 적다. 쌍분을 쓸 때는 혈맥 자체가 광 혈인 혈장에서는 혈증의 범위 내에서 쌍분도 할 수 있으나 여러 기(基)의 묘를 쓸 때는 생기를 더 얻기 위해 일반적으로 '品'字 형태의 모양으로 쓰기도 한다. 광 혈이 아니고 좁은 용맥의 경우에 쌍분을 하게 되면 용맥의 중심 부분의 생기 흐름처가 공간으로 남게 되므로 권장할 만한 장사법이 못 된다. 그러므로 협소한 용맥에서는 차라리 혈증이 허용하는 범위 내에서 상하로 재혈하는 것이 오히려 더 낫다.

189. 묘소 이장移葬 ㊤

이장이란 기존의 묘를 여타의 사정으로 다른 곳으로 옮기는 것을 말하며 장지를 여는 것이므로 개장(改葬)이라고도 한다. 이것은 한 가정의 평안에도 영향을 미칠 수가 있기에 상당한 주의를 기울여 결정하여야 하는바, 사후 매장지보다 더 중요하게 생각해야 할 사항이다. 고서에 이르기를 공자께서는 일찍이 “장사지내는 곳은 곧 땅을 잘 가려 편안한 곳에 장사지내라” 하였고, “물과 불개미, 벌레 따위의 근심이 있어서 개장 파묘하는 것은 부득이하나 잘 알지도 못하는 풍수 지사의 그릇된 견해로 좋은 터를 버리고 개장하는 일이 가끔 있으니 참으로 불행한 일”이라 하였다. 또한 “땅을 가리는 것은 조상과 그의 자손은 기운이 통하므로 조상의 신령이 편안하면 자손도 편안하고 신령이 위태로우면 자손도 위태롭기 때문이다”라고 하였다.

부득이 개장을 하게 되면 구묘(舊墓)의 장단점을 잘 살펴 현재의 혈 자리와 이장지의 혈 자리를 잘 비교 분석하고 보완할 부분은 어떤 것이며 또한 구묘에서 미흡했던 부분이 이장지에서는 충분히 보완할 수 있는지를 살펴서 결정해야 할 것이다. 이때 하관시의 산출은 매장 시의 기준을 준용하고 특히 부부합장을 할 경우에는 회두극좌 및 여러 가지 망명 기좌를 범하지 말아야 한다. 『人子須知』에서는 부득이하여 이장을 하여야 한다면 밝은 스승을 찾아 재삼 확실하게 검토하여 실행하되 재(財)는 있으나 후손이 귀한 집이라면 모름지기 온난한 혈을 구하고, 후손은 있으나 재(財)가 없는 집안이라면 물이 모이는 땅을 구하여야 한다. 또한 그 땅이 과연 이전 묘보다 좋은지 나쁜지를 충분히 잘 살핀 연후에 옮겨야 한다고 하였으며 만약 여의치 아니하게 이장을 하면 고칠수록 더욱 어긋나는 것이니 이는 땅이 사람을 그르치는 것이 아니고 용심(用心)이 그릇되게 하는 것이다. 라고 하였다. 모든 장서(葬書)에서 흉악한 땅에 조상의 묘를 쓰면 반드시 재화(災禍)가 따른다고 기록하고 있고 길지에서 발복이 있는 것처럼 흉지에서는 반드시 재화가 따른다.

이와 같이 풍수에서는 길지에서의 발복보다도 흉지에서의 재화가 더 확실한 것으로 전해지면서 음택에서는 취길피흉(取吉避凶)을 위해 여러 가지 비보도하지만 여의치 않을 경우 옛터를 버리고 다른 곳으로 길지를 구해 이장하는 방법을 많이 사용하고 있다. 『靑烏經』에서는 다음과 같은 경우에는 이장을 하여야 한다고 기록하고 있다. 첫째, 아무런 이유 없이 무덤이 가라앉는다. 둘째, 무덤 위에 잔디나 풀이 말라 죽는다. 셋째, 집안에 음사(淫事)가 생기거나 소년이 죽거나 고아나 과부가 생긴다. 넷째, 집안에 패역(悖逆), 부도(不道), 체형(體刑), 상해(傷害)가 거듭 생긴다. 다섯째, 무고한 사망, 절손, 가산 치패, 송사가 줄을 이을 때는 이장을 권유한다고 하였다. 그리고 초상 때는 년·월·일·시를 가릴 수 없으나 이장 시에는 반드시 좋은 년·월·일·시를 가려 안장해야 한다. 그렇지 않으면 아무리 좋은 혈 자리라도 발복보다는 재화가 먼저 따르게 되므로 택일에 소홀함이 없어야 그 묘소의 음복을 받는다고 하였다.

190. 묘소 이장移葬 ㊦

이장이란 가급적 자제를 해야 하나 개발 및 도로개설 등 부득이한 경우와 지난주에 연재한 『靑烏經』의 여러 가지 이장해야 할 조건들에 해당되면 풍수에 밝은 지사의 조언을 받아 실행하여야 한다. 그러나 요즘 우리나라의 현실을 지켜보면 서구문물의 급격한 유입으로 인해 젊은 세대들의 유교 사상은 점점 더 몰락되어 가고 있다. 우리나라 유가에서 실행하던 조상의 4대 봉제사도 점점 줄어드는 현실이고 이리저리 흩어져 모셔놓은 묘지의 유해도 후손들의 편의를 위해 한곳으로 모아 많은 사람들이 집묘를 하고있는 실정이다. 옛 속언에 산 사람은 모여 살고 죽은 사람은 흩어져 있음이 마땅하다 하였는바, 후손들의 편리함을 앞세워 무조건의 집묘는 환경친화적 면에서도 재고해야 할 문제이다. 화려한 석물과 더불어 집과 가까운 곳에 집묘를 하게 되면 처음 몇 년간은 보기도 좋고 편리할지 모르나 세월이 지날수록 관리 부재로 인해 석물이 무너지고 나뒹군다면 누가 보아도 흉물화된다. 처음 모셔진 자리에 그대로 있게 되면 시간이 지날수록 봉분은 무너져 흔적도 없이 사라지고 유골은 자연소진(自然消盡)되어 자연의 원상태로 돌아간다. 2030년 이후에는 전국에 산재한 40%의 묘가 무연고 분묘가 되어 아무도 찾지 않게 된다는 통계가 있다. 이러한 현상으로 보아 세월이 지나면 지날수록 관리 부재로 인한 많은 분묘들이 자연적으로 소진될 것인바 또다시 이장으로 인한 여러 가지 위험성과 경제적 부담까지 안고 집묘를 할 필요성이 있겠는가?

풍수적 길지라는 것이 집묘를 할 만큼 넓은 음택지도 잘 없거니와 집묘 장소를 위해 평탄 작업을 할 시 평지를 만들기 위해 높은 곳은 깎아내고 낮은 곳은 복토를 하기 때문에 혈장의 손상으로 인한 대부분이 풍수의 원칙에 어긋나는 땅이 되고 만다. 옛 '書'에 이르기를 복토무기(覆土無氣)라 하여 사람이 인위적으로 복토한 땅에는 기(氣)가 머무를 수 없다고 하였다. 이장이란 현재의 장소보다 더 좋은 길지에 모셨다 하더라도 발복은 멀다고 하였기에 만약 이장 후 곧바로 집안과 자손들에게 불미스러운 일이 생기면 만감이 교차하고 난감하기 짝이 없다. 그러므로 오래된 묘는 큰 흉지이거나 국토개발로 인한 부득이한 경우를 제외하고는 가급적 파묘하지 말고 잘 보완하여 자연 소진 되게 하는 것이 바람직하다. 지금까지 무탈하게 생활을 해왔음에도 불구하고 사리사욕이나 주위의 감언이설에 속아 파묘, 이장을 하게 된다면 발복은 커녕 불행한 일들만 겪는 경우를 주위에서 종종 보게 된다. 또한 이장 시 유골이 공기 중에 노출이 되면 급격한 산화작용을 일으켜 땅속에 오래 보관되어야 할 뼈가 빨리 삭아버린다. 풍수에서는 조상의 유골을 좋은 길지에 묻어 오랜 기간 보관되기를 원하고 있고 뼈가 빨리 썩어 없어질 자리는 흉지로 본다. 우리들이 흔히 사용하는 '뼈대 있는 가문'이란 말도 뼈가 오랫동안 보관되어 그 기운(음덕)으로 좋은 가문이 장기간 유지된다는 뜻에서 유래되었다.

191. 역장逆葬 묘

역장이란 항열이나 지위가 낮은 사람이 높은 사람의 묘소 뒤(위)쪽에 묘를 쓰는 경우를 말한다. 조선조에는 유교 사상의 영향으로 내로라하는 가문에서는 대체적으로 역장을 하지 않았다. 이것은 아랫사람이 위쪽에 올라감으로 해서 선대의 묘소로 들어오는 입수맥을 누르게 되고 또한 광 중(壙中)을 파게 되면 맥로를 차단하여 지기를 단절하기 때문이다. 풍수서 『조선의 풍수』에서는 '조상의 묘소 위에 다인의 묘소가 있으면 아래쪽의 분묘 소유자는 망한다'고 까지하였다. 그런데 전국에 산재해있는 묘지들을 답사하다 보면 명문 가문임에도 불구하고 역장으로 쓰여진 묘소가 더러 있다. 먼저 경기도 파주시 법원읍 동문리 자운서원 뒤쪽에 가면 조선 최고의 대학자 이율곡 선생의 가족 묘소가 있는데 부모님의 묘소가 자식의 묘소 밑에 역장으로 쓰여져 있다. 이곳 산자락에는 제일 위쪽에 율곡 선생의 부인인 곡산노씨의 묘, 바로 아래에 율곡 선생의 묘, 그 아래엔 선생의 맏형 부부합장묘, 그 밑에 율곡 선생의 부모 이원수와 신사임당의 합장묘, 제일 밑에 율곡 선생의 맏아들 이경림의 묘 순으로 쓰여져 있다. 선듯 이해하기 어려운 부분이지만 율곡 선생 집안이 무지해서 역장을 쓰진 않았을 텐데 라는 의구심을 갖게 한다. 그다음 충남 아산시 음봉면 동천리에 가면 우리나라 제4대 대통령을 지낸 윤보선 대통령의 가족묘가 있는데 이곳 역시 역장으로 쓰여져 있다. 제일 위쪽에 쓰여진 묘소가 윤보선 대통령과 공덕귀 여사의 합장묘, 그 바로 밑에 고조할아버지 내외분, 그 아래에 큰 증조부 내외분, 그 아래에 윤 대통령님의 부모 윤치소 내외분, 그 밑으로 증조모와 막내동생 윤형선의 묘 순으로 쓰여져 있다. 이러한 역장에 대해 살아생전 윤보선 대통령께서는 할아버지가 손자를 어깨에 무등을 태우고 계신 모습이니 괜찮지 않느냐고 하였다.

그리고 조선 8대 명당 중 한 곳인 전남 순창군 인계면 마흘리에 가보면 조선 성종 때 대사간을 지낸 김극뉴의 묘소가 있다. 이곳은 원래 김극뉴의 장인인 박감찰의 신후지지였는데 딸의 계락으로 '명당에 물 붓기'라 하여 장사 하루 전날 밤 광 중에 물을 부어 아버지의 묘소를 위쪽에 쓰게 하고 훗날 남편인 김극뉴의 묘지로 사용하였다. 묘소의 배열을 보면 장인은 젤 위쪽에, 그 아래에 김극뉴의 부인, 그 밑에 남편인 김극뉴의 묘소다. 이곳 역시 부인이 남편의 위쪽에 있어 역장이다. 또한 경주 최부자댁의 묘소도 두 곳이나 역장으로 쓰여져 있다. 경북 경주시 현곡면 남사리 뒷산에 올라 보면 길 다란 혈장에 젤 위쪽이 1대 최부자 최진립의 맏형 최진흥의 묘소가 있고 그 아래에 증조모, 그 아래엔 증조부, 그 아래에는 조부모 내외분의 묘소가 있어 손자가 할아버지의 위쪽에 있다. 그리고 울산시 울주군 언양읍 반연리 뒷산에 올라 보면 1대 최부자인 최진립과 2대 최부자인 그의 아들 최동량의 묘소가 있는데 이 역시 아들 묘소가 위쪽에 있어 전형적인 역장이다. 이외에도 조선 중기의 문신 조광조, 사계 김장생의 묘를 비롯해 전국에 수없이 많고 내로라하는 가문에서도 거리낌 없이 역장을 사용했으니 '역장사용불가론'에 대한 우리 주변의 시선과는 달리 많은 역장을 사용했다.

192. 계묘년癸卯年 새해를 맞이하며~

서기 2023년은 육십갑자 중 마흔 번째의 순서인 계묘년으로 검은 토끼띠의 해다. 토끼는 겁이 많고 예민한 동물로 감수성이 뛰어나고 재치 있는 동물이며 새끼를 많이 낳는 동물이라 하여 다산과 성장, 풍요, 행운을 상징한다. 또한 토끼는 소리를 내지 못하는 대신 큰 귀로 주변에서 들려오는 조그만 소리도 놓치지 않고 다 들을 수 있는 특징이 있어 많은 오너들과 정치인들이 본받아야 할 동물로 회자(膾炙) 되기도 한다. 지난해에는 대통령과 수많은 정치인들의 말실수로 곤욕을 치르기도 했던 한 해였기에 금년 계묘년은 말하는 실수보다는 먼저 남을 배려하고 상대방의 말을 들어주는 그런 한 해가 되었으면 한다. 계묘년은 동물(띠)로 말할 때 토끼의 해 중에서도 검은 (흑)토끼라 한다. 왜 검은 (흑)토끼일까? 우리가 사용하고 있는 육십갑자는 10천간(갑·을·병·정·무·기·경·신·임·계)과 12지지(자·축·인·묘·진·사·오·미·신·유·술·해)중에서 천간과 지지를 한 글자씩 따와 짝을 이루어 놓았다. 자세히 보면 갑자, 을축, 병인, 정묘, 무진, 기사...의 순이고 앞에서부터 순서대로 조합하여 사용하는 데 이것을 다 사용하고 다시 갑자로 돌아오는 순서가 60번째라고 하여 육십갑자라 한다. 요즘이야 의술이 발달하여 100세 시대라고들 하지만 과거에는 평균수명이 60세에도 못 미칠 때가 있었기에 60세(한국 나이 61세)가 되면 갑자(甲子)가 다시 돌아올 때까지 장수했다고 하여 돌아올 환(還) 혹은 돌아올 회(回)자를 써서 환갑(還甲), 회갑(回甲)이란 잔치를 하였다. 근래에 들어서는 환갑잔치를 했다는 말은 듣기가 힘들고 칠순 잔치도 하는 사람이 드물 정도이니 의학의 발달에 놀라움을 금치 못하고 있다.

그럼 12 동물에 검은 토끼, 황금돼지 등 색깔을 대입시킨 것은 어떤 연유에설까? 위에 열거한 10 천간 글자에는 각각 방위와 계절이 있어 갑(甲), 을(乙)은 봄이요 방위는 동쪽이며 색깔로는 푸른 새싹이 돋아나는 계절이기에 청색을 의미한다. 그다음 병(丙), 정(丁)은 여름이고 방위는 남쪽이며 더운 여름은 불을 상징하기에 적색을 의미하며 무(戊), 기(己)는 계절이 없는 가운데(中央) 방위로 색깔은 황색을 의미한다. 경(庚), 신(辛)은 가을이고 방위는 서쪽 색깔은 차가워지는 백색이며, 임(壬), 계(癸)는 겨울이고 방위는 북쪽이며 색깔은 암흑기의 검은(흑)색이다. 이와 같이 10 천간의 글자마다 고유의 색깔이 있어 이를 동물(띠)에 대입시켜 부르는 것이다. 그래서 올해는 계묘년으로 계(癸)는 겨울의 흑색이고 묘(卯)는 토끼를 상징하는 글자이므로 검은 토끼의 해라고 하는 것이다. 작년은 임인(壬寅)년으로 검은 호랑이의 해이고 내년은 갑진(甲辰)년으로 갑(甲)은 청색이고 진(辰)은 용을 의미하기에 청룡의 해이다. 예를 들어 기묘년의 경우 원래는 황색 토끼의 해이지만 황금 토끼의 해라고도 하고, 기해년의 경우 황색 돼지가 아닌 황금 돼지의 해라고도 부른다. 열두 동물(띠) 중 토끼는 원래 부지런한 동물로 노력하는 만큼 복이 들어온다고 하니 올해는 모두가 열심히 노력해서 부자 되시고 돈 걱정 없는 한 해가 되었으면 좋겠다. 다사다난했던 검은 호랑이해를 보내고 생기발랄한 토끼해를 맞이하여 귀 신문사의 무궁한 발전과 더불어 애독자 여러분들의 건승을 기원합니다.

193. 수묘修墓와 이장移葬

올해(癸卯年) 2023년에는 윤달이 있다. 음력 열두 달은 양력 열두 달보다 11일이나 짧다. 그래서 3년에 한 달, 8년에 석 달가량 윤달을 두어 음·양력의 차이를 줄인다. 윤달을 두지 않아 균형이 깨지면 17년 후에는 눈 내리는 오뉴월과 무더운 동지섣달이 생긴다. 그러므로 윤달은 음양력의 균형을 위해 반드시 필요한 달이다. 윤달의 의미는 이렇다. 음력에는 년·월·일·시마다 갑자, 을축, 병인, 정묘 등 가각의 육갑이 있는데 윤달은 괄호 밖의 1달이다 보니 육갑이 없는 공달(空月)이다. 사람으로 치면 생년월일 중 월(月)의 육갑이 없어 사주 풀이를 못하는 것과 같다. 2023년(癸卯) 2월의 육갑은 '을묘(乙卯)'인데 윤 2월에는 '육갑(乙卯)'이 없다. 그래서 월의 육갑이 없으니 존재 밖이라 귀신들도 관심을 두지 않는다는 것이다. 그러므로 묘소를 단장하는 수묘(修墓)일도 '좋은게 좋다'고 하여 윤달에 묻지마 수묘와 이장를 해왔고 '시신을 거꾸로 장(葬) 해도 무탈하다'는 속설까지 전해지고 있다. 그러나 『地理大典』에 이르기를 택일에는 반드시 보호받아야 할 4가지를 기록하고 있다.

첫째 보룡(保龍)이라 하여 산소가 있는 산줄기 즉, 그 용맥을 극하지 말아야 하고, 둘째, 보좌(保坐)라 하여 그 산소의 좌향을 극하지 말 것이며, 셋째, 보 주상(保主喪)이라 하여 맏상주를 극하지 말고, 넷째, 보 망명(保亡命)이라 하여 망인을 극하지 말라 하였다. 『地理大典』에서 정해놓은 이 네 가지는 주로 작업 일자의 일진과 상극을 대조하는바 윤월이라도 일진은 분명히 있기에 얼마든지 극을 받을 수가 있다. 통상적으로 윤년이 드는 월에는 이장(移葬), 개사초(改莎草)와 석물 등 묘소에 관한 어떤 작업을 해도 무해한 것으로 알고 있으나 이는 잘못된 생각이다.

묘를 움직일 때는 동총운(動冢運)이라는 것이 있어 평소에도 길일 길시를 택하여 작업을 한다면 바쁜 윤달을 피해 여유를 갖고 좀 더 저비용으로도 할 수가 있을 것이다. 동총운은 묘소의 좌향에 따라 대리운, 소리운, 중상운으로 나누고 대리운에 속하는 해는 이장, 개사초, 석물 등을 할 수가 있으며, 소리운도 그런대로 괜찮아 무해무득이고 중상운에 속하는 해에는 윤월이라도 절대 불가하다. 그런 데도 불구하고 카드라식의 소문이 팽배해지면서 윤달을 기다려 모두들 난리법석들이다.

그리고 묘소의 좌향을 모를 경우에는 대공망일이나 투수일 등 동총(動冢)을 하는데 무탈한 날짜도 많다. 풍수고서 『靑烏經』에서는 혈자리는 좋으나 장사가 잘못되면 시신을 버리는 것과 같다하여 택일의 중요성을 강조하였으니 무조건 윤달에만 매달리지 말고 평월의 길한 날을 받는 것이 더 유리하다. 예로부터 우리 조상들은 음·양택을 막론하고 집일을 할 때 택일을 매우 중요시하였다. 이것은 택일에 따라 가세가 흥하기도 하고 인상손재(人傷損財)가 일어난다고 보았기 때문이다. 사람들은 왜 윤달에만 매달릴까. 윤달이라는 과외의 한 달은 지상의 모든 신들이 상천하여 어떤 일에도 관여하지 않는다는 막연한 기대 때문일 뿐 '윤달수묘무탈'은 근거가 없고 오히려 일손이 모자라 비용만 높아질 뿐이다.

194. 장사葬事와 택일擇日

예로부터 우리 조상들은 장사나 조상의 묘소 이장 그리고 개사초(改莎草)와 석물을 할 때 택일을 매우 중요시 하였다. 이것은 그날의 일진에 따라 가운(家運)에 많은 영향을 미친다고 보았기 때문이다. 하늘에는 수많은 별들이 있고 이것이 지상에 비추어 우주 만물의 생성과 소멸에 영향을 주고 인간의 길흉화복도 여기에 달려 있다고 본 것이다. 이 별들은 해와 달 그리고 목성, 화성, 토성, 금성, 수성의 칠성(七星)과 우주 천체의 중심인 북극성의 명을 받아 움직이는 북두칠성 그리고 자미원 밖에서 적도를 28구역으로 나누고 그 구역을 담당하는 28수(宿) 등은 인간의 생활에 많은 영향을 준다고 보았다. 특히 태양계의 해와 달 그리고 목성과 토성은 인간 생활에 지대한 영향을 미친다. 해와 달의 운행 주기에 의해서 만들어진 책력(冊曆)을 보고 농사짓는 시기를 결정하는 것처럼 별들의 운행 주기에 따른 길흉을 판단하여 좋은 기운이 흐르는 날을 택하는 것이 택일법이다. 시중에는 이들을 자세히 설명하고 기록해 놓은 천기대요(天機大要), 명당보감(明堂寶鑑) 등 책자도 많다.

일반적으로 초상 때는 년·월·일·시를 가릴 수 없으나 이장(移葬) 시에는 반드시 좋은 년·월·일·시를 가려 안장해야지 그렇지 않으면 아무리 좋은 혈 자리라도 발복보다는 재화(災禍)를 먼저 당한다고 하였다. 풍수 원전 『靑烏經』에 이르기를 혈이 좋더라도 장일이 나쁘거나 장법에 맞지 않으면 시체를 버리는 것과 같다 하였고, 아무리 길지에 장사를 한다 해도 흉신이 지배하는 일진은 피해야 하며 길신이 지배하는 길일 길시를 택해야 한다고 하였다. 풍수고서 『雪心賦』에서는 비록 혈이 길하다 하여도 장사가 흉하면 꺼린다고 하였고, 『葬書』에서도 사자(死者)를 매장할 때는 혈의 방향에 따라 각각 좋은 일시가 있을 뿐 아니라 망자와 상주의 배합도 좋은 길일 길시를 택해야 지리와 조화를 이루어 좋은 현상들이 일어난다. 하지만 매장하는 일시가 일정한 법칙에 어긋나면 지리와의 조화가 파괴되어 아무리 훌륭한 혈이라도 좋은 영향을 받을 수 없다. 라고 기록하고 있다.

일반적으로 윤월이 드는 달에는 이장 및 개사초(改莎草)와 석물을 해도 무해한 것으로 알고 있으나 이는 잘못된 상식이다. 묘소를 이장하거나 고칠 때는 동총운(動冢運)이란 것이 있다. 이것은 묘의 좌향에 따라 움직일 수 있다 없다를 대리운, 소리운, 중상운으로 구분하여 놓았는바 중상운의 해에는 윤월이라도 불가하다는 것이다. 이장은 초상 때와는 달리 가릴 것이 많지만 일반적으로 흉살(凶殺)을 제살(制殺)할 수 있는 길신의 황도(黃道) 년·월·일·시가 무난하다. 또한 구묘(舊墓)의 좌향에 따라 길한 년·월·일·시를 정해놓은 12神 총산일(塚山日)이나 망명의 본명으로 동총 길·흉년을 따져보는 태세압 본명년운법 등 여러 가지 방법이 사용되고 있다. 그리고 오래된 구묘(舊墓)에 있어서 망명의 생년이나 묘의 좌향을 모를 경우에는 지상의 모든 신들이 하늘로 올라가 지상에는 길흉의 신이 아무도 없는 대공망일이나 대한과 입춘 사이의 투수일 등을 이용하여도 무해한 날이다.

195. 회두극좌回頭剋坐

회두극좌란 사람은 각자 태어난 해의 우주 기운과 상극되는 방위가 있는데 이 방위로 머리를 두면 살(殺)을 받는다고 하여 회두극좌(回頭剋坐)라 부른다. 이 방위는 남녀의 구분이 없으며 산 자와 죽은 자 모두에게 해당된다. 그러므로 산 자는 잠잘 때 그 방향으로 누워서는 안 되고 죽은 자는 하관시 그쪽으로 머리를 두면 살(殺)을 받기 때문에 그 방향으로 머리를 두어서는 안 된다. 흔히 말하기를 땅이 그 사람을 거부한다고 하여 천하의 명당을 잡고서도 망명의 회두극좌가 그 방향에 해당되면 사용하지 못한다. 장사(葬事) 시 부부가 합장할 때 가부의 기준이 되기도 하며 특히 음택에서는 회두극을 범하면 맏아들과 장손이 살(殺)을 받아 패절한다고 하였다. 그렇다면 나의 회두극(흉한) 방위는 어느 방향인지 알아보도록 하자.

주역 후천 8괘의 낙서 구궁도의 중(中)궁에서 갑자를 시작하여 번호의 순서대로 60갑자를 5·중궁-갑자, 6·건궁(서북)-을축, 7·태궁(서)-병인, 8·간궁(동북)-정묘, 9·이궁(남)-무진, 1·감궁(북)-기사, 2·곤궁(남서)-경오, 3·진궁(동)-신미, 4·손궁(동남)-임신, 5·중궁-계유, 6·건궁(서북)-갑술 ....의 순서로 육십갑자를 끝까지 배열하면 본인의 생갑이 어느 궁에 해당되는지를 알 수가 있다. 둥근 나경의 24방위를 8괘(건, 손, 간, 곤, 감, 이, 진, 태)방위로 나누면 한 궁(괘)에 3방위가 해당한다.

여기서 5·중궁은 가운데 위치하므로 방위가 없어 회두극좌가 없으며, 6·건궁은 서북(술,건,해)쪽 방위이고, 7·태궁은 서(경,유,신)쪽 방위이고, 8·간궁은 동북(축,간,인)쪽 방위이고, 9·이궁은 남(병,오,정)쪽 방위이고, 1·감궁은 북(임,자,계)쪽 방위이고, 2·곤궁은 남서(미,곤,신)쪽 방위이고, 3·진궁은 동(갑,묘,을)쪽 방위이고, 4·손궁은 동남(진,손,사)쪽 방위이다. 이렇게 하여 60갑자를 배열해 보면 1·감궁(북)에 해당하는 사람은 본인의 태세가 (기사, 무인, 정해, 병신, 을사, 갑인, 계해)생인 사람이 해당되고, 2·곤궁(남서)은 (경오, 기묘, 무자, 정유, 병오, 을묘)생, 3·진궁(동)은 (신미, 경진, 기축, 무술, 정미, 병진)생, 4·손궁(동남)은 (임신, 신사, 경인, 기해, 무신, 정사)생, 5·중궁은 (갑자, 계유, 임오, 신묘, 경자, 기유, 무오)생, 6·건궁(서북)은 (을축, 갑술, 계미, 임진, 신축, 경술, 기미)생, 7·태궁(서)은 (병인, 을해, 갑신, 계사, 임인, 신해, 경신)생, 8·간궁(북동)은 (정묘, 병자, 을유, 갑오, 계묘, 임자, 신유)생, 9·이궁(남)은 (무진, 정축, 병술, 을미, 갑진, 계축, 임술)생이 해당된다.

예를 들어 본인의 태세가 정유생 닭띠라면 2·곤궁에 해당하므로 남서 방향으로 머리를 두지 말라는 것이다. 여기서 방위가 없는 5·중궁의 (갑자, 계유, 임오, 신묘, 경자, 기유, 무오)생은 회두극 방위가 없으므로 축복받은 해에 태어났다고 할 수가 있다. 누구든지 본인의 회두극 방향을 알아 일상생활에 적용한다면 천지의 좋은 기운만으로 건강한 생활을 영위해 나갈 수 있을 것이다. 일반적으로 높은 곳으로 머리를 두는 것이 정상이지만 그쪽이 회두극 방향이라면 반드시 피해야 한다.

196. 창녕성씨 시조 성인보成仁輔의 묘

창녕성씨 시조는 고려조에서 중윤호장(中尹戶長)을 지낸 성인보(成仁輔)이고 그의 묘소는 경남 창녕군 대지면 모산리 503번지의 맥산에 있다. 마을에서는 맥산을 일명 부리산(浮鯉山)이라고도 하는데 산의 생김새가 꼭 잉어가 상류로 헤엄을 치고 올라가는 형상이라 하여 붙여진 이름이다. 이것처럼 당대의 지관들도 하나같이 이곳의 혈장을 유어농파혈(遊魚弄波穴: 물고기가 물결을 일으키며 물을 희롱하는 형국)이라 부르고 있다. 성인보의 묘소가 이곳에 모셔진 데는 재미있는 일화가 전한다. 창녕성씨 세헌록(世獻錄)에는 창녕지방의 호장이었던 그가 어느 해 정월 초 왕에게 신년하례를 드리기 위해 송경(현재 개성)으로 갔다가 그곳에서 병사(病死)를 하게 된다. 그때 조정에서 문하시중을 지냈던 그의 아들 송국은 그 소식을 접하고 즉시 달려가 아버지의 시체를 지고 천리길 고향인 남쪽으로 내려온다. 창녕에서 30리쯤 떨어진 현풍현에 도착했을 때 이미 날이 어두워져 하는 수 없이 이곳에서 여장을 풀고 하룻밤을 보내야 했다. 다음 날 아침 깨어보니 밖에는 큰 눈이 내렸고 이상하게도 시신 주변에는 호랑이 발자국이 찍혀있었다. 그는 신기하여 그 발자국을 따라 끝까지 산길을 올라가 보니 온 산이 눈으로 하얗게 덮여있었지만 묘 자리 넓이만큼 눈이 녹아 있었다고 한다. 이는 필시 하늘의 조화이지 사람의 힘으로 찾아낸 것이 아니며 호랑이가 아들의 효성에 감동해 부모님의 묘 자리를 점지해준 것이라 생각하고 그곳에다 아버지의 시신을 묘셨다고 기록하고 있다.

이곳 맥산은 달성군 현풍면 비슬산에서 뻗어 나온 산줄기가 창녕의 진산인 화왕산을 만들었고 화왕산에서 출맥한 한줄기의 용맥이 편평한 들판에 아담한 평지 돌혈을 만들었다. 혈장이 평지의 돌혈이다 보니 혈장 뒤 현무봉을 비롯한 좌우 청룡·백호가 빈약한 편이다. 현무봉을 비롯한 전후좌우 사신사들의 주요 임무는 혈장에 바람을 막아주는 것이 목적이지만 다행이도 평지의 돌혈에서는 바람이 지면을 따라 퍼져 불기 때문에 혈장에 크게 영향을 미치지 않는다. 그러므로 평지 돌혈에서는 혈장 주변의 사신사(북현무·남주작·좌청룡·우백호)가 좀 빈약하여도 돌혈의 특징만 갖추어져 있다면 좋은 혈장으로 인정받을 수 있다. 일부에서는 묘소 정면으로 보이는 안산과 조산의 형태를 보고 길성인 오성체가 모두 갖추어져 있다하여 매우 길하다고 해석하고 있으나 조·안산의 역할은 첫째로 묘소 전면에서 불어오는 바람을 막아 혈장의 생기를 보호해주고 혈전의 수세가 직류하지 못하게 막아주는 것이 주 역할이다. 그러나 이곳의 조산과 안산은 혈장과의 거리감 때문에 본연의 역할과는 좀 무관해 보인다. 그리고 풍수에서의 명당이란 혈처 앞에 물이 모여드는 평탄한 땅을 말하지만 용혈의 크기와 명당의 크기가 균형을 이루어야 한다. 이곳의 명당은 앞의 들판으로 용혈에 비해 너무 넓기 때문에 이것 또한 단점으로 볼 수가 있다. 풍수무전미(風水無全美)라 하여 어디든 완전한 땅은 없는 법, 이곳의 용수배합은 우선룡에 좌선수로 합법하고 묘소는 해좌사향으로 동남향이다.

197. 강릉김씨 시조 김주원金周元의 묘

강원도 강릉시 성산면 보광리 산 285-1에 가면 '명주군왕릉'이란 입석 안내판이 있다. 이 묘소의 주인공은 강릉김씨의 시조 김주원(金周元)이고 그가 군왕으로 불려 지게 된 경위가 「동국여지승람」에 자세하게 기록되어 있다. 그는 태종 무열왕(김춘추)의 6세 손으로 알려져 있으며 혜공왕 13년(777) 이찬으로 시중에 임명되었고, 선덕왕 1년(780)에는 군을 총괄하는 병부령을 지내는 등 막강한 권력자였다. 785년 선덕왕이 후사 없이 죽자 왕통을 잇기 위해 궁궐에서는 화백회의가 열렸고 당시 태자 책봉 1순위였던 김주원도 당연히 참석해야 했다. 하지만 공교롭게도 갑작스런 홍수로 인해 경주 북쪽의 알천이 범람하여 개울물을 건널 수가 없게 되자 참석하지 못했다. 귀족(화백)들은 이는 하늘의 뜻이라며 왕위는 당시 상대등(上大等)이며 화백회의 의장이었던 김경신에게로 넘어갔고 그가 곧 신라 제38대 원성왕이다. 그런 후 김주원은 왕위계승전에서 패배하자 신변의 위협을 느껴서인지 외가인 명주로 거처를 옮겼다. 그러나 원성왕은 오히려 그에게 동해안 일대의 명주 관하 9군과 25현을 식읍(食邑)으로 내리고 명주군왕으로 봉해 다스리도록 했다. 훗날 김주원의 아들 헌창과 손자 범문이 중앙정부에 불만을 품고 반란을 일으켰으나 모두 실패로 돌아갔다. 그 당시 그를 따랐던 무리들이 수백 명이나 처형을 당했다는 기록으로 보아 규모가 제법 큰 반란이었을 것으로 추정된다. 이 묘는 원래 신라시대의 묘가 아니고, 실전(失傳)되었다가 조선 명종 때 강릉부사와 강원도 관찰사를 지낸 후손 김첨경이 찾아 복원한 것이다. 묘는 상하 두기로 모셔져 있는데 아래쪽은 김주원의 묘가 확실하지만, 위쪽은 부인의 묘소라고 하는데 정확한 기록이 없다. 비석에는 '명주군왕 김주원 지묘'라고 새겨져 있고 후손들은 매년 음력 4월 20일 명주군왕제를 올리고 있다.

이곳의 산세는 백두대간의 평창군 대관령 곤신봉(1,131m)에서 동쪽으로 뻗어 나간 지맥이 대궁산(1008.3m)을 지나 완전 시계 방향으로 감싸면서 마지막 서쪽으로 방향을 틀어 이 묘소에 이른다. 풍수에서는 이러한 형국을 회룡고조(回龍顧祖) 형국이라 하고 형국의 조건만 잘 갖추어지면 발복이 크고 오래 지속되는 좋은 혈처로 평가한다. 회룡고조혈의 특성상 좌우 청백 중 하나는 갖출 수가 없지만, 이곳은 마지막 용진처에서 지맥이 갈라져 한쪽 자락은 본 혈장의 내청룡 역할을 톡톡히 해주고 있다. 그리고 백호 자락이 혈장의 앞면부터 우측을 돌아 혈장의 뒤쪽까지 완전히 감싸주고, 마지막은 혈장 좌측의 내청룡 자락으로 묘역을 감싸주니 혈장 앞쪽의 수구가 좁아져 안쪽은 늘 생기가 가득하다. 그러나 내청룡 자락이 너무 가까이에 있다 보니 본 혈장의 당판이 좀 협소하다는 단점도 가지고 있다. 그리고 우선 보기에는 혈장과 우백호 사이의 계곡이 깊어 바람의 피해가 예상되나 실제 혈장에 올라 보면 주변 산들의 짜임새가 좋아 바람은 거의 없고 햇볕이 양명하여 누구나 아늑함을 느낄 수 있다. 이곳은 전체적인 국세로 보아 주변 산세들이 모란꽃잎과 같이 겹겹이 겹쳐져 있다하여 일부에서는 이곳을 모란반계형의 명당 터로 해석하기도 한다.

198. 광주이씨 시조 이당李唐의 묘

경주에서 영천으로 국도를 따라가다 보면 북안면 사무소를 지나 도유리 마을 진입로에 광주이씨 시조 묘 입구라는 표지석이 서 있다. 이 묘소에 얽힌 사연이야말로 개인주의 사회로 변해가는 현대인들에게 진정한 우정이 무엇인가를 잘 보여주는 사연이 전해지고 있다. 묘소의 주인공은 광주이씨 시조 이당의 묘소로써 원래 이곳은 영천 최씨인 천곡(최원도)의 소유지이고 최원도와 이당의 아들 둔촌(이집)과는 과거 입문 동년 생으로 절친한 친구였다. 고려 말 신돈의 득세에 세상이 어지러워지자 최원도는 벼슬을 버리고 고향인 영천으로 내려와 은거하고 있었다. 둔촌 역시 신돈의 횡포를 신랄하게 비판하였기에 후환이 두려운 나머지 연로한 노부(이당)를 등에 업고 영천에 있는 최원도를 찾아 나선다. 천신만고 끝에 도착한 최원도의 집에는 마침 그의 생일이라 마을 주민들이 모여 주연을 베풀고 있었다. 둔촌 부자는 바깥 툇마루에 앉아 천곡을 찾았지만 천곡이 반기기는커녕 대노하면서 "망하려거든 혼자나 망할 것이지 어찌하여 나까지 망치려고 이곳까지 왔단 말인가? 복을 가져다주지는 못할망정 화는 싣고 오지 말아야 할 것 아니냐?"고 소리치며 사정없이 내 쫓았지만 이 모든 사실은 주위의 시선 때문이었다. 둔촌은 하는 수 없이 그곳을 떠났고 천곡은 역적이 앉았다 간 자리라 하여 툇마루에 불까지 질러버렸다. 날이 어두워지고 손님들이 돌아가자 천곡은 둔촌이 노부를 등에 업었으니 멀리 가지는 못했을 거라 생각하고 찾아 나섰다. 그는 마을 뒷산에 숨어있던 둔촌 부자를 발견하고 반갑게 서로 얼싸안으며 집으로 데려와 아무도 모르게 자신의 집 다락방에 숨겼다. 천곡은 가족들에게도 이 사실을 비밀로 하고 식욕이 왕성해졌다며 밥과 반찬을 많이 담게 해 세 사람이 나누어 먹었다. 이렇듯 4년이나 다락방에 피신 생활을 하였다.

긴 세월 동안 계속 많은 밥을 비우는 주인의 식욕을 이상히 여긴 여종 제비가 문구멍을 통해 들여다보고 놀라 안방마님께 고하게 되었고, 그 말이 결국 천곡의 귀에까지 들어왔으며 이것은 여간 심각한 문제가 아닐 수 없다. 이 사실이 주위에 알려지게 되면 역적을 숨겨주었으니 양쪽 가문 모두가 멸문지화(滅門之禍)되는 것은 자명한 일이지만 어찌할 수가 없었다. 식솔들에게 함구하라는 주의만 주고 생활하던 중 주인의 심각한 표정에 여종 제비는 결국 자결하고 만다. 그리고 이듬해 둔촌의 부친도 돌아가셨다. 천곡은 모든 예를 다 갖추어 자신의 어머니 산소 아래에 장사지냈으며 둔촌 부자를 쫓아버린 상황을 목격한 동네 사람들의 증언으로 역적도 모면하게 되었다. 이곳은 영남 제일의 명당이고 "야(也)"字 형의 명당으로 조선의 8대 명당 중의 1곳에 속하니 광주이씨의 후손은 크게 번창하고 많은 벼슬이 나왔다. 이러한 연유로 광주이씨의 후손들은 지금까지도 묘제를 올릴 때마다 바로 위쪽에 있는 최원도 어머니의 묘제도 같이 올리고 있다고 한다. 이들의 우정이야말로 각박하게 살아가는 현대인들에게 좋은 귀감이 되고 있다.

199. 대구서씨 시조 서한徐閈의 묘

충남 예산군 대흥면에 가면 대구서씨 시조 서한(徐閈)의 묘가 있다. 대구서씨는 서진(徐晉)을 시조로 하는 달성서씨와 뿌리가 같지만 분파된 시기에 대해서는 정확한 기록이 없다. 후에 서울에 올라와 벼슬을 한 서한의 후손들과 고향에 남아 세거한 서진의 후손들이 경파(京派)와 향파(鄕派)로 갈라져 분파하였다고도 한다. 근원이 같고 달성이 대구의 옛 지명이기도 하여 혼동되기도 하지만 엄연히 본관이 다르고 대동보도 따로 만들어져 있다. 이 묘는 실묘(失墓) 되었다가 조선 초에 들어와 후손 서거정이 찾았으나 또다시 실묘 된 후 숙종 때 다시 찾았다. 시조 묘를 찾아낸 재미있는 일화가 전해져 내려온다. 서거정은 어느 날 그의 매형을 찾아가 실묘된 선대 묘소를 찾아봐 달라고 부탁을 했다. 매형은 항상 그 말을 염두에 두고 생활하다가 어떤 동네를 지나가는데 한 아낙이 아들과 나눈 대화를 듣게 된다. '얘야 소를 어디에다 매어 두었느냐 하니 저 산 넘어 서거정 산소에다 매어 두었습니다.' 고 한다. 그 말을 듣고 깜짝 놀라 아이를 앞세워 그곳으로 가보니 소가 매어져 있는 곳엔 오래된 무덤이 있었다. 다음날 하인들을 데리고 산소에 가서 주변을 파보니 오래된 대구서씨 시조 묘를 알리는 비석이 묻혀있었다고 한다. 그리고 또한 문중의 시조 묘엔 대부분 얽힌 얘기가 많지만 이곳 서한의 묘소에도 재미있는 일화가 있다. 서한이 죽고 장삿날 상여가 장지로 떠날 때 한 노승이 나타나 고개를 절레절레 흔들면서 이 어른이 묻힐 곳은 따로 있으니 나를 따라오라는 말을 하였다고 한다. 그리고는 마을을 지나 산 중턱에 도착한 스님이 말하기를, 여기는 천하대길지 해복(蟹伏)혈로 이곳에 장사지내면 자손이 크게 번창하고 부귀영화를 누릴 것이다. 그러나 큰 부는 기대하지 마시오. 하고는 떠났다고 한다.

실제 이곳은 해복혈로 이름난 곳이라 풍수인이라면 누구나 한 번쯤은 다녀왔을 법한 곳이지만 사람마다 형국을 달리 보는 경우가 있어 풍수적 견해가 분분한 곳이기도 하다. 전형적인 해복혈은 뒤의 산이 게의 등처럼 펑퍼짐해야 하고 안산은 물고기나 게의 거품을 상징하는 산형이 되거나 앞쪽에 게가 생활할 수 있는 연못이나 하천이 있어야 짝이 되어 형국이 이루어진다. 이 묘소는 산의 중상부에 위치하기 때문에 밑에서 보아 좌측 편에 100여 개가 넘는 돌계단을 밟고 올라가야 묘소에 도달할 수가 있다. 현장에 올라 보면 뒤쪽은 실제 게의 등처럼 둥그스름한 금형산이고 앞쪽에는 게들이 헤엄칠 수 있는 인공연못을 조성해 놓았다. 풍수에서는 해복혈에 대해 게는 세끼를 많이 치기 때문에 이런 곳에 묘를 쓰면 후손이 번성하고 골고루 복을 받으며 대학자나 벼슬아치들이 많이 배출되는 것으로 해석한다. 그리고 물을 곧 재물로 보기 때문에 묘의 위치가 높은 곳이라 물이 귀하여 큰 부(富)를 기대하기는 어렵다고도 해석한다. 반면 이러한 곳은 귀(貴)의 발복이 크기 때문에 조선조에서 6조 판서와 대제학을 지낸 서거정과 그의 종 현손인 서성, 그리고 그의 네 아들을 중심으로 한 3정승과 대제학, 판서 등 수많은 인재들이 배출되었다.

200. 전의이씨 시조 이도李棹의 묘

전의이씨(全義李氏)의 시조 이도(李棹)는 충남 공주 출신으로 원래의 이름은 이치(李齒)였다. 고려 왕건이 후백제의 견훤을 징벌코자 남하하여 공주에 이르렀으나 홍수로 금강이 범람하여 진군이 불가능하게 되자 이때 배를 만들어 도강을 도와준 인물이 이치였다. 견훤을 물리친 왕건은 이치의 공로를 높이 사 배의 노라는 뜻으로 도(棹)라는 이름을 하사하고 벼슬까지 부여하였다. 그런 후 군사요충지인 전의현에 운주산성을 쌓고 이곳에서 살았으니 후손들이 전의(全義)를 본관으로 삼았다고 한다. 그는 선조 때부터 대대로 공주 금강에서 뱃사공으로 일했으며 가난한 사람들에게는 배삯을 받지 않을 정도로 자비로운 인물이었다.

그러던 어느 날 남루한 승복을 걸친 스님이 와서는 강을 건너자고 하여 건넜지만 그 스님은 배에서 내리지 않고 다시 돌아가자고 하였다. 이렇게 하기를 수차례 했지만 뱃사공 이씨는 짜증 하나 내지를 않고 스님이 하자는 대로 계속해 주었다. 그러자 그 스님이 크게 감탄하며 말하기를 "과연 소문대로 덕이 많은 분이시구려 하고는, 사공을 보아하니 부모님 상중(喪中)인거 같은데 묘 자리는 보아둔 곳이 있소?" 하고 물었다. 이씨는 "아버지가 돌아가신지 3년이 지났으나 아직 묘 자리를 찾지 못해 임시방편으로 집 뒤에 모셔 두었습니다. 라고 대답하자 노승은 자기가 자리를 하나 일러줄 터이니 그곳에다 장사지내라고 하는 것이다. 스님이 알려준 자리는 공주 강 북쪽 산 중턱에 있었는데 훗날 반드시 묘를 이장하자는 사람이 나타날 것이니 파지 못하도록 석회 1천 포를 써서 단단히 묻으라고 일러주고 자기 갈 길을 갔다고 한다. 이 노승은 뱃사공 이 씨의 덕을 시험하면서 좋은 자리를 찾기 위해 하루종일 배를 타고 강을 건너며 산을 살폈다고 한다.

뱃사공 이 씨는 그곳에다 아버지의 시신을 이장하고 스님이 써준 표석 하나도 같이 묻었으며 많은 석회를 부어 무덤을 단단히 했다고 한다. 이 묘를 쓰고 후손들은 번창하여 부귀를 누렸으며 공주지방의 호족으로 성장하였고 그 중 이치(李齒)는 왕건을 도와 삼한을 통합하는 큰 공을 세워 공신이 되었다. 그런 후 십여 대(代)가 지나서 조선조 광해군 때 명풍수로 이름이 높은 박상희가 찾아와 묘 자리를 보고는 후손들에게 "이 자리는 산 뒤의 맥이 내려오다가 끊겼기 때문에 일시 발복은 했을지 모르나 곧 일족이 멸할 흉지이니 이장을 해야 한다"고 하였다. 후손들은 유명한 명풍수가 그런 말을 하였기에 이장을 하려고 묘를 팠으나 너무나 단단하여 계속 팔 수가 없었고 겨우 1층을 걷어 내자 그 속에 글씨가 새겨진 표석이 하나 나왔다. 내용인즉, "남래요사 박ㅇㅇ단지일절지사미만대영화지지(南來妖師 朴ㅇㅇ單知一節之死 未萬代榮華之地)"라 하여 남쪽에서 온 지관 박ㅇㅇ는 용맥 1절이 죽은 것만 알고 만대영화지지는 모른다는 내용이었다. 박ㅇㅇ와 후손들은 깜짝 놀랐고 표석의 글귀에 감탄하면서 그대로 다시 묻었다고 전해진다. 이 묘는 충남 세종시 전의면 유천리에 있으며 복호형 명당으로 소문이 나 있어 전국의 풍수가들이 답사지로 빼놓지 않고 가보는 곳이다.

201. 반남박씨 시조 박응주朴應珠의 묘

전남 나주시 반남면 흥덕리에 가면 반남박씨의 시조 박응주(1204~?)의 묘가 있다. 그는 신라 초대 왕인 박혁거세의 후손으로 고려 중엽 반남 및 영암 일대에서 행정권을 관장하는 호장(戶長)을 지냈다. 그의 묘소에는 자미산 아래 상하로 두 기가 나란히 자리 잡고 있는데 밑에 있는 묘소가 벌 명당으로 유명한 시조 박응주의 묘소이고 위쪽에 있는 것은 그의 손자 박윤무의 묘소다.

시조 묘마다 대부분 재미있는 전설이 한 둘씩 전해져 내려오듯이 이 묘소에도 예외 없이 전설이 전해져 내려오고 있다. 사연인즉, 고려 말 나주지방에서 살고 있던 박의(朴宜)라는 사람은 그의 부친이 세상을 뜨자 이웃 마을에 사는 지관에게 아버지가 묻힐 자리를 부탁하게 된다. 지관은 산에 올라 묘소 자리를 살피던 중 명당 터를 발견하고는 너무나 큰 명당 터라 얘기하면 천기누설로 화를 입을 것 같아 조금 위쪽에다가 묘를 쓰라고 일러주었다. 그런데 박의도 풍수에 약간의 일가견이 있는지라 이상하단 생각이 들어 저녁에 지관의 집을 찾아갔다. 지관의 집에 도착해보니 마침 그는 부인과 낮에 있었던 일에 대해 얘기를 나누고 있어 우연히 엿듣게 되었다. 부인 왈, 오늘 박호장의 묘자리를 알아봐 주었소 하니 지관은 아내에게 너무나 큰 명당이라 천기를 누설하면 내가 화를 입을 것 같아 조금 위에다 자리를 정해주었다고 했다. 박의는 집으로 돌아와 다음날 산에 올라 그 아래쪽에다 땅을 파려고하고 있는데 지관이 올라와 보고는 깜짝 놀라면서 이게 천운인가 보다 사실 이곳이 명당인걸하면서 내가 고개를 넘어 집에 도착할 때쯤 땅을 파라고 당부를 한다. 그러나 작업은 계속하였고 한참 파 내려가자 그곳에서 수많은 벌들이 나와 지관이 집에 가기 전 고개를 넘을 때 머리에 벌침을 쏘아 죽었다는 이야기다. 아버지의 장사를 치른 후 박의는 지관의 말이 사실임을 깨닫게 되고 크게 후회하면서 지관의 장례를 후하게 치러주었으며 그 후 지관이 넘던 고개를 벌고개(蜂峴)라 하고 아버지 묘를 벌 명당이라고 불렀다. 풍수 설화에도 벌 명당에 묘를 쓰면 벌떼처럼 자손이 번창하며 벌들이 꿀을 모으듯 재물과 명예가 뒤따르지만 기이하게도 벌 명당을 잡아준 지관은 벌에 쏘여 죽음을 맞는다는 이야기가 전해져 내려오고 있다. 이 묘소의 음덕으로 반남박씨들은 문과 215명, 상신 7명 대제학 2명, 왕비 2명 등 수많은 문명을 배출하고 박세채 선생은 동방 18현으로 문묘에 배향되었다.

이곳의 묘소는 혈장 뒤 자미산(45m)에서 내려온 용맥의 용진처에 위치하고 있으나 나지막한 야산에 용맥이 너무 넓게 퍼져 혈장에 생기가 집중되지 못한 듯하고 혈장 주변의 작은 암석들은 아직 탈살이 되지 못해 땅속 지기가 그다지 왕성하지는 못한 곳이다. 묘소 우측의 백호는 혈장을 잘 감싸주고 있으나 좌측의 청룡은 약간 비주를 하고 있어 혈장의 물이 그대로 빠져나가는 단점이 있지만, 다행히 혈장 좌우에는 저수지(丙方池・艮方池)가 있어 혈장의 생기를 어느 정도는 가두어주고 있다. 일부 풍수가에선 이 묘소 역시 조선의 8대 명당 중 1곳으로 꼽고 있으나 8대 명당은 학자들마다 견해가 다르다.

202. 고령신씨 시조 신성용申成用의 묘

경북 고령군 쌍림면 산주리 만대산 8부 능선에 올라 보면 고령신씨의 시조인 신성용(申成用)의 묘가 있다. 고령신씨는 일찍이 가야의 호족으로 고령에 세거 했으나 자세한 기록이 없어 신성용을 시조로 모시고 있다. 그는 고려시대 문과에 급제하여 검교군기감(檢校軍器監)을 지냈으며 그의 가문은 800여 년 동안 고려와 조선의 조정에서 수많은 선비와 학자를 배출해낸 명문 가족이다. 시조의 5세손 신덕린(申德隣)이 고려 말에 예조와 공조판서에 이르렀고, 아들 신포시(申包翅)에 이어 손자 신장(申檣), 신평(申枰), 신제(申梯) 3형제가 모두 현달하여 벼슬길에 올랐다. 덕린의 맏아들 신장(申檣)은 직제학과 부제학을 거쳐 공조참판에 올라 남산지곡을 짓고 오랫동안 대제학에 있었으며 둘째 아들 신평(申枰)은 사간원의 정언을 역임했고, 막내 신제(申梯)는 사헌부 감찰을 지냈다. 특히 장손인 신장의 아들들은 5형제로써 맹주(孟舟), 중주(仲舟), 숙주(叔舟), 송주(松舟), 말주(末舟) 모두가 과거에 급제하고 벼슬길에 나갔다. 그중 셋째 신숙주(申叔舟)는 6대 왕조를 거치면서 대제학과 병조판서를 거쳐 영의정에까지 올라 조선조의 기반을 굳히는 데 결정적인 역할을 한 인물이기도 하다. 특히 세종의 한글 창제와 세조실록, 예종실록의 편찬에도 참여하였으며 7개 국어나 능통해 외교와 국방전략에 많은 공을 세웠고 해동제국기(海東諸國記)와 보한재집(保閑齋集) 등 여러 저서도 남겼다. 근세 인물로는 풍속화가로 유명한 신윤복(申潤福)과 사학자 신채호(申采浩) 그리고 민족대표 33인의 한 사람인 신홍식(申洪植) 등 수많은 애국지사를 배출해낸 것은 고령신씨들의 자랑이 아닐 수 없다.

명당자손이란 말이 있다. 이는 부귀영화를 누릴 수 있는 명당에 묻힌 사람의 후손이란 뜻으로 이곳 묘소가 위치한 만대산은 만대 동안이나 영원히 부귀영화를 누릴 수 있는 산으로 그냥 나온 말은 아닌 듯하다. 이곳은 서남쪽으로 내려오던 백두대간의 김천 대덕산(1,291m)에서 분기한 용맥이 동쪽으로 하나의 가지를 뻗어 수도산(1,317m), 그리고 오도산(1,120m), 토곡산(644m)을 지나 만대산(688m)에 이른다. 묘소는 만대산 8부 능선의 높은 곳에 유좌묘향인 동향으로 위치하고 있다. 백호의 위세가 높다 보니 그에 걸맞는 천혈(天穴)을 택했고 만약 풍수 원칙에 따라 산자락의 끝 지점인 용진처에 혈을 정했다면 압박을 받아 후손들에게 각종 재앙이 닥칠 수 있는 산세다. 목성형의 주산 아래에 입수가 분명하고 혈장에는 혈증인 귀성(鬼星)과 요성(曜星), 관성(官星) 등의 삼성(三星)이 박혀있어 혈장의 생기를 더더욱 응축시켜준다. 백호 자락은 본신 용맥으로 혈장을 감싸 안으며 혈장 앞의 안산을 만들어 주고 안산 넘어 우측 을(乙)방의 조산은 그 모양이 둥근 금형산으로 마치 곡식을 쌓아둔 창고사와 같다. 청룡 자락은 그리 높지는 않으나 혈장 좌측 앞까지 뻗어 내려와 백호와 더불어 수구를 좁게 잘 관쇄 해주고 있으며 수세는 좌선룡에 우선수로 합법하다. 이곳은 나름 혈증도 갖추어져 있고 장풍국(藏風局)을 이루어주니 풍수가들은 이 묘역을 조선 8대 명당 중 하나로 꼽고 있다.

203. 기계유씨 시조 유삼재兪三宰의 묘

경북 포항시 북구 기계면 미현리 산 1-1번지에 가면 신라시대 아찬(阿飡) 벼슬을 지낸 기계유씨의 시조 태사 유삼재의 묘소가 있다. 그의 후손인 유의신(兪義臣)은 신라가 쇠했는데도 불구하고 고려에 투항하지 않자 왕건(王建)이 기계현의 호장(戶長)으로 삼으니 그의 후손들은 기계를 본관으로 삼아 세계(世系)를 이어 나가고 있다. 그러므로 유(兪)씨의 성이 처음 받아들여진 것은 통일신라시대지만, 본관이 처음으로 정해진 것은 고려 초기이다. 후삼국을 통일한 태조 왕건은 전국의 군현 명칭을 바꾸고 각 읍의 지배세력인 향리층에게 성(姓)을 정해줌과 동시에 유이민(流移民)을 정착시켜 신분 질서를 유지하고 효과적인 징세·조역(調役)을 위해서 본관 제도를 실시하였다. 그에 따라서 당시 유삼재의 4세손인 호장(戶長) 유의신(兪義臣)이 세거하고 있던 기계현(杞溪縣)이 출신 지역을 나타내는 본관으로 정해져서 기계유씨의 본관이 생겨난 것으로 추정된다. 우리나라의 대부분 명문가에서는 가문의 위세를 드러내기 위해 가급적 이름난 조상을 시조로 정하고 세계(世系)를 편성해서 오늘과 같은 종중(宗中) 조직으로 발전해왔다. 기계유씨는 고려 전기에는 벼슬에 뜻을 두지 않고 여러 대에 걸쳐 은둔생활을 하다가 고려 후기에 이르러 일족이 경기도 남쪽 지방으로 이주하면서 다시 벼슬에 뜻을 두게 되었다. 그런 후 조선시대에는 문과급제자 90명, 상신 3명, 판서 12명 등 많은 인물들을 배출하였다. 후손 중 유응부(兪應孚)는 조선조에서 무과에 급제하여 단종 복위를 모의하다 처형된 후 사육신(死六臣)의 한사람으로 지금껏 우리들의 뇌리에 남아 있다. 유태사 묘역에는 조선 숙종 15년(1689년)에 세운 부운재(富雲齋)가 자리하고 있으며 신도비도 세워져 있다. 신도비(神道碑)란 높은 관직을 지낸 사람의 공적을 흠모하는 뜻을 담아 무덤 근처에 세우는 공덕비를 말한다.

이곳의 산세는 낙동정맥의 한쪽 자락이 포항시 북구 송라면의 내연산(710m)을 지나 계속 남쪽으로 뻗어 내려와 신광면의 비학산(760m)을 일으켜 이 묘소의 주산이 되었다. 묘소는 주산인 비학산에서 남쪽으로 뻗어 내린 산줄기의 상부에 위치하고 있다. 풍수서 『인자수지』에서는 혈의 위치를 정할 때 삼세 정혈법이라 하여 좌우의 용·호가 높고 안산이 높으면 혈도 높은 곳에 있어 천혈을 취해야 한다고 하였으니 이곳은 좌우 용·호가 높아 혈도 높은 위치에 천혈을 취했다. 혈장 뒤 현무봉은 금형의 부봉으로 묘소에 좋은 기운을 보내주고 있고, 혈장은 유혈로 두 기가 상하로 모셔져 있다. 청룡·백호는 양호하고 우측 백호의 허(虛)한 부분은 외백호 자락이 막아주고 있는데 그 모양은 아름다운 금형의 봉우리로 삼길육수방에 위치하고 있다. 천혈을 취하다 보니 좌측 어깨 부분이 약간 낮아 이곳은 소나무를 심어 비보(裨補) 하였고, 앞쪽으로는 용호의 끝자락이 2~3겹으로 거듭 감싸주고 있어 구곡수로 물이 흘러나가니 혈장에 많은 생기를 가두어준다. 원래 풍수무전미(風水無全美)라 하여 완전한 땅이란 없는 법, 모자란 부분은 비보(裨補)를 하여 완전한 장풍국을 이루니 이곳은 좋은 길지로 평가받을 수 있다.

204. 파평윤씨 시조 윤신달尹莘達의 묘

경북 포항시 북구 기계면 봉계리(기남길 253) 봉좌마을 뒷산에는 파평윤씨의 시조 태사 윤신달(893 ?~973)의 묘가 있다. 그는 918년 신숭겸, 홍유 등과 더불어 궁예(弓裔)를 축출하고 왕건을 새로운 왕으로 추대한 고려의 개국공신이다. 왕건은 고려 건국에 대한 공로로 윤신달 장군에게 2등 공신을 책훈하고, 삼중대광태사(三重大匡太師)의 관직을 내렸으며 후손들은 그를 시조로 받들어 본관을 파평으로 삼아 세계를 이어오고 있다. 「조선씨족통보」와 「용연보감」 등의 문헌에 따르면, 윤신달은 파주 파평산 기슭의 용연지 연못에 있던 옥함 속에서 태어났다고 한다. 그가 태어날 때 겨드랑이에 81개의 잉어 비늘과 발에는 7개의 검은 점이 있었고, 손바닥에는 윤(尹)이라는 글자가 새겨져 있어 성을 윤(尹)으로 하게 되었다고 전한다. 그러나 고려의 개국공신으로 당시 다른 공신들처럼 성을 하사받았을 확률이 높다고 보지만 공식적인 기록이 없어 확실하진 않다. 그의 후손들은 윤신달의 5세손인 고려시대의 명장 윤관장군이 있고 조선조에는 문과급제자 347명을 비롯한 왕비 5명, 상신 11명 등 수많은 인재를 배출해낸 명문가 집안이다. 우리나라 제20대 윤석열 대통령도 파평윤씨이고 대통령 당선 후 곧 이 묘역에 다녀갔다고 한다. 그런데 윤신달의 묘소가 관향인 경기도 파주에 있지 않고 경북 포항에 있는 것은 윤신달이 동경(現 경북 경주시) 대도독으로 30여 년간 재임하다 이곳에서 일생을 마쳤기 때문이다. 문헌에 의하면 "고려 2대 왕인 혜종이 이모부인 윤신달 장군을 동경 대도독으로 제수하여 신라 유민 중에서 고려에 불복하는 자를 다스리게 하였다. 그는 이곳에서 30년을 재임하고 81세를 일기로 졸하니 기계현 벌치동 구봉산 아래 유좌(酉坐)로 유택을 마련하였다"라는 기록이 있다. 묘역 아래에는 묘소를 관리하기 위해 조선 영조 때 건립한 봉강재(鳳岡齋)가 있고 그 앞쪽에 유허비(遺墟碑)도 세워져 있다.

이곳의 산세는 낙동정맥의 줄기인 영천시 자양면의 운주산(802.3m)에서 동남쪽으로 하나의 지맥을 뻗어 내려와 포항시 북구의 봉좌산(615m)을 일으켜 이 묘소의 주산이 되었다. 묘소는 봉좌산에서 북동쪽으로 뻗어 나온 용맥에서 다시 동쪽으로 하나의 가지를 뻗은 지룡(枝龍)맥의 끝자락에 위치하고 있으며 본용맥은 계속 뻗어 나가 이 묘소의 청룡 자락이 되었다. 주변의 사신사는 대체로 양호한 편이고 특히 백호 자락은 높이나 거리 면에서 최상급으로 묘역을 잘 감싸주고 있어 완전한 장풍국을 이루고 있다. 그런데 운주산에서 봉좌산으로 이르는 지맥이 수년 전 고속도로가 나면서 크게 훼손되었고 좌측의 청룡 자락도 뒤편이 절개되어 현재는 지기가 설기 되고 있다. 그러나 조성한 지 1,000년이 넘는 묘소라 음택풍수의 근거인 동기감응에는 큰 영향이 없을 것 같아 후손들에게는 별문제가 되지 않을 것으로 본다. 이 묘소의 수세는 좌선룡에 우선수로 합법하고 용호의 끝자락이 관쇄되어 안쪽의 생기를 잘 갈무리해준다. 원래 이곳은 봉황포란형국의 명당으로 알려져 있는 곳이라 주변의 풍수인들은 누구나 한 번쯤 간산 장소로 다녀가는 곳이다.

205. 영산(영월)신씨 태사 신몽삼辛夢森의 묘

포항시 북구 기계면 화봉리 산 56번지에 가면 고려 태사공 영원부원군 신몽삼의 묘소가 있다. 태사(太師)란 고려시대 정일품(正一品)의 벼슬로 임금의 고문 구실을 하는 국가 최고의 명예직이었던 삼사〈三師 : 태사(太師)·태부(太傅)·태보(太保)〉 중에서도 가장 높은 직위였다. 이는 고려시대 왕자의 부마(駙馬)나 비부(妃父) 등의 종실(宗室)과 공신 및 고위 관원에게 내렸던 벼슬이다. 신몽삼은 영산·영월신씨(靈山·盈月辛氏)의 시소인 신경(辛鏡)의 4세손으로 고려 명종 19년(1189년)에 급제하여 관(官)이 보문각 대제학 검교태사 영원부원군(靈元府院君)에 올랐다. 시조에서 3세까지의 선조 묘는 실묘 하였으나 1918년 4세손 신몽삼의 묘를 찾을 때 지석(誌石)이 발견되었다. 지석 전면의 내용이 "태사영주신공몽삼지묘(太師寧州辛公夢森之墓)", 배위에 정부인 문주류씨라 기록되어 있고, 후면에 "기계현(杞溪縣) 북(北) 화봉동(禾峰洞) 오리(五里) 재목곡(梓木谷) 소재(所在) 자좌오향(子坐午向)"이란 글씨가 적혀 있어 본래가 영주신씨임을 알게 되었다. 묘지와 재사 관리인의 증언에 의하면 이 묘의 봉분은 원래 고려시대 분묘 형태인 상원하방(上圓下方)형으로 밑 부분은 돌을 쌓아놓은 형식이었으나 약 20년 전에 현재와 같이 원형으로 개축하였다고 한다. 포항시 기계면에는 삼태사(三太師)라 하여 유삼재(兪三宰), 윤신달(尹莘達), 신몽삼(辛夢森) 3분의 태사를 배출한 고장이고 현재도 삼태사의 묘가 실존하고 있다. 태사 유삼재는 기계유씨의 시조로 신라시대 최고의 관등인 아찬 벼슬을 지냈고, 태사 윤신달은 파평윤씨의 시조로 918년 신숭겸, 홍유 등과 더불어 궁예를 축출하고 왕건을 새로운 왕으로 추대한 고려 건국공신이다. 영산(영월)신씨는 고려 후기에 가장 번창하였으나 고려 공민왕 때 신돈(辛旽) 사건 이후 급격히 쇠퇴하였다. 그러나 조선조에서는 문과급제자 53명과 7명의 공신을 배출하였고, 근래 들어서도 신상우 전 국회부의장을 비롯해 롯데 신격호 회장 등 정·관·재계를 막론하고 수많은 인물들이 배출되고 있다.

이곳의 산세는 낙동정맥에서 남쪽으로 뻗어 내려온 지맥이 송라면의 내연산(710m)을 지나 신광면의 비학산(760m)을 일으켜 본 혈장의 주산이 되었다. 여기서 계속 남쪽으로 뻗어 내려와 다시 동쪽으로 방향을 바꾸면서 행룡하다가 우측으로 하나의 지맥을 뻗어 본 묘소의 혈장을 만들었다. 본 용맥은 조금 더 진행하다가 우측으로 방향을 틀어 본 혈장의 청룡 자락이 되었고, 백호 역시 본신용맥으로 높이나 거리 면에서 완벽하여 완전한 장풍국(藏風局)을 이루어주고 있다. 수세는 좌선룡에 우선수로 합법하고 용호의 끝자락이 관쇄되어 혈장의 생기를 잘 갈무리해주고 있다. 혈장 아래 좌측에는 제법 큰 저수지가 있어 이곳에서 흘러나오는 물을 한 번 더 가두어주니 혈장에는 늘 생기가 가득하다. 그러나 혈장 앞 안산이 약간 비주(飛走)를 하고 있어 이 묘소의 흠결이라 할 수 있다. 원래 풍수무전미(風水無全美)라 하여 풍수적으로 완벽한 땅이란 없는 법, 풍수가에서는 이곳의 혈장을 오리가 알을 품는 형국인 '금압포란형(金鴨抱卵形)'의 명당 길지로 평가하고 있다.

206. 청송심씨의 시조 심홍부沈洪孚의 묘

경북 청송군 청송읍 덕리에 가면 청송심씨의 시조 심홍부의 묘소가 있는데 이 묘를 최초 조성한 경위는 명확하지 않다. 그는 고려 충렬왕 때 문림랑(文林郎)으로 위위시승(衛尉寺丞)을 역임하였으나 나머지 행적에 대해서는 자세하게 전하지 않고 그의 증손 심덕부에 이르러 청송을 본관으로 삼았다고도 한다. 심덕부의 다섯째 아들이 심온인데 심온의 딸이 세종의 비 소헌왕후(1395~1446)이고 그들은 조선조에서만 상신 15명, 대제학 2명, 왕비 3명, 부마 4명, 영의정 9명 등 많은 관료들을 배출하며 명문가로 자리매김하였다. 심홍부의 묘역은 조선시대 이래 청송심씨 가문이 번성하는 과정에서 후손들에 의해 여러 차례 단장되고 새로운 시설이 추가로 조성된 것임을 추정할 수 있다. 조선 세종 때 소헌왕후를 위해 임금이 부사 하담에게 명하여 보광사 절 아래에 만세루(萬歲樓)를 지었는데 이곳은 심홍부의 묘에 제사 지낼 때 비가 오면 용전천의 범람으로 묘소 진입이 어려워 이 누각을 사용하였다고 한다. 보광사는 신라 문무왕 8년에 의상대사가 건립하였고 청송심씨 시조 묘를 모시는 사찰이다. 소헌왕후를 배출한 청송심씨(靑松沈氏) 가문은 왕실과의 혼인을 통해 그의 아버지가 청천부원군(靑川府院君)에 봉작되었고, 상왕 태종은 그를 44세의 나이에 이조판서에서 영의정으로 임명하였지만 그가 보낸 사약을 받고 죽은 비운의 주인공이기도 하다. 심홍부의 후손들은 그의 증손 대에 이르러 크게 둘로 나누어진다. 조선 초 심덕부는 이성계를 도와 조선을 세우고 좌의정에 올라 대대로 서울에 살면서 벼슬을 지낸 데 비해 동생 원부는 두문동에 들어가 은둔하면서 자손들에게 조선의 녹을 먹지 말라고 유훈을 남기고 훗날 고향에서 부를 이루어 청송의 만석지기 심부자로 명성을 떨친다. 지금도 청송을 비롯한 영남 일대에 흩어져 사는 심씨들은 대부분이 동생 원부의 후손들이다.

이곳의 산세는 보현산의 한쪽 자락이 북쪽으로 뻗어 나가 보광산(435m)을 일으키고 여기서 계속 북진하여 파천면 신흥리에 이르러 이 묘소의 현무 봉(420m)을 만든다. 이 봉우리에서 동남쪽으로 하나의 가지를 뻗어 유혈로 혈장을 맺었다. 묘의 당판은 매우 급경사지로 이곳의 혈을 일부에서는 괘등혈이라 하는데 등잔불처럼 가파른 산 중턱에 걸려 있다고 하여 붙여진 이름이다. 괘등혈은 속발속패가 특징이지만 등하불명(燈下不明)이라 하여 등잔 밑은 어두우나 멀리 떨어져 있는 곳은 밝아 고향에 거주하는 사람보다 멀리 떨어져 있는 후손들이 성공한다는 평가도 있다. 그러나 아무리 가파른 산 중턱에 걸려있는 혈이라 해도 용맥이 급하게 내려오다 혈을 맺을 때는 어느 정도 평탄해진 곳이어야 하는데 이곳의 혈처는 경사가 심해 묘소 아래에 축대를 쌓아 인공적으로 당판을 만들었다. 본인의 식견으로는 전형적인 괘등혈로 보기엔 약간의 무리가 있고 혈장 주변에는 뚜렷한 혈증도 찾을 수가 없다. 묘소의 좌향은 신좌을향(辛坐乙向)의 동향이며 앞쪽의 조·안산은 금형봉을 이루어 부를 예약하고 아름다움을 더해 주지만 맑은 날은 안산 넘어 작은 규봉(窺峯)도 보인다.

207. 의흥(부계)예씨 시조 예낙전芮樂全 묘

대구광역시 군위군 부계면 가호 2리 동림마을 뒷산에 가면 의흥예씨의 시조 예낙전(芮樂全)의 묘소가 있다. 그는 고려 인종 때 문하찬성사(門下贊成事)를 역임하고, 부계군(缶溪君)에 봉해졌으며 후손들은 단일 본으로 그 유허지인 의흥(義興)을 본관(本貫)으로 삼아 세계를 이어가고 있다. 의흥(義興)은 대구광역시 군위군의 의흥면 일대로 1413년(태종 13)에 의흥 현이었다가 1895년(고종 32) 지방제도 개정으로 의흥군으로 승격되었고, 1914년 군면 통폐합으로 의흥군이 군위군에 편입되면서 의흥면, 부계면으로 나누어졌다. 예씨의 선대는 중국에서 왔다는 설이 있지만 정확한 문헌이 없어 시조 예낙전 이상의 선대 계보는 밝혀내지 못하고 있다. 의흥예씨는 근래 2,000년대에 총인구가 약 1만여 명으로 조선조에는 문과급제자 3명, 무과급제자 5명, 사마시에 5명을 배출하는 등 근대까지도 꾸준하게 다수의 인물들이 배출되고 있다. 전체 인구수를 대비해볼 때 관직의 진출이 그리 적은 숫자는 아니다. 그의 후손 7세 사문(思文)공은 고려 창왕 때 양천현감을 지냈고, 조선 성종 대에 가정대부 병조참판 겸 의금부 동지사(同知事)에 추증되었다. 8세 승석(承錫)공은 세종 때 문과에 급제하고 대사간으로 국정의 전면 개혁을 상소하였으며 강원도 전라도 관찰사와 공조참판, 한성부 우윤(右尹)으로 선정을 하였다. 9세 충년(忠年)공은 경주부윤으로 성덕대왕신종을 거두어 경주성 남문루에 안치하여 국보를 오늘날까지 보존케 한 장본인이다. 14세 몽진(夢辰)공은 임진왜란 때 의병을 일으켜 운문산에서 7년간 항전하였고, 16세 귀주(歸周)공의 효행은 가문을 빛냈다. 근현대에 이르러서도 24세 준기(俊基)공과 응복(應福)공은 항일 독립운동으로 건국훈장을 받았고 24세 춘호(春浩)공은 국회 상공위원장을 지낸 3선 의원으로 3선개헌과 유신체제에 저항하고 민주화운동으로 어둠 속 등불의 역할을 하였다.

이곳의 산세는 낙동정맥의 한쪽 자락이 서쪽으로 지맥을 뻗어 영천의 보현산을 지나 대구의 팔공산에 이르고, 팔공산에서 북쪽으로 방향을 틀어 군위군 산성면 백학리에서 470m의 봉우리를 일으켜 본 묘소의 주산이 되었다. 본 혈장은 주산 아래 금성체의 현무봉을 일으키고 여기서 좌선으로 뻗어 내려와 혈장 뒤 입수봉을 거쳐 그 아래에 묘소가 있다. 주변 사신사들은 나름 양호하여 장풍국을 이루고 특히 백호 자락은 혈장의 우측을 완전히 감싸주면서 혈장 앞까지 뻗어 내려와 본 묘소의 안산이 되었다. 단, 청룡 자락은 혈장의 좌측을 호위하면서 뻗어 내려왔으나 끝자락은 혈장을 감싸주지 못하고 벌어졌기에 관쇄가 되어주지 못하는 흠결도 있다. 수세는 좌선룡에 우선수로 합법하고 좌우 용·호 자락 사이에서 흘러나온 물들은 혈장 앞 저수지에 모여 묘소에 생기를 공급해주고 천천히 좌측으로 흘러나간다. 그리고 좌청룡 넘어 동림지에서 흘러나온 물과 우백호 넘어 백학지에서 흘러나온 계류들은 본 혈장의 암공수(暗拱水)가 되어주니 혈장에 한 번 더 생기를 응축시켜준다. 풍수서 『인자수지』에서도 "명조불여암공(明朝不如暗拱)"이라 하여 혈장에서 보이는(明朝) 물길이 청룡·백호 뒤에서 흐르는 암공(暗拱)만 못하다고 하였다.

208. 곡강(흥해) 최씨 시조 최호崔湖의 묘

포항시 북구 흥해읍 남송리에서 곡강천을 넘나드는 교량(남송교)을 지나 보면 왼편 산자락에 제법 규모가 큰 묘소가 하나 있는데 이 묘소가 바로 곡강 최씨의 시조 최호(崔湖)의 묘이다. 곡강(흥해) 최씨는 경주최씨와 동원(同源)으로 시조 최호는 최치원의 7세손인 최균(崔均)의 11세손이다. 최호는 고려조에 검교대장군(檢校大將軍) 삼한벽상공신신호위상장군(三韓壁上功臣神虎衛上將軍)에 오르고, 고려 명종(1170~1197년) 때 곡강부원군에 봉해졌으며 사후에 곡강서원에 제향 되었으므로 후손들이 그를 시조로 삼아 본관을 곡강(흥해)으로 하였다. 현재는 서울 경기와 더불어 북한에 많이 거주하고 있다고 한다. 포항시 흥해(興海)읍의 옛 지명이 곡강(曲江)인데 이것은 흥해의 넓은 들을 물이 아홉 구비나 돌아 흐른다고 하여 붙여진 이름이며 곡강천은 현재도 유유히 흐르고 있다. 흥해의 유래를 보면 먼 옛날 바다에서 해일이 일어나 흥해 전체가 물에 잠겨 큰 호수로 변했다. 오랫동안 호수였던 곳을 동편의 곡강 어귀에 산을 절단하여 그곳으로 물을 빠지게 하여 넓은 평야를 이루게 하였으므로 바다 때문에 흥한다 하여 흥해(興海)라 불렀다고 전한다.

이곳의 혈장은 낙동정맥의 달의령에서 동남쪽으로 분맥한 용맥이 비학산(762m)을 일으키고 여기서 이어지는 비학지맥은 형산강 북쪽의 포항시와 흥해읍, 신광면, 기북면, 기계면 등의 정기(精氣)공급처이다. 흥해읍의 서편에 위치한 도음산(385m)에서 동남쪽으로 행룡하다가 구곡산과 방목산(138m)을 일으키고 여기서 다시 서쪽으로 방향을 틀어 서원산(116m)을 일으켰으며 그 아래에 묘소가 있다. 서원산 아래에 모셔진 이 묘소는 주산인 도음산을 바라보는 회룡고조혈(回龍顧祖穴)로써 혈장의 모양이 거북의 등과 같이 생겼기에 혈의 사상으로 보아 유혈의 혈장이다. 이 묘소의 또 다른 특징은 요성과 혈장 앞 전순석이 뚜렷하고, 우측 낙산의 영향으로 마지막 우선룡으로 혈장을 맺었으며 수세는 우선룡에 좌선수로 합법하다. 일부에서는 흥해지역의 모든 물이 혈전으로 모여들어 우측으로 빠져나가는데 평지의 물이라 유속이 매우 늦고 이 넓은 들판의 많은 물은 창판수(倉板水)가 되므로 연화부수형으로 보기도 한다. 그리고 대부분의 풍수인들은 이곳의 혈장은 청백이 약해 장풍(藏風)이 되지 못하고 있으나 앞쪽의 넓은 들판의 물이 안산과 청백을 대신해주고 있다고 설명한다. 풍수서 『인자수지』에서도 물이 좌선하면 청룡은 없어도 되고 물이 우선하면 백호가 없어도 된다고 하여 혈전의 물이 청백을 대신할 수도 있다고 기록하고 있다. 그러나 이것은 어디까지나 지기를 모아 주는 데 그친다. 혈장의 장풍은 주변의 사신사가 있어야 완전한 장풍국을 만들어 혈장에 생기를 보호해준다. 풍수원전 『금낭경』에 이르기를, '기승풍즉산계수즉지(氣乘風則山界水則止)'라 하여 공간에 있는 기운은 바람을 타면 즉시 흩어지고 땅속을 흐르는 지기는 물을 만나면 즉시 멈춘다고 하였다. 그러므로 혈장 앞 넓은 들판의 창판수와 묘소 앞을 감싸고 흐르는 곡강천의 물은 주산(서원산)에서 흘러내리는 땅속의 지기야 멈출 수 있겠지만 혈장 주변의 천기(바람)를 가두어(감추어)주지는 못한다.

209. 동래정씨 시조 정문도鄭文道의 묘

부산광역시 진구 양정동에 가면 조선 8대 명당으로 알려진 동래정씨 시조 정문도의 묘가 있다. 조선의 8대 명당이란 풍수가들마다의 순위가 다르다 보니 꼭 8대 순번 안에 든다기보다는 우리나라에서 그만큼 풍수적 길지 중 1곳이라고 보면 된다. 옛날부터 동래정씨는 명당에 묘 잘 쓰기로 유명한 집안으로 시조 정문도 묘 이외에도 경북 예천에 있는 그들의 13세손인 정사의 묘 역시 주선 8대 명당으로 꼽고 있다. 이 묘소는 노심 속에 위치하고 있어 각종 개발권 속에 여러 번 포함되었으나 후손들은 묘역이 있는 선산을 도시공원으로 조성해 개발을 피해왔다. 일반적으로 도시화가 이루어지면 보상금의 유혹 때문에라도 문중 선산을 파는 경우가 허다하지만 그들은 시조 묘를 지키는 것이 우선이라 모든 것을 다 거절했다고 한다. 시조 묘에는 대부분 전설을 하나씩 보유하듯이 이곳에도 재미있는 설화가 전해지고 있어 소개하고자 한다. 정문도는 고려시대 동래읍의 아전으로 그 당시 경상도 안찰사로 있던 고익공이 금정산 자락인 화지산을 답사하여 명당을 잡았다는 소식을 접하게 된다. 얼마 후 고익공은 개경으로 영전하여 떠나게 되고 그사이 정문도는 세상을 떠나게 된다. 아들 정목은 그 명당 터를 찾기 위해 화지산에 올랐으나 정확한 지점을 찾지 못하고 고익공이 늘 쉬어가던 자리에 아버지를 묻기로 마음먹었다. 그런데 장삿날 상여가 화지산 자락에 이르자 눈 녹은 자리가 마치 호랑이가 걸 타 앉은 모양과 같이 신기하기에 그곳에다 장사를 지냈다고 한다. 그런데 어느 날 묘역에 가니 누군가 묘소를 파 해쳐 목관이 드러나 있었다. 다시 묻고 감시를 하는데 밤중에 도깨비가 나타나 “여기가 어딘데 감히 이따위 목관을 묻느냐 하면서 또 파해치고 사라졌다” 아들 정목은 근심을 하던 중 어느 날 꿈속에 한 백발노인이 나타나 도깨비 눈에는 보릿짚이 금빛으로 보이니 보릿짚으로 목관을 싸서 묻으면 그런 일이 없을 것이다 하고는 사라졌다. 다음날 바로 시행하니 도깨비들이 이번에는 금관이로군, 하면서 사라지고 그 후로 다시는 괜찮았다는 야사가 전해지고 있다.

이곳은 낙동정맥의 끝자락에 가까운 금정산(399m)에서 뻗어 내린 한쪽 지맥이 화지산(142m)을 일으키고 본 용맥은 황령산(427m)을 거쳐 부산 수영만까지 내려간다. 본 혈장은 화지산 봉우리에서 남쪽으로 지현굴곡을 하며 내려온 용맥의 끝자락에 묘소가 있다. 좌청룡은 황령산으로 가는 주 능선 자락이고 우백호는 두세 겹으로 겹겹이 감싸고 있어 완전한 장풍국(藏風局)을 이룬다. 혈장 앞의 안산은 외백호 자락이 혈장을 완전히 감싸면서 묘소 앞까지 뻗어 나온 산이고 용·호가 관쇄를 해주니 혈장에 많은 생기를 응축시켜준다. 안산 넘어 멀리 보이는 조산은 영도의 봉래산으로 우뚝 솟아오른 귀인봉이 하나같이 수려하고 아름답다. 혈 아래에는 저수지가 있어 양쪽 계곡에서 흘러나온 물들이 모이는데 풍수서 『地理五訣』에서는 혈 아래에 못이 있어 물이 고이면 이를 선저수(漩渚水)라 하고 열 개의 무덤 중에 아홉 개는 부귀하다고 하였다. 동래정씨들은 이 묘소가 문중의 번성에 결정적인 역할을 했다고 굳게 믿고 있다.

210. 풍양조씨 시조 조맹趙孟의 묘

경기도 남양주시 진건읍 송능리 산 53-4번지에 가면 풍양조씨의 시조인 조맹의 묘가 있다. 조맹은 태조 왕건의 요청으로 70세의 고령임에도 불구하고 여러 전투에 나가 공을 세워 개국공신이 되었으며 이름을 하사받고 벼슬은 문하시중에 이르렀다. 본관은 풍양으로 후손들은 시조 이후 실전된 족보를 정리하며 시조의 세거지였던 풍양을 본거지로 삼았다고 한다. 그들은 안동김씨와 함께 조선 후기 세도정치의 주역으로 숙종 대에서부터 대사헌과 판서, 우의정, 좌의정, 영의정 등 많은 관료를 배출해낸 가문이다. 명당 터의 임자는 따로 있다 했던가? 이곳의 묘 터도 파란만장한 우여곡절 끝에 자리를 보전하게 되었다. 세월이 지나 조선 중기 선조 10년(1577)에 선조의 후궁 공빈 김씨가 사망하게 되자 왕실에서는 조맹의 묘 바로 위에 묏자리를 잡게 된다. 공빈(1553~1577)의 묘지명은 성묘(成墓)이고 그는 선조의 후궁이며 15대 임금인 광해군과 임해군의 생모이다. 이렇게 되면 원래 왕실의 묘 주변에 있는 묘들은 모두 다른 곳으로 이장을 해야 하지만 후궁이라는 조건으로 논란 끝에 선조의 명 하에 이장은 면하게 되었다. 하지만 선조가 승하하고 광해군이 즉위하자 그의 생모인 공빈 김씨를 왕비로 추존하게 되니 묘의 호칭도 묘에서 능(陵)으로 격상하게 되어 이번에는 이장을 면하기 어렵게 되었다. 후손들은 이장 예정지까지 정한 상황에서 갑자기 조정에서 왈(曰), 이장은 안 해도 좋으나 대신 봉분을 없애고 그 위에 나무를 심어 평분으로 보존하라는 것이다. 세월이 지나 광해군이 인조반정으로 쫓겨나게 되자 그의 생모 역시 왕비에서 다시 공빈으로 신분이 격하되었고 인조 8년(1630) 후손들의 상소로 봉분에 대한 원상복구 승인을 얻어 현재와 같은 모습을 갖추었다. 위쪽 공빈의 묘소에는 광해군에 의해 한때 공성 왕후로 추존되어 묘지명도 성묘에서 성릉으로 격상시켰기에 그 당시 능(陵)의 격식에 따라 조성된 여러 가지 석물 등이 그대로 남아있다.

이곳의 산세는 한북정맥의 줄기인 천마산(810.2m)의 정상에서 남서쪽으로 뻗어 내린 산줄기 하나가 관음봉을 거쳐 묘소 뒤 현무봉을 일으킨다. 현무봉에서 혈장까지는 지현 굴곡을 하며 힘차게 내려왔고 묘소 뒤편에서 과협을 하였기에 혈장에는 많은 생기가 응집된 장소다. 과협은 혈이 형성되기 위한 필수조건으로 풍수에서는 용을 살필 때 잘록한 과협이 있으면 그 후면에는 반드시 혈처가 있다고 판단한다. 풍수고서 『인자수지』에서도 참된 과협이 없이 혈이 맺힐 수 없다 하였으며, 이것은 용을 따라 흘러오는 기가 한번 잔뜩 움츠렸다가 다시 힘차게 밀고 나가게 하므로 그 후면에는 반드시 혈이 맺힌다. 금성체의 현무봉 아래에 청룡·백호가 잘 감싸주어 완전한 장풍국(藏風局)을 이루고 있다. 안산을 비롯한 혈장 주변에는 문필봉과 노적봉 등 순하고 아름다운 봉우리들이 많아 풍수가에서 이곳을 용이 여의주를 물고 하늘로 날아간다는 비룡승천형(飛龍昇天形)으로 보기도 한다. 그리고 묘소 아래 끝자락에는 사시사철 마르지 않는 진응수(眞應水)가 흘러나온다. 이것은 혈장의 기운이 넘쳐흐른다는 것으로 풍수에서는 진응수를 진혈의 증거로 삼는다.

211. 한산이씨 시조 이윤경李允卿 묘의 설화

충남 서천군 한산면 지현리에 있는 한산이씨 시조 이윤경(李允卿)의 묘 자리에는 원래 지방관아가 있었던 자리였다. 병자년에 관아건물의 안채가 무너졌을 때 이곳에서 시조의 석곽을 발견하고 관아건물을 좌측(현재 한산면사무소)으로 옮기고 그곳에 묘역을 조성했다고 비문에 설명이 되어있다. 묘비 앞에는 고려호장 이공지묘(高麗戶長 李公之墓)라고 새겨져 있으며 이 묘지의 조성과 관련하여 재미있는 설화가 두 가지 진해져 오고 있어 소개하고자 한다. 첫째 일제강점기에 무라야마지준(村山智順)이 지은 『조선의 풍수』에 나오는 내용을 보면 이곳은 원래 동헌(東軒:지방관아) 자리로 현감이 정사를 보던 곳이었는데 동헌마루 가운데 한 평 정도의 널판지가 자주 썩어 여러 차례 보수를 했다. 이를 이상하게 여긴 한 관리가 하루는 동네 노인과 유식한 사람들을 찾아다니며 그 이유를 물어본 결과, 그 땅은 왕성한 지기(地氣)가 흐르는 곳으로 명당대지이기 때문이란 것이었다.

그는 그 땅에다 조상의 뼈를 묻으면 가문이 번창할 것이라 생각하고 아무도 몰래 조상의 뼈를 관아건물 마루 밑에다 평장으로 암장을 했는데 그 후로 가문이 번창하여 높은 벼슬이 줄줄이 나왔다고 전한다. 후에 한산 이 씨의 후손 중 한 사람이 그 고을의 고위 관리가 되어 부임하였고 곧 관아의 대청마루 밑을 파보니 전해오는 말 그대로 유골이 발견되었다. 이를 기뻐한 그 후손은 사비를 들여 관아를 바로 옆으로 이전하고 그곳에 봉분을 새로 만들어 시조 묘를 조성하였다고 기록하고 있다.

그다음 또 하나의 설이 전해져 내려오고 있는데 한산이씨 본관 유래에 나타난 내용에 의하면 고려 때 이곳은 절터였는데 풍수지리에 밝은 고을의 수령이 부임해와 근무하면서 살펴보니 이 절의 법당 마루 밑이 금계포란형(金鷄抱卵形: 금닭이 알을 품고 있는 형국)의 명당 터로 보였다. 그는 실험을 해보기 위해 호장에게 그곳에다 달걀을 묻어두고 15일 후에 파내어오도록 지시하였으나 그 의도를 눈치챈 호장이 곪은 달걀을 묻고선 15일 후 파내어 수령에게 보였다. 그것을 본 고을의 수령은 의아해하면서도 자신의 판단이 잘못되었는가 생각하고 실망했다는 것이다. 얼마 후 그 현감은 강화군수로 전임해가고 이 절에서는 떠돌이 중이 살해되는 등 괴사건이 일어났으며 중들은 모두 자취를 감추어 절은 황폐해졌다.

그 후 이 자리에는 이호장이 묻히게 되었으며 이곳이 절터였음을 뒷받침하듯 묘 앞 오른쪽엔 고려시대에 조성된 아담한 탑이 서 있다. 이 묘를 쓴 지 얼마 되지 않아 경학(經學)의 대가인 가정 이곡(稼亭 李穀)과 성리학의 대가이며 고려 말의 명신인 목은 이색(牧隱 李穡) 부자가 태어나 두 사람 모두 원(元)나라 대과에 급제하는 기적을 낳았다. 이 밖에도 조선조의 기재(奇才)로 역학에 정통했던 예언가 토정 이지함(土亭 李之菡)과 명재상 이산해(李山海), 근세의 사회운동가로서 국권 회복에 헌신한 월남 이상재(月南 李商在) 등도 후예들이니 이같이 한산이씨들이 성운을 누리고 많은 인재가 배출된 것은 오로지 이 묘의 음덕이라고 믿고 있다.

212. 이천서씨 중시조 서신일徐神逸의 묘

경기도 이천시 부발읍 효양산(孝養山)에는 신라 헌덕왕 9년에 태어나 효공왕 때 벼슬이 신라 육두품의 으뜸인 아간(阿干)에까지 오른 이천서씨(利川徐氏)의 시조 서신일(徐神逸)의 묘가 있다. 그의 묘지와 후손들의 번창에 대하여는 사슴의 보은에 관한 재미난 일화가 있어 소개하고자 한다. 서신일은 신라의 국운이 어지러워지자 아우 서신통(徐神通)과 더불어 고향인 이천에 들어가 교육기관인 희성당(希聖堂)을 짓고 후진양성에 힘을 기울이니 세인들은 그를 서처사(徐處士)라 불렀다.

고려 말 익재 이재현이 지은 비문에 의하면 서처사가 들에서 일을 하고 있는데 화살에 맞은 사슴이 다급하게 달려와 벌벌 떨면서 어찌할 바를 모르고 있었다. 그래서 화살을 뽑아주고 나무더미 속에 숨겨주었더니 사냥꾼은 사슴을 보지 못한 채 그냥 지나갔다. 그날 밤 꿈에 한 신령(神靈)이 나타나 하는 말이 "사슴은 나의 아들인데 그대의 은혜로 목숨을 건졌으니 그의 후손 대대로 높은 벼슬에 오르게 하리라" 하고는 사라졌다고 기록되어 있다. 그리고 보름 후 산에서 나무를 하고 있는데 갑자기 그 사슴이 나타나 산의 정상 부위에서 앞발로 땅을 파면서 자꾸 그를 쳐다보고 있었다. 그는 이상하다 생각하면서 고개를 갸우뚱하다 아! 하고는 그곳이 곧 명당 길지임을 직감하게 된 것이다.

이때 그의 나이 이미 80이 되었으나 후손이 없어 늘 걱정이었다. 그러던 어느 날 갑자기 부인의 몸에 태기가 나타났고 세월이 지나 아들을 얻게 되었으니 그가 곧 고려 초기의 재상인 서필(弼)이었으며 필의 아들이 희(熙)이고 희(熙)의 아들이 눌(訥)이었다. 이들 3대가 신인의 말대로 서필은 태사내의령(太師內議令: 종1품)이 되었으며 서희(徐熙-내사령 종1품 수상직)는 고려의 이름난 외교가이며 문장가로 문무겸전한 명장이었다. 그의 아들 서눌(徐訥)은 성종 15년 문과에 장원하여 삼중대광내사령(三重大匡內史令-종1품 수상직)을 지냈고 이 세 사람 모두 고려 종묘(高麗宗廟)에 배향(配享)되었다. 공(公)은 우리나라 서씨의 시조이고 외교의 달인 서희 선생은 공의 손자로 80만 대군의 거란족을 담판으로 물리치고 강동 6주를 개척하여 지금의 압록강을 국경으로 확정한 구국의 영웅이다.

이천서씨는 고려시대에 9대(서필~서릉) 동안이나 재상(정승)을 지냈으며 숙종 때는 참판급(차관급) 이상만 30명이 넘게 나왔다고 기록하고 있다. 그의 묘소는 영동고속도로 이천 톨게이트에서 이천 시내 쪽으로 가다가 두산 OB맥주 못미처 우측방향 산촌리로 들어가는 길을 따라 가면 효양산이 있고 그 정상 가까이에 묘소가 있다. 입구에 들어서면 "은혜 갚은 사슴"이란 입간판이 세워져 있으며 풍수가에선 이곳을 일명 사슴 명당이라 한다. 그는 죽을 때 늙은 나이에 얻은 아들 필(弼)에게 사슴이 알려준 자리에다 장사지내 달라고 유언을 하였으며 그가 죽어 사슴이 알려준 명당에 묻히자 그의 후손들이 번창하기 시작하여 삼한의 명문을 이루었다고 한다. 이곳 효양산은 서처사의 교육과 사슴 일화의 혼(魂)을 살려 효양산(孝養山)으로 이름 지어 오늘에 이르고 있다고 한다.

213. 성주이씨 중시조 이장경李長庚의 묘소

성주이씨 시조 이순유(李純由)는 신라 말 경순왕 때 경상(卿相)이었다. 경순왕이 고려 왕건에게 항복하자 망국의 한을 품고 충절을 지켜 고려조에서는 벼슬도 하지 않았으며 이름마저 극신(克臣)이라 고쳐 성주 땅에 은거하였다. 이극신의 내력은 '농서군공이선생신도비명(隴西郡公李先生神道碑銘)'에 자세히 소개하고 있다. 태조 왕건은 "나의 신하는 아니지만 나의 백성임에는 틀림없다"하여 그를 이 고을의 호장으로 심있다고 한나. 이순유의 12세손이고 고려 고종 때 성주의 호족 가문에서 태어난 이장경은 부친 이득희의 호장을 승계하였으나 생전에는 큰 벼슬길에 오르지 못하였다. 그러나 그는 슬하에 5남 1녀를 두었고 다섯 아들들이 모두 문과에 급제하여 중앙의 고위 관직에 올랐기에 사후 작호가 흥안부원군에까지 추증되었다. 맏이 백년(百年)의 벼슬은 밀직사사(密直司事), 둘째 천년(千年)은 참지정사(參知政事), 셋째 만년(萬年)은 시중(侍中)을, 넷째 억년(億年)은 유수(留守)였고, 다섯째 조년(兆年)은 예문관 대제학을 지냈으며 성산군에 봉해졌다. 이러하여 후손들은 그가 성주이씨 가문의 중흥에 큰 역할을 하였다하여 이장경을 중시조로 모시고 있다. 특히 다섯 번째 아들 조년(兆年)은 시 짓는 솜씨가 뛰어나 그의 시한 수(多情歌)가 지금까지도 전한다.

"이화(梨花)에 월백(月白)하고 은한(銀漢)은 삼경(三更)인제 일지춘심(一枝春心)을 자규(子規)야 알랴만은 다정도 병 인양하여 잠 못 들어 하노라."

만성보(萬姓譜)의 기록에 의하면 그의 가문은 이장경 이후 8世 안에 대재학(文衡)이 18명, 봉작 받은 사람이 11명, 상신(相臣)이 15명, 또 식읍(食邑) 받은 이가 5명, 부마(駙馬) 2명, 문과 급제자가 75명에 달하고, 생원 진사 그리고 음보(蔭補)로 출사한 사람은 손으로 다 꼽을 수 없다 라고 기록하고 있다. 임진왜란 때 명나라의 장수로 4만여 명의 원군을 이끌고 우리나라에 와 많은 공을 세운 이여송 장군도 성주이씨의 후손이라 한다. 이장경의 묘소는 원래 성주군 월항면 인촌리 신석산(742m) 비호석봉(非乎石峰)에 조성되어 있었으나 그곳이 천하명당으로 알려지면서 세종의 왕자 태실이 들어오게 되자 하는 수없이 1443년 대가면 옥화리 19번지 능골 오현으로 이장하게 되었다. 옥화리 능골의 묘소는 최근에 후손들이 중수한 오현재의 바로 우측 산자락에 부인과 함께 상하로 배치되어 있다. 그런데 이곳은 지형도상 용맥이 우측으로 방향을 트는 요도처(橈棹處)라 혈장에는 경사도가 제법 있고, 묘소 우측의 어깨 방향이 허(虛)해 겨울의 차가운 북서풍에도 노출되어 있다. 1960년 후손들이 건립한 묘비 앞면에는 '隴西郡公李先生之墓 配陜川郡夫人李氏祔下'라고 되어있고 뒷면에는 후손들이 비석을 건립하면서 기록한 후기가 새겨져 있다. 성주이씨 후손들은 이곳에서 매년 음력 10월 1일에 시제를 올리며 그를 기리고 있다. 후손들의 입장에선 돌혈의 천하명당으로 알려진 신석산의 원래 보금자리를 빼앗겨 아쉬움이 있겠으나 그 당시 태실지를 구하던 지관이 신석산 아래의 비호석봉을 최고의 명당으로 왕실에 보고하였고 왕명에 의해 태실지로 지정되었으니 어찌할 도리가 없었을 것이다.

214. 청주한씨 중시조 한란韓蘭의 묘

충북 청원군 남일면 가산리 산 18번지에 가면 청주한씨 중시조 한란(853~916)의 묘가 있다. 한란은 고려 왕건이 후백제의 견훤을 징벌하려고 그의 집을 거쳐 지날 때 집 앞의 우물물을 떠서 식수로 공급하고 함께 종군하는 등 삼한통합에 큰 공을 세워 삼중대광태위(三重大匡太尉)가 되고 개국벽상공신(開國壁上功臣)에 오른 인물이다. 원래 이 무덤은 조선 효종 10년(1659)에 파손된 것을 현종 4년(1663)에 개장하고, 숙종 16년(1690)에 묘역을 복원하였다고 한다. 매몰되었던 묘비와 상석을 찾아 세우고 개축할 때 세운 문인석과 용마석, 그리고 묘소 아래에는 영조 44년(1768)에 후손 한익모(韓翼摹)가 찬(撰)하여 세운 신도비가 있다. 한란의 묘는 조선의 8대 명당 중 1곳으로 청주한씨 후예들은 이 묘소에 대해 큰 자부심을 갖고있다. 이 묘를 쓴 후 문중의 발복이 끊이지 않아 조상들의 벼슬길이 탄탄했음은 물론 현재까지도 지속되고 있다고 굳게 믿고 있기 때문이다. 이들 문중은 조선왕조에서만 왕비 6명, 상신 12명, 공신 24명, 부마 4명, 대제학 1명, 문과 급제자는 무려 315명이나 배출했으니 이 모두가 중시조 한란의 묘소 음덕으로 생각하고 있다. 그리고 최근에 들어서도 총리, 부총리, 장관 등 수 많은 인물들을 배출하고 있는 명문 가문이다. 청주한씨는 2000년 기준 70만 4,365명의 인구로 우리나라 성씨 286 성 중 12위에 올라 있으며 문중에서는 100만 한씨 문중이라고 이야기한다.

이곳의 풍수 입지는 묘소 전후좌우의 사신사들이 유정하게 잘 감싸주어 장풍국(藏風局)을 이루고 있으니 전체적으로 안온한 느낌을 가져다준다. 안산 넘어 조산도 잘 펼쳐져 있고 묘소는 회룡고조혈로 용·호 사이로 뻗어 나온 중출맥의 끝자락인 용진처에 자리 잡아 지기가 충만한 곳에 위치해 있다. 그리고 묘소 앞에는 혈장의 기운을 막아주는 전순(氈脣)이 볼록하여 마치 작은 독산 모양을 하고 있고 그 밑에 저수지가 있어 혈장에 많은 생기를 응축시켜준다. 풍수서 『地理五訣』에서도 혈 아래에 저수지가 있어 물이 고이면 이를 선저수(漩渚水)라 하고 열 개의 무덤 중에 아홉 개는 부귀하고 집안에 곡식이 쌓인다 하였다. 수세는 좌선룡에 우선수로 합법하고 좌향은 건좌손향인 동남향이다. 일부에서는 이곳의 혈장이 기룡혈(騎龍穴)이라고 하나 필자의 식견으로는 기룡혈의 확실한 증거를 찾지 못했다. 기룡혈은 맥로가 2~3겹 상하로 겹쳐져 있는 경우로 상층맥은 혈을 맺고 하층맥은 계속 진행하는 경우를 말하는데 이곳의 혈장은 맥로가 끝나는 용진처 가까이에 위치하고 있기 때문이다. 일부에서는 용맥의 끝자락이 봉긋 솟아 있어 그곳에도 혈이 맺혀 있다고 보고 기룡혈로 판단한 것 같다. 기룡혈은 괴혈의 일종으로 일반인이 구분하기가 어렵고 만약 행룡 중간의 맥로에 혈증(입수, 전순, 좌우선익 등)이 분명하면서 중출맥보다 용호의 길이가 짧다면 기룡혈일 가능성이 있다. 혈장 주변 용·호의 임무는 혈장을 호위하면서 보호하는 산줄기로 중간에 맺힌 기룡혈만 보호할 수도 있기 때문이다.

215. 양택풍수란?

인간은 원시시대부터 생활 터전이나 주거지로 비바람을 피할 수 있는 동굴이나 움집 혹은 언덕이나 큰 나무 밑에서 생활해 오다가 추운 겨울에는 더 따뜻한 곳으로 더운 여름에는 더 시원한 곳으로 이동하면서 살아왔을 것이다. 그러다 정신적 육체적으로 좀 더 편하고 의식주 해결이 더 쉬운 곳을 찾아다니다 보니 그것이 발전하여 오늘날의 양택풍수라는 용어가 생겨났다. 훗날 농경사회로 접어들면서 차차 한곳에 정착을 하게 되고 정착지의 생활은 농업용수와 식수가 필수요건이였기에 주로 큰 강을 끼고 있는 넓은 평야지에 인구 밀집 지역이 많이 생겨나게 되었다.

이렇게 발전되어온 양택 풍수는 현대 들어서 큰 도시건설이나 대단위 아파트단지, 관공서, 개인 주거지 할 것 없이 사람이 기거하는 곳이면 어디든지 풍수적 입지 조건을 살피게 된다. 인간은 누구나 좋은 집에서 건강하게 생활하고 싶고 자손 대대로 부귀영화를 누리고 싶어 한다. 양택풍수 고전으로 가장 오래된 『황제택경』에서는 "땅이 좋으면 묘목이 무성하고 집터가 좋으면 그곳에 사는 사람이 번창한다"고 하여 좋은 땅을 차지한 나무는 영양분을 충분히 공급받아 좋은 열매를 맺을 것이고, 좋은 터에 집을 지어 살게 되면 그곳의 좋은 기운으로 거주자의 몸과 마음이 건강하여 집안이 번창한다고 기록하고 있다.

우리는 일상생활 속에서 어떤 사람은 이사를 한 후 사업도 잘되고 모든 식구가 건강하고 행복한 가정이 지속되는 반면 어떤 사람은 그와 정반대되는 현상으로 정신적, 육체적, 경제적으로 어려움 속에서 허덕이는 경우를 가끔 볼 수가 있다. 또한 주택을 재건축하였더니 가세가 기울기 시작하고 건강까지 악화되어 곤란을 겪는 경우 등 여러 가지 기이한 현상을 볼 수 있으며 옛 어른들도 새집 짓고 3년 장례 치르고 3년을 무사해야 안심한다고 하였다. 이러한 현상들은 묘지 풍수인 음택뿐 아니라 인간의 생활 주거지인 양택에서도 대지의 선정과 주택의 내부 구조나 공간의 배치에 따라 그곳에서 생활하는 사람들의 화복(禍福)이 달라진다는 이론이 성립된다. 따라서 일부에서는 건물 신축 후 곧바로 일정 기간 세를 놓거나 다른 친인척을 기거하게 하여 안전을 확인한 후 입주하는 경우가 생겨나기도 했다. 사람이 좋은 집에 산다는 것은 어린아이가 인자한 어머니의 품속에 안겨있는 것과 같이 편안한 느낌이 들어야 한다. 공중에 날아다니는 새들도 휴식을 취할 때는 나무가지를 가려 앉거늘 만물의 영장인 사람이 어찌 아무 곳에나 보금자리를 정할 수 있겠는가.

인간뿐 아니라 살아있는 모든 동식물들은 자연 속에서 생활하면서 주위 환경에 많은 영향을 받으며 살아가고 있다. 그 환경인자들이 때로는 득(得)이 될 수도 있고 실(失)이 될 수도 있지만 인간 생활에 득이 될 수 있도록 잘 조절하는 행위 즉 취길피흉(取吉避凶)하는 것이 곧 풍수 비결이다. 오늘날의 양택 풍수는 경제성과 거주 편리성만을 강조하는 서양 주택과 달리 오랜 세월 동안 집을 짓고 살아가면서 터득한 경험과 지식을 음양오행론으로 풀어 공식화해 놓은 학문이다.

216. 음택과 양택풍수

묘지 풍수인 음택은 땅속의 지기를 이용하고 그 영향이 자손에게 미친다고 보면 산 사람이 거주하는 양택은 천기를 이용하고 그 영향이 거주자에게 직접 미친다. 즉 음택풍수는 땅속 기운의 길흉에 따라 동기감응으로 인한 같은 유전자를 가진 후손들에게만 영향을 미치지만 양택풍수는 지기보다는 주위의 환경에 더 많은 영향을 받는다는 것이다. 그러므로 양택의 경우에는 주택이 입지한 장소의 기운을 그곳에 사는 사람이 직접 받으므로 지세가 좋지 않은 곳에 살아가는 사람은 나쁜 기운에 직접 노출될 수밖에 없다. 물론 살아있는 사람은 시신이나 유골과는 달리 이동성이 있음으로 지속적인 영향은 덜 하지만 정착 기간이 길어지거나 또한 활동력이 거의 없는 환자나 노약자의 경우에는 문제가 달라진다. 한 장소에서 그곳의 나쁜 기운을 지속적으로 받게 되면 정도의 차이는 있겠지만 판단이 흐려지거나 스트레스로 인한 가정불화에 이어 질병이나 재물이 나가는 등 온갖 흉화를 입게 된다. 그리고 음택은 발복의 속도는 느리지만 여러 자손에게 오랫동안 영향을 주는 반면 양택은 그 집에서 태어나거나 성장한 사람, 그리고 현재 거주하는 사람에 한해서 매우 빠르게 영향을 주는 특징이 있다. 옛 부터 우리나라 사람은 태어나는 장소도 중요시 여겨왔다. 요즘에야 대부분 병원에서 출산을 하지만 과거에는 많은 산모들이 자기가 태어난 친정으로 가서 출산을 하였다. 그것은 그곳이 본인이 태어나 성인이 될 때까지 무탈하게 자란 곳으로 안전성을 인정받은 곳이기 때문이다. 동물들도 새끼를 낳을 때는 장소를 가리는 법이다. 사람도 아이를 출산할 때는 좋은 장소를 골라야 하는데 요즈음은 대부분 병원에서 출산을 하게 되므로 주위병원 중에서도 어느 병원이 터가 좋은지를 한 번쯤 살펴볼 필요가 있고 출산 직후 기거할 산후조리원도 마찬가지다. 이것은 출산을 전후로 하여 가끔 불미스러운 일들이 생겨날 수 있기 때문이다.

음택은 길지가 없으면 화장(火葬)을 해 납골당이나 수목장 등 다른 방법을 이용해볼 수도 있지만 양택은 인간이라면 누구나 없어서는 안 되는 생활 필수공간이다. 이러한 주택이 길한 대지 위에 좋은 가상으로 지어지지 않으면 사람이 그 집에서 생활하는 동안 계속 좋지 못한 영향을 받게 된다. 따라서 내가 살 집을 구입하거나 직접 건축을 할 때면 반드시 풍수적 조건을 따져 길한 가상으로 된 주택을 선택하여야 건강과 부귀가 보장된 공간에서 생활을 해 나갈 수 있다.

홍콩이나 싱가포르, 대만 등지에선 풍수 컨설턴트가 건물설계에서부터 관여하여 마지막으로 집 안 곳곳의 가구 배치 등 인테리어까지도 담당하고 있다고 한다. 특히 홍콩에서는 풍수를 건축의 중요한 한 분야로 보고 적극적으로 대처하는 데 비해 우리는 아직 건축에 적극성을 보이지 못하고 있다. 우리나라도 건축업자들은 의무적으로 풍수 학문을 이수하여 주택과 각종 건축물을 설계 시공할 때는 반드시 풍수 이론을 접목시켜 누구나 좋은 환경의 건물 속에서 생활해 나갈 수 있도록 하여야 한다. 우리의 현실 앞에도 하루빨리 이러한 날이 정착되기를 기대해본다.

217. 이중환의 『택리지』

조선 중기 실학자 이중환(1670~1756)은 양택지를 선정함에 있어서 마을 터에 대해 많은 관심을 기울였다. 그는 우리나라의 여러 지역을 답사하고 그가 저술한 『택리지』의 「복거총론」에 인간이 살만한 곳과 그렇지 못할 곳을 다음과 같이 설명하였다. 살기가 좋은 마을의 조건으로는 첫째 지리(地理), 둘째 생리(生利), 셋째 인심(人心), 넷째 산천(山川)을 들고 이 가운데 하나라도 빠지면 살 곳이 못 된다고 하였다. 지리가 아무리 좋아도 사람이 살기에 적합하지 못하면 그 터는 살 곳이 못 되며, 인간이 살아가는데 필요한 여러 가지 물질적 재화인 생리, 그리고 그곳의 인심, 자연경관(山水) 모두를 갖춘 곳이라야 양택적 길지라고 하였다. 그리고 수구(水口), 들 모양(野勢), 산 생김새(山形), 흙빛(土色), 물(水利), 조산조수(朝山朝水) 등을 열거하면서 다음과 같이 조건을 갖추어야 한다고 강조하였다.

첫째, 물줄기가 마지막으로 흘러나가는 수구(水口)는 꼭 닫힌 듯하고 그 안에 들(野)이 있어야 재산이 흩어지지 않고 대대로 후손들에게 이어진다. 만약 수구가 넓게 열려 있고 텅 비어 있으면 명당의 생기가 누설되어 재물이 흩어지고 결국은 망하게 된다. 둘째, 들(野勢)에는 기후가 적당해 바람과 비가 고르며 평평하고 넓은 들판이 있는지 살펴보아야 한다. 이러한 곳이라야 인물이 많이 나고 질병 또한 적다. 셋째, 산형(山形)은 주산의 맥로가 끊어지지 않으면서 수려하고 원만 단정한 것이 최상이고, 땅에 생기와 길한 기운이 없으면 인재가 나지 않는 곳이다. 넷째, 토색(土色)은 오색토로 밝은 빛을 띄어야 한다. 이러한 곳의 물이라야 맑고 차서 살만한 터가 되지만 붉은 찰흙과 검은 자갈, 점토 등은 죽은 흙으로 이러한 땅에서 나는 물은 풍토병이 많아 살 곳이 못 된다. 다섯째, 수리(水理)를 살펴야 한다. 물이 있어야 사람들이 살 수 있고 정기(精氣)도 모여드는데 큰 물가에 부유한 집과 큰 마을이 많은 것도 물이 재물을 상징하기 때문이다. 여섯째, 조산(朝山)은 멀리서 보아 맑고 빼어나 보이고 가까이서 볼 때도 깨끗하여야 보는 이의 기분을 좋게 한다. 조수(朝水:물)는 산의 방향과 더불어 음양의 이치에 합당하여야 하고 구불구불 천천히 흘러와야 하며 화살처럼 일직선으로 흐르는 곳은 좋지 못하다.

그리고 이중환은 그가 저술한 『팔역가거지』에서도 집터를 고르는 방법에 대해 다음과 같이 기록하고 있다. "사람은 양기를 받으며 살기 때문에 해가 잘 보이지 않는 곳에는 절대로 거처해서는 안 된다. 모름지기 집터는 해, 달, 별의 빛이 찬란하게 땅을 비추고, 비와 바람, 추위와 더위의 기후가 적절하게 잘 조화되고 절도가 있는 곳이라야 인재가 많이 나고 질병도 적다. 가장 기피 해야 할 곳은 사방에 산이 높이 솟아 주위를 압도하는 곳으로, 해는 늦게 떠서 일찍 지고 북두성이 보이지 않는 곳이다. 이런 곳은 신령스런 빛도 적을 뿐만 아니라 음기(陰氣)가 쉽게 침입하기 때문에 귀신들이 우글대는 소굴이 되고, 아침저녁으로 습기와 안개 기운이 서려서 사람이 쉽게 병이 든다."라고 하였다.

218. 홍만선의 『산림경제』와 서유구의 『임원경제지』

조선 후기 실학자 홍만선(1643~1715)은 그의 대표작인 『산림경제』 「복거조」에서 집터나 집 짓는 일, 일상생활에 대해 풍수적으로 길흉에 영향을 미치는 조건들을 다음과 같이 기록하고 있다. 터를 잡아 집을 지을 계획을 가지고 있는 사람은 살 곳을 경솔하게 결정하여서는 안 된다. 반드시 풍기(風氣)가 모이고 앞뒤가 안온하게 생긴 곳을 택해야 한다. 무릇 주택지는 뒤에는 산이 있고 앞에는 넓고 트인 명당[들(野)]이 있으면 가장 좋으나 물이 나가는 곳은 좁아져 관쇄(關鎖)가 되어야 한다. 그리고 청룡, 백호, 주작, 현무가 보국을 갖춘 곳이 가장 좋지만 청룡과 백호가 너무 가까이 있는 것도 피해야 한다고 하였다.

또한 집터는 동쪽이 높고 서쪽이 낮아야 제일 좋고 그 반대이면 큰 부자는 못되어도 부귀는 누리며, 앞이 높고 뒤가 낮으면 집안이 망하고, 뒤가 높고 앞이 낮으면 집짐승이 늘어난다고 하였다. 또 사(四)면이 높고 가운데가 낮으면 비록 부자일지라도 점점 가난해지므로 평평한 터가 좋으며 집터의 남북이 길고 동서가 좁으면 처음은 나쁘나 뒤에는 괜찮다. 또한 집의 동쪽에서 흐르는 물이 강과 바다로 들어가면 좋으나 동쪽과 북쪽에 큰길이 있으면 가난하고 남쪽에 큰길이 있으면 영화를 누린다. 사람의 주거지는 땅에 윤기가 있고 밝은 곳이 좋으며 건조하여 윤택하지 않는 곳은 지기가 모자라는 땅이다. 또한 탑이나 무덤터, 절, 신사, 사단 터, 대장간이나 군영 터, 그리고 전쟁터는 살 곳이 못 되고 큰 성문 입구와 옥문을 마주 보는 곳, 네거리 입구, 산등성이가 곧바로 흘러내리는 곳, 흐르는 물과 맞닿은 곳, 여러 물(百川)이 모여서 나가는 곳, 초목이 자라지 않는 곳 등도 나쁜 땅이다. 옛길(古路), 영단(靈壇)과 신사(神祠) 앞, 불당 뒤, 논 자리, 불을 땠던 곳도 모두 불길한 땅이며 인가의 문전에 곡(哭)자의 머리 부분처럼 생긴 쌍 못(雙池)이 있어도 좋지 않다. 서편에 있는 못을 범(虎)이라 하여 문 앞에 있는 못은 모두 꺼리는 것이다.

조선 후기 실학자 서유구(1764~1845)의 『임원경제지』에서는 터를 잡아 집을 짓고자 하는 사람은 가장 먼저 집터 주변의 물이 마지막으로 빠져나가는 수구를 살펴보아야 한다고 강조하였다. "수구가 이지러지고 엉성하며 광활하게 펼쳐진 곳이라면 아무리 1만 이랑의 좋은 전답과 1천 칸의 넓은 집이 있다 하더라도 대개 대대로 후손에게 전해주지 못하게 되니 자연히 전답은 사라지고 집은 쇠퇴하여 망하게 된다. 따라서 집터를 골라 잡으려면 반드시 수구가 꼭 막혀있고 대지가 넓게 트여 있는 장소를 눈여겨보아야 한다. 그러나 산중에서는 사방이 꽉 막혀있는 곳을 얻기 쉬운 반면, 들에서는 수구가 좁은 곳을 얻기가 어렵다. 그러니 흐르는 물을 거슬러주는 산(砂)이 있어야 한다. 높은 산이거나 그늘진 언덕을 가릴 것 없이 흐르는 물을 가로막아 천천히 흐르게 하는 곳이 길하며 한 겹으로 가로막는 것도 좋지만 두 겹, 세 겹, 네 겹으로 가로막아주면 더욱 길하다. 이러한 곳은 영원토록 면면하게 대를 이어갈 집터가 될 수 있다"고 하였다.

219. 양택의 3요결三要訣

풍수 고전에서는 양택의 입지선정과 택지를 조성할 때 가장 중요한 기본원칙으로 배산임수[背山臨水], 전저후고[前低後高], 전착후관[前窄後寬]을 양택의 3요결이라 하여 매우 중요시하였다. 중국 청나라의 조정동(1696~1785)이 지은 『양택삼요결』에서는 배산임수하면 건강장수(健康長壽)하고, 전저후고하면 세출영웅(世出英雄)하고, 전착후관하면 부귀여산(富貴如山)이라 하여 부귀가 산처럼 쌓인다고 하였다.

배산임수[背山臨水]는 산을 등지고 물을 바라보는 지세로써 집을 지을 장소를 정할 때 가장 이상적인 형국으로 본다. 즉 집 뒤에는 산이나 언덕이 있어 차가운 북서풍을 막아주고 마을 앞에는 하천이 있어 득수가 용이해야 집안에 생기를 보내준다. 양택은 적절한 온도, 습도, 바람 등 기후의 영향을 많이 받는다. 배산임수의 조건을 갖춘 집은 사람이 활동하는 낮에는 강[앞]에서 산[뒤쪽]으로 시원한 바람이 불어와 좋은 기운을 받아들일 수 있고 사람이 휴식을 취하는 밤에는 산의 골바람이 물가로 내려오면서 불기 때문에 최대한 방풍이 되어야 편안하게 잠자며 휴식을 취할 수 있다. 그래서 집 앞은 대문을 만들고 뒤쪽은 배산(背山)과 함께 담장을 쌓는다. 아파트나 주택에서는 무조건적인 남향으로 햇볕을 우선시하는 경우가 많으나 풍수에서는 햇볕보다는 바람과 물을 중요시하기 때문에 집 앞쪽의 강이나 호수 등을 잘 고려하여야 신선한 바람이 집 내부로 들어와 집안에 생기를 불어넣어 준다. 양택지 선정 시 배산임수는 건강과 장수가 보장된 가장 중요한 풍수 원칙으로써 이 조건을 가벼이 생각해서는 안 된다.

전저후고[前低後高]는 앞부분은 낮고 뒤쪽은 높아야 한다는 것이다. 대체로 마당과 대문 밖 골목은 낮고 집이 있는 부분은 높아야 한다. 사람들이 편하게 앉을 수 있는 의자를 연상해보면 등받이가 있어 뒤에서 받쳐주면 앉는 쪽이 편하듯이 집이 안정감을 가질 수 있다. 또한 등산을 하면서 휴식을 취하기 위해 자리에 앉을 때도 편안한 방향이 있다. 산의 정상부를 등 뒤에 두고 위에서 낮은 곳을 바라보면서 앉아야 편하지만 밑에서 위로 쳐다보면서 앉아 휴식을 취한다면 뭔가 불편하고 편하지 않다. 이렇듯 주택의 입지도 앞부분은 낮고 뒤쪽이 높아야 배수도 용이하고 심리적으로도 안정감을 가져다준다. 집의 마당보다 대문 밖의 지형이 높으면 자손에게 해(害)가 있고 인패(人敗), 재패(財敗)와 같은 불운이 계속 따른다고 하니 양택지 선정 시 주의를 요한다. 전착후관[前窄後寬]은 출입구가 좁고 안은 넓어야 한다는 것이다. 즉 출입하는 곳은 좁으면서 마당에 들어서면 너그러운 안정감이 있어야 한다는 뜻이다. 터는 물론 구조도 앞이 좁고 뒤가 넓은 형태여야 한다. 음택의 수구와 같이 입구가 좁아야 좋은 기운이 혈장에 오래 머무르듯이 집안 내부도 마찬가지다. 문을 통과하면 적당하게 넓은 마당(명당)이 있어야 사람들이 후덕해지고 인심이 좋아진다고 한다. 고서에 이르기를 '전착후관부귀여산[前窄後寬富貴如山]'이라 하여 수구와 같이 앞이 좁으면서 뒤가 후덕하면 부귀가 산처럼 쌓인다고 하였다.

220. 택지의 조건으로 길한 땅

일반적으로 주택이 들어서기에 좋은 땅은 산과 들의 경계선이나 그 바로 밑의 평지이다. 이것은 주산에서 뻗어온 내룡이 산에 혈을 맺지 않으면 지맥이 땅속으로 스며드는 지진처(地盡處)에 혈을 맺기 때문이다. 따라서 묘는 산 위의 결혈처에 두어야 하고 주택은 평야의 지진처에 두어야 발복이 용이하다. 그러므로 주택지로서의 명당은 지룡을 찾되 용맥의 끝 쪽이 아니라 용맥이 끝난 평지가 길지이며 우리나라에서 이름난 주택들은 대개 이러한 곳에 자리 잡고 있다. 택지의 조건으로 길한 땅이란 다음과 같은 조건들을 갖추어야 한다.

첫째, 배산임수와 전저후고형이어야 한다. 집 뒤에 산이 든든하게 받쳐주어야 바람을 막아주어 생기를 모을 수 있고 집 앞으로는 물이 감싸주어야 땅속을 흐르는 지기가 멈추어 그 안쪽은 생기가 가득하다. 즉 배산임수 조건이 되어야 음인 산(山)과 양인 물(水)이 서로 음양 교합을 해 생기 가득한 땅을 만든다는 것이다. 둘째, 맥(脈)을 타는 땅이어야 하고 산의 면(面)과 배(背)를 살펴 앞면에 위치하여야 한다. 우리나라 속담에 논두렁 정기라도 받아야 면장이라도 한다는 말이 있다. 산에서 내려오는 능선이 끝나는 지점이 생기가 가득 모인 택지다. 평지에서 맥로(脈路)의 확인이 어려운 경우는 물길(高一寸 爲山 低一寸 爲水)로 확인하여 구분한다. 그리고 큰 산이든 작은 산이든 산에는 앞면과 뒷면이 있다. 앞면을 면(面), 뒷면을 배(背)라고 하는데 완만하게 굽은 안쪽의 면(面) 부위가 사람이 살기에 좋은 땅이다. 셋째, 집 앞은 평탄하고 물이나 도로가 감싸주는 안쪽이어야 한다. 도시에서는 도로를 물로 보기 때문에 도로나 물길이 택지를 감싸주어야 생기 가득한 길지가 된다. 넷째, 나무나 잔디가 잘 자라는 곳이어야 한다. 나무는 오행으로 땅과 상극(목극토)으로써 나무뿌리가 지기를 손상시킬 수 있지만 나무가 반듯하고 싱싱하게 잘 자라는 땅, 잔디가 밝게 자라고 윤기가 있는 땅이라야 생기 충만한 땅의 증표가 된다. 일반적으로 나무가 똑바로 자랐으면 흙 심이 깊어 생기 충만한 땅이고 나무가 구불구불 자랐다면 땅속에 암반이 있거나 돌이 많이 박혀있는 땅이다. 나무는 땅속에 지장물이 없으면 곧게 자라지만 바위가 나무뿌리의 뻗음을 방해하면 균형을 잡기 위해 휘고 구부러진다. 다섯째, 햇볕이 잘 드는 지형이어야 한다. 햇볕은 사람이 살아가는 데 매우 중요하다. 음에 해당하는 지기는 충만한데 햇볕이 들지 않아 응달진 곳이라면 양의 기운인 햇볕이 없으므로 무엇보다 음양의 조화가 이루어지지 않는다. 이러한 곳에는 습기도 많고 음의 기운이 강해 질병이 자주 생기며 택지로써 적합하지 못하다. 양택지의 선정은 무엇보다 양지바른 곳을 우선으로 택해야 한다. 여섯째, 주위 산들의 모양이 단정하고 깨끗한지를 본다. 풍수에서는 산관인정(山管人丁)이라 하여 주변 산들이 깨끗하고 반듯하게 잘 생겼으면 귀한 인물이 배출되고 둥글고 풍만하면 부자가 나올 땅이다. 이 밖에도 자갈, 모래땅이거나 먼지가 많이 나거나 질퍽한 땅은 생기가 없는 땅이므로 토질은 단단하고 배수가 용이해야 한다.

221. 택지의 조건으로 흉한 땅 ㊤

지난주 연재에서 주택이 들어서기에 길(吉)한 땅을 설명하였으나 이번 주와 다음 주는 그와 반대로 흉(凶)한 땅은 어떠한 곳인지 알아보자.

첫째, 배산임수와 전저후고의 반대되는 형상으로 집 앞쪽에는 산이 막혀 햇볕을 차단하고 뒤쪽으로는 물이 흘러 집으로 들어오는 지기(地氣)를 단절시키는 곳. 또한 집의 뒤가 낮고 앞이 높은 지대에서는 정서적으로도 불안하고 이런 곳에서는 시간이 지날수록 가산이 줄어들어 결국은 패절한다. 둘째, 경사가 급한 곳은 재물을 잃는다. 집 앞이나 옆으로 경사가 심하면 물이 급하게 빠져나가 기운이 집터에 모이지 못하고 흘러가 버린다. 풍수에서는 수관재물(水官財物)이라 하여 물은 곧 재물을 관장하는데 물이 급하게 빠져나가면 재산도 같이 빠져나간다고 본다. 셋째, 홀로 돌출된 곳은 팔풍(八風)받이로 흉하다. 주위에 막아주는 산이 없이 홀로 돌출되어 사방팔방으로 불어오는 바람을 맞게 되면 생기가 흩어지게 되므로 택지로서 흉하다. 이러한 곳은 사람이 포악하게 되고 정신질환에 재산의 손실이 많아 결국 패가(敗家)한다. 넷째, 자갈땅이나 모래땅, 질퍽한 황토흙으로 이루어진 택지는 지기가 없는 곳이다. 이러한 곳에서도 재산손실과 더불어 건강까지도 해치게 된다. 다섯째, 도로 아래에 있는 택지는 가패인상(家敗人傷)하는 곳이다. 도로에서 발생하는 각종 매연과 비온 후 도로에 있던 온갖 오염물이 집안으로 흘러들어오고, 무엇보다 차가 빠른 속도로 질주함으로 그 소음으로 가택 내부에 기(氣)가 교란되어 흉하다. 여섯째, 절벽이나 낭떠러지 근처에 있는 택지는 다재패산(多災敗散)하는 곳이다. 절벽 아래위는 기가 모이거나 전달될 수 없으며 절벽을 타고 부는 바람은 강한 살풍이 되어 거주자에게 온갖 재난과 질병을 가져다준다. 또한 골짜기에 있는 택지도 살풍으로 건강이 나빠지고 요절이 우려되는 곳이며 골짜기를 메우거나 고른 터도 좋지 않다. 이곳의 택지는 물과 바람에 충사(沖射) 하므로 살상(殺傷)이 우려되는 매우 흉한 땅이다. 일곱 번째, 매립지는 악취와 유독가스, 수맥 등으로 건강을 해치는 땅이고 지기를 얻을 수 없는 곳이다. 특히 늪이나 쓰레기 매립지는 악취와 유독가스로 거주자의 건강을 크게 해친다. 산의 계곡을 매립하여 조성한 택지는 계곡이 본래 물길이므로 수맥이 지나는 자리이고, 복토무기(覆土無氣)라 하여 북돋운 자리는 기(氣)가 머무를 수 없다. 이러한 곳은 시간이 지나면 토사의 유출과 지반침하로 심각한 손상을 입을 수 있고 경사도가 급한 산에 축대를 쌓은 땅도 불길하다. 여덟 번째, 큰 나무 밑이나 직사광선이 작렬하여 지나치게 햇볕이 많이 드는 곳도 좋지 못하다. 나무가 크게 자라기 위해서는 수기를 많이 함유한다. 이런 곳은 택지로써 좋지 못하며 큰 나무의 뿌리로 인해 지기도 많이 손상된다. 또한 햇볕을 잘 받는 양지바른 곳은 좋은 곳이지만 지기는 약한데 지나치게 햇볕이 많이 들면 음양 조화의 기운이 깨진다. 예를 들어 지기가 약한 자갈 모래땅에 햇볕이 작렬하게 되면 과다한 양기로 음양의 조화가 깨져 크게 흉하다는 것이다.

222. 택지의 조건으로 흉한 땅 ㉦

지난주에 이어 사람이 살아갈 택지로써 흉한 땅은 첫째, 고압 전류가 흐르는 철탑 근처의 택지는 위험하다. 고압선에 흐르는 전류는 인체에 유해한 전자파를 많이 발생한다. 그 영향으로 원인 모를 병에 걸리기 쉽고 전기의 방전현상으로 감전 사고 등과 같은 위험이 항상 따른다. 이를 피하기 위해서는 고압전선의 수직 아래에서부터 최소한 100m 이상의 거리는 떨어져야 안전하다고 한다. 둘째, 택지 주변에 폭포가 있어 물소리가 곡(哭)소리로 들리면 집안에 상(喪)을 당한다. 택지 주변에 폭포가 있으면 지기가 교란되고 물과 바람으로 인해 기운이 흩어진다. 이러한 곳은 음사가 잦으며 재산이 줄어 가세까지 기울어진다. 셋째, 신전, 제단, 사당, 성황당, 공동묘지, 전쟁터였던 자리와 군부대, 교도소, 법원, 사찰, 교회 등의 주변 땅도 안 좋다. 이러한 곳은 대개 기(氣)가 센 곳으로 일반인들이 살기에 부적합하고 강력한 기(氣)로 인해 택지의 지기를 누르거나 상하게 할 수도 있다. 넷째, 택지 밑으로 수맥이 흐르거나 유골이 있으면 매우 흉하다. 지하수맥은 강력한 수맥파를 발생시켜 건강을 해치고 건축물의 구조물도 파괴하게 되므로 흉하고 사람의 유골 위(공동묘지 터)에 모르고 건물을 짓고 생활하면 집안에 정신병자가 나온다. 다섯째, 대로변이나 교차로가 있는 곳은 주택지로 좋지 않다. 대로변이나 교차로 근처에 집이 있으면 차량과 인파들의 소음과 먼지로 지기가 교란되어 질병이 잦다. 여섯째, 과거에 늪지나 개천 연못, 호수가 있었던 곳, 공장이 있었던 자리, 쓰레기 매립지나 썩은 개천 매립지, 변소나 우물이 있었던 자리, 산을 절개한 땅, 점토가 많아 질벅거리는 땅, 먼지가 많이 일어나고 부석부석한 땅, 골짜기를 보토한 땅, 축사, 절터, 감옥 자리, 싸움터, 대장간 자리, 기름 집터, 무덤 자리, 돌산 밑, 물이 들었던 자리, 풀과 나무가 자라지 않는 곳, 수목이 우거진 곳 등은 사지(死地)로써 좋지 않기 때문에 각종 질환에 시달리게 된다. 이 외에도 묘지와 가깝거나 묘가 있었던 자리, 과거 전쟁터, 사람이 자살했던 곳, 수구가 보이는 곳, 망해나간 집터, 좁은 계곡, 사방이 도로로 둘러싸인 곳 등은 택지로써 불가하다. 그리고 택지는 생땅이어야 한다. 아무리 좋은 흙으로 보토를 한다 해도 한번 지기가 손상된 곳은 원상회복이 되는데 상당한 기간이 소요된다. 풍수에서는 복토무기(覆土無氣)라 하여 북돋운 땅에는 기가 머무르지 않는다 하였다. 일곱 번째, 사방으로 산이 높아 해가 늦게 뜨고 일찍 지며 북두칠성이 보이지 않는 곳은 영광(靈光)이 적고 음기(陰氣)가 쉽게 침입하여 잡귀의 소굴이 되기도 하고 아침저녁으로 안개가 잦아 사람들이 병을 얻기가 쉽다. 여덟 번째, 마을로 뻗어 내린 산맥이 나약하고 둔하며 생기가 없거나 주위 사방의 산 모양이 불손하면 인재가 나질 않는다. 집터 정면의 조안(朝案)에 추악한 돌이 박혀있거나 산세가 기울어지거나 산 뒤쪽으로 월봉이 보이거나 주위에 이상한 돌이나 괴이한 바위가 있는 곳, 긴 골짜기가 보이는 곳은 기필코 살 곳이 못 된다. 이런 연유로 양택지 선정 시 주위의 산세를 살피지 않을 수 없다.

223. 주택의 남향과 북향에 대하여

우리나라 국민들은 예로부터 남향집을 선호해 왔다. 한반도인 우리나라 계절풍의 특성을 고려해보면 겨울에는 북서풍, 여름에는 남동풍이 많이 불어오므로 겨울의 찬 바람을 막아줄 수 있도록 북서쪽으로는 산이 있고 더운 여름에는 시원한 남동풍이 불어올 수 있도록 집 앞이 트여 져 있어야 하기 때문이다. 또한 남향집은 더운 여름에는 해가 집으로 많이 들지 않고 겨울에는 해가 집안 깊숙이 든다. 이렇듯 지리적 특성과 태양의 일조시간, 지역에 따른 계절풍 등의 기후 여건으로 보아 남향집이 유리하다고 생각한다. 그러나 아무리 남향집이 유리하다고는 하나 전저후고(前低後高)나 배산임수(背山臨水) 형국 등 자연의 생김이 남향의 조건에 맞아야 한다. 우리나라 구전에 "남향집을 얻으려면 3대가 적선을 해야 얻을 수 있다."란 말이 있다. 이것은 그 지역의 지형 지세가 남향의 조건에 맞게 이루어진 장소가 그리 흔치 않다는 것을 두고 하는 말이다. 인간이 생활하는 데는 어디까지나 풍수적 조건이 우선이다. 자연이 선물한 지리적 조건을 무시하고 무조건 남향만을 고집한다면 머지않아 패가한 모습을 보게 된다.

우리나라에서 북향도 얼마든지 명택이 많다. 대표적인 예로 동아일보와 고려대학교, 경성방직을 창립하고 제2대 부통령을 지낸 인촌(仁村) 김성수(金性洙:1891~1955)선생의 집이다. 전북 고창군 부안면 봉암리에 있는 이 집은 김성수와 동생 김연수가 태어나 살았던 곳으로 호남지방의 대표적인 거부로 영남의 만석지기 경주 최부자와 양대 산맥을 이룬 명택지다. 이 집은 배산임수의 원칙에 따르다 보니 북향(丁坐癸向)으로 좌향을 잡았으며 마당의 중심에서 각각의 공간들의 방위를 측정해보면 대문은 집의 정면인 북쪽(坎方), 안방은 남쪽(離方), 부엌은 동남쪽(巽方)에 위치하여 동서사택이론으로 양택삼요가 모두 길방으로 배치되어 있다. 북향집을 꺼린다는 일반인들의 상식을 무너뜨린 예는 이 외에도 전국 곳곳에 많이 존재하고 있다.

원래부터 우리나라에서는 계절풍의 영향으로 북서방을 흉하고 두려운 방위로 생각해 왔다. 겨울이면 매서운 북서풍의 찬 바람이 불어오고 또한 역사적으로도 북쪽의 오랑캐가 침입해온 방위이기 때문이다. 그리고 지구과학 측면에서 보아도 바람은 온도가 낮은 곳에서 높은 곳으로 이동하는 특성이 있다. 삼면이 바다인 우리나라는 겨울에는 육지에서 바다 쪽으로, 여름에는 바다에서 따뜻한 육지 쪽으로 바람이 불어온다. 그리고 육지에서는 밤에는 산에서 지대가 낮은 강 쪽으로, 낮에는 시원한 강 쪽에서 산으로 바람이 불게 된다. 그래서 택지를 선택할 때는 밤의 찬 기운을 막고 낮의 시원한 바람을 집안으로 받아들일 수 있도록 방향에 상관없이 집 뒤쪽에 산이 있고 앞쪽에는 물이 있는 배산임수(背山臨水) 지형을 양택지 선정의 첫째 조건으로 친다. 인간도 자연의 일부로서 천지의 조화에 순응하며 살아야 한다. 무조건 남향집의 고집보다는 자연이 만들어놓은 지형 지세에 맞추어 방향을 정하게 되면 잃는 것은 하나(남향)지만 얻는 것은 아홉이라 하였다.

224. 추사(김정희) 고택과 묘소

조선 후기의 실학자이며 대표적인 서예가였던 추사 김정희 선생의 생가인 추사고택은 충남 예산군 신암면 용궁리 798번지에 위치하고 있다. 이 건물은 1700년대 중반 53칸 규모로 추사의 증조부인 월성위 김한신이 건립한 것으로 알려져 있다. 김한신은 1732년(영조 8) 영의정을 지낸 김흥경의 아들로 영조 임금의 차녀 화순옹주와 결혼했고 화순옹주는 김한신이 1758년 39세의 젊은 나이로 세상을 뜨자 그때부터 영조의 만류에도 불구하고 14일 동안 식음을 전폐하다가 남편을 따라 죽었다. 영조는 옹주의 정절(貞節)을 기리면서도 아버지의 뜻을 따르지 않았단 이유로 열녀정문(烈女旌門)을 내리지 않다가 정조대에 이르러서야 정문을 내렸다.

이 고택은 80여 평으로 솟을대문의 문간채, ㄱ字형의 사랑채, ㅁ字형의 안채와 추사 선생의 영정이 모셔져 있는 사당으로 이루어진 동향의 가옥이다. 이곳은 추사 선생이 태어나 성장한 집으로 집 주변에는 선생의 묘소와 증조부이신 김한신과 화순옹주의 합장묘 그리고 화순옹주의 열녀문인 홍문이 세워져 있다. 또한 고택 주변 북측에 올라 보면 천연기념물 제106호인 백송(白松)을 볼 수 있는데 백송은 중국이 원산지로 우리나라에 몇 그루 없는 희귀한 수종이다. 이곳의 백송은 추사 선생이 24세 때 아버지를 따라 청나라에 갔다가 돌아올 때 백송의 종자를 붓대 속에 넣어 가지고 와서 고조부 김흥경의 묘 입구에 심었다고 전한다.

충청도는 대체적으로 산세가 낮아 가파른 곳이 적고 야산이 많은 편이다. 흔히들 충청도 산세를 표현할 때 "솜이불을 덮어놓은 것 같다"고 부러움을 표현하기도 한다. 추사고택이 자리잡고 있는 예산군 신암면 용궁리 주변의 산세 역시 솜이불을 덮어놓은 것과 같이 온화한 느낌을 주는 지역이다. 집터 앞의 안산(案山)은 마치 누에가 가로로 길게 누워있는 듯한 야산일 뿐만 아니라 청룡 자락과 백호 자락 주변 어디를 보아도 높은 산과 석산, 깊은 계곡이 보이지 않는다. 그래서 음·양택지에서 제일 꺼리는 각종 충살(衝殺)과 위압감이 전혀 없어 심적으로 평온함을 느낄 수 있는 자리다. 이러한 위치에 증조부인 김한신과 화순옹주의 합장묘가 고택 오른쪽에 있고 그 옆에는 고조부인 김흥경의 묘가 단정하게 자리 잡고 있으며 고택 바로 왼쪽에는 추사 본인의 묘가 있다. 고택 좌우로 커다란 묘들이 포진하고 있어 음양택(陰陽宅)이 함께 공존하고 있는 우리나라에서 보기 드문 독특한 사례이다.

이곳의 지형은 조산(祖山)인 팔봉산에서 20여 리를 달려와 마을 뒤까지 이어지고 마을 뒤 용산에서 머리를 돌려 조산인 팔봉산을 바라보고 있는 회룡고조혈(回龍顧祖穴)이다. 풍수에서는 이러한 회룡고조혈에 대해 발복이 크고 오래가는 길지로 해석한다. 물은 내외당 모두가 우선수이고 청룡·백호가 약간 낮아 조금은 미약하지만 자연이 순행하는 곳이라 나름대로 장풍(藏風)국을 이루고 있다. 배산임수(背山臨水) 지형에서 주산(용산)이 차가운 북서풍을 막아주고 전저후고(前低後高)형으로 배수가 좋아 집 안에 음기(陰氣)가 머물지 않는 양명한 터에 자리 잡고 있다.

225. 다산(정약용) 생가와 묘소

경기도 남양주시 조안면 능내리 95-4번지에 가면 다산 정약용 선생이 태어나서 자란 생가가 있다. 이곳은 다산의 명성에 걸맞게 경기도 기념물 제7호로 지정되어 보존하고 있다. 정약용(1762~1836)은 21세에 과거에 급제하여 19년 동안 관직 생활을 하다가 40세에 유배를 시작해서 17년 동안이나 귀양살이를 하고 고향으로 돌아와 다시는 벼슬길에 나가지 않았다. 그는 과거 급제 후 정조의 총애 히에 암행이사와 형조참의 등을 거치면서 많은 업적을 남겼으나 성리학과 배척 관계에 있는 천주교 입교 사실이 알려져 1801년부터 긴 유배 생활에 들어갔다. 아버지가 진주목사였고 형님들도 벼슬을 했지만 당시 서학과 천주교를 접하게 되면 조선의 국교인 유교를 반하게 되고 노론으로부터 미움을 사 그 집안은 풍비박산이 되고 만다. 40세에 시작한 유배 생활은 그에게는 매우 중요한 시기로 유배 중에도 학자로서 재능을 발휘해 수많은 저술을 남겼다. 다산은 유배를 떠나면서도 백성들의 배고픔을 외면하는 썩은 관리들을 질타했다. 이로부터 시작된 유배 생활과 마지막 고향에서의 유유자적한 세월이 없었다면『경세유표』,『목민심서』,『흠흠신서』,『여유당전서』와 같이 주옥같은 그의 저술과 기타 500여 권의 저서는 만나보지도 못했을 것이다. 강진 유배지에서는 일정한 거처를 정하지 못하여 8년을 보냈으나 외가인 해남윤씨 가문의 배려로 다산초당을 얻은 후 생활이 안정되어 제자를 가르치고 저술은 모두 이곳에서 이루어졌다. 그는 1818년 8월 유배지에서 풀려나 마지막 목숨이 다할 때까지 저술에만 힘쓰다 1836년 75세의 나이로 생을 마감했다.

다산이 태어나고 자란 생가는 풍수적으로 보아 양택삼요결인 배산임수(背山臨水)와 전저후고(前低後高), 전착후관(前窄後寬)의 조건을 모두 갖춘 정남향의 집이다. 옛 부터 남향집을 얻으려면 3대가 적선을 해야 한다고 하였는바 자연의 조건이 남향의 이치에 맞는 양택지가 그리 흔치 않다는 것이다. 여기에 집의 가상은 대문이 동쪽에 위치한 동사택이고 안방과 부엌 또한 같은 방위라 동·서사택 이론으로도 합법하다. 그런데 다산은 음택풍수의 발복론에 대해서는 '풍수집의(風水集議)'를 통해 아주 부정적인 견해를 주장한 사람이다. 그는 본인이 죽기 직전에도 두 아들을 앞에 두고 내가 죽으면 지관을 부르지 말고 집 뒤뜰에 그냥 묻어 장사지내라고 유언을 했다고 전한다. 그러나 집 뒤쪽에 모셔진 다산의 묘소는 한북정맥의 줄기인 예봉산(683m)에서 뻗어 내려온 산맥이 묘소 뒤쪽의 현무봉(217m)을 일으키고 여기서 남쪽으로 하나의 지맥을 뻗은 용맥에 생기가 응집된 장소다. 이곳에 부인 홍씨와 함께 합폄(合窆)하여 자좌오향으로 모셔져 있고 그 용맥의 마지막 부분에 본인이 태어나서 자란 생가가 들어서 있다. 이곳은 좌우로 청룡·백호가 감싸주고 앞으로는 두 줄기의 한강 물이 만나 환포하며 흐르고 그 넘어 조·안산이 마주한다. 한강 물은 좌에서 우로 감싸주는데 청룡은 짧고 백호는 길게 역관을 해주며 그 밖의 외 백호까지도 환포 해주니 생가와 묘 터 둘 다 풍수적 길지에 자리 잡고 있다.

226. 윤보선 전 대통령의 생가와 묘소

충남 아산시 둔포면 신항리에 가면 우리나라 제4대 윤보선 전 대통령의 생가가 있다. 이 건물은 원래 그의 증조부(취동)가 터전을 잡았으며 아버지(윤치소)가 이웃으로 살림을 나면서 1907년 건립하였고, 바깥 사랑채는 건축 양식으로 보아 1920년대에 지어진 것으로 추정된다. 아이러니하게도 증조부가 이곳에 터를 잡은 후부터 집안에는 재산이 물밀듯이 불어났고, 몇 대를 걸쳐 수십 명의 인물이 배출되었다. 선조 때 영의정을 지낸 오음 윤두수(1533~1601)가 윤 대통령의 10대조며 큰할아버지가 구한말 군부·법무 대신이었고 할아버지는 안성군수·육군참모장을 지냈다. 애국가를 작사했다고 전해지는 윤치호가 당숙이며 아버지는 중추원 의관을 역임했다. 이렇게 일제 치하에서도 부귀를 누리며 잘 살다 보니 친일파 사슬과 무관할 수 없어 이들 중 일부가 친일 행위자 명단에 들어 있어 곤욕을 치르고 있다. 이승만 정권 아래 내무장관, 서울시장을 역임하고 민주공화당에서 당의장을 지낸 윤치영씨는 윤 대통령의 삼촌이다. 이렇듯 수십 명의 걸출한 인물을 배출했고 큰 부(富)를 일구었기에 풍수가에선 윤 대통령의 음·양택지에 대해 많은 관심이 집중되었다. 윤 대통령 본인도 가문의 번성이 풍수 때문임을 인정하는지, 가끔 선산에 들러 풀 뽑기를 즐겼고, 자신의 신후지지(身後之地)도 국립묘지를 마다하고 선산을 택하였다.

먼저 생가의 산세는 아산시 염치읍 영인산(363.5m)에서 북동진하여 음봉면의 국사봉(222.8m)를 일으키고 여기서 다시 북쪽으로 행진하여 둔포면의 국수봉(170m)을 지나 신항리 마을 뒤편에 나지막한 봉우리를 일으켜 주산이 되었다. 생가는 주산에서 동남쪽 마을로 희미하게 뻗어 내린 산줄기 끝지점에 위치하고 있다. 생가 뒤편을 자세히 살펴보면 살짝 솟은 입수봉이 보이고 여기서 양팔을 벌려 끌어안은 안쪽에 생가가 위치하고 있다. 좌우 청룡 백호는 그 높이나 거리 면에서 완전하지는 못하나 택지를 감싸주고 있고 특히 좌청룡 자락은 길게 뻗어 우측에서 흘러나오는 물줄기를 거수(拒水)해주고 있어 집안에 부(富)의 발복을 기약해준다. 또한 마을 앞에서 집 쪽으로 구불구불 흘러들어오는 물줄기 또한 아주 유리한 수세 형국이다. 그리고 집안의 선영은 생가에서 남쪽으로 약 8km 떨어진 음봉면 동천리 마을 뒷산에 있다. 이 묘역은 증조부께서 어느 날 길에 쓰러진 노스님을 보살펴 생명을 구해주니 스님께서 그 은혜로 지금의 선영 자리를 점지해 주었다고 전해진다. 이곳은 윤 대통령의 가족 묘원으로 제일 위쪽에 윤보선 전 대통령의 내외가 있고 그 아래로 고조부모, 증조부, 부모 순으로 모셔져 있어 역장(逆葬)의 모습이다. 이를 두고 일부에서는 유교적 문제를 제기하고 있으나 과거 윤 대통령께서는 전혀 개의치 않았다. 이 묘역의 주산은 반듯한 목형의 문필봉으로 많은 인물이 배출될 것을 미리 암시해주고, 혈장 뒤편으로는 과협(過峽)이 있어 이곳이 진혈지임을 증명해 주고 있다. 풍수고서들 마다 혈장 뒤편에 과협이 있으면 앞쪽에 혈이 맺힌다 하여 과협을 진혈의 증거로 삼는다. 이렇듯 음양택을 막론하고 풍수적 길지에 자리 잡았기에 후손들의 발복은 너무나 당연한 이치다.

227. 대구시 달성군 묘골마을의 풍수 입지

대구시 달성군 하빈면에 가면 묘골이라는 마을이 있다. 이 마을은 순천박씨의 세거지로 사육신(박팽년, 성삼문, 하위지, 이개, 유성원, 유응부) 중의 한 사람인 박팽년의 손자 박일산이 입향조가 되어 형성된 마을이다. 그가 입향조가 되어 혈통을 잇게 된 사연은 그의 할아버지인 박팽년이 단종 복위 운동으로 삼족을 멸해 후손이 끊어질 위기에 처했으나 그의 둘째 며느리인 성주이씨가 임신 된 상태로 관비가 되어 친정 근처로 내려오는 바람에 대를 이을 수가 있었다. 그의 후손들은 이곳에 자리 잡으면서 많은 인물들이 배출되었으니 풍수가에선 이러한 현상들에 대해 마을의 풍수 입지와 무관하지 않다고 얘기하는 곳이기도 하다.

필자와 경주 동국대학교 풍수지리 학회 회원들은 작년 2학기 수업을 마치고 묘골마을의 풍수 입지분석을 위해 답사를 다녀왔다. 이곳의 산세는 대구 팔공산의 한쪽 자락이 남서 방향으로 뻗어 내려와 마을 뒤쪽에 현무봉을 일으켰고 여기서 양쪽으로 뻗어나간 청룡 백호가 마을을 잘 감싸고 있다. 특히 백호 자락은 일자 문성으로 길게 뻗어 마을을 완전히 휘감고 끝자락은 마을 앞에서 금성체로 안산을 만들면서 행룡을 멈추었다. 이러한 형국은 용이 몸을 틀어 꼬리를 바라보는 회룡고조(回龍顧祖)형국이라 칭하고 본신에 붙은 안산은 부와 귀를 동시에 얻을 수 있는 길격으로 해석한다. 그리고 백호와 안산 뒷자락을 따라 낙동강이 감싸고 흐르기 때문에 이 물은 마을의 암공수(暗拱水)가 되어 이 마을의 생기 보전에 많은 도움을 준다. 이러한 형국에 둘러싸인 마을은 혈의 사상으로 볼 때 소쿠리 모양을 한 와형의 혈이고 청룡 백호가 잘 감싸고 용호의 끝자락이 관쇄되어 있어 바람의 피해가 거의 없는 장풍국(藏風局)이다.

또한 마을 뒤편에는 산이 있고 마을 앞에는 용·호자락에서 흘러나오는 물이 합수를 해 흐르고 있어 배산임수(背山臨水)의 조건을 갖추었으며, 마을 입구 평탄지에서 안으로 들어갈수록 점점 높아지는 지세를 이루고 있어 전저후고(前低後高)의 조건과 마을 앞 수구의 관쇄로 입구가 좁고 안이 넓은 전착후관(前窄後寬)의 형태까지 양택 3요결의 조건을 모두 갖춘 최상의 길지로 평가한다. 이러한 풍수적 길지에 자리 잡은 묘골 마을은 명당 길지답게 많은 인물들이 배출되었다. 이조참판을 지낸 박성수를 비롯해 문장, 절의, 덕행을 모두 겸비하여 동방의 1인자라 칭송받던 박종우, 대사성을 지낸 박문현도 이곳 출신이며 근래 들어 국회의장을 지낸 박준규, 삼성그룹 창업자 이병철의 부인인 박두을 여사도 이 마을에서 태어나고 자랐다. 박두을 여사는 1907년생으로 부유한 집안에서 엄격한 가정교육을 받으면서 자랐고, 그가 십 오륙세 되던 어느 날 시주하러 온 스님이 그를 보고 "처녀는 앞으로 왕비가 아니면 일국의 왕 못지않은 거부가 될 사람을 만나 그 안방마님이 되겠소"라는 말을 했다는 글귀가 집 앞 안내판에 기록되어 있다. 그는 스님의 말씀대로 대한민국 제일의 거부 안방마님이 되었고 94세까지의 천수를 누리게 된 것은 그의 관상과 더불어 그가 태어나고 자란 집터의 발복과도 무관하지 않았을 것이다.

228. 대구시 동구 옻골마을의 풍수 입지

대구시 동구 둔산동에 가면 옻골이라는 마을이 있는데 마을 주변에 옻나무가 많아 붙여진 이름이라 한다. 이곳에 옻나무가 많아진 이유는 마을의 기운을 보호하기 위해 심어졌다는 풍수 비보(裨補) 차원의 이야기가 구전으로 전해져 내려오고 있다. 내용인 즉, 옛날 동네 가운데에 정자가 있었는데 지나가던 노인이 정자에 올라 주위를 살펴보고는 '이 마을의 정자에서 앞쪽 저 멀리 흐르는 금호강 물이 보이면 지기가 쇠하여 마을이 망할 것이다.'란 말을 했다고 한다. 그런 후 홍수로 금호강 물이 보이자 이상하게도 주변에 울창했던 나무들이 말라 죽고 동네 주민들이 자꾸 하나둘씩 떠났다고 한다. 그러자 마을 사람들은 그 노인의 말을 상기하면서 동네 주변에 잎이 무성한 옻나무를 심기 시작했다는 얘기가 전해지고 있다. 이 마을은 경주최씨 대암공파 집성촌으로 입향조는 조선 중기의 학자 최동집(1586~1661)이고 그의 나이 20대의 젊은 나이에 이곳에 정착하였다고 한다. 현재 이 마을은 선비의 고장답게 많은 문화재를 보유하고 있어 대구의 대표적 관광지다. 그들의 종택인 백불암 고택을 비롯하여 제사를 지내던 보본당과 추모 사당, 제자를 가르치던 수구당과 동계정, 그리고 마을 돌담길인 토석담장 등 수많은 문화재를 보존하고 있다.

옻골마을은 남쪽을 제외한 삼면이 병풍처럼 산으로 둘러싸여 있어서 마을이 보자기에 폭 싸인 느낌이지만 안산이 없어 저 멀리 앞쪽의 금호강 물이 훤히 보이는 단점을 갖고 있었다. 그래서 앞쪽으로부터 나쁜 액운이 마을로 들어오는 것을 막기 위해 마을 앞에 동서로 둑을 쌓고 그곳에 느티나무를 심어 비보 숲을 조성하였다. 이 나무들은 약 400년 전에 심어진 나무로 지금도 아름들이 나무들이 마을 앞 둑 위에 줄지어 서 있다. 그리고 마을 뒤편 이 마을의 주산인 대암봉(大岩峰)에 올라 보면 생구암(生龜巖)이란 큰 바위가 있다. 생구암은 그 모양이 거북과 같다하여 붙여진 이름이고 마을에서는 이 바위가 마을을 지켜주는 수호신으로 생각하고 신성시하였다. 그래서 이 거북바위의 거북이가 살아남기 위해서는 물이 필요하다하여 마을 앞에 인공 저수지를 만들었으며 지금도 이 저수지는 그대로 존재하고 있다. 이 저수지는 처음에 거북을 위해 만들었다고 하나 풍수적 의미가 더 크다. 풍수에서는 마을 주변의 물들은 마을을 환포 해주고 천천히 흘러나가야 길하다고 해석한다. 그러므로 이 저수지는 마을의 좌·우측에서 흘러나오는 물을 바로 빠져나가지 못하게 가두어주니 마을 안쪽에는 늘 생기가 가득하다. 이와 같이 옻골마을이 초창기에는 풍수 입지 조건에서 결함이 많았으나 각종 비보물을 설치하여 풍수적 길지로 만들었기에 이 마을은 초창기부터 번창하였고, 그 결과 나라에 공을 세운 많은 인재들과 독립운동가들을 배출해냈으며 재산에 있었어도 상당한 부를 일구었다. 원래 풍수무전미(風水無全美)라 하여 완전한 땅이란 없는 법, 마을의 풍수적 결함을 고쳐 길지로 만들고자 한 흔적들이 여러 곳에서 목격된다. 이런 연유로 경주최씨의 후예들은 400여 년이 넘도록 그들만의 전통 마을을 유지하며 현재까지도 그 명맥을 이어오고 있다.

229. 대구 남평문씨 세거지 인흥마을

대구시 달성군 화원읍 본리에 가면 남평문씨의 세거지로 이름난 인흥마을이 있는데 인흥이란 지명은 과거 이곳에 자리 잡고 있던 인흥사란 절에서 유래되었다고 한다. 인흥사는 고려 원종 때 삼국유사를 쓴 일연스님이 11년간이나 주지로 있었던 곳으로 유명했으나 임진왜란 때 불에 타 빈터로 남아있다가 남평문씨의 세거지가 되었다고 한다. 남평문씨는 목화씨로 유명한 삼우당 문익점을 중시조로 하는데 후손이 처음 대구에 거처를 잡은 것은 대략 500여 년 전으로 추정되고 있으며 이곳 인흥리의 입향조는 그의 18세손인 문경호(1812~1874)다. 그는 이곳에 문 씨들만이 거주하는 마을을 계획하였고 1800년대 중반에 저택이 들어서기 시작하여 그 후 100여 년에 걸쳐 지금의 집성촌이 형성되었다. 지금은 조선 후기의 전통가옥 아홉 채와 정자 두 채를 포함하여 70여 채의 기와집을 보유하고 있어 대구시가 민속 마을 제3호로 지정한 마을이다. 건축 연대는 대체로 200년 미만이지만 전통적인 영남지방 양반 가옥의 틀을 지키고 있으며 세거지 구성과 주변 경관의 조화가 뛰어난데 특히 도로에 접한 부분에는 돌담을 쌓아 정겹고 아름다운 풍경을 연출했다. 이 마을은 고풍적인 분위기가 빼어나 영화 '황진이' '씨받이'등 사극영화와 드라마 촬영지로도 유명하며 그림엽서의 배경이 되기도 했다. 마을 입구에 들어서면 제법 큰 건물 수백당(수봉정사)이 있는데 이 건물은 주로 손님을 맞이하고 일족의 모임이 있을 때나 문중의 자재들이 학문을 논할 때 사용하던 정자로 당시 이 마을의 경제력과 규모를 짐작해 볼 수 있다. 그리고 국내에서는 보기 드문 문중의 문고인 인수문고는 수 만권의 책을 보유하고 있고 문중의 자제들이 학문과 교양을 쌓던 광거당 등 다른 마을에서 보기 드문 독특한 건물들을 보유하고 있다.

이 마을은 비슬산에서 한쪽 지맥이 북쪽으로 뻗어 나와 다시 서북쪽으로 방향을 틀어 마을 뒤 천수봉(215m)을 일으켰다. 천수봉은 금형으로 마을의 부를 기약하기에 충분하고 그 밑으로 아늑하고 양지바른 곳에 주택이 들어서 있으며 마을 앞으로는 천내천이 흐르고 있어 전형적인 배산임수 형국이다. 그러나 마을의 좌우측을 감싸주는 청룡·백호가 본신의 용이지만 짧거나 벌어져 마을의 기운이 그대로 새어 나가는 풍수적 단점을 가지고 있으나 다행히 외청룡 자락이 마을을 잘 감싸주고 있다. 이 마을 입향조인 문경호는 그 당시 백호 자락의 끝이 벌어져 마을의 생기를 가두어주지 못한다 하여 마을 앞 백호 자락 안쪽으로 소나무 300그루(송림)를 심어 비보(裨補)하였으나 지금은 대부분 고사하고 많이 허(虛)한 상태로 방치되어 있다. 이 마을은 양택의 3요결인 배산임수(背山臨水)와 전저후고(前低後高)는 잘 갖추었으나 앞이 좁고 뒤가 후덕한 전착후관(前窄後寬)의 조건은 갖추지 못했다. 풍수에서는 양택지 선정 시 '전착후관부귀여산(前窄後寬富貴如山)'이라 하여 수구와 같이 앞이 좁으면서 뒤가 후덕하면 부귀가 산처럼 쌓인다고 하였는바 나름 풍수적 길지를 갖추려고 마을 앞에 비보 숲을 조성하고 조산모대기(돌무덤)를 만드는 등 노력한 흔적들이 목격된다.

230. 외손 발복지 봉화군 황전마을

경북 봉화군 봉화읍에 가면 황전마을이란 곳이 있다. 이 마을은 원래 영양남씨의 세거지였으나 의성김씨인 김흠(金欽/1554~1611)이 황전마을에 장가들면서 이 마을의 풍수 입지(地勢)가 뛰어남에 감탄하고 이곳에 정착하여 입향조가 되었다. 세월이 지나면서 영양남씨들은 하나둘 마을을 떠나게 되고 차차 의성김씨들의 집성촌이 되면서 '외손이 들어오면 본 손이 망한다'란 말이 생겨나기도 했다. 상황이 이러하니 이곳은 외손이 잘 되는 곳으로 이해하게 되었고 마을에서는 이러한 전력을 되풀이하지 않기 위해 한때는 외손은 물론이고 타성까지도 입향을 거부하였다. 30~40년 전만 해도 의성김씨로만 120여 호가 살았으나 현재는 도시화의 영향으로 약 70여 호가 살고 있는데 타성이 약 25가구나 된다고 한다.

이 마을의 풍수적 특징은 배산임수(背山臨水)와 전저후고(前低後高), 전착후관(前窄後寬)이란 양택3요결을 모두 갖춘 양택 길지로 마을 입구에 들어서면 누구나 아늑하고 따뜻한 기운을 느낄 수 있는 곳이다. 태백산 천재단에서 남서쪽으로 뻗어 내린 산줄기가 마을 뒤 소태산(333.5m)까지 이어졌고 이 마을은 주산인 소태산을 배산으로 하여 주택이 들어서니 마을 전체가 남향이다. 그리고 마을 앞쪽에 선비들이 학문을 논하고 풍류를 즐기던 도암정이 자리 잡고 있고 그 옆 동산재 끝자락에는 큰 바위 3개가 마을 앞을 가로막고 있으니 마을 입구가 좁아져 전형적인 전착후관의 형태다. 『택경』에 이르기를 택지의 모양은 ''전착후관부귀여산(前窄後寬富貴如山)'이라 하여 수구와 같이 앞이 좁으면서 뒤가 후덕하면 부귀가 산처럼 쌓인다고 하였다. 마을 안쪽 중심에 위치한 경암헌 고택(경북 민속자료 53호)은 원래 영양남씨의 종택으로 진사(進士) 남구수가 지었으나 훗날 입향조 김흠의 손자 김종걸씨가 증여받아 그들의 종택으로 사용하고 있다. 마을의 안산은 봉우리가 아홉 개로 이루어진 구봉산이고 청룡과 백호는 마을 뒤 주산에서 뻗어 내려온 지맥들이 마을을 잘 감싸주고 있어 바람의 피해가 없으며 형국적으론 금계포란형 혹은 비룡학소형국이다. 그러나 마을 앞 구봉산의 서편 학가산은 돌이 많아 오행으로 볼 때 화(火)산의 형태로 보이기에 마을에 화재의 위험성을 가져다준다. 다행히 도암정 앞에 저수지가 조성되어 있어 그 화기를 비보(裨補)해 줌으로 화재의 위험성을 줄일 수가 있다. 실제 이 마을에는 마을 앞 저수지 조성 전에는 화재가 빈번하였으나 저수지 조성 후에는 화재가 거의 일어나지 않았다고 한다.

배산임수 전저후고, 전착후관이라는 양택3요결을 모두 갖춘 이 마을은 과거 조선조에서부터 뚜렷한 큰 벼슬이 나질 않다가 근대사에 들어 10여 명의 판검사를 비롯해 많은 공무원들이 배출되었다고 한다. 한때는 봉화군 전체에서 마을 단위별로 보아 제일 많은 숫자의 각종 공무원들이 배출되었다고 하니 집집마다 혹은 한 집 건너 1명씩은 꼭 공직이나 교직에 진출했다고 한다. 그리고 마을 앞 들판이 넓지는 않으나 농사로 밥 굶는 이가 없었으니 부귀가 보장된 평온한 씨족 마을 집성촌 부락이다.

231. 주택 가상家相론

양택 풍수론은 구성요소에 따라서 양택학과 가상학으로 구분한다. 양택학이란 용·혈·사·수를 고려하여 사람이 생활하기에 적합한 터를 잡는 풍수 이론이고, 가상학은 택지 위에 세워지는 건물의 형태와 구조, 방위 및 실내 공간 배치에 관한 것을 연구하는 학문이다. 말 그대로 집(家)이라는 대상을 놓고 길, 흉상을 판단하는 이론이다. 건물의 모양과 크기를 비롯해서 실내 내부 구조를 어떻게 할 것인가, 또 각 구조물들의 좌향과 배치, 크기와 높이 등을 풍수 이론에 맞게 하여 우주공간의 좋은 기운을 받을 수 있도록 하는 것이 가상론이다. 택지에 관련된 양택이 지기와 관련된 것이라면 가상론은 천기에 관련된 학문이다. 자연 상태의 지형인 택지는 좋은 곳을 고르는 것 이외에는 사람이 인위적으로 할 수가 없으나 가상은 풍수 조건에 맞는 설계로 얼마든지 유리하게 할 수 있다. 그래서 옛 부터 "사람이 집을 짓지만 그 집이 사람을 만든다."란 말이 생겨났고 양택 가상학을 사람의 운(運)을 바꿀 수 있다하여 개운학(開運學)이라고도 부른다.

사람은 일생의 대부분을 건물 공간에서 보낸다. 그렇기 때문에 건물 가상의 길흉 여부에 따라 그곳에 살고있는 사람의 운명에 직접적인 영향을 준다. 특별한 이유 없이 어려운 일이 계속될 때는 건물의 간단한 구조변경, 대문[현관]의 위치변경, 담장의 높낮이 조절 혹은 집안의 각 공간마다 가구를 재배치하든가 다양한 장식품으로 집안의 분위기를 풍수 원칙에 맞게 바꾸어보면 많은 효과를 얻을 수 있다. 도심 속에서 풍수적으로 길한 택지를 구하기란 여간 어려운 일이 아니다. 그래서 현재 주어진 조건에서 집의 운을 좋게 할 수 있는 방법은 가상뿐이다. 택지가 풍수적으로 좋은 터라 할지라도 가상을 좋게 해야 대지는 대발하고 중지는 중발, 소지는 소발한다. 좋은 택지에 가상이 잘못되어 자연 형국에 반하게 되면 좋은 기운을 받아들이기는커녕 그곳에서 기거하는 사람들은 각종 풍수해의 피해로 재앙에 시달리게 된다. 여기서 좋은 가상이란 먼저 동서사택 이론에 부합하고 집주인의 본명 궁과도 일치하여야 그곳의 좋은 기운들을 받아 건강한 생활을 이어 나갈 수 있다.

모든 주택은 배치에 따라 동·서사택의 구분이 이루어진다. 동·서사택이론에 의하면 집 내부에서 중요한 공간인 대문(현관), 안방, 부엌이 같은 범주에 들어가지 못하면 복가(福家)라 할 수 없다. 대문(현관), 안방, 부엌, 화장실을 어느 방위에 배치하느냐에 따라 길흉이 달라지는데 이것은 가족 모두에게 많은 영향을 미친다. 정해진 대지 위에 건축을 함에 있어서 무엇보다 중요한 것은 제일 먼저 지형 지세에 맞추어 좌향을 설정하고 좌향에 맞추어 동·서사택 이론에 합당하게 건물이 지어져야 집안에 좋은 기운이 가득하여 건강하고 안락한 생활을 누릴 수 있다. 동·서사택 이론이 초보자에게는 좀 어려운 학문일지는 모르나 실제 적용함에 있어서는 많은 연구와 세심한 주의를 기울여야 그 복분을 얻을 수 있고 잘못하여 오류를 범하게 되면 복가여야 할 집이 흉가로 변할 수 있다는 것을 명심하여야 한다.

232. 대지의 모양에 따른 길흉

대지는 건물을 지을 때 담장을 쌓은 안쪽을 말한다. 대지의 모양이 삼각형이거나 모양이 불손하여 흉상이거나 너무 길거나 좁아 균형이 맞지 않으면 담장을 쌓아 길상의 대지로 바꾸어야 한다. 방정하지 못한 대지는 담장을 반듯하게 쌓고 그 안에 건물을 세우는 것이 바람직하다. 풍수고서 『황제택경』에서는 대지의 모양에 대해 다음과 같이 적고 있다. 집터는 남북이 길고 동서가 좁으면 길하고 동서가 길고 남북이 좁으면 처음은 흉하나 나중에는 괜찮다 하였으며 집 앞쪽 정면의 넓이보다 안쪽으로 긴 것이 유리하다고 하였다. 또한 집터가 원형이면 백사순성(百事順成)하고 자손이 성공하며 육각형이면 기운이 충만하여 모두가 건강하고 팔각형이면 가운이 번창하여 자손이 크게 발복한다 하였다. 이것은 집터가 원형에 가까울수록 내부 기운의 회전이 원활하여 집안에는 좋은 기운이 만들어진다는 것이다. 그러나 집터가 사다리꼴이면 범죄자나 정신질환자가 생기고 삼각형에서도 화재나 정신쇠약, 두통 환자, 범죄자가 출현한다고 하였다. 또한 긴 사각형이면 사람들의 성격이 이기적이고 배타적이며 경제적 어려움을 겪게 되고 마당에 요철이 심하면 도적 사건과 가정불화에 급사하는 경우가 있으니 반드시 평탄 작업을 하여야 한다. 특히 곤(坤:남서)방이나 간(艮:동북)방은 귀문방이라 하여 귀신이 드나드는 곳으로 절대로 들쑥날쑥하지 말아야 한다고 기록하고 있다.

근래에 들어와서 이웃과의 소통과 거리감을 줄이기 위해 담장 허물기를 하는 모습을 가끔 볼 수 있는데 이것은 풍수적으로는 좋지 못한 현상으로 음택에서 사신사(북현무·남주작·좌청룡·우백호)가 없어 풍해를 입는 것과 같다고 보면 될 것이다. 그리고 대지 주변에 흉한 바위나 뾰족한 지룡(산줄기)이 있든지 주위 건물의 뾰족한 부분이나 모서리가 택지를 향해있어도 충(衝)을 하기 때문에 살기(殺氣)가 있다. 삼각형의 대지 역시 흉상으로 모서리 부분은 상대방에게도 충을 준다. 그러나 만약 택지가 어느 특정한 방위에 보기 좋게 돌출되어 있으면 후천 8괘의 가족 분방에 따라 해당자가 발복하고 보기 흉하게 돌출 혹은 함몰된 경우는 발흉이 온다. 예를 들어 동쪽 면이 동그랗게 볼록하다면 그 집안의 장남이 발복하고, 동남쪽이 흉하게 돌출 혹은 뾰족하게 함몰되어 들어간 땅이라면 제일 먼저 장녀에게 피해가 온다는 것이다. 일반적으로 보아 대지의 모양은 가로세로 길이의 비율이 약 3:5 정도이면 가장 이상적이다. 이것은 건물을 앉히고 나머지 부분인 정원(마당)의 모양을 거의 정사각형에 근접시킬 수 있기 때문이다. 이때 가로는 집 앞 도로와 접한 면을 말한다. 반대로 가로세로의 비율이 5:3이 되면 도로 쪽으로 집의 앞을 향하도록 했을 때 마당의 모양이 옆으로 길쭉한 모양이 되어 좋지 못하다. 마당의 크기는 건물을 짓고 남은 넓이가 건물의 평면보다 1.5배 정도 넓은 정사각형 모양이 가장 이상적이다. 마당이 원형이거나 네모반듯해야 집안에 들어온 기운이 잘 순환되고 이때 만들어진 좋은 기운들은 실내에 골고루 들어가진다.

233. 수세와 도로 및 각종 흉살

풍수에서는 음·양택을 막론하고 택지 선정 시 수세와 도로를 매우 중요시 여긴다. 집 주변에는 어떠한 형태와 조건을 갖추어야 길하고 흉한지 알아보자. 물이 흐르는 수세에는 반드시 배(背)와 면(面)이 있다. 여기서 면은 곡면을 이루고 흘러가는 물길의 안쪽을 말하며 배는 바깥쪽을 말한다. 풍수에서는 도로 역시 물길과 같이 취급하기 때문에 건축물은 반드시 면의 안쪽 지점에 지어야 한다. 수세와 도로가 환포하고 수구가 관쇄된 지역이야말로 생기가 가득한 곳으로 훌륭한 인물과 재복(財福)을 가져다주는 곳이다. 평지에서 집 앞의 물길이나 도로가 반궁(反弓)을 하게 되면 집안의 생기가 빠져나가 흉지가 된다. 또한 주위에 흐르는 물은 항시 맑은 물이어야 하고 집안에서 물 흐르는 소리가 요란하게 들리지 않아야 하며 집안의 하수구는 눈에 띄지 않게 복개하는 것이 좋다. 물길이 집 후원에서 집을 환포하고 흘러들어오다가 집 앞에서 직류 하거나 배주하던지 집의 후면에서 비스듬히 와서 집을 충(沖)하고 흘러나가는 곳도 흉한 택지가 된다. 집 뒤쪽으로 물이 가로질러 흐르는 곳은 집안으로 들어오는 지기맥을 차단하기 때문에 좋지 않다.

집의 건물 바로 앞 혹은 뒤편에 우물을 파거나 분수대를 설치하는 것은 집안의 모든 기운이 그곳으로 빠져버리고 특히 집안 마당에 우물을 파는 것은 더더욱 금물이다. 가택 내부에 고여 있는 물도 흉수이고 주택 근처에 호수가 있더라도 그 물은 항시 넘쳐흘러야 살아있는 물로 생기를 공급받을 수 있다. 물은 곡류를 이루면서 천천히 흘러나가는 것이 좋기 때문에 집안에서 흘러나가는 물도 대문 정면으로 바로 빠져나가게 하지 말고 집(마당)을 환포하며 천천히 좌측이나 우측 모퉁이를 통해 밖의 물길을 역수하는 방향으로 흐르게 하는 것이 집안의 생기 보전에 많은 도움이 된다. 이것은 마당 공사를 할 때 인공적으로 높이 조절을 함으로써 충분히 가능하다.

풍수에서는 택지 선정 시 각종 흉살(凶殺)도 피해야 한다. 첫째, 풍살(風殺)이라 하여 택지의 사방 혹은 어느 한쪽이라도 요함(凹陷)하여 밤낮없이 불어오는 골바람에 의한 곡풍살(谷風殺)이다. 이 바람을 일명 음곡자생풍(陰谷自生風)이라 하여 부지불식간에 사람이 상하고 재산의 손실과 더불어 재앙이 끊임없이 일어난다. 둘째, 충살(衝殺)이라 하여 산 능선이나 계곡이 택지를 직선으로 찌르는 살이다. 계곡이나 능선 끝자락이 택지를 충하면 사람이 상하고 재물을 잃는다. 셋째, 압살(壓殺)이라 하여 높고 험준한 산이 택지를 고압하면 질병으로 단명하고 대(代)가 끊어진다. 그러므로 택지 주변의 산이 너무 높아 고압 하는 흉지는 반드시 피해야 한다. 넷째, 파살(破殺)이라 하여 택지 주변의 산들이 파열되거나 공사로 인하여 암석이 깨지고 땅속의 바위가 노출된 곳을 말한다. 이러한 곳에 택지를 선정하면 사람과 재산이 상하고 각종 재앙에 시달리며 특히 정신질환자가 생긴다. 다섯째, 수살(水殺)이라 하여 급류수가 택지를 바로 직충하면 사람이 상하고 혈 앞 명당이 기울어 물이 비켜나가면 가정이 파산되어 빈곤함이 이어진다.

234. 건물의 좌향坐向

대지가 선정되면 건물을 어느 방향으로 배치하는 것이 가장 이상적인가를 살피게 된다. 남향집이 좋다고 하여 땅이 모두 남쪽으로만 경사져 있지 않기 때문에 그 대지가 위치한 주변 자연 형국에 맞는 좌향을 결정하여야 한다. 주변 지세를 무시하고 무조건 남향집만 고집한다면 얻는 것은 하나지만 잃는 것은 아홉이라 하였으니 자연의 순리에 따라 좌향을 결정하는 것이 풍수 원칙이기도 하다. 원래 좌(坐)는 집 뒤 용맥을 따라 공급되는 지기를 잘 받기 위한 것이고, 향(向)은 햇볕을 포함한 천기를 잘 받기 위한 것이다. 땅의 기운인 지기와 하늘의 기운인 천기가 음과 양으로 결합하여 생기를 만들어낸다. 따라서 건물을 배치할 때는 대지가 위치한 주변의 자연지세를 참고하여 생기를 가능한 많이 받을 수 있도록 좌향을 조정해야 한다.

풍수에서 좌향을 결정하는 데는 형기론적 방법과 이기론적 방법이 있다. 여기서 형기론은 주변 산세와 물, 도로, 건물 등의 여건을 살펴 건물의 방향을 결정하는 방법이고 이기론은 나경 패철로 용맥과 주위 사격, 물의 방향 등을 측정한 후 음양오행에 맞추어 방향을 결정하는 방법이다. 산을 떠난 도시공간에서는 이기 풍수학이 훨씬 쓰임새가 많다. 비록 길지가 아니더라도 좌향으로 그 길함을 고조시킬 수가 있기 때문이다. 우주의 좋은 기운과 땅속의 생기를 더 많이 공급받기 위해 정확한 생기선을 찾아 음양오행의 법칙에 맞춰 좌향을 결정한다. 건물이 좋은 기운을 많이 받으려면 어떤 원칙으로 좌향을 결정해야 하는지 알아보자.

첫째, 배산임수(背山臨水)와 전저후고(前低後高)의 원칙을 따른다. 도심 속에서는 지면의 고저가 뚜렷하지 않아 주위의 큰 강이나 개울 쪽으로 빗물이 흘러 내려가는 쪽이 앞이다. 또한 뒤에는 높은 건물이 있고 앞에 도로가 있으면 이것도 배산임수로 간주하기 때문에 도시에서 건물의 앞면은 도로를 바라보도록 해야 하고 뒤쪽이 허한 건물은 지기도 약할뿐더러 바람의 피해를 받아 흉하다. 둘째, 풍수에서는 배산임수가 원칙임으로 북향에도 명당이 많이 있다. 그런데 북향에서는 뒷산이 높거나 가까이 있으면 남쪽의 햇볕을 차단하게 되므로 응달이 져 불리한 경우도 있다. 그러므로 뒤편(남쪽)의 산은 주택과 좀 떨어져 있어야 하고 용맥의 경사가 완만해야 항상 양지바르고 햇볕이 잘 들어 좋은 길지가 될 수 있다. 이때 용맥의 방향을 잘 살펴 용상팔살(龍上八殺)좌는 반드시 피해야 한다. 이것은 음·양택을 막론하고 가장 무서운 재앙으로 산세가 뻗어온 방위에 따라 향을 놓아서는 안 되는 방위를 말한다. 셋째, 물이 흘러나가는 방향을 기준으로 좋은 기운을 받을 수 있도록 방향을 정확하게 측정하여 좌향을 정한다. 음·양택을 막론하고 많이 쓰이는 좌향법은 12포태법과 88향법이고 물의 흐름이 좌선이냐 우선이냐를 보고 그에 맞는 길한 좌향을 택한다. 개인주택의 경우 동·서사택이론으로 양택삼요가 합당한 위치에 배치되어야 하고 본인(가구주)의 본명 궁과도 맞는 좌향인지 살펴보고, 회두극좌도 고려하여야 한다. 회두극좌는 산 사람이든 죽은 사람이든 반드시 피해야 할 나경의 24방위 중 3방위이다.

235. 건물의 형태와 공간 배치 ㊤

건물은 대지 위에 지은 구조물로 내부에는 사람이 생활하는 공간이다. 건물 내부 공간은 땅으로부터 전달되는 음의 기운인 지기와 외부로부터 유입된 양의 기운인 천기가 어울려져 조화를 이루는 곳이다. 그렇기 때문에 건물의 형태는 좋은 지기와 천기를 가장 효과적으로 받아들일 수 있는 모양과 구조여야 한다. 지기는 상승하고 천기는 하강하는 특성이 있다. 건물이 상승하는 지기를 전달받는 곳은 지면과 붙어있는 바닥이다. 만약 이곳이 땅과 붙어있지 않고 떠 있거나 공허(空虛)하여 외부 바람이 통과된다면 땅에서 올라오는 지기는 건물에 전달되지 않고 흩어지고 말 것이다. 이런 경우 건물 내부에서 생활하는 사람들은 지기의 영향을 전혀 받지 못하고 살아가게 된다. 따라서 좋은 건물은 바닥 전체가 지면과 접하고 있는 건물이다.

현대식 건물인 아파트나 빌라의 경우 1층을 공간으로 비워 주차시설로 이용하는 경우가 허다한데 이는 풍수적으로 아주 좋지 못한 현상이다. 사람뿐 아니라 지구상의 모든 생명체는 천기와 지기의 힘으로 살아가고 있다. 활동이 없는 식물은 땅에 직접적으로 뿌리를 내려 지기의 힘을 얻고 천기는 외부적으로 햇볕과 바람, 물을 공급받으면서 살아가고 있다. 반면 움직임이 있는 사람이나 동물은 천기는 식물과 똑같이 공급받을 수 있으나 지기는 땅에 발을 묻고 살 수가 없기 때문에 땅에서 생산되는 곡물과 채소를 먹어 지기를 보충한다. 즉 지구상에 존재하는 모든 생명체는 천기와 지기를 골고루 공급받아야 살아 나갈 수 있다는 것이다. 천기는 본래 특별한 모양이 없으나 지상의 구조물 형태에 따라 그 모습과 성질이 변한다. 만약 건물의 외부 모습이 방정하여 안정된 모습이라면 공기 역시 안정된 형태로 변하여 건물 내부에 영향을 줄 것이다. 지기나 천기가 건물 내부로 들어올 때는 제일 처음 건물 외부 모양에 영향을 받기 때문에 건물의 형태는 가상학에서 상당히 중요하다.

건물의 외부가 결정되었으면 내부 시설이 있어야 한다. 주택에서 중요한 대문, 안방, 부엌, 거실, 화장실 등 여러 공간 시설물들은 저마다의 특성에 맞게 집안 내부의 적소에 배치하여야 좋은 가상이 된다. 사람의 신체 구조에도 이목구비가 중요하듯 가택에서도 대문, 안방, 부엌의 위치는 매우 중요시하고 있다. 사람은 일생의 대부분을 건물 내부 공간에서 보낸다. 그렇기 때문에 건물 형태의 풍수적 길흉 여부가 그곳에 살고있는 사람의 운명에 많은 영향을 미친다. 특별한 이유 없이 어려운 일이 계속될 때는 건물의 간단한 구조변경, 대문[현관]의 위치변경, 담장의 높낮이 조절 혹은 집안 내부 각 공간의 재배치 등으로 분위기를 풍수 원칙에 맞게 바꾸어보면 많은 효과를 얻을 수 있다. 이러한 중요 부분들을 동·서사택 이론으로 보아 합법한 위치에 자리하여야 좋은 기운이 충만한 복택이 될 수 있다. 안방이나 부엌 등 주요 공간들은 좋은 방위인 생기, 연년, 천을 등 3길성 방위에 배치하고, 화장실, 창고, 드레스 룸 등은 흉한 방위인 오귀, 육살, 화해, 절명의 4흉성 방위에 배치되어야 그 속에 사는 사람들이 건강 장수한다는 것이다.

236. 건물의 형태와 공간 배치 ㊦

건물이 풍수적으로 좋은 형태의 가상이 되려면 어떤 조건들을 갖추어야 되는지 알아보자.

첫째, 건물은 주변 형세의 자연과 조화를 이루는 형태와 방향이어야 한다. 주변의 지형적인 특색과 건물의 모양과 방향이 조화를 이루어야 보기도 좋고 기의 소통이 원활하다. 둘째, 건물의 무게중심은 건물의 중앙에 있어야 하고 상단보다는 하단이 같거나 넓어야 기의 집중력과 심리적으로도 안정감이 있다. 셋째, 자연의 모든 만물은 앞뒤가 있듯이 건물 역시도 앞뒤가 분명하여야 하고 한 공간에 여러 건물이 있을 때는 주종관계가 분명한 형태여야 한다. 건물의 앞뒤가 불분명하면 기의 유입이 분산되어 집안에 좋은 기운을 오래 머물게 할 수 없고 한 대지에 여러 동의 건물을 지을 때는 주종관계를 분명히 해야 기(氣)가 분산되지 않는다. 그리고 모든 건물들은 서로 마주 보면서 앞을 향하고 있는 형태가 좋다. 등을 돌리고 있는 형태는 실내 기운도 서로 배반하는 형식으로 이런 곳에서는 사람들도 협조가 이루어지지 않고 의견충돌이 심하게 된다. 넷째, 가급적 산 정상에서 내려오는 능선과 집 중심축을 일치시키고 배산임수 원칙에 따라야 하며 집터를 닦을 때는 생토가 나올 때까지 겉의 흙을 걷어 낸다. 이렇게 하면 건물이 용맥의 중심에 위치해 많은 지기를 받을 수 있다. 그리고 건물이 여러 개 들어설 경우에는 주 건물이 산 중심과 일치하도록 하고 그 좌우에 부속건물을 배치하여 주 건물의 청룡·백호 역할을 하게 한다. 옛날부터 궁궐, 사찰, 서원, 향교 등이 이러한 배치 방법을 사용했다. 다섯째, 건물은 두 채의 집을 합쳐서 한 채로 만드는 것은 흉하다. 인접해 있는 두 채를 부분 공사로 하나의 집으로 합치는 것은 실내 기운이 분산되어 나쁘다. 필요시 전부 헐어내고 다시 하나로 지어야 한다. 그리고 건물을 부분적으로 개조하는 것과 원래 1층의 건물을 2층으로 증축하는 것도 좋지 않다. 그리고 같은 크기의 건물을 나란히 세우고(H-모양) 그사이에 연결통로를 내는 형태도 기운이 분산되어 좋지 않다. 여섯째, 나무가 무성했던 땅에 집터를 닦을 때는 그루터기를 남기지 않는다. 고서에서도 땅속에 나무뿌리가 있으면 아무리 길상의 집을 지어도 운이 트이지 않고 고생스러운 일이 끊임없이 생긴다 하였다. 시간이 지나 나무뿌리가 썩으면 땅의 함몰이 생기고 그 공간에는 물과 바람이 들어가 생기(地氣)가 흩어지게 된다. 일곱째, 건물 안의 정원(앞마당)보다 후원(뒷마당)이 크거나 같은 넓이는 좋지 않다. 정원과 후원의 크기가 같으면 집주인이 두 집 살림을 하게 되고 후원이 더 넓으면 후실(後室)이 안방을 차지한다고 한다. 여덟째, 집터는 방정하여야 하고 집안의 모든 공간은 동·서사택 이론으로 합당한 위치에 배치되어야 한다. 집안의 대문(현관), 안방, 부엌, 화장실 등 모든 공간들이 적소에 배치되어져야 외부에서 유입되는 천기도 좋은 기운들을 받아들일 수 있어 집안에 생기가 넘친다. 즉 양택삼요에 속하는 대문(현관)과 안방, 부엌은 길방에, 화장실은 흉방에 배치되어져야 복가(福家)가 되어 건강운과 재물운이 따른다는 것이다.

237. 건물 위 지붕

건물의 지붕은 하늘의 기운인 양기를 받아들여 집안에 저장하는 역할을 한다. 천기를 적당하게 받아들일 수 있는 지붕의 모양은 주변 산천의 모습과 비교하여 상생과 조화를 이룰 수 있는 모습이어야 한다. 건물의 기단(基壇)이 땅에서 전달되는 지기를 받는 곳이라면 지붕은 하늘에서 하강하는 천기를 받는 곳이다. 지붕과 기단 사이에서 사람이 생활하므로 건물의 형태 역시 천·지·인의 우주 원칙이 적용된다. 지붕은 비와 눈, 바람, 태양광선 등으로부터 건물 내부를 보호하는 역할도 하지만 낮과 밤의 온도 차이를 조절하는 완충 역할을 해준다. 또한 외부의 강력한 기를 부드럽게 완화 시켜주는 공간이기도 하다. 따라서 지붕은 천기가 건물에 길한 형태로 모이는 형상이어야 한다. 만약 지붕이 빈약하여 집안에 기운이 모이지 않는 형태라면 흉한 가상이 된다. 풍수적으로 볼 때 좋은 가상의 지붕 형태는 어떤 모양인지 알아보자.

첫째, 지붕의 모양은 중심 부분에 기(氣)가 모이는 형태가 좋다. 기는 건물 중심에 모여야 내부의 공간 이곳저곳으로 골고루 분포된다. 건물에서 천기를 가장 많이 받아들이는 부분은 지붕이므로 지붕의 모양이 잘 갖추어져야 건물 내부 중심에 기운이 모이기 쉽다. 만약 가운데가 푹 꺼진 지붕은 중심이 빈약한 형태로 기를 집중시킬 수 없어 지붕이 없는 것만 못한 매우 흉한 모습이다. 둘째, 지붕의 용마루는 처지지 않고 일자(一字)로 하는 것이 좋다. 건물의 최 상층부에 있는 용마루는 건물 전체에 대한 힘의 균형을 이루는 곳이다. 이곳이 일자로 반듯해야 집안에 모여드는 기운도 중심에 모여 균형을 이룬다. 용마루가 가운데로 처지는 형태의 건물은 집 내부의 기운을 좌우로 분산시켜 불안한 기운을 만들어낸다. 셋째, 슬래브지붕은 좋지 않다. 도시에서 옥상 공간을 활용하기 위해서 지붕을 평면으로 하는 슬래브지붕은 천기를 담아두고 저장하는 역할을 할 수 없기 때문에 풍수적으로 볼 때 좋지 못한 형태다. 천기를 건물 내부의 중심에 잘 모을 수 있는 지붕의 형태는 사방의 높낮이가 일정하게 경사진 모양이 좋다. 가운데가 높고 아래로 내려갈수록 점차 낮아지는 형태의 지붕으로 그 높낮이가 앞면이나 뒷면, 옆면이 모두 일정해야 안정감이 있다. 이러한 지붕 아래서는 기(氣) 역시 건물 사방으로 균형 있게 모여들어 건물 내부에서 안정되게 작용한다. 그러나 한쪽은 완만한데 한쪽이 급경사를 이루면 건물 내부 공간에서 작용하는 기운도 균형이 이루어지지 않아 집안에 좋은 기운을 머무르게 할 수가 없다. 넷째, 지붕과 실내 공간 사이에 천장(天障)이 있는 것이 좋다. 지붕은 태양에너지를 강렬하게 받는 낮에는 온도가 높다가도 밤에는 온도가 낮아진다. 지붕의 기온이 그대로 건물 내부에 전달되는 것보다 천장이 있음으로 그 공간은 완충 작용을 한다. 낮의 열기는 차단해주고 밤에는 냉기를 차단해주므로 실내 기운의 안정감과 더불어 냉난방에도 많은 도움을 가져다준다. 그리고 지붕 아래쪽의 콘크리트(혹은 흙) 면과 천장 사이에는 공간이 클수록 열기와 냉기에 대한 완충 작용을 더 잘할 수가 있다.

238. 건물의 창문

창문은 채광이나 실내외 공기의 순환, 바깥 경관의 조망을 위한 목적으로 사용되는 한편 자연의 기운을 집 안으로 받아들이는 통로 역할을 한다. 이러한 창문은 햇빛과 바람이 들어오는 방향으로 만드는 것이 유리하지만 북서 방향은 가급적 피하든지 아주 작게 내야 한다. 이것은 우리나라 계절의 특성상 겨울의 차가운 북서 계절풍은 가급적 피해야 하기 때문이다. 풍수 원칙인 배산임수 형국의 집에서는 바깥 경관의 조망과 더불어 지세가 낮은 물가에서 올라오는 신선한 바람을 좋은 바람으로 보기 때문에 건물 앞쪽에 큰 창문을 내어 바람을 마주하게 하여야 한다. 바람이 불어오는 쪽을 향해 창문을 열면 들어온 바람은 실내에 생기를 만들어 주고 실내의 공기압력을 높여 사람에게도 신선한 기운을 제공한다. 반대로 바람이 지나가는 옆면이나 스쳐가는 쪽에 창문을 만들면 바람이 지나면서 실내 기운을 오히려 빼앗아 가는 형상이 되므로 좋지 않다. 이러한 건물에서는 바람이 실내 기운을 훑어나가기 때문에 실내의 공기압력은 낮아지고 압력이 낮아지면 기운도 약해져 이곳에 사는 사람들의 건강을 해치게 된다. 그리고 창문은 벽의 중심 지점에 설치하는 것이 가장 이상적이다. 한쪽으로 치우치거나 모서리에 있으면 진동이나 바람 소리가 심해 실내의 기운이 교란되어 불안정한 기운이 만들어진다.

건물 내 창문은 집안의 출입구인 대문(현관문)과 일직선상에 놓이는 것도 좋지 않다. 현관을 통해 집으로 들어온 공기가 맞은편에 창문이 있으면 곧바로 그 창문을 통해 빠져나가 버리기 때문에 집안에는 항상 찬바람만이 맴돌고 따뜻한 기운이 머무르지를 못한다. 건물도 사람과 마찬가지로 때때로 맑은 공기를 깊숙이 들이마셔야 살아있는 건물이 되기 때문에 창문은 바람과 빛을 받아들이기 위해 꼭 필요한 시설물이다. 그러나 창문이 너무 많거나 면적이 넓으면 오히려 실내 기운이 밖으로 빠져나가는 현상을 빚는다. 풍수에서 창문은 기가 빠져나가는 곳으로 보기 때문에 지나치게 많거나 면적이 넓은 것은 좋지 않게 해석한다. 현대식 건물은 창문을 건물의 인테리어로 생각하고 전체를 유리로 마감하는 경우도 있지만 풍수에서는 크기가 한쪽 벽면을 기준으로 50%가 넘으면 기운이 빠져나가는 형상으로 본다. 창문이 너무 커서 실내가 너무 밝은 것도 기운이 분산되어 오히려 운이 빠져나가는 것으로 해석하며 약간 어두운 곳이라야 음양의 조화가 이루어져 생기를 만들어 준다.

사무실의 경우 출입문과 대각선의 방향에 창문이 있으면 기운을 모을 수가 없다. 출입문에서 대각선 방향은 'Lucky zone'이라 하여 일반적으로 재물이 모이는 공간으로 보기 때문이다. 근래 들어 건축물의 유리창 면적이 점점 넓어지는 것이 특징인데 이것은 기운이 쉽게 빠져나가기 때문에 풍수적으로 좋지 못한 현상이다. 더구나 창문의 재질인 유리에서는 좋지 않은 소리나 진동이 발생하기 때문에 유리창이 넓을수록 실내 기운이 불안정하여 좋지 않은 영향을 미친다. 유리는 기운을 통과시키기만 하고 사람에게 기를 전달하는 성질이 없기 때문이다.

239. 대문(현관)의 모양과 위치

풍수에서 대문은 사람의 신체에 비유하여 입으로 생각하고 중요하게 다루기 때문에 옛 부터 건물의 본채 다음으로 중요시 여겨왔다. 그래서 대문은 본채와 방향도 맞아야 하고 높이와 크기도 적당하여야 집안에 좋은 기운을 불러들일 수 있다. 풍수고서 『팔택명경』에서도 "집은 길흉이 없으나 대문에 따라 그 집안의 길흉이 생긴다." 하였으니 출입문의 위치에 따라 그 집안의 운명이 좌우된다. 아무런 이유 없이 집안에 불운이 계속될 때 대문의 위치를 바꾸거나 높낮이의 조절만으로 복가로 변할 수가 있다. 그러므로 대문의 위치선정은 우선적으로 동·서사택 이론에 맞추어 집의 좌향[起頭]과 합당한 방위에 설치되어야 하고 대문의 크기는 건물 크기와 어울리는 것이 좋다. 건물의 크기에 비해 너무 크거나 작거나 높거나 낮지 않아야 하며 평평한 장소에 좌우 균형을 이루고 안정감이 있어야 한다. 그래야 집안에 좋은 기운을 불러들일 수 있어 가족 모두가 건강장수한다는 것이다. 그리고 집의 대문은 안쪽으로 열려야 집안으로 새로운 기운이 들어와 건강과 재물운을 가져다준다. 밖으로 열리는 집은 내부의 따뜻한 기운이 문을 열 때마다 빠져나가기 때문에 건강운과 재물운도 같이 빠져나가 버린다.

한집에 대문이 둘이면 좋지 않다. 출입문에서 공기가 들어오면 집안에서 원을 그리면서 되돌아나가게 되어있다. 그러나 뒤쪽이나 옆에 뚫린 문이 있다면 그 공기는 원형을 이루지 못하고 그냥 바로 나가버린다. 공기는 원을 그리면서 천천히 집안 곳곳에 좋은 기운을 공급하고 빠져나가야 하는데 바로 빠져버리니깐 집안에는 항상 차가운 살풍만이 감 돌게 된다. 대문의 아래위가 비거나 파이프로 만들어 안쪽이 들여다보이면 이곳으로도 집안의 기운이 빠져나가 흉하다. 양택에서 가장 중요하게 여기는 것이 바로 공기의 흐름이고 그 공기의 흐름을 잘 다스릴 줄 아는 것이 바로 양택 풍수의 첫 번째 관문이다. 대문은 담장보다 약간 높아야 길하고 앞쪽의 정면이 너무 낮아 급경사이면 재물이 모이지 않아 경제적으로 곤란을 당하고 정서적으로도 불안하게 한다. 그리고 골목의 양편에서 두 집의 대문이 마주 보고 있으면 서로가 경계를 하게 되고 결국은 두 집중 한집이 쇠퇴하게 된다.

대문의 형태에 있어서도 대문 위에 방범용 유리 조각이나 뾰족한 철제 가시철망 등은 살기(殺氣)를 뿜어내 매우 흉하고 위치가 마당 안으로 들어와 있는 경우도 좋지 않다. 특히 건(乾:북서) 방위가 들어와 있으면 가장에게 불운이 닥치고, 곤(坤/남서) 방위가 들어와 있으면 안주인에게, 진(震:동)방위에 들어와 있다면 그 집안의 장남에게 불운이 닥친다. 이것은 팔괘의 모든 방위가 해당 가족의 길흉과 연관이 있으며 집 뒤편에 대문이 있으면 가장은 여자 문제가 복잡하다. 봄이면 대문에 '立春大吉', '建陽多慶', '開門萬福來' 등을 써 붙이는 것은 문을 열 때마다 온갖 복이 들어오라는 희망과 더불어 대문이 한 집안의 길흉화복을 부르거나 막는 장소로써 우리의 삶에 많은 영향을 미치기 때문에 그만큼 중요하다는 의미이다.

240. 건물 주변의 담장

건물 주위의 담장은 도둑이나 짐승의 침입을 막기 위한 것이 목적이기도 하지만 풍수에서는 사신사의 역할로써 바람을 막아주는 것이 무엇보다 더 큰 목적이다. 사람은 누구나 집안에서 편히 쉬고 싶어 한다. 그런 집안으로 강한 바람이 불어온다면 그 집에서 거주하는 사람은 건강상 문제가 생긴다. 요즘은 건물 외벽의 자재가 좋은 편이라 바람의 피해가 적지만 담장을 설치함으로써 집안의 내부 공기를 따뜻하게 하고 좋은 기운을 오래토록 머물게 하여 항상 생기 충만한 집을 만든다.

이러한 담장의 일부가 파손된 상태로 방치된 건물은 건강과 재물의 손실을 가져온다. 건물을 완공하고 담장을 설치할 때는 건물과의 적당한 간격이 필요하며 건물에서 지나치게 멀리 떨어져 있으면 바람막이 역할을 할 수 없으며 너무 높으면 남의 의심을 받기에 충분하고 새로운 바람이 들어오지 못한다. 이러한 현상은 음택에서 청룡·백호가 너무 높아 혈장을 고압하는 원리와 같고, 또한 담장은 너무 낮아도 안 된다. 일반적으로 한국인의 평균 신장보다 조금 높은 180cm(일부에서는 150cm) 정도면 남의 시선과 소음, 먼지를 막는 효과가 충분하고 그 이상으로 높으면 일조와 통풍을 오히려 방해한다. 2층 이상의 건물에서는 바람의 피해가 더욱 심하기 때문에 건물의 외벽을 두껍게 하고 반드시 2중 창문을 설치하여야 한다.

정원(마당)이 좁거나 정원에 연못이 있으면 담을 낮게 하여 공기의 순환을 좋게 하여야 한다. 처마보다 높은 담은 좋지 않지만 터가 아주 넓은 경우는 무방하다. 모양을 내기 위해 담장에 구멍을 내는 것은 내부 기운이 설기되므로 흉하고 도둑을 방지하기 위해서 담장 위에 유리 조각을 꽂거나 날카로운 철사로 철조망을 설치하면 뾰족한 부분이 살(殺)이 되어 좋지 않다. 특히 날카로운 끝이 집안을 향하면 아주 흉하다. 나무를 심거나 휀스로 된 울타리나 판자나 철 구조물로 만들어 틈이 있는 울타리는 집안의 기운이 빠져나가 안 좋다. 담장은 사면이 모두 봉해지는 것이 좋고 너무 예리하게 각이 져 있거나 경사가 지면 재물이 줄어든다. 모서리는 약간 타원형으로 하는 것이 기의 순환에 좋다. 담장이 무너지면 즉시 보수공사를 하여야 한다. 집안에서 좌측 담장이 기울거나 무너지면 남자에게, 우측 담장은 여자에게 좋지 않은 일이 생긴다. 특히 담장이 비스듬히 기울어지거나 무너진 상태로 방치 해두면 가족 분방의 팔괘 방위에 따라 해당자에게 바람과 관련된 풍병 질환이 주로 생긴다. 예를 들어 동쪽의 담장이 무너져 있으면 장남에게 먼저 해(害)가 온다는 것이다. 사람이 처음으로 어떤 낯선 집에 방문했을 때 편안하고 아늑하다는 느낌이 드는 집이 있는 반면 어떤 집은 왠지 불편하고 빨리 벗어나고 싶은 느낌이 드는 집이 있다. 이러한 현상은 사람에게 전달되는 그 집안 기운의 작용으로 생긴다. 집 내부에 좋은 기운이 가득하면 편안하고 아늑한 느낌을 받고, 기운이 좋지 않으면 사람들은 불안하고 불편하다. 그러므로 좋은 기운을 불러들이는 대문의 방향과 그 좋은 기운을 오래 머물 수 있게 할 수 있는 담장이야말로 그 집안의 운명을 좌우할 수 있다.

241. 집안의 마당

양택에서 건물 앞마당은 마치 음택에서 혈(묘소) 앞의 명당에 비유되는 곳이다. 건물은 지기를 받는 곳이고 마당은 양기인 천기를 받는 곳이며 건물이 남성과 귀(貴)를 상징한다면 마당은 여성과 부(富)를 상징한다. 따라서 마당의 기운이 건물 내부에 그대로 전달되기 때문에 생긴 형태에 따라 집안의 길흉화복은 크게 달라진다. 마당의 모양은 네모난 듯하거나 원형으로 평탄한 것이 풍수적으로 가장 길하다. 만약 뾰족한 모서리가 있던지 깨지고 꺼지면 대문으로부터 들어온 기(氣)가 안정되지 못해 건물 내부에 좋은 기운을 공급할 수가 없다.

특히 마당은 풍수에서 음(陰)으로 간주하기 때문에 모양이 불손하면 부인이 지병을 앓게 되고 재산이 모이지 않는다. 마당의 흙은 깨끗하면서도 밝은 생토가 좋다. 어둡고 검은 색깔의 흙이나 썩고 냄새나는 부토, 질퍽한 진흙 등은 사토(死土)로써 좋지 않다. 마당에 콘크리트 포장을 하거나 큰 돌과 자갈을 까는 것은 여름에는 열기가 더하고 겨울에는 추위가 더해지며 땅이 가진 지기(地氣) 즉 흙의 생기를 억눌러 막아버리기 때문에 좋지 않다. 또한 뿌리가 깊은 큰 나무, 괴목, 고목, 잡목이 있어도 집안의 기를 빼앗아 가고 연못, 석등, 인물 석, 또는 큰 수석 등도 마찬가지이며 특히 큰 돌은 집안에 기운을 누르기 때문에 들여놓는 자체가 좋지 않다.

마당에는 잔디를 심는 것이 제일 좋다. 한여름의 푸른 잔디는 열기를 떨어뜨려 주고 삭막함을 덜어준다. 마당이 건물의 앞뒤로 양분되는 것도 안 좋다. 집안의 기가 한쪽으로 모이지 않고 분산되기 때문이며 재물과 부인을 관장하는 공간이므로 가장이 두 집 살림을 할 수 있고 부부간 다툼이 많아진다. 직사각형의 대지에 건물을 짓고 앞마당은 정사각형이 되어야 기(氣)의 순환이 원활하여 좋은 기운을 건물 내부에 골고루 공급할 수 있다. 마당의 크기는 건물 면적의 1.5배 정도가 적당하다. 지대가 높은 곳에서 건물을 지을경우 건물 앞에는 경사도가 심해 가파르게 되는 경우가 많다. 이러한 곳에서는 집 앞의 경사도에 비례하여 인공적으로 지대를 낮추어 마당을 넓고 길게 확보하여야 집안의 재물운도 지키고 안정감을 줄 수 있다.

사각형의 대지 위에 건축을 하고 담장을 만든 후 네 모퉁이 부분은 약간의 곡선을 만들면 기의 흐름이 잘 순환할 수가 있어 좋다. 건평에 비해 마당이 1.5배 정도의 크기가 적당하지만 너무 넓을 때는 앞면의 두 모서리 부분을 약간 둥글게 화단을 조성하여 나무를 심고 마당의 적당한 위치에 타원형의 화단을 몇 개 더 조성하면 공간과 건물의 균형도 맞추고 기의 흐름도 원활하여 건물 내부에 좋은 기운을 공급할 수 있다. 담장 안쪽에서는 화단 이외의 모든 조형물도 둥근 형이 좋으며 뾰족하거나 모양이 불손한 것은 서로 충을 하거나 기의 흐름을 방해하기 때문에 설치하지 않아야 한다. 마당에 연못(우물)을 파거나 분수대의 설치도 풍수적으로는 금물이다. 그곳에 고여 있는 물은 마당의 생기를 흡수하게 되고 생기를 잃으면 집 내부에 거주하는 사람이 건강을 잃게 된다.

242. 집안의 정원수

집 울타리 안에 심는 정원수는 수종을 선택할 때 세심한 주의를 요한다. 정원수는 집안에 신선한 산소의 공급과 더불어 겨울의 차가운 바람을 막아주고 여름의 뜨거운 햇볕을 차단해주는 등 유리한 면이 있기도 하지만 한편으로는 울안에 있는 고목 거수가 집을 그늘지게 하여 양기를 차단하고 뿌리는 땅속 깊숙이 파고들어 지기를 흩어지게 하므로 불리한 점도 많다. 나무는 자신의 키만큼이나 뿌리를 뻗는다고 한다. 뿌리가 뻗은 곳은 땅이 갈라지게 되고 그 사이로 바람과 물이 왕래하여 생기가 누설되므로 풍수적으로 집에 좋지않는 영향을 미친다.

그러므로 집안의 정원수로는 키가 크고 수명이 긴 나무보다는 키가 작고 낙엽이 무성하지 않으며 사시사철 푸른 것이 좋다. 집안에 알맞은 정원수로는 사철나무, 동백, 매화나무 등과 석류, 대추, 작은 감나무 등의 유실수가 적당하고 등나무, 뽕나무, 무궁화, 버드나무 오동나무, 소나무, 잣나무, 은행나무, 호두나무 등은 키도 크고 뿌리가 깊어 정원수로서는 부적합하다. 또한 모과나무도 수분을 많이 흡수하여 마당의 물기를 다 빨아들여 주택의 생기를 뺏어가기 때문에 적합지 못하다. 정원수를 심는 위치로는 북서쪽이 좋다. 우리나라 계절풍의 특성상 겨울의 차가운 북서풍을 막아주고 봄에는 중국으로부터 들어오는 황사를 막아주며 여름에는 오후 늦게까지 뜨거운 열을 발산하는 하지(夏至)의 태양열을 막아주기 때문이다. 남쪽 방위는 햇볕이 잘 들어와야 하므로 거목이나 잎이 무성한 활엽수나 침엽수는 좋지 않다.

그리고 집 주위의 오래된 노거수는 독가스를 뿜어내기 때문에 함부로 베지 말아야 한다. 나무에서 방출되는 독가스가 집안에 퍼져 가족의 건강에 치명적인 영향을 줄 수 있고 비록 지붕을 덮는 경우라도 양기를 차단하지 않는 범위 내에서 가지치기를 하거나 기타 약물 등으로 점차 없애는 방법을 써야 한다.

양택 고서들마다 집안에 수명이 긴 나무와 키가 큰 나무는 심지 말고 정원수가 필요하면 키가 작은 꽃나무를 심으라 하였다. 한문의 뜻글자에서도 집 담장(口) 안에 나무(木)가 있으면 빈곤할 곤(困)이 되고, 문(門) 안에 나무(木)가 있으면 막을 한(閑)이 되어 집안에 양기가 들어오는 것을 막는다는 근거로 이 글자들이 만들어졌으니 집안의 큰 나무는 매우 흉하다 하였다. 원나라 때의 문헌인 『거가필용』에서는 안마당에 나무를 심으면 한 달 안에 재물 천만금을 없애고 주인이 이별을 겪게 되며 큰 나무가 난간에 가까이 있으면 그 집안에 질병이 끊이지 않는다 하였다. 그리고 주택에 사신사(四神砂)가 없어 허전하다면 집 밖에 일정한 거리를 두고 동쪽에는 복숭아나무와 버드나무를 심고, 남쪽에는 매화나무와 대추나무를 심으며, 서쪽에는 치자나무와 느릅나무를 심고 북쪽에는 사과나무와 살구나무를 심어라 하였다. 반면 주택의 동쪽에는 살구나무를, 남쪽과 북쪽에는 배나무를, 서쪽에는 버드나무를 심어서는 안 된다고 하였으며, 뜰 앞에는 오동나무를 심으면 주인이 하는 일마다 방해받아 흉하다고 기록하고 있다.

243. 건물 내부의 계단과 집안의 우물

최근 지어지는 단독주택이나 아파트의 제일 위층에는 복층구조로 짓는 경우가 많아 실내에 계단이 설치된다. 건물 외부의 계단은 주택의 구조에 특별한 영향을 미치지 못하지만 건물 내부의 계단은 거주자에게 매우 큰 영향을 미친다. 공기의 특성상 더운 공기는 위로 올라가고 차가운 공기는 아래로 가라앉는 성질을 지니고 있어 실내에 계단이 있는 집에서는 2층이 항상 덥다. 더운 공기와 차가운 공기의 대류현상으로 인해 각 층의 온도 차이가 나게 되는데 한집에서 생활하는 사람이 급격한 온도 차이를 반복적으로 느끼게 되면 건강에 문제가 발생하게 된다. 이러한 집에서는 아래층과 위층 사이에 문을 달아 공기의 대류현상과 기의 급격한 혼입을 막아주는 것이 좋다. 실내에서 계단의 이상적인 배치는 현관이다. 현관이란 대부분 집의 중앙 출입구나 한쪽에 치우쳐 배치되는데 치우친 현관의 공간을 이용해 계단실을 만들면 1층과 2층의 온도 차이도 줄이고 집안 내부의 구조를 그대로 유지할 수가 있다. 그러나 계단이 대문 입구를 상충해서는 안 된다. 계단은 층계가 횡단면으로 되어있어서 문으로 들어오는 기운을 절단하는 모양이다. 그러므로 대문과 계단은 약간이라도 비켜져 있어야 대문으로 들어오는 기운이 집안 전체를 잘 순환한다.

그리고 계단 아래에는 화장실이나 창고 등으로 활용하는 것은 괜찮으나 주방이나 침실 등은 제압을 당하기 때문에 피해야 한다. 주택에서 복도나 계단의 가장 불안정한 배치는 건물의 중앙을 가로질러 올라가는 계단이다. 겉으로 보아서는 설계와 배치도 쉽고 이용도 편리하며 공간도 분리하기 쉽지만 내부의 기운을 양분하는 현상을 보여준다. 내부의 기는 크게 원을 그리듯 순환해야 하는데 중앙에 설치된 복도나 계단으로 인해 기가 나누어지므로 거주자들의 기운도 상합(相合)을 이루지 못하고 분열되는 결과를 가져온다. 큰 고층 건물에서도 계단의 위치는 중요하다. 출입문을 열었을 때 쏟아져 내리는 계단이 정면으로 바로 보이는 것은 흉하다. 계단은 방향성을 가지고 있어 충살로 간주하기 때문이다. 계단은 경사도가 완만해야 되고 안전을 위해서 반드시 난간의 설치가 필요하다.

풍수에서는 집 내부에 우물이 있는 것을 지기가 설기된다 하여 매우 흉하게 여긴다. 특히 주택의 앞마당에 좌우로 두 개의 연못이 있으면 곡자지[哭字池]라 하여 거주자에게 손해가 따르고 집안에 과부가 난다고 하였다. 집 주위에 자연적으로 생긴 연못은 별문제가 없겠으나 이것도 물은 항상 맑은 물이어야 하고 사시사철 마르지 않아야 한다. 인공으로 조성한 연못은 주위에 지기를 누설시키고 관리의 부실로 인하여 수질이 오염되기 쉬우므로 거주자의 건강에 나쁜 영향을 미친다. 고서들마다 예로부터 집안의 우물은 찬바람을 일으켜 가족들에게 질병이 끊이지 않는다고 하였고, 정원의 우물은 장마철에 병을 가져오는 것으로도 알려져 있다. 또한 집 밖의 수로와 냇물을 집 안으로 끌어들이는 것도 크게 흉하다 하였다. 자고로 옛말에도 우물과 화장실은 멀리 떨어져 있을수록 좋다고 하였다.

244. 택지와 도로

도시에서 택지를 선택할 때 주변 도로와는 밀접한 관계가 있다. 택지와 도로를 음양의 관계로 따지자면 택지는 움직이지 않으므로 음이고 차와 사람이 다니는 도로는 움직이는 양으로 본다. 도심 속에서 건축을 할 경우에도 현대 풍수에서는 주위 건물을 사신사로, 도로를 물(水)로 보고 적용하여야 한다. 도시 공간에서는 비가 오면 대부분의 물이 도로를 통해 하수도로 흘러들기 때문이다. 택지 주변의 도로는 어떤 형태여야 길한 조건인지 알아보자.

첫째, 도로가 택지를 감싸주는 형국 즉 택지는 도로의 면(面) 부분(안쪽)에 위치하여야 좋다. 곡선도로의 바깥(背) 부분이나 직선도로의 막다른 곳에 위치하고 있는 주택은 바람과 물의 피해뿐 아니라 집안의 기운이 바로 빠져나가 버리고 또한 도로의 충(도로殺)을 받기 때문에 택지로서는 흉한 땅이다. 도로가 택지의 정면과 평행으로 나 있는 것은 괜찮다. 완만하게 감싸준 것보다는 못하지만 그런대로 길한 형태로 본다. 둘째, 적당한 넓이의 도로가 좋다. 택지는 음이고 도로는 양이기 때문에 음과 양이 항상 균형과 조화를 이루어야 길한 택지가 된다. 택지에 비해 너무 넓은 도로는 도로가 택지를 제압하는 형상으로 자손이 왕성하게 번창하지 못하며 재산 또한 모이지 않고 흩어진다. 풍수에서는 무엇보다 음양의 조화가 우선이다. 셋째, 경사가 심한 도로는 생기를 머물게 할 수 없다. 풍수에서는 수관재물(水官財物)이라 하여 물을 재물과 연관시켜 해석하기 때문에 집 앞의 도로가 경사지면 재산을 관리하는 물도 급히 빠져버린다. 이런 곳은 재산을 모을 수 없어 가산이 빨리 패하는 곳이다. 넷째, 택지를 4면으로 둘러싼 도로는 좋지 않다. 택지 뒤의 도로는 지기를 전달해 주는 용맥을 차단시키므로 배산임수의 원칙에도 어긋나고 정신적으로도 고립감을 느껴 항상 불안과 초조함을 느끼게 된다. 이러한 곳은 집으로 들어오는 맥로가 차단되어 지기가 약하기 때문에 병치레가 많고 급작스런 흉화를 입게 되어 건강과 재산 모두를 잃는다. 다섯째, 택지보다 낮은 도로가 좋고 높은(고가) 도로나 대각선으로 비켜 가는 도로는 흉하다. 집 앞의 도로는 택지보다 낮아야 배수가 잘되고 도로에서 나오는 매연과 먼지, 소음 등의 피해를 줄일 수 있다. 택지보다 도로가 높은 곳은 비가 올 때 도로의 온갖 오염된 먼지와 매연 등이 물과 함께 집으로 들어오게 되고 차량의 소음이 그대로 집 안쪽으로 전달되기 때문에 집안의 기(氣)가 교란되어 흉하다. 집의 마당보다 대문 밖의 지형이 높으면 자손에게 액운이 따르고 인패, 재패가 동시에 찾아든다. 그리고 택지를 대각선으로 비켜 가는 도로는 청룡·백호가 비주(飛走)하는 것과 같아 이러한 곳 역시 재산이 모일 수 없다. 여섯째, 도로가 택지를 향하여 정면 또는 좌·우측으로 똑바로 치고 들어오면 도로 살(殺)을 받아 비명횡사에 재산 또한 급히 망한다. 주택에서 도로의 상충(相沖)은 좁고 길수록 충(殺)이 심하다. 건물의 좌측에서 직충하여 들어오면 집안의 남성에게 피해가 오고 우측이면 여성에게 많은 재난이 따를 수 있다.

245. 경주 양동마을

풍수적으로 보아 영남의 4대 길지에 속하는 경주 양동마을은 본래 안강현이였으나 조선시대에 이르러 어진 선비들이 많이 배출된 마을이라 하여 양동(良洞)or 양좌동(良佐洞)으로 불렀다. 그런 후 1914년 행정구역 개편에 의해 경주시 강동면 양동리가 되었다. 이곳은 안동의 하회마을과 함께 세계문화유산으로 등재된 곳이고 봉화의 닭실마을, 안동 임하의 내앞마을과 더불어 영남의 4대 길지이기도 하다. 양동마을은 조선 초기 손소(1433~1484)가 이곳에 정착한 이래 그의 후손인 월성손씨와 그들의 외손인 회재 이언적(1491~1553)의 여강이씨가 같이 살고있는 집성촌 부락이다. 2006년에 발간된 경주시지(양동민속마을)에 의하면 여기 두 문중에서 조선조에만 문과급제 26명, 무과 14인, 사마시에 76인이 급제하였고, 근래 들어서도 장관 2명과 더불어 판검사 30인 등 수 많은 인재를 배출하였으니 이러한 발복은 마을의 풍수적 입지 조건과 무관하지 않아 보인다.

양동마을은 풍수형국상 물(勿)字 형국의 명당으로 마을 뒤 설창산(163m)으로부터 4개의 산줄기가 내려오는데 첫 번째 줄기에 향단(香壇)이 들어서 있고 마지막 산줄기에는 관가정(觀稼亭)이 위치 해있다. 그리고 물(勿)字 형국에서 장풍과 더불어 지기가 제일 왕성한 곳이 두 번째와 세 번째 줄기인데 이것은 첫 번째 줄기와 네 번째 줄기는 가운데 줄기의 청룡과 백호의 역할을 해주기 때문이다. 그래서 이곳에도 두 번째 줄기에는 여강이씨의 종가집인 무첨당(無添堂) 그리고 세 번째 자락에는 월성손씨의 서백당(書百堂)이 자리하고 있다. 서백당은 양동마을의 입향조인 양민공 손소가 1454년(성종 15)에 건축한 전통가옥으로 월성손씨의 종택이다. 이곳에서 조선 중기 문신이자 청백리인 우재 손중돈(1463~1529)과 조선조 최고 유학자로 손꼽히는 회재 이언적이 태어났다. 따지고 보면 손소 역시 이 지역의 만호(萬戶) 류복하(柳復河)의 무남독녀에 장가들어 처가곳인 양동마을로 이거 해와 정착하였고 회재 선생도 손소의 외손이 되니 이 마을은 외손의 발복지로 이름난 곳이기도 하다. 이래서 과거에 '양동 처녀면 선도 안 보고 데려간다'라는 말이 생겨나기도 했다.

또한 서백당에는 삼현출생지지(三賢出生之地)라 하여 성현이 3명이나 태어날 수 있는 풍수 설화가 전해지고 있는 곳으로 아직 태어나지 않는 마지막 한 인물은 꼭 손씨 가문에서 태어나게 하고자 했다. 손중돈과 이언적 모두 외손이므로 문중에서는 '남 좋은 일만 시켰다'하여 이후에는 시집간 딸들에게 해산을 위한 서백당 출입을 금지 시켰다고까지 한다. 이 마을의 전체적 풍수 입지 조건을 살펴보면 양택지의 기본 조건인 배산임수(背山臨水)와 더불어 전저후고(前低後高)의 조건을 갖추었고, 수세(水勢)는 마을 앞에서 흐르는 기계천과 안강에서 올라오는 칠평천이 경주에서 올라오는 형산강과 만나 삼 합수를 이룬다. 특히 형산강은 남에서 북으로 마을을 향해 오는 역수 형국으로 이 모두가 마을에 큰 부를 가져다주는 수세 조건이다. 그리고 마을의 주산인 설창산과 앞에 보이는 성주봉은 수려하면서도 뾰족한 문필봉으로 양동마을에 훌륭한 문사(文士)가 태어날 것을 미리 예언해주고 있다.

246. 성주 한개마을

경북 성주군 월항면에 가면 지난 2007년도에 우리나라에서 6번째로 국가민속문화재 제255호로 지정된 한개마을이 있다. 이 마을은 조선 세종 때 진주목사를 역임한 이우(李友)가 1450년경 처음 입향하여 개척한 마을로 그 후손들이 모여 살고있는 성산이씨 집성촌이다. 한개라는 마을 이름은 '한'은 크다는 뜻이고 '개'는 개울을 의미하는 말로 과거 이곳에 큰 개울 또는 나루가 있었기에 붙여진 이름이라고 한다. 이 마을은 전통 민속 마을답게 현재까지도 경상북도 문화재로 지정된 10동의 건축물과 수십 호의 전통 가옥들이 짜임새 있게 잘 배치되어 있으며 대부분이 18세기 후반부터 19세기 초반에 건립되었다고 한다. 한개마을은 풍수 원칙에 따라 구성이 이루어져 있으며 상류층 주택은 주로 마을 안쪽에, 서민층 주택은 마을 어귀 입구에 배치하여 양반층 가옥들이 장풍(풍수)에 유리한 곳에 입지하고 있다. 그리고 선비의 고장답게 17세기부터 많은 과거 합격자가 나와 대과에 9명, 소과에 24명을 배출한 조선시대의 대표적 반촌마을이다. 공조판서를 지낸 응와 이원조(李源祚), 성리학자이신 한주 이진상(李震相), 국채보상운동의 선도자이신 대계 이승희(李承熙) 선생을 비롯한 독립운동가 다섯 분 등 이외에도 수많은 인사가 이 마을 출신이다. 이곳은 전통 한옥과 이를 둘러싸고 있는 토석(土石)담이 잘 어우러져 조선시대의 생활상과 숨결이 그대로 남아있는 박물관과 같은 마을로 문화유산으로써 매우 가치가 높다. 그동안 주로 마을의 입지와 전통 건조물에 대한 조사나 연구는 진행되어왔으나 2004년에는 성주군에서 지세 및 인문환경, 역사와 인물, 전적, 가옥 구조, 민속 등을 조사하여 [종합학술조사보고서]를 발간하였다. 2009년 성주군에서는 지역을 대표하는 명승지 '성주 10경' 중 제7경에 한개마을 돌담길을 선정하였다.

이곳의 산세는 백두대간 줄기인 김천시 대덕산(1,290.7m)에서 동남쪽으로 하나의 지맥을 뻗어 수도산(1,310m)을 일으키고 여기서 다시 북동쪽 다시 동남쪽, 남쪽으로 방향을 틀면서 내려와 마을 뒤 영취산(331.7m)을 일으켜 주산이 되었다. 좌우 용·호는 주산에서 뻗어 나온 본신 용맥으로 마을을 잘 감싸주니 장풍국(藏風局)을 이루고, 안산은 마을 앞으로 흐르는 백천 넘어 우뚝 솟은 성산(383.4m)의 한쪽 자락(76m)이다. 수세는 백호 자락에서 흘러나오는 물이 마을 우측을 감싸며 흘러나오고 좌측 청룡 자락에서 흘러나오는 물과 마을 입구 어귀에서 합류하여 백천에 합류 후 낙동강으로 들어간다. 여기서 중요한 것은 좌측 청룡 자락에서 흘러나오는 물이 바로 직류하지 못하게 마을 좌측에서부터 앞쪽으로는 제방 둑을 쌓아 마을 전면을 감싸면서 우측으로 흘러가 백호 자락에서 나오는 물과 합수 후 흘러나가게 하였다. 그러므로 마을 앞에 조성한 제방 둑은 마을에 생기가 바로 빠져나가지 못하게 막아주는 풍수 비보(裨補) 차원의 둑으로 그 의미가 크다. 이처럼 한개마을은 영취산을 등 뒤에 두고 앞으로는 백천이 흐르고 있으니 전형적인 배산임수(背山臨水) 형국이고 안쪽은 높고 마을 입구가 낮은 전저후고(前低後高)의 조건과 더불어 수세가 좋아 최고의 풍수적 길지다.

247. 칠곡 매원마을

경북 칠곡군 왜관읍에 있는 매원마을은 왜관읍에서 동쪽으로 약 4km 지점에 있으며 안동 하회마을, 경주 양동마을과 더불어 영남지방의 3대 반촌마을로 전해지고 있다. 이 마을은 원래 야성(야로)송씨와 벽진이씨가 살고 있었으나 인조 원년(1623)에 광주이씨 석담(石潭) 이윤우(1569~1634)가 아들 이도장(1607~1677)을 데리고 들어와 자리 잡았다. 이후 그들의 후예들이 뿌리를 내리면서 광주이씨들의 집성촌을 이루고 있나. 400여 년의 역사를 지닌 매원마을은 한때 전성기에 400여 채의 가옥이 있었으나 6.25 전쟁으로 대부분 소실되고 현재는 고택 60여 채만 남아있다. 이조참판을 지낸 석담은 이 마을에서 학문을 닦고 후학을 가르치기 위해 강학소(講學所)인 감호당(鑑湖堂)을 지었고, 이 건물은 훗날 아들 이도장이 물려받아 후학들을 양성해냈다. 그 결과 대과에서 장원급제자를 포함한 수십 명의 과거급제자와 4대 한림(翰林)이 나왔으며 독립유공자도 9명이나 배출되었다. 그리고 부(富)에 있어서도 과거 천석꾼과 만석꾼이 여러 집안이나 되었다고 하니 부귀의 발복이 큰 마을로 주변의 부러움을 독차지했다. 그래서 이 마을을 장원방(壯元坊)이라 불렀으며 동쪽에 있는 죽곡산은 장원봉이라 하였다. 마을의 주요 건물로는 감호당, 사송헌, 박곡종택과 불천위 사당 등 이외에도 많은 문화 유산들이 남아 있다. 매원마을은 가옥 및 재실, 서당 등 역사성과 시대성을 갖춘 다양한 민속적 요소들이 있어 문화재청이 2023년 6월 15일 전국에서 마을 단위로는 최초로 국가등록 문화재로 지정했다.

이곳의 산세는 대구의 주산인 팔공산(1,192m)에서 서쪽으로 뻗어 나온 지맥이 왜관읍 봉계리의 가반산(468.1m)을 일으켜 마을의 주산이 되었고, 마을은 주산에서 남쪽으로 뻗어 내려온 끝자락에 위치하고 있다. 그리고 마을의 북쪽으로는 용두산, 동쪽은 죽곡산(장원봉), 서쪽은 자고산과 산두봉, 남쪽은 금무산과 아망산이 원형을 이루며 이 마을을 둘러싸고 있다. 이러한 주변 산들의 모습이 매화꽃과 흡사하다고 하여 과거부터 이 마을은 매화낙지형의 명당으로 알려져 있다. 풍수서에는 매화낙지형에 대해 "주변 사방에 산봉우리들이 둘러싸고 있는 형국으로 봉우리들은 꽃받침이 되고 가운데가 혈심(穴心)이 되어 매화꽃이 땅에 떨어지면 사방에 향기가 퍼지기 때문에 자손들의 발복이 크다."라고 설명하고 있다. 그리고 마을 우측에 심어진 소나무 숲(동 솔밭)은 서쪽이 허(虛)해 겨울의 차가운 북서풍을 막고자 심어진 비보(裨補) 숲이다. 이것은 선인들이 풍수적으로 이상적인 주거지를 만들기 위해 노력한 흔적임을 엿볼 수 있다. 수세는 마을 좌측 매원저수지에서 흘러나온 동정천이 마을 앞에 당도하고, 백호 자락 뒤편의 백곡지에서 흘러나온 물은 마을 우측을 감싸주며, 좌측으로는 골프장 아래 신금 저수지에서 흘러나온 물길이 있어 3면이 물로 감싸주고 있다. 지도상으로는 매원저수지의 물이 마을을 치고 들어와 비주하면서 흐르는 형상이나 실제 마을에서 보면 좌우로 물길이 있어 마을을 환포 해주고 있으니 큰 문제가 되지 않는다. 이 물줄기들은 마을 앞 동정천에 합류해 동출서류로 낙동강에 흘러 들어간다.

248. 안동 하회마을

안동의 하회마을은 물이 마을을 휘감아 돈다고 하여 하회(河回)마을이라 불렀다. 마을 입구 입간판에는 마을의 형국이 배가 나아가는 형국인 행주형(行舟形)과 더불어 연꽃이 물 위에 떠 있는 모습인 연화부수형(蓮花浮水形) 그리고 산과 물의 흐름이 태극 모양인 풍수적 길지라 설명하고 있다. 이것은 강 건너 부용대에 올라 보면 마을 전체를 조망할 수가 있는데, 물길은 S字 모양의 태극 문양과 같고 풍수 형국으론 행주형과 더불어 연화부수형임을 한눈에 직시할 수 있다. 그러나 '풍수무전미(風水無全美)'라 하였던가 완전한 땅은 없는 법, 마을 서쪽의 원지산과 북편의 부용대 사이가 낮아 겨울이면 차가운 북서풍의 피해가 예상된다. 마을에서는 이곳의 허함을 비보(裨補)하기 위해 강가에 만송정이란 소나무 숲을 조성하여 방풍림의 역할과 함께 강가에서 날라 오는 모래를 막아주는 방사림, 홍수 때 물의 범람을 막아주는 방수림 그리고 부용대 바위의 험한 살기(殺氣)까지 막아주는 방살의 역할까지 해주고 있다.

하회마을은 태백산에서 남서 방향으로 뻗어 내려온 용맥의 한줄기가 마을 뒤에 봉우리를 일으키며 주산이 되었고 이 산이 꽃봉오리처럼 솟아올랐다 하여 화산(花山)이라 부른다. 여기서 산맥이 있는 듯 없는 듯 낮게 뻗어 내려와 마을의 중심 삼신당 까지 내려왔다. 풍수서 『조선의 풍수』에서는 행주형의 땅을 읍기로 정하면 이 읍의 발달과 번창은 의심할 여지가 없다 하였다. 그러나 행주형국은 마을에 우물을 파면 배가 침몰하기 때문에 우물 파는 것을 금기시하여 과거에는 강물을 길러 먹었으며 현재 마을의 공동 우물 터는 일제들이 의도적으로 판 우물이라고 한다. 또한 배가 무거우면 침몰한다하여 마을에 담장을 쌓을 때도 무거운 돌은 사용하지 않았다고 한다.

그리고 연화부수형은 연이 뿌리를 물속 깊이 내려 향기로운 꽃과 아름다운 열매를 맺는 식물이므로 자손이 많이 나고 걸출한 인재를 배출한다고 하였다. 그리고 풍산류씨들의 종가인 양진당 앞으로는 뾰족한 문필봉이 정면으로 보이고있어 이 집에서 훌륭한 문사가 태어날 것을 미리 예견해주고 있다. 이러한 연유로 조선조 최고의 학자인 서애 유성룡과 그의 형 겸암 유운룡을 비롯한 많은 선비들이 배출되었다. 마을은 삼면이 물길로 휘감아져 있고 마을 북편에 흐르는 물속에는 화표(華表)로 보이는 형제바위가 있어 유속을 늦추어 주니 이 얼마나 유리한 수세 조건인가. 이 마을 출입구는 하회마을로 넘어 들어오는 큰 고갯길이다. 이런 막다른 곳에 자리 잡고 있기 때문에 과거 조선조의 십승지(十勝地)와 같이 국가의 대재난이었던 임진왜란과 병자호란 심지어 6.25사변까지도 별 피해가 없는 안전한 마을이었다고 전한다.

하회마을은 한국의 미와 전통이 살아있는 역사 민속마을이다. 현재 마을의 대부분 고택들이 보물이나 중요민속자료로 지정되어 있고 풍산류씨의 대종가인 양진당을 보면 이 마을이 과거 그들의 집성촌이었음을 알 수 있다. 서애 종택인 충효당 내 영모각에는 류성룡 선생의 수많은 유물들이 보관되어 있고 서원과 각종 정사(精舍) 등에서도 양반의 선비정신을 느껴볼 수 있다. 이 마을은 2010년 8월 경주의 양동마을과 함께 유네스코 세계문화유산에 등재되어 세계적 관광명소로 이름난 곳이다.

249. 임하 내앞마을

안동시 임하면 진천리에 가면 내앞마을이 있다. 이곳은 이중환의 『택리지』와 훗날 일제강점기에 발간된 『조선의 풍수』에서도 경주의 양동마을과 풍산의 하회마을, 그리고 봉화의 닭실마을과 더불어 삼남(三南)의 4대 길지로 꼽은 곳이다. 여기서 삼남이란 충청도, 전라도, 경상도로 한양 남쪽의 세 지역을 통칭하는 말이다. 이 마을은 의성김씨 집성촌으로 500여 년의 역사를 이어오는 곳이고 내앞이라는 지명은 마을 잎을 흐르는 반변천 앞의 마을이란 뜻이다. 특히 이 마을은 독립운동사의 성지라 불릴 만큼 25명의 독립운동가를 배출한 곳으로 경북독립기념관이 마을 앞에 자리하고 있다. 그 당시 독립운동을 위해 만주로 떠난 사람이 100여 가구 1천여 명에 달했으며 대표적인 인물로는 '만주벌 호랑이'로 불린 김동삼과 해방 직후 남북연석회의 임시의장을 맡았던 김형식, 문중 단위로 망명길에 오른 김대락도 이 마을 출신이다.

내앞마을의 의성김씨는 안동 밤적골에 살던 김만근이 해주 오씨와 결혼한 후 처가살이를 하면서 시작되었다. 마을의 중심에 위치한 종택은 김만근의 아들 김예범이 70여 년간 생활하면서 종가로서 위용을 갖추었고, 김예범의 뒤를 청계공 김진(金璡)이 이으면서 의성김씨는 대외적으로 알려지게 되었다. 청계공은 슬하에 아들 약봉 김극일(藥峯 金克一), 귀봉 김수일 (龜峯 金守一), 운암 김명일(雲巖 金明一), 학봉 김성일(鶴峰 金誠一), 남악 김복일(南岳 金復一)의 오형제를 두었으며, 이들 형제 모두 퇴계 선생의 문하생으로 들어가 학문을 닦고 그의 학맥을 계승하였다. 이들 형제 중 3형제는 대과인 문과에 오르고, 2형제는 소과인 생원시에 급제하였다. 이런 일은 세상에서 보기 드문 예로 사람들은 종가의 택호를 오자등과댁(五子登科宅)이라 불렀고 청계공도 사후에 이조판서에 증직되었기에 육부자등과지처로 부르기도 하였다. 또한 아들들을 다섯 마리 용에 비유해서 오룡지가로 부르기도 했으며 넷째 김성일은 후일 서애 류성룡과 함께 영남학파를 이끄는 양대 기둥으로 성장했다.

이와 같이 내앞마을의 중심에 위치하고 있는 대종택은 유명한 양택 발복지이고 마을 앞을 흐르는 반변천의 모래 탑 경관이 밝은 달빛 아래에 비단을 빨아 널어놓은 것과 같다하여 이 마을을 완사명월형(浣紗明月形)의 명당이라 부른다. 그러나 양택 입지의 필수 조건인 배산임수(背山臨水)와 전저후고(前低後高)의 조건은 갖추었으나 마을 입구가 좁고 안쪽이 후덕한 전착후관(前窄後寬)의 조건은 갖추지 못하였기에 마을 안쪽의 생기가 그대로 빠져나갈 수 있는 형상이다. 그래서 마을에서는 마을 앞을 흐르는 반변천의 수구가 너무 넓어 마을의 기운이 빠져나간다고 보고 마을 서쪽에 수구막이 인공섬을 만들고 그곳에 소나무를 심었다. 이것은 마을 앞의 안산이 보기에 흉하다 하여 마을에서 쉽게 보이지 않게 하고, 수구를 좁게 하여 마을의 생기가 빠져나가지 못하게 하는 풍수 비보(裨補) 섬(숲)이다. 이러한 명가 대종택과 완사명월형의 풍수적 길지에 자리 잡은 의성김씨는 조선시대 대·소과 합격자가 무려 100여 명에 달하고 문집을 남긴 인물이 90여 명에 이를 정도로 문명이 높은 명문가 집안이다.

250. 의성 사촌마을

경북 의성군 점곡면에 가면 조선조 문신이었던 김사원(金士元)과 영의정 유성룡 등 40여 명의 과거급제자를 배출한 사촌마을이 있다. 이 마을은 1392년 안동에 살던 김자첨(金子膽)이 이곳으로 건너와 정착하여 입향조가 되었고, 이후 1750년 무렵 풍산류씨인 류태춘(柳泰春)이 이곳에 이주하여 수백 년 동안 두 성씨가 함께 세거하고 있는 반촌마을이다. 사촌(沙村)이라는 지명의 유래는 마을 주변의 협곡에 의해 사토가 퇴적돼 마을의 땅이 비옥하기 때문에 사촌이라고 붙여졌다는 설과 고려 중기 훈신 김방경의 후예인 김자첨이 안동 회곡(檜谷)에서 1392년 입향하여 중국의 사진촌(沙眞村)을 본따 사촌이라 하였다는 설이 있다. 이 마을에는 3명의 정승이 태어난다는 전설이 전해져 내려오고 있는데 신라시대 나천업(羅千業), 조선시대 류성룡, 그리고 아직 태어나지 않는 한 사람이 더 있다고 한다. 그래서 류성룡의 어머니가 친정인 사촌마을에 와서 출산을 하였기에 새로 태어날 한 사람은 본 손에서 태어나야 한다며 한때는 출가외인이 친정에 와서 출산하는 것을 금지 시켰다고 한다. 이 마을은 선비의 고장답게 1582년(선조 15)에 김사원이 후진양성을 위해 지은 만취당(晩翠堂)이 있는데 현재 경북 유형문화재(제169호)로 지정되어 있다. 이 건물은 사가의 목조건물로는 가장 오래된 건물이다. 또한 안동김씨 종택과 송은 김광수가 연산군 때 벼슬에 뜻을 버리고 학문에 전념하기 위해 지은 영귀정 등 30여 채에 이르는 한옥들이 고스란히 남아있다. 그리고 입향조인 김자첨이 이주해오면서 이 마을로 불어 들어오는 바람을 막기 위해 서편에 심은 방풍림은 그 길이가 약 1km에 폭이 45m나 된다. 이 숲은 경북 도내에서 가장 큰 풍치림으로 1999년 천년기념물 제405호로 지정되었다. 또한 이 마을은 의병기념관과 마을 자료전시관에서 보듯이 임진왜란, 정묘호란, 병신의병 등 역사의 전환기마다 의병을 주도한 충절의 고장이기도 하다.

이곳의 산세는 안동시 임하면 기룡산(555.4m)에서 남쪽으로 지맥을 뻗어 내려와 점곡면에서 생해봉(431m)를 일으켜 이 마을의 주산이 되었다. 마을 뒷산은 문필봉으로 마을에 많은 선비가 출현할 것을 예약해주고, 좌측으로는 주산에서 뻗어 내려온 지맥이 나름 청룡의 역할을 해준다. 그러나 마을의 우측으로는 그렇다 할 산줄기가 없어 겨울의 차가운 북서풍에 그대로 노출되어 있다. 마을에서는 이러한 풍수적 결함을 없애고자 남북으로 길게 비보(裨補) 숲을 조성하여 바람의 피해를 줄이고자 하였다. 이 방풍림은 마을의 서편에 위치한다고 하여 지금도 서림(西林)으로 부르고 있다. 이곳의 수세는 좌측 청룡 자락 넘어 점곡저수지에서 흘러나온 물이 마을 앞 미천에 합류하고 마을 우측 백호 자락 안쪽에서 흘러나온 물도 미천에 합류하여 우측으로 계속 흘러나가 낙동강에 합류한다. 마을 앞 미천의 물은 마을을 환포 해주는 궁수(弓水)로 흘러나가니 마을의 생기를 잘 갈무리해준다. 원래 풍수무전미(風水無全美)라 하여 완전한 땅이란 없는 법, 결함이 있는 부분은 비보를 하여 풍수적 길지로 만들었으니 사촌마을은 600여 년이 넘도록 집성촌 선비마을로 그 명맥을 이어 나가고 있다.

251. 영주 무섬마을

경북 영주시 문수면 수도리에 가면 3면이 강으로 둘러싸인 무섬마을이 있는데 영주 시청으로부터 약 10km 거리의 남쪽에 위치하고 있다. 이 마을은 동쪽으로만 육지로 이어져 있을 뿐 북·서·남쪽 삼면은 물로 둘러싸여 있어 그 모양이 안동 하회마을이나 예천 회룡포마을과 비슷하다. 마을 명은 물 위에 떠 있는 섬을 뜻하는 수도리(水島里)의 순우리말 이름이고 원래 물섬이라고 불리었다. 풍수적으로는 매화꽃이 떨어진 모습을 닮은 매화낙지(梅花落地), 또는 연꽃이 물 위에 떠 있는 연화부수(蓮花浮水)형의 지형으로 덕망이 높은 자손이 많이 나오는 명당으로 알려져 있다. 이 마을은 조선 중기 17세기 중반 반남박씨인 박수(朴燧)가 병자호란 후 출사를 단념하고 만죽재(晩竹齋)를 건립하면서 터전을 잡아 입향조가 되었다. 그로부터 100여 년 후 그의 증손서인 신성김씨 김대(金臺)가 처가에 들어와 살게 되면서 두 성씨의 후손들이 함께 살고있는 집성촌이다. 조선시대에는 수많은 선비와 관리를 배출하고 부자가 많이 살았던 마을이었고, 대한제국 시기에도 120여 가구에 500명 이상이 살았을 만큼 번성하였다. 그러나 산업화의 영향으로 많은 주민들이 도시로 떠나면서 현재는 약 50여 가구의 주민들만 살고 있다. 무섬마을은 1990년 경상북도 민속문화재로 지정된 해우당고택(海愚堂古宅)과 만죽재고택(晩竹齋古宅) 등을 비롯하여 9채의 문화재가 있고 까치구멍집, 겹집, 남부지방 민가 등 다양한 형태의 가옥들이 있어 2013년 8월 23일 마을 전체가 국가민속문화재로 지정되어 관리되고 있다. 마을의 주요 행사로는 영주 무섬외나무다리 축제, 정월대보름 달집태우기 축제, 무섬 문화제 등이 있으며 옛날에 쓰던 외나무다리를 그대로 유지하고 있어 마을 입구가 아주 인상적이다. 이 마을은 고기잡이 방법도 독특하여 얕은 물에 사각 모양의 모래 둑을 만들고 등겨로 물고기를 유인하여 물고기를 잡기 때문에 '겨메기 고기잡이'라 불렀다고 한다.

이곳의 산세는 백두대간에서 뻗어 내린 봉화군 명호면 만리산(791.6m)에서 남서쪽으로 계속 뻗어 내려와 영주시 평은면의 박달산(579.5m) 그리고 봉수산(570m)을 지나 안동시 북후면의 갈미봉(548.5m)을 일으킨다. 무섬마을은 갈미봉에서 북쪽으로 뻗어 나온 산줄기가 마을 뒤 160m의 봉우리를 일으켜 이 마을의 주산이 되었다. 주산에서 마을까지 뻗어 내려오는 용맥은 과협을 하고 계속 내려와 당판을 만든 후 내성천을 만나면서 그 행로를 마쳤다. 이 마을은 풍수 형국 상 연꽃이 물 위에 떠 있는 모습을 한 연화부수형이고 배가 물 위에 떠서 나아가는 형국인 행주형(行舟形)이다. 풍수서 『朝鮮의 風水』에서 연꽃은 원만한 꽃으로 자손은 모두 원만하고 또한 고귀한 생활을 하게 된다고 하였고, 행주형을 읍기(邑基)로 삼으면 이 읍의 발달과 번창은 의심할 여지가 없다고 극찬하였다. 풍수에서는 "수관부빈(水管富貧: 財物)"이라 하여 혈장 주변으로 흐르는 물의 양과 형태에 따라 그곳에 사는 사람의 빈부가 결정된다고 하였다. 그러므로 무섬마을의 유리한 수세 조건이야말로 주변의 다른 마을과 달리 수많은 관광객을 끌어들여 마을의 경제발전에 큰 도움이 되고 있다.

252. 예천 회룡포마을

경북 예천의 회룡포마을은 내성천 물길이 마을 전체를 휘감아 도는 육지 속의 섬과 같은 마을이다. 내성천은 봉화군 선달산에서 발원하는 물길이 봉화, 영주 일대의 산천 정기를 모두 모아 영주 무섬마을에 이어 예천 회룡포 마을까지 두 곳을 모두 휘감고 돌아 마을에 많은 생기를 공급해준다. 회룡포의 옛 지명은 의성포였다. 내성천의 곡류가 의로운 자연환경을 이루었다 하여 '의(義)'자와 내성천의 '성(城)'자를 따서 '의성(義城)'이라 하고, 삼면이 강변이라 물가를 의미하는 '포(浦)'자를 합해 '의성포(義城浦)'라고 하였다. 그러나 의성포가 매스컴을 통하여 전국에 알려지자 이웃 도시인 의성군과 혼돈되어 의성포를 회룡포(回龍浦)로 바꾸었다고 한다. 풍수에서는 이러한 형국의 마을은 대부분이 생기 가득한 길지로 평가하고 있다. 우리나라에는 영주 무섬마을과 안동의 하회마을 그리고 예천의 회룡포마을, 영월의 선암마을과 청령포 마을 등이 이러한 형국이고 모두가 마을의 삼면이 물로 둘러싸여 있어 '물돌이' 마을이라고도 한다. 이러한 마을에는 대부분 풍수 입지가 좋아 과거 조선시대부터 집단 성씨들이 모여 살았는데 영주의 무섬마을에는 반남박씨, 안동 하회마을에는 풍산류씨, 예천의 회룡포마을에는 경주김씨가 집성촌을 이루고 살았다. 근래 들어서는 산업화의 영향으로 우리나라의 농촌 마을 대부분이 인구감소가 뚜렷하지만 이러한 물돌이 마을에는 오히려 관광명소로 탈바꿈하여 많은 인파들이 계속 모여들고 있다. 풍수에서는 물을 곧 재물과 연관 지어 해석하기에 물이 풍부한 물돌이 마을들은 대부분이 주변의 다른 부락보다 경제적 재정자립도도 월등하다. 회룡포 마을은 관광객과 더불어 물과 백사장이 어우러진 천혜의 자연경관을 가지고 있어 국가 명승 15호로 지정되어 있고, 무섬마을과 하회마을은 마을 전체가 중요민속문화재로 지정되었으며 하회마을은 세계문화유산으로 등재될 만큼 유명해졌다.

풍수에서는 음양오행이 조화되는 곳에 생기가 모이고 생기 가득한 장소를 풍수적 명당이라고 한다. 물은 움직이니 양이요 산은 움직임이 없으니 음으로 보아 모든 자연의 현상은 음양의 조화 즉, 산과 물의 조화에서 비롯된다. 아무리 아름다운 여자도 남자를 만나야 새로운 생명체를 잉태하듯이 천리를 달려온 용도 물을 만나야 생기가 멈추어 혈자리를 만들어낸다. 풍수 고서에서는 이러한 현상을 음래양수(陰來陽受), 양래음수(陽來陰受)라 하여 음양이 만나는 곳에 생기가 결집 된다고 보고 있다. 그리고 '계수즉지(界水則止)'란 풍수 원칙에 따라 땅속으로 흐르는 지기는 물을 만나면 행로를 멈춘다 하였으니 삼면이 물로 둘러싸인 물돌이 마을이야말로 생기 가득한 길지임에는 분명한 사실이다. 풍수에서는 물돌이 마을을 연꽃이 물 위에 떠 있는 모습인 연화부수형 혹은 산줄기와 물줄기가 휘감아 돈다고 하여 산태극수태극을 이루는 '태극형'의 풍수적 길지로 해석하고 있다. 음·양택을 막론하고 택지 주변의 수세는 매우 중요하다. 택지를 감싸주느냐 반배를 하느냐에 따라 그곳에 기거하는 사람들의 건강운과 재물운이 바로 직결되기 때문이다.

253. 예천 금당실마을

경북 예천군 용문면에 가면 금당실이란 마을이 있는데 마을 이름이 금당실로 불리게 된 이유에 대해서는 몇 가지가 전해져 내려오고 있다. 첫째는 마을 전체가 물 위에 떠 있는 연꽃을 닮은 지형이라 하여 금당(金塘)으로 불렀다는 설과 마을 앞 금곡천에서 사금(砂金)이 생산되어 이곳을 금당실, 혹은 금곡으로 불렀다는 설, 그리고 임진왜란 때 명나라 장수가 마을을 지나면서 이곳의 지형이 중국의 양양 금곡과 같다고 해 금곡이라는 이름이 생겼다는 설 등이 전해진다. 이 마을이 형성된 시기에 대해 예천군 관계자는 문헌이나 역사적 기록은 없지만 마을 곳곳에 있는 고인돌을 볼 때 아마도 청동기 시대부터 사람들이 거주했던 것으로 추정된다고 하였다. 옛날부터 예천은 충효의 고장이라 불렀고, '천강감로지출예천(天降甘露地出禮泉)'이라 하여 하늘에서는 단 이슬이 내리고 땅에서는 단 샘물이 솟아 나오는 곳으로 아주 살기 좋은 고장이라 하였다. 이와 같이 천혜의 자연조건을 갖춘 금당실마을에는 조선 초기 인구 대비 전국에서 가장 많은 과거 급제자가 나온 곳이며 과거부터 많은 학자와 선비 우국지사 등이 배출되기로 유명한 곳이다. 우리나라 최초의 백과사전인 '대동운부군옥(大東韻府群玉)'을 편찬한 실학자 권문해 선생도 이곳 사람이다. 그래서 주변에서는 '용문 가서 인물 자랑하지 마라'는 말까지 생겨났을 정도다. 이곳은 조선 개국초 태조 이성계가 도읍지를 정할 때 후보지로까지 거론됐으나 큰 물줄기가 없어 아쉽게 수도 서울은 되지는 못했다고 한다. 또한 과거 이 마을에서 수많은 과거급제자를 배출하니 한양처럼 인재가 많다고 하여 반 서울이라고도 불렀다 한다.

이곳의 산세는 소백산의 줄기 문경시 동로면의 매봉(866.6m)에서 동남쪽, 다시 남쪽으로 방향을 틀면서 뻗어 내려와 마을 뒤 오미봉(207.2m)을 일으켜 이 마을의 주산이 되었다. 주변 산들은 높이와 거리 면에서 완전하지는 못하나 전후좌우로 솟아 있어 나름 장풍국(藏風局)을 이루어주고 있다. 조선 중기 실학자 남사고는 이곳의 지형을 보고 삼재불입지지(三災不入之地 : 전쟁, 질병, 흉년의 3가지 악재가 들지 않는 곳)로 우리나라의 10승지(十勝地) 중 한 곳으로 꼽기도 하였다. 이 마을은 3면이 물로 둘러싸여 있어 물 위에 연꽃이 떠 있는 모양과 같다 하여 과거부터 연화부수형(蓮花浮水形)의 명당터로 이름나 있다. 그러므로 물로 둘러싸인 이 마을은 생기의 누설이 없어 늘 생기가 가득하다. 풍수서마다 연꽃은 향기가 있는 아름다운 꽃이므로 자손들이 영구히 번성하고 청사(青史)에 길이 남을 걸인(傑人)을 배출한다고 하였다. 또한 마을의 서편으로는 남북으로 길게 인공 소나무 숲을 조성하였는데 아마도 우리나라 계절풍인 겨울의 차가운 북서풍과 금곡천의 수해 방지를 위한 풍수 비보(裨補) 차원에서 심어진 것으로 보인다. 비보란 어떤 지형이나 산세가 풍수적으로 결함이 있으면 이를 인위적으로 보완하여 길지화하는 것을 말한다. 이러한 길지에 자리 잡은 금당실 마을은 전통 한옥마을로 많은 문화유적과 천연기념물 등을 보유하고 있으며 이웃 마을과 달리 과거부터 수 많은 인재들이 배출되었다.

254. 봉화 닭실마을

경북 봉화군·읍 유곡1리에 자리잡고 있는 닭실마을은 봉화지역의 대표적인 집성촌으로 원래는 파평윤씨의 터전이었으나 안동권씨 가운데 충재 권벌(1478-1548)이 입향하여 세거지를 형성한 일족의 마을이다. 권벌은 조선 중종 때 문신으로 한성판윤을 거쳐 의정부 우찬성을 지낸 학자로 기묘사화에 연루되어 파직된 후 이곳에 정착하여 후진을 양성하고 경학을 연구하며 터전을 닦았다. 그가 정착할 당시 이 마을 자제들과 인근지역 선비들의 학문수양 장소로 건립된 청암정과 그의 맏아들 권동보가 아버지를 그리며 세운 석천정사는 함께 명승으로 지정되어 있다. 권벌은 몇 년 후 관직에 복직되었으나 을사사화로 또다시 파직되어 평안도 삭주에서 유배 생활을 하던 중 생을 마감했다. 그런 후 세월이 지나 선조 때 그의 억울함이 밝혀져 충정이란 시호를 받았고 영의정에 추증되었으며 불천위제사의 특권을 누린다. 충재는 영의정에 추증될 정도의 최고위 관료였고 진정한 선비로서도 추앙을 받은 인물이다.

이 마을은 풍수 형국으로 보아 금 닭이 알을 품고 있는 금계포란형국의 명당 길지로 이름난 곳이다. 마을의 동쪽에 있는 옥적봉은 수탉, 서쪽의 백운령은 암탉을 닮았으며 수탉은 날개를 치며 우는 모습과 같고 암탉은 알을 품고 있는 형국과 같다고 하여 붙여진 이름이다. 그리고 마을의 중심점이라 할 수 있는 장소 곧 금 닭이 품고 있는 알에 해당하는 곳에 충재 종가가 자리하고 있다. 또한 이 마을은 조선 중기 실학자 이중환의 『택리지』에서도 경주의 양동마을과 안동의 하회마을, 내앞마을과 더불어 영남의 4대 길지로 꼽은 곳이기도 하다. 이러한 풍수적 길지에 자리한 안동권씨 복야공파의 한 갈래인 닭실권씨들은 문장과 명필이 끊이지 않았으며 조선조에서만 문과 12명, 생원 진사 59명, 참판 2명, 수령방백 12명, 의병장 3명을 내고 문집과 유고를 남긴 사람이 88명에나 이른다. 근대에 와서도 차관 2명과 국회의원 2명을 포함한 많은 인사들이 정·관·재계에서 활동하고 있다. 이 마을은 전국에서 이름난 명승지로 많은 관광객과 더불어 청암정을 배경으로 한 영화와 드라마 촬영지로도 유명하다.

이 마을의 주산은 문수산(1,272m)으로 태백산에서 남서쪽으로 뻗어 내린 지맥이 마을 뒤편으로 내려와 문수산을 일으키고 여기서 다시 남서방으로 내려와 마을의 배산인 현무봉을 일으켰다. 현무봉은 그 모양이 둥그스름한 금(金)형의 부(富)봉으로 나란히 3봉우리가 있으니 마을에 부를 가져다주기에 충분하다. 문수산에서 좌측으로 뻗어 내린 청룡 자락은 옥적봉을 거쳐 완전히 마을을 감싸면서 앞쪽 정면까지 뻗어와 이 마을의 안산이 되었다. 안산(남산)은 그 모양이 양측에 첨각이 붙은 고축사(誥軸砂)로 이러한 사(砂)가 혈장 주변에 있으면 정승이 출 한다는 귀한 산이다. 우측의 백호 자락(백운령)은 내성천을 감싸고 마을 앞까지 뻗어와 안산 뒤편의 조산이 되었으며 청룡과 백호가 맞물려 깍지를 끼듯 관쇄를 해주니 수구가 좁아 마을의 생기를 잘 보전시켜준다. 이 마을은 배산임수(背山臨水)와 전저후고(前低後高), 전착후관(前窄後寬)이란 양택 3요결을 모두 갖춘 양택 길지로 입구에 들어서면 누구나 아늑하고 따뜻한 기운을 느낄 수 있다.

255. 고성 왕곡마을

강원도 고성군 죽왕면 오봉리에 가면 왕곡마을이 있다. 왕곡(旺谷)이란 다섯 개의 산으로 둘러싸여 계곡을 이룬다고 하여 붙여진 이름이고, 오봉리(五峰里)는 마을의 주산인 북서쪽의 오음산(五音山: 280m)을 중심으로 북쪽은 두백산(頭伯山: 240m), 동쪽은 골무산(骨蕪山: 110m), 서쪽은 진방산(唇防山: 130m)과 제공산(濟孔山: 160m), 남쪽은 호근산(湖近山: 100m)의 5개 봉우리로 둘러싸여 있다고 하여 붙여진 이름이다. 이 마을은 고려말 두문동(杜門洞) 72현 중의 한 분인 양근함씨(楊根咸氏) 함부열이 이성계의 조선 건국에 반대하여 간성지역으로 낙향 은거한 데서 비롯되었다. 그런 후 그의 둘째 아들 함영근이 인근 왕곡마을에 정착한 후 그 후손들이 대대로 이곳에서 생활해 왔다. 14세기경부터는 강릉 함씨와 강릉 최씨, 용궁 김씨 등이 모여 사는 집성촌이 되었고 근래 들어서는 다양한 성씨들이 거주하고 있다. 현재는 19세기 전후에 걸쳐 지어진 기와집 및 초가집 50여 채를 중심으로 전통 한옥마을이 형성되어 있지만 북방식 전통 한옥과 초가집 군락이 원형 그대로 잘 보전되고 있어 역사적, 학술적으로 가치가 높다. 주로 50년~180년 된 한옥들이 모여 있으며 마을을 관통하며 흐르는 왕곡천을 따라 좌우에 동남향으로 배치되어 있다. 정부에서는 이러한 왕곡마을을 우리나라에서 유일하게 북방식 가옥이 그대로 잘 보존된 점을 높이 평가하여 2000년 1월 국가민속문화재 제235호로 지정하여 관리해오고 있다.

이 마을의 동남쪽 근거리에 위치하고 있는 송지호는 고성 8경 중의 한 곳이고 둘레 4km의 아름다운 석호(潟湖)로 1977년 국민관광지로 지정되었다. 이곳 송지호에서 왕곡마을을 바라보면 유선형의 배가 동해바다와 송지호를 거쳐 마을로 들어오는 모습과 같다하여 풍수가에서는 과거부터 왕곡마을을 방주(方舟)형국의 길지로 평가하고 있다. 이러한 방주형은 마을 전체의 모양이 물에 떠 있는 배 형국이어서 바닥에 구멍을 뚫으면 배가 가라앉기 때문에 한때는 마을에 우물을 파지 않았다고 한다. 실제 풍수서 『朝鮮의 風水』에서도 배가 나아가는 모양인 행주형국의 부락에서는 우물을 파지 말라 하였고, 우리나라의 대표적인 행주형국인 안동의 하회마을과 경주 등에서도 과거에는 우물을 파지 않았다. 조선 중기 실학자 이중환의 『택리지』에서는 사람이 살기에 알맞은 곳은 지리(地理), 생리(生利), 인심(人心), 산수(山水)가 좋아야 하며 이 중 하나라도 모자라면 살 곳이 못 된다고 하였다. 이곳 왕곡마을은 수려한 동해안의 절경과 고성 8경에 속하는 송지호가 인근에 있어 교통이 편리하기에 지리에 알맞고, 물이 풍부하여 비옥한 토지와 전통문화마을로 관광객이 많아 생리도 맞으며, 마을에 착하고 효의 풍속이 지금껏 전해 내려오고 있으니 인심도 좋고, 아름다운 주변 산봉우리들과 물이 맑아 산수에도 알맞다. 그리고 마을 뒤에는 산이 있고 앞으로는 물이 흐르니 배산임수(背山臨水)의 조건과 마을 안쪽이 높고 앞쪽이 낮으니 전저후고(前低後高)의 조건 그리고 마을 안쪽은 넓고 마지막으로 물이 빠져나가는 수구는 좁으니 전착후관(前窄後寬)의 조건까지 양택 3요결을 모두 갖춘 양택적 길지로 평가할 수 있다.

256. 낙안 읍성마을

전남 순천시 낙안면에 가면 1983년 문화재청에 의해 사적 302호로 지정된 우리나라의 주요 전통민속마을인 읍성마을이 있다. 이 마을의 역사는 문헌상으로 보아 마한 시대부터이며 백제 성왕 대에는 파지성(波知城)이라 불렀고 고려 태조 대에 이르러 낙안국으로 개칭되었다. 왜구의 침입이 빈번하자 조선 초 태종 대에 토성(土城)을 쌓았고 세종 때 다시 석성(石城)으로 개축하였으며 인조 대에 낙안군수로 부임한 임경업 장군이 다시 중수하였다. 이 마을은 옛 부터 어염시초(魚鹽柴草)가 많아 생활에 불편함이 없었고 지금도 주변부락에 비해 소득이 가장 높은 곳으로 알려져 있다. 신라 말 도선국사는 이곳을 천장지비(天藏地祕)라 일컬으며 사대부가 많이 배출될 곳이라 예언하였고 사방으로 버릴 것 하나 없는 지맥이 무수히 숨어있다고 하였다.

이곳의 산세는 백두대간의 장수군 영취산에서 남서쪽으로 뻗어 나온 호남정맥이 장흥과 보성을 가르면서 다시 북동진하여 계속 뻗어 나가다 섬진강을 만나면서 그 행로를 마쳤다. 낙안읍성은 호남정맥의 순천시 외서면에서 동쪽으로 하나의 지맥을 뻗어 낙안면의 금전산(668m)을 일으켜 이 마을의 주산이 되었다. 마을 좌우에는 오봉산(580m)과 제석산(550m)이 좌청룡이고 우백호는 존제산(650m)이다. 안산은 마을 앞 들판을 지나 나즈막히 봉긋 솟은 옥산(90m)이지만 앞쪽 여자만에서 불어오는 해풍을 막아주는 중요한 산이다. 수세는 마을 뒤 금전산 양측 계곡에서 흘러나온 물줄기가 마을을 가운데 두고 동서로 갈라져 흐르면서 생기를 보호해주고 벌교읍 지동리에서 다시 합수하여 마지막 여자만으로 흘러든다. 이와 같이 이 마을은 물길의 모양이 전형적인 행주형국으로 읍성 한가운데에 있는 은행나무를 돛으로 삼았고 닻은 향교의 뒷산이며 성곽을 따라서 있는 노거수를 노(棹)로 보아 형국의 완성을 이루었다. 읍성 마을은 형국의 특성상 우물을 파지 않았고 자연스레 솟아오른 여러 옹달샘을 사용하였는데 이는 배 안으로 들어온 물을 퍼낸다는 의미이기도 하다. 또한 왜구의 침입이 잦았던 이 마을은 성곽의 형태가 마치 도끼처럼 생겼다 하여 금부형(金斧形)이라고도 하는데 도끼날은 동쪽방향이고 도끼뿔은 서쪽의 대밭이며 자루는 남문에서 옥산으로 이어지는 길로서 동쪽의 왜구를 치는 형상을 하고 있다. 그리고 읍성에서 서문을 지나 외서로 가는 고개를 빈계재(牝鷄峙) 혹은 금계(金鷄)라고도 불러 성곽은 둥지요 옹기종기 모여있는 초가집들을 알로 보아 금계포란형(金鷄抱卵形)의 명당 터로 해석하기도 한다. 이와 같이 형국이 다양하다는 것은 이 마을이 그만큼 풍수적 명당이라는 의미이기도 하다. 그런데 마을 뒤쪽의 서북쪽이 허(虛)하다는 단점도 있으나 이는 대나무를 심어 비보(裨補)하였고, 이 대나무 숲은 왜구와의 싸움에서 무기가 떨어졌을 때 화살촉을 만들어 유용하게 사용하였다고도 한다. 이 외에도 풍수 비보 물로는 성곽 주위에 해자(垓字)가 있어 물길을 보완해주고 동문 앞에 삽살개 석구상(石狗像)은 동쪽 오봉산의 험한 기운을 진압하기 위해 세운 비보물이다. 비보(裨補)란 풍수적 결함이 있는 땅을 인위적으로 보완하여 길지화하는 것을 말한다.

257. 아산 외암마을

충남 아산시에 있는 외암마을은 우리나라에서 중요민속문화재로 등록된 여덟 마을 중 한 곳이다. 국내의 전통민속마을이 대부분 집성촌을 이루고 있듯이 외암마을 역시 예안이씨들의 집성촌이다. 이 마을은 약 500여 년 전에는 강씨와 목씨 그리고 평택 진씨가 살고 있었으나 16세기에 이사종(?~1589)이 참봉 진안평의 맏딸과 결혼하게 되면서 예안이씨 일가가 정착하게 되었다고 한다. 외암마을이 본격적으로 예안이씨의 터전이 된 것은 이 마을 입향조 이사종의 5대손 외암 이간(1677~1737)에서부터이며 마을 이름 역시 이간의 호(巍巖)에서 따왔다. 그는 숙종 36년(1710) 장릉 참봉에 천거되었지만 취임하지 않았고 숙종 42년(1716) 다시 천거되자 세자시강원 자의(諮議)가 되었다. 그 후 회덕현감, 충청도 도사 등을 제수받았으나 모두 사양하고 향리에서 후학을 가르치는 데 전념하였다. 그가 1737년 51세로 사망하자 정조는 이조참판을, 순조는 이조판서를 추증하고 문정공이라는 시호와 함께 불천위를 내렸고, 저서로는 『외암유고』가 남아있다. 외암리에는 참판댁의 주인이었던 이정렬을 비롯해 조선 후기에 많은 과거 급제자를 배출하였고 선비의 고장답게 현재까지도 많은 문화유산들이 남아있다. 현재 60여 호 남짓되는 이 마을은 마을 돌담길이 인상적이며 집집마다 쌓은 담장 길이를 모두 합하면 5,300여 미터나 된다고 한다. 그리고 이 마을의 전통 가옥들은 주인의 관직명이나 출신지 명을 따서 참판댁, 병사댁, 감찰댁, 참봉댁, 종손댁, 송화댁, 영암댁, 신창댁 등의 택호가 정해져 있다. 또한 조선시대의 생활상을 엿볼 수 있는 디딜방아, 연자방아, 물레방아, 초가지붕 등이 옛 모습 그대로 보존되어 있으며 이곳을 배경으로 '취화선'과 '태극기 휘날리며' 등의 영화가 촬영되기도 하였다.

이 마을의 주산은 설화산(447.5m)이고 안산은 면잠산(180m)이다. 면잠산은 그 모양이 반듯한 삼각형에 가까워 풍수에서는 이러한 산을 귀인봉 혹은 문필봉이라 한다. 이러한 산을 정면으로 하는 마을에서는 많은 관료들이 배출될 것을 미리 예견해주고 있다. 그리고 설화산이 마을의 북동쪽에 위치하고 있어 지형이 동고서저(東高西低) 형상이라 자연의 순리에 맞추다 보니 집의 방향은 대부분 남서향이다. 이곳의 수세는 마을 남쪽 광덕산과 동남쪽의 망경산 자락에서 흘러나온 외암천이 마을 앞으로 들어오고 좌측(동쪽)의 설화산 자락에서 흘러나온 물과 우측 백호 자락에서 흘러나온 물이 모두 마을 앞에서 합수하여 마을을 감싸며 우측으로 흘러 온양천으로 들어간다. 풍수 고서들마다 여러 물이 조당에 와서 모이면 그 안쪽을 대귀할 곳이라 하였으니 이 마을의 수세야말로 최고의 조건이다. 풍수에서는 수관재물(水管財物)이라 하여 물은 재물을 관장하기 때문에 물이 풍부한 외암마을은 아름다운 산세와 더불어 부귀의 발복이 가득하다. 단, 마을과 마을 뒤쪽의 설화산 사이에는 약간의 거리감이 있어 양택의 첫째 조건인 배산임수(背山臨水)의 조건을 완전히 갖추지는 못했다. 그러나 이러한 허결점을 보완하고자 마을의 서북쪽에는 소나무를 심어 겨울철의 차가운 북서풍을 막고자 비보(裨補) 숲까지 조성하였으니 이 마을 역시 양택 적 길지로 손색이 없다.

258. 제주 성읍마을

제주도 서귀포시 표선면 성읍리에 가면 1984년에 중요민속자료 제188호로 지정된 전통민속마을인 성읍마을이 있다. 이 마을은 조선 태종 16년 성산읍 고성리에 설치된 정의현청이 세종 5년 이곳으로 옮겨진 후 500여 년 동안이나 현청 소재지였다. 이와 같이 수백 년 동안의 도읍지답게 현재에도 조일훈 가옥, 고평오 가옥, 이영숙 가옥 등 수많은 집들이 조선시대 도시 주거 모습을 그대로 보여준다. 이 마을은 문화체육관광부와 한국관광공사에 의해 한국인이 꼭 가보아야 할 관광지 100곳에 선정되기도 하였다. 조선 중기 실학자 이중환의 『택리지』 「복거총론」에서는 이 마을에 많은 관료들이 귀양 왔으나 한 번도 해난을 당한 적이 없었으니 이는 임금의 덕이 여기까지 미쳐 모든 신들이 도왔다고 하면서 마을 풍속에 대해 극찬하였다.

제주도의 모든 지역이 그렇듯이 태조산은 한라산(1,947m)이다. 그런데 성읍마을의 주산을 일부에서는 북쪽의 영주산(320m)으로 보고 있다. 그런데 영주산은 그냥 바람을 막아주는 배산(背山)의 역할로만 생각해야지 그쪽으로부터 지기(생기)의 공급은 되지 않는다. 이는 계수즉지(界水則止)란 풍수 원칙에 따라 땅속으로 흐르는 지기맥은 물을 건널 수 없으므로 영주산과 마을 사이에는 천미천이라는 개울이 있기 때문이다. 그러므로 이 마을로 내려온 용맥은 영주산이 아닌 따라비오름(340m)에서 모지오름(306m)을 거쳐 서쪽으로 들어왔다고 보는 것이 합당하다. 이를 증명이라도 하듯 18세기에 만들어진 고지도에서도 마을의 중심인 동헌(일관헌)이 동남쪽을 향하고 있다. 서쪽의 따라비오름을 주산으로 봤을 때 좌청룡은 모지오름(306m)에서 영주산을 지나 모구리오름까지가 되고, 설오름(230m)에서 갑선이오름(160m)이 우백호가 되며 천미천 너머 금형의 남산봉이 안대가 되는 것이다. 이와 같이 성읍마을은 여러 봉우리들이 마을을 감싸주고 있어 장풍국(藏風局)을 만들어 주고 방벽 역할을 해줌으로써 외부의 침입이 없다고 하여 병화불입지지(兵火不入之地)로 불리었다. 마을의 수세는 한라산 중턱에서 발원한 천미천이 마을 북쪽에서부터 동쪽 그리고 남쪽까지 완전히 감싸주고 우측(서쪽)에서 흘러나오는 산수왓천과 마을 앞에서 만나 신천리 해안으로 흘러 들어간다. 마을 뒤편 북서쪽에서부터 흘러나오는 천미천은 성읍마을의 공배수((拱背水)가 되니 마을의 생기를 한 번 더 가두어준다. 풍수에서는 물은 곧 재물과 연관지에 해석하는바, 성읍민속마을 실천계획도인 「영주도식(瀛洲圖式)」에서 이 마을은 물이 풍부하기 때문에 도내갑부지지(島內甲富之地)라 묘사하고 있다. 이와 같이 3면이 물로 둘러싸여 있는 성읍마을은 풍수형국상 행주형국으로 그 특성상 과거부터 마을 안쪽에는 우물을 파지 않았다고 한다. 그리고 형국의 완성도를 위해 앞쪽의 남산봉은 닻이고 마을 가운데 600년 수령의 느티나무가 돛의 역할을 해주고 있다. 풍수에서 행주형국은 부(富)의 발복이 크다고 해석한다. 주민들의 증언에 의하면 이 마을이 행주형국의 뜻에 부합하듯 마을에 큰 인물은 나지 않았지만 대부분의 주민 모두가 경제적으로는 풍족한 생활을 이어오고 있다고 하였다.

259. 여수시 소라면 중촌마을

전남 여수시 소라면에 가면 중촌리란 마을이 있는데 이 마을은 일명 쌍둥이 마을로 이름나 있다. 중촌리에는 총 75가구가 살고 있고, 이중 지난 100년 동안 35가구에서 39 쌍둥이를 출산해 세계 기네스북에도 등재된 마을이다. 그런데 이상하게도 이 마을과 2~3백 미터 떨어진 이웃 선천마을과 오룡마을에서는 단 한 쌍의 쌍둥이도 출산 된 일이 없기에 한때는 아이를 가지려는 여성들이 전국에서 모여들기도 했다. 이러한 사실에 대해 서울의 카톨릭의대 연구팀에서는 쌍둥이 출산에 대한 비밀을 밝히기 위해 몇 가지 조사를 해봤다. 처음에는 마시는 물을 조사해 보았지만 인근 마을에도 같은 지하수를 마셨기 때문에 물에 의한 영향은 아닌 것으로 판명되었다. 그리고 식생활 습관도 살펴보았는데 여느 농촌과 마찬가지로 쌀을 주식으로 먹고살아 특이 사항은 없었다. 두 번째로는 유전자 같은 선천적 요인을 추적하였으나 이 역시 근거를 찾지 못했다. 특히 성씨별로 쌍둥이 출산을 조사해 보니 중촌마을에 사는 15개의 성씨 중 9개의 성씨가 해당되어 쌍둥이 출산이 성씨와는 무관함이 밝혀졌다. 마지막으로 근거를 찾을 수 있는 것은 풍수지리설이다. 독특하게도 이 마을에서 약 8km 떨어진 곳에 쌍봉산이 마주하고 있다는 것이다. 여기서 75가구 중 쌍둥이 출산 35가구는 대부분이 대문과 쌍봉산이 정면을 하고 있었다. 의학계에서는 이란성 쌍둥이는 대개 모계의 유전적 영향으로 많이 태어나고, 일란성은 후천적 요인에 의해 태어난다고 한다. 일반적으로 이란성 쌍둥이가 70% 정도로 많다고 하는데 이 마을은 일란성이 80%이니 이것은 모계의 유전성보다 후천적 요인이 더 크다는 것이 확인되었다.

풍수서 『설심부』에서는 '인걸(人傑)은 지령(地靈)이다.'라고 하여 훌륭한 인물은 그 주변 땅의 영험한 기운을 받아 태어난다고 하였으니 자연의 조건이 인간에게 미치는 영향은 매우 크다. 또한 풍수 고서들마다 부봉사가 있는 곳에 부자 후손 많이 나고 아미사(蛾眉砂)가 보이면 미인이 태어나며 문필봉이 있는 곳에 문장가가 태어난다고 하였으니 주변의 산세에 따라 그 지역민들에게 미치는 영향도 각각 다르다. 조선 중기 실학자 이중환은 그의 저서 『택리지』에서 조선 선비의 반은 영남에서 나고 영남 선비의 반은 구미 선산에서 난다고 하였다. 이는 구미 금오산을 가보면 붓과 같이 뾰족한 문필봉이 있어 주변인들은 이 산의 영향을 많이 받았기 때문이라는 것이다. 그러므로 중촌마을의 이 같은 현상에 대해 마을 앞 쌍태산의 영향으로 쌍둥이가 태어났다는 풍수적 주장은 상당한 설득력이 있다. 책을 펼쳐놓은 듯한 산이 주변에 있으면 학자가 배출되고, 부를 상징하는 소가 누워있는 형상의 와우산(臥牛山)이 보이면 부자가 태어난다는 것이다. 이처럼 쌍태산을 매일 바라보면서 생활하는 여성에게는 쌍태아가 배란되도록 생리적 변화를 일으킬 수 있다는 것이다. 근래 들어 우리나라 출산율이 전 세계적으로 최하위권에 진입하고 있다는 보고가 있어 장차 국가가 소멸할 수도 있겠다는 위험이 앞선다. 우리나라에는 쌍태산이 많다. 쌍태산을 찾아 주변에 집중적으로 택지조성을 한다면 출산율을 증가시킬 수 있는 요인이 되지 않을까 하는 생각까지 들게 한다.

260. 춘천시 서면 박사마을

강원도 춘천시 서면에 가면 평범한 농촌 마을이지만 총가구 대비 전국에서 최다 박사 배출 마을이 있다. 1963년 송병덕씨의 의학박사 학위를 시작으로 전 국무총리 한승수씨도 이 마을의 3호 박사이며 서면 도서관에는 이 마을의 박사학위 취득자를 순서대로 내용을 기록하여 전시하고 있다. 1999년에 마을에 세워놓은 선양탑에는 박사학위 취득자가 50명이 넘어 전국에 박사마을로 알려져 있다는 글귀가 세겨져 있다. 그러나 이후에도 계속 박사들이 줄지어 배출돼 탑 뒤편에 병풍처럼 돌을 세워 추가명단을 적고 있는데 2005년까지 153명의 이름이 올라 있다. 서면 전체 1,800가구의 약 4,000여 명에 불과한 인구에 이렇게 많은 박사의 배출은 대략 11가구에 한 집꼴로 박사가 나왔으므로 서면에 가서 학벌 자랑하지 말라는 말까지 생겨났다고 한다. 이 마을과 더불어 경북 영양군 주실마을, 전북 임실군 삼계면 박사골은 우리나라에서 3대 박사마을로 유명한 곳이다. 이 중에서도 특히 유명한 곳은 춘천 서면 박사마을로 이 동네 출신 대학 총장과 교수만으로도 종합대학을 하나 만들 수 있을 정도라고 한다. 과거 도로가 없던 시절 나룻배를 이용하여 춘천 시내를 다닐 정도로 오지인 작은 농촌 마을에서 이렇게 많은 박사들이 배출된 것은 모든 이들에게 관심의 대상이 아닐 수가 없다. 마을 안내문에는 '본인의 피나는 노력과 그를 뒷바라지한 부모들의 희생적 교육열에서 얻어진 값진 열매'라고 그 원인을 설명하고 있지만 자식을 둔 부모라면 누구나 이곳의 학부모들보다 교육열이 낮다고는 보기 어려워 이 설명만으로는 설득력이 부족하다. 그다음 원인으로 생각하는 것이 마을의 풍수지리적 조건이다.

이곳의 산세는 한북정맥에서 뻗어 내려온 화악산(1,455m)에서 춘천시 사북면의 매봉(1436.7m)을 거쳐 계속 남동쪽으로 뻗어 내려와 서면에 이른다. 서면은 서쪽으로는 가덕산(858m), 북배산(869.6m), 계관산(664.7m)이 병풍처럼 둘러싸고 있고 동쪽으로는 북한강과 의암호가 있는 전형적인 배산임수(背山臨水) 지형이다. 수세는 박사들이 집중적으로 배출된 금산리, 신매리, 방동리, 서상리, 현암리, 월송리 지역을 활처럼 환포하고 있어 마을 안쪽의 생기를 잘 갈무리해준다. 이들 마을에서 보면 주변 산세들이 위치에 따라 모양이 조금씩 다르긴 하여도 금형, 토형, 목형의 귀인봉들이 즐비하다. 풍수에서는 지령인걸(地靈人傑)이라 하여 훌륭한 인물은 주변 산천의 기운을 받아 태어난다고 하였으니 이 마을에 많은 박사들의 배출은 이와 무관하지 않아 보인다. 경남 진주시 지수면에 있는 지수초등학교는 주변 남강의 수세가 좋아 우리나라 재벌그룹의 총수들이 60여 명이나 배출되었다. 이와 같이 서면 박사 출신의 80%를 배출한 금산초등학교 역시 주변의 산세와 수세가 좋아 훌륭한 인재가 많이 배출되었을 것으로 추정된다. 이러한 풍수적 길지 속에서 농촌 부모들의 억척같은 생활상을 보면서 자란 아이들은 도시의 어린이와 달리 일찍 철이 들었고, 타지에서는 갖추지 못한 풍수환경과 부모님들의 열성적인 뒷바라지 그리고 학생들의 피나는 노력이 합쳐진 시너지효과의 결과물이 아닌가 생각한다.

261. 진주시 지수면 승산 부자마을

경남 진주시 지수면에 가면 600여 년의 역사와 전통을 자랑하는 승산마을이 있다. 이 마을은 1400년대 김해허씨 11세손 허문손(許文孫)이 입향하여 터를 일구고 살아온 마을로 후손들은 세월이 지날수록 재산이 점점 불어나 만석꾼을 비롯한 수많은 부호들이 나와 부자마을로 이름난 곳이다. 구한 말 이 마을 허씨들의 재산만 해도 모두 삼 만석이 넘었다고 한다. 이러한 부자마을에 조선 숙종 36년(1710) 능성구씨인 구반(具槃)이 장가들면서 처가곳으로 이거 해와 그들과 같이 삶의 터전을 일구어온 유서 깊은 마을이다. 승산마을 한가운데에 있는 지수초등학교는 1921년 개교하여 100여 년 동안 많은 기업가들을 배출한 유명한 학교였으나 지난 2009년 주변의 송정초등학교와 통폐합되면서 지수면 압사리로 이전하여 현재는 그 흔적만 남아있다. 이 학교는 금성(LG, GS) 구인회, 삼성 이병철, 효성 조홍제 창업주가 다녔던 곳이고, 구태회 LS그룹 창업주, 구자경 LG그룹 명예회장, 허정구 삼영통상 회장, 허준구 GS그룹 명예회장, 허완구 승산그룹 회장도 다녔던 대한민국 최고 기업인들의 산실이다. 이병철 창업주는 의령 태생이지만 신식 학교가 귀하던 시절 누이가 이 마을 허씨 집안에 시집오면서 누이 집에서 학교를 다녔고, 조홍제 창업주는 함안 태생이지만 이곳으로 유학을 오게 되었다고 한다. 시골의 작은 농촌 마을에서 이렇게 많은 거부가 오랜 기간 지속적으로 탄생하게 된 배경을 두고 우리나라 학계에서는 많은 관심을 가지게 되었고, 특히 풍수가에선 이러한 현상을 마을의 풍수 입지와 무관하지 않다고 보고 많은 풍수 학도들의 연구 대상이 되고 있다.

이 마을은 낙남정맥(남덕유산)에서 북쪽으로 뻗어 나간 지맥이 오봉산(524.7m)을 일으키고 오봉산에서 북서쪽으로 방향을 틀어 괘방산(457m)을 일으켰으며 여기서 다시 북쪽으로 방향을 틀어 마을 앞 방어산(532m)을 일으켜 이 마을의 안산이 되었다. 마을 뒤 현무봉인 삼방산(155.8m)은 괘방산에서 남서쪽으로 하나의 지맥을 뻗어 나가다 서쪽으로 다시 북쪽으로 완전 U字형으로 둥글게 방향을 틀어 마을 뒤 현무봉을 만들었다. 이와 같이 3면이 산으로 둘러싸여 있고 안쪽의 물이 빠져나가는 수구도 좁게 관쇄 되어 마을 안쪽의 기운을 잘 가두어준다. 또한 마을 뒤쪽에서 마을을 감싸고 흐르는 남강의 물 역시 공배수(拱背水)가 되어 이 마을의 생기를 잘 갈무리해준다. 풍수고서 『인자수지』에서는 "수관재물(水管財物)"이라 하여 물은 재물을 관장한다고 하였으니 마을의 이러한 수세 조건들이 승산마을을 부자마을로 만든 첫 번째 요인이 아닌가 생각한다. 그리고 우리나라는 지형적 특성상 북쪽보다는 남쪽, 동쪽보다는 서쪽이 낮기때문에 물의 흐름이 일반적으로 북에서 남으로, 동에서 서로 흘러가는 지역이 대부분이다. 그런데 이곳의 수세는 마을 뒤 남강은 서쪽에서 동쪽으로, 마을 앞 실개천은 남에서 북으로 흘러 이와 반대 방향으로 흐르고 있다. 풍수에서는 이러한 지형을 역수국이라 하고 매우 길한 수세 형국으로 특히 부를 가져다준다고 해석한다. 실제 우리나라의 크고 작은 주요 도시들이 이러한 역수국에 많이 자리 잡고 있다.

262. 삼성 이병철 회장의 생가 ㊤

경남 의령군 정곡면 호암길 22-4에 가면 삼성그룹 창업자인 호암 이병철(1910~1987) 회장의 생가가 있다. 이 집은 대지면적 1,927㎡(578평)의 부지에 1851년 회장의 조부 이홍철이 지은 집이다. 이 마을은 그 당시 경주이씨 집성촌으로 호암은 17세에 결혼하여 생가 바로 앞집에서 신혼생활을 하였다고 한다. 예로부터 부자마을이 많고 인심까지 넉넉해 살기 좋은 고장으로 소문난 의령에서는 부자가 많이 나는 이유를 남강에 있는 솥 바위(정암:鼎巖) 때문이라 생각해 이 지방 사람들은 이 바위를 보물처럼 여긴다. 솥은 예로부터 곡식 즉 재물을 뜻하고 솥 바위 아래 3개의 다리는 3정승을 뜻하여 사방 20리 안쪽에 정승에 버금가는 3명의 큰 부자가 태어날 것이라는 전설이 이 지방에 전해져 왔다. 이병철 회장이 태어나 성장한 의령 중교리는 남강의 솥 바위에서 약 8km 떨어진 곳이고, LG그룹 창업자 구인회 회장의 집은 7km, 효성그룹 창업자 조홍제 회장은 5km 정도 떨어진 곳이다. 과연 이들 마을에서 전해져 내려오고 있는 전설처럼 삼성, 엘지, 효성그룹은 우리나라의 경제발전을 이룬 대표적 기업으로 남강 가운데 자리 잡은 솥 바위의 전설과 무관하지 않아 보인다. 실제 풍수에서도 흐르는 물 가운데 흙무더기나 큰 바위가 있어 물길을 막아 유속을 늦추어 주면 혈장에 생기를 머무르게 한다하여 그 안쪽을 대 길지로 보고 있다. 이병철 회장은 할아버지 때부터 의령에서 3천석 이상 가는 부잣집으로 유복한 어린 시절을 보냈고 청소년기에는 어머니의 친정이 있는 서울로 올라와 종로의 중동 학교를 졸업하였으며 이어 일본 와세다대학 정치경제학과에 합격했으나 건강 때문에 중퇴하고 귀국한다. 그는 고향에서 건강을 회복한 뒤 다시 상경해 진로를 탐색하던 중 사업을 하기로 마음먹고 부친에게 지원받은 쌀 300석분의 토지를 기반으로 사업을 일으켜 1936년 마산에서 협동정미소를 창업했으나 실패로 돌아갔다. 그 후 1938년 대구에서 삼성상회를 열어 유통업을 시작했고 이어 운수업에도 진출하였으며, 1951년 부산에서 삼성물산을 설립하여 고철, 설탕, 비료 등을 수입과 수출을 하면서 승승장구하여 오늘날 대한민국 최고의 기업 삼성그룹에 이르렀다.

삼성그룹이 국내 최고의 기업으로 성장하는 데는 부인 박두을 여사의 내조도 한몫을 했다고 평가할 수 있다. 박두을 여사는 사육신 박팽년의 후손으로 대구시 달성군 묘골마을의 수 천석꾼 지기의 부잣집 딸이었다. 시댁도 의령 고을의 내로라하는 부자였지만 그의 아들 이맹희는, 어머니께서 늘 "시집이라고 와보니 집도 좁고 그렇게 가난해 보일 수가 없더라" 라는 말을 자주 들었다고 한다. 부유한 집안에서 엄격한 가정교육을 받으면서 자란 그녀는 십 오륙세 되던 어느 날 시주하러 온 스님이 그의 관상을 보고 "처녀는 앞으로 왕비가 아니면 일국의 왕 못지않은 거부가 될 사람을 만나 그 안방마님이 되겠소" 라는 말을 했다고 한다. 그는 스님의 말씀대로 대한민국 제일의 거부 안방마님이 되었고 94세까지의 천수를 누리면서 그의 타고난 재물복과 더불어 시종일관 훌륭한 내조가 있었기에 오늘날의 삼성이 있었으리라 생각한다.

263. 삼성 이병철 회장의 생가 ㊦

지난주 연재에서는 삼성그룹 창업자 이병철 회장이 태어나서 자란 마을의 내력과 부인 박두을 여사 그리고 마을 앞의 물이 빠져나가 합류되는 남강의 솥 바위(정암:鼎巖) 전설에 대해 기고하였고 이번 주는 생가와 마을 전체의 풍수 입지에 대해 알아보자. 이곳 생가 마을의 산세는 백두대간 남덕유산(1,507m)에서 나온 지맥이 동남쪽에 위치한 합천의 황매산(1,110m)을 거처 남강과 황강 사이로 내려와 의령의 매봉산(597m)를 일으켰다. 이곳에서 동쪽으로 지현 굴곡을 하며 길게 뻗은 지맥이 호암산(290m)을 일으켜 마을의 주산이 되었고, 여기서 다시 남동쪽으로 계속 뻗어 나간 지맥은 생가 뒤 배산을 만들어 주고 좌측 계곡에서 흘러나온 물을 만나면서 그 행로를 멈추었다. 이곳 생가는 일자 문성의 토형산 아래에 자리 잡았고 좌우의 청룡·백호도 잘 감싸주고 있어 생기가 빠져나가지 않으니 누가 찾아와도 아늑함을 느낄 수 있는 장소다. 풍수에서는 이러한 혈처를 와혈이라 하는데 혈의 종류는 크게 와혈(窩穴), 겸혈(鉗穴), 유혈(乳穴), 돌혈(突穴)의 4가지로 구분하고 있으며 이를 혈의 사상이라고 한다. 풍수서 『지리오결』에서는 열 개의 부자 혈 중에 아홉 개는 와혈이라 하였으니 이 회장의 생가를 부자 터라고 부르는 것은 충분한 설득력이 있다.

이 마을의 수세는 좌측 뒤편에 있는 문곡지에서 흘러나오는 실개천이 마을 앞 우측에서 흘러나오는 정곡천에 합류해 흐르다 또다시 좌측에서 흘러나오는 월현천에 합류한 후 남강으로 흘러 들어간다. 그러므로 이 마을은 세 곳에서 흘러나오는 물이 마을 앞에서 합수하여 흐르기에 물이 풍부하여 일찍부터 부자의 마을이 되는데 좋은 지리적 조건을 갖추었다. 풍수 고전 『설심부』에서는 수(水)를 논하는 것은 삼차 구곡수가 으뜸으로 세 곳에서 합쳐모인 물이 굽이굽이 굽어 조당에서 모이면 그 안쪽은 대귀할 곳이다."하였다. 또한 여러 갈래의 물이 흘러와 모이는 곳에는 명당이 있는 곳으로 물이 명당을 증명하고 명당은 혈을 증명한다고 하였다. 그리고 생가 앞마당에는 사시사철 흘러나오는 맑은 우물물이 있고 풍수에서는 이러한 샘물을 진응수(眞應水)라 하여 굉장히 귀하게 여긴다. 이 물은 지맥의 양측을 따라 흘러나오는 물이 명당 앞에 합수하여 솟아 나온 물이기에 혈장 아래에 진응수가 흘러나오면 그 안쪽을 대 길지로 보고 이를 혈의 증거로 삼는다. 풍수고서 『인자수지』에서는 "산관인정(山管人丁) 수관재물(水管財物)"이라 하여 산은 사람을 관장하고 물은 재물을 관장한다고 하였으니 마을의 이러한 수세 조건들이 이 마을을 부자마을로 만든 풍수적 요건이 아닌가 생각한다. 그리고 생가 앞에 보이는 안산은 곡식을 쌓아둔 형상의 노적봉이고 주변에는 귀인봉들이 많아 이 또한 마을의 부를 기약하기에 충분하다. 이상하게도 정면의 노적봉은 마을의 다른 집에서는 그 모양으로 보이지 않고 호암의 생가에서만 노적봉으로 보인다. 이러한 여러 가지 풍수적 증거들과 더불어 양택지의 기본 조건인 배산임수(背山臨水)와 전저후고(前低後高)의 조건을 갖추었으므로 이곳 생가를 부자 터라고 부르기에 손색이 없다.

264. 인촌 김성수의 생가

인촌 김성수(1891~1955)의 생가는 전북 고창군 부안면 봉암리 435번지에 위치하고 있으며 조선시대의 대표적 명문가답게 전북 기념물 제28호로 지정되어 있다. 호남의 제일 갑부였던 김성수는 대한민국 제2대 부통령을 지낸 인물로 동아일보와 고려대학교를 창립하고 (주)경성방직을 설립하여 우리나라 근대화에 앞장섰으며 동생 김연수는 삼양그룹의 모태인 삼양사를 설립하여 우리나라의 산업발전에 큰 공을 세운 인물이다. 조선 중기 유학자로 문묘에 배향된 하서 김인후(1510~1560)가 인촌의 13대조이며 김상만 전 동아일보 회장이 인촌의 아들이고 김상협 전 국무총리는 동생 김연수의 아들이다. 이들 형제들은 봉암리 인촌가에서 태어나 명문 가문의 출신답게 우리나라의 정치와 경제, 언론과 교육문화 등 여러 분야에서 큰 족적을 남겼다. 이들이 태어난 인촌가의 특징은 자연의 순리에 따르다 보니 대부분의 사람들이 선호하는 남향집이 아닌 북향으로 지어졌다. 우리 민족들은 과거부터 남향집에 동남쪽 대문을 얻으려면 3대가 적선을 해야 얻을 수 있다는 말이 있지만 이를 무색케 할 만큼 북향에도 얼마든지 명택이 있다는 것을 보여주었다. 남향집을 선호하는 대부분의 사람들은 더운 여름에는 해가 집으로 많이 들지 않고 겨울에는 해가 깊숙이 들어 따뜻하기 때문이라고 하지만 무엇보다도 주택은 자연의 순리(이치)에 맞는 방향으로 지어져야 한다. 자연의 순리란 곧 배산임수(背山臨水)의 조건을 말하고 이것은 공기의 흐름에 따라 밤에는 뒷담이 있어 산에서 내려오는 차가운 바람을 막아주고 낮에는 앞쪽에 대문이 있어 시원한 생기를 집안으로 불러들일 수 있는 조건을 말한다. 풍수 고전에서도 하늘이 정해준 자연의 지세를 무시하고 남향만을 고집한다면 얻는 것은 하나이나 잃는 것은 아홉이라 하였으니 집을 지을 때 배산임수 조건을 가벼이 생각해서는 안 된다.

옛 부터 사대부나 재력가 집안에서는 풍수를 중요시하지 않는 집안이 없었지만 인촌가 만큼 풍수를 신봉하는 집안도 흔하지 않았다. 호남지역의 유명한 명당은 거의 인촌 집안이 차지했다고 해도 과언이 아닐 정도로 증조부모와 조부모 묘소를 비롯한 대부분이 풍수적 명당 길지에 자리 잡고 있다. 또한 이 집안은 묘소를 쓸 때 땅속의 더 많은 생기를 타기 위해 부부간이라도 합장하지 않고 1인 1명당을 고집하여 쓴 것으로도 유명하다. 음택지가 이러하듯이 양택 역시 아무 곳에나 짓지 않았다. 이곳 인촌 생가는 집 뒤쪽의 아담한 현무봉(매봉)에서 용맥을 따라 흘러내리는 용진처에 정확히 자리 잡았고 그리 높진 않지만 양쪽으로 청룡·백호가 집 전체를 잘 감싸주니 누가 찾아가도 아늑한 느낌을 받는다. 이곳이 혈이 뭉친 진혈처란 증거는 또 하나 있다. 앞마당에 보면 사시사철 마르지 않고 솟아 나오는 우물물이 있는데 이것은 산세(지기)가 지극히 왕성해서 흘러나온다는 진응수(眞應水)로 용맥을 보호하며 따라온 물이 집 앞에서 합수한 물이다. 여기에다 건물 공간의 배치도 동·서사택이론에 부합하여 북(坎)쪽 대문에 안방은 남(離)쪽, 부엌은 동남(巽)쪽에 위치하니 8택론으로 보아 연년(延年)택으로 사업이 번창하고 건강 장수한다는 길택으로 지어져 있다.

265. 하서 김인후의 생가

전남 장성군 황룡면 맥호리 맥동 마을에 가면 김인후 선생이 태어나서 자란 생가 백화정이 있다. 김인후는 여덟 살에 조광조의 숙부인 조원기가 전라도 관찰사로 있을 때 신동이라 할 정도로 뛰어났고 열 살 때 후임 관찰사로 부임한 김안국에게 소학을 배웠으나 그가 기묘사화에 연루되어 귀향을 가자 18세까지 독학으로 사서오경을 공부했다. 중종 26년(1531) 22세에 사마시에 합격해 진사가 되고 성균관에 입학하여 퇴계 이황 등과 교류하면서 퇴계와는 아주 돈독한 사이였다. 중종 35년(1540) 31세에 별시문과 병과에 급제하여 호당(湖堂)에 들어가 이황을 비롯한 여러 문인들과 교류하면서 사상적 토론으로 성리학 이론을 확립한 것이 조선 성리학의 발전에 크게 기여하게 된다. 중종 38년(1543) 세자시강원(世子侍講院)이 되어 훗날 인종이 되는 세자와 사제관계가 되니 세자는 그의 학문과 도덕에 깊이 감동받아 주자대전 한 질을 기증하기도 했다. 1543년 6월에 홍문관 부수찬(副修撰)으로 승진하여 기묘사림들의 신원을 호소하다 뜻을 이루지 못하자 관직을 그만두고 향리로 내려갈 것을 청하였으나 만류되고 12월 옥과현감을 제수받아 고향 근처로 돌아온다. 중종이 승하하고 인종이 즉위하자마자 8개월 만에 또다시 죽자 하서는 모든 벼슬을 버리고 고향 장성으로 돌아와 초당을 세우고 주자학 연구와 후진양성에 몰두했으며 송강 정철도 그의 문하생이었다. 인종이 승하한 7월 1일은 매년 마을 앞 난산(卵山)에 올라 하루종일 통곡을 하였고, 그곳에는 이를 기리기 위해 세운 통곡단과 그 사실을 새겨놓은 난산비가 세워져 있다. 그는 성리학뿐만 아니라 천문, 지리, 의약, 율력에 이르기까지 다방면에 통달하였으며 명종 15년(1560) 51세의 일기로 세상을 떠났다. 하서는 정조 20년(1796) 문묘에 배향되었으며 해동 18현 중 호남인으로서는 유일하고 사후 영의정에 추증하면서 문정(文正)이라는 시호를 내렸다. 그의 위패를 모신 장성 필암서원은 대원군의 서원철폐령에도 없어지지 않고 현재까지 보존되고 있는 서원이다.

이곳의 풍수 입지는 문수산에서부터 뻗어 내린 산들이 하나같이 순하고 아름다운 귀인봉으로 하서 종택은 반월형 金형산 밑에 자리하고 있다. 풍수고서 『인자수지』에서는 "산관인정(山管人丁)수관재물(水管財物)"이라 하여 산은 사람을 관리하고 물은 재물을 관장한다고 하였으니 이러한 마을에서 훌륭한 인재가 난다는 것은 너무나 당연하다. 하서 종택은 선생의 5대 조모인 여흥민씨 할머니가 정해준 자리라 한다. 민씨 할머니는 조선 4대 태종의 비 원경왕후의 4촌 언니로 풍수에 일가견이 있는 분이고 그녀의 풍수이론을 정립한 『하소결(荷沼訣)』은 울산김씨의 문화유산으로 전해오고 있다. 마을 뒷산에서 좌우로 뻗어 내린 용·호 자락은 마을을 잘 감싸주고 있고 외 백호 자락은 마을 앞 들판까지 감싸며 안산을 만들었다. 이 마을은 양택 3요결인 배산임수[背山臨水], 전저후고[前低後高]와 더불어 청룡 끝자락에 있는 필암(筆巖) 바위가 마을의 수구를 막아 안쪽의 생기가 빠져나가지 못하게 하니 전착후관[前窄後寬]의 조건까지 모두 갖춘 양택적 길지다.

266. 가인 김병로의 생가

전북 순창군 복흥면 하리 779번지에 가면 우리나라 초대 대법원장을 지낸 가인 김병로(1887~1964) 선생의 생가가 있다. 그는 울산김씨로 하서 김인후 선생의 15세손이고 이 마을에서 태어나 유년 시절을 보냈다. 17세부터 성리학을 배웠으며 이어 신학문을 접한 후 1910년 일본으로 건너가 니혼대학과 메이지대학 법학과를 졸업하고 1919년 판사에 임용되었으나 1년 후 바로 사임하고 변호사 활동을 시작했다. 그 후 변호사 시절에는 일제강점기의 혼란한 시기에 6.10만세 운동과 광주학생운동 등 독립운동가들에 대한 수많은 무료 변론과 더불어 신간회의 중앙집행위원장을 지냈다. 또한 1948년 대한민국의 초대 대법원장을 지낸 법조 인물이고 사법부 역사상 법조 3성(聖)으로 우리나라 법조인들로부터 가장 추앙받고 있는 인물이다. 그는 과거 후배 법관들에게 이르기를, "세상 사람들이 다 부정에 빠져든다 해도 우리 법관만큼은 정의를 최후까지 사수해야 된다. 그리고 법관으로서 청렴한 본분을 지킬 수 없다고 생각될 때는 사법부의 위신을 떠나야 한다."란 훈계를 하고 마지막 퇴임식에서도 모든 사법 종사자에게 굶어 죽는 것은 영광인데 그것은 부정을 범하는 것보다 명예롭기 때문이다. 란 어록을 남기며 후배들에게 그의 강직한 청백리상을 보여주었다. 김병로 선생은 이승만 정권의 압력과 간섭을 뿌리치고 혼란한 시기에 우리나라 사법 독립의 기초를 다지신 분이다. 1952년 이승만의 '부산정치파동' 때 이승만이 법원의 판결을 비난하자 "억울하면 절차를 밟아 항소하면 될 일"이라며 사법부의 독립을 지켜냈고 1964년 향년 76세로 세상을 떠났다. 그는 슬하에 3남 1녀를 두었는데 둘째 아들인 김재열 변호사의 외동아들이 국회의원과 대통령 경제수석을 지낸 김종인이다.

가인의 생가는 원래 안채, 사랑채, 문간채로 이루어졌으나 6.25 전쟁 때 소실되어 옛 모습 그대로는 볼 수 없지만 후손들의 고증을 거쳐 안채와 문간채를 2014년 5월에 복원하였고, 훈몽재와 생가 그리고 대법원 가인 연수관을 연결하는 역사 문화탐방 코스로 활용하고 있다. 생가 맞은편의 대법원 가인 연수관은 사법부 독립의 초석을 놓은 선생의 정신을 기리고자 2010년에 건립한 것이고 이곳에서 약 1 Km 떨어진 곳 작은 언덕 위에는 김병로 선생이 공부한 정자 낙덕정이 위치해 있다. 이 마을은 호남정맥에서 백방산(667.8m), 소백산(540m)을 거쳐 마을 뒤 옥녀봉(530m)을 일으켰고 생가는 이 옥녀봉 줄기 아래에 자리 잡았다. 집에서 정면으로 보이는 안산 역시 그 모양이 금형으로 마을에 부귀를 가져다주며 생가 주변으로는 산들이 감싸고 있는데 하나같이 순하고 다정한 귀봉들이다. 그리고 마을 앞으로는 섬진강의 상류인 추령천이 마을 전체를 활모양처럼 감싸고 흘러나가니 이 마을의 생기를 잘 갈무리해준다. 풍수에서는 산은 사람을 관장하고 물을 재물을 관장한다고 하였으니 본인이 타고난 기질과 더불어 이렇게 좋은 풍수적 길지에서의 생활이야말로 훌륭한 인물의 배출은 너무나 당연한 이치다. 따라서 이 마을은 양택지의 필수조건인 배산임수(背山臨水)와 전저후고(前低後高)의 조건을 모두 갖춘 양택적 길지로 평가받고 있다.

267. 화서 이항로의 생가

경기도 양평군 서종면 노문리 535-6번지에 가면 조선 후기 성리학자 화서 이항로(1792~1868) 선생의 생가가 있다. 경기도 유형문화재 제105호로 지정된 이 건물은 이항로 선생이 태어나서 살았던 집으로 약 250여 년 전 선생의 부친이 지었으며 당시 선비의 살림집 모습을 잘 보여주는 전통가옥이다. 조선시대 마지막 유학자 이항로는 세 살 때 『천자문』을 떼고, 여섯 살 때 『십구사략(十九史略)』을 읽고 『천황지황변(天皇地皇辨)』을 뗐으며, 열두 살 때 신기령에게 『서전(書傳)』을 배웠으니 그의 천재성은 어릴 적부터 남달랐던 것이다. 일찍 학문을 깨우치고 조선 후기 1808년(순종 8) 17세의 나이로 과거에 합격했으나 당시 권력층들이 과거급제를 구실삼아 자기 아들과 가까이 지낼 것을 종용하자 이에 격분하여 과거장 출입도 수치스럽다며 다시는 과거를 보지 않았다고 한다. 그러나 그의 학덕이 조정에 알려지면서 1840년 휘경원 참봉과 지방 수령 등에 임명됐지만 바로 거절해버리고 오직 학문과 제자 양성에만 전념하였다. 그러다 1866년(고종3)에 병인양요가 일어나자 좌의정 김병학의 천거로 또다시 동부승지란 벼슬을 하사 받았지만 대원군의 경복궁 중건 등 그의 실정에 대해 상소문을 두 번이나 올렸으니 대원군의 노여움을 싸게 되어 그만두고 낙향을 했다. 그는 뚜렷한 스승의 가르침도 없이 독학으로 학문에 전념하여 공자, 주자의 도학을 정통으로 계승하였으며 19세기 서구열강의 침략에 맞서 벼슬을 사양하고 제자를 양성해 화서학파를 이루었다. 화서학파는 항일 의병운동을 주도하게 되는데 주요 인물로는 양현수, 김평묵, 유중교, 최익현, 유인석 등이 있으며 이들은 바로 이 집에서 선생님의 가르침을 받았다. 이항로는 주리론(主理論)에 바탕을 두고 존왕양이(尊王攘夷)의 윤리를 강조해 구한 말 위정척사론과 의병항쟁의 사상적 기초를 다졌다. 그는 이(理)와 기(氣)를 엄격히 구별하고 차등적으로 인식해서 이(理)가 주가 되면 천하가 편안해지고 기(氣)가 주가 되면 천하가 위태롭다고 주장한 학자였다. 그는 1868년 76세의 나이로 생을 마감하고 생가 뒤편 산자락에 선조들과 함께 묻혔으며 남긴 저서로는 『화서집』, 『화동역사합편강목』60권, 『주자대전차의집보』, 『벽계아언』12권 등이 있다.

이곳의 산세는 화야산(754.2m)에서 남쪽으로 뻗어 내린 지맥이 마을 뒤 현무봉(260m)을 만들고 여기서 남남동쪽으로 내려온 용맥 끝자락에 생가가 들어서 있다. 집 뒤쪽으로는 배산이 있고 마을 앞 개천은 좌측에서 우측으로 굽이굽이 흘러 마지막 북한강에 합류하니 양택의 입지 조건인 배산임수(背山臨水)와 전저후고(前低後高)를 모두 갖추었다. 또한 집 앞 정면으로는 둥근 금형산의 봉우리가 2개 연속으로 마주하고 있어 집안에 부귀를 가져다준다. 풍수 고전 『靑烏經』에서는 부자가 되는 터는 둥그스름한 봉우리가 금궤처럼 생긴 것으로 집안에 재물이 몰려 들어옴이 마치 냇물이 흘러 들어옴과 같다 하였다. 그러나 집 뒤편에 위치한 그들의 음택지는 이와 대조적으로 경사도가 심해 재물이 곧바로 빠져나가는 비혈지로 보인다.

268. 사명대사의 생가

경남 밀양시 무안면 고라리 399번지에 가면 사명대사(1544~1610)의 생가가 있다. 그런데 사명대사가 출가하기 전에 살던 고향 집은 그동안 위치가 정확하게 밝혀지지 않고 있다가 지형상 고라리 399번지를 중심으로 뒷산의 주맥이 흘러들어오고 있어 증조부 임효곤이 이 장소를 풍수적 명당 터라 생각하고 잡았을 것으로 추정하였다. 밀양시의 현장 유물조사에 의하면 이 장소에서 기와 파편, 생활용품 조각 등이 발견되고 건물의 유구로 보이는 담장의 흔적도 발견되었기에 이곳을 생가터로 인정하고 정비작업을 하여 오늘의 모습을 갖추게 되었다. 밀양시에서는 고라리 399번지의 부지를 매입하고 생가터를 정비 복원하여 기념비를 건립한 후 1992년 10월 21일 경상남도 기념물 제116호로 지정하였다. 사명대사는 풍천 임씨로 본명은 임응규이고 그의 조상들은 이러한 명당 터에 기거하면서 대를 이어 과거 급제자를 배출해냈다. 증조부 임효곤은 문과에 급제하여 대구 수령을 역임했고, 조부 임종원도 문과에 급제하여 강계부사를 지냈으며 아버지 임수성은 진사시에 합격하고 본인도 18살의 나이로 승과에 급제했다. 승려들의 과거시험인 승과는 조선조 숭유억불정책으로 연산군 때 폐지되었다가 명종 때 독실한 불교신자였던 문정왕후에 의해 다시 복원되었는데 그때 서산대사와 함께 급제하였으며 문정왕후가 죽자 또다시 폐지되었다. 그는 승려로서는 보기 드물게 종 2품의 벼슬인 가선대부 동지중추부사에까지 올랐고, 이러한 입지 전적이 그가 태어나서 자란 집터의 풍수 입지와 무관하지 않아 보인다. 사명대사는 어려서부터 유학을 배웠으나 "번뇌를 하지 않고 쓴 글은 아무 소용이 없다"고 깨달은 뒤 부모가 모두 죽자 1559년(명종 14) 직지사로 들어가 승려가 되었으며 그 후 묘향산 보현사에 있던 서산대사를 찾아가 그의 제자가 되었다. 1592년 임진왜란이 일어나자 승병을 모집하여 일본군에 맞서 싸웠고 전란 중에 일본군과의 강화를 위해 적진에 들어가 가토 기요마사와 회담을 하기도 했다. 임진왜란이 끝난 6년 후에도 선조 임금의 국서를 지참하고 일본으로 건너가 도쿠가와 이에야스와 면담 후 포로로 잡혀간 3,000여 명의 동포를 데리고 귀국하는 등 큰 업적을 남겼다.

이곳의 산세는 대구의 남서쪽에 있는 비슬산에서 이어진 지맥이 남동쪽으로 뻗어 내려 묘봉산(514m), 천왕산(619.3m)을 지나 열왕산(663.3m)를 일으키고 이곳에서 남서쪽, 남동쪽, 다시 남쪽으로 지현 굴곡을 하면서 계속 뻗어 내려와 마을 뒤편의 현무봉을 일으켰다. 생가는 마을 뒤 둥근 금형체의 현무봉에서 남쪽으로 뻗어 내린 지맥의 끝 지점에 정확히 자리 잡아 지기가 충만한 곳이고, 주변의 좌우 청룡·백호도 생가터를 잘 감싸주고 있어 완전한 장풍국(藏風局)을 이룬다. 그리고 주변 골짜기에서 흘러나온 물은 생가 앞쪽에 모여 저수지를 이루니 전형적인 배산임수(背山臨水)와 전저후고(前低後高)형의 양택적 길지다. 풍수에서는 음·양택을 막론하고 혈장 앞에 저수지가 있으면 이를 선저수(漩渚水)라 하고 부를 가져다준다고 해석한다. 현재는 연못 주변에 사명대사 기념관 및 수변광장을 조성하여 관광 단지화가 되어있다.

269. 곽재우 장군의 생가

경남 의령군 유곡면 세간리 817번지에 가면 조선 중기의 의병장 곽재우(1552~1617) 장군의 생가가 있다. 그는 10대에 남명 조식(曺植)의 문하에 들어가 수학하였는데 그 인연으로 16세에 조식의 외손녀와 혼인을 하게 되었고, 1585년(선조 18) 34세의 나이로 정시 문과에 뽑혔으나 글의 내용이 선조의 마음에 들지 않는다 하여 합격이 취소되었다. 이와 같이 원래는 무인이 아니였지만 임진왜란이 일어나 관군이 왜군에게 패하자 자신의 사재(私財)로 의병을 일으켜 일본군에 맞서 싸웠다. 그는 붉은 옷을 입고 싸우는 홍의장군으로 잘 알려져 있으며 그의 용맹성에 놀란 왜병들은 곽재우의 이름만 들어도 두려워했다고 한다. 김시민의 진주성 싸움에도 큰 도움을 주었고, 전장에서 여러 번 승리한 공로로 찰방, 조방장 등을 지낸 뒤 1599년 병마절도사를 역임했다. 1600년(선조 33) 2월 일본과 화친할 것을 건의 했다가 사간원의 탄핵을 받고 전남 영광으로 유배되었다가 2년 만에 풀려났다. 그런 후 다시 선조의 부름으로 1605년 한성부 우윤이 되고 이어 전라도 병마절도사로 나갔다. 1609년(광해군 1) 모든 관직에서 물러났으나 광해군이 또다시 삼도수군통제사에 제수하여 불렀으나 병을 핑계로 사양하고 나아가지 않았다. 그는 김덕령 등의 의병장이 무고로 희생되는 것과 영창대군의 죽음을 보고 벼슬을 여러 번 사퇴하였다. 1617년 66세의 나이로 사망하였는데 조정에서는 장례용품의 지급과 더불어 예조좌랑을 파견하여 장례식을 주관하게 하였다. 훗날 숙종은 그의 공적을 높이 사 1709년(숙종 35년) 증 병조판서 겸 지의금부사에 추증하고 충익이라는 시호를 내렸다.

이곳의 산세는 백두대간 남덕유산에서 동남쪽으로 하나의 지맥을 뻗어 내려와 의령군 궁류면의 만지산(607.4m)과 장등산(383m)을 거쳐 유곡면의 고망산(242.1m)을 일으켜 주산이 되었다. 생가는 주산에서 동쪽으로 뻗어 내려와 생가 뒤 금형의 봉우리를 일으켜 배산(背山)이 되었고, 앞으로는 유곡천이 흘러 전형적인 배산임수(背山臨水) 지역이다. 생가 뒤쪽의 배산과 유곡천 넘어 안산은 그 모양이 둥그스름한 무곡봉이다. 풍수에서는 혈장 주변에 무곡봉이 있으면 걸출한 무인이 태어난다고 하였으니 장군의 일생에 많은 영향을 미친 것으로 보인다. 그리고 주변 산세들은 투구봉, 노적봉, 천마사 등 대부분이 귀인봉이라 생가에 좋은 기운을 보내준다. 수세는 마을 앞 유곡천이 서쪽에서 동쪽으로 흘러와 마을을 둥글게 감싸면서 북쪽으로 흘러 낙동강에 합류한다. 우리나라는 지형적 특성상 북쪽 보다는 남쪽이 동쪽 보다는 서쪽이 낮기 때문에 물의 흐름이 일반적으로 북에서 남으로, 혹은 동에서 서쪽으로 흐른다. 그러나 이곳의 수세는 이와 반대로 서에서 동쪽으로 흘러와 마을을 완전히 감싸주고 북으로 흘러나간다. 풍수에서는 이러한 지역을 역수국(逆水局)이라 하고 그 안쪽을 대 길지로 해석하고, 혈장 주변의 물은 혈처를 환포(環抱) 해주면서 천천히 흘러나가는 것을 최고로 친다. 역수국은 일반적으로 경사도가 완만해 유속이 늦고 마을 앞 유곡천은 구불구불 구곡수로 천천히 흘러나가니 최고의 수세 조건이다.

270. 명성황후의 생가

경기도 여주시 능현동 250-2번지에 가면 조선 제26대 고종의 비(妃) 명성황후의 생가가 있다. 이 집은 숙종 13년(1687)에 지은 고택으로 그의 6대조이신 민유중이 묘막으로 지은 건물이다. 민유중(1630~1687)은 조선 중기 문신으로 인현왕후의 아버지가 되니 곧 숙종의 장인이기도 하다. 명성황후는 그의 5대손 민치록의 딸로 철종 2년(1851)에 태어나 16살에 왕비가 되었고, 고종의 정치적 동반자로 개화정책을 주도해 나가다가 고종 32년(1895) 을미사변 때 일본인에 의해 살해되었다. 그는 8살에 아버지를 여의고 홀어머니 밑에서 가난하게 살았지만 흥선대원군의 부인 민씨의 추천으로 고종의 비(妃)로 간택되었고 아버지 민치록은 사후 영의정에 추증되었다. 명성황후는 이 집에서 태어나 여덟 살이 될 때까지 살다가 모친과 함께 한양으로 올라가 감고당(感古堂)에서 생활하던 중 왕비로 채택되었다고 한다. 감고당은 조선왕조의 두 왕비가 기거했던 건물로 숙종의 계비 인현왕후가 장희빈과의 갈등으로 폐위되었다 복위될 때까지 5년여간 생활했던 건물이다. 이 건물은 숙종의 비인 인현왕후가 친정을 배려해 서울 안국동에 지은 건물이지만 1966년 쌍문동으로 옮겼다가 또다시 도시개발(학교부지)로 인해 없어질 위기에 처하자 2008년 이곳 생가 옆으로 이전해 왔다. 생가는 그 당시 건물로 안채만 남아있었지만 1966년 안채를 수리하고 행랑채와 사랑채, 별당채 등을 지어 원래 모습으로 복원하고, 내부에는 소품까지 보관되고 있어 조선조 중부지방 사대부 집안 살림집의 특징과 생활상도 엿볼 수 있다. 생가가 있는 여주는 여흥민씨의 시조 민창도가 정착한 후 고려 공민왕 때부터 이름 있는 관료들을 배출하면서 명문 가족으로 성장하였다. 그리고 세종대왕이 잠들어있기도 한 이 고을의 여흥민씨 문중에서는 고려 원종의 비였던 순경태후를 시작으로 하여 조선왕조에서만 원경왕후(제3대 태종대왕비)와 함께 3명의 정비를 배출한 명성 있는 고장이기도 하다.

이곳의 산세는 한남정맥에서 뻗어 나온 지맥이 경기도 이천시의 설성산(291m)에 이르고 설성산에서 다시 동쪽으로 행룡하여 여주시 대포산(252m)에 이른다. 여기서 지맥이 둘로 갈라지는데 좌측 가지는 북성산(258m)으로 세종대왕릉의 주산이 되고 우측 지맥은 연화산(225m)을 지나 황학산을 일으키고 다시 남쪽으로 방향을 틀어 명성황후 생가의 주산이 된다. 생가를 좌측에서 감싸는 청룡 자락은 마을을 어느 정도 감싸주고 있으나 우측의 백호는 비주하는 모양새로 벌어져 있다. 집 앞으로 보이는 안산은 현재 각종 개발로 인해 그 모양이 완전하지는 못하나 과거 개발 전에는 금형의 아미산으로 그 모양이 아름다운 귀봉이었다. 이것은 마치 절세미인의 눈썹을 닮았기에 풍수가에선 "예쁜 딸을 낳아 출세시키려거든 민비 생가엘 가보라"는 말까지 생겨났다. 이것은 생가 바로 뒤편에 있는 인현왕후의 아버지 민유중의 산소에서도 똑같이 보이고 생가에서도 이러한 예쁜 안산을 마주하고 있으니 후손 중에 왕비가 나오지 않았나 하는 생각을 떨칠 수 없다.

271. 윤봉길 의사 생가

충남 예산군 덕산면 시량리 135번지에 가면 윤봉길(1908~1932) 의사가 태어나서 어린 시절을 보낸 광현당(光顯堂)이란 생가가 있다. 광현당은 '빛이 나는 곳'이란 뜻으로 그의 증조부인 윤자 때부터 이곳에 정착하여 살았다고 한다. 이곳은 사방으로 냇물이 흐르는 지형으로 "조선 반도 속의 섬"과 같아 '도중도(島中島)'라는 지명을 윤봉길 의사가 직접 붙였고, 왜놈의 발길이 닿지 않는 곳이라 하였다. 그는 이곳에서 1908년 6월 21일 아버지 윤황과 어머니 김원상의 장남으로 태어나 4세까지 성장한 곳이고 이후 아버지 윤황을 따라 강 건너 저한당(狙韓堂)으로 거처를 옮겼다. 저한당이란 택호는 '한국을 건져내는 집'이라는 뜻이며 그는 이곳에서 10세에 덕산보통학교에 입학을 했다. 그런데 이듬해에 3.1운동이 일어나자 애국심이 고취된 그의 어머니는 식민지배자의 교육을 받지 않겠다며 아들을 자퇴시켰고, 그런 후 한문 공부를하며 독립운동과 농촌 계몽운동을 하는 데 어머니께서 적극적으로 도왔다고 한다. 윤 의사는 1930년 어느 날 이러한 활동에 한계를 느끼고 집을 떠나면서 '장부출가생불환(丈夫出家生不還: 장부가 집을 떠나면 뜻을 이루기 전엔 살아 돌아오지 않는다)' 이란 글을 남기고 만주로 건너갔다. 만주에서 김구 선생을 만나 조국을 위해 몸과 마음을 바칠 것을 다짐하고 그는 한인 애국단에 입단했다. 애국단 생활 중 사변이 격화되자 고향의 어머니에게 이번의 상해 사변은 확전될 것 같다며 편지를 보냈는데 어머니로부터 '집은 걱정말고 너 갈 길을 가라'는 답을 받았다고 한다. 그리고 두 달 후 1932년 일본 천황의 생일과 중국 상하이를 점령한 전승 기념 행사장에 몰래 들어가 폭탄을 던져 일본군 대장과 거류민 단장을 폭사시키고, 군 지휘관들에게 중상을 입히는 거사를 치른 후 체포되어 총살형을 당했다. 이 사건은 세계를 뒤흔들어 세상 사람들을 감격케 했으며, 정부에서는 그의 항일 독립운동 공적을 기려 1962년 건국훈장 대한민국장을 추서했다. 이듬해 덕산면 고향에 충의사를 세워 그를 기리고 있으며 1972년 유적지와 생가지 전체를 사적 제229호로 지정하여 관리하고 있다.

이곳의 산세는 금북정맥 줄기인 예산군 덕산면 덕숭산(495.2m)에서 동북쪽으로 하나의 지맥을 뻗어와 덕산면 둔리에서 150m의 봉우리를 일으켜 생가의 주산이 되었다. 이곳 집터는 사방이 물에 둘러싸여 있고 그 가운데 떠 있는 형상이라 풍수에서는 이러한 형국을 연화부수형(蓮花浮水形)의 명당 터로 해석한다. 풍수서 『朝鮮의 風水』에서는 연꽃은 꽃도 열매도 구비된 원만한 꽃이므로 모두 원만하고 고귀하면서 화려한 생할을 한다고 기록하고 있다. 이곳 광현당의 수세는 대치천이 집의 북쪽을 감싸고 흐르고 둔리 저수지에서 흘러나온 호곡천은 집의 남동쪽을 에워싸고 흘러 도중도 동편에서 합수 후 삽교천으로 흘러든다. 이렇듯 수세는 집을 환포하며 흘러 유리한 조건이나 주변 사신사가 장풍의 조건에 합당하지 않아 바람의 피해가 예상되는 곳이다. 강 건너 저한당은 가야산 줄기인 원효봉(604.7m) 자락의 끝 지점에 위치해 있고 이곳 역시 산세와 수세가 풍수 원칙에는 어긋나는 곳이다.

272. 육영수 여사 생가

충북 옥천군 옥천읍 교동리 313번지에 가면 박정희 대통령의 부인 육영수 여사(1925~ 1974)의 생가가 있다. 이 집은 옥천지역의 명가로서 1600년대부터 김씨, 송씨, 민씨의 삼정승이 살았다고 하여 3정승 터로 알려진 조선시대의 상류층 가옥이다. 1918년 육영수 여사의 부친 육종관씨가 이 집을 매입한 후 기단을 높여 다시 개축하였고, 이곳이 곧 명당 터임을 증명이라도 하듯 육 여사와 그의 오빠 5선 의원 육인수씨가 태어나고 자랐다. 그런 후 현대건설에 의해 1969년 전면적으로 개 보수를 하면서 원형이 많이 훼손되었고, 1974년 육영수 여사 서거 이후 방치되어오다 1999년 철거되어 생가 터만 남았다. 그런 후 2002년 육영수 여사 생가터 지표조사 실시 후 사업비 38억 원을 투입하여 안채 복원 공사를 시작으로 건물 13동 및 부대시설을 복원하여 현재의 모습을 갖추었고, 지금은 충청북도 기념물 123호로 지정하여 관리되고 있다. 육영수 여사는 이곳 교동 집에서 1925년 11월 29일 아버지 육종관씨와 어머니 이경령 여사의 사이에서 1남 2녀 중 둘째로 태어났다. 그는 어려서부터 어머니의 가정교육을 엄하게 받아 항상 예의 바르고 침착한 성격이었다고 한다. 1938년 옥천 죽향초등학교 졸업 후 서울 배화여자고등학교에 입학하였고, 1942년 배화여고 졸업 후 교동집으로 돌아와 집안일과 아버지 사업을 도왔다. 1945년 11월부터 옥천여자중학교에서 교사 생활을 하던 중 1950년 6.25사변이 일어나고, 부산에서 피난 생활 중 박정희 소령을 만나 그해 12월 대구에서 결혼을 하였다. 결혼 후 어린이들을 위한 육영재단 설립과 양지회 등 각종 단체를 조직하여 봉사활동에 앞장섰으며 한국의 어진 어머니상으로 존경을 받아왔다. 그는 사랑을 실천하는 영부인으로 살다가 1974년 광복절 기념식장에서 비운의 생을 마감하였다.

이곳의 산세는 옥천읍의 진산인 마성산(409.2m)에서 남서쪽으로 뻗어 나온 산줄기가 교동리 마을 뒤에 310m의 토형산을 일으켜 이 마을의 주산이 되었다. 여기서 남쪽, 다시 남서쪽으로 방향을 바꾸면서 내려온 산줄기가 집 뒤에서는 다시 남쪽으로 방향을 틀고 양쪽으로 팔을 벌려 집을 오목하게 감싸주고 있다. 집의 북쪽으로는 일자문성의 토형산, 북동쪽으로는 금형의 옥녀봉, 북서쪽의 국수봉(270m)은 아름다운 문필봉, 앞쪽으로는 아미형 안산 등 택지 주변으로는 귀봉이 많아 부귀의 발복을 동시에 가져다준다. 이곳의 수세는 좌측 내외청룡 자락 이곳저곳에서 흘러오는 물이 작은 계곡물을 모아 집 앞을 지나가고, 백호 자락 안쪽에서 흘러나온 물줄기는 마을 우측을 감싸주며 흐르니 마을 안쪽은 늘 생기가 가득하다. 특히 백호 자락 넘어 교동저수지의 물은 이 마을의 암공수(暗拱水)가 되어 마을의 생기를 한 번 더 가두어준다. 풍수에서는 청룡 백호와 안산 넘어 이렇게 보이지 않는 암공수가 있으면 보국의 기운이 모두 혈에 집중되므로 보이지 않는 암공수가 보이는 물보다 훨씬 더 좋다고 해석한다. 그래서 풍수서 『인자수지』에서도 "명조불여암공(明朝不如暗拱)"이라 하여 보이는(明朝) 물길이 암공(暗拱)수보다 못하다고 할 만큼 암공수를 좋게 평가하고 있다.

273. 울산 학성이씨 근재공 고택

울산광역시 울주군 웅촌면 석천마을에 가면 울산 학성이씨의 근재공 고택이 있다. 이 고택은 학성이씨 11대손인 이의창(1725~1781)이 건립한 파종가집으로 1765년(영조 41) 웅촌면 대대리에서 이곳으로 옮겨와 세운 집이다. 이후 조선 고종 때 한 차례 고치고 1934년에는 안채와 사랑채를 비롯하여 전체적으로 다시 중수하였다. 이의창이 웅촌면 대대리에서 이곳 석천마을로 오게 된 것은 한 풍수가를 도운 선행 때문이었다고 전한다. 「웅촌면지」의 기록에 의하면 인근 온양읍 남창리에 한 부자가 살고 있었는데 재물이 불꽃처럼 일어나자 이러한 부를 영원히 누리고 싶은 욕심으로 좋은 묘자리를 구하기 위해 유명한 앉은뱅이 국풍을 모셔 왔다. 이 부자는 그를 데리고 문중 산으로 올라 산소를 살펴보던 중 지관이 고개를 갸우뚱거리더니 "이곳의 문중 산소는 옮겨야 한다. 그대로 두면 집안에 줄초상이 난다"하면서 빨리 산소를 옮겨야 화를 면할 수 있다고 하였다. 그러자 문중 사람들은 그동안 우리 문중이 이 산소 덕분으로 부귀를 누릴 수 있었는데 무슨 말을 그렇게 해, 너 같은 놈은 호랑이 밥이나 되어야 한다면서 그를 산에 버려두고 그냥 내려와 버렸다는 것이다. 앉은뱅이 풍수는 혼자 내려올 수가 없어 쩔쩔매고 있었고, 마침 국풍이 온다는 말을 듣고 구경 간 의창이 그를 지게에 지고 집으로 모셔와 성심껏 보살펴주었으며 국풍은 그 대가로 현재의 근재공고택의 집터를 잡아주었다고 한다. 의창은 이 집에서 많은 부를 일구고 후손들은 여러 명이 벼슬길에 올랐으며 조선조 울산에서는 4명의 장원급제자가 나왔지만 그중 2명이 이 집 출신이다. 이 건물은 1997년 울산광역시 문화재자료 제3호로 지정되었고 현재 국가 보훈처 지정 현충 시설로 독립운동가 이재락 선생의 생가이기도 하다. 석천마을은 마을 뒤 노방산이 양쪽으로 팔을 벌려 병풍처럼 둘러싸고 있고 마을 전체가 광주리 혹은 조개 모양을 한 명당터로 알려져 있다.

이곳의 산세는 낙동정맥인 양산시 하북면 정족산(748m)에서 북동쪽으로 하나의 지맥을 뻗어 울주군 웅촌면의 운암산(418.6m)을 거쳐 청량읍의 남암산(544.4m)을 일으킨다. 여기서 다시 동남쪽으로 방향을 틀어 내려와 노방산(258.9m)을 일으켜 본 마을의 주산이 되었고, 석천마을은 노방산에서 남쪽으로 뻗어 내린 지맥이 양팔을 벌려 감싸 안은 안쪽에 위치하고 있다. 마을 뒤산은 말발굽 모양처럼 마을을 둥글게 감싸주고 앞으로는 회야강이 흘러 전형적인 배산임수 지형이다. 마을 앞으로 흐르는 회야강은 마을 전체를 활처럼 감싸주면서 서출동류로 흘러나가니 최고의 수세 조건이다. 우리나라는 지형적 특성상 북쪽보다는 남쪽이, 동쪽보다는 서쪽이 낮기 때문에 대체적으로 물의 흐름이 북에서 남으로, 혹은 동에서 서쪽으로 흐르는 것이 일반적이다. 그러나 이와 반대 현상인 남에서 북으로 혹은 서에서 동쪽으로 흐르는 지역이 있는데 이러한 지역을 역수국(逆水局)이라 하고 그 안쪽을 대길지로 친다. 풍수에서는 주변의 물길은 혈장을 환포해 주면서 천천히 흘러나가는 것을 최고로 치는바, 역수국은 대부분 경사도가 완만해 유속이 느리기 때문이다.

274. 고불 맹사성의 고택

충남 아산시 배방면 중리 300번지에 가면 조선시대 최고의 명재상이었던 고불 맹사성(1360~1438)이 자랐던 고택이 있다. 맹사성은 원래 개성에서 태어났으나 5~6세 때 부모님을 따라 이곳으로 이사를 왔다. 이 집은 원래 고려말의 명장이었던 최영 장군의 아버지 최원직의 소유였으나 그가 위화도 회군에 따른 정란으로 죽임을 당하여 비어 있던 집에 맹사성의 아버지가 이곳으로 거처를 옮겼다고 한다. 훗날 맹사성은 최영 장군의 손녀사위가 되어 이 집을 자기 소유로 물려받았다고 한다. 마당 앞뜰에는 600여 년이나 된 은행나무 2그루가 있는데 맹사성이 9살 때 심은 나무로 훗날 이 나무 아래서 제자들을 가르쳤다고 하여 이 고택을 '맹씨행단'이라고 부른다. 맹사성은 그의 출생에 대한 재미있는 일화가 있다. 그의 어머니가 시집을 와서 얼마 되지 않아 남편은 곧바로 한양에 과거 공부를 하러 떠났다. 그러던 어느 날 맹사성의 어머니가 꿈을 꾸었는데 밝은 대낮에 하늘에 있던 태양이 갑자기 떨어져 엉겁결에 치마폭으로 받았다. 그 꿈이 하도 신기하여 시아버님께 아뢰었고 시아버님은 이 이야기를 절대 입밖에 내지말란 당부와 함께 하인을 시켜 한양에 있는 아들에게 아버지가 위독하다며 급히 내려오라고 하였다. 소식을 접한 아들이 황급히 집에 당도하여 아버지께 문안을 여쭈니 아버지는 '내 병은 그동안 다 나았으니 염려 말고 며칠 쉬었다 가거라' 하는 것이었다. 그리하여 집안에 머무는 동안 하늘의 계시를 받은 길몽으로 맹사성 선생이 잉태되어 태어났다는 이야기가 전한다. 맹사성은 고려 우왕 12년에 문과에 장원으로 급제해 춘추관 검열을 시작으로 대사헌, 예문관 대제학, 우의정을 거쳐 좌의정에 올랐다. 그는 조선시대의 대표적 청백리로 그 당시 황희가 오랫동안 영의정 자리를 지키는 바람에 평생 최고 관직으로 좌의정에 만족해야 했다.

이곳의 산세는 한남금북정맥에서 북쪽으로 하나의 지맥을 뻗어 광덕산(699m)을 지나 아산시 송악면의 설화산(447.5m)을 일으켜 본가의 주산이 되었다. 집 뒤를 쳐다보면 아름다운 봉오리가 5개가 있다고 하여 설화산을 일명 오봉산이라고도 부른다. 고택은 주산에서 북동쪽으로 다시 북쪽으로 방향을 틀어 뻗어 올라온 자락의 끝 지점의 평지에 위치하고 있다. 그러므로 집의 좌향은 자연의 순리에 따르다 보니 자연적으로 북향으로 지어졌다. 북향집은 특성상 뒷산이 낮아야 한다. 그래야 햇볕을 충분히 받을 수 있기 때문이다. 만약 북향의 집에 뒷산이 높아 햇볕을 가린다면 일조량이 부족해 이러한 곳은 음기가 충만해 잦은 질병에 시달리게 된다. 안산은 배방산(361.6m)으로 약간 높은듯하나 거리감이 있어 괜찮고 오히려 차가운 북풍을 막아주니 유리한 조건이다. 우리나라 북향집의 대표적 명가인 전북 고창의 인촌 김성수의 생가 역시 배산이 나지막하다. 그리고 고택 우측으로는 도톰한 둔덕이 있어 멋진 천연담장 역할을 해준다. 그런데 근래 들어 좌측 청룡 자락 위쪽은 채석장 개발로 흉물스런 모습을 하고 있어 참으로 안타깝다. 수세는 집 좌·우측에서 흘러나오는 물이 집 앞에서 합류하여 금곡천으로 흘러들어 고택을 환포 해주니 집안의 생기를 잘 가두어준다.

275. 정무공 오정방 고택

경기도 안성시 양성면 덕봉마을에 가면 조선 중기에 건립된 정무공 오정방 고택이 있다. 오정방(1552~1625)은 본관이 해주로 시조 오인유(吳仁裕)의 14세 손이며 해주오씨 정무공파(貞武公派)의 파 시조다. 덕봉마을은 해주오씨 집성촌으로 오정방 고택은 현재 경기도 유형문화재 제175호로 자정되어 관리되고 있다. 이 집은 조선 중종 10년(1515) 경에 처음 건립되어 병마절도사 오정방(1552~1625), 증 좌찬성 오사겸(1573~1627), 경상도관찰사 오숙(1592~1634) 형제와 증 영의정 오두인(1624~1689) 등 해주오씨 명현들을 배출한 유서 깊은 집이다. 초기에는 이곳에서 약 100m 떨어진 252번지에 있었으나 효종 1년(1650)에 현재위치(246번지)로 이전하여 문중의 종택으로 사용하고 있다. 처음에는 100칸이 넘는 큰 저택이였으나 당시 법으로 사가는 99칸을 넘길 수가 없어 일부를 헐었으며, 당호는 오정방의 호인 퇴전당(退全堂)으로 현판은 우암 송시열의 글씨다. 해주오씨들이 이 마을에 자리 잡게 된 연유가 있다. 지금부터 약 500여 년 전 1525년 당시 오정방의 증조부인 오현경과 조부 오경운이 역모 사건으로 누명을 쓰고 경상도로 귀양을 갔다. 얼마 후 그곳에서 전염병으로 사망을 하였으나 통행이 차단되어 시신을 수습하지 못하고 있다가 이듬해 봄에 유골을 찾아왔다. 부인은 시신을 찾아오는 길에 한 스님을 만났는데 그 스님께서 부인의 사정을 듣고는 친정 마을인 덕봉리에 묘자리와 집터를 잡아주었고, 그 뒤로부터 집안에 발복이 시작됐다고 한다. 부인의 친정 마을은 원래는 풍산심씨들의 집성촌이였으나 차차 해주오씨들이 번성하면서 심씨들은 사라지고 해주오씨들의 집성촌이 되었다. 장남 오수천은 충무위 부원군으로 호조판서에 추증되고 차남 오수억은 병조판서, 손자 오정방도 병조판서에 추증되었다. 이후에도 계속 번성하여 이 마을에서만 문과급제자 20명, 무과급제 117명, 시호를 받은 사람이 9명, 공신 1명, 음직으로 벼슬에 나간 사람은 148명이나 된다고 하였다.

이곳의 산세는 한남정맥 문수봉(404m)에서 남쪽으로 뻗어 내린 지맥이 고삼면의 쌍령산(502m), 봉황산(259.3m) 그리고 원곡면의 천덕산(335.5m)을 지나 고성산(298.2m)을 일으켜 이 마을의 주산이 되었다. 고택은 주산에서 좌측으로 뻗어 나온 바리봉과 우측으로 뻗어 나온 대이산 사이에 있어 안온한 장풍국을 이루어주는 곳이다. 주산은 토형체의 일(一)자 문성사로 문인들이 많이 배출될 것을 미리 예견해주고 있다. 이 마을의 주요 건물인 고택과 덕봉서원은 둘 다 그 모양이 둥그스름한 금형의 무곡봉을 배산(背山)으로 하였고, 앞쪽으로 보이는 안산은 산 정상이 뾰족한 문필봉이다. 풍수에서는 지령인걸(地靈人傑)이라 하여 훌륭한 인물은 주변 산천의 기운을 받아 태어난다고 하였으니 이 마을에 많은 문·무관의 배출은 주변 산세와 무관하지 않아 보인다. 이곳의 수세는 마을 뒤 용·호 자락에서 흘러나온 물들이 마을 회관 앞에 모여 마을 앞으로 흐르는 한천에 흘러 들어간다. 그리고 고택 아래에는 오래된 우물터가 하나 있는데, 풍수에서는 이러한 물을 진응수(眞應水)라 하고 뒤쪽에 지기가 왕성해 기운이 지상으로 분출하여 나온 물로 보고 그 안(뒤)쪽을 대 길지의 증거로 삼는다.

276. 강릉 모학당 고택

강원도 강릉시 담산동 313번지에 가면 조선시대의 전통가옥인 모학당(茅鶴堂)이란 고택이 있다. 이 집은 처음 기장 현감을 지낸 김득헌이 1624년(인조 2년) 창건한 이후 1818년(순조 18년)에 다시 중건했다고 한다. 이것은 훗날 안채를 보수하는 과정에서 발견된 상량문에서 1818년에 건립되었다는 기록이 나와 정확한 건립 연대를 알 수 있었다. 택호(宅號)는 세월이 흐르면서 '기장댁'에서 '찰방댁'을 거쳐 지금의 '모학당'으로 바뀌었다. 처음에는 강릉김씨의 파 시조인 김득헌이 기장 현감을 지냈다 하여 기장댁이라 불렀고, 1940년대 남씨 종손이 이사와 그들의 고조부가 조선시대 종 6품인 찰방(察訪) 벼슬을 지냈다 하여 찰방댁이라 불렀으며, 1992년 현 집주인인 김종래씨가 사들여 모학당(茅鶴堂)이란 택호를 지어 부르고 있다. 모학당이란 이름은 이 동네의 이름이 모산리와 학산리라 해서 여기서 한 글자씩을 따와 지었다고 한다. 이 건물은 1985년 강원도 문화재자료 제60호로 지정되었고, 2021년 문화재 지정번호가 폐지되어 강원도 문화재자료로 재지정되었다.

이곳의 산세는 백두대간인 강원도 정선군 두리봉(1033.4m)에서 북쪽으로 뻗어 나간 지맥이 강릉시 구정면에서 칠성산(980m)을 일으키고 계속 올라가 고택 뒤 자그마한 봉우리인 덕우봉을 일으켜 배산(背山)이 되었다. 고택은 덕우봉 산자락의 중턱에 위치하고 있어 원래 배산이 낮은 집터였으나 집을 지을 때 사면을 'ㄴ자'로 깎아 평지로 만들었기에 깎아낸 만큼 배산도 높아졌다. 그리고 뒷산에는 아름드리 소나무 숲이 꽉 들어차 있어 나름 비보수의 역할을 해준다. 우리나라에서는 일반적으로 집 뒤편의 방풍림은 대나무를 많이 심어왔으나 자손 대대로 오래 살아야 할 저택에서는 수형(樹形)이 좋고 수령(樹齡)이 긴 소나무나 느티나무를 심어 용맥의 보호와 더불어 뒤편의 허(虛)함을 비보하였다. 이와 같이 배산은 해결되었지만 서향으로 지어진 모학당은 우측 백호가 완전하지를 못해 겨울철 대관령에서 불어오는 찬 바람에 그대로 노출되어 있다. 풍수에서는 우리나라의 계절풍인 겨울의 차가운 북서풍을 최고로 두려워하고 있다. 이것은 안온해야 할 집안의 생기를 모두 앗아 가버리기 때문이다. 일부에서는 집 뒤편으로는 덕우봉이 있고 앞으로는 어단천이 흐르고 있어 전형적인 배산임수형 명당이라고 하지만, 어단천의 물길 또한 집을 둥글게 환포(環抱) 해주지 못하고 반궁수(反弓水) 형상이다. 풍수서 『地理五訣』에서는 '10개의 천혈(賤穴) 중에 아홉 개는 반궁이다' 할 정도로 물의 형상을 중요시하고 있다. 이것은 혈장 주변의 물은 혈장을 감싸 주면서 천천히 흘러나가야 안쪽의 생기를 잘 갈무리해주기 때문이다. 고택 앞에 세워진 안내판에는 이 집터가 강릉의 8대 명당으로 부(富), 귀(貴), 손(孫)이 모두 보장되는 터라고 소개하고 있으나 필자의 소견으로는 산세와 수세가 그리 좋은 장소는 못 되는 것 같다. 우리나라에서 이름있는 명가 고택들은 대부분이 자손 대대로 그 후손들이 이어받아 지켜나가고 있으나 모학당은 몇 차례나 주인이 바뀌었기에 혹 풍수적 결함 때문은 아닌가 하는 강한 의구심이 든다.

277. 영광 매간당 고택

전남 영광군 군남면 동간리에 가면 조선 후기에 지어진 매간당(梅磵堂) 고택이 있다. 연안김씨 직강공파 4대손인 김영(金嶸)은 16세기 중엽 영광군수로 부임하는 숙부 김세(金世) 공을 따라 이곳에 와 정착하게 되었다고 한다. 이후 연암 김씨들의 동족 마을이 형성되었고 마을 위쪽에 북향으로 자리 잡은 매간당 고택은 이들의 종택으로 현재는 그들의 15대손 김성호씨가 관리하고 있다. 이 집은 조선 후기 상류시회의 가옥으로써 선립 연대는 안채 상량문의 '숭정기원후사무진이월이십구일(崇禎紀元后四戊辰二月二十九日)'이라는 기록으로 보아 1868년(고종 5)임을 알 수 있다. 조선조에서는 규정상 일반개인의 저택은 99칸을 넘길 수가 없는데도 불구하고 이 집은 전체가 120여 칸이나 된다고 하니 당시 가문의 위세가 대단했던 것으로 짐작된다. 매간당은 다른 고택들과 달리 앞에는 효자댁임을 알리는 정문(旌門)이 세워져 있는데 현 소유자의 14대조이신 김진, 9대조 김재명, 8대조 김함은 효성이 매우 지극하여 나라에서 세워준 정려문이다. 이는 2층 누각형 대문으로 이름은 세 분의 효를 상징하는 삼효문(三孝門)이라 지었으며, 삼효문의 막새기와와 망와에는 '삼효(三孝)'를 한자로 새겨 놓았다. 대문 옆으로 따로 출입문 1칸을 두어 평상시에 사용하고 삼효문은 집안의 중요한 의례가 있을 때만 사용하였으며 앞뒤 양면에 걸려있는 현판은 고종의 형인 이재면(李載冕)이 쓴 글씨라고 한다. 멀리 앞뜰이 바라다보이는 나지막한 산 아래에 터전을 잡은 이 마을은 풍수 형국 상 매화꽃이 땅에 떨어진 모습을 한 매화낙지형 혹은 학(鶴) 터라고도 알려진 명당으로 소문이 나 있다. 2천여 평의 넓은 대지에 건물·연못·담장 등이 지을 당시 그대로 잘 유지·보존되고 있고, 당시 노비들이 살았던 보기 드문 호지 집까지 그대로 남아 있다. 매간당은 조선 후기 양반집의 건축 양식이 그대로 잘 보존되어 있어 국가민속문화재 제234호로 지정되어 있다.

이곳의 산세는 호남정맥인 순창군 내장산(763m)에서 서쪽으로 지맥을 뻗어 장성군의 방문산(640m)을 일으키고 여기서 남서쪽으로 방향을 틀어 계속 내려와 영광군 불갑면의 모악산(348m)을 일으켰다. 여기서 다시 서북쪽으로 방향을 틀어 삼각산(364.1m)을 지나 매봉(113.9m)을 일으켜 고택의 주산이 되었다. 고택은 주산에서 다시 동쪽으로 뻗어 나온 금형의 산봉우리를 배산(背山)으로 하여 북향으로 자리 잡았고, 마을 앞으로는 불갑천이 흘러 전형적인 배산임수(背山臨水) 지역이다. 그러나 북향의 집에 앞쪽은 넓은 들판이라 겨울철의 차가운 북서풍에 취약하다는 단점을 가지고 있다. 수세는 마을 뒷산에서 흘러나오는 물이 마을 좌우로 흘러나와 앞쪽 불갑천에 합류하고 불갑천의 물은 이 마을 전체를 환포 해주며 좌측으로 흘러 서해바다로 흘러나간다. 풍수에서는 음·양택을 막론하고 주변의 물줄기는 혈장을 환포 해주며 천천히 흘러야 안쪽의 생기를 갈무리해주기 때문에 궁수(弓水)로 흘러나가는 물을 최고의 수세 조건으로 친다. 또한 불갑천의 물은 마을 우백호 자락 뒤편에서 흘러나오기 때문에 암공수(暗拱水)가 되어 마을의 생기를 한 번 더 가두어준다.

278. 논산 명재고택

충남 논산시 노성면 교촌리 306번지에 가면 이 지역의 노블레스 오블리주 집안으로 이름난 명재고택이 있다. 이 건물은 조선시대 호서지방 양반 가옥의 전형적인 모습으로 전체 구조는 'ㅁ'자형을 이루고 있고 안채는 'ㄷ'자 형이며 안채의 남쪽에 행랑채와 뒤편에 사당이 있다. 조선 후기 1709년에 지어진 이 고택은 처음에는 윤증선생고택이었으나 2007년 명재고택으로 명칭이 바뀌었고 그의 자녀와 제자들이 윤증(1629~1714) 선생을 위해 지었다고 한다. 그러나 실제 윤증은 이 집에서 살지 않았고 이곳에서 약 4km 떨어진 초가삼간에서 지냈으며 말년에 자식들의 청에 이기지 못해 잠시 머물렀다고 한다. 가호인 명재는 조선 중 후기의 학자 윤증의 호(號)를 사용하였고 현재는 국가민속문화재 190호로 지정되어 관리되고 있다. 윤증은 어려서부터 할아버지 윤황과 아버지 윤선거의 슬하에서 학문의 기초를 닦았으며 유계, 김집, 송시열의 문하에 들어가 공부하였다. 학업과 행실이 뛰어나 30대 초반부터 조정에 천거되기 시작하여 이후 대사헌, 우의정, 판돈녕부사 등에 제수되었으나 모두 사퇴하고 나가지 않아 백의정승이라 불렸다. 비록 그가 벼슬은 거부했지만 파평윤씨 자녀들의 교육기관인 종학당에 머물며 후학들을 길러내 42명의 문과급제자, 31명의 무과급제자 그리고 수많은 생진과 석학들을 배출해 냈다. 그는 이론보다는 실천을, 명분보다는 실리를 강조하며 평생을 학문연구에 전념하고 특히 성리학과 예학에 밝아 모든 선비들에게 흠모의 대상이 되었다. 한때 송시열의 문하생이었으나 아버지 윤선거의 비문 문제와 예송논쟁으로 송시열과 멀어지면서 숙종 때는 소론의 영수(領袖)가 되었다.

이곳의 산세는 금남정맥인 공주시 이인면 안골산(321.8m)에서 남쪽으로 뻗어 내려온 산자락이 논산시 상월면의 노성산(350m)을 일으켜 이 마을의 주산이 되었다. 명재고택은 노성산에서 계속 뻗어 내려온 지맥이 옥재봉(256.8m)을 지나 마을 뒤에서 금형의 옥리봉(252m)을 일으켜 고택의 배산이 되었다. 여기서 좌우로 팔을 벌려 고택을 끌어안아 주고 있지만 우측 백호 자락에 비해 청룡 자락이 낮은 편이라 청룡 자락 능선에 느티나무를 심어 이를 비보(裨補)하였다. 이곳의 수세는 집 뒤편에서 고택으로 들어오는 맥로 양측에서 갈라진 물이 고택을 감싸면서 집 앞 저수지에 모여들고, 외수는 우측 외백호 자락 넘어 월명저수지에서 흘러나온 물과 소곡 저수지에서 흘러나온 물이 옥천에 모여 마을 앞쪽을 감싸주면서 좌측에서 흘러나오는 노성천에 합류하여 금강으로 들어간다. 이 물줄기는 마을과의 거리감은 있으나 넓은 국세로 보아 물줄기가 마을의 3면을 감싸주니 안쪽은 늘 생기가 가득하다. 그리고 고택 입구에는 사시사철 마르지 않는 우물물이 있다. 이 물은 풍수에서 귀하다는 진응수(眞應水)로 뒤쪽(집터)에 생기가 왕성해 넘쳐흐른다는 물이기 때문에 풍수에서는 이를 진혈의 증거로 삼는다. 또한 풍수 형국상으로도 고택 뒤편에 있는 산은 옥녀봉이고 앞쪽의 야트막한 안산이 한일(一)자 모양으로 생겨 이를 거문고로 보아 옥녀탄금형의 명당 터로 부르기도 한다. 풍수에서는 옥녀탄금형에 대해 학문이 높고 용모가 준수한 귀한 자손이 배출된다고 설명하고 있다.

279. 정온(동계) 종택

경남 거창군 위천면 강동1길 13에 가면 조선 중기 문신이며 충절로 이름난 정온 선생의 종택이 있다. 이 집은 선생의 생가로 그의 후손들이 1820년(순조 20)에 중수하여 정온의 신위를 사당에 모셨으며 중요민속 문화재 제205호로 지정되어 있다. 여느 양반가와 다를 바 없이 솟을대문으로 입구에 들어서면 먼저 ㄱ字형의 사랑채가 있고 그 안쪽으로 들어가면 一字형의 안채가 있다. 특히 주목되는 점은 두 줄로 된 겹십으로 사랑채와 안채가 모두 남향으로 지어졌으며 내루에 눈썹지붕이 따로 만들어졌다는 점이다. 거창은 남쪽 지방인데도 북쪽 지방에서 많이 보이는 겹집의 형태를 갖추고 있으나 안채나 사랑채는 기단이 낮은 반면 툇마루가 높게 설치되어 남쪽 지방의 특색에서 벗어나지는 않았다. 입구 솟을대문 위에는 그 당시 충신이나 효자, 열녀에게만 내린다는 인조임금의 정려문 "文簡公桐溪鄭蘊之門(문간공동계정온지문)"이 걸려있다. 이 고택은 2012년 한국관광공사가 지정하는 명품고택으로 선정되어 사랑채와 중문채 대문채는 고택 체험 공간으로 활용되고 있으며 안채는 현재 가족들의 생활공간으로 쓰이고 있다.

정온 선생(1569~1641)은 남명 조식의 학맥을 이었고 한강 정구 선생의 문하에서 수학하였다. 1610년(광해군 2) 진사로서 문과에 급제하여 사서, 정언을 역임하였고 1614년 부사직(副司直)으로 재임하던 중 영창대군의 죽음에 대해 부당함을 상소하다 광해군의 노여움을 사 제주도에서 10여 년간 유배생활을 했다. 그는 유배 중에도 학문을 게을리하지 않고 『덕변록(德辨錄)』을 저술하면서 후학을 가르치는 등 노력을 하였기에 제주에서는 정온을 제주 오현 중 한 사람으로 추앙 하였다. 1623년 인조반정이 성공하자 유배에서 풀려나 다시 등용되었고 이어 대사간, 경상도 관찰사, 이조참판, 부제학 등을 역임하였다. 1636년 병자호란 때는 청나라와의 관계에 대해 척화(斥和)를 주장하였으나 결국 청나라에 굴복하는 화의가 이루어지자 칼로 자신의 배를 찔러 자결을 시도하였으나 실패로 돌아갔다. 그길로 모든 관직을 사직하고 고향으로 낙향하여 덕유산 모리에서 은거 생활 중 1641년에 생을 마감하였으니 훗날 정조 임금은 선생의 충절을 기려 영의정과 홍문관 대재학에 추증하였다. 선생은 광주 현절사, 제주 귤림서원, 함양 남계서원에 배향되었다.

이곳의 산세는 백두대간 남덕유산에서 동쪽으로 뻗어 내린 지맥이 금원산(1,353m), 을 지나 성령산(448.4m)을 일으키고 여기서 다시 남쪽으로 뻗어 내린 지맥이 마을 뒤 현무봉(300m)을 만들었다. 고택은 현무봉에서 남동쪽으로 뻗어 내린 용진처에 정확히 자리 잡았다. 이곳의 수세는 집 뒤편 현무봉 양측에서 흘러나온 실개천이 마을 앞 강천에 합류하여 서출동류로 흐르다 북에서 남으로 흐르는 위천(渭川)에 합류하여 거창으로 흘러나간다. 세 곳의 물이 마을 앞에서 합류하니 마을에 부를 가져다주기에 충분하고 정면에서 약간 우측으로 보이는 기백산(1,331m)은 그 끝이 뾰족한 문필봉으로 문사가 태어날 것을 예견해주고 있어 이러한 곳은 부귀가 동시에 보장되는 장소다.

280. 보은 선병국 가옥

충북 보은군 장안면 개안길 10-2에 있는 보은 선병국가옥은 일제강점기에 지어진 주택으로 현재는 중요민속문화재 134호로 지정된 우리나라의 3대 고택 중 1곳이다. 이 집은 전남 고흥의 갑부였던 우당 선영홍(1862~1924)과 그의 아들 선정훈이 지은 99칸의 대저택으로 지금은 그의 후손들이 살고 있으며 일명 우당 고택으로도 부른다. 고려시대부터 전남 고흥의 거금도에서 살았던 보성선씨 종갓집은 일제강점기 해산물의 수출 등으로 거부가 된 인물이다. 세월이 지나 그들은 섬마을을 벗어나기 위해 이거지를 찾았고, 서울 여의도와 천안, 보은 등 지관들이 낙점한 세 곳 중에서 육지 속의 섬과 같은 보은으로 이거해 왔다. 우당은 진정한 노블레스 오블리주로 소작인들의 소작료를 적게 받았고, 기숙학교를 세워 숙식을 제공하며 가난한 집안의 인재들이 공부할 수 있도록 덕을 베푸는 등 의인으로 소문이 나 있었다. 보은에서도 '위선최락(爲善最樂)', 즉 선을 행하는 것이 가장 큰 즐거움이라는 가풍에 따라 '관선정'을 지어 전국의 인재들을 모아 가르쳤고, 주위의 어려운 사람들이 배고픔을 몰랐다고 할 만큼 선을 베풀었다. 조선 말 소작료만 벼 만석을 거두어들일 정도로 부잣집이였던 보성선씨 장손 선정훈은 선병국의 선친으로 당대 최고의 목수를 찾아 1919년부터 1921년까지 3년에 걸쳐 건물을 지었다. 이 집은 서원계곡 끝자락에 위치해 하회마을처럼 연꽃이 물에 뜬 형상인 연화부수형(蓮花浮水形)의 명당 터로 소문나 있다. 원래는 전체 부지가 4만 평에 이르고 고택 대지만 해도 약 4,000평이나 되는 넓은 땅에 99칸의 저택과 서당인 관가정까지 합하면 건물이 134칸이나 된다. 관가정은 착한 사람끼리 모이면 본을 받는다는 뜻으로 수업료나 숙식을 무료로 운영하다 보니 가난해서 배울 수 없었던 인재들이 구름처럼 몰려들었다고 한다.

이곳의 산세는 속리산에서 남쪽으로 뻗어 내린 산줄기가 마로면의 구병산(870m)을 일으키고 여기서 서쪽으로 방향을 틀며 내려와 장안면 서원리에서 520m의 봉우리를 일으켜 이 집의 주산이 되었다. 집터는 속리산 자락에서 흘러나오는 개울물이 제법 큰 삼가천이 되어 흐르면서 개안리에 조그만 삼각주(三角洲)를 만든 섬 모양의 명당자리다. 풍수에서는 계수즉지(界水則止)의 원칙에 따라 땅속으로 흐르는 지기는 물을 만나면 그 행로를 그친다고 하였다. 그러나 이곳은 구병산의 끝자락과 택지 사이에는 삼가천이 흐르고 있지만 이러한 곳은 특수한 경우로 도수협(渡水峽)이라 하여 물 밑으로 지기가 흘러 들어간다고 본다. 즉 바닷속의 섬과 같은 이치이다. 고택의 주변으로는 사신사 대신 아름드리 소나무들이 에워싸고 있고, 담장은 2중으로 특히 외벽담장은 그 높이가 높아 강바람을 막아주니 집안은 안온한 장풍국(藏風局)이 된다. 또한 4면이 모두 물로 둘러싸여 있어 풍수에서는 이러한 형국을 연꽃이 물 위에 떠 있는 모습과 같다하여 연화부수형의 길지로 해석한다. 풍수서 『朝鮮의 風水』에서는 연꽃은 원만한 꽃이라 군자를 배출한다 하였고, 물이 풍부한 이곳은 재물이 풍성하여 부귀(富貴)의 발복을 동시에 가져다주는 최고의 길지라 할 수 있다.

281. 강릉 선교장

강원도 강릉에 가면 우리나라 민가 주택 가운데 제일 처음으로 중요민속자료로 지정된 선교장이 있는데 이는 1967년 4월 20일 국가지정문화재 제5호로 지정되어 있다. 이 건물은 조선조 효령대군의 11대손인 가선대부 이내번(李乃蕃:1703~1781)에 의해 처음 지어진 건물로 무려 10대에 이르도록 생활하면서 확대 증축하여 오늘에 이르렀다. 99칸의 전형적인 사대부가의 상류 주택으로 300여 년 동안이나 그 원형이 잘 보존된 아름다운 전통가옥에 지금까지도 그 후손들이 거주하고 있다. 조선조 세종 때 제정된 「각간지수」에 의하면 당시 부자들이 지을 수 있는 최대의 규모가 99칸이고 조선의 궁궐은 999칸을 넘지 못하였으며 중국 천자의 궁궐은 9,999칸을 넘지 못하도록 규정되어 있다. 이 집을 처음 지은 이내번은 원래 충북 충주에서 살았으나 가세가 기울어 어머니와 함께 외가인 강릉으로 이사를 와 생활하게 되었고 이곳에서는 다행히 재산이 점점 늘어 나중에는 관동지방의 만석꾼으로 명성을 떨치며 부를 누리게 된다. 그는 늘어나는 식솔과 더불어 큰 저택이 필요하자 집터를 구하던 중 이곳 선교장에 정착하게 된 재미있는 일화가 있어 소개하고자 한다. 사연인즉, 어느 날 그의 앞에 족제비가 나타나 일렬로 무리를 지어 서북쪽으로 이동하기에 따라가다 보니 현재의 선교장 터 부근에 도달하게 되었는데 갑자기 족제비가 흔적도 없이 사라졌다. 귀신에 홀린 듯 그곳에 혼자 남아 주위를 살펴보니 주위에는 야트막한 산자락이 병풍처럼 둘러싸고 앞에는 호수가 펼쳐져 전형적인 배산임수(背山臨水)형 명당이었다. 이내번은 아 이곳이구나 하고 산자락 따라 내려오는 지맥의 용진처에 터를 잡고 새집을 지어 이사 온 곳이 지금의 선교장이라는 이야기가 전해져 내려온다. 이 집은 앞쪽으로 인공연못을 파고 정자를 지어 활래정(活來亭)이라 이름 짓고 연못과 함께 경포호수의 경관을 바라보며 관동팔경을 유람하는 조선 선비들의 안식처가 되었으며, 만석꾼 곳간에는 항상 곡식이 가득하여 흉년에는 창고를 풀어 이웃에 나누어 주었으니 베푸는 집안의 표상이 되기도 했다. 이곳은 집 뒤편의 야산에 있는 노송의 숲과 집 앞 활래정에서 멀리 보이는 백두대간의 사계절 변화하는 모습을 바라보는 운치는 가히 한국 제일의 절경이다. 지난 2000년 한국방송공사에서 한국 Top 10 전통가옥을 선정할 때도 한국 최고의 전통가옥으로 선정되었다.

선교장은 백두대간의 곤신봉(1,135m)에서 뻗어 나온 지맥이 대궁산(1,008.3m)을 거쳐 야트막한 태장봉(110m)를 일으키고 여기서 분맥을 하여 남쪽 줄기에는 오죽헌, 북쪽 줄기에는 선교장이 위치하고 있다. 선교장은 둥그스름한 금형의 태장봉을 배산(背山)으로 하여 지어졌고 정면으로 보이는 안산 역시 그 모양이 노적봉이다. 노적봉은 일명 창고사(倉庫砂)라 하여 곡식을 쌓아놓은 모양으로 집안에 큰 부를 가져다주는 산이다. 대문 바로 앞에는 우물이 있고 여기서 사시사철 솟아 나오는 물이 집 앞 연못으로 흘러들어가기에 연못의 물은 항상 맑다. 풍수에서는 집 앞에 흘러나오는 지하수를 진응수(眞應水)라 하고 매우 귀하게 여기며 그 안쪽을 대 혈의 증거로 삼는다.

282. 구례 운조루

전남 구례군 토지면 오미리에 가면 운조루라는 고택이 있는데 택호는 영역 내의 큰 사랑채 이름이다. 이는 중국 도원명의 시(詩) 귀거래사(歸去來辭)에서 따온 말로 '구름 속에 새처럼 숨어 사는 집'이란 뜻이라고 한다. 이 건물은 조선 영조 52년(1776) 류이주(1726~1797)가 낙안군수로 있을 때 품(品)자 형으로 지은 대규모 저택으로 조선조 양반가의 전형적인 건축 양식이다. 그는 원래 대구 사람으로 1773년 무과에 급제하였으며 천장지비지(天藏地祕地)의 명당 터에 매료되어 은퇴하면 이곳에 머물 결심을 하고 약 6년이라는 기간에 걸쳐 건축하였다고 한다. 류이주는 관직 생활 중 대규모 국가 건축공사를 맡아 해본 경험을 바탕으로 직접 운조루를 설계하였으며, 공사는 그의 조카인 유덕호(柳德浩)가 책임을 맡았다고 한다. 1776년 9월 16일에 운조루 상량식을 가져 6년만인 1782년에 류이주가 용천부사(龍川府使)로 있을 때 완성되었다. 완공 12년 후에 그가 작성한 「장자구처기」에 따르면 최초 운조루는 78칸의 저택이었다고 기록하고 있으나 현재는 63칸만이 보존되어 있다. 현재 마을 앞길 건너편에는 운조루의 역사와 삶의 모습을 한눈에 볼 수 있는 유물 전시관이 있고, 내부에는 고택에서 300여 년 동안 보관해오던 풍수지리, 운조루 사람들, 기록물, 생활 모습 등 약 150여 점의 유물이 전시되어 있다. 이곳은 원래 '구례 운조루'였으나 지금은 '구례운조루고택(求禮雲鳥樓古宅)'으로 명칭이 바뀌었으며 국가민속문화제 제8호로 지정되어 관리되고 있다.

이곳의 산세는 백두대간 줄기인 지리산에서 남쪽으로 하나의 지맥을 뻗어 마산면의 형제봉(907.6m)을 일으키고 계속 남쪽으로 뻗어 내려와 토지면의 월령봉(819.5m)을 일으켜 이 마을의 주산이 되었다. 운조루는 월령봉에서 뻗어 내린 산자락 끝을 배산으로 하여 들어서 있고 마을 앞으로는 섬진강이 흐르고 있어 전형적인 배산임수(背山臨水) 지형이다. 그리고 마을 뒷산인 병풍산에서 내려오는 산줄기는 1,000여 평에 달하는 운조루 터를 둥글게 감싸주고 있어 완전한 장풍국(藏風局)을 이루고, 집 앞 동쪽에서 서쪽으로 흐르는 도랑과 연꽃단지 저수지의 물은 집안의 생기를 한 번 더 갈무리해준다. 또한 뒷산 좌우에서 흘러나오는 물은 마을의 양쪽을 감싸며 앞쪽의 섬진강에 합류하니 3면이 물로 둘러싸여 있어 이 마을에는 늘 생기가 가득하다. 그리고 지형학적으로도 마을 주변의 풍부한 물로 인한 범람원 지역이라 부유물로 형성된 앞쪽의 넓은 들녘은 토지가 비옥해 부자마을을 만들기에 충분하다. 풍수에서는 수관재물(水管財物)이라 하여 물은 곧 재물을 관장한다 하였고, 주변 사신사 중 우백호 역시 부(富)와 연관지어 해석한다. 이 마을 우측으로 뻗어 나온 백호 자락은 그 높이 면에서 완전하지는 못하나 겨울의 차가운 북서풍을 막아주기에는 충분하고, 물로 둘러싸인 이 마을에서 류이주 가문은 호남의 대표적 거부가 되었다. 이 외에도 풍수가에서는 이곳을 금가락지가 땅에 떨어진 모양의 금환락지(金環落地)형 또는 이 집터에서 거북 모양의 돌이 나왔다고 하여 금귀몰니(金龜沒泥)형의 명당으로 이름나 있다.

283. 밀양 영남루

경남 밀양시 내일동 40번지에 위치한 영남루(嶺南樓)는 조선 후기의 대표적인 목조건축물로 진주 촉석루(矗石樓), 평양의 부벽루(浮碧樓)와 함께 우리나라 3대 누각 중 하나이다. 밀양 강변 절벽 위에 자리한 이 건물은 관아에서 잔치를 베풀거나 휴식을 취하기 위해 지어진 옛 밀양도호부 객사의 부속건물이다. 이곳은 통일신라 때 세운 영남사(嶺南寺)라는 절에 작은 누각이 하나 있었는데, 고려 때 절은 폐사되고 누각만 남아있던 것을 1365년 밀양 군수 김주(金湊)가 중창하였다. 그런 후 조선 후기(1844년) 밀양 부사 이인재가 규모를 확장하여 현재의 모습으로 재건하였고, 1933년에 보물 제147호로 지정되었다가 1955년 12월 국보로 승격되었다. 영남루 우측 아래쪽에는 대나무 숲속에 또 하나의 작은 누각인 아랑각이 있다. 아랑각은 조선 명종 때 정절을 지키려다 억울하게 죽은 전설의 주인공 아랑(阿娘)을 모시는 사당이다. 아랑은 밀양 부사의 귀한 외동딸로 본명은 윤동옥이라는 처녀였다. 그는 어느 날 저녁 유모의 꾀임에 빠져 영남루에 달구경을 갔다가 유모와 한통속인 관노 '주기'에게 겁탈을 당할 위기에 처하자 스스로 자결하여 정절을 지켰다고 한다. 아랑의 아버지는 그 연유도 모른 채 6년여 동안이나 딸을 찾았으나 결국 찾지 못하고 한양으로 돌아갔다. 그런데 이상하게도 그가 죽은 후 밀양에 부임하는 부사마다 첫날밤에 귀신을 만나 죽는 일이 발생한다. 그래서 조정에서는 담력이 센 신임부사를 내려보냈고, 부임 첫날밤 아랑의 원혼으로부터 억울한 사연을 듣고는 유모와 관노를 처벌하니 다시는 원혼이 나타나지 않았다는 이야기가 전한다. 이후 밀양 사람들은 아랑의 억울한 죽음과 넋을 위로하고 뭇 여성들의 본보기로 삼고자 아랑의 시체가 있었던 영남루의 아래쪽에 누각과 사당을 지어 매년 4월 16일에 제사를 지내고 있다.

이곳의 산세는 낙동정맥에서 서쪽으로 뻗어 나온 지맥이 대구 비슬산(1.083.4m)을 일으키고 여기서 남동쪽으로 뻗어 내려온 지맥이 밀양의 추화산(242.4m)을 거쳐 아동산(88,1m)을 일으켜 이곳의 현무봉이 되었다. 아동산은 관아의 동쪽에 있다하여 붙여진 이름이고, 이러한 곳은 지기는 충만할지 모르나 주변의 사신사가 없어 장풍국(藏風局)은 이루어주지 못하고 있다. 그런데다가 언덕 밑으로 흐르는 밀양강은 이 건물을 환포(環抱) 해주지 못하고 반배(反背)하는 형상이니 풍수 원칙에는 어긋나는 곳이다. 사방으로 바람을 맞는 이런 곳은 생기가 모이지 못하기 때문에 사람이 기거할 곳은 못 되나 주변 경관이 아름다워 휴식 공간으로는 괜찮다. 원래 누각은 사방을 트고 마루를 높여 지은 일종의 휴식 공간으로, 선비들이 모여 시를 짓거나 경연과 잔치를 베푸는 장소다. 그러므로 외부의 바람을 막기 위해 문(門)이 달려있는 주택이나 관아, 학교와는 그 성격이 사뭇 다르다. 땅은 용도에 따라 길흉이 달라질 수가 있다. 강 언덕이라 바람이 시원하고 경관이 아름다운 이러한 곳은 휴식 공간으로는 제격이다. 이곳은 누각에 올라 보면 한편의 동양화를 펼쳐놓은 듯한 풍광이라 주변 경관을 우선으로 해야 하는 누각이야말로 선비들의 휴식 공간으로 최고의 입지 조건이다.

284. 부산 범어사

범어사는 부산광역시 금정구 금정산 동쪽 기슭에 위치한 사찰로 합천 해인사, 양산 통도사와 더불어 영남의 3대 사찰로 불리는 거찰이며 대한불교조계종 제14교구 본사이다. 『삼국유사』에서는 이 사찰이 신라 문무왕 18년(678년) 의상대사가 해동의 화엄십찰(華嚴十刹) 중 하나로 창건하였다고 기록하고 있으며 전국 사찰 중에서 유일하게 국보 『삼국유사(三國遺事)』를 소장하고 있다. 그중 가장 오래된 판본 중 하나로 권4의 5편에 들어 있는 '의상전교(義湘傳敎)'에는 의상대사가 열 곳의 절에 교를 전하게 해 화엄십찰을 창건하는 내용이 나오는데 이 가운데 '금정지범어(金井之梵魚)' 즉 금정산 범어사가 화엄십찰에 들어있음이 언급되어 있다. 그리고 『신증동국여지승람(新增東國輿地勝覽)』에 의하면 금빛 나는 물고기가 하늘에서 내려와 우물에서 놀았다고 하여 산 이름이 금정산(金井山)이고 그곳에 사찰을 지어 범어사(梵魚寺)를 건립했다고 기록하고 있다. 범어사는 역사적으로 많은 고승대덕을 길러내고 선승을 배출한 수행사찰로 오랜 전통과 많은 문화재가 있는 곳이다. 의상대사를 비롯해 원효대사·표훈대덕·낭백선사·명학스님과 그 대(代)에 경허선사·용성선사·성월선사·만해(한용운)선사·동산선사 등 많은 고승들이 수행 정진하여 명실상부한 한국의 명찰로써 그 역사적 의미를 지닌다. 이 사찰은 선불교의 전통이 강해서 2012년 11월 선찰대본산 금정총림으로 지정되었고 근세의 고승인 경허스님은 1900년에 범어사에 선원을 개설하였다.

범어사의 풍수 입지는 백두대간에서 동해안을 따라 뻗어 내린 낙동정맥의 끝자락에 가까운 금정산(800.7m)을 주산으로 하고 있다. 금정산 고당봉(801m)에서 동쪽으로 뻗어 내려온 용맥을 주룡맥으로 하고 청룡과 백호가 가까이에 있어 다른 대찰들에 비해 국세가 좁은 편이다. 그러나 그 당시 왜구의 침입을 막기 위한 소임이 절대적인 범어사의 건립 취지로 볼 때 최고의 자리에 입지한 것으로 볼 수 있다. 금정산에서 내려오는 주룡은 직룡으로 지기가 왕성하며 끝자락인 대웅전 뒤편에는 큰 바위들이 땅속에 묻혀있어 지기를 모아주는 입수의 역할을 톡톡히 해주고 있다. 범어사의 가람배치는 산지가람의 특성이 잘 반영되어 있는데 가장 높은 곳에 자리 잡은 대웅전을 향해 대략 상, 중, 하의 3단으로 배치를 이루었다. 이들은 동서 방향으로 된 중심축 선을 가지며 계곡과 평행하여 대부분이 동동남향(辛坐乙向)을 취하고 있다. 이 사찰은 대웅전에서 볼 때 안산이 없어 앞쪽이 열려 있기 때문에 부산 시내가 훤히 보이는 단점이 있다. 그래서 이를 비보하고자 앞쪽에 대웅전보다 더 높은 보제루를 세워 안산의 역할을 하게 하였다. 또한 대웅전에서 보아 좌측 청룡 자락이 허(虛)해 대나무 숲과 수림(樹林)을 조성하여 우리나라 계절풍인 겨울의 북서풍을 막아내고자 비보숲을 조성하였다. 그리고 입구 좌측으로도 청룡 자락에서 흘러나오는 물길에 수구막이 비보를 하여 안쪽의 기운이 설기되는것을 막아주는 등 풍수적으로 결함이 있는 곳에 그를 보완하고자 노력한 흔적들이 여러 곳에서 목격된다.

285. 밀양 표충사

밀양 표충사는 오랜 역사를 가진 우리나라의 천년고찰로 신라 무열왕 원년(654)에 삼국통일을 기원하고자 원효대사가 터를 잡아 죽림사를 창건하였고, 신라 흥덕왕 때 인도 스님이신 황면(黃面)이 재건하여 영정사(靈井寺)로 개칭한 절이었다. 이 절은 양산 통도사의 말사(末寺)로 임진왜란 때 승병으로 나라에 큰 공을 세운 사명대사의 충훈(忠勳)을 추모하기 위해 세운 표충사당이 있는 절이다. 표충사라는 이름은 사명대사를 제향하는 사당을 당시 서원의 격(格)으로 표충서원이라 편액하고 일반적으로 표충사(表忠寺)라 불렀다. 그러므로 경내에는 제향을 올리는 서원과 사당이 자리하여 유교와 불교가 공존하는 특이한 사찰이기도 하다. 원래의 표충사는 밀양시 영축산에 있던 백하암(白霞庵) 자리에 있었으며 사명대사의 제사를 모시기 위하여 나라에서 사원을 세우고 봄, 가을로 제사를 지냈다.

이곳의 풍수 입지는 낙동정맥인 능동산(983m)에서 남서쪽으로 하나의 지맥을 뻗어 천황산(1,189m)을 일으키고 여기서 좌우로 팔을 벌려 감싸 안은 안쪽에 표충사가 위치하고 있다. 이 사찰의 주산은 재약산이고 여기서 남남서쪽으로 하나의 지맥이 뻗어 내려오다 넓게 퍼지면서 당판을 만들었다. 재약산의 원줄기는 동쪽, 동남, 남, 남서, 서쪽으로 사찰의 좌측에서부터 앞쪽을 완전히 감싸며 뻗어 나와 본 사찰의 안산인 향로봉을 일으키고, 또다시 계속 뻗어 나가다 사찰 좌우에서 흘러나오는 시전천을 만나면서 그 행로를 마쳤다. 그러므로 표충사는 양 사방이 산으로 둘러싸여 장풍국(藏風局)이 형성된 오목한 와형의 형국에 자리 잡고 있다.

이곳의 수세는 큰 산들이 사방을 에워싸고 있기 때문에 사찰의 좌우 계곡에서 흘러나오는 물이 표충사를 환포하고 사찰 앞쪽에서 합수하여 제법 큰 하천(시전천)을 이룬다. 시전천은 계속 흐르다 밀양호에서 내려오는 단장천과 만나 삼랑진에서 낙동강에 합류한다. 사찰 좌우 계곡에는 각종 수구사들이 많고 계류들이 구곡수로 흘러 유속을 늦추어 주니 사찰 안쪽은 늘 생가가 가득하다. 풍수에서는 혈장 주변의 물길은 혈장을 환포 해주고 천천히 흘러나가는 것을 최고로 친다. 그러므로 표충사 주변의 수세는 용·호 사이에서 흘러나오는 물들이 사찰을 잘 감싸주고, 흐르는 물속에는 유속을 늦추어 주는 각종 수구사들과 흐르는 형상들이 굽이굽이 구곡수로 흘러나가니 최고의 수세 조건을 갖추고 있다. 그러나 풍수무전미(風水無全未)라 하여 풍수적으로 완전한 땅이란 없는 법, 이곳에도 풍수적 결함이 있는 곳에는 여러 가지 비보(裨補)를 하여 피해를 막고자 노력한 흔적들이 여러 곳에서 목격된다. 주산인 재약산에서 내려오는 중출맥이 길게 뻗어 내려오다 보니 대광전 바로 뒤의 배산(背山)이 낮아 건물 뒤쪽으로는 대나무 숲을 조성하여 비보를 하였고, 종무소 앞에 심어진 수령이 오래된 백매화 나무도 비보 차원에서 심어졌다. 대광전 우측에 세워진 삼층석탑과 종무소, 사천왕전 건물 역시 사찰 내부에서 경사진 사면으로 기운이 빠져나가는 것을 막기 위한 비보 차원의 건축물로 보인다.

286. 양산 통도사

양산 통도사는 경남 양산시 하북면 영취산 자락에 위치한 한국불교의 대표적 거찰로 대한불교조계종 제15교구 본사이다. 삼국유사의 기록에 의하면 신라 선덕여왕 15년(646)에 자장율사가 중국 당나라에서 가져온 부처님의 진신사리와 가사, 대장경 등을 금강계단에 봉안하고 창건했다고 한다. 그러므로 부처님의 진신사리가 안치된 적멸보궁이 있어 불보사찰이라고 하며 이 때문에 대웅전에 불상이 없는 사찰로도 유명하다. 통도사는 절이 위치한 산의 모습이 부처가 설법하던 인도 영취산의 모습과 통해 통도사로 이름 지었고, 신라시대에는 모든 승려들이 통도사 금강계단에 와서 계를 받았으며 승려가 되고자 하는 사람은 모두 이곳의 금강계단을 통과해야 한다는 의미에서 통도사라는 이름이 유래되었다고 한다. 우리나라에서는 양산의 통도사, 합천의 해인사, 순천의 송광사를 3보(三寶) 사찰이라 부르고 있다. 통도사는 부처님의 진신사리를 봉안하고 있어 불보(佛寶)사찰이라 부르고, 해인사는 부처님 진리의 말씀을 담은 팔만대장경을 보관하고 있어 법보(法寶)사찰, 송광사는 명승을 많이 배출하고 그 영정을 모시고 있다하여 승보(僧寶)사찰이라 부른다.

통도사의 전체적인 풍수 입지는 낙동정맥에서 남동쪽으로 하나의 지맥을 뻗어 영남의 알프스라 할 수 있는 영축산에 이르고 여기서 양팔을 벌려 통도사를 감싸주고 있다. 사찰은 영축산에서 왼쪽으로 출맥한 청룡 자락 안쪽에 위치해 있고 경사가 완만해지는 용진처(龍盡處)에 자리하고 있기 때문에 지기가 왕성한 곳이다. 우측으로 뻗어 나간 백호 자락은 남쪽, 남동쪽, 동북쪽으로 방향을 틀면서 사찰의 앞면을 완전히 감싸주고 사찰 앞 계곡천을 만나면서 그 행로를 마쳤다. 영축산에서 뻗어 내린 청룡과 백호는 본신 용맥으로 사찰 내부 전체에 장풍국(藏風局)을 만들어 주니 통도사 경내에는 늘 생기가 가득하다. 건물의 가람배치는 지세를 거스르지 않고 계곡을 따라 동서로 길게 배치하였으며 주요 건물들은 계곡을 향해 남향으로 배치됨으로써 배산임수(背山臨水)의 원칙을 따랐다. 그리고 전체적으로는 입구가 낮고 안쪽이 높은 전저후고(前低後高)의 조건과 더불어 청룡·백호의 끝자락이 잘 관쇄 되어 전착후관(前窄後寬)의 조건까지 양택의 3요결을 모두 갖춘 양택적 길지다. 통도사는 지면의 높낮이를 적절하게 잘 이용하여 가람을 조성하였는바 지면이 약간씩 높아지면서 대웅전으로 진입하는 준비 공간을 만들어 주고 있다. 이렇게 진입 공간에서부터 여러 과정을 거쳐 주 공간에 이르는 공간 배치 방법은 부처의 세계로 상징되는 예불 공간의 성스러움과 신비로움을 극대화시킬 수 있는 배치 방법이다. 이곳의 수세는 백호 자락 안쪽에서 흘러드는 물줄기가 사찰 앞에서 합수하여 양산천으로 흘러 들어간다. 수구에는 부채를 펼친 듯한 선자(扇子) 바위가 우뚝 서 있고 군데군데 각종 수구사들이 있어 유속을 늦추어 주니 사찰 안쪽의 생기를 잘 갈무리 해준다. 이러한 길지에 자리 잡은 통도사는 자장율사가 중국의 당나라 유학 당시 중국 풍수를 배워왔고, 그의 해박한 풍수적 논리가 적용되었을 가능성이 높다고 볼 수 있다.

287. 합천 해인사

합천 해인사는 경남 합천군 가야산 중턱에 있는 고찰로 양산 통도사, 순천의 송광사와 더불어 우리나라 3보 사찰 중 하나다. 이 절은 부처님 진리의 말씀을 담은 팔만대장경을 보관하고 있어 법보(法寶)사찰로 이름 나 있고, 대한불교 조계종 제12교구 본사로서 2009년 12월 21일 사적으로 지정되었다. 「가야산해인사고적(伽倻山海印寺古籍)」과 최치원이 쓴 「신라가야산해인사선안주원벽기(新羅伽倻山海印寺善安住院壁記)」에 의하면 이 사찰은 의상대사의 법손인 순응(順應), 이정(利貞) 두 스님이 신라 제40대 애장왕 3년(802)에 왕과 왕후의 도움으로 창건되었다고 기록하고 있다. 당시 애장왕비가 등창이 났는데 부처의 힘으로 병을 낫게 해주자 이에 감동한 왕은 가야산에 와 원당(願堂)을 짓고 정사를 돌보며 해인사의 창건에 착수하게 되었다고 한다. 그리고 918년 고려를 건국한 태조는 당시의 주지 희랑(希郎)이 후백제의 견훤을 뿌리치고 도와준 데 대한 보답으로 이 절을 고려의 국찰(國刹)로 삼아 해동(海東) 제일의 도량(道場)이 되었다고 한다. 해인사는 고려시대에 만들어진 팔만대장경 목판을 보관하고 있는데, 태조실록 7년(1398)에는 강화에 있는 대장경을 해인사로 이운(移運)되고 이때부터 법보사찰로 유명하게 되었다고 기록하고 있다. 이 사찰은 창건 이후 일곱 차례의 대화재를 만나 그때마다 중창되었는데, 현재의 건물들은 대개 조선 말엽에 중건한 것들로 50여 동에 이른다. 다행히 일곱 차례의 화재를 당하면서도 팔만대장경판과 장경각만은 화를 입지 않고 옛 모습 그대로 보관되고 있다.

해인사의 풍수 입지는 백두대간 덕유산에서 동쪽으로 하나의 지맥을 뻗어 김천시 증산면의 수도산(1,310m)을 일으키고 여기서 계속 행룡하여 합천군 가야산(1,430m)에 이른다. 해인사는 가야산 상왕봉에서 남서 방향으로 하나의 지맥을 뻗어 내려와 본 사찰의 주룡맥이 되었다. 이 용맥 끝자락에 해인사가 있고, 맞은편에는 비봉산이 있어 안산의 역할을 해준다. 해인사는 불교 경전인 팔만대장경 목판을 보관하고 있어 무엇보다 습도의 조절이 중요하다. 다행히 해인사의 일주문에서 천왕문 사이에는 숲이 조성되어 있어 습기를 품은 골바람을 막아주기 때문에 사찰 내부의 장풍국(藏風局)을 형성하는 데 매우 중요한 역할을 해준다. 이곳의 수세는 사찰 뒤 상왕봉에서 뻗어 내린 용맥을 기준으로 좌측의 물줄기는 진영전 우측에서 내려오는 물줄기와 합쳐 일주문 앞 영지 못으로 모여든다. 이 저수지는 사찰의 화기 비보와 더불어 안쪽의 생기를 가두어주는 중요한 역할을 하기에 풍수적 의미가 크다. 우측의 물은 가야산과 비봉산의 골짜기에서 흘러내리는 물줄기로 제법 큰 계곡을 이루며 일주문 앞을 지나 금선암 앞에서 좌측 물과 합수하여 흘러나간다. 물이 마지막으로 빠져나가는 수구에는 숲이 조성되어 있어 수구를 가려주니 이 또한 풍수적으로 길한 형상이다. 그리고 해인사 일주문에 들어서면 중문까지는 일직선이다. 일주문 앞에는 당간지주와 석당간이 우뚝 서 있고 안쪽에는 고목 나무가 있어 이들 역시 사찰의 기운을 빠져나가지 못하게 막아주는 풍수적 비보(裨補)물로 보인다.

288. 순천 송광사

송광사는 전남 순천시 송광면 조계산 기슭에 있는 대한불교조계종 제21교구 본사로 1962년 12월 20일 국보 제56호로 지정되어 있다. 이 사찰은 불보사찰인 양산 통도사, 법보사찰인 합천 해인사와 더불어 우리나라 3보 사찰 중 하나로 승보(僧寶)사찰로 이름나 있다. 이곳에서는 보조국사 지눌(知訥) 등 유명한 승려를 많이 배출한 승보사찰답게 국사전에는 나라를 빛낸 큰 스님 16분의 영정(초상화)을 모시고 있다. 국사전은 이분들의 덕을 기리는 건물로 고려 공민왕 18년(1369)에 처음 지었고 그 뒤 두 차례에 걸쳐 보수하였다고 한다. 이 건물은 본래 3칸이었으나 4칸으로 증축되었고 대웅전의 동남쪽에 자리 잡고 담장을 쌓아 별도의 영역을 이루고 있다. '송광'이라는 절 이름은 조계산의 옛 이름인 송광산에서 따 왔고, 절을 언제 세웠는지 정확한 자료는 없다. 다만 1207년 최선(崔詵)이 작성한 「대승선종조계산수선사중창기(大乘禪宗曹溪山修禪社重創記)」에 신라 말 혜린(慧璘) 선사가 창건하고 처음에는 길상사(吉祥寺)라 하였다고 기록하고 있다. 또한 「송광사사원사적비(松廣寺嗣院事蹟碑)」에는 1197년(명종 27) 공사를 시작하여 1205년에 공사가 끝났다는 기록도 있다. 공사가 끝나자 고려 희종은 산의 이름을 조계로 바꾸고 수선사(修禪社)란 이름을 내렸는데 나중에 송광사로 또다시 이름이 바뀌었다. 이후 송광사는 강종(康宗)의 명을 받아 진각국사(眞覺國師) 혜심(慧諶)이 중창하고 조선 초기 고봉화상(高峯和尙)의 중창 불사를 거쳐 대가람으로 성장하였다.

송광사의 풍수 입지는 백두대간에서 뻗어 나온 호남정맥의 순천시 조계산(884m)에서 서쪽으로 하나의 지맥을 뻗어 이 사찰의 현무인 연산봉(750m)을 일으키고 연산봉은 양쪽으로 팔을 벌려 넓은 평야 지대를 형성하여 그 안쪽에 사찰이 입지하고 있다. 평지 중심에 대웅전을 입지시키고 좌우에 지장전과 승보전을, 전면 마주 보는 입구에 진입 공간의 마지막 관문인 종고루를 배치하였다. 현재 60여 동에 이르는 송광사 가람은 먼저 그 입지 조건을 볼 때 전형적인 산중평지형 가람을 이루고 있다. 연산봉과 그 뒤 조계산에서는 좌우로 가지를 뻗어 사찰 전체를 2~3겹으로 층층이 감싸주니 안쪽은 늘 생기가 가득하다. 풍수가에서는 이곳의 산세를 청룡·백호가 겹겹이 에워싸주니 그 모습이 마치 꽃봉오리와 같다하여 송광사 형국을 화심형(花心形)이라고 부른다. 일부에서는 연화부수형이라고도 하지만 주변 전체가 물로 둘러싸지 않아 연화부수형으로 보기는 어렵다. 이곳의 수세는 조계산과 연산봉에서 흘러내린 물줄기인 신평천은 동에서 서로 흐르다 사찰을 완전히 감싸고 북쪽으로 흘러 보성강의 발원지인 주암호로 들어간다. 풍수에서는 모든 고서들마다 물은 택지를 환포 해주고 천천히 흘러나가는 것을 최고로 친다. 그래야 안쪽의 생기 누설을 막아 생기 가득한 장소를 만들어 주기 때문이다. 그리고 보조국사 사리탑 아래는 진응수가 있어 그 위쪽이 진혈지임을 한 번 더 증명해 준다. 건물의 좌향은 갑좌경향(甲坐庚向)으로 서향이며 양택의 기본요소인 배산임수(背山臨水) 형국으로 지어져 자연의 순리에도 합당하다.

289. 구례 화엄사

화엄사는 전남 구례군 마산면 지리산 국립공원 내에 위치한 사찰로 대한불교조계종 제19교구 본사이다. 이 사찰은 544년(진흥왕 5년) 신라에 대승불교를 도입하여 진흥왕의 총애를 받았던 고승 연기조사(緣起祖師)가 창건하였고, 643년에 자장율사가 증축하였으며 의상대사가 각황전을 창건하였다고 알려져 왔다. 그러나 백제 땅이었던 이곳에 신라인들이 중건하였다는 것에 대해 지속적인 의문이 제시되다가 1978년에 신라 경덕왕대의 『신라백지묵서대방광불화엄경(新羅白紙墨書大方廣佛華嚴經)』이 발견됨으로써 의문이 풀렸다. 이 사경의 발문에 의하여 연기조사는 황룡사(皇龍寺)의 승려로서 754년(경덕왕 13) 8월부터 화엄경 사경을 만들기 시작하여 이듬해 2월에 완성 시켰던 실존 인물임이 밝혀졌다. 그러므로 창건연대가 신라 진흥왕(재위 540~576) 때가 아닌 경덕왕(재위 742~765) 때이고, 자장 및 의상의 중수 또한 사실이 아님이 입증되었다. 이 절은 경덕왕 재임 시 연기조사가 창건하였고 신라 말 도선(道詵)에 의하여 크게 확장되었으며 조선시대의 화엄사는 1424년(세종 6)에 선종대본산(禪宗大本山)으로 승격되었지만 임진왜란 때 완전히 불타버렸고, 석경(石經)마저 산산조각이 나고 말았다. 이에 벽암 각성((碧巖 覺性)은 1630년(인조 8)에 중건을 시작하여 7년 만인 1636년에 대웅전과 몇 동의 건물을 지어 1649년 다시 선종대가람(禪宗大伽藍)으로 승격되었다. 화엄종의 중심 사찰이었던 이 절에는 창건 이후 오늘에 이르기까지 많은 고승들이 머물면서 창사의 이념인 화엄사상의 구현이 이루어져 왔다. 창건주인 연기조사를 비롯하여 정행(正行)·낭원(朗圓)·현준(賢俊)·결언(決言)·관혜(觀惠) 등의 화엄학승(華嚴學僧)들이 머물렀다.

화엄사는 백두대간의 끝자락인 지리산 종석대에서 남서쪽으로 뻗어 내린 지맥이 구례군 광의면의 원사봉(556.2m)에 이르기 전 이 산줄기의 동편에 위치하고 있다. 그래서 사찰의 주요 건물인 각황전은 이 산줄기를 배산으로 하여 동남향으로 지어져 있으나 대웅전을 비롯한 나머지 건물들은 대부분이 배산임수(背山臨水) 형국이 아닌 남서향으로 지어졌다. 각황전이 동남향을 하고있는 것은 아마 화엄종의 주불인 아미타불이 동남향을 하고 있기 때문으로 판단된다. 화엄사는 초창기 터전을 잡을 때 지리산 노고단과 종석대에서 크게 두 갈래로 뻗어 내려온 산자락 가운데 깊은 산(계곡) 속에 위치하다 보니 계곡풍에 노출되어 있다. 그래서 이 계곡풍을 막고자 대웅전 뒤쪽에 대나무 숲과 일주문 앞에 비보(裨補) 숲을 조성하였다. 그리고 보제루와 ㄱ자형의 광학장 역시 풍수비보 차원의 건물로 보인다. 이곳의 수세는 깊은 산(계곡)의 안쪽이다 보니 그곳에서 흘러나온 수량이 제법 많아 마산천을 이루고, 이 물들은 다행이 화엄사의 동남쪽을 에워싸고 흘러 사찰 내부의 기운을 잘 갈무리해준다. 그리고 도선국사는 대웅전 앞에 세워진 오층석탑은 화엄사의 대가람이 백두산 혈맥의 웅대한 힘과 섬진강 태극의 힘에 술렁거리는 배와 같은 형국이므로 이 탑으로 움직임을 가라앉히고 가람에 원만한 기운이 감돌도록 비보 차원에서 세워진 탑이라 하였다.

290. 경주 불국사

경주 불국사는 경북 경주시 토함산자락에 있는 천년고찰로 대한불교조계종 제11교구 본사이며 1995년 인근의 석굴암과 함께 세계문화유산으로 지정되었다. 이 절은 일반적으로 김대성이 창건하였다고 알려져 있으나 『불국사고금창기(佛國寺古今創記)』에 의하면 528년(법흥왕 15)에 신라 법흥왕의 어머니인 영제부인이 창건하였고, 이후 574년에 진흥왕의 어머니 지소부인이 크게 개창 했는데 이때 '아미타여래상'과 '비로나자불'을 조성해 봉안했다. 문무왕 10년(670년)에는 무설전을 건설해 화엄경을 강의했고, 경덕왕 10년(751년)에 김대성이 크게 중수하면서 청운교, 백운교, 석가탑, 다보탑 등을 건설했다고 기록되어 있다. 하지만 『삼국유사』에는 앞부분이 빠지고 김대성이 불국사를 창건했다고 나온다. 김대성이 전생의 부모를 모시기 위해 석불사(석굴암)을 만들었고 현생의 부모를 모시기 위해 불국사를 창건했다는 일화가 유명해져서 김대성이 지은 것으로 알고 있는데 『불국사고금창기』의 기록이 더 정확할 거라고 보는 게 일반적이다. 이유인즉, 불국사 자체가 상당한 규모의 사찰이기에 김대성 혼자서 그런 엄청난 건설을 했다기보다는 법흥왕 때부터 신라 국가 차원에서 증·개축을 해오다가 훗날 모습의 바탕이 되는 결정적인 중수를 김대성이 했다고 보는 편이 타당하다. 이 건물은 불국정토를 속세에 건설하겠다는 야심 찬 통일신라의 꿈을 드러내는 건축물로 불국사는 불국정토에서 유래한 호국사찰이다. 신라~고려시대에는 지금의 8배에 달하는 규모의 대사찰이었으나 세월이 지나면서 파괴되고 복원하는 과정에서 규모가 줄어들었으며 오늘날의 불국사는 조선 영조 때 복원된 것이다.

불국사의 풍수 입지는 백두대간에서 뻗어 나온 낙동정맥의 울주군 상북면 고헌산(1,034m)에서 동쪽으로 하나의 지맥을 뻗어 두동면의 치술령(767m)에 이르고, 여기서 다시 북동쪽으로 계속 뻗어 올라와 경주의 주산인 토함산(745m)에 이른다. 불국사는 토함산에서 서쪽으로 하나의 지맥을 뻗어 내려온 산자락 중턱에 위치 해있다. 서쪽으로 뻗어 내려온 산자락에 사찰은 남향으로 지어졌으니 양택지의 기본조건인 배산임수(背山臨水)와 전저후고(前低後高)의 조건을 갖추지 못하고 오히려 사찰의 우측편이 낮아 자연의 순리를 거스르는 형국이 된다. 우리나라는 일조량 때문에 누구나 남향집을 선호하지만 그 대지가 위치한 주변의 자연 형국에 맞는 좌향이 설정되어져야 그 복분을 다할 수 있다. 그러나 일부에서는 토함산의 여러 산줄기가 마치 옥녀가 머리를 감는 옥녀세발형(玉女洗髮形)의 명당 터에 자리 잡았다고 평가하기도 한다. 이곳의 수세는 토함산 자락에서 흘러나온 물이 사찰 앞을 환포 해주며 흐르지만 지형의 경사도 때문에 유속이 빠르다는 단점을 가지고 있다. 풍수에서 좋은 수세란 혈장을 환포 해주며 천천히 흘러나가야 길하다고 해석한다. 그래서 사찰에서는 유속을 늦추어 주기 위해 사찰 앞으로 흐르는 계곡 아래에 저수지를 만들어 계곡물을 한 번 저장한 후 다시 천천히 흘러 형산강의 상류 남천으로 흘러 들어가게 하였다.

291. 대구 동화사

대구광역시 동구에 위치한 팔공산 동화사(桐華寺)는 대한불교조계종 제9교구 본사로 창건에는 두 가지 설이 전한다. 그 첫 번째는 493년(소지왕 15) 극달화상(極達和尙)이 창건하여 유가사(瑜伽寺)라 하였으나 그 뒤 832년(흥덕왕 7) 심지왕사(心地王師)가 중창하였는데 그때가 겨울철인데도 불구하고 절 주위에 오동나무꽃이 만발하여 오동나무 동(桐), 꽃 화(花)자를 써 동화사라 불렀다고 한다. 두 번째로 「삼국유사」에는 진표(眞表)율사께서 영심(永深)에게 전하였던 불간자(佛簡子)를 심지왕사(心地王師)가 다시 받은 뒤 팔공산에 와서 던져 떨어진 곳에 절을 이룩하니 곧 동화사 첨당 북쪽의 우물이 있는 곳이라는 기록이 실려 있다. 그러나 첫 번째인 극달화상의 창건연대(493년)는 신라가 불교를 공인하기 이전이므로 두 번째 심지의 중창을 실질적인 창건으로 보는 것이 일반적이다. 창건 후 고려시대에 들어 영조(靈照), 지눌(知訥), 홍진(弘眞) 스님이 중창하였으며 조선조에서도 유정(惟政), 상숭(尙崇), 관허(冠虛) 등이 중창하여 오늘날에 이르고 있다. 이 절은 서거정이 노래한 대구 10경 중에 한곳이며 총 8번의 중창을 하였는데 지금의 건물들은 대부분 조선 영조 때 지은 건물이다. 동화사는 한때 사명대사가 승군(僧軍)을 지휘하였던 곳으로 많은 의병들을 모집하여 훈련시키는 등 호국의 본거지가 되기도 하였다. 민족항일기의 31본산 시대에는 55개의 사찰을 거느렸던 대본산이었으나 현재에는 대구광역시 달성군·청도군·칠곡군·성주군의 4개 군의 사암(寺庵)을 관장하고 있다.

이곳의 산세는 낙동정맥에서 서쪽으로 하나의 지맥이 뻗어 나와 영천시 보현산에 이르고 여기서 다시 남서 방향으로 방향을 틀어 내려오다 대구시 동구의 팔공산을 일으킨다. 동화사는 팔공산 비로봉(1,193m)에서 남쪽을 향해 좌우로 팔을 벌려 포근하게 감싸 주는 안쪽에 위치하고 있다. 풍수에서는 이러한 형국을 봉황이 알을 품고 있는 형국과 비슷하다고 하여 '봉황포란형(鳳凰抱卵形)'이라 하고 그 안쪽을 생기 가득한 길지로 해석한다. 동화사는 과거부터 이러한 형국을 증명이라도 하듯 봉황에 관한 명칭과 비보(裨補)물이 곳곳에 산재해 있다. 절의 관문인 일주문의 명칭이 '봉황문'이고 대웅전 입구의 전각을 '봉서루'라 하였으며, 대웅전 뒤에는 봉황이 쉬면서 먹이를 구할 수 있는 오동나무와 대나무가 심어져있다. 또한 비문 아래에는 일반적으로 거북 형상의 받침대를 많이 사용하나 동화사는 봉황이 날아가지 못하도록 안악대사비의 받침돌을 '봉황' 모양으로 만들었다. 동화사는 팔공산의 주 능선에서 뻗어 내린 여러 지맥들이 2~3겹으로 에워싸는 곳, 그리고 계곡마다 흘러나오는 뭇 물들이 서로 합쳐지는 안쪽에 자리 잡았다. 이러한 물들이 사찰을 완만하게 감싸주니 경내에는 늘 생기가 가득하다. 또한 좌우의 청룡·백호가 모두 같은 줄기에서 나온 본신용맥이라 장풍국(藏風局)을 만들어 주며 용·호의 끝자락이 잘 관쇄 되어 수구를 좁혀주니 안쪽의 기운이 누설되지 않는다. 이러한 형국에 자리 잡은 동화사는 풍수적 조건을 잘 갖추고 있는 곳으로 종교적 장소성을 확보하기에 최고의 조건을 갖추고 있다.

292. 예산 수덕사

충남 예산군 덕산면 덕숭산(수덕산) 기슭에 위치한 덕숭총림 수덕사는 대한불교조계종 제7교구 본사로 현재 충남 일원에 36개의 말사를 관장하고 있는 대찰이다. 이 절은 현존하는 백제 고찰의 하나로 오래된 절의 역사에 비해 전해지는 기록이 없어 자세한 연혁은 알 수가 없다. 어떤 기록에서는 559년 백제 위덕왕 때 지명법사가 창건했다고 하고, 또 다른 기록에서는 백제 말 숭제법사가 창건했다고 하지만 둘 다 확실한 근거가 없다. 백제의 고승 혜현스님이 수덕사에서 법화경을 강론했다는 기록이 남아있는 것으로 보아 이미 그 이전에 창건되었던 것으로 보인다. 또한 수덕사 경내에서 백제시대의 와당과 와편 등이 발견되었기에 백제시대부터 유지되어온 사찰임은 확실하다. 고려시대에는 이렇다 할 기록이 남아있지 않지만 대웅전 수리 시 나온 묵서명에서 대웅전이 고려 충렬왕 34년(1308년)에 지어진 것으로 밝혀졌다. 그리고 14세기 중후반에 나옹선사가 절을 중수했다는 기록이 있고, 조선시대에는 1528년(중종 23년)과 영조와 순조 때 대웅전을 중수했다는 기록이 남아있다. 그런 후 구한말에 경허스님은 수덕사에서 1880년대 끊어진 선불교의 수행체계와 법통을 다시 수립하고 수월, 혜월, 만공, 한암 스님 등의 제자를 길러냈다. 이어 1898년(광무 2)에 경허의 제자 만공스님(1871~1946)이 이곳에 머물면서 기라성 같은 제자를 여러 명 길러냈고, 스승이 뿌린 선불교의 씨앗이 뿌리내리는 데 크게 이바지하였다. 즉 경허스님이 선불교를 새로 일으키고 그 씨앗을 뿌린 분이라면 만공스님은 스승이 씨를 뿌린 밭을 갈고 닦으며 열매가 맺도록 한평생을 바친 분이다. 그러므로 수덕사는 한국 근대 선불교의 종찰이자 수많은 선사들을 배출한 요람이 되었다. 또한 구한말 숭유억불정책으로 비구니 스님들이 공부할 수 있는 선원이 없던 시대에 수덕사에는 1930년 국내 최초로 비구니 선원을 세워 여승들이 공부할 수 있는 환경을 만들었다.

이곳의 산세는 금북정맥인 예산군 덕숭산(495.2m)을 주산으로 하여 남쪽으로 뻗어 내린 산자락 중턱에 위치하고 있다. 덕숭산은 북으로 가야산, 서쪽으로는 오서산, 동남간에 용봉산이 병풍처럼 둘러싸인 금북정맥의 중심에 우뚝 서 있다. 주변 사신사는 덕숭산에서 좌우로 뻗어 내린 산자락이 2겹 3겹으로 사찰을 감싸주어 장풍국을 이루니 사찰에는 늘 생기가 가득하다. 수덕사의 주 혈 자리는 대웅전이다. 이것은 대웅전 뒤쪽을 올라 보면 덕숭산에서 내려오는 맥로가 뒤쪽에서 갑자기 멈추어 봉긋 솟아오른 입수바위가 있기 때문이다. 풍수에서는 입수봉을 혈증(穴證)으로 취급하고 있으며 이곳은 산천 정기의 취결처이다. 그리고 대웅전을 중심으로 그 전면의 왼쪽에는 범종각이 있는 청련당과 오른쪽에는 스님이 거주하는 요사체인 백련당이 있어 청룡과 백호 역할로 내부의 생기 누설을 방지하고자 하였다. 이곳의 수세는 우선룡에 좌선수로 합법하고 사찰 좌우 용·호 자락에서 흘러나오는 물은 마을 앞 와룡천에 합수하여 우측으로 흘러 서해 앞 바다로 들어간다. 그리고 일주문 밖의 나지막한 야산은 경내에서 흘러나오는 물의 직출을 막아 안쪽의 생기를 잘 갈무리해준다.

293. 안동 봉정사

안동 봉정사는 대한불교조계종 제16교구 본사인 경북 의성에 있는 고운사(孤雲寺)의 말사로 2018년 6월에 "산사, 한국의 산지승원"이라는 명칭으로 유네스코 세계유산에 등재되었다. 이 절은 682년(신문왕 2) 의상대사가 창건한 절로 알려져 왔으나, 1972년 극락전에서 상량문이 발견됨으로써 672년(문무왕 12) 그의 제자이신 능인대사가 창건했음이 밝혀졌다. 그 당시 능인대사는 천등굴에서 수도를 한 후 노력으로 종이 봉(鳳)을 만들어 날렸는데 이 봉이 앉은 곳에 절을 짓고 봉정사라 하였다는 전설이 있다. 봉정사는 한국에서 가장 오래된 목조건물을 지닌 곳으로 유명하지만 정작 봉정사의 역사에 대하여 알려주는 기록은 거의 남아있지 않다. 창건에 관한 사실도 전설에 상당한 부분을 의존하고 있고 그 이후의 역사적 사실도 몇 차례 중수한 것을 제외하면 알 수 있는 사실은 전무한 편이다. 고려 공민왕 12년(1363)에 극락전의 옥개부를 중수했다는 기록도 1972년에 실시된 극락전의 해체 복원 시에 상량문에서 발견되었다. 이 내용으로 지금까지 한국에서 최고 오래된 목조건물이 봉정사 극락전(국보 15호)으로 인정받게 되었고, 극락전의 건립 연대는 적어도 12세기 이전으로 추정된다. 이 절은 작고 아담하지만 산사의 형태를 잘 갖추고 있고 극락전을 비롯하여 대웅전, 후불벽화, 목조관세음보살좌상 등 수많은 국보와 보물을 보관하고 있으며 특히 고려 태조와 공민왕이 다녀간 유서 깊은 사찰이다.

이곳의 산세는 백두대간에서 뻗어 내린 봉화군 명호면 만리산(791.6m)에서 남서쪽으로 하나의 지맥을 뻗어 안동시 녹전면 요성산(492m)을 지나 영주시 평은면의 봉수산(570m), 그리고 계속 내려와 안동시 서후면의 천등산(575m)을 일으킨다. 봉정사는 천등산에서 양팔을 벌려 포근하게 감싸주는 안쪽에 위치하고 있다. 풍수가에서는 이러한 형국을 봉황이 알을 품고 있는 형국과 비슷하다고 하여 '봉황포란형(鳳凰抱卵形)'이라 하고 그 안쪽은 장풍국(藏風局)이 되니 생기 가득한 길지로 해석한다. 봉정사는 이 형국 하나만으로도 풍수적 길지임에는 의심의 여지가 없다. 봉정사란 절 이름도 '봉황이 머물렀다.'하여 봉황새 봉(鳳)자에 머무를 정(停)자를 따서 봉정사라 명명하였다고 한다. 좌우 청룡·백호는 높이나 거리 면에서 적당하고 사찰 정면으로는 단정하고 봉긋한 안산이 마주하고 있어 이 또한 부귀를 가져다주는 귀한 산이다. 이 절의 주산인 천등산은 원래 대망산이라 불렀는데 능인대사가 젊었을 때 대망산 바위굴에서 도를 닦고있던 중 스님의 도력에 감복한 천상의 선녀가 하늘에서 등불을 내려 굴 안을 환하게 밝혀 주었으므로 '천등산'이라 이름하고 그 굴을 '천등굴'이라 하였다고 한다. 이곳의 수세는 사찰 좌우 청룡과 백호 자락에서 흘러나온 물들이 사찰 앞에서 만나 북후면에서 흘러나오는 송야천에 합수한 후 최종 낙동강으로 들어간다. 사찰 앞 계곡에는 수구사로 보이는 각종 바위들과 물길 또한 구불구불 구곡수로 흘러나가니 유속이 늦어져 사찰에 많은 생기를 가두어준다. 풍수에서는 택지 주변의 물은 혈장을 잘 환포 해주고 천천히 흘러나가는 것을 최고로 친다.

294. 영주 부석사

영주 부석사(浮石寺)는 경북 영주시 부석면에 있는 봉황산(鳳凰山)의 중턱, 남쪽 기슭에 자리 잡고 있다. 고려시대에는 절의 이름을 선달사 또는 흥교사라 하였고, 지금의 부석사란 이름은 무량수전 뒤쪽 서편에 큰 바위 하나가 지면으로부터 떠 있다고 하여 뜰 부(浮), 돌 석(石), 절 사(寺)자에서 따온 이름이다. 이 바위 이름이 행정구역인 부석면(面)을 지칭하는 지명이 되었을 만큼 유명해졌다. 이 사찰은 대한불교조계종 제16교구 본사인 고운사의 말사로 신라 문무대왕 16년(676년)에 의상이 왕명을 받아 세운 화엄종의 중심 사찰이다. 「삼국사기」에는 고승 의상이 임금의 뜻을 받들어 부석사를 창건했다는 기록이 있고, 「삼국유사」에는 의상이 태백산에 가서 조정의 뜻을 받들어 부석사를 세우고 대승불교를 포교하니 영감이 많이 나타났다고 기록하고 있다. 신라의 불교는 눌지왕 때 들어와 법흥왕 때에 수용된 뒤 크게 발전하였는데 화엄종과 법상종으로 종파를 띄게 되었고 그 가운데서도 전법 사실이 뚜렷하고 종찰이 확실한 것은 의상의 화엄종이다. 의상대사는 부석사에 자리 잡은 뒤 입적할 때까지 이곳을 떠나지 않았고 그의 법을 이은 법손들 역시 마찬가지였다. 이와 같이 이곳은 화엄사상의 발원지로 1,300여 년이 넘는 역사를 간직하고 있으며 무량수전과 석등을 비롯한 각종 국보급 문화재가 많아 2018년 유네스코 세계유산으로 등재되었다. 무량수전은 부석사의 중심 건물로 극락정토를 상징하는 '아미타여래불상'을 모시고 있다. 신라 문무왕(재위 661~681) 때 짓고 고려 현종(재위 1009~1031) 때 고쳐 지었으나, 공민왕 7년(1358)에 불에 타 버렸다. 지금 있는 건물은 고려 우왕 2년(1376)에 다시 짓고 광해군 때 새로 단청을 하였으며 1916년에 해체·수리 공사를 하였다. 의상대사가 거처하던 조사당 앞 처마 밑에는 의상대사가 지팡이를 꽂아 자랐다는 선비화(골담초)가 온갖 시련을 견디며 1,300여 년이 지난 지금까지도 살아남아 있다.

이곳의 산세는 백두대간의 줄기인 봉화군 갈곶산(960m)에서 남쪽으로 하나의 지맥을 뻗어 영주시 부석면의 봉화산에 이르고 여기서 계속 뻗어 내려와 사찰 뒤 현무봉을 만들었다. 주룡은 지현굴곡을 한 생룡으로 사찰에 많은 생기를 공급해주고, 좌우의 청룡과 백호도 높이가 완전한 편은 못되나 2~3겹으로 감싸주니 나름 장풍국을 만들어 주고 있다. 내백호 자락에 비해 내청룡 자락이 약간 낮은 편이라 장풍에 허점을 보이고 있으나 무량수전 동편에 세워진 3층 석탑은 이를 비보(裨補)하기 위한 비보 사탑으로 보인다. 부석사의 중심 혈처는 무량수전 자리다. 그것은 풍수에서 혈증이라고 하는 건물 뒤쪽에 입수가 뚜렷하고 좌우 선익이 분명하기 때문이다. 그리고 현무봉과 사찰 정면으로 보이는 안산은 금형의 귀인봉으로 사찰에 좋은 기운을 보내주고 있다. 이곳의 수세는 산지 가람형이라 비교적 경사도가 심해 물이 급하게 빠져나가는 단점을 갖고 있다. 그러나 중간에 흐르는 물을 가두어주는 저수지를 조성하여 물의 직출을 막아주니 나름 생기의 누설을 방지해준다.

295. 여주 신륵사

우리나라 고 사찰의 대부분은 산속에 위치하고 있어 장풍국(藏風局)을 이루고 있는데 비해 신륵사는 강가에 위치하고 있어 주변 사신사가 낮은 와형의 혈장에 입지하고 있다. 이 절은 여주 시민들의 수해 방지를 위한 비보(裨補) 사찰이었다는 주장이 제기되고 있다. 강가에 위치하여 수해 발생이 예상됨에도 불구하고 수해 취약 지점에 사찰을 건립한 것은 구조물에 의해 지반의 침식방지 효과가 있고 사찰에 기거하는 승려들로 하여금 수해 발생 시 쉽게 노동력을 제공받을 수 있기 때문이다.

신륵사는 고려시대의 고승 나옹선사가 입적하여 부도탑에 사리를 모신 곳으로도 유명하고, 조선조 세종대왕의 무덤을 영릉으로 이장할 때 왕실의 무덤을 지키는 원찰로 지정되어 더 유명해졌다. 그 당시에는 영릉 원찰로 삼았다고 하여 보은사(報恩寺)라고 불렀으나 1858년 헌종의 조모인 순원왕후(純元王后)가 호조판서 김병기(金炳冀)에게 명하여 절을 크게 중수토록 한 후 영릉의 원찰로써 의미가 약해지면서 다시 신륵사라 부르게 되었다. 신륵사란 이름은 "고려 고종 때 건너편 마을에서 용마가 나타나 걷잡을 수 없을 정도로 사나우므로 사람들이 붙잡을 수 없는데, 인당대사(仁塘大師)가 나서서 고삐를 잡으니 말이 갑자기 순해졌으므로 신력(神力)으로 제압하였다 하여 절의 이름을 신륵사(神勒寺)라 했다." 고 한다. 이 절은 화려한 극락전과 고려 말 불교계의 거목이었던 지공, 나옹, 무학 세 스님의 영정을 모셔놓은 조사당과 명부전, 대장각기비, 다층석탑과 다층전탑, 보제존자 등은 모두 보물로 지정되어 있어 다양한 유물들이 숨 쉬고 있는 고찰이다. 신륵사는 신라말 진평왕 때 원효대사가 창건하였다고 하나 확실한 근거는 없고 원효대사의 꿈속에 이 사찰이 세워지게 된 유래가 지금껏 전해져 내려온다. 그 내용인즉,

"어느 날 원효대사의 꿈에 흰옷을 입은 노인이 나타나 지금의 절터에 있었던 연못을 가리키며 이곳은 신성한 사찰이 들어설 자리라고 일러준 후 사라지니 그 말에 따라 연못을 메워 절을 지으려 하였으나 뜻대로 되질 않았다. 이에 원효대사는 7일간 기도를 올리고 정성을 들이니 아홉 마리의 용이 그 연못에서 나와 하늘로 승천하였고 그런 후에야 이곳에 절을 지을 수 있었다고 전한다."

이곳의 산세는 백두대간인 태백산맥에서 강원도 오대산을 거쳐 계속 남서쪽으로 뻗어 내려와 여주시 봉미산(鳳尾山:156m)을 일으키고 여기서 남쪽으로 뻗어 내려오다 남한강을 만나면서 그 행로를 마쳤다. 그러므로 신륵사는 나지막한 봉미산 남쪽 기슭에 자리잡고 있는 고찰로 오대산의 정기가 봉황의 꼬리까지 이어진 봉미산 자락에 입지하여 남한강 상류인 여강(驪江)의 물길을 진압하기 위해 세워진 비보사찰(裨補寺刹)이다. 신륵사 구룡루 앞에는 수령 600여 년이 된 은행나무가 서 있는데 나옹선사가 지팡이를 꽂아둔 것이 자라 지금의 모습이라고 하지만, 이 나무 역시 신륵사 전면의 허(虛)한 부분을 막기 위한 풍수 비보(裨補) 차원에서 심어졌으리라 추측된다.

296. 사천 신해사

경남 사천시 곤명면 초량리에 가면 극락도량으로 동양 최대의 산신각인 금당산령각을 소유하고 있는 신해사(神解寺)가 있다. 이 사찰의 역사는 약 100여 년으로 그리 길지는 않으나 1900년대 초 학문을 연구하던 서당 자리에서 출발하여 현재는 극락보전과 삼성각, 금당산령각, 범종각, 무문관 등 총 13동으로 구성되어 있고, 조실인 지은스님과 회주 무공스님을 중심으로 하여 많은 불자들이 애용하고 있다. 지리산 자락의 둥근 금형산 아래에 남향으로 자리 잡은 산령각 건물은 사찰 입구에 들어서면 정면에 우뚝 서 모든 불자들을 맞이한다. 산신을 모시고 있는 이 건물은 대한불교 영산 조계종 신해사의 주요 건물 중 하나로 산령각이 세워지게 된 동기가 재미있어 소개하고자 한다. 내용인 즉, 이 사찰의 회주스님으로 계시는 무공스님께서 어느 날 새벽 기도 중 꿈에 지리산 산신이 나타나 우리나라에서 제일 큰 산신각을 금(金)으로 짓고 산신탱화도 목각으로 하라는 명을 받았다고 한다. 그래서 스님께서는 곧바로 건물을 중수한 후 금가루 한 말과 금 페인트 아홉 말을 섞어 안팎으로 단청을 하고 건물명을 금당산령각이라 명명했다고 한다. 또한 신해사에는 타 사찰에서 흔히 볼 수 없는 스님들의 기도처인 무문관(無門觀)도 중수되어 있어 기도 도량으로도 유명한 사찰이다. 이곳은 나라의 큰일이나 불자들이 큰 고통을 겪고 있을 때 스님께서 위기를 극복하기 위한 기도처로 사용하는 곳이다. 이곳에서의 기도는 신기하게도 그 효험이 뛰어나 많은 불자들이 찾아오고 있고, 실제 중병으로 시한부 인생을 살았던 불자라든가 비행 청소년의 자녀를 둔 부모들이 기도의 도움으로 가정에 평화를 찾아 정상적인 생활을 해 나가고 있다고 한다. 특히 이곳에서의 기도는 누구나 한가지의 소원이 꼭 이루어진다고 해서 전국 각지에서 많은 신도들이 찾아오는 곳으로도 유명하다.

이곳의 산세는 낙남정맥의 줄기인 산청군 시천면에서 남동쪽으로 하나의 지맥을 뻗어 내려와 하동군 청암면의 방화고지(668.6m) 그리고 북천면 화정리의 천황봉(600m)을 지나 사찰의 뒤편에 이르러 150m의 작은 봉우리를 일으켜 본 사찰의 현무봉이 되었다. 여기서 양쪽으로 뻗어 내린 산자락의 가운데에 사찰이 자리 잡고 있어 오목한 와형(窩形)의 혈장에 완전한 장풍국(藏風局)을 이루어주고 있다. 현무봉은 둥그스름한 금형이고 안산은 백호 자락이 사찰 우측을 감싸면서 앞쪽까지 뻗어 내려온 본신용맥이다. 안산 넘어로 보이는 조산은 둥근 금형체의 봉우리가 세 개나 솟아 있어 이는 귀인봉으로 사찰에 좋은 기운을 보내주고 있다. 특히 이 봉우리들은 앞쪽의 안산을 떠받치고 밀어주기 때문에 사찰 내부의 기운을 한 번 더 응기시켜 준다. 이곳의 수세는 우측 백호 자락 넘어 샘골에서 흘러나온 물이 사찰 앞쪽을 감싸며 궁수(弓水)로 흘러 내부의 기운을 잘 갈무리해주고, 외수 역시 우측 옥정리 쪽에서 흘러나오는 곤양천이 사찰을 둥글게 환포 해주니 최고의 수세 조건이다. 그런데 사찰이 산 중턱에 위치하다 보니 약간의 경사도가 있어 흠결이지만 양택의 기본조건인 배산임수(背山臨水)와 전저후고(前低後高), 전착후관(前窄後寬)의 조건까지 양택 3요결을 모두 갖춘 장소다. 풍수서 『地理五訣』에서는 열 개의 부자혈 중에 아홉 개는 와혈이라 하였고, 이곳은 우백호와 수세가 좋아 사찰에 많은 부(富)를 기약해주고 있다.

297. 운주사 천불천탑

전남 화순군 도암면 대초리 천불산에 위치한 운주사(雲住寺/運舟寺)는 대한불교 조계종 제21교구 본사 송광사의 말사다. 이 사찰은 도선대사가 창건하였다는 설과 운주(雲住)가 세웠다는 설, 마고(麻姑) 할미가 세웠다는 설 등이 전해지는데 고려 중기에서 말기까지 매우 번창했던 사찰이었다. 1481년 「신동국여지승람」에는 운주산 골짜기에는 천불천탑이 있다고 기록하고 있지만 언제 누가 만들었는지에 대한 기록은 없다. 지금은 조계종 소속 사찰이 되었으나 우리나라에서 운주사 같은 절은 전례가 없으므로 특이하기로 유명하다. 운주사 골짜기 서쪽 언덕 위에는 거대한 한 쌍의 와불(臥佛)이 있고 사찰 뒤편으로는 천 개의 불탑과 천 개의 부처상을 보유하고 있어 2017년 유네스코 세계유산에 등재되었다. 이와 같이 사찰 주변에 수많은 불상과 불탑이 있어 절이라기보다는 마치 야외 조각 전시장 같은 느낌을 받는다. 1994년 정부에서는 이에 대한 궁금증을 해소하기 위해 발굴조사를 실시한 결과 12세기와 15세기 두 차례에 걸쳐 중건되었다는 사실을 알아냈고, 석탑과 석불은 12세기에 만들어졌다는 것도 알아냈다. 또한 가람배치에 있어서도 일반 사찰들은 법당 앞쪽으로 석탑과 석불이 한두 개 정도가 세워져 있지만, 이곳에는 법당은 계곡 입구에 있고 한참 떨어진 뒤쪽으로 수많은 탑과 불상이 곳곳에 세워져 있다. 조사단에서는 이러한 가람배치 역시 아무 곳에나 세우지는 않았을 것으로 보고 이유를 찾아보았다.

KBS 역사스페셜에서는 천문학계에서 발표한 논문을 인용하여 석탑 및 석불 배치가 무작위로 세운 것이 아닌 하늘의 별자리와 일치한다고 하였다. 그러므로 운주사의 석물들은 밤하늘의 별자리를 그대로 땅 위에 구현해놓은 천문도다. 사찰에서 나침반 지시대로 북쪽 산으로 올라가면 정상에 와불이 있고 이 와불이 곧 하늘의 북극성이라는 것이다. 북극성을 중심으로 모든 석탑과 석불을 배치하였기에 운주사의 탑들은 철저한 질서 속에 배치되었음을 알 수 있다. 불교에서 천 개의 숫자는 무한히 많음을 뜻하기에 천 개의 부처는 인간사의 모든 번뇌로부터 중생을 구제한다는 의미이고, 하늘나라에 있는 천불들을 지상에다가 재현했다는 것이다. 불행하게도 조선조 임진왜란과 정유재란을 거치면서 법당을 비롯하여 천불천탑도 크게 훼손되어 절은 폐사되었고, 18세기에 자우(自優) 스님이 다시 재건하였지만 천불천탑은 복구하지 못했다. 지금은 남아있는 불상이 약 100여 개에 불과하지만 파손된 불상과 탑이 경내에 여기저기 흩어져 있는 것으로 보아 과거엔 훨씬 더 많은 숫자가 있었음을 증명해 준다. 창건 이유에 대하여는 도선국사는 우리나라를 배의 형상으로 보고 동쪽이 무겁고 서쪽이 가벼워 동쪽으로 가라앉기 때문에 우리나라 기운이 일본으로 몽땅 흘러가 버린다는 것이다. 그래서 서쪽에 많은 석탑을 세워 나라의 중심을 잡고자 비보(裨補) 차원에서 만들었다는 것이다. 그러나 이러한 설명은 중건연대로 볼 때 신빙성이 떨어진다. 그러나 도선국사는 우리나라 풍수의 비조로 주로 비보풍수를 많이 사용했고, 그의 후예들이 비보 차원에서 불탑을 세우고 도선국사의 이름을 인용하지 않았나 하는 의구심이 든다.

298. 비보사찰 호압사

서울 금천구 시흥동에 있는 호암산에 올라 보면 조선조 초기에 창건한 호압사(虎壓寺)란 절이 있다. 이 절은 풍수 비보 차원의 사찰로 무학대사가 창건하였다고 전해지는데 창건 이유가 재미있어 소개하고자 한다. 조선 개국 초 한양에 궁궐이 건립될 때 가장 위협이 되는 것은 정면으로 보이는 관악산의 화기(火氣)와 삼성산(호암산)의 호랑이 기운이었다. 그래서 관악산의 화기는 남쪽의 관악산이 돌(石)이 많은 화산(火山)이기 때문에 그 불기운이 도성에 영향을 못 미치도록 숭례문(崇禮門)의 글자를 다른 사대문의 글자와 달리 세로고 써서 현판을 달았다. 이것은 한문 숭(崇)자 위의 뫼 산(山)자는 불꽃이 타오르는 불화(火)의 형상이므로 맞불로써 도성을 화기로부터 보호하고자 했다. 그리고 광화문 양측에는 물속에 살고 있다는 상상의 동물인 해태상을 세우고, 숭례문 앞에는 남지(南池)라는 인공 저수지까지 만들어 관악산의 화기를 비보(裨補)하고자 하였다. 그다음 삼성산(호암산)의 호랑이 기운에 대해서는 두 가지 설이 전한다. 먼저 『신증동국여지승람』 금천조에 실려 있는 윤자(尹滋)의 이야기를 보면, "금천의 동쪽에 있는 산의 우뚝한 형세가 범이 걸어가는 것과 같고, 그런 가운데 험하고 위태로운 큰 바위가 있어 이를 범바위라 부른다. 술사가 이를 보고 바위 북쪽에다 절을 세워 호갑(虎岬)이라 하였다....."라고 적고 있어 호압사는 호랑이 기운을 억누르기 위해 비보 차원에서 세워진 사찰임을 말해준다.

그다음 두 번째는 1394년(태조 3)을 전후해 태조가 전국의 장인들을 모아 한양에 궁궐을 지을 때 밤만 되면 축조 중인 건물이 자꾸 무너졌다는 것이다. 그 이유를 알고자 태조가 무장을 갖추고 병사들과 함께 밤을 기다리니, 두 눈에 불빛을 흘리며 걸어오는 호랑이와 비슷한 괴물이 나타났다. 군사들은 즉시 활을 쏘고 칼을 휘둘렀으나 괴물은 눈 하나 깜짝 않고 공사 현장을 망가트린 뒤 사라졌다고 한다. 이성계는 숙소로 돌아와 고민을 하고 있는데 한 노인이 나타나 말하기를, "한양은 더없이 좋은 도읍지로다" 하면서 저 멀리 산자락을 가리켰다. 태조는 그때 서야 그 산이 한양을 노려보는 범의 형상임을 알고 노인에게 저 산의 기운을 제압할 방도를 알려 달라고 했다. 노인이 말하기를 "호랑이란 꼬리를 밟으면 꼼짝 못하는 짐승이니 호랑이 형상을 한 산봉우리의 꼬리 부분에 절을 지으면 만사가 순조로울 것입니다."하고는 홀연히 사라졌다고 한다. 그런 후 바로 그곳에 절을 세우니 비로소 궁궐을 무사히 지을 수 있었고, 그 절의 이름을 호압사(虎壓寺)라 하였다는 전설이 전해져 내려온다. 풍수비보란 땅의 기운이 지나치게 강한 것은 눌러주고 허결한 곳은 찾아내어 보완해준다는 의미인데 풍수에서는 이것을 비보(裨補), 압승(壓勝), 염승(厭勝)이란 용어를 쓴다. 땅을 인체에 비유하여 사람의 몸에 병이 들었을 때 침이나 뜸으로 질병을 치료하듯이 산천에도 풍수적 결함이 있으면 사찰, 불상, 탑을 세우거나 나무숲을 조성하여 인위적으로 그 흉함을 없앤다는 것이다. 이러한 비보풍수는 고려말 도선국사를 시작으로 조선시대에도 유행했었고 현재까지도 풍수가에서 많이 사용되어지고 있다.

299. 청송 심부자와 송소고택

청송의 심 부자는 15세기 초 심원부의 후손들이 세거하면서 집성촌을 이루었다고 전한다. 현재 심 부자의 종택 송소고택을 지키고 있는 종손 심재오씨에 따르면 원래 청송군 파천면 덕천리에 터를 잡았으나 부(富)를 이룬 심처대가 분가하면서 호박골(지금의 파천면 지경리)로 옮겼고 그의 7대손인 심호택이 다시 덕천리로 옮겨 송소고택을 건립했다. 그들은 호박골에서 많은 재산이 불어나자 집은 협소해지고 해마다 늘어나는 과객들을 유치하기에 불편하여 1880년경 원래의 세거지인 덕천리에 99칸의 저택을 지었다. 이 고택은 1985년 12월 30일 경상북도 민속자료 제63호로 지정되었다가 2007년 10월 12일 국가 지정 중요 민속자료 제250호로 지정되었다. 대문은 솟을대문에 홍살문을 설치하였으며, 큰 사랑채는 정면 5칸 측면 2칸의 팔작지붕으로 주인이 거처하는 곳이다. 우측에는 작은 사랑채가 있고 그 뒤로 안채가 있는데 전체적으로 ㅁ자형을 이루고 있다. 독립된 마당과 공간이 구분되어 있어 우리나라 조선시대의 전형적인 상류계층의 주택 모양이다. 그 당시 부자들은 주로 99칸의 집을 지었으며 민가로는 최대의 규모이다. 나라의 법도가 사갓집은 99칸을 넘지 못하였고, 조선의 궁궐은 999칸을 넘지 못하였으며, 중국 천자의 궁궐은 9.999칸을 넘지 못하도록 되어 있었다. 그리고 세종 때 제정된 「각간지수」(집의 칸수를 제는 방법)에 의하면 벼슬아치들의 지나친 허욕을 막기 위해 왕의 친지와 친형제는 50칸, 대군은 60칸, 2품 이상의 관원은 40칸, 3품 이하는 30칸, 일반백성은 10칸으로 엄격히 제한했다.

청송심씨는 심홍부를 시조로 하는바 그의 증손인 심덕부와 심원부 때 가계의 흐름이 크게 두 갈래로 나누어진다. 형인 덕부의 후손은 왕후 3명과 부마 4명을 포함 13명의 재상을 배출했다. 특히 그의 아들 심온과 손자 심회까지는 3대에 걸쳐 정승에 올랐다. 반면 동생 원부의 후손은 벼슬에 나가지 않는 대신 부(富)를 이루어 냈는데 그의 11대손 심처대 때 부를 이루어 9대 250여 년 동안이나 만석의 부를 이어갔다. 이들이 만석의 부를 이룬 것과 관련해 한 일화가 전해져 내려온다. 심처대는 젊은 시절 개울가에 쓰러져있는 한 노스님을 만나 조건 없이 음식을 대접하고 구휼 해주니 그에 대한 보답으로 묏자리를 하나 잡아주었다고 전한다. 그 당시에는 유교 사상의 영향으로 풍수가 유행하였고 특히 우리나라의 부호들은 풍수를 거의 생활화하던 시대였다. 현재 송소고택의 풍수 입지를 살펴보아도 양택지의 기본 조건인 배산임수와 전저후고형을 갖추었고 특히 고택을 감싸고 흐르는 집 앞의 신흥천은 그들이 부를 이루고 유지하기에 아주 좋은 조건이다. 풍수에서는 "수관재물(水管財物)"이라 하여 물을 재물과 연관지어 해석하고 있기에 물이 혈장을 환포 해주면서 천천히 흐르면 그 안쪽을 대 길지로 해석한다. 이러한 길지에 지어진 고택이였기에 지금까지도 고스란히 보전되어 있고 현재는 연간 수만명이 왕래하는 관광명소가 되어 전 국민이 그 당시의 생활상을 체험할 수 있게 해준다.

300. 청송의 만석꾼 심부자

조선시대 중 후반 청송의 심 부자댁은 '富不三代'란 우리나라 속담을 비웃기라도 하듯 9대 250여 년 동안이나 만석의 부를 누렸고 마지막 일제강점기에는 2만 석에 가까운 수확으로 재산이 최고조에 달했다고 전해진다. 조선시대에는 전국 어디를 가나 그 지방에서 큰 부자를 천석꾼 혹은 만석꾼이라 불렀다. 이것은 1년간 농사를 지어 천석 혹은 만석을 거둘만한 논밭을 가진 부자를 빗댄 말이며 꼭 천석 혹은 만석이 아니라도 그만큼 큰 부자라는 뜻이다. 이러한 부(富)는 사실 얻기도 힘들지만 자손 대대로 지켜나가기는 더더욱 어렵다고 한다. 그래서 '부불삼대' 즉, 3대 부자 없고 3대 거지 없다란 말이 생겨났고, 또한 어렵게 얻은 부를 이웃에 베풀고 사회에 환원할 줄 아는 아름다운 부자가 된다는 것은 더더욱 어렵기에 부자가 천국 가기는 낙타가 바늘구멍에 들어가는 것과 같다고 비유하기도 했다.

만석의 재산을 현재의 금액으로 따져본다면 대략 다음과 같은 계산이 나온다. 곡식을 세는 단위인 석(石)은 우리말로 '섬'이다. 그러니 석과 섬은 같은 말이고 이것은 곡식, 가루, 액체 따위의 부피를 잴 때 사용하는 단위다. 여기서 한 섬이란 '열 말', 즉 가마로 치면 두 가마니에 해당하고 만석이라면 쌀 2만 가마니에 해당한다. 무게로 보아 1가마니는 80kg이므로 현재 쌀 20kg이 약 5만 원 선으로 볼 때 쌀 2가마니는 40만 원 선이다. 1년에 만석이면 년 수입 40억의 수입이 된다. 현재로 보아도 일반 직장인의 약 200배에 달하는 수입이지만 배불리 먹을 것조차 없었던 조선시대의 생활상을 비교해 보면 만석꾼은 현재의 대 재벌회사에 버금갈 만큼 굉장히 큰 부자였다. 소작 농민들의 숫자만 보아도 몇 개 면 단위의 인구가 그 집 농사로 먹고살았으니 요즈음으로 보아 대기업의 총수에 버금가는 부자임이 틀림없다.

1년 소출이 만석에서 이만 석이나 되다 보니 청송에서 대구까지 가려면 심 부자의 땅을 밟지 않고는 갈 수가 없다고 하였고, 전국 어디를 가나 심 부자의 땅이 없는 곳이 없어 조선판 해가 지지 않는 집안으로 알려져 있었다. 개화기 때 화폐가치의 변동이 심해지자 나라에서 세금을 은화로 납부하라는 지시에 따라 심 부자가 경북 의성의 안계에 있는 전답을 팔아 화폐로 바꾸자니 안계 고을의 돈이란 돈은 전부 모였다고 했고 또 이를 청송으로 옮기는데 그 행렬이 10리(4km)나 뻗쳤다고 한다. 이렇듯 동생 심원부의 후예들은 부(富)를 일구었고 형인 심덕부의 후손들은 조선시대 내내 정승 13명, 왕비 3명, 부마를 4명이나 배출했으니 부와 권력을 동시에 거머쥔 최고의 명문가 집안이었다.

이들은 경주 최부자와 더불어 영남지역의 양대 거부로 존재했고, 그 많던 재산들은 구한 말 독립운동을 위한 의병들의 자금줄이 되면서 250여 년 동안이나 찬란했던 부의 마침표를 찍었다. 현재의 송소고택을 지은 심호택은 대구에 있는 국채보상운동본부의 청송지부장을 맡아 많은 돈을 독립운동자금으로 공급하였고 오직 구국일념 하나로 끝까지 애국정신을 발휘하였기에 그들이 오랫동안 실천한 노블레스 오블리주 정신만큼은 모든 사람들의 귀감이 되기에 충분하다.

301. 경주 최부자 가문의 내력과 풍수 입지

조선시대 중 후반 400여 년 동안이나 만석꾼을 유지하면서 9대 진사를 배출한 경주 최부자는 영남 일대는 물론이고 전국적으로 잘 알려진 거부이자 명문가 집안이다. 이들은 베품을 실천할 줄 아는 진정한 노블레스 오블리주로 평가받으면서 주위 사람들로부터 칭송의 대상으로 존재했고 세월이 지날수록 이들 가문의 경영철학은 성공을 위한 전문 경영인들에게도 우상의 표본이 되었다. 그리고 학계에서도 많은 관심을 가져 그들의 성공비결은 다방면으로 연구 대상이 되고 있다. 이러한 부는 사실 얻기도 힘들지만 자식 대대로 지켜나가기는 더더욱 어렵다. 그래서 부불삼대(富不三代)란 말이 생겨났고 어렵게 얻은 부를 이웃에 베풀고 사회에 환원할 줄 아는 아름다운 부자가 된다는 것은 이 또한 더 어렵기 때문에 부자가 천국 가기는 낙타가 바늘구멍에 들어가는 것과 같다고 비유하기도 했다.

최근 들어 한국의 재벌들도 100년을 유지하지 못하고 허망하게 무너지는 광경을 가끔 목격하면서 부자가 3대를 넘긴다는 말이 얼마나 어려운지를 실감하게 된다. 이러한 가문이야말로 가진 사람들의 참다운 자세가 무엇인지를 보여주고 있고 조선시대 최고의 노블레스 오블리주로 평가받으면서 온 국민의 귀감이 되고 있다. 그들의 성공비결에는 그들만의 독특한 생활철학(가훈)이 있어 몸소 실천하여왔기 때문이기도 하지만 최부자가 살았던 주거지와 선대들의 묘지에 대한 풍수적 입지 조건도 가문의 부와 권력의 유지를 위해 많이 애용되어왔음을 여러 곳에서 찾아볼 수가 있다. 본문에서는 그들이 기거했던 양택지(주택) 2곳과 선대들이 잠든 음택지(묘지) 중 발복에 많은 영향을 미쳤다고 생각되는 3곳을 선정하여 이번 주부터 한 곳씩 연속 16회 차로 나누어 이들 가문의 풍수적 길흉을 분석하여 연재하고자 한다.

그 첫 번째 대상으로는 최부자의 초기 생활 터전이었으며 400년 동안의 절반을 생활한 경주시 내남면 이조리의 마을이다. 이곳은 12대 최부자 중 1대 최진립 장군부터 7대 최언경까지 생활을 하며 거의 만석에 가까운 재산을 이루어 낸 곳이기도 하다. 두 번째 대상은 나머지 절반을 생활한 경주시 교동마을과 그들이 생활한 고택에 대한 가상(家相) 분석이고, 세 번째가 경주시 현곡면에 위치한 1대 최부자(최진립)의 선대 즉, 아버지와 조부모, 증조부모의 묘소이고, 4번째로 울산과기대 뒷산에 위치한 1대 최부자인 최진립과 2대 최동량의 묘소이다. 그리고 마지막 다섯 번째로는 경주시 내남면에 위치한 3대 최부자인 최국선의 묘소인데 그는 가문이 일어서는 데 결정적 역할을 한 인물이다. 상기 5곳에 대해 풍수적 길흉을 분석해 보면 그들 가문의 성공에 대한 비결이 나올 것이고, 이 가문의 풍수 입지분석 결과에 그들의 독특한 생활철학을 접목시켜 보면 현대인들의 실생활에도 본받을 만한 지침서가 될 수 있다는 점에서 분석의 의의가 있다 하겠다. 풍수 입지분석은 용(龍), 혈(穴), 사(砂), 수(水), 좌향(坐向)으로 나누어 분석할 것이며 분석과정과 그에 따른 결과는 그다음 주부터 연재하기로 하고 첫 번째 대상은 앞에서 열거한 내남면 이조리의 마을 분석이다.

302. 최부자 가문의 부의 형성

최부자의 재산 형성에는 1대 최부자 최진립의 아버지 최신보에서부터 시작된다. 경주시 내남면 이조리에서 종가(宗家)를 지키고 있는 최부자 종손 최채량씨의 증언에 의하면 최신보는 이조리의 참봉 황임종의 여식에게 장가를 들었고, 아들이 없던 황참봉이 세상을 뜨자 그의 재산 전부가 자연적으로 최신보에게 상속되었다. 얼마 지나지 않아 최진립이 세 살 때 어머니 황씨가 죽자 주변의 강씨를 다시 계실(繼室)로 맞이했다. 우연의 일치일까 강씨의 아버지 역시 아들이 없어 재산 전부를 훗날 최신보에게로 물려주게 된다. 이 두 집안에서 상속받은 재산들이 최부자 가문이 일어서는데 어느정도 경제적 기반이 되었다고 보고 있다.

1대 최부자 최진립은 재산 증식에는 큰 관심이 없었고 2대 최부자인 최동량은 병작반수제의 조건을 내건 농지 개간 사업으로 많은 농토가 늘어나 여기서 만석꾼의 기초를 다지게 된다. 그리고 그의 장남 3대 최국선 대에 이르러서는 주변의 황무지 개간 및 수리시설, 이앙법 등을 이용한 신농법으로 재산이 급증하게 되어 말년에는 경상도에서 손꼽히는 대지주 가문으로 성장한다. 최국선은 슬하에 2남이 있었고 장남 최인기는 많은 재산을 물려받아 그것을 기반으로 더 많은 재산을 증식시켰다. 그가 37세 되던 해(1687년)에 작성한 호적을 보면 노비가 22명에서 66명으로 늘어났고 1705년에는 무려 94명에까지 이르렀다. 그러다 손자인 최종겸 대에 와서는 59명으로 줄어들었고 그의 외아들 최옥에 이르러서는 어떠한 사유에서인지 알 수 없으나 노비가 3명만 남고 재산은 거의 파산지경에 이르렀다.

이러하여 4대 최부자가 처음에는 장남 최인기계로 이어지는 듯했으나 후대로 내려올수록 재산이 점차 줄어들었고 차남 최의기의 재산은 점점 더 늘어나게 되어 최부자의 정통성은 차남으로 이어졌다. 훗날 밝혀진 기록에 의하면 차남 최의기가 분가할 때 받은 볏섬 속에는 큰 뱀(구렁이)이 들어 있었다는데 이것은 부(富)의 전승이 최의기 쪽으로 넘어간 것을 뜻한다고 전해진다. 최의기의 장남 5대 최승렬과 그의 손자 최종률 대에도 계속 재산이 불어나 거의 만석에 가까워지면서 최부자 400년의 절반인 약 200년을 이곳(이조리)에서 생활하였다. 세월이 지나 7대 최언경 代에 이르러서는 더 많은 재산으로 집은 협소하고 늘어난 식솔들과 함께 생활의 불편을 해소하고자 지금의 교동으로 이거를 하게 되었다.

7대 최언경에서 부터 12대 최준까지 이주해온 교동에서 생활하며 만석의 재산을 유지해 왔으나 마지막 부자인 최준 대에 이르러 일제강점기로 인한 많은 변화가 일어난다. 최준은 그 당시 독립운동가였던 안희재를 만나 독립자금으로 많은 돈을 나라에 바치고 나머지 재산은 교육문화 사업에 투자하면서 화려했던 400년의 신화는 끝이 났다. 그 흔적이 현재의 대구 영남대학교이며 최준은 본의 아니게 재단 운영권조차 빼앗기고 1970년 9월 15일 87세를 일기로 세상을 떠났다.

303. 경주 최부자 가문의 초기 정착지(이조리 마을 ㊤)

최부자의 초기 정착지였던 경주시 내남면은 경주부의 남쪽에 있다는 뜻으로 부남면으로 부르다가 일제시대 행정구역을 개편하면서 경주부의 남쪽 안에 있다고 하여 내남면이라 불렀다. 이곳은 동으로는 외동읍과 경계하고 남으로는 울산, 서북쪽으로는 경주시 산내면과 경계를 하고있는 안쪽 지역이다. 이곳의 지형은 금오산과 고위산을 잇는 금오산맥(金鰲山脈)과 단석산과 고헌산을 잇는 주사산맥(朱砂山脈)이 남쪽으로 뻗쳐있어 동과 시의 경계선을 이루고 이들 산맥 사이로 흘러내리는 물이 경주의 젖줄인 형산강의 발원지이다. 형산강의 상류 지역인 내남면의 지리적 조건은 마을 앞 이조천에 의한 범람원 지역이라 유기질이 풍부한 토질과 더불어 넓은 평야로 농경사회에서는 부자의 마을이 되는데 최고의 입지 조건을 갖추었다.

내남면 이조리는 1대 최부자 최진립이 개척한 마을로 그들이 약 200여 년간 정착하여 살았기 때문에 최부자 400여 년의 절반을 이곳에서 생활했다. 그리고 최부자의 출발점이 이 마을이라는 점에서 가문에서 차지하는 비중과 의미는 크다. 그들은 부(富)의 증식에 유리한 마을의 풍수적 입지 조건과 더불어 이곳에서 많은 재산을 증식하게 된다. 물이 풍부한 이조리는 예로부터 배가 물 위에 떠 있는 형상 즉 행주형국의 지세라 전해져 내려온다. 고서에 이르기를 행주형은 재산은 많이 불어날 수가 있지만 불어난 재산으로 배에 짐이 가득 차면 가라앉기 때문에 곧 떠나야 한다고 설명한다. 그리고 마을에 우물을 파면 배 안으로 물이 들어와 배가 가라앉는다는 이치로 우물을 팔 수 없는 곳이기도 하다. 최부자는 이곳에서 많은 재산이 불어나자 행주형국의 이치에 부합이라도 하듯 이조리를 떠나 교동으로 이거 하게 되었다.

현재의 이조리는 최부자의 1대 최진립이 살았던 충의당을 제외하고 2대 최동량, 최국선(3), 최의기(4), 최승렬(5), 최종률(6), 최언경(7代)이 살았던 건물들은 대부분 소실되고 없다. 다행히 최진립이 살았던 충의당이 남아있어 출발 시기의 풍수 입지 조건과 시대상을 추적해 볼 수 있다. 최진립은 27세가 되던 해(1594)에 무과에 합격하여 임진, 병자 양란에 지대한 공을 세웠으며 바로 12대 만석꾼의 출발 기점에 위치한 인물이다. 이 가문은 원래 장남 최동윤이 계승했으나 그는 병약함과 더불어 후손이 부실해지면서 최부자의 정통은 셋째 아들 최동량계로 넘어갔다. 그러므로 후일 만석꾼의 부와 명성은 최동량의 후손들로 이어진다. 최동량은 종가를 유지하여야 한다는 막중한 책임과 더불어 대를 이어갈 자손들을 훈계하는 가거십훈(10가지 가훈)을 남겼다. 이후 가거십훈은 후손들의 생활지침이 되었고 근검절약과 가거십훈에 맞는 생활로 세월이 흐를수록 재산은 점점 더 불어났다. 조선시대는 풍수학의 전성기로 최부자 후손들도 이주지를 교촌으로 결정할 때 풍수적 조건을 많이 살펴 결정을 했다는 기록들이 여러 문헌에 남아있다. 교동으로의 이주도 결국 이조리 마을의 풍수 형국에 대한 특성과 더 넓은 곳에서 더 크게 성장하고픈 인간의 심리가 결합 되어 나타난 결과로 이해된다.

304. 경주 최부자 가문의 초기 정착지(이조리 마을 ㊦)

최부자가 살았던 이조마을의 풍수 입지는 북서쪽에 있는 동보산(253m)에서 동남쪽으로 용맥(龍脈)이 뻗어 내려와 덕천리 신을 마을 한가운데에서 야트막한 봉우리를 일으키고 다시 동쪽으로 행룡(行龍)하여 이조리 마을에서 약간 볼록하게 돌(突)형으로 분지를 이루었다. 마을의 형국은 3면이 강으로 둘러싸인 행주형(배가 물 위에 떠 있는 모양)이라 주위 땅보다 약간 높은 곳에 입지하고 있다. 풍수가에선 이러한 행주형과 돌형(突形:솥뚜껑을 엎어놓은 모양)의 형국에 대해 부(富)를 이룰 수 있는 곳이라 하여 선호하고 있다. 풍수서 『조선의 풍수』에서는 행주형을 읍기(邑基)로 정하면 읍의 발달과 번창은 의심할 바가 없으며 특히 부(富)의 발복이 크다고 적고 있다. 또한 이 마을은 사방이 산으로 둘러싸여 바람의 피해가 적은 장풍국(藏風局)이다. 서북쪽에는 성부산(315m), 동쪽에는 고위산(495m), 동남쪽으로는 치술령(765m), 남쪽으로는 부엉드미산이 사방을 호위하면서 감싸고 있어 명당의 지기가 흩어지지 않으므로 생기 가득한 마을을 만들어주고 있다. 특히 동쪽에 있는 고위산은 그 모양이 장군대좌형국으로 현재의 충의당 대문에서 정면으로 보이고있어 최진립 장군이 무사로 이름을 떨친 것과 무관하지 않아 보인다.

그리고 이조마을의 수세(水勢)는 미역내(형산강 상류), 별내(노곡천), 이조천의 3갈래 물줄기가 마을 앞에서 합수하여 북(경주)쪽으로 흘러나간다. 우리나라는 지형의 특성상 북쪽보다는 남쪽이 동쪽보다는 서쪽이 낮기때문에 이와 반대쪽인 북쪽이나 동쪽방향으로 물이 흐르는 지역을 역수국(逆水局)라 하여 풍수에서는 매우 길한 수세 형국으로 해석한다. 이러한 곳은 일반적으로 유속이 늦기 때문이다. 이조천은 서에서 동으로 형산강은 남에서 북(경주)쪽으로 흘러나가니 이 얼마나 좋은 수세(水勢)의 조건인가. 또한 3갈래의 물길이 마을을 감싸며 마을 앞에서 만나 삼합수를 이루니 이 마을의 생기를 잘 갈무리해주고 있다. 그리고 물이 풍부한 이조마을은 지형학적으로도 범람원 지역이라 넓은 들판을 옥토로 만들기에 충분하다. 그래서 최씨 가문의 재산 축적은 바로 마을 앞의 넓은 옥토와 더불어 독특한 풍수 형국의 입지 조건에서 비롯되었다고 본다. 풍수고서 『설심부』에서도 "세 곳에서 흘러나온 물이 합쳐져 명당에 모이면 그 안쪽은 대귀(大貴)할 곳이다" 하였고 『청낭서』의 양공(楊公)께서도 삼차 구곡수가 마을 앞에 와서 모이면 자손이 금은(金銀)을 낳는다고 기록하고 있다. 또한 이조마을은 마을 전체가 가운데는 볼록하고 주위가 낮은 전형적인 돌형의 마을이고 행주형이다. 풍수적으로 볼 때 행주형의 특징은 한곳에서 대대로 오랫동안 부를 누릴 수 없다고 보기 때문에 최부자가 이 마을에서 부를 이루었지만 계속 머물지 못하고 다른 지역 즉, 교동으로 이주하게 된다. 특히 풍수에서의 물은 부와 연관 지어 해석하므로 최부자댁이 이곳에서 부를 이루는 데는 무엇보다 독특한 수세(水勢/역수국)의 풍수적 입지 조건이 많은 도움이 됐을 것으로 판단한다.

305. 경주시 교동으로의 이주와 정착

경주 교촌 최부자의 고택은 신라시대 요석공주가 머물렀던 요석궁 터다. 고택의 우측으로는 김유신 장군이 살았던 재매정이 있고 좌측 옆에는 향교와 사마소(司馬所)가 자리하고 있으며 그 앞으로 문천에 월정교가 걸쳐져 있다. 월정교는 원효대사가 옷자락을 적셔 요석공주를 만나 사랑을 꽃피운 곳이고 두 사람 사이에서 설총이 태어난 곳이므로 그야말로 유시 깊은 곳이다. 최부자댁이 내남면 이조리에 살다 교동으로 이주를 결심한 인물은 7代 최부자 최언경(1743~1804)이다. 그곳에서 이미 만석에 가까운 부를 이룬 최언경은 점점 더 많아지는 재산을 그곳에서 관리하기에 집이 협소하고 늘어나는 과객들을 유치하기에도 불편했다. 여기에 문중 재산관리로 집안이 시끄러웠고 친척과 주위 사람들은 최부자댁의 재산에 대한 질투까지 생겨나 종가의 입지가 위축 되어지는 상황에 이르자 새로운 가거지를 찾기 시작했다는 기록이 남아있다. 그는 지관과 함께 경주뿐 아니라 전국을 답사하면서 3곳의 후보지를 찾아냈다. 첫째는 수원 팔달산 아래였는데 이곳은 한양과 가깝고 넓은 옥토와 물산도 풍부하여 관계로 진출할 인물이 날 명당이었다. 두 번째로는 현재의 교동인데 마을로 이어지는 내룡이 다소 약했으나 특히 앞쪽의 안대가 좋고 득수가 뛰어난 곳이었다. 세 번째는 경상도 영양의 입암 이었는데 태백산의 끝자락이 동(東)을 막아주고 소백산 자락이 서(西)를 막아주며 남(南)으로는 주왕산이 안산으로 있고 그 가운데로 낙동강의 지류가 흘러 전형적인 장풍득수의 표본이었다. 그러나 이곳은 주위에 너무 큰 산들이 좌우로 늘어서 있다 보니 압충을 받아 사람이 살기에는 다소 풍파가 따를 수 있는 곳으로 보았다.

최언경은 아들 최기영과 상의하여 세 곳 중에서 현재 살고있는 이조리에서 그리 멀지 않는 교동에 이주하기로 결정하고 요석공주 궁터와 일대 야산을 매입했다. 그러나 막상 교촌으로 입향할려니 그곳에 있던 향교에서 유림들의 반발이 만만치 않았다. 이유는 교촌은 향교가 있는 곳으로 그 곁에 부잣집의 큰 저택이 들어서는 것은 여러 가지로 어울리지가 않는다는 것이다. 그래서 최기영은 집을 지을 때 지반을 낮추어 용마루의 높이를 향교의 용마루 높이보다 다섯 자(1m 50cm) 낮추기로 하고 미곡 1천 석을 유림의 기금으로 희사하는 조건으로 간신히 허락을 받을 수가 있었다. 그런 후 이조리에서 살던 집을 해체하여 그 재목(材木)으로 현재의 교동 고택을 지어 이사를 오게 되었다. 당시 부호들은 주로 아흔아홉 칸의 집을 지었지만 주위의 비난을 염려해 열 칸이 빠진 여든아홉 칸의 집을 지음으로써 겸양의 모습을 보였다. 이후 후손들은 점차 교촌 큰집의 앞쪽으로 분가하면서 현재와 같은 규모로 교촌에 최씨 일가를 이루게 되었다. 이것은 종손의 집 바로 뒤쪽에 후손들의 집을 지으면 풍수적으로 볼 때 큰집으로 들어오는 입수맥을 누르게 되어 자손들의 번창을 막는다고 여겼기 때문이다. 이는 음택에서 역장을 하지 않듯이 조상의 묘지 뒤쪽에 아랫사람의 묘를 쓰지 않는 원리와 같다.

306. 교동 고택의 풍수 입지

풍수지리에서 택지를 정할 때 가장 이상적인 형국으로 여기는 것이 바로 배산임수(背山臨水)와 전저후고(前低後高)형이다. 이것은 집 뒤에는 산이나 언덕이 있어 차가운 북서풍을 막아주고, 앞에는 하천이나 개울, 연못 등의 물이 있어야 집안으로 신선한 생기를 불어넣어 준다. 배산임수의 조건을 갖춘 집은 온도에 따른 공기의 흐름을 볼 때 사람이 활동하는 낮에는 강(앞)에서 산(뒤) 쪽으로 시원한 바람이 불어와 좋은 기운을 받아들일 수 있고 휴식을 취하는 밤에는 산의 골바람이 물가로 내려오면서 불기 때문에 최대한 방풍이 되어야 편안하게 잠자며 휴식을 취할 수가 있다. 그래서 집 앞쪽은 창문과 대문을 만들고 뒤쪽은 배산과 더불어 담장을 쌓는 것이다. 그리고 전저후고란 앞부분이 낮고 뒷부분이 높아야 한다는 뜻으로 사람들이 편하게 앉을 수 있는 의자를 연상해보면 등받이가 있어 뒤에서 받쳐주면 앉는 사람이 편안한 것과 같은 이치다. 또한 등산을 하면서 휴식을 취하기 위해 자리에 앉을 때도 편안한 방향이 있다. 산의 정상부를 등 뒤에 두고 위에서 낮은 곳으로 바라보면서 앉아야 편하지만 밑에서 위로 쳐다보면서 앉아 휴식을 취한다면 뭔가 불편하고 편하지 않다. 이렇듯 주택의 입지도 앞부분이 낮고 뒷부분이 높은 전저후고형이 되어야 배수도 용이하고 심리적으로 안정감을 가져다준다.

최부자 댁은 전저후고의 조건과 더불어 집 앞으로는 문천이 흐르고 있어 임수(臨水)의 조건은 갖추고 있으나 집 뒤쪽에는 배산(背山)이 약한 편이다. 그래서 집을 지을 때 좌측에 있는 향교보다 높이를 낮춘다며 파낸 흙으로 집 후원을 돋우고 차가운 북풍의 피해를 줄이기 위해 그 자리에 느티나무를 빽빽이 심어 비보(裨補:풍수적으로 허결한 부분을 보완해주는 것)를 하였다. 그리고 가족 모두를 불러 모아놓고 '집 뒤의 느티나무를 잘 보존해야 한다. 만약 느티나무가 훼손되는 날이면 우리 집 운세가 끝날 것이다. 그리고 누구라도 이 나무를 꺾는 자는 큰 벌을 받을 것이다.' 하면서 엄중히 타일렀다는 기록이 남아있다. 그러나 '풍수무전미(風水無全美)'라 하여 완전한 땅은 없는 법, 최언경은 교동의 집터를 나름대로 명혈지로써의 위용을 갖추려고 노력한 흔적이 여기저기 보이고 여러 지리서와 풍수 지관들의 말을 참고하여 최종 선택했던 것으로 보인다. 이러한 풍수적 길지에 정착한 최기영은 심적 안정과 더불어 많은 재산을 유지해 나가는 것은 너무나 자연스러운 일이다. 그 당시 풍수가들은 교동 고택의 지형을 거봉토육형(巨蜂土肉形), 반룡와수형(盤龍臥水形), 비봉형(飛鳳形), 단전형(丹田形) 등 다양한 형국론의 이름을 붙여 훌륭한 인물이 많이 배출될 길지로 해석했다. 이러한 길지에 정착한 이후 최부자 후손들은 잇달아 사마시에 합격하였으며 9대에 걸쳐 진사의 지위를 누린 것은 결코 우연이 아니다. 풍수 입지와 적선의 조화, 그리고 부(富)에 문명의 채색을 더하였지만 그들만의 독특한 생활지침(가훈)에 따른 검소한 생활을 하였기에 마침내 그 명성은 전국적으로 퍼져나갔던 것이다.

307. 교동 고택의 내룡맥과 혈장

경주 최부자가 400여 년간 만석의 재산을 유지한 경주시 전체의 풍수적 구성요소를 보면 토함산을 주산으로 하여 청룡은 좌측의 금오산(남산)이, 백호는 토함산의 한쪽 자락이 우측으로 뻗어있는 금강산(北嶽)이 그 역할을 해주고 있으며 안산은 형산강의 서쪽에 위치한 선도산과 옥녀봉이다. 그러나 백호 역할을 해주는 금강산(北嶽)이 시가지를 완전히 감싸주지 못한 관계로 북방이 허하여 북측에는 숲(황성 숲)을 조성하고 그 안에 인위적으로 흙을 쌓아 독산을 만들기도 했다.

사방이 산으로 둘러싸여 분지형인 경주는 평지로 이루어져 있으며 시가지 형성으로 인해 교동 고택으로 들어오는 용맥을 파악하기란 쉽지 않다. 20C 초의 지형도를 보면 교동으로 이어지는 용맥은 동쪽에 위치한 토함산에서 북서쪽으로 출발한 용맥이 만호봉-형제봉-힌등산-명활산을 거쳐 낭산을 일으켰다. 낭산에서 다시 뻗어 나온 용맥은 또 나누어져 하나는 반월성으로 이어지고 나머지 하나가 교동으로 뻗어 내려온다. 이 용맥은 낭산에서 북서쪽에 위치한 황룡사지로 내려와 계림을 거쳐 교동으로 이어진다. 일부에서는 최부자댁 터전의 용맥이 반월성에서 이어져 내려오고 있다는 주장이 있지만 과거 지형도의 수계(水界)를 보면 낭산에서 황룡사지를 거쳐 계림으로 이어진 용맥임을 분명히 확인할 수가 있다. 이렇게 이어진 용맥은 최부자집 뒤쪽으로 내려와 우측으로 고택을 완전히 감싸고 집 앞의 물을 만나면서 행룡을 멈추었다. 고택은 이러한 백호 자락에 둘러싸인 오목한 곳에 자리하고 있기 때문에 혈(穴)의 사상(四象)으로 볼 때 와(窩)형의 혈에 속한다. 풍수에서는 이러한 형태의 와혈은 주로 부(富)와 연관 지어 해석하므로 고택에서의 생활이 재산 증식과 유지에 많은 도움이 되었으리라 생각한다. 풍수서 『地理五訣』에서도 열 개의 부자 혈 중에 아홉 개는 와혈이라 하였으니 교동 고택은 부의 발복이 큰 장소다. 그러나 이곳 집터는 원래 주위 사신사의 높이가 낮아 장풍(藏風)이 되지 못하고 바람의 피해가 예상되는 곳이다. 우리나라 명택들은 대부분 배산(背山)이 잘된 곳에 입지하고 있으나 최부자의 고택은 뒤쪽이 많이 허한 곳에 입지하고 있다. 그래서 집을 지을 때 파낸 흙으로 집 뒤편을 돋우어 인공적으로 약간의 배산을 만들고 그곳에 소나무와 느티나무를 심어 차가운 북서풍을 막고자 했다. 일반적으로 집 뒤편이 허한 곳은 주로 대나무를 심어 바람막이로 많이 이용하였으나 대대로 오래 살아야 할 큰 저택이나 내룡맥이 약해 평지에 가까운 곳에서는 수령이 길고 수형이 큰 느티나무와 소나무를 심어 비보(裨補)하는 것이 훨씬 용이하다. 세월이 지나 이 나무들이 하나의 숲을 이루었을 때 약한 내룡맥의 보호와 더불어 완전한 배산의 역할을 해줄 수 있기 때문이다. 이러한 풍수적 비보는 신라 말 도선국사를 기점으로 많이 유행하였고 고려와 조선시대를 거쳐 지금까지도 풍수에서 많이 사용되어지고 있다. 이곳에는 해방 전까지만 해도 그 당시에 심어진 괴목 나무숲이 빽빽했으나 일제강점기 때 일부가 벌목되어 공출되었고 해방 이후에도 주민들에 의한 훼손과 더불어 자연적 고사로 지금은 듬성듬성한 상태다.

308. 교동 고택의 안산과 조산

풍수의 최종목적은 '승생기(乘生氣)' 즉 생기를 타는 것이고 이러한 생기는 혈장에 장풍(藏風)과 득수(得水)가 되어야 많이 모아진다. 여기서 혈장 주변의 사신사(북현무, 남주작, 좌청룡, 우백호)는 장풍을 위한 필수요소로써 적당한 높이와 거리 그리고 형상 등 길격의 조건을 갖추어야 혈장에 많은 생기를 모아줄 수가 있다. 지난주 연재에서 교동의 집터는 배산과 청룡·백호가 낮아 집 지을 때 파낸 흙으로 뒤편을 돋우고 그곳에 나무를 심어 비보책을 강구 하였다고 설명하였다. 그러나 이곳의 안산과 조산은 풍수적으로 보아 최고의 조건을 갖추고 있다.

풍수에서는 혈장에서 정면으로 가장 가까이 있는 산을 안산이라 하고 그 뒤에 있는 산들을 모두 조산이라고 한다. 이들 안산과 조산의 역할은 주산에서 내려오는 기운이 밖으로 빠져나가지 못하게 막아주는 역할과 혈 앞에서 불어오는 바람을 막아 혈장의 생기를 보존해주고 또한 자신이 품고 있는 기운을 혈장으로 뿜어 보내는 역할을 한다. 그리고 안산을 부(富)와 연결시켜 그 모양이 단정하고 귀한 형상이면 집안에 부가 쌓인다고 보고 있다. 명가들은 대부분 그러한 산을 안산으로 삼을 수 있는 장소에 입지하여 대문을 통해 집안에 좋은 기운을 받아들이고자 한다. 최기영은 이곳으로 이사를 오면서 특히 안대와 득수가 뛰어나다고 강조했다. 최부자댁을 정면으로 하고있는 안산(도당산)은 그 모양으로 보아 토산(土山)이다. 토산은 산의 정상이 일자(一字) 모양으로 평평한 모양을 말하는데 이러한 산은 부(富)와 귀(貴)를 모두 관장하므로 집안에 벼슬과 재물운을 동시에 가져다준다. 도당산은 움푹 들어간 요(凹)한 부분과 산이 감아 도는 안쪽 면이 최부자 댁으로 향하고 있어 모양 또한 길격이다. 가까이서 보면 이것은 마치 디귿(ㄷ)字 형태로 생긴 야산으로 디귿(ㄷ)字의 터진 쪽이 최부자 집과 마주하고 있어 최씨 집에서 보면 재물이 새어 나가지 않고 가두어주는 형국이다. 이것은 멀리서 보면 마치 곡식을 쌓아둔 모양이고 풍수에서는 이를 창고사라 하여 부를 이루기에 최고의 형상으로 간주한다.

이러한 조건을 볼 때 최부자가 오랜 기간 부를 유지해 나가는 것은 우연이 아니라 바로 이 안산의 길한 형국 때문인 것으로 해석할 수가 있다. 도당산 뒤쪽에 보이는 세 봉우리는 안산 밖의 조산으로써 앞쪽의 안산을 떠받치고 밀어주기 때문에 기운을 최부자 댁으로 더 응축시켜주는 역할을 한다. 그리고 그 모양들이 모두 둥그스름한 금성체에 가깝다. 오형산 중 조산인 금성체는 부를 관장하고 안산은 토성체로 부와 귀를 관장하니 최부자 댁의 조산과 안산은 재물과 벼슬을 동시에 얻을 수 있는 특수한 경우이다. 『葬書』에 이르기를 큰 부자가 되는 터는 둥그스름한 봉우리가 금궤처럼 생긴 것으로 재물이 몰려 들어옴이 마치 냇물이 흘러들어옴과 같다고 기록하고 있다. 그리고 풍수에서는 안산의 높이를 가슴 높이에서 눈높이 정도가 적당하다고 규정짓는바 고택에서 보아 이곳 도당산은 풍수에서 길하게 여기는 눈높이로서 아주 적당하기에 거리와 모양, 높이 모두가 최고의 조건을 갖추고 있다.

309. 교동 고택의 수세와 좌향

경주 최부자 집 앞을 흐르고 있는 물의 발원지는 금오산(남산)의 동쪽 능선과 토함산 서쪽 능선의 크고 작은 골짜기에서 흘러나온 물길들이 경주와 울산을 연결하는 7번 국도를 중심으로 모여들어 제법 큰 하천인 남천을 형성한다. 토함산과 남산이 남에서 북으로 행룡하듯 이 사이에서 흘러내린 물길 또한 남에서 북으로 흘러오다가 과거 신라의 궁궐터였던 반월성에 부딪히면서 서쪽으로 방향을 바꾸어 흐른다. 이 물은 최부자 고택 앞을 지나고 경주의 명승지 오릉의 북측을 거쳐 남에서 북으로 흐르는 형산강에 합류한다. 음·양택을 막론하고 물은 혈장을 환포하고 흘러야 길격 형상이나 집 앞 남천의 물은 우선 보기에 최부자의 고택을 충하고 지나가는 형상이다. 풍수에서는 이러한 물길을 반궁수라 하여 매우 흉하게 여긴다. 그러나 최부자 고택의 수세를 판단함에 있어서 중요한 물길이 하나 더 있다. 이 물길은 반월성을 돌아 나와 반월성과 향교 사이로 흐르는 소하천이다.

이 물은 북에서 남으로 흘러 동쪽에서 서쪽으로 흐르는 최부자댁 앞 남천에 합수한다. 우선 남천의 물길만 보면 반월성을 돌아 나온 물길이 최부자 집을 감싸며 흐르지 못하고 치고 배주하면서 흐르지만 반월성의 서쪽과 향교 사이로 흘러나온 물길이 남천의 물과 합류하면서 최부자 고택을 감싸고 흐르는 모양이 된다. 실재 최부자댁 마당에서 보면 물길은 치고 들어오는 반궁수는 전혀 보이지 않고 향교 옆의 물길과 남천이 합류하여 교동마을 전체를 감싸고 흐르는 형국으로 보이므로 길격으로 해석할 수 있다. 풍수서 『지리오결』에서도 열 개의 천혈(賤穴) 중에 아홉 개는 반궁(反弓)이라 할 정도로 환포를 중요시하였다. 교동의 서막을 연 최언경은 교동을 새로운 가거지로 정할 때 득수가 뛰어나다고 하여 남천의 물이 동쪽으로 들어와 서쪽으로 흘러가는 동출서류의 형국을 재물이 모이는 길지로 해석하였다.

고택의 좌향은 임좌병향(남향)으로써 남향집이다. 특히 남향의 집에 출입문이 동남쪽이면 지구에서 양기가 가장 많이 들어온다는 이치로 과거부터 우리나라 선조들은 남향집을 최고로 여겨왔고, 남향집을 얻으려면 3대가 적선을해야 가능하다는 말까지 생겨났다. 이것은 자연의 생김새가 남향의 조건에 맞아야 하기 때문이며, 남향집이 좋다고 하여 무조건 남향만을 고집한다면 얻는 것은 하나이나 잃는 것은 아홉이라 하였다. 이곳은 뒤쪽의 배산과 집 앞에 남천의 물이 흐르니 배산임수와 더불어 전저후고형의 조건을 모두 갖추었기에 자연의 생김이 남향의 조건이다. 그리고 88향법에서도 임좌병향에서 물이 좌측에서 들어와 집 앞을 지나 남남서(丁未) 방으로 빠져나가니 자왕향(自旺向)으로, 이는 부귀를 누리게 되고 특히 재물이 넘치며 자손이 번창한다. 88향법이란 혈장에서 물이 흘러나가는 방향을 보고 유리하게 주택의 좌향을 조정함으로써 천지에 분포되어있는 좋은 기운들을 더 많이 받을 수 있게 하는 방법이다. 이러한 좌향 조정법은 같은 조건하에서도 약간의 방향 조정으로 그 길함을 고조시킬 수 있기 때문에 풍수 현장에서는 많이 이용하고 있다.

310. 교동 고택의 가상 분석 ㊤

동서양을 막론하고 주택 가상의 길흉 분석에는 대부분 동·서사택이론을 적용한다. 이 이론은 주역과 8괘오행을 바탕으로 구성된 이론으로써 둥근 나경의 24방위를 3방위씩 묶어 8방위로 나누고 이 8방위를 또다시 동과 서로 4방위씩 나누어 길흉을 살피는 방법이다. 집안에는 여러 공간들이 있지만 그중에서도 대문과 안방 그리고 부엌을 사람이 살아가는데 중요한 공간으로 구분 짓고 이 세 곳을 '양택삼요'라 한다. 여기서 대문은 사람(氣運)이 드나드는 곳 즉 집안으로 기운이 드나드는 곳이라 중요하고, 안방은 한 집안의 운명을 책임질 가구주가 거주하고 잠자는 곳으로 중요한 공간이며 부엌은 음식을 만드는 공간으로 식구들의 건강을 책임지는 곳이므로 중요하다는 것이다. 이 세 공간들이 동사택의 집에서는 동사택의 방위에 같이 자리 잡아야 하고, 서사택의 집에서는 서사택 방위에 자리 잡아야 길택이 된다는 이론이다. 단 집안의 화장실은 다른 방위에 위치하여야 한다.

여기서 동사택의 집이란 집 내부 중심에서 보아 대문(현대식 집에서는 현관문)이 동쪽, 동남, 남, 북쪽의 4방위 중 한곳에 위치한 집이고, 서사택은 서쪽, 서북, 북동, 남서쪽의 4방위 중 한곳에 위치한 집을 말한다. 이것은 대문의 방위에 따라 그곳으로 들어온 기운들이 집안에서 머무는 공간에 따라 음양으로 구분되기 때문이다. 그러므로 주택 가상의 길흉을 살필 때는 대문을 기준으로 하여 안방과 부엌이 대문과 같은 4택의 방위에 위치하고, 화장실은 다른 방위에 위치해야 한다는 것이다.

풍수서 『陽宅三要』에서는 한 집안의 중요공간인 대문과 안방 그리고 부엌은 동사택의 집에서는 동사택 방위에, 서사택의 집에서는 서사택의 방위에 같이 위치하여야 한다. 이들이 같은 방위에 위치한다면 자손이 번창하고 부귀영화가 따르지만 잘못되어 섞어 꾸며진다면 반드시 사람이 상하거나 재앙이 닥친다고 기록하고 있다. 그리고 화장실은 같은 사택(길방)에 있으면 병이 많고 다른 사택(흉방)에 있으면 질병을 물리친다고 하였으니 동사택 집에서는 서사택 방위에, 서사택 집에서는 동사택 방위에 위치하여야 한다는 것이다. 동·서사택 이론에서는 가상을 구분함에 있어서 모든 주택을 8택론(4길택과 4흉택)으로 나누고 어떤 주택이라도 8가지 중 한 곳에 속하게 되어있다. 이것은 대문을 기준으로 하여 주인이 거처하는 안방(主)의 위치가 어느 방위에 있는가를 보고 8방위 즉 8택론으로 구분 짓는다. 여기서 4길택은 생기택(生氣宅), 연년택(延年宅), 천을택(天乙宅), 복위택(伏位宅)이고 4흉택은 화해택(禍害宅), 절명택(絶命宅), 오귀택(五鬼宅), 육살택(六殺宅)으로 나눈다. 이것은 대문과 안방의 관계를 동·서사택론의 일치와 불일치, 음양의 배합과 불배합, 오행의 상생상극 등 이 3가지 요소를 종합 판단해 구분한다. 최부자가 기거했던 이조리의 충의당은 현재의 대문 위치가 그 당시(1570년대)의 위치와 바뀌었기 때문에 분석에 별 의미가 없고 교동의 고택 2곳은 과거의 형태를 유지하고 있어 이 이론을 적용 분석하여 다음 주에 연재하기로 한다.

311. 교동 고택의 가상 분석 ㊦

경주시 교동에 위치한 최부자 고택은 내남면 이조리에서 살다 이곳으로 이거 해와 처음으로 생활하던 89칸의 교동 법주 건물과 이 건물의 바로 동편에 새로 신축한 99칸의 현재 고택 등 2곳이 있다. 교동 법주 건물은 7대 최언경에서부터 그의 손자 9대 최세린까지 약 52년(1779~1831)간 살았으나 교동으로 처음 이주해와 안정된 생활의 초석을 다진 곳으로 중요하기에 2곳 모두 가상(家相)에 대한 분석을 해보기로 한다.

먼저 교동 법주 건물은 사랑채와 안채가 각각 두 공간으로 나뉘어져 있다. 이럴 경우 주택 가상의 길흉을 구분할 때는 사랑채는 사랑채의 대문(출입문)을, 안채는 안채의 대문(출입문)을 기준으로 각각의 길흉을 살펴야 한다. 사랑채의 주택 가상을 살펴보면 좌향은 임좌병향으로 남향에 속하며 대문이 동남방인 손(巽)궁에 위치하므로 동사택에 속한다. 여기서 사랑채의 주인이 거주하는 사랑방이 같은 동사택 방위인 북쪽의 감(坎)궁에 위치하므로 팔택론으로 보아 생기택이다. 생기택은 동사택에서 최고의 길택으로 집의 좌향과 대문 그리고 주인이 거처하는 사랑방이 같은 동사택방위에 배치되어 있어 집안 전체에 생기가 가득하다. 그리고 화장실은 서사택 방위인 남서방에 위치하여 흉방인 오귀방으로 이 또한 합법하다. 그다음 안채의 가상 역시 임좌병향으로 남향에 속하며 출입문이 남쪽의 이(離)방에 위치하니 동사택 집으로서 합법하다. 여기서 건물의 주인이 거처하는 안방 한 칸이 북쪽인 감(坎)궁에 위치하고 실제 어른이 거처하는 사랑채도 동남쪽인 손(巽)궁에 위치하므로 같은 동사택 방위이다. 이는 팔택론으로 보아 연년택이 되므로 동사택에서는 2번째의 길상이다. 그러나 한 집안의 건강을 책임지는 부엌이 서사택 방위인 서북방의 건(乾)궁에 위치하여 합당하지 않기 때문에 식솔들의 건강이 염려된다.

그다음 교동 법주 건물의 동편에 위치한 현재 고택 역시 임좌병향으로 남향에 속하며 대문이 동남방인 손(巽)궁에 위치하니 동사택의 집이다. 동남쪽 대문에서 건물의 주인이 거처하는 안방이 북쪽인 감(坎)궁에 위치하니 대문의 방위와 같은 동사택에 속하여 길상이고 부엌은 간(艮)궁에 위치하여 서사택에 속하므로 흉상이다. 그러나 양택에서 중요시하는 집의 좌향과 대문과 안방이 같은 동사택에 배치되어 있으므로 팔택론으로 보아 생기택이다. 여기서 식구의 건강을 책임지는 부엌의 위치가 2곳 모두 합법하지 못해 식솔들의 건강이 염려되지만 대문과 안방의 관계가 음양배합에 오행이 상생(木生火)해주니 동사택 집에서는 최고의 복가(福家)로 지어졌다.

풍수서 『陽宅三要』에서는 생기택에 대해 다음과 같이 설명하고 있다. "다섯 아들이 과거에 급제하며 자식은 효도하고 손자는 어질다. 부귀가 따르고 대를 이어 영화를 누리는 제일 좋은 집으로 자손들이 과거의 갑과에 연달아 합격한다. 부녀자는 어질고 착해 자손들이 크게 왕성하므로 집안에 벼슬을 못하는 사람이 없다"라고 하여 동사택 집에서는 최고의 길택으로 평가하고 있다.

312. 경주 최부자의 선대 묘소

1대 최부자인 최진립의 선대 즉 아버지 최신보와 조부모, 증조부모는 경주시 현곡면 남사리 뒷산에 상하로 나란히 모셔져 있다. 최부자 가문의 성장 바탕에는 최신보와 그 처가 쪽의 도움이 컸다고 전한다. 최신보는 부인 황씨가 일찍 세상을 뜨자 두 번째 부인 강씨를 맞아들였는데 공교롭게도 양쪽 처가에는 모두 아들이 없어 자연적으로 사위인 최신보에게 재산이 상속되게 되었다. 이 재산이 후일 종자돈이 되어 최부자 가문이 일어서는 데 어느 정도 경제적 기반이 되었다고 볼 수도 있다.

이곳 묘소의 풍수 입지는 주산에서 뻗어 내려온 용맥이 금성체의 현무봉을 만들고, 현무봉에서 지현을 하며 내려와 과협을 이루면서 여기서 다시 힘 있게 솟아올라 비룡입수 하였다. 혈의 사상으로 볼 때 비룡입수를 하였기에 돌혈(突穴)의 형상으로 보이나 일부에서는 비룡입수 후 용맥이 길게 뻗어 내려와 유혈(乳穴)로 보기도 있다. 당판에는 혈증이라 할 수 있는 선익이 있고 특히 백호 선익 바깥으로 요성이 두껍게 붙어 혈장에 많은 생기를 응집시켜주니 발복에 큰 도움을 준다.

혈장은 같은 1절로써 50여m의 길이로 길기 때문에 1자 형으로 8기가 나란히 모셔져 있다. 제일 위에서 두 번째 있는 최진립의 증조부모의 묘소가 제일 진혈지로 보이며 그 밑에 조부모 최삼빙과 영양최씨(左右雙墳)의 묘소까지는 여기가 흘러 괜찮은 혈지로 평가받을 수 있다. 그러나 그 밑에 있는 나머지 방계가족의 묘소는 경사도를 보아 진혈지를 벗어난 것으로 보인다. 그리고 그의 부모 최신보 내외의 묘소는 바로 뒤편 좌측의 다른 용맥으로 일명 현침혈(縣針穴) 명당 터로 알려져 있다. 이곳 혈장 뒤쪽 현무봉은 금성체로 부(富)봉이고 청룡과 백호는 현무봉에서 뻗어 나간 본신룡이며 특히 백호 자락은 2겹 3겹으로 혈장을 감싸주어 장풍(藏風)에 큰 도움이 된다. 그리고 우측 외 백호 자락 未(남서)방에 보면 수려한 문필봉이 보이고 이것은 구성으로 볼 때 거문봉(巨門峰)이다. 거문봉이란 부(富)와 귀(貴)를 동시에 관장하는 길봉으로 혈장에 좋은 기운을 보내주지만 묘소가 위치한 혈장에 경사도가 심해 물이 바로 빠져나가는 단점이 있다. 수세는 좌선용에 우선수로 합법하고 중심맥과 용호 사이의 물이 y자 형으로 합수하여 묘소 아래 저수지에 모여든다.

『지리오결』에서도 묘소 아래 자연적으로 물이 모이는 저수지가 있으면 이것을 선저수(漩渚水)라 하고 재물이 쌓인다 하였으니 부(富)를 이루기에 좋은 수세의 조건이다. 또한 묘소의 좌향이 乾坐巽向(동남향)이고 庚酉(서)방에서 득수하여 乙(동)방으로 파구되니 아침에 가난한 자가 저녁에 부자 된다는 조빈석부(朝貧夕富)에 부귀왕정(富貴旺丁) 한다는 자생향이다. 전체적으로 보아 청룡의 끝자락이 혈처를 감싸주지 못하고 약간 비주를 하니 아쉬움이 있으나 일반적으로 좋은 혈처라고 볼 수 있다. 특히 부(富)를 관장하는 백호 자락이 겹겹이 감싸고 당판 옆 백호 선익과 두툼한 요성은 최부자가 부를 형성하는 데 상당한 도움이 되었으리라 판단한다.

313. 1대 최진립, 2대 최동량의 묘소

최진립은 경주 최부자 12대 중 1대로 가암파 파시조이며 갑오년(1594)에 무과에 합격하여 임진왜란과 정유재란에 큰 공을 세웠으며 특히 전시에 남한산성으로 인조 임금을 호위하러 가는 도중 순국하여 사후 병조판서를 증직 받았다. 인조는 그의 죽음을 슬퍼하여 나라에서 국풍을 보내 장사할 묘 터를 구하게 하였고 그 결과 정무공은 국풍이 점지한 지금의 음택지에 인장되있다고 한다. 그는 69세로 일생을 마쳤지만 청백을 몸소 실천하였고 애국 무사로 한평생을 보냈다. 사후에 정무(貞武)라는 시호를 받아 가문이 일어나는데 초석을 놓은 인물이다. 그의 묘소로부터 약 50m 위쪽에 그의 셋째 아들 최동량의 묘소가 있는데 그가 바로 2대 최부자이며 경주 최부자는 최진립의 셋째 아들인 최동량으로 이어진다.

울산과기대 뒤편에 위치한 이곳 묘소의 풍수 입지는 낙동정맥의 줄기인 고헌산에서 내려온 용맥이 혈장 뒤편에 금성체의 현무봉을 만들고 여기에서 지현굴곡을 하면서 마지막 좌선으로 방향(乙辰方:동동남)을 틀어 아들 최동량의 묘지에 혈장을 맺었다. 그런 후 다시 우선 방향(甲卯方:동쪽)으로 내려와 아버지인 최진립의 묘소 자리에 혈장을 맺었다. 현무봉에서 혈장까지는 지현의 모습을 갖추고 있어 내룡맥에는 힘이 있고 풍수가에서는 이곳 묘소의 형국을 월야취적형(달밤에 피리 부는 모습), 호미형(호랑이 꼬리형), 연화부수형(연꽃이 물에 떠 있는 모습) 등 다양한 의견이 제시되고 있어 보는 이마다 명당이라는 사실을 부정하지는 않는다. 아들 동량의 묘소에서 바라본 주위의 사신사는 혈장에 장풍과 더불어 응기작용이 잘되고 있다. 안산 넘어 조산은 노적봉으로 최씨 집안에 부(富)를 기약함이 충분하고 또한 부(富)를 관장하는 백호는 바깥쪽으로 4개나 지룡을 뻗어 혈장 쪽으로 기운을 밀어줌으로써 당판에 강한 응기작용을 해준다. 그러나 정무공 최진립의 묘소는 아들 동량의 묘소보다 용맥의 하단부에 위치하고 있고 좌향이 우측으로 15도 돌려졌기 때문에 안산이 혈 자리를 정면으로 감싸주지 못하고 청룡과 더불어 비주(飛走)하는 형식이 된다. 그 결과 혈장의 용맥이 밑으로 쭉 빠져 전순이 형성되지 못하므로 혈장에 생기를 가두어주지 못한다. 이럴 땐 일반적으로 용맥의 윗부분에 결혈이 되기 때문에 아들 동량의 묘소는 혈증이 어느 정도 갖추어져 있으나 정무공의 묘소는 진혈지를 약간 벗어난 것 같다. 물길은 좌선룡에 우선수로 합법하며 용호의 끝자락이 잘 거수해주고 지현자를 만들며 천천히 흘러나가 묘소 아래 연못에 모인다.

『지리오결』에서는 혈 앞에 연못이 있어 물이 고이면 부귀하고 집안에 많은 곡식이 쌓인다고 하였다. 이기론(88向法)으로도 패철로 물이 나가는 방위를 측정한 결과 아들 동량의 묘는 태향태류로 좋은 길향이나 정무공의 묘는 그렇지 못하였다. 이러한 풍수 입지의 영향을 볼 때 아들 동량의 묘소가 아버지 정무공의 묘소보다 더 많은 진혈의 혈증을 보이고 있어 교촌계가 그의 첫째와 둘째 아들이 아닌 셋째 아들 동량의 후손으로 이어지는 것은 결코 우연이 아닌 것 같다.

314. 3대 최국선의 묘소

경주 최부자 3대 최국선(1631~1682)은 아버지로부터 물려받은 재산을 기반으로 하여 농사를 힘써 짓고 많은 황무지를 일구어 말년에는 경상도에서 손꼽히는 대지주 가문으로 성장한다. 그 당시 조정에서는 식량 증산을 위해 토지개간 사업을 적극 장려하던 시기였기에 농사일에만 전념하여 많은 토지를 확보하게 된다. 농업기술이 빈약했던 시기에 수리시설과 이앙법 같은 신농법을 이용하여 많은 재산이 불어났고 병작반수제의 적용으로 노동력을 쉽게 구할 수 있었다. 그러나 그의 살아생전 화려했던 발복과는 달리 사후의 묘소는 한 가지 흠결이 있는 곳에 안장되어 있다. 경주시 내남면 화곡리에 위치한 그의 묘소는 우선 보기에 방정한 토성체의 현무봉과 적당한 높이의 안산 그리고 혈장을 잘 환포 해주는 청룡 백호가 있어 명당 길지로 보이나 위치선정이 잘못되어 후손이 귀한 곳에 안장되어 있다.

풍수에서는 '심룡(尋龍)삼년 점혈(點穴)십년'이라 하여 용을 보는 데는 3년 공부요 점혈하는 데는 10년 공부라 하였으니 정확한 지점에 장(葬) 한다는 것이 그리 쉬운 일은 아니다. 그의 묘소는 부인과 아래위로 나란히 모셔져 있는데 부인의 묘소 위치는 진혈지로 손색이 없으나 최국선의 묘소는 뒤쪽이 낮아 풍수에서는 이러한 곳을 장자절손지지(長子絶孫之地)로 해석한다. 그리고 묘소의 좌측 청룡 자락에도 움푹 꺼져있어 바람의 피해가 예상된다. 주역 팔괘에서 혈장의 좌측은 장남의 방위이므로 이곳이 허(虛)하면 후손이 귀하다고 해석한다. 최국선의 장남 4대 최부자 최의기의 묘소 역시 최국선의 우측 편 산자락에 위치하고 있어 청룡 자락의 허(虛)한 기운을 그대로 전달받으므로 후대에 절손이 된다는 것은 충분히 예견할 수가 있다.

영남대학교에서 발표한 풍수 논문에 의하면 후손의 번성은 그 묘소의 손자 대에서 최고의 영향을 받는다고 발표했다. 그러므로 3대 부자 최국선의 손자이고 4대 최의기의 아들인 최승렬은 1남 3녀로 남자 후손이 귀했고, 그의 외동아들인 최종률은 질병으로 일찍 세상을 뜨면서 후사를 남기지 못했다. 즉, 최국선의 손자 대에서 남자 후손이 귀했고 최의기의 손자 대에서 절손되어 비교적 먼 친족인 4종 질을 양자로 들여 대(代)를 이었으며 양자로 들어온 7대 최언경 역시 1남 4녀로 외동아들만 두어 3대를 이어 연속으로 남자 후손이 귀했다. 이러한 곳은 좌측의 청룡 자락에 움푹 꺼진 곳에 소나무를 심어 바람을 막아주고 묘소를 앞쪽으로 조금 더 내려와 안장하고 봉분을 만들었다면 명당 길지로써 조금도 손색이 없는 자리다. 그리고 좌측의 동남(辰)방과 우측 앞쪽의 남서(未)방에 우뚝 솟은 둥그스름한 금성체의 산봉우리는 부봉사(富峰砂)로 최부자의 재산형성에 많은 도움이 됐으리라 생각한다.

이곳의 수세 역시 양쪽 용·호 사이에서 흘러나온 물길이 혈장 앞 저수지에 모여 혈장에 생기를 공급하고 묘소의 좌측인 남쪽(丙)방향으로 빠져나간다. 우선수가 향을 지나 정확히 '병(丙)'방으로 파구되니 88향법으로는 태향태류로 길향이다.

315. 경주 최부자 가문의 풍수 입지 종합고찰

경주는 천년고도의 유서 깊은 고장이고 최부자의 시조 최치원은 이곳에서 태어나 중국에까지 명성을 떨친 우리나라의 대표적 학자다. 그들의 후예들은 선비정신을 이어받아 가문을 계승하고 훗날 많은 부를 축척하게 되면서 영남지역을 벗어나 전국적으로 명성을 떨치게 된다. 주위에서는 이들의 부를 단순한 만석 부자가 아닌 재물 만석, 인물 만석, 문물 만석을 합한 삼만 석의 부자였다고 전한다. 독특한 생활철학의 실천으로 12대를 이어 400년 동안이나 만석의 부를 유지하였고, 9대 진사를 배출해 낸 청백리 집안이라 인물이 많았고, 400년 동안 간직한 문화재급 보물이 넘쳐흘렀으니 삼 만석의 부자라 불리었다. 먼저 이들이 기거한 양택지의 풍수 입지를 보면 내남면 이조리와 교동 두 곳 모두 행주 형국이라는 공통점과 더불어 물줄기는 남에서 북으로 흐르는 역수국(逆水局)에 위치하여 부를 이룰만한 터전이었다. 또한 자연 지리(지형학)적으로도 수(水)량이 풍부한 범람원 지역이라 유기질이 풍부하여 토질이 비옥하기 때문에 부를 이루기에 유리한 조건을 갖춘 곳이다. 그리고 이조리는 돌형의 형국이고 교동은 와형의 형국이라 혈의 사상이 뚜렷하였으며 고택은 그 중심에 위치하여 부를 축적하고 유지해 나가는 데 손색이 없는 장소다. 교동 고택은 배산(背山)이 허한 단점이 있으나 나무를 심어 비보하였고, 집 앞 정면으로 보이는 도당산의 안대(案對)는 창고사로 이 또한 부를 이루기에 아주 좋은 형상이다.

여기에다가 고택의 가상(家相)은 두 곳 모두 동사택으로 안방과 대문이 서로 상생해주니 생기택이 되어 동사택에선 최고의 길택으로 지어졌다. 음택지(묘소) 또한 여러 가지로 나누어 분석해 보았으나 대부분이 양호하였다. 먼저 혈장 뒤편의 현무봉은 대상지 11곳 모두가 후손들에게 부와 귀를 가져다주는 토성체와 금형산 이었고 좌청룡과 우백호도 대부분 상격이였으며 안산은 반길 반흉이였다. 그리고 나경으로 내룡의 방향을 측정한 결과 대상지 11곳 중 8곳이 지기가 충만한 배합룡이었고, 묘소의 위치는 11곳 모두가 능선에 위치하여 많은 생기를 탈 수 있는 장소다. 또한 혈장 앞 수구의 관쇄도 대부분 상격이었으며 특히 혈장 밑에 9곳이나 저수지(선저수)가 있어 생기 보전에 많은 도움을 준다. 그리고 수구에 따른 88향법 역시 11곳 중 9곳이나 길향으로 놓여져 큰 발복을 예약해주고 있다.

풍수에서는 부의 발복과 연관 지어 해석하는 요인들이 몇 가지 있다. 혈장 주변의 산봉우리의 모양을 보고 금성형이나 토성체가 있으면 부봉으로 해석하고, 사신사 중 백호 자락이 양호한 경우도 부의 발복과 연관 지으며 혈장에서 보아 내국의 수세가 풍수적 조건에 합당하면 부의 발복이 크다고 해석한다. 최부자는 음·양택을 막론하고 풍수적 입지 조건들이 대부분 양호하였지만 특히 부와 관련된 부분에 비중을 두고 음·양택지를 선정한 흔적이 여러 곳에서 관찰되었다. 이들이 부를 이루고 오랜 기간 유지할 수 있었던 배경에는 그들만의 독특한 생활철학과 더불어 일찍부터 풍수를 이해하고 일상생활에도 풍수를 생활화하였기 때문으로 해석된다.

316. 경주 최부자의 가계도와 마지막 부자 최준

경주최씨 시조는 최치원으로 신라 말기 천하제일 문장가이며 중국에까지 문명을 떨친 인물이다. 이후 경주최씨는 고려시대 명문가로 성장하였고 조선 초기에 성균관 사성을 역임한 최예(1373~1434)가 경주최씨의 11대로 24개 파 중에서 사성공파의 파시조가 된다. 최부자의 1대인 최진립은 최치원의 17세손이고 최예의 6세손이며 또한 동학의 창시자 최재우의 6대조가 된다. 이렇게 시작된 최부자는 2대 최동량, 3대 최국선, 4대 최의기, 5대 최승렬, 6대 최종률, 7대 최언경, 8대 최기영, 9대 최세린, 10대 최만희, 11대 최현식, 12대 최준을 마지막으로 끝을 맺는다.

최부자 가문은 400여 년 동안 만석꾼 지위를 누려 왔지만 시대의 변화와 더불어 또 다른 사회발전에 기여한 인물은 마지막 부자 최준(1884~1970)이었다. 만석꾼 지주로 태어난 문파 최준은 독립운동과 사회·교육 운동에 모든 재산을 희사함으로 오늘날 우리 모두가 어떠한 가치관과 자세를 가져야 하는지를 뚜렷하게 보여주었다. 그는 4형제의 장남으로 태어나 일본에 유학하였고, 한일합병에 충격을 받아 오직 구국의 일념으로 독립운동에 참여하였다. 이후 독립운동가인 백산 안희제를 만나 백산상회를 설립했는데 겉으로는 무역업을 한다고 간판을 내 걸었지만 실제는 독립운동가들의 연락소와 독립자금 조달처 역할을 하는 회사였다.

최준을 중심으로 백산무역이 해외에 송금한 독립자금은 그 당시 돈으로 무려 100만원(현재 금액으로 약 1천5백억)이 넘는 거액이었다고 한다. 그리고 1955년에는 과수원과 대지, 전답, 임야, 건물 등 전 재산을 들여 교육문화재단을 만들었으며 그 흔적의 재단이 현재 대구의 영남대학교이다. 가문 대대로 수집된 8,900여 권의 고서들과 함께 경주 교동의 집까지도 영남대학교에 기증했기에 학교에서는 그의 호인 문파를 따서 '문파문고'라 이름 지어 뜻을 기리고 있다. 5.16 혁명 이후 사립학교 정비령이 발표되고 투자에 어려움을 겪고 있을 때 이 학교 교수였던 이은상과 대통령 비서실장 이후락의 권유로 대통령 박정희에게로 소유권이 넘어가게 되고 문파는 12대 만석의 전 재산이 권력 핵심부에 들어가는 것을 가만히 지켜보고만 있어야 했다. 최준의 재산 환원에는 단석사의 노스님도 한몫을 했다고 전해진다. 스님은 젊어서 절을 찾아온 최준에게 다음과 같이 당부했다고 한다. "재물은 분뇨와 같아 한곳에 모아두면 악취가 나서 견딜 수가 없다. 그러나 골고루 사방에 흩어 뿌리면 농작물의 거름이 되는 법이다. 재물을 모으기만 하고 좋은 곳에 쓰지 않으면 똥통에 들어앉아 있는 것과 같다." 최준은 이 말을 상기하면서 모든 재산을 사회에 환원하였고 홀가분한 마음으로 다음과 같은 어록을 남겼다. 나라가 해방됐으니 일경(日警)의 감시도 없고 전 재산을 희사했으니 도둑이 들일도 없으므로 대문을 활짝 열어두라는 말을 남긴 최준, 동서고금을 막론하고 그의 죽음과 함께 12대 400여 년 동안이나 유지되었던 부와 명예가 이러한 과정을 거쳐 한 편의 드라마처럼 역사 속으로 사라져 현재까지도 많은 이들의 귀감이 되고 있다.

317. 대통령집무실의 풍수 논란 ㊤

2022년 3월 대통령집무실 이전을 두고 논란이 첨예한 가운데 전 문화재청장 유홍준 자문위원의 과거 풍수 발언으로 풍수지리가 모든 국민들의 관심사가 된 적이 있다. 그런 가운데 2천 년의 역사를 가진 풍수지리학문이 하나의 무속으로 평가절하되고 있어 풍수 학인의 한사람으로 많은 아쉬움이 남는다. 풍수지리는 원래 동양과학의 근본이라 할 수 있는 주역의 원리로 하늘과 땅의 기운인 천기와 지기를 연구하는 학문이다. 그러나 기운이란 것이 원래 눈에도 보이지도 않고 손으로 만져지지도 않으며 오직 직감으로만 느껴볼 수 있기 때문에 누구나 선뜻 믿으려고 하지 않는다.

기운이란 자연의 생김새와 주변 환경에 따라 그 농도의 후박(厚薄) 정도가 달라지기 때문에 주변 산들의 모양새나 물길 그리고 지질의 형태에 따라 많은 차이가 난다. 지금의 청와대는 뒤편의 북악산과 앞쪽으로는 청계천이 흘러 양택지의 기본 조건인 배산임수(背山臨水)와 전저후고(前低後高)의 조건은 갖추었지만 북현무에 해당하는 북악산과 앞쪽의 남산 그리고 관악산은 돌이 많은 석산으로 흙이 풍부한 육산에 비해 지기가 아주 미약하다. 그리고 오행으로 볼 때도 돌은 화(火)의 기운으로 화산에 속해 풍수에서는 택지 주변의 화산을 살기(殺氣)를 뿜어낸다 하여 매우 흉하게 여긴다. 그러므로 북악산 바로 밑은 바위의 강한 살기 때문에 일반인들이 생활하는 건물보다는 기도로 센 기운을 받아낼 수 있는 사찰이나 종교시설이 들어서기에 알맞은 장소다. 과거 태조 이성계의 조선조 개국 당시에도 경복궁 전후의 이러한 화산들과 마주치는 것을 피하기 위해 정도전은 남향으로, 풍수 대가인 무학대사는 동향으로 지어져야 한다는 주장으로 큰 논쟁이 벌어지기도 했다. 그리고 『경복궁영건일기』에 의하면 지금의 청와대 영역에는 과거 깊은 계곡이 있었던 자리로 하루 2,500여 명의 인부가 한 달간 매립작업을 했다는 기록이 있다. 이러한 매립지에는 지기가 약할 뿐 아니라 대부분이 수맥이 흐르는 곳이라 사람이 살 곳으로는 부적합한 장소다. 또한 일부 증언들에 의하면 경복궁의 후원은 조선조에서 한(恨)만은 후궁들의 처소와 무수리들의 임시 무덤 자리이면서 군사들의 무예 훈련장으로 사용되었다는 증거가 있어 이러한 장소 역시 음기가 강한 땅으로 사람 살 곳이 못 된다. 그래서 그 흉한 기운 때문에 현재까지도 청와대를 '구중궁궐'이라 부르기도 하고, 일제가 1939년에 청와대 터에 조선 총독이 머무는 관저를 지었는데 그로부터 6년 뒤 패망한 것도 흉지이기 때문으로 해석하기도 했다. 그러나 한편으로는 1989년 노태우 전 대통령 시절 청와대를 신축하던 중 '천하제일복지(天下第一福祉)'라고 쓰인 표석이 발견되었다는 이유만으로 이무런 근거 없이 이 땅이 무조건 풍수적 명당이라고 주장하는 이도 있었다. 이런저런 이유와 더불어 청와대 터가 명당이다 흉당이다란 갑론을박은 오늘날까지도 이어져 오고 있지만 결론적으로 이곳이 흉지임을 증명이라도 하듯 이곳에서 생활한 대통령은 하나같이 하야, 시해, 구속, 탄핵, 투신 등 말로가 좋지 않다. 풍수가에서도 주변 산세와 지질 그리고 과거 조선조에서의 용도를 보아 대부분 청와대 터를 흉지로 평가하고 있다.

318. 대통령집무실의 풍수 논란 ㊦

반면 용산의 국방부 신청사(현재의 대통령집무실)는 어떠한가? 이곳의 산세는 북한산에서 인왕산을 거쳐 남산 그리고 둔지산으로 이어지는 그 끝 지점에 위치하고 있다. 풍수 고서에서도 산자락이 끝나는 지점이 지기가 가장 왕성한 곳이라 설명하고, 이러한 장소가 바로 최고의 명당 터라 기록하고 있으니 용산은 서울에서 땅의 기운이 제일 왕성한 곳이다. 이러한 곳에 위치한 대통령 집무실은 양택지의 기본 조건인 배산임수와 전저후고형을 갖추었지만 임수(臨水)는 좋으나 배산(背山)이 조금 낮은 것이 흠이라 할 수가 있다. 그렇지만 풍수에서 배산의 주요 기능은 바람막이 역할이고, 이곳은 평지라 골바람과 달리 순풍이므로 크게 신경 쓰지 않아도 된다. 풍수고서 『인자수지』에서도 평지에서 부는 바람은 지면을 따라 흐르기 때문에 문제 될 것이 없다고 기록하고 있다. 또한 풍수에서는 산줄기 못지않게 주변 물줄기도 매우 중요시한다. 모든 풍수 고서들마다 물은 혈장을 환포 하면서 천천히 흘러나가야 안쪽의 생기를 잘 가두어 줄 수 있어 최고의 수세 조건으로 친다. 예를 들어 안동의 하회마을에 가보면 낙동강 줄기가 마을 전체를 감싸고 흐르고 있어 안쪽의 기운을 잘 갈무리 해 주기에 누가 보아도 풍수적 길지로 평가한다. 이곳 용산을 감싸고 흐르는 한강 줄기는 용산 전면(前面)을 오목하게 감싸주면서 흘러 김포 앞바다로 빠져나가는데 그 흐르는 물속에는 노들섬, 밤섬 그리고 한강의 끝자락에 있는 강화도, 교동도까지 크고 작은 섬들이 많아 자연적으로 유속을 늦추어 준다. 풍수에서는 흐르는 물길 속에 흙무더기나 큰 바위 등이 있어 유속을 늦추어 주면 그 안쪽을 대 길지로 보고 있다. 그리고 남산의 뒤편으로 흐르는 청계천은 용산의 공배수(拱背水)가 되고, 용산의 동쪽으로는 중랑천이 북에서 남으로 흘러 한강으로 합수하니 용산 전역에 생기를 잘 갈무리해주고 있어 이 얼마나 유리한 수세 조건인가. 풍수에서는 '수관재물(水管財物)'이라 하여 물을 곧 재물로 보고 해석하기에 대통령집무실이 이러한 곳에 정착한다면 국가의 경제발전과 더불어 풍요로운 새 시대의 미래를 여는데 조금도 손색이 없다. 이러한 풍수적 길지에 위치한 용산은 과거부터 현재까지 우리나라 전체를 지배하는 요충지로 사용되어 져 왔다. 고려시대에는 몽고군, 임진왜란 때는 왜군, 임오군란 때는 청나라군, 일제 치하에서는 일본군, 그리고 해방 이후로는 현대까지 미군이 점령하여 대한민국을 좌지우지하였던 장소로 사용되어 졌다. 다행히 근래 들어 미군이 평택으로 이전해 가고 수도권 최고의 명당 길지가 새 주인을 기다리고 있으니 이번에야말로 다른 용도로 사용하지 말고 반드시 국가 전체를 통치하는 대통령집무실이 들어서 나라의 태평성대와 부국강병의 터전으로 삼아야 할 것이다. 이러한 터전 위에 집무실의 가상(家相)까지 풍수 원칙에 맞추어 배치되어 진다면 세계 최고의 대통령 집무실이라 아니할 수 없다. 주역의 대가이시고 미래 예언가이신 탄허 스님께서도 한반도는 머지않아 통일이 되고 우리나라가 전 세계의 중심국이 된다고 예언한 바 있어 수도 서울 용산의 정기(精氣)로 대한민국이 세계 최고의 부강국으로 우뚝 서기를 기대해본다.

319. 박근혜 대통령 사저私邸 풍수 입지

우리나라 제18대 대통령을 지낸 박근혜 전 대통령은 2017년 3월 31일 최순실의 국정농단 사건으로 구속되어 4년 9개월이라는 긴 수감생활을 하였다. 원래 20년이 넘는 형을 받았으나 지난 2022년 3월 문재인 대통령의 신년 특별사면으로 석방되었다. 그는 대통령 재임 4년 1개월보다도 무려 8개월이나 더 긴 수감생활을 하였고 전직 대통령 중 최장기간 수감생활이란 기록을 남겼다. 지난 3월 출소 후 곧바로 대구 달성군 소재의 신축 사저에 입주하였고 유영하 변호사는 자택을 마련하기 위한 자금에는 가로세로연구소 측에서 일정 부분 도움을 주었으며 차차 갚아나갈 것이라고 밝혔다. 이유여하를 막론하고 일국의 전직 대통령으로서 참 안타까운 현실이다.

그럼 대통령께서 마지막 여생을 보낼 사저(私邸)의 풍수 입지는 어떤지 알아보자.

대구시 달성군 유가읍 쌍계리 649-2번지에 위치한 사저는 달성군 유가읍의 진산인 비슬산(1,080m)에서 뻗어 나온 산자락이 마을 뒤쪽의 구쌍산(670m)을 일으키고 여기서 다시 서쪽으로 하나의 지맥을 뻗어 내려온 산자락 아래에 위치 해있다. 甲卯龍(서쪽)으로 직룡 입수한 용맥에 사저는 중심 용맥을 타지 못하고 약간 좌측으로 벗어났다. 마을 뒷산에서부터 집 뒤편까지는 모두 전답으로 이루어져 중심 용맥의 구분이 쉽지 않지만 집 좌측과 뒤편 골목길의 경사도를 볼 때 용맥의 정상 부위가 아닌 좌측 측면에 지어졌다. 그래서 경사진 곳이다 보니 집 안쪽의 대지와 대문 밖은 고도 차이가 제법 난다. 산자락 측면이 택지로써 반드시 부적합한 장소는 아니지만 주택이 들어설 택지와 그 앞쪽으로는 경사면이 아닌 편평한 땅이어야 재물이 모인다. 그것은 경사면에서는 비가 왔을 때 물이 급하게 흘러나가기 때문에 집안의 생기도 같이 빠져나가 버리기 때문이다. 그리고 사저는 남향으로 지어졌고, 우리나라는 일조량 때문에 누구나 남향집을 선호하지만 어디까지나 자연의 순리(背山臨水)가 우선이다. 양택풍수서 『황재택경』에서도 남향집이 좋다고 하여 남향만을 고집한다면 얻는 것은 하나이나 잃는 것은 아홉이라 하였으니 반드시 자연의 순리에 따라야 한다. 이 마을은 산줄기가 동쪽에서 서쪽으로 뻗어 내려왔기에 남향보다는 서향의 집이 자연의 순리에 합당하다. 그러므로 이곳에서는 사저 바로 뒤편의 밭이 중심 용맥이고 뒤편의 밭 서쪽의 언덕(둑) 아래가 택지로써 권장할 만한 장소다. 그곳은 중심용맥이라 지기도 왕성하고 언덕(밭둑)은 배산(背山)의 역할을 해 줄 수 있으며 서향으로 지을 수 있어 자연의 순리에도 합당하기 때문이다. 누구나 택지 선정 시 배산임수는 건강과 장수가 보장된 가장 중요한 풍수 원칙으로 이 조건을 가벼이 생각해서는 안 된다. 그리고 풍수에서는 택지 선정도 중요하지만 건물 내부에서의 공간 배치도 매우 중요하다. 풍수서 『陽宅三要』에서는 집안 내부의 주요 공간인 문(門)·주(主)·조(灶) 즉 대문과 안방, 부엌이 동·서사택 이론으로 길방에 위치하여야 복가가 되어 건강한 생활을 이어 나갈 수 있다고 하였다.

320. 문재인 대통령 사저私邸 풍수 입지

문재인 대통령은 지난 2022년 5월 임기를 마치고 경남 양산시 하북면 지산리 평산 마을의 사저에 입주했다. 평산마을은 영남의 알프스라 부르는 영축산 아래에 위치하고 있으며 지명은 '평탄한 산에 위치한 마을'이라 하여 붙여진 이름이라 한다. 마을 앞 우측에는 우리나라 3보 사찰 중의 하나인 통도사가 있고, 이 사찰은 부처님의 진신사리를 뫼시고 있다하여 불보사찰로 유명한 곳이다. 그는 청와대에서의 마지막 퇴근길에 무거운 짐을 내려놓은 것 같아 홀가분하고 이제 자연으로 돌아가 잊혀진 삶, 자유로운 삶을 살고 싶다는 소의를 밝혔다. 자연인으로 돌아온 그는 평산마을이 영축산 등산로의 입구라 산행도 하고 텃밭 가꾸기와 짐승들을 키우며 살겠다는 말에 마을 주민들은 자연을 벗 삼아 살기에는 아주 좋은 곳이라 대통령의 뜻에도 잘 맞을 것이라 했다. 그리고 작고하신 아버지와 어머니를 모신 천주교 하늘공원이 이곳에서 자동차로 약 20분 거리인 양산시 상북면에 위치해 아주 가까운 거리다.

그럼 문재인 대통령이 남은 여생을 보낼 평산마을 사저의 풍수 입지는 어떠한가? 이곳의 산세는 낙동정맥의 줄기 영축산에서 남동쪽으로 하나의 지맥을 뻗어 내려오다 사저 뒤편에서 약간 움츠린(과협) 후 다시 남쪽으로 조금 솟아올라 나지막한 언덕을 만들었다. 이 언덕 봉우리에서 본 용맥은 다시 동쪽으로 방향을 틀어 행룡하다 마을 앞 계곡 천을 만나 그 행로를 멈추었다. 사저는 이 봉우리에서 방향을 트는 뒤(背)쪽 측면에 지어져 있는데 택지로는 산줄기의 배(背) 쪽보다는 산줄기가 감아 도는 안(面)쪽을 더 선호한다. 안쪽은 택지를 오목하게 감싸주어 장풍국(藏風局)을 이루어주기 때문이다. 원래 마을의 중심은 이 언덕을 배산으로 하여 그 아래에 집들이 하나둘씩 들어섰지만 지금은 언덕의 측면과 상부에도 들어서 있다. 누구나 택지를 선정할 때는 가장 중요한 기본원칙으로 배산임수(背山臨水)형이 되어야 한다. 이것은 사람이 활동하는 낮에는 강(앞)에서 산(뒤쪽)으로 시원한 바람이 불어와 좋은 기운을 받아들일 수 있고, 휴식을 취하는 밤에는 산의 골바람이 물가로 내려오면서 불기 때문에 최대한 방풍이 되어야 편안한 휴식을 취할 수 있기 때문이다. 사저는 뒤편으로 언덕이 있고 앞으로는 들판이 있어 배산임수형으로 볼 수도 있지만 산의 뒤쪽 중 상부에 자리하고 있어 북서방이 허한 관계로 우리나라의 계절풍인 북서풍에 그대로 노출되어 있다. 이러한 곳은 담장을 높이 쌓거나 키가 큰 나무를 심어 비보(裨補)를 해줘야 그 피해를 줄일 수 있다. 그리고 풍수에서는 집터도 중요하지만 내부 공간의 배치에 있어서 양택의 3요소인 문(門), 주(主), 조(灶)와 화장실이 어디에 배치되었는지가 더 중요하다. 그러나 이곳은 개방된 곳이 아니라 확인해 볼 수가 없다. 또한 마을의 주산인 영축산은 기암괴석들이 즐비한 석산으로 흙이 풍부한 육산에 비해 지기가 약할 뿐 아니라 돌(石)산은 오행으로 볼 때 화(火)산에 속하기 때문에 흉한 바위가 집에서 바로 보이지 않게 비보를 해주는 것이 좋다. 풍수에서는 어느 한 고을이 아무리 좋은 명당이라 하여도 그곳에서의 좋은 위치설정과 더불어 흉한 부분은 바로 보이지 않게 비보를 해줘야 그 복분을 다 할 수 있다.

321. 양택삼요陽宅三要와 동·서사택 이론 ㊤

『양택삼요』는 『지리오결』의 저자로 유명한 청나라 조정동이 지은 책으로 『택경』을 바탕으로 하여 저술한 양택풍수서이다. 우리나라 건축학계에서는 중국의 『양택삼요』보다는 이조 말 손유헌이 이 책을 우리나라의 실정에 맞추어 재구성한 『민택삼요』가 있어 이것으로 더 많은 연구를 하게 되었다. 이 책들은 주역과 팔괘오행의 원리를 이용하여 구성된 이론으로써 8괘 방위를 음양의 기운으로 구분하고 동사·서사로 각각 4방위씩 나누어 가상(家相)의 길흉을 살피는데 동·서양을 막론하고 널리 통용되는 양택풍수 이론이다.

이 이론은 주역의 후천 팔괘를 근거로 한 내용으로 8괘 오행의 가족 분방을 보면, 동사택은 동쪽의 장남과 동남쪽의 장녀가 짝을 이루고, 남쪽의 중녀와 북쪽의 중남이 짝을 이루니 서로 음양이 배합되어 같은 사택에 속하게 하여 동사택으로 하였고, 서사택은 서쪽의 말녀와 북동쪽의 말남이 짝을 이루고, 서북쪽의 노부와 남서쪽의 노모가 짝을 이루어 음양이 배합되니 같은 사택에 속하게 하여 서사택으로 분류하였다. 이러한 동·서사택 이론은 선인들의 오랜 경험으로 만든 지구과학 이론으로 동사택의 4방위는 일출의 양 기운이 흐르는 방위이고 서사택은 일몰의 음 기운이 많은 방위이다. 지표면에서는 항상 보이지 않는 기운이 흐르고 있다. 바다에서도 보이지 않는 기운인 난류와 한류가 있고, 인체 내에 흐르는 혈액도 동맥과 정맥이 있어 서로 다른 피가 흐른다. 동맥은 심장에서 뿜어져 나온 피가 폐에서 산소를 받아 각 기관으로 운반하는 혈액이고 정맥은 산소를 다 쓰고 다시 심장으로 들어오는 혈액이므로 서로 다르다. 이것처럼 지표면에서 흐르는 기운도 동기(東氣)와 서기(西氣)로 구분한다. 동기는 지표면에서 상승하는 따뜻한 기운이고, 서기는 하강하는 기운이다. 이러하여 동사택은 동기가 통과하는 방위 위에, 서사택은 서기가 통과하는 방위 위에 자리 잡은 것이다. 동기는 같은 동기와는 서로 잘 어울리지만 서기와는 어울리지 못하고, 서기도 같은 서기와는 잘 어울리지만 동기와는 조화를 이루지 못하기 때문에 이것을 근거로 집안의 공간을 배치한다.

『양택삼요』에서는 집안의 주요 공간인 3가지 [門(대문), 主(안방), 灶(부엌)]를 양택 3요라 하여 매우 중요시하고 이 공간을 같은 기운이 흐르는 방위에 배치하여야 복가(福家)가 된다고 설명하고 있다. 그러므로 집을 지을 때는 맨 먼저 대문(현관문)의 방위를 살피고 대문이 서사택 방위에 위치하면 안방과 부엌도 같은 기운이 흐르는 서사택 방위에, 대문(현관문)이 동사택 방위에 위치하면 안방과 부엌도 동사택 방위에 두어야 복가가 된다. 어느 집이든 대문의 위치는 매우 중요하다. 일반적으로 경매물건에 나온 주택은 풍수적으로 좋지 못한 경우가 많지만 이런 집을 구매하여 대문의 위치만 바꾸어도 얼마든지 복가로 변할 수가 있다. 양택에서는 대문, 안방, 부엌 이 세 공간이 모두 같은 방위에 위치하고 집주인의 본명과도 상생을 이룰 때 자손이 번창하고 건강과 재물이 동시에 보장되는 최고의 길택이 된다.

322. 양택삼요陽宅三要와 동·서사택 이론 ㊦

지난주에 이어 동·서사택이론에 따르면 어느 집이든 8방위 중에서 4길방과 4흉방이 생긴다. 그러므로 집안에서 공간을 배치할 때 대문(현관문)과 안방, 부엌, 아이 공부방 등은 좋은 길방에 배치하고 화장실, 세탁실, 보일러실, 드레스 룸, 창고 등은 4흉방에 배치하여야 한다. 이들의 8방위는 각각 천상에 있는 별의 영향을 받게 되고 이 별들의 영향으로 길·흉방이 구분되어지기 때문에 양택풍수에서는 이를 가택 구성법이라 하여 공간을 배치할 때 요긴하게 사용하고 있다. 구성 중에서 길성은 [생기, 연년, 천을, 복위]방이고, 흉성은 [오귀, 절명, 육살, 화해]방이다. 여기서 길성과 흉성들이 집안에 미치는 영향을 살펴보면 길성은 첫째, 생기방이라 하여 그곳에 안방이나 부엌이 위치한 구조의 집에서는 자손이 재주가 많기 때문에 높은 관직에 올라 가문을 빛내고 부부가 화합하여 부귀를 누린다. 둘째, 연년방에 안방이나 부엌이 위치하면 병권과 재물을 관장하니 이러한 구조의 집에서도 뛰어난 재주를 가진 후손이 나와 학식이 높으니 부귀와 장수를 동시에 누린다. 셋째, 천을방은 총명하고 귀한 자손이 태어나 대부대귀하고 모든 가족이 건강 장수한다. 넷째, 복위방은 길성에 속하긴 하나 이런 집에서는 주변의 상황에 따라 매우 길하기도 하지만 주변이 흉하면 초년에는 좋으나 시간이 지날수록 부귀가 줄어들기도 한다.

그다음 흉성으로는 첫째, 오귀방이라 하여 이곳에 안방이나 부엌이 있는 주택은 관재구설이나 화재, 도적 등의 재난을 당하거나 온갖 질병에 시달린다. 둘째, 절명방은 형겁과 죽음을 관장하기에 사람이 요절하여 후손이 끊어지고 재산까지 흩어져 집안이 풍비박산 난다. 셋째, 육살방은 음란함을 관장하기 때문에 예술이나 예능에 총명한 재주가 있으나 결국은 음란으로 패가망신한다. 넷째, 화해방은 질병과 재앙을 관장하여 재산이 있으면 건강을 잃고 건강이 있으면 재산을 잃는다. 이렇게 방위마다의 길흉이 다르니 집안에서 공간을 배치할 때는 세심한 주의를 요한다.

그리고 주역의 팔괘오행에 따라 각 방위마다 음양과 오행도 있으니 음양의 배합과 오행의 상생상극을 따져 대문이 안방을 상생해주고 안방은 부엌을, 부엌은 대문을 상생해주어야 최고의 길택이 된다. 동·서사택이론이 초보자에겐 좀 어려운 학문이기는 하나 주택을 신축할 때나 구입할 때는 반드시 전문가의 조언을 얻어 신축하거나 매입을 해야 온 가족이 건강하고 활기찬 생활을 해나갈 수 있을 것이다. 주택에서 8방위를 측정할 때는 마당이 있는 재래식 집에서는 마당 중심에서 대문의 방위를 먼저 측정하고 현대식 아파트형 건물에서는 집안의 거실 중심점에서 현관문의 방위를 측정한다. 그다음 대문(현관문)을 기준으로 하여 각 방위마다 대문(현관문)과 음양의 배합 그리고 오행의 상생상극을 따져 길흉의 방위를 정한다. 여기서 길흉의 방위가 정해지면 가구주의 본명 궁과도 상생이 되는지를 살피고서야 완전한 길·흉방의 위치가 가려진다. 이것은 방위가 아무리 길성이라도 가주의 본명 궁에 따라 그 복분이 줄어들거나 더 좋아지는 경우가 있기 때문이다.

323. 내 집을 짓고자 할 때

정해진 대지 위에 주택을 지으려면 무엇보다도 먼저 자연지세의 형국에 맞추어 집의 좌향이 결정되어져야 한다. 자연의 생김새(순리)를 무시하고 남향이 좋다고 무조건 남향만을 고집한다면 얻는 것은 하나이나 잃는 것은 아홉이라 하였으니 빈대 잡으려다 초가삼간을 태우는 격이 되고 만다. 자연의 순리와 본인의 회두극좌 등 여러 조건들을 감안하여 건물의 좌향이 결정되면 그 주택의 기두점 방위와 동택(同宅)이 되게 출입문(대문)의 방위를 결정해야 한다. 그런 후 마당의 방위 기준점에서 두 곳의 방위를 측정하되 대문을 문(門), 건물의 출입(현관문)구를 주(主)로 하여 서로의 관계가 같은(同) 사택의 복택이 되도록 건물의 출입구 위치를 결정한다.

출입문이 길한 방위로 결정되면 건물 내부의 여러 공간들에 대한 가상 배치는 거실 중심에서 다시 현관문을 기준으로 하여 논한다. 이것은 앞마당의 중심에서 대문의 위치를 정하는 것과 마찬가지로 현관문을 통해 집안으로 들어 온 공기는 거실에 모였다가 집안의 각 공간으로 보내지기 때문이다. 거실의 중심에서 패철의 子午(남북)선을 고정한 후 출입(현관)문의 방향을 측정하고 그 출입문을 기준으로 하여 가상을 배치하는데 안방과 부엌, 아이 공부방 등 집안의 주요 공간은 출입문과 동택(同宅)에 배치하고 나머지 화장실, 세탁실, 드레스 룸, 창고, 보일러실 등은 이택(異宅)에 배치하여야 한다. 이때 주의할 점은 출입문에서 안방, 부엌, 화장실이 정면으로 보여서는 안 되고, 화장실에서도 안방과 부엌이 마주 보면 흉하고 안방도 부엌과 마주 보지 않아야 한다. 만약 마당에 우물이나 장독대 등이 필요하다면 이것은 바깥 대문을 기준으로 하여 길방에 배치하는 것이 좋다. 집안에는 여러 공간들이 있지만 그중에서도 대문과 안방 그리고 부엌을 사람이 살아가는데 아주 중요한 공간으로 구분 짓고 풍수에서는 이 세 곳을 양택삼요(陽宅三要)라 하여 매우 중요시한다. 여기서 대문은 사람(氣運)이 드나드는 곳 즉 집안으로 기운이 드나드는 곳이라 중요하고, 안방은 한 집안의 운명을 책임질 가주(家主)가 거주하고 잠자는 곳으로 중요한 공간이며 부엌은 음식을 만드는 공간으로 식구들의 건강을 책임지는 곳이므로 아주 중요하다는 것이다. 동서사택이론에 따르면 어느 집이든 8방위 중에서 4길방과 4흉방이 생기기 때문에 공간 배치시에 세심한 주의를 요한다.

그러므로 집안에서 주요 공간인 안방과 부엌, 아이 공부방 등은 필히 출입문과 동택(同宅)에 배치되어져야 모든 식구들이 건강하고 안락한 생활을 해 나갈 수 있다. 반면 화장실은 흉방에 배치되어져야 한다. 양택고서 『황제택경』에서도 화장실이 길방에 위치하면 집안에 질병이 많고 흉방에 있으면 모든 병을 물리친다 하였으니 반드시 흉방에 배치되어져야 한다. 건물이 완성되면 담장을 쌓고 정해진 위치에 크기와 높이 등 규정에 맞는 대문을 만들어야 한다. 담장이 없다는 것은 음택에서 사신사(현무, 주작, 청룡, 백호)가 없는 원리와 같아 집안의 생기 보전에 상당한 문제점을 가져와 식솔들이 풍병 등 각종 질환에 취약하게 된다.

324. 성조운成造運과 이사移徙길일

성조운이란 집을 짓거나 수리할 때 운(運)을 보는 방법이다. 요즘에는 국민들의 약 70% 이상이 공동주택인 아파트나 빌라에서 생활을 하다보니 집 지을 일이 거의 없지만, 과거에는 결혼 후 분가를 하거나 식솔들이 늘어나 집이 협소하면 신축건물을 지어 이사를 하는 경우가 허다하였다. 그러나 현대 생활에서도 사람마다 취향이 달라 단독주택을 고집하는 사람이 있고, 은퇴 후 좋은 환경 아래에서 텃밭이나 가꾸면서 노년을 보내고자 하는 사람들이 있어 자기만의 별장을 짓는 경우가 가끔 있다. 예로부터 우리 조상들은 집을 짓거나 새로 이사를 할 때는 택일을 매우 중요시 하였다. 이것은 택일에 따라 가세가 흥하기도 하고 망하기도 하여 각종 인망손재(人亡損財)가 일어난다고 보았기 때문이다. 하늘에는 해와 달을 비롯한 태양계의 별 이외에도 자미원, 천시원, 태미원, 소미원 그리고 동서남북의 28 성수 등 수 많은 별들이 있다. 이러한 별들은 지구에 조응하여 인간의 길흉화복에 많은 영향을 미치고, 또한 별들의 기운으로 땅의 형태가 만들어지고 땅의 형태에 따라 그 주변의 기운도 달라진다. 해와 달의 운행 주기에 의해 만들어진 책력(冊曆)을 보고 농사짓는 시기를 결정하는 것처럼 별들의 운행 주기에 따른 길흉을 판단하여 좋은 기운이 모이는 날 집을 짓거나 이사를 하자는 것이 택일법(擇日法)이다.

성조운을 보는 방법에는 여러 가지가 있으나 일반적으로 많이 사용하는 성조본명사각법(成造本命四角法)에 대하여만 소개하기로 한다. 먼저 성조본명사각법은 낙서구궁도의 곤(坤)궁을 1세로 하여 좌선으로 순행하여 자기의 나이가 해당하는 궁을 보고 길흉을 찾아낸다. 단 숫자 5가 들어가는 나이는 무조건 중궁에 들어오게 배치하고 다시 순서대로 계속 이어 나간다. 여기서 사정[진(震), 태(兌), 이(離), 감(坎)] 방위에 해당하는 나이만 길한 운으로 당 년에 집을 지을 수 있다는 것이다. 그다음 사유[건(乾), 손(巽), 간(艮), 곤(坤)] 방위인 네 모퉁이(四角) 방위와 중궁에 해당하는 나이는 무조건 흉하다. 이때 간(艮) 궁에 해당하는 나이는 자사각(自四角)이라 하여 본인에게 해(害)가 오고, 손(巽) 궁은 우마사각(牛馬四角)이라 하여 가축이 폐사하기에 축사를 신축할 수 없으며, 곤(坤)궁은 처자사각(妻子四角)이라 하여 아내와 자식에게 해(害)가 있고, 건(乾) 궁은 부모사각(父母四角)이라 하여 부모님에게 피해가 오며, 중(中)궁은 잠사각(蠶四角)이라 하여 가구주는 서서히 파산하게 되므로 무조건 피해야 한다. 다음 이사(移徙) 길일은 일반적으로 낙서구궁도의 생기복덕법으로 보아 생기(生氣), 천의(天醫), 복덕(福德)일이면 무난하지만, 책력을 참고하면 이외의 길한 일자도 많다. 이사 방위에 있어서도 『천기대요』에서는 '자주옥일백이십보외[自住屋一百二十步外] 불문방소임의이사길[不問方所任意移徙吉]'이라 하여 자신이 살고있는 주택에서 120보[약100m] 이상 떨어진 곳으로 이사를 할 경우에는 방위를 따지지 않고 이사해도 문제가 없다고 하였다. 다만 100m 이내 인근으로 이사를 하는 경우에는 최소한 대장군 방이나 삼살(세살, 겁살, 재살) 방위는 피하는 것이 좋다고 한다.

325. 전원주택지의 조건

전원주택이란 도심에서 조금 떨어져 자연의 분위기를 느낄 수 있도록 지은 집을 말한다. 또한 청장년기의 도심 속 생활을 마치고 노년기의 편안한 생활을 위해 물 맑고 공기 좋은 곳에서 텃밭을 일구며 자연과 더불어 살아가기 위해 많이 찾는 터전이기도 하다. 오늘날 도심 속에서는 풍수적 조건에 맞는 땅을 구하기란 쉽지가 않다. 현실이 이러하니 도심에서는 땅 명당보다는 향 명당이라 하여 주어진 대지 위에 좌향을 잘 조정함으로써 좋은 천기를 받아 건강한 생활을 이어 나가고자 풍수적 조언을 받기도 한다. 그러나 전원주택지야말로 시간을 두고 천천히 찾아다니다 보면 얼마든지 풍수적 명당 터를 구해 그곳에서 건강한 생활을 이어 나갈 수가 있다. 그럼 풍수적 입지 조건이 좋은 장소란 어떤 곳을 말하는지 알아보자. 명당 터란 말 그대로 천기와 지기가 잘 조화된 장소를 말하고, 풍수가들은 이러한 기운들을 그곳 주변의 바람과 물의 이동을 보고 찾아낸다.

첫째, 배산임수(背山臨水) 형국이 되어야 한다는 것이다. 가급적 북쪽이나 북서방에 산이나 언덕이 있으면 남향이나 남동향의 집을 지을 수 있어 좋다. 그리고 고서에 이르기를, 천기는 바람을 타면 흩어지고 땅속을 흐르는 지기는 물을 만나면 멈춘다 하였으니 집터 전후좌우에는 바람을 많이 타지 않게 적당한 높이의 산이 있어야 하고 앞쪽으로는 땅속을 흐르는 지기를 멈추게 할 수 있도록 물이 감싸주어야 한다. 두 번째, 음기가 찬 골짜기 앞이나 습지를 매운 땅, 일반매립지는 지기가 약하다. 풍수에서는 복토무기(覆土無氣)라 하여 복토한 땅에는 흙에 기운이 없고 골짜기에는 원래 바람이 통과하던 자리로 대부분 수맥이 흐르는 곳이다. 그리고 개발지라면 개발 전의 지형도를 보고 골짜기가 아니었는지 반드시 확인해봐야 한다. 셋째, 산줄기의 끝자락이나 산기슭 경사가 완만한 곳에 집을 지어야 한다. 풍수에서는 물을 곧 재물로 보기 때문에 경사가 심한 곳은 재물이 바로 빠져나가는 곳이고 산줄기의 끝자락에 지기가 왕성하다. 넷째, 바닥의 흙 색깔은 윤기가 나고 단단하여야 한다. 바위나 잡석이 많은 곳은 탈살이 되지 않아 지기가 약한 곳이고, 주변에 나무가 곧게 자라지 못하거나 식물(풀)들이 누렇게 변색되는 곳이라면 땅 밑은 바위로 이루어져 흙 심이 부족한 곳이다. 다섯째, 주변 산세는 아름다워야 하고 높지도 낮지도 않는 눈높이 정도가 알맞다. 산세가 높아 택지를 고압하면 해는 늦게 뜨고 일찍 져 음기가 충만한 곳으로 이러한 곳엔 질병이 많다. 여섯째, 큰 나무 밑이나 고압 전류가 지나는 곳은 피해야 한다. 나무는 그 키만큼이나 뿌리를 뻗는다고 하여 집터 밑에 나무뿌리가 있으면 지기를 쇠하게 하고 고압 전류는 전자파와 더불어 누전의 위험이 따른다. 일곱 번째, 집 뒤쪽은 도로와 물길이 없어야 하고 집 앞의 도로나 물길은 집터를 감싸주어야 한다. 풍수에서는 도로를 물로 보기에 집 뒤편의 도로와 물길은 집으로 들어오는 맥로를 차단하여 흉하다. 여덟 번째, 도심지와 머지않아 행정기관, 병원, 생필품 구입 등 가급적 일상생활에 불편이 적은 곳일수록 좋다.

326. 집 내부의 공간 배치

집 내부의 거실 중심부에서 동, 서, 남, 북과 동남, 남서, 서북, 북동의 8방위로 나누었을 때 내부의 주요 공간들이 각각 어느 방위에 배치되어야 좋은지 알아보자. 원래 집안의 가상 배치는 출입문(현관)을 기준으로 음양의 배합과 오행의 상생상극을 따져 배치하는 것이 원칙이나 아래의 방위들은 일반적으로 보았을 때의 경우다. 집의 중심(거실)에서 보아 첫째, 침실(안방)의 위치로는 동쪽은 해가 떠오르는 방위로 신선하고 생동감이 있어 좋으며, 동남쪽은 모든 일을 순조롭게 발전시킬 수 있는 방위라 좋다. 남쪽은 지나치게 밝아 숙면을 취할 수 없어 좋지 않고, 남서쪽은 이귀문 방위라 침실로는 적당하지 않다. 서쪽은 해가 지는 방위로 휴식만을 위한다면 그런대로 괜찮고, 서북쪽은 가장의 방위이므로 좋다. 북쪽은 어둡고 한랭한 방위로 수면만 생각한다면 무난한 방위고, 북동쪽도 귀문방이라 침실로는 좋지 않다. 둘째, 부엌의 위치로는 동쪽은 일출의 밝은 양기가 충만한 방위로 부엌으로는 최고의 방위고, 동남쪽은 오행으로 목(木)의 기운이므로 부엌(火)의 기운과 상생(木生火)이 되어 좋다. 남쪽은 화(火)의 기운으로 부엌(火)의 기운과 겹쳐 화재의 위험성과 더불어 음식이 빨리 상하고, 남서쪽은 오후의 햇볕과 이귀문 방위로 흉하고, 서쪽은 아침에는 춥고 오후에는 늦게까지 햇볕이 들어 음식물이 쉽게 부패하기 때문에 흉하다. 서북쪽은 가장의 방위이므로 부엌으로는 좋지 않다. 북쪽은 차가운 기운으로 부인의 건강에 해로우며 북동쪽은 귀문방으로 방위 자체가 까다로워 흉하다. 셋째, 아이 공부방의 위치로는 동쪽은 신선한 양의 기운을 받을 수 있어 자녀의 공부방으로 괜찮고, 동남쪽은 일반적으로 좋은 방위이나 특히 딸이 거주하면 좋다. 남쪽은 유년기의 공부방으로 좋은 방위이며 남서쪽은 할머니의 방위이므로 성장기의 아이에게는 좋지 않다. 서쪽은 해가 지는 방위라 성장기의 아이에게는 좋지 않으며 서북쪽은 가장의 자리라 역시 좋지 않다. 북쪽은 수(水)의 기운으로 차분하며 주의력이 깊어지기 때문에 공부에 집중할 수가 있어 최고의 방위이고, 북동쪽은 귀문방이라 공부뿐 아니라 어떤 공간을 설치하더라도 까다로운 방위다.

일반적으로 유치원생이나 어린 자녀는 햇볕이 잘 드는 남쪽방향이 좋지만 주위가 산만하거나 너무 활달한 아이는 차분한 북쪽이 유리하다. 그리고 본격적으로 공부해야 할 고등학교에서는 북쪽이 수(水)의 기운이므로 차분하여 공부에 집중도를 높일 수 있는 최고의 방위다. 넷째, 화장실의 방위로는 동쪽과 동남쪽은 햇볕과 신선한 공기의 유입으로 무난하다. 남쪽은 오행 상 화(火)의 기운으로 화장실의 수(水)의 기운과 상극(水剋火)이 되어 좋지 않고 남서쪽은 귀문방이라 좋지 않다. 서쪽은 해가 지는 방위로 집안의 지출을 부추기며 서북쪽은 가장의 방위가 되어 흉하다. 북쪽은 수(水)의 기운으로 물을 많이 사용하는 화장실로는 좋지 못하며 북동쪽 역시 귀문방이라 흉하다. 이와 같은 방위는 일반 상식적인 것이고 대문(출입문)을 기준으로 한 동서사택이론과는 반드시 일치하지는 않는다.

327. 구성법九星法

태양계를 비롯한 우주 전체의 중심축은 북극성이다. 여기서 구성이란 북극성 주위를 회전하는 북두칠성의 7개 별과 칠성 중 여섯 번째와 일곱 번째 별인 무곡성과 파군성의 좌우에 위치하는 좌보성과 우필성을 합한 아홉 개의 별을 말한다. 이 별들은 각자 맡은 기운을 가지고 우주를 지배하는데 북극성이 임금이라면 구성은 임금의 명을 받들고 보좌하는 각 부처 장관이라 할 수 있다. 때문에 인간을 비롯한 우주 만물은 이 구성의 영향을 많이 받으며 살아가고 있다. 태양과 달 그리고 목성 등 태양계의 행성들이 지구상의 생물체에 영향을 미치듯 하늘에 떠 있는 구성들 역시 온 우주 만물의 생성과 소멸 그리고 그 길흉화복에 많은 영향을 미친다. 풍수에서는 음·양택을 막론하고 혈장에서 보아 주변 산봉우리의 위치나 물의 득수, 파구, 음·양택의 좌향 등 여러 가지를 측정하여 구성과 연관 지어 음택지(묘소)나 양택지(집)의 길흉 판단에 사용한다.

집을 지을 때 대문의 위치라든가 안방, 부엌, 아이 공부방 등의 위치도 이 구성의 기운을 측정하여 위치를 정하는데 이것을 가택 구성법이라 한다. 역(易)에는 팔괘가 있고 집(宅)에는 팔 방향이 있으므로 이를 4길방과 4흉방으로 나눈다. 그러므로 사람들은 누구라도 각자 집에서 거주를 하기 때문에 집안에 머무는 동안에는 그 길·흉방의 영향을 받게 된다. 길·흉방의 구분은 집안의 마당(아파트의 경우 거실 중심) 중심점에서 전체 360도를 45도씩 8방위로 나누었을 때 길방은 [생기, 연년, 천을, 복위]의 4방위이고 흉방은 [오귀, 절명, 화해, 육살]의 4방위이다.

풍수서 『入地眼全書』, 『陽宅三要』등의 기록에 의하면 생기(生氣)방은 총명, 문필, 관직, 부귀를 관장하므로 집안의 자손은 총명하고 재주가 많아 높은 관직에 오르며 부부는 백년해로한다. 오귀(五鬼)방은 흉폭함을 관장하므로 가솔들이 관제 구설에 오르기 쉽고 화재, 도적 등의 재난과 더불어 자손들은 성질이 급하여 흉악한 일이 많이 생긴다. 연년(延年)방은 영웅호걸과 병권, 재물을 관장하므로 뛰어난 재주를 가진 후손이 많고 덕행과 학식이 높아 부귀와 장수를 함께 누린다. 육살(六殺)방은 문장, 예능, 도박, 사치, 음탕을 관장하므로 집안 식구들은 용모가 뛰어나고 예술과 예능에 총명한 재주가 있으나 결국은 음란하여 패가망신한다. 화해(禍害)방은 질병과 재앙을 관장하므로 재물이 있으면 건강을 잃고 건강이 있으면 재물을 잃는다. 천을(天乙)방은 총명, 부귀, 장수를 관장하여 총명한 자손들이 태어나 높은 관직으로 대부대귀하며 모두가 건강 장수한다. 절명(絶命)방은 형겁과 아질, 죽음을 관장하므로 가솔들이 요절하여 후손이 끊기고 재산은 흩어지며 집안이 풍비박산 난다. 복위(伏位)방은 주변의 환경에 따라 달라지지만 보편적으로 초년에는 재산이 모이나 시간이 지날수록 부귀가 줄어들기도 한다. 이러한 구성들로 인하여 혈장에서는 방위마다 길흉이 달라지니 음택지를 정하거나 주택을 지을 때 반드시 전문가의 조언으로 흉방을 피하고 길방을 선택하여야 부귀와 발복을 기대할 수 있고 가족 모두가 건강한 생활을 영위해 나갈 수 있다.

328. 공동주택(아파트) ㊤

우리나라 주택 구조상 과거에는 단독주택 위주였으나 서구문물의 급격한 유입으로 인한 핵가족이 늘어나면서 현대 생활의 주거지로는 많은 사람들이 아파트를 선호하고 있다. 우리나라 인구의 약 70%가 아파트나 아파트형 빌라에서 생활을 한다는 통계자료로 보아 가히 폭발적이다. 현대인의 생활에 중요한 비중을 차지하고 있는 공동주택[아파트]의 풍수적 입지에 대하여 알아보자. 아파트는 입지적 특성상 개인이 아닌 공동주택이고 일정한 장소에 건설업자의 소신대로 설계하여 선시공 후분양을 하게 되므로 주변의 지형 지세와 좌향 및 양택삼요[門·主·灶]의 적절한 배치 등 길상의 풍수지리적 입지 조건과는 거리가 먼 경우가 대부분이다. 이것은 정부 당국의 풍수에 대한 무관심과 더불어 건설업체로서는 무엇보다 이익 창출을 우선적으로 생각해야 하기 때문이다.

풍수적으로 좋은 조건의 아파트란 먼저 부지선정이 중요하다. 아파트의 부지는 주변의 지형 지세가 원만하고 물길과 도로가 아파트 전체를 환포 해주는 곳이 좋으며 양택의 기본요소인 배산임수(背山臨水), 전저후고(前低後高)의 조건을 갖추고 앞이 평탄한 곳이 재물이 모이는 곳이다. 또한 습지이거나, 경사가 심한 곳, 성토지[매립지]는 피해야 하고 가급적 본 땅을 정지하여 건축할 수 있는 곳이라야 한다. 주변의 입지는 야트막한 산들이 원을 그리듯 사방으로 감싸주고 있는 안쪽이 아파트 단지로서는 최적의 장소로 친다. 이러한 위치에 입지한 아파트라면 부지선정에 있어서는 최고의 장소이다. 그다음 아파트가 들어선 단지 내에서도 좋은 동(棟)이 따로 있다. 우리나라 속담 중 '논두렁 정기라도 받아야 면장이라도 한다.'란 말이 있듯이 지기(地氣)를 많이 얻으려면 아파트 단지 뒤로 보아 산줄기가 이어져 내려와 멈춘 곳에 위치한 동[棟]이 제일 좋다. 그중에서도 산줄기가 똑바로 들어오는 동과 호[號]가 지기가 제일 왕성하기 때문에 최고로 친다.

만약 내가 살고있는 아파트 동(棟) 뒤편이 산의 골짜기라면 그곳은 물도 흐를 뿐만 아니라 바람이 이동하는 통로이기 때문에 건강과 더불어 재물의 손실까지도 가져다주는 아파트가 된다. 그다음 좋은 천기(天氣)를 받기 위해서는 먼저 그곳의 지형지세에 맞는 좌향으로 지어져야 한다. 이리저리 다니다 보면 배산임수의 형이 아닌 역방향으로 시공되어있는 아파트를 가끔 볼 수가 있다. 이런 현상은 자연지세를 무시하고 출입구와 정면을 앞면 도로와 맞추기 위함으로 이것은 한 사람의 개인이 아닌 아파트 단지 전체의 모든 주민들이 풍수적 피해를 보게 된다. 같은 입지라도 어떻게 어느 방향으로 짓느냐에 따라 기운이 달라진다. 집이 바라보는 방향이나 바람의 흐름에 따라 같은 단지라도 동마다 받는 기운이 달라지므로 양택풍수의 기본원칙인 배산임수, 전저후고의 원칙을 따라 지어져야 한다. 남향집이 좋다고 하여 무조건 남향만을 고집한다면 얻는 것은 하나이나 잃는 것은 아홉이라 하였으니 반드시 순리를 거스르지 말아야 한다. 우리나라에도 하루빨리 풍수 이론이 반영된 아파트가 정착되어 모두가 건강한 공간에서 생활해나갈 수 있기를 기대해 본다.

329. 공동주택(아파트) ㊦

지난주 연재에서 아파트 단지의 부지선정과 올바른 좌향선택에 대해 설명하였다. 이번 주에는 나에게 맞는 아파트 평수와 로얄 동(棟) 로얄 층(層)에 대해서 알아보자. 대부분의 사람들은 자기 과시용인지는 몰라도 큰 평수의 아파트를 선호한다. 각각의 장단점이 있겠으나 음양의 기운으로 볼 때, 가족 수에 비해 공간이 지나치게 넓으면 공간은 음의 기운이므로 양의 기운인 사람의 생기를 오히려 빼앗아 가게 된다. 일반적으로 1인당 5~6평 정도가 적당하다고 하나 집안에 가구나 물건이 많으면 공간이 그만큼 줄어들게 되므로 달라질 수가 있다.

양택 고서 『황제택경』에서는 집이 적고 사람이 많으면 부귀케 하고 집이 크고 사람이 적으면 가난케 한다고 하였다. 그러나 무조건 집이 작다고 부자가 될 수 없으며 또한 크다고 가난하지는 않겠지만 사람 수에 비해 너무 공간이 넓은 것은 문제가 될 수 있다. 양택에서 음양의 기운이 잘 조화될 수 있는 이상적인 집의 면적에 대한 계산법이 있어 소개한다. 방법은 집안에 거주하는 사람의 나이를 전부 더하여 ㎡로 보면 된다. 예를 들어 60세의 아버지와 56세의 어머니, 32세의 아들, 28세의 며느리, 5세와 2세의 아이가 한집에 산다면, 60+56+32+28+5+2=183이다. 183㎡ = 55.5평으로 방 5~6개 정도가 이상적이라고 할 수 있다. 여기서 60세의 아버지와 56세의 어머니 두 부부만 산다면, 60+56=116으로 116㎡ = 35.2평이 크다고 하겠으나 자식 손자들이 자주 왕래하기 때문에 적당한 크기로 본다. 또한 중년 가장인 45세의 아버지와 41세 어머니, 18세 아들과 15세의 딸이 한집에 산다면 45+41+18+15=119가 된다. 119㎡ = 36평으로 방 4개 정도가 적당하다.

아파트의 로얄 층과 로얄 동(棟)에 대한 개념은 사람마다 취향이 각각 다르므로 꼭 지정할 수는 없으나 풍수적으로 볼 때 저층은 지기는 충만한 대신 위층으로부터 압박을 너무 받아 좋지 않다는 견해와 고층은 전망은 좋으나 지기가 적어 불리하다는 설 등 주장이 상반되고 있다. 일반적으로 보아 총 높이가 15층의 아파트라면 지기도 얻고 전망도 괜찮은 5~10층 정도가 로얄 층으로 해석되고 있다. 만약 살고있는 집이 고층아파트라면 모자라는 지기를 보충하기 위해 베란다에 생토(흙)를 들여놓아 정원을 꾸며주면 부족한 지기를 어느 정도 보충할 수 있다.

또한 동(棟)은 단지 내 가운데 앞쪽에 있는 동이 제일 좋다. 가운데 앞에 위치함으로써 전망과 더불어 뒤쪽과 양옆의 건물은 사신사(북현무, 좌청룡, 우백호)의 역할을 해주어 장풍(藏風)에 도움이 되기 때문이다. 아파트 특성상 한 동만의 아파트도 있지만 대개가 여러 동으로 단지 형태를 이루고 있다. 양택에서는 지기보다는 천기를 더 중요시하기 때문에 뒤의 아파트(棟)가 배산(背山)의 역할을 해주고 좌우의 아파트(棟)가 청룡·백호의 역할을 해주어 장풍의 보국이 된다면 아주 이상적이다. 그리고 앞쪽은 물과 도로가 환포를 하고 내부 구조의 공간 배치까지도 동·서사택 이론에 합법하다면 최고의 아파트라 할 수 있다.

330. 좋은 아파트 선택 법

아파트도 풍수 원칙에 맞게 지어진 아파트가 있다. 개인주택이야 장소 선정에서부터 건축의 모양과 크기, 좌향 그리고 내부 구조까지도 자기가 원하는 데로 시공할 수가 있지만 공동주택인 아파트의 경우 건축업자의 이익 창출을 우선으로 하다 보니 대부분 업자의 소신대로 지어져 있다. 현 상황이 이러하다 보니 일반 소비자들은 내 집 마련을 위해 거금을 투자할 때 신중을 기하지 않을 수가 없다. 어떤 사람은 이사를 한 후 사업도 잘되고 모든 식구가 건강하고 행복한 가정이 지속되는 반면 어떤 사람은 그와 정반대되는 현상으로 정신적, 육체적, 경제적으로 어려움 속에 허덕이는 경우를 가끔 볼 수 있다. 후자의 경우 그 아파트가 풍수 원칙에 맞지 않게 지어진 경우이거나 본인의 운명과 그 집의 기운이 서로 상반되기 때문이다. 그럼 내 집 마련을 위해 아파트를 선택할 때 어떤 항목들을 살펴보아야 할까?

첫째, 풍수의 원칙은 배산임수와 전저후고형이다. 산을 등지고 물을 앞에 둔 단지여야 하고 뒤가 높고 앞쪽이 약간 낮으면서 평탄하여야 재물이 모이는 곳이다. 둘째, 부지는 복개천이나 매립지가 아닌 생땅 위에 건립된 아파트여야 하고 주변 지세는 아름다운 산들이 감싸고 햇볕이 잘 들며 물과 도로가 단지를 환포하면서 흐르는지 살핀다. 셋째, 고지대에 있는 아파트는 바람의 피해가 있고 경사가 심한 지형의 단지는 지기가 곧장 빠져나가 재물의 손실을 가져온다. 또한 주변 산 높이보다 높은 층은 지기가 모자라 환자나 노약자가 있는 집안에는 불리하다. 넷째, 대 단지 속에서도 산줄기의 끝자락에 위치한 동(棟)이 지기가 가장 왕성한 곳이다. 그리고 아파트의 동과 동은 병열 또는 직각으로 배치되어져야 한다. 비스듬하게 배치된 곳은 어느 한 동의 모서리가 충(衝)을 하기 때문에 모서리에 위치한 아파트는 나쁜 영향(殺)을 받고, 지그재그로 배치한 곳은 단지 내 기의 흐름을 교란시켜 안정된 기운을 만들지 못한다. 다섯째, 아파트 단지 중심부에 상가가 있는 곳은 좋지 않다. 이곳은 단지 전체에서 기(氣)가 가장 많이 집중되는 곳으로 상가에서 배출되는 각종 냄새로 아파트 전체의 기운을 탁하게 만든다. 여섯째, 아파트의 출입구와 정면으로 마주치는 동(棟)은 도로 살(殺)을 받는다. 풍수에서는 도로를 물로 보기 때문에 직사수의 형태와 도로 살을 받기 때문에 흉하다. 그리고 고밀도의 고층아파트는 압충과 더불어 모서리 부분에 위치한 동은 살(殺)을 받는다. 일곱 번째, 고가도로 옆이나 큰 대로변에 위치한 아파트는 각종 소음으로 아파트 단지의 기(氣)를 교란시켜 주민들의 생활을 불안정하게 만든다. 여덟 번째, 아파트의 지붕이라 할 수 있는 제일 윗부분은 가지런한 것이 좋다. 윗부분의 높낮이가 일률적이지 못하면 서로가 충을 한다. 아홉 번째, 아파트의 좌향은 거실의 창문이 있는 쪽이 앞면이므로 동(棟) 출입구도 앞면에 위치하는 것이 유리하다. 그러나 우리나라의 많은 아파트들이 이와 반대 현상으로 거실과 반대쪽인 뒤편에 출입문이 있는 경우가 많다. 이 외에도 여러 가지 주의 사항이 많으나 지면 관계상 다음 회로 미룬다.

331. 인테리어 생활 풍수 ㊤

일반적으로 '풍수' 하면 먼저 떠오르는 것이 산에서 묘 자리나 잡는 기술 정도로 생각하지만 풍수는 크게 나누어 세 가지로 구분할 수가 있다. 첫째가 죽은 자의 무덤에 관한 음택(陰宅)이요, 두 번째가 산 사람들이 거주하는 양택(陽宅)이고 세 번째로 인간이 생활하면서 가택 내부에 좋은 기운이 흐를 수 있도록 조정해주는 인테리어 풍수가 있다. 인테리어풍수는 넓게 보아 양택풍수의 범주에 속하기는 하지만 요즘 들어 인테리어 풍수만 전문적으로 배울 수 있는 교육기관이 생겨나고 단기간의 교육으로도 실생활에 바로 적용할 수가 있어 많은 사람들이 취미 겸 부업으로 관심을 갖고있는 분야다. 음택과 양택은 터 잡기부터가 많은 지식이 요구되지만 인테리어풍수야 말로 서적 몇 권의 탐독과 전문가의 조언 그리고 개인의 상식으로 집안에 좋은 기운을 흐르게 하여 온 가족이 건강하고 안락한 생활을 해 나갈 수가 있다. 우주공간에는 눈에 보이지 않는 많은 기운이 존재하고 있다. 이 기운을 제대로 읽어 좋은 기(氣)는 받아들이고 나쁜 기는 적절한 비보(裨補)를 하여 막아내는 것이 인테리어풍수의 목적이다. 그리하여 요즘은 우리나라보다 미국이나 유럽 등 서양에서 인테리어풍수에 대한 관심이 훨씬 더 높다. 특히 미국에서는 풍수를 인간의 행복을 창출하는 동양의 신비로운 술법으로 그 효능을 인정하고 가택 내부 인테리어는 물론 부동산과 도시계획에까지 널리 응용하고 있다. LA지역에서는 주택을 거래하면서 풍수 전문가의 조언을 받는 사람들이 급격히 늘어나고 풍수적 조건 때문에 거래가 성립되지 않아 가끔 풍수 전문가의 보증서까지 요구하고 있는 실정이라고 한다.

아무리 현대식 건물로 외관상 보기 좋게 잘 지어졌다 할지라도 풍수적 관점에서 원칙에 어긋난다면 좋은 건물로 평가받지 못한다. 풍수에서는 건물의 입지를 분석할 때 천·지·인을 총괄하여 분석한다. 먼저 하늘의 운기와 땅의 입지 그리고 그 건물에 입주할 사람의 본명과도 적합한지를 살피게 된다. 그런 다음 정해진 조건에 맞추어 건축을 하고 그 건물의 방위에 맞는 대문을 내고 대문의 방위에 맞추어 내부 공간의 배치를 함으로써 복가(福家)를 만들 수 있다. 좋은 기운이 흐르는 집안에서 생활할 수 있는 인테리어를 하기 위해서는 기(氣)를 슬기롭게 다루는 방법과 원칙을 지키는 것이 중요하다. 사람이 거주하는 집이나 장소가 그곳에 거주하는 사람의 기분은 물론 생활에 여러 가지로 영향을 미친다고 할 때 그것을 잘 다루고 활용하는 방법을 찾는 것이 바로 풍수지리다. 또한 집은 우리가 건강한 생활을 유지하고 휴식과 안정을 취해 내일을 위한 활력소를 재충전하는 기본 공간이다. 집이 건강하고 생기가 넘쳐야 그 속에 사는 사람들 역시 건강하고 활기차게 생활해 나갈 수 있다. 같은 집에서도 새 가구를 들여놓거나 가구 배치를 달리했을 때 전혀 새로운 기분을 느끼게 된다. 그러한 느낌이란 보이지도 잡히지도 뚜렷이 설명할 수도 없지만 첫 느낌으로 받게 되는 새로운 기분, 그것이 바로 공간이 만들어내는 기운이다. 이처럼 기는 땅에서 만들어내는 지기뿐 아니라 우리가 살고있는 공간에서도 항상 존재하고 있어 인간 생활에 많은 영향을 미친다.

332. 인테리어 생활 풍수 ㊦

집안에 기(氣)의 균형을 잘 조절하여 건강한 생활이 될 수 있도록 도와주는 것이 바로 인테리어풍수다. 실내의 기운은 출입구인 대문[현관]을 통해 들어와 거실[마당]에서 소용돌이 모양을 이루며 각 공간마다 기운을 공급하고 뒷문이나 창문을 통해 다시 나간다. 부드럽게 순환되어야 할 공기가 집안 구석구석의 잡다한 물건들로 가로막혀 있다면 기의 흐름에 큰 방해가 되어 정체하게 되고, 정체된 기운은 곧 탁한 기운을 만들어 식구들의 건강에 나쁜 영향을 미치게 된다. 집안의 각종 가구나 전자제품 그리고 화분과 여러 가지 소품들까지도 제 위치에 자리를 잡아야 공기의 순환에 방해가 되지 않아 복가로 평가받을 수 있다. 좋은 기가 흐르는 공간에서 생활을 하면 삶도 활기가 넘치지만 나쁜 기가 흐르는 공간에서 생활을 하게 되면 매사가 피곤하고 짜증이 나며 정서적으로도 불안하여 건강한 생활을 이어 나갈 수가 없다. 서구에서 인테리어풍수를 도입하는 것도 바로 그런 이유이고 생활공간이 건강해야 삶도 건강하고 행복해질 수 있기 때문이다. 그러기 위해서는 그 집에 머무는 동안 건강한 생활과 더불어 심리적으로도 편안할 수 있도록 각종 가제도구들이 놓여야 할 위치를 잘 선정하여야 한다. 집안 내부의 기운이란 인간의 눈으로 볼 수는 없지만 일반적으로 그 집에서 키우는 화분의 각종 식물들이 싱싱하게 잘 자란다면 대체적으로 기운의 소통이 어느 정도 원활하다고 평가할 수 있다.

집안에서 인테리어를 할 때 유의할 사항은 여러 가지가 있지만 일반적으로 생활에 편리하고 미관상 보기 좋게 하는 것을 우선시한다. 그러나 풍수에서는 편리함과 시각적인 부분 못지않게 전체적으로 조화를 이루면서 집안의 기를 원활하게 흐르도록 도와주고 나쁜 기를 차단하는 것을 더 중요시한다. 양택에 있어서 명당이란 주위의 모든 지형조건이 풍수 원칙에 맞아 생기 가득한 장소를 찾는 것도 중요하지만 그 땅 위에 지어진 집의 형태와 구조를 인간 생활에 유익하게 하는 방법도 중요한 것이다. 과거의 우리나라 주택 형태에서는 마당이 있고 화장실과 사랑방이 본체 밖의 다른 공간에 위치하였다. 그러나 아파트를 위주로 한 현대식 건물에서는 화장실과 부엌이 실내로 들어오고 마당이 없어지는 대신 거실이 마당과 사랑방 구실까지 동시에 하고 있다. 이에 따라 최근 생활 풍수에서는 양택 3요(안방, 부엌, 현관)에서 거실과 화장실을 추가하여 양택 5요로 분류하고 모두 다 중요시하고 있다. 그래서 거실, 현관, 침실, 부엌, 욕실과 아이 공부방까지 모든 공간들이 집안 내부에서 동서사택이론으로 합당한 위치에 자리하고 있어야 생기 가득한 집이 될 수 있다. 가랑비에 옷 젖듯 인간에게 서서히 그 영향을 미친다는 인테리어풍수, 우주공간의 기운을 잘 다스려 집안에 늘 좋은 기운이 흐를 수 있도록 인테리어를 하는 것만이 건강하고 즐거운 생활을 이어 나갈 수 있다. 집에서 사람이 활동하는 데 영향을 미칠 수 있는 주요 공간, 즉 거실, 현관, 침실, 부엌, 욕실, 아이 공부방 등의 인테리어풍수는 다음 주부터 한 곳씩 설명한다.

333. 현관 인테리어 풍수 ㊤

어느 집이든 현관의 위치는 매우 중요하다. 양택 고서 『팔택명경』에서도 '집은 길흉이 없으나 문로에 따라 길흉이 생긴다' 하였으니 출입문의 위치에 따라 그 집안의 운명이 좌우된다. 양택의 삼요(三要) 중 하나에 속하는 현관의 위치는 집의 방향에 따른 동·서사택의 이론으로 동택[同宅]에 위치하여야 한다. 그러므로 본체의 방향에 따라 현관의 위치도 달라지므로 그에 맞는 위치에 자리 잡아야 집안으로 좋은 기운을 불러들일 수 있다. 일반적으로 말하기를 현관은 밝은 동쪽, 동남쪽, 남쪽의 방위가 가장 좋다고 하며 특히 젊은 부부라면 동쪽의 현관이 가장 좋다고들 하지만 집의 방향과 상관없이 일방적으로 모든 집에 적용하기에는 오차가 생긴다.

이러한 이론들은 집의 방향과 관계없이 생활의 편리성과 일조량에 기준을 두고 좋은 방향이라고 불러 지는 것 같다. 그러나 집의 관문이면서 기(氣)의 통로인 현관은 그 집의 좌향에 따라 위치가 결정되어져야 하기에 폐가를 구입해 대문의 위치만 바꾸어도 복가로 만들 수가 있다. 우주공간에는 수많은 기운들이 존재한다. 그 기운들을 실어 나르는 바람도 부는 방향과 속도가 계절과 시간에 따라 각각 다르다. 이러한 자연현상에 맞추어 집에 좋은 기운이 많이 들어올 수 있도록 집의 방향에 따라 출입문을 결정해놓은 이론이 바로 동·서사택 이론이다. 현관문이 집의 좌향에 맞는 바른 위치에 자리를 잡아야 집안에 좋은 기운을 많이 들일 수가 있다. 풍수학에서 좌향을 중요시하는 것은 바람과 물의 순환 궤도를 파악하여 인간에게 유익한 방향을 선택하기 위함이다. 현관은 집의 첫인상을 결정하고 외부의 활기찬 기운을 집안에 받아들이는 관문이다. 아무리 좋은 방향의 출입구라도 그 출입구가 막혀있으면 실내로 기가 흘러 들어올 수 없으며 밝고 깨끗하고 가지런한 현관이야말로 그 집 전체의 기운을 좌우한다. 어둡고 난잡한 현관은 재물운과 건강운을 떨어뜨릴 수 있으므로 현관의 조명은 항시 밝게 하여야 한다. 밝은 조명은 집안의 나쁜 기운을 몰아내고 좋은 기운을 불러들이기 때문이다. 그리고 현관의 벽면은 옅은 색으로 칠하는 것이 좋다. 도배지를 사용할 경우에는 너무 진한 색은 피하고 위에는 가볍고 아래는 약간 무거운 색이어야 안정감이 있어 기운도 안정을 찾는다.

현관에 햇볕이 들어오지 않거나 창문이 막혀있다면 문의 위쪽에 맑은소리가 나는 종을 달아 문을 열 때마다 밝은 조명과 더불어 경쾌한 종소리로 멈춰져 있던 공기를 깨트려 정체된 기운을 중화시켜주는 것도 좋은 방법이 된다. 따라서 대문은 양택에서 중요한 요소로 방위측정 시에도 제일 먼저 판단하고 대문의 방향을 기준으로 8괘 방위로 나누어 집안 내부의 길·흉방을 구분한다. 집의 좌향에 맞는 대문의 위치야말로 그 집안에 화복(禍福)을 좌우하기에 누구나 집을 짓거나 구매할 시는 반드시 전문가의 조언을 얻어 결정하는 것이 바람직하다. 봄이면 대문[현관]에 [立春大吉], [建陽多慶], [開門萬福來] 등을 써 붙이는 것은 대문이 한 집안의 길흉화복을 부르거나 막는 장소로써 우리의 삶에 많은 영향을 미치고 있기 때문이다.

334. 현관 인테리어 풍수 ㊦

지난주에 현관문의 위치와 현관의 조명 그리고 벽지 등에 대해 설명하였고 이번 주는 현관의 각종 시설물과 장식품에 대해 알아보기로 하자. 먼저 현관에 있어야 할 시설물 중 신발장은 약간 크다 싶을 정도가 풍수적으로 길하다. 신발장이 좁으면 환기가 잘되지 않아 냄새가 나게 되므로 여기서 나쁜 음의 기운이 많이 발생한다. 그리고 신지 않는 신발은 계속 보관하지 말고 바로 버려야 한다. 신발의 정리에 있어서도 가볍고 밝은색은 위로, 무겁고 어두운색은 아래로, 여자 신발은 위쪽, 남자 신발은 아래쪽에 넣고 신발의 앞면이 앞(문)쪽으로 보이게 정리해야 한다.

그리고 신발장 위에는 꽃을 놓아두면 좋은 기운이 상승하게 되는데 노란색 꽃이나 소품은 재물운, 붉은색은 애정운을 증가시켜준다. 단, 밝고 싱싱한 꽃으로 장식할 것이며 반드시 깔개를 깔고 화분을 두어야 신발장의 나쁜 기운과 분리가 되며 dry flower나 죽은 꽃, 시든 꽃은 나쁜 음기를 불러들여 집안 전체에 퍼지게 되므로 건강운을 해친다. 그리고 두꺼비나 기린 등 소형 조형물을 신발장 위에 둘 때는 입이 출입문 쪽을 향하게 두어야 하며 현관에서 바라다보이는 곳에 활짝 웃는 가족사진을 걸어두면 집안에 좋은 기운을 상승시킨다. 밖에서 현관문을 열었을 때 거울이 정면으로 보이면 집안으로 들어 오는 기운을 반사 시키게 되므로 피하고 거울은 좌측 혹은 우측에 위치하여야 한다. 안쪽에서 출입문 쪽으로 보아 오른쪽의 거울은 재물운을, 왼쪽의 거울은 출세운과 교제운을 상승시켜줌으로 위치선정은 집집마다 필요에 따라 선택하면 된다. 이것은 사신사 중 청룡은 관(官)운을, 백호는 재물운을 관장하는 원리와 같다. 예를 들어 집안에 공직자나 수험생이 있다면 좌측편의 거울, 사업이나 장사를 하는 집은 우측편의 거울이 좋다는 것이다. 그러나 양쪽에 모두 걸어 집안에 필요 이상으로 거울이 많거나 너무 큰 거울은 내부의 기(氣)를 쇠하게 하여 오히려 사람의 기운을 빼앗아 가기 때문에 흉하다. 현관에는 잡다한 물건을 쌓아두지 말아야 하고 사람이나 물건이 드나드는데 지장이 없어야 한다. 특히 움직이는 유모차, 자전거, 덩치가 큰 장난감, 공 등은 상처나 사고에 휘말릴 수가 있고, 흉기가 될 수 있는 야구방망이, 골프채, 우산, 공구함 등은 기운을 산만하게 함으로 보이지 않는 곳에 수납해야 한다. 현관 바닥의 타일은 밝은색이라야 집안에 좋은 기운을 불러들이고 어두운 회색이나 검은색 타일은 나쁜 음기를 불러들인다. 풍수에서는 물은 곧 재물을 상징하므로 청소를 할 때 바닥은 빗자루 대신 물걸레로 닦아내면 집안에 재물운이 상승하게 되고 이때 현관문도 같이 닦아주는 것이 좋다. 이렇게 하면 출입구에 먼지가 날지 않아 집안 전체에 나쁜 기운도 쌓이지 않는다. 먼지는 곧 음의 기운으로 건강운과 직결된다. 현관문과 거실 사이에 중문을 달면 행운이 들어오고 고장 난 문은 즉시 고쳐야 한다. 문은 안쪽으로 열리는 것이 좋으나 우리나라의 대부분은 공간 확보를 위해 바깥으로 열리게 되어있다. 이때는 안의 공기가 밖으로 쉽게 빠져나가지 않게 문의 윗부분에 천천히 열리고 닫히게 하는 완충기를 달아야 한다.

335. 거실 인테리어 풍수 ㊤

오늘날의 집안 생활은 안방 위주에서 거실 위주로 변하였고 현대식 건물에서 거실은 가정운의 주축이 되는 장소이다. 이곳에서 손님 접대나 집안의 대소사(大小事)가 이루어지며 TV를 본다거나 식사를 한다거나 때론 침실의 역할도 하고 가족 간의 대화와 온 가족의 화합을 이뤄주는 공간으로써 다방면으로 활용하고 있는 것이 현대 생활의 실제 모습이다. 또한 거실은 가족 구성원 모두가 한자리에 모여 대화를 할 수 있는 유일한 공간이므로 주택의 중심에 위치하여야 한다. 현대주택에서 기(氣)가 가장 많이 모이는 곳은 무게중심이 있는 집의 중앙이기 때문이다.

그러므로 거실은 집안의 중심에 위치하여 현관을 통해 들어온 기를 각 방으로 공급해주는 역할을 하는 곳이므로 안방, 부엌, 화장실 등 다른 공간들도 각자 특성에 맞는 좋은 방위에 배치되어져 있어야 각 공간마다 좋은 기운을 공급할 수가 있다. 좋은 방위란 현관문을 기준으로 동·서사택이론에 부합하는 방위를 말하고 그렇지 못할경우 불안한 주택이 된다. 거실은 현관으로 들어온 기운을 중화시켜 집안 전체의 운을 만든다. 그러므로 집안 중심에 넓게 자리 잡아 천장도 약간 높게 하고 천장 가운데를 원형이나 육각형으로 하여 생기가 잘 순환되면서 좋은 기운이 오래 머물 수 있도록 하여야 한다. 중심 공간의 천장높이는 거실의 길이가 가로세로 각각 3m라면 천장높이도 3m로 해서 거실 전체의 모양이 정육면체가 되도록 하는 것이 생기를 만드는데 가장 이상적이다. 정육면체 실내에서는 그 기운을 상하로 구분해서 밑에는 음기이고 위로는 양기가 모여서 전체적으로 음양의 균형을 이룬다. 음양의 균형과 회전은 생기를 만드는 핵심이다. 이런 거실에서 형성되는 좋은 기는 그 집에 살고있는 사람들의 건강이나 사회적인 활동을 촉진시켜 행운을 가져다준다.

거실의 크기는 집 전체 평수에 비례하여 적당하여야 하며 방이 거실보다 커서는 안된다. 현관으로 들어온 기를 적당히 담아 사람이 자연 상태에서 숨을 쉬는 것처럼 편해야 한다. 너무 좁으면 사람이 압축된 공기를 마시는 격이고 너무 넓으면 느슨한 공기를 마시는 꼴로 둘 다 흉하다. 자연 상태의 공기가 순환하는 공간이 되어야 한다. 요즈음 현대식 주택에서 보면 거실과 주방이 하나의 공간으로 배치되어 각각의 기능이 혼합되어있는 경우를 볼 수가 있는데 이러한 경우는 거실과 주방의 기운이 상반되기 때문에 불리하다. 가능하다면 칸막이로 분리하여 거실은 거실대로 주방은 주방의 특성에 맞게 꾸며야 풍수적으로 길하다.

거실이 좁다고 하여 베란다를 확장하는 것은 좋지 않다. 베란다는 주택의 외부 기운과 내부 기운의 완충 작용을 하는 공간으로 방풍, 방음, 보온 등 여러 면으로 매우 중요한 공간이고 이러한 공간을 없애게 되면 고층아파트에선 창문가의 아래쪽이 바로 낭떠러지가 되어 심리적으로도 상당히 불안한 생활을 하게 된다. 이미 확장을 하였다면 창문가에 잎이 무성한 화분을 두어 창문 아래쪽의 낭떠러지가 바로 보이지 않게 어느 정도 거리를 확보하여야 한다.

336. 거실 인테리어 풍수 ㊥

지난주 연재에서는 거실의 일반적 기능과 모양, 위치, 베란다 확장의 길흉에 대해서 설명하였으나 이번 주에는 거실의 소파와 테이블의 종류 그리고 놓여야 할 위치 등에 대해 알아보자. 먼저 어느 가정에서나 볼 수 있는 소파의 위치는 현관이나 창문을 향하여 바람을 안는 상태여야 한다. 특히 풍수에서는 창문을 물로 보기 때문에 창문(물)을 등지고 앉는 형태는 심리적으로 불안하고 풍수 원칙에도 어긋난다. 현관문과 대각선 방향에 두어 현관문을 바라보게 함으로써 집안 전체를 조망하고 장악하여 주인의식을 갖게 한다. 현관이나 창문을 등지게 되면 기의 흐름을 방해하게 되고 외기와 직접 부딪치게 되면 몸이 상하게 된다.

여기서 대각선 방향의 의미는 크다. 모서리의 ㄱ字나 ㄴ字형의 배치는 바람의 흐름을 자연스럽게 꺾어주어 기의 순환에 큰 도움이 되므로 거실이 넓은 집에서는 ㄱ字나 ㄴ字형의 배치가 좋고 좁은 집에서는 ㅡ字형의 배치도 무방하다. 거실 가운데서 가운데 탁자를 두고 양쪽에서 마주 보게 하는 배치는 기가 충돌을 일으켜 좋지 못하다. 또한 소파가 거실에 비해 지나치게 크거나 고급품이면 주객이 전도되어 주인은 매사에 자신의 능력을 발휘하지 못한다. 특히 젊은 사람일수록 값비싸고 무거운 소파는 사람의 운기를 뺏어 무능하게 하므로 사업과 출세에 지장을 줄 수 있다. 어떤 경우라도 거실 분위기는 사람 위주가 되어야지 가구나 장식품이 우선해서는 안 된다. 재질은 가죽 소파보다는 천으로 된 것이 좋다. 가죽 소파는 차가운 음의 기운을 발산하기 때문에 반드시 방석을 깔고 사용해야 한다. 커버가 단색으로 된 소파는 가정운을 무미건조하게 하므로 쿠션이나 방석으로 색깔의 조화를 맞추어 밝은 분위기로 연출해야 한다. 진한 빨강 등 너무 강열한 색상은 가족 간의 불화를 일으키는 원인이 되기도 하므로 가능한 부드러운 색상을 택한다.

거실에 테이블을 둔다면 유리나 대리석 보다는 가급적 천연 목재류를 사용하라. 유리나 대리석은 차가운 음기를 발생시켜 사람의 적극성을 상실하게 하고 가족 간의 화합에도 지장을 준다. 부득이한 경우라면 보를 덮고 매트를 깔아 사용하면 음기를 어느 정도 줄일 수 있다. 테이블은 모서리가 완만한 사각의 목재 테이블이 좋으며 목재는 가급적 천을 씌우지 않고 그대로 사용하는 것이 좋다. 뾰족한 모서리는 모서리마다 살(殺)을 만들어내기에 가족들의 건강운을 해친다. 원형 테이블은 풍수에서 현재 상태에 만족하는 의미를 가지기 때문에 진취적인 사고방식이 필요한 젊은 부부에게는 좋지 않다. 골동품이나 고가구 등의 장식은 위치선정이 중요하고 육중한 양탄자는 가급적 사용하지 말 것. 골동품이나 고가구 등을 어둡고 후미진 곳에 두면 음습한 기운이 더욱 탁해져 가족들의 건강을 해치므로 꼭 필요하다면 밝은 장소에 둔다. 또한 무겁고 두꺼운 양탄자를 까는 것은 탁한 기운을 깔고 있는 것이나 마찬가지이므로 가급적 가볍고 먼지가 덜 앉는 것으로 사용할 것. 풍수에서는 먼지가 곧, 음의 기운으로 재물운과 건강운을 동시에 잃는다.

337. 거실 인테리어 풍수 ㊦

거실의 모양은 확장하지 않은 상태의 반듯한 사각형이어야 기의 순환이 원활하다. 이곳은 한옥의 마당과 같이 밝은 빛이 들고 무조건 청결해야 좋은 기운이 만들어진다. 특히 아파트에선 앞쪽 면 전체가 유리창이다. 풍수에서는 유리창을 기(氣)가 새어나가는 곳으로 보기 때문에 집안에 유리창이 많을수록 좋지 않다. 거실은 가급적 비우고 베란다에도 물건을 쌓아두지 마라. 거실은 집안의 중심으로 현관에서 들어온 기운이 모여 각 공간으로 보내주는 중요한 곳이다. 이곳에 잡다한 물건이 많으면 기의 소통이 원활하지 못하여 집안 전체에 영향을 미친다. 좁은 집일수록 피아노 등 무게가 많이 나가는 물건이나 가구는 오히려 사람의 기운을 빼앗고 전체적인 기의 흐름에도 장애가 된다. 거실의 기가 산만하면 가족 간에 불화가 싹트고 건강과 재물운도 급격히 나빠진다. 베란다 창문은 현관 다음으로 기운이 출입하는 곳이다. 기의 통로가 되는 베란다에 물건을 가득 쌓아두는 것은 거실 내부의 환기와 햇볕을 차단하게 되므로 온 집안의 기운을 저하시킨다. 그리고 거실 벽에는 꽃 그림이나 산이 그려진 풍경화나 가족사진을 걸어두는 것이 좋다. 거실에 거울을 두면 가족 간의 화합을 방해하고 꽃 그림은 금전운과 재물운이 상승하며 이것은 어느 방향에 걸어도 행운을 불러들인다. 어둡고 무거운 이미지의 추상화나 인물화, 맹수의 그림 등은 들어오는 복을 물리치며 동물의 박제품이나 뻐꾸기시계와 같이 돌출이 심한 장식품도 기의 흐름에 방해가 된다. 골프채라든가 수석, 양주병의 진열 등도 사고를 유발할 수 있다하여 인테리어풍수에서는 좋지 않게 평가한다.

거실은 집안에서 중요한 위치를 차지하고 있는 만큼 밝고 따뜻한 분위기로 꾸미는 것을 최우선으로 해야 한다. 햇빛이 가득 들어오는 밝은 거실은 풍수적으로 가장 이상적인 공간. 가족의 화목과 건강운을 높이고 싶다면 밝은색의 벽지와 커튼으로 거실을 밝게 연출한다. 단 서향의 집에서 오후의 강렬한 햇볕은 양의 기운이 과다해 커튼이나 블라인드로 어느 정도 차단하는 것이 좋다. 낮시간에 일조량이 많아 지나치게 밝으면 가족 간의 다툼이 일어날 수 있고 금전운도 저하된다. 천장에 조명기구 하나만 달아놓은 집은 가족운이 좋지 않다. 커다란 샹들리에 같은 기본조명 외에 간접조명이나 벽등으로 조명을 몇 군데 분산시켜 설치하고 만일 채광이 좋지 않다면 양의 기운을 가진 목재류의 가구나 화분 및 꽃 종류의 풍경 그림을 둔다. 에어컨은 모서리 부분에 두어 기의 흐름을 원활하게 하고 겨울에도 덮개를 씌우지 않는 것이 풍수적으로 좋다. TV나 오디오 등 가전제품이 있는 장소에는 전자파가 발생하므로 잎이 무성한 관엽식물을 두고 시들거나 말라 죽지 않도록 잘 보살핀다. 식물의 생명이 싱싱한가 아닌가에 따라 그 집안에 흐르는 기운을 알 수 있다. 침엽수림은 살기를 뿜어내어 부부싸움이 잦고 매사가 짜증스럽다. 사람의 키보다 더 큰 화초류는 사람의 기운을 빼앗아 가며 인위적으로 억눌러 키운 꼬인나무(분재)나 dry flower 등은 기운을 쇠하게 하여 집안 어디에도 두지 말아야 한다.

338. 안방 인테리어 풍수 ㊤

집이 갖는 기능 가운데 가장 중요한 것은 편안한 휴식을 제공해서 낮 동안에 쌓인 피로를 풀어주는 것이다. 침실은 사람이 매일 7~8시간 가사(假死) 상태에서 잠을 자는 공간이므로 인생의 3분의 1을 지배하는 공간이라고도 한다. 사람은 수면을 통해서 새로운 기운을 축적한다. 이때 좋은 기운을 흡수하느냐 나쁜 기운을 흡수하느냐는 그 집안의 흥망성쇠를 좌우한다. 사람이 낮에 활동할 때는 기(氣)가 충만하기 때문에 어지간한 외부 기의 침범은 모두 방어해낼 수 있다. 하지만 수면 중에는 모든 기를 놓은 상태라 외부의 기운에 무방비상태가 된다. 그러므로 바이러스 감염으로 인한 감기 같은 질병도 잠자고 일어났을 때 많이 걸려있음을 알 수 있다.

수면 중 좋은 기운이 방안에 가득하다면 무의식중에 그 기를 흡수하여 아침에 눈을 떴을 때 몸이 개운함을 느끼고 기분도 상쾌하다. 그러므로 침실이야말로 집안에서도 기운이 왕성한 곳에 자리 잡아야 충전소 역할을 제대로 하여 그날의 피로를 풀고 활기찬 내일을 기약할 수 있다. 안방은 가장이 기거하는 곳인 만큼 아버지를 상징하는 건[乾:서북]방이나 어머니를 상징하는 곤[坤:남서]방에 위치하면 더욱 좋다. 복층으로 된 구조에서 상층의 욕실 아래에 침실을 두어서는 안 되며 차고의 위에 침실을 만드는 것도 좋지 않다. 침실(안방)의 형상 또한 방정하여야 기가 원활하게 순환되므로 좁고 기다란 형태는 좋지 않다.

인간은 충분한 수면을 취하지 못하면 생산적인 활동을 할 수 없다. 생기가 많은 공간에서 잠을 자면 충전이 잘되고 그렇지 못하면 다음 날 피로를 느껴 일상생활에 부담감을 준다. 그러므로 안방 즉 침실은 집 중앙에서 현관문을 기준으로 방위측정을 하여 양택의 3길방[생기, 연년, 천을] 중 한 곳에 배치되어야 좋은 기운이 왕성하여 활력을 되찾을 수가 있다. 안방은 재물운, 애정운 건강운에 많은 영향을 미치는 곳이기 때문에 가구 배치나 조명 등에도 세심한 주의를 요한다. 특히 침대나 옷장, 화장대 등 큰 가구가 많아 배치할 때는 돌출된 모서리 부분이 없어야 방안에 들어온 기(氣)의 흐름이 원활하기 때문에 위치선정에도 많은 신경을 써야 한다.

침실에는 큰 화분이나 수령이 오래된 분재를 두지 않는 것이 좋다. 식물이란 밤에는 산소를 먹고 이산화탄소를 배출하기 때문이고 화분의 거름은 발효되어 유해가스를 배출하기 때문이다. 전통적으로 우리나라에서는 집안에 나무를 두는 것을 꺼려했다. 우리들이 사용하는 한문은 뜻글자로, 담장[口] 안에 나무[木]가 있으면 빈곤할 곤[困]이 되고, 문[門]안에 나무[木]가 있으면 막을 한[閑]이 되어 집안으로 좋은 기운이 들어오는 것을 막는다는 논리인데 과학적 근거가 충분하다. 이러한 전통가옥 구조가 아파트 구조로 바뀌면서도 그 논리는 그대로 적용된다. 아파트 안에 지나치게 많은 나무는 困字, 閑字가 된다. 과거 사대부들이 집안 혹은 방안에 들여놓은 것은 작은 관상수나 난초 몇 점이었지 그것도 결코 침실에 들여놓지는 않았다. 공기 정화에 좋다는 식물들이 많기는 하지만 침실에 화분은 바람직하지 않다.

339. 안방 인테리어 풍수 ㊥

지난주 연재에서는 안방의 기능과 위치에 대해서 이야기 했으나 이번 주는 잠자는 방향과 안방의 침대 위치에 대해 알아보자. 안방은 하루 동안에 쌓인 피로를 풀고 내일을 위한 에너지의 재충전을 위해 숙면을 취하는 공간으로 무엇보다 편안한 잠자리가 되어야 한다. 그러기 위해선 잠잘 때 머리를 두는 방향과 침대의 위치가 무엇보다 중요하다. 일반적으로 수면 중 사람의 몸은 음의 기질로 바뀌게 되므로 물(水)의 기운이 강하다. 그러므로 물(水)의 기운을 가진 북쪽으로 베개를 놓고 자면 자연의 강력한 힘을 얻을 수 있다. 그러나 북쪽이 회두극(回頭剋)인 사람은 아무리 좋은 기운을 얻는다 해도 그 방향으로 누워서는 안 된다. 또한 동쪽에 머리를 두고 자면 부귀영화를 누리고, 남쪽에 머리를 두고 자면 장수하고, 서쪽에 머리를 두고 자면 가난해지고, 북쪽에 머리를 두고 자면 수명이 짧아진다 라는 구전이 전해져 내려오기도 한다. 이렇게 각자 나름대로 이유를 들어 여러 방향을 주장하고 있으나 풍수의 원칙은 배산임수의 지형 지세에 따라 높은 쪽으로 머리를 두고 자는 것이 원칙이다. 집마다 좌향이 다르기에 방향을 고정할 수는 없으나 집 주변에 물이 흘러나가는 쪽이 어느 방향인지를 보아 반대 방향으로 머리를 두고 자면 무난하다. 그러므로 어디까지나 그 집이 위치하고 있는 지형 지세가 우선이다. 또한 풍수에서는 벽을 산으로 창문을 물로 보기 때문에 창문 쪽으로 발을 향하게 하는 것이 원칙이다. 그러나 각자 본인의 생년에 따른 회두극좌는 반드시 피해서 누워야 하고 방의 출입문, 화장실, 부엌, 현관 쪽으로 머리를 두는 것도 피해야 한다.

침대의 위치는 동서사택 이론에 따른 방의 출입문을 기준으로 길방에 위치하여야 한다. 그러나 일반적으로 출입문과 대각선의 위치가 좋다. 안방 문을 열었을 때 침대 머리가 바로 보이는 것 보다 약간 비켜져 있어야 출입문으로 들어오는 살기를 피할 수 있고, 방안 ㄱ字 모서리에 두어 양면으로 기댈 수가 있으면 심리적으로도 안정감을 얻을 수 있다. 특히 풍수에서는 각 방마다 이 대각선(안쪽 모서리) 지점을 "Lucky Zone"이라 하여 기운이 충만한 행운지역으로 부른다. 그러나 원칙은 안쪽 중에서도 안방 문을 기준으로 하여 동·서사택 이론에 따라 좋은 기운이 왕성한 생기, 연년, 천을의 3길방 중 1곳에 위치해야 한다. 방이 좁아 침대가 동사택과 서사택의 두 방위를 동시에 차지한다면 침대 머리 부분이 출입문과 같은(同)사택에 오도록 한다. 이때 벽면과는 약간의 간격(10~30cm)을 두어야 방안에서 기의 소통이 원활하고 시멘트벽에서 나오는 차가운 냉기도 피할 수 있다. 아주 큰 방의 경우 방의 한 가운데에 두는 경우가 있는데 이것은 풍수적으로 아주 흉하다. 창문과도 나란히 놓지 말고 배산임수 원칙에 따라 침대 머리는 벽을 향하고 반대쪽은 창문을 향하게 하는 것이 원칙이다. 그리고 침실의 침대 밑에는 빈 공간이어야 한다. 햇볕과 조명이 들지 않아 음의 기운이 가득한 곳에 공간 활용을 위해 박스나 물건을 넣어둔다면 이곳이야말로 방안 전체의 기운을 탁하게 하여 애정운과 재물, 건강운까지 떨어뜨린다.

340. 안방 인테리어 풍수 ㊦

지난주 연재에서는 안방에서 잠자는 방위와 침대를 놓아야 할 위치에 대해 설명하였다. 이번 주는 커텐과 이불 그리고 화장대, 조명 등 기타 여러 가지의 사항에 대해 알아보자. 먼저 침대 커버와 커튼이 다 같이 화려하면 좋지 않고 침구의 색깔은 밝고 부드러운 촉감의 이부자리가 좋다. 침대 커버와 커튼은 한쪽이 무늬가 있으면 다른 한쪽은 무늬가 없이 단순해야 음양의 조화가 맞다. 침구에서도 회색, 적색, 검정색과 동물무늬 등의 침대 커버나 이불은 어둡고 무거운 느낌으로 편안한 휴식에 심적 부담을 가져다주며, 노란색이나 황금색의 침구가 금전운을 좋게 한다. 그러나 지나치게 화려한 침구는 배우자의 모습을 상대적으로 초라하게 만드는 원인이 되고 음의 기운이 강한 검정색과 너무 화려한 침구는 배우자의 바람기를 자극하기 때문에 삼가는 것이 좋다. 잠잘 때 음의 기운이 많이 스며든 베게는 주기적으로 일광욕을 시켜 양의 기운을 받아들여라. 커튼은 이중으로 단다. 방안에 좋은 기운이 들어와도 커튼을 달아놓지 않으면 기운이 밖으로 쉽게 나가버리게 되고 햇볕 조절과 더불어 안방에 커튼은 필수. 레이스와 직물의 이중 커튼을 달면 방안의 좋은 기운은 남기고 나쁜 기운은 내보내는 필터 역할을 할 수 있다. 커튼이 너무 두껍고 지나치게 화려한 것은 소비심리가 강해져 재물운이 줄어들기 때문에 차분한 색상의 꽃무늬가 무난하다. 아이보리 베이지, 옅은 무늬가 있는 흰색 등 밝고 깨끗한 색상의 커튼이 좋다.

화장대는 동쪽으로 배치하여 일출의 젊은 기운을 흡수하고 테이블을 사용한다면 둥근 원형이어야 기의 순환에 좋다. 또한 장롱 위, 서랍장, 화장대 위에는 물건을 쌓아두지 말아야 한다. 이것 역시 기의 순환을 막아 건강운과 애정운을 해친다. 안방의 조명은 현관과 거실의 밝은 조명과는 달리 약간 어두운 듯 꾸며야 재물운이 쌓인다. 풍수로 해석할 때 재물은 음(陰)에 해당하기 때문에 약간 어둑한 부분에서 재물이 만들어진다. 그래서 침실에 너무 큰 창문이 있으면 커튼으로 햇빛을 조절하고 지갑은 보이는 곳에 두지 말고 약간 어두운 침실의 서랍에 넣어두는 것이 좋다.

또한 침실에는 화장대의 거울이 정면으로 보이면 숙면에 방해가 되고 침대 전체를 비출 수 있는 큰 거울은 부부금슬이 깨지는 요인이 된다. 화장대 위에도 필요시 직경 20~30cm 정도의 이동식 스탠드형 거울이 좋다. 그리고 TV 등 가전제품은 부부간의 대화를 단절하고 전자파 발생과 소음 등으로 수면에 방해가 되므로 두지 않는 것이 바람직하다. 혼자 찍은 사진이나 기러기, 원앙 등 한 쌍의 물건 중에 하나만 갖고 있는것도 좋지 않다. 침실은 거실보다 커서는 안 되고 안방 벽의 장식으로는 부부만의 사진이나 어린아이나 악기가 있는 그림 혹은 풍경화가 좋다. 또한 원형 혹은 육각형으로 된 원목 시계는 금전운을 좋게 한다. 그러나 벽에는 되도록 못 자국을 내지 않는 것이 상책이다. 풍수에서는 천장은 남편, 바닥은 아내, 벽은 자식에게 영향을 미친다고 보기 때문에 벽에 생긴 흠 하나하나가 자식의 앞길에 장애물로 작용한다. 만약 벽에 못 구멍이 많다면 그 구멍을 막고 도배를 다시 한다.

341. 부엌의 인테리어 풍수 ㊤

주방은 양택삼요의 한 분야로 주택의 기능 중에서 아주 중요한 역할을 담당하는 곳이므로 집안의 중심에서 팔괘 방위로 나누었을 때 길방에 위치하여야 한다. 풍수 이론에 따르면 주방 위치에 따라 음식 맛도 달라지는데 이런 현상은 부엌의 기운이 위치에 따라 달라지기 때문이다. 『양택삼요』에서는 부엌의 중요성을 다음과 같이 기록하고 있다. "대문은 기가 출입하는 곳이고 부엌은 식록이니 부엌과 대문이 모두 중요하다. 사람들이 이 이치를 가벼이 보나 무수한 집이 대문과 방이 서로 조화를 이루어 부귀를 누린다. 다만 이상한 질병에 시달리는 것은 모두 부엌의 방위가 흉하기 때문이다. 하여 부엌은 그 집안 식솔들의 건강운과 직결된다고 설명하고 있다. 따라서 만병은 대개 음식에 따라 생기므로 부엌이 좋으면 사람에게 길하고 부엌이 흉하면 사람에게도 흉하다. 이것은 여러 번을 시험해봐도 백발백중함으로 부엌을 양택삼요 중 하나로 삼은 것이다" 라고 하여 부엌이 사람의 건강과 재물운에 상당한 영향을 미치고 있음을 암시해주고 있다. 주방은 원래 집의 중앙에 위치하면 안 된다. 불은 탈 때 많은 산소를 필요로 하고 반면에 나쁜 연기를 뿜어낸다. 실내 중앙은 기가 집중되는 곳이고 신선한 산소가 모두 이곳에 모인다. 중앙에서 각 방으로 보내져야 할 신선한 산소를 다 태워버리고 해로운 이산화탄소와 음식 냄새로 가득하다면 불쾌감과 더불어 건강에 막대한 지장을 초래한다.

부엌은 현관에서 마주 보여서는 안 되고, 화장실과 마주 보는 위치도 각종 나쁜 기운이 음식에 스며든다하여 꺼리고, 물을 많이 쓰는 부정한 곳이라 하여 북동[艮], 남서[坤]방도 귀문방이라 꺼린다. 귀문방은 다른 방위에 비해 양기가 쇠한 방위이므로 이곳에서 음식을 하면 음식에 생기가 없어지고 음식에서 나오는 쓰레기가 쌓여 쇠한 기운과 함께 집안에 나쁜 기운을 증가시킨다. 대개 집안에서 주방이 들어서기 좋은 방위로는 신선한 산소의 유입이 용이한 동쪽[震]이나 남동쪽[巽]이 좋겠으나 실제로는 이 방위에 맞추어 부엌을 설치하기가 쉽지만은 않다.

또 부엌 아궁이[가스레인지]의 향(向)은 동쪽과 동남향이 좋다고 하는데 이것은 오행의 상생상극으로 보아 목(木)은 동쪽이라 [목생화]로 화(火)를 낳기 때문이다. 그러나 동·서사택 이론으로 집의 좌향에 따라 출입문을 내고 그 출입문에 맞추어 부엌의 위치를 결정하면 자연의 이치에 순응하므로 좋은 방향이 된다. 주방은 온 가족이 먹을 음식을 만드는 공간으로 무조건 통풍과 청결이 우선이다. 주방이 더러우면 나쁜 기운이 발생해 바로 생명력과 금전운에 손상을 입게 된다. 좋은 위치에 자리 잡아 건강한 기로 충만한 부엌은 음식에도 좋은 기운이 스며들어 모든 가족에게 긍정적인 에너지를 제공한다. 그리고 화(火)의 기운을 가진 가스와 수(水)의 기운을 가진 물이 공존하는 곳이므로 음양의 이치에 맞게 인테리어를 하는 것이 중요하다. 예를 들어 가스레인지와 밥솥은 화(火)의 기운이므로 부엌문을 기준하여 상생의 관계인 생기[木] 혹은 천을[土]방에 위치하는 것이 좋다.

342. 부엌의 인테리어 풍수 ㊦

지난주에는 부엌의 위치와 기능에 대해 설명하였고 이번 주는 식탁이나 냉장고 등 각종 기구의 위치에 대해 알아보자. 먼저 냉장고와 가스(전자)레인지를 가까이 두지 마라. 가스레인지의 화(火)기와 냉장고의 냉(水)기는 상극관계로 흉한 작용을 일으켜 주부가 불필요한 지출을 많이 하게 된다. 화(火)기의 전자[가스]렌지나 오븐은 방위상 차가움을 상징하는 북쪽에 배치하고 냉장고는 동쪽에 배치하는 것이 좋다. 부득이 같은 방위에 둘 수밖에 없다면 주위에 관엽식물의 화분을 두어 흉한 작용을 중화시켜야 한다. 가스레인지와 물을 사용하는 싱크대의 거리도 최소 1m 이상 떨어지는 것이 좋고 가스레인지와 전자레인지도 같은 화(火)의 기운으로 곁에 두는 것은 흉하다. 가스레인지(火)와 싱크대(水)의 기운은 상극[수극화]이다. 그러므로 이들의 거리가 가까우면 사이에 화분이나 도마 등 목재류의 주방 기구를 두어 [수생목]→[목생화]로 상생의 기운을 만들어 줌으로써 주방 전체의 기운이 상승한다. 식탁은 가급적 자연소재의 목재로 둥근 형태가 좋으며 4각형이라도 모서리 부분이 뾰족하지 않고 완만한 것이 좋다. 식탁 위에 까는 보도 어두운색 보다는 밝은색으로 하고 유리를 덮는 것은 차가운 성격으로 좋지 않다. 반드시 유리를 덮어야 하는 경우라면 유리 밑에 밝은색의 식탁보를 깔아 사용해야 한다.

그리고 벽에서 약간 떨어지게 배치해야 기의 흐름이 원활하다. 식탁 위에 약봉지나 지갑을 올려놓지 마라. 약봉지를 자주 보게 되면 건강한 기운을 막고 질병의 기운을 돋우기 때문에 약 먹을 일이 자주 생기고, 지갑은 부엌에 있는 불(火)의 기운이 지갑 속의 돈(金)을 극[화극금]하기 때문에 금전운이 떨어져 필요 없는 지출을 많이 하게 된다. 식탁의 좌석 배치는 연장자는 서쪽이나 북쪽에 앉고 나이가 적은 사람은 동쪽에 앉도록 한다. 모서리는 양쪽 면에서 기가 모아져 사람의 명치 부분을 치기 때문에 소화기 계통의 질병에 걸릴 수 있다. 특히 공부의 스트레스로 소화불량이 걸리기 쉬운 학생은 식탁의 모서리에 앉지 말아야 한다. 주방의 온도가 너무 높으면 집안사람들의 성질이 난폭해지고 입씨름을 하기가 쉽다. 적당한 온도가 유지될 수 있도록 환기를 잘 시켜야된다. 집에 불(火)의 기운이 너무 강하게 되면 사람이 침착하지 못하고 신경질적이며 성격이 조급해진다. 화(火)의 기운이 강한 가스대 주위에는 관엽식물을 놓으면 강한 화(火)의 기운을 어느 정도 중화시킬 수 있어 좋다. 쌀통과 정수기 등은 주방의 동쪽이나 동남쪽에 두어 동쪽의 생기가 쌀통과 정수기에 충분히 스며들 수 있게 한다. 주방에는 흰색 도자기 그릇이 좋다. 이것은 음양의 조화가 깨지기 쉬운 주방에서 기를 조절해 주는 중요한 역할을 한다. 나무로 된 주방용 그릇이나 수저는 좋지만 너무 오래 사용하면 세제나 소금기 기름 등이 스며들어 오히려 해롭다. 쓰레기통의 뚜껑은 항상 덮어져 있어야 하고 설거지를 미루지 마라. 여기서 많은 음의 기운이 만들어진다. 주방용 칼이나 가위는 사용하지 않을 때에는 반드시 칼꽂이에 꽂아 보관하라. 금전운이 저하되고 각종 사고의 위험이 따른다.

343. 욕실의 인테리어 풍수 ㊤

욕실은 집 중심부에서 8괘 방위로 나누었을 때 반드시 흉방에 배치되어야 한다. 여기서 흉방이란 현관문을 기준으로 문의 방위가 동사택 방위면 욕실은 서사택 방위에, 현관문이 서사택 방위에 있는 집이라면 욕실은 동사택 방위에 위치하여야 한다는 것이다. 『양택삼요』에서는 집의 여러 공간 중 안방과 부엌 그리고 아이 공부방 등 주요 공간들은 모두가 현관문과 같은(同四宅) 방위에 위치해야 길 하지만 화장실만은 반드시 대문과 다른 방위(흉방)에 위치해야 한다고 규정하고 있다.

고서에 이르기를 "흉방에 변소가 있으면 자손에게 올 불길한 기운이 제거된다."라고 하였으니 화장실의 위치는 반드시 흉방 이어야 한다. 그리고 화장실의 옛 명칭 중에 뒷간, 변소, 정낭 등의 호칭은 단순히 몸속의 배설물을 배출하는 곳이라는 개념의 명칭으로만 사용되었지만 사찰에서는 해우소라 하여 풀해[解], 근심우[憂], 자리소[所]字를 써서 근심을 덜어내는 장소 즉 사람의 마음을 편하게 해주는 곳이라고도 불렀다. 양택서 『팔택명경』에서는 "화장실은 더러운 것이 나오도록 하는 데 쓰이는 곳이며 집에서 흉한 방향의 기운을 눌러 흉신이 밖으로 나오지 못하게 함으로써 복을 누리도록 하는데 큰 효험이 있다."라고 기록하고 있다.

그래서 집의 풍수적 길흉을 살필 때도 화장실이 대문과 달리 흉방에 배치되어 있는지를 먼저 살펴보아야 한다. 또한 집의 중심부에서 보아 艮[북동], 坤[남서]방은 귀문방이라 하여 물이나 부정한 것을 꺼리기 때문에 욕실은 그 방위에 위치해서도 안 된다. 특히 艮[북동]방은 겨울에 찬바람이 들고 햇볕이 안 들어 습기가 많이 차는 방위로 음의 기운이 가득한 곳이다. 그리고 화장실은 현관문과 부엌, 안방과도 정면으로 보여서는 안 된다. 근래 들어 화장실의 개념도 과거와 달리 세면대, 욕조 등의 시설을 함께 사용함으로써 물을 많이 사용하기 때문에 명칭도 욕실로 바뀌었고 이곳은 항상 습기가 많다. 화장실의 습기는 음의 기운이 강해서 샤워나 목욕 후에는 반드시 제거해 주어야 한다. 습할 때는 안쪽의 창문을 열어 환기시키고 창문이 없는 곳에서는 내부의 환풍구를 켜서 습기 찬 공기를 배출시켜야 한다. 현대식 주택에서 화장실은 집안 내부에서 필수 공간으로 중요한 한 분야를 차지하기 때문에 화장실 풍수 인테리어야말로 매우 중요한 요소다. 특히 화장실은 집안에서도 흉방에 배치하기에 그곳의 나쁜 음기를 잘 다스리는 것이 목적이다. 우리가 흔히 상갓집에 다녀올 때 대문 입구에서 나쁜 액운이 같이 따라 들어오지 못하게 소금을 뿌리는 경우를 가끔 목격할 수가 있다. 이와 마찬가지로 화장실 내부에도 작은 종지 그릇에 약간(2~3스푼)의 소금을 담아두면 나쁜 액운을 물리친다고 한다. 강렬한 햇볕으로 만들어진 소금은 양의 기운이 가득하여 음의 기운이 충만한 화장실에 두면 음양의 기운을 조절해 준다. 정기적으로(3개월) 갈아주면 소금의 결정이 좋은 에너지를 발산하고 방습, 탈취에도 도움이 되며 이 결정체가 나쁜 음의 기운을 물리친다고 한다. 최장 3개월간 사용한 소금은 다른 용도로 쓰지 않고 변기나 세면대의 물로 흘려보낸다.

344. 욕실의 인테리어 풍수 ㊦

지난주 연재에서 집 내부에서 화장실의 위치와 흉한 기운의 제살법(制殺法)에 대해 설명하였고 이번 주는 내부 인테리어와 올바른 사용법에 대해 알아보자. 먼저 화장실의 문은 항시 닫아두어야 한다. 현대식 화장실은 수(水)의 기운이 왕성한 장소로 가족의 금전운이나 건강운에 큰 영향을 미친다. 또한 화장실 공기 중에는 오물 냄새와 독가스가 포함되어 있고 물이 많아 공기가 습하기도 하다. 따라서 문을 열 때마다 좋지 못한 음의 기운이 밖으로 나와 집안의 양기를 억제한다. 욕실에서 물을 사용한 후에는 창문을 열고 환풍구를 틀어 습기를 제거하고 욕조 안에 물을 받아두는 것은 많은 양(量)의 음기를 불러오기 때문에 즉시 사용하던지 불 필요시 보관하지 말고 바로 버려야 한다. 흐르는 물은 기포가 생겨 산소가 공급되나 고인 물은 썩기 마련이다. 배수구에 머리카락이나 다른 이물질이 끼어 배수가 시원치 않으면 여기서도 많은 흉한 기운을 만들어낸다.

수건은 항상 보송보송하게 말리고 비누는 좋은 것으로 사용하라. 물기가 있어 습한 수건에서는 나쁜 기운이 발생한다. 수건의 색은 흰 것이 가장 좋지만, 옅은 색상이라면 어떤 색이라도 크게 문제 될 것 없다. 변기 뚜껑은 항상 닫아두어야 그곳에서 나오는 음의 기운이 차단된다. 그리고 풍수에서는 건물도 하나의 유기체로 보기 때문에 수세식 변소의 출입문을 사람의 입으로, 변기를 항문으로 본다. 인테리어풍수에서는 변기 뚜껑이 계속 열려있다는 것은 기운이 계속 빠져나가고 특히 변기 속에는 물이 채워져 있으므로 재물이 빠져나가는 것으로 해석한다. 풍수에서 물은 곧 재물이다. 그리고 욕실의 조명은 밝아야 한다. 흔히 욕실은 조명을 어둡게 하는 경향이 있는데 이것은 풍수적으로 아주 잘못된 방법이다. 욕실은 집안 어디에 위치해 있어도 흉한 음의 기운이 강한 곳이기 때문에 좋은 기운을 만들기 위해서는 밝고 환한 조명이 필수조건이다. 많은 습기로 인한 음의 기운을 밝은 불빛으로 제압하여 음양의 조화를 이루게 하여야 한다. 그렇다고 고인 물이 반사될 정도로 너무 밝은 것보다는 책을 읽을 수 있을 정도의 조명이면 적당하다.

또한 화장실의 조명을 색깔 있는 것으로 하는 경우가 있는데 이것은 오히려 음기를 상승시키므로 좋지 않다. 만약 창문이 없어 햇볕이 들어올 수가 없다면 할로겐램프보다 자연광에 가까운 백열등이 좋다. 음의 기운이 강한 욕실의 타일은 흰색이나 베이지색 계통의 밝은색이 좋으며 어두운 색깔로 하게 되면 흉한 기운을 더 불러들이게 되어 식솔들의 건강운이 나빠진다. 욕실용품은 붉은색 계열이 좋으며 화장실 안에 작은 화분을 놓아두면 음기가 정화되어 길하다. 화장실 문은 그곳의 나쁜 기운이 스며든다하여 안방, 부엌, 현관문과 마주하지 말아야 하고 잠잘 때도 안방의 화장실 쪽으로 머리를 두지 마라. 그리고 문이 밖으로 열리게 되면 문을 열 때마다 안쪽의 습하고 나쁜 기운이 집 안쪽으로 빠져나오기 때문에 안쪽으로 열리는 것이 좋다. 화장실은 반드시 슬리퍼를 사용하고 슬리퍼는 다른 곳의 기운과 섞이지 않게 따로 사용하여야 한다.

345. 아이 방의 인테리어 풍수 ㊤

아이의 공부방이야말로 한 집안의 장래를 결정하는 중요한 공간으로써 무엇보다 부모의 신경이 집중되는 곳이다. 이곳은 단순히 잠을 자는 곳이 아니라 아이들의 놀이와 탐구를 동시에 하는 복합적 공간이다. 이 공간은 유치원 어린아이부터 대학생까지 계층이 다양하다 보니 연령과 성별 그리고 개인의 취향에 맞추어 인테리어를 해주어야 성적 향상과 더불어 건강한 생활을 할 수가 있다.

햇볕은 방으로 들어오면 밖으로 나가려는 성향이 강해져 오히려 정신을 집중시키는 데 방해가 되므로 북동쪽의 방을 아이 방으로 정하는 것이 좋다고 한다. 그러나 일반적으로 여러 가지 방법들이 사용되어지고 있다. 성별에 따라 남자아이는 기운이 왕성한 동쪽, 여자아이는 차분한 기운의 서쪽에 있는 방으로 하는 것이 좋고, 성품에 따라 활발하지 않고 예술적 재능을 보이면 집 중심부에서 남쪽에, 성장이 더디고 의욕이 없는 아이라면 동쪽에, 여리고 약하다면 현관에서 가장 먼 곳의 방을 선택하기도 한다. 수험생 가정의 경우 차분한 북서쪽을 권유하기도 하며, 방향과 상관없이 현관과 제일 가까운 좌측의 방이 침착하고 주도면밀한 기가 작용하는 곳이라 하여 성별과 성품의 구분없이 이곳을 아이 공부방으로 많이 이용하기도 한다. 또한 낙서 구궁도에 의한 가족 분방의 원칙에 따라 거실의 중심점에서 봤을 때 장남은 동쪽, 차남은 북동쪽과 북쪽, 맏딸은 동남쪽, 차녀는 남쪽과 서쪽의 방을 정하기도 한다.

아이 방에서 제일 중요한 책상과 침대의 위치는 출입문을 기준으로 동·서사택 이론으로 보아 길방에 정하는 것이 기본이다. 이때 방이 좁아 침대나 책상이 다른 사택과 겹칠 경우는 중요한 부위가 출입문과 같은 사택에 오게 한다. 침대의 경우는 머리 부분, 책상의 경우는 의자를 놓는 자리가 출입문과 같은 사택의 궁위에 오게 한다. 이렇듯 성별, 연령, 성품에 따라 방의 위치와 인테리어 방식도 각각 다르게 꾸며져야 건강한 생활과 성적향상에 도움이 된다. 아이 방은 크기가 작으면서도 책과 장난감 등 정리할 물건이 많은 인테리어 사각지대로 신경이 많이 쓰이는 분야이다.

아이 방의 창문은 작은 것이 좋다. 창문이 크면 밖을 바라보는 횟수가 많아지고 바깥 구경거리에 심취해 여행 등 다른 잡다한 생각으로 공부하는데 집중력이 떨어진다. 큰 창문이라면 벽지의 색상과 같은 계열의 커튼을 달아서 눈에 띄지 않게 해주고 빛을 적당히 가려 아이의 심리적 안정에 도움을 주는 것이 공부의 집중력에 많은 도움이 된다. 아이 방은 너무 넓지 않아야 한다. 너무 넓은 방은 고립심을 키워 아이를 외롭게 만들뿐 아니라 학교나 사회생활에서 대인관계가 원만하지 못하여 무슨 일을 할 때 자신감을 상실하게 한다. 간혹 아이의 공부를 위한답시고 자녀에게 안방을 내어 주고 부부가 작은방을 쓰는 경우가 있는데 이것은 서로 대립하게 되어 자식과의 다툼이 많아지고 금전운도 점점 줄어든다. 그러나 부모가 65세 이상이고 자식이 30세 이상이거나 결혼을 하게 되면 상관이 없다. 풍수에서는 아이 방의 크기를 가로, 세로, 높이가 각각 3m 전후의 약 3평 정도가 알맞다고 본다.

346. 아이 방의 인테리어 풍수 ㊦

지난주 연재에서 아이 공부방의 위치와 크기, 방 안 창문에 대해 설명하였고 이번 주에는 공부방의 책상과 침대의 위치 및 조명 등에 대해 알아보자. 먼저 책상은 일반적으로 출입문과의 대각선 방향이 좋다. 출입문을 등진 모습은 집중력에는 약간의 도움이 될지 모르나 편협한 인격 형성으로 좋지 않다는 경우와 집중력을 이유로 방문을 등진 방향이 좋다는 등 의견이 양분되어 있다. 그러나 풍수에서는 출입구와 대각선 방향이 방안에서 기운이 가장 왕성한 곳으로 보기 때문에 여기서 앞면 혹은 옆면이 출입구 쪽을 향하게 하고 방안의 창문도 책상의 옆면에 오게 하는 것이 좋다. 창문을 정면으로 바라보면 바깥 구경으로 인해 공부에 집중력이 떨어지며, 등지고 앉는 것은 배수진(背水陣)의 형식이 되므로 풍수 원칙에 어긋난다. 그러나 공부방에서 창문을 통해 아름다운 산이 보인다면 산 쪽으로 책상을 배치하는 것도 괜찮다. 풍수에서는 '산관인정(山管人丁)'이라 하여 산은 사람을 관장한다고 하였기에 주변 산세가 음양으로 나에게 미치는 영향은 매우 크다. 책상의 색깔은 단색의 나무 색깔이 좋으며 위에는 유리는 깔지 않고 사용하는 것이 좋다. 철재책상이나 책장이 붙어있는 책상도 좋지 않다. 풍수에서는 벽을 산으로, 창을 물로 보기 때문에 의자는 배산임수의 원칙에 따라 뒤에 뭔가 의지할 곳이 있어야 심리적으로 안정감이 있다. 그러나 벽에 바짝 붙이는 것은 좁은 공간에 틀어박힌 느낌이 들어 공부에 집중력이 떨어진다고 한다. 의자의 종류는 바퀴가 달린 회전의자 보다는 좀 딱딱하더라도 바퀴가 없는 안정된 의자가 공부 집중에 도움이 된다.

공부방에서 중요한 건 침대와 책상이다. 책상은 침대와 마주 보지 않아야 한다. 침대와 마주 보게 되면 공부를 하다가도 눕고 싶은 마음이 저절로 생기기 때문에 일부러 없애는 경우도 많다. 침대와 책상은 출입문을 기준으로 하여 동·서사택 이론에 따른 길방에 위치하여야 좋은 기운을 받아 피로감이 줄어들고, 책장과 수납장 등은 흉방이라도 상관없다. 만약 방이 좁아 침대나 책상이 두 방위를 동시에 차지한다면 침대에 머리를 두는 곳과 책상의 의자 위치를 출입문과 같은(同) 사택에 오도록 배치한다. 지나치게 화려한 가구나 소품은 집중력을 분산시켜 공부에 방해가 된다. 아이의 공부방은 무엇보다 정리 정돈이 우선이다. 책을 가로로 쌓아두거나 책꽂이에 거꾸로 꽂아두지 마라. 방안에 책이 어지럽게 널려 있거나 책꽂이에 책이 거꾸로 꽂혀 있든지 책을 가로로 쌓아둔다든지 잡다한 물건이 공부방에 나뒹구는 것은 방안에 탁한 기운을 모이게 하는 원인이 된다. 방안의 조명은 천장의 기본 등 외에 책상 위에 탁상 등을 두면 공부에 한층 더 집중력을 높일 수 있다. 그러나 너무 밝은 조명은 아이의 집중력을 분산시킨다. 컴퓨터는 책상 밑이나 침대의 발치에 두어 소음과 전자파로부터 멀리하고 아이가 집에 없을 때는 방문을 열어두라. 사람이 없는 공간에 문이 닫혀 있으면 기의 흐름은 정지되기 때문에 문을 열어 나쁜 기운을 불러내고 새로운 기운이 유입될 수 있도록 하여야 한다.

347. 인테리어 풍수의 지혜

첫째, 풍수 인테리어의 기본은 청결이다. 풍수 인테리어의 기본은 집안을 항상 깨끗하게 유지하는 것. 더럽고 복잡한 공간에는 나쁜 기운이 쌓이게 되므로 청소와 정리 정돈을 생활화해야 한다. 아무리 예쁜 액세서리로 장식하고 좋은 가구를 궁합이 맞는 위치에 배치해도 깨끗하지 못하면 아무 소용이 없다. 특히 모서리 같은 곳에 잡다한 물건이 마구 쌓여 있으면 나쁜 기운이 같이 모이게 되므로 치워야 한다. 풍수에서는 청소만 잘해도 집안에 복이 들어온다고 하였으니 더럽고 복잡한 공간에는 좋은 기운이 만들어지지 않는다. 그리고 집안의 坤(서북: 어머니) 방위와 巽(동남: 장녀) 방위를 깨끗이 정리하면 고부간의 관계도 좋아진다고 하였다. 양택 고서 『황제택경』에서도 집안이 항상 깨끗하여 양기가 왕성한 집은 귀신이 침입할 수가 없고 지저분하여 음기가 왕성한 집은 사람이 상한다고 하였다.

둘째, 쓰지 않는 물건은 과감하게 버린다. 인테리어풍수란 심리적으로 가장 안정감을 느낄 수 있는 공간창조 작업이다. 조금 빈 듯한 여유 있는 공간이 많아야 기의 소통이 원활하다. 쓰지 않는 물건을 아까워 버리지 못하고 장기간 쌓아두게 되면 그 공간에는 나쁜 기운도 같이 쌓이게 된다. 생활에 필요한 물건이라면 깔끔하게 정리해 수납하고 몇 년이고 처박아두고 있는 물건은 버려야 한다. 수납해둔 물건도 오랫동안 햇빛을 받지 못하면 집안에 음습한 기운을 만들어낸다. 풍수에서는 물건에 따라 약 2~3년이란 기간이 지났는데도 한 번도 사용하지 않는 물건이라면 버리는 것이 좋다고 규정한다. 그러므로 2~3년 이상 손이 가지 않는 소품이나 옷, 신발 기타 물건들은 과감하게 버려야 한다. 집안에 공기를 환원시키듯 사용하지 않는 오래된 물건들은 버려야 새 물건이 들어올 수 있다. 특히 낡은 가구나 깨지거나 고장 난 물건은 재물운을 저하시킨다. 풍수에서는 낡고 오래된 물건은 생기를 빼앗아 가는 것으로 여겨 운을 떨어뜨리는 원인으로 본다. 그리고 문 주변에 잡다한 가구나 장식물을 많이 놓아두면 안쪽으로의 공기 유통과 밝은 빛이 들어오는 것을 막아 집안 내부에는 늘 음의 기운만 가득하게 된다. 집안에는 빈공간이 많을수록 기의 흐름이 원활하여 건강한 생활을 보장받을 수가 있다. 풍수인테리어란 채우는 것이 아니고 비우는 것을 기본으로 하고 있다는 것을 꼭 명심해야 한다.

셋째, 밝은 공간을 유지하고 가급적 천연소재의 물건들로 통일감 있게 배치해야 한다. 집안이 어두우면 기운이 저하되기 쉽다. 가구는 자연광을 가리지 않도록 배치하고 실내조명은 밝게 설치할 것. 또한 플라스틱 같은 인공적인 소재는 제조공법상 불(火)의 기운을 많이 가지고 있기 때문에 지나치게 많이 사용하면 집안에 음양오행의 평형을 깨트려 기운을 하락시킬 수 있으므로 가급적 천연소재의 물품을 사용하는 것이 좋다. '잘 되는 집'을 만들기 위해 가장 중요한 것은 각종 운을 조절하는 일. 가구, 소품 등 풍수에 영향을 미칠 수 있는 모든 사물이 적당한 통일감과 균형, 조화를 이룬다면 그 집은 건강운과 더불어 재물운까지 가득한 복가가 된다.

348. 사무실 인테리어 풍수

일반 사무실을 꾸밀 때는 무엇보다 책상의 배치가 가장 중요하다. 이것은 일반 가정의 공부방에서와 마찬가지로 출입구를 기준으로 하여 동·서사택론에 의한 길방에 배치되어져야 한다. 이때 사무실의 출입문이 대표자의 본명 궁과 상반될 경우에는 중문이나 칸막이를 설치하여 기(氣)가 유입되는 방위를 바꾸어 주면 좋다. 이것은 밖에서 들어온 기가 어느 방위에서 실내 공간 전체로 퍼져 나가느냐가 중요하기 때문이다. 사무실은 책상의 위치에 따라 출세와 좌절 안정과 어려움이 좌우되기에 대표자는 권위를 과시할 수 있는 가장 지배적인 위치에 있어야 한다. 일반적으로 책상의 가장 좋은 풍수 위치는 기본적인 환경에서 우위적인 위치를 선점하는 것부터 비롯된다. 사무실의 중앙에 가까울수록 권위는 약해지고 가장 먼 모퉁이의 영역에 권위가 집중되고 발산된다는 점을 알아야 한다.

일반적으로 책상 위치에서 가장 중요한 것은 첫째, 앉은자리에서 출입문을 볼 수 있어야 한다. 그러나 정면으로 바로 보는 것은 좋지 못하다. 출입문을 등지거나 책상 뒤편에 큰 창문도 배수진(背水陣)의 형식이 되어 좋지 않다. 풍수에서는 벽을 산으로 창을 물로 보기 때문에 풍수 원칙에도 어긋난다. 부득이한 경우는 창문을 커튼이나 블라인드로 어느 정도 가려야 한다. 둘째, 앞사람의 바로 뒤쪽에서 등이 보이도록 일렬종대 배치는 피한다. 아무리 상사라도 등을 노려보고 있으면 앞에 앉은 사람은 뒷사람에게 신경이 쓰이게 마련이다. 얼굴을 마주 보던지 혹은 옆면으로 하여 앉는 것이 좋다. 셋째, 강한 중력이 작용하는 기둥에 책상을 붙이지 않는다. 기둥은 건물을 받쳐주고 있는 곳이다. 책상이나 소파를 기둥에 붙이거나 등지고 있으면 압박감으로 기운을 빼앗기기 때문에 가급적 멀리 떨어져야 한다.

넷째, 컴퓨터의 사용도 문을 향해 앉아서 해야 스트레스로부터 벗어 날 수가 있다. 막힌 벽을 등지고 앉는 것이 제일 안정적이다. 책상 뒤쪽에 가구가 있다면 옆으로 옮기고 벽면에는 풍경화 등의 그림을 걸면 좋다. 다섯째, 동서사택 이론으로 사장실, 전무, 상무 등 주요 임원들과 경리부서 등은 출입문과 같은 길방[同宅]에 배치한다. 특히 경리부서는 동사택에서는 어둡고 수(水)의 기운인 감[坎:북]방. 서사택에선 태[兌:서]방에 두되 가급적 건물 밖의 물을 거스르는 방향으로 계산대나 책상을 두어야 금전운이 좋아진다. 영업사원의 책상이나 기타 가구 등은 사무실 내부에서 중요치 않으므로 흉방[異宅]으로 배치한다. 여섯째, 본인의 뜻과 달리 이동을 하여야 하는 직장인의 사무실이라면 전임자가 누구였느냐에 따라 기운이 달라진다. 전임자가 승진을 한 자라면 좋은 기운을 받을 수 있고, 좌천이나 해고 등 다른 불미스런 일로 이동한 자리라면 좋지 못한 영향을 그대로 이어받을 수 있다. 후자의 경우라면 책상이나 의자를 교체하든지 혹은 자리의 위치변경 등 어떠한 변화를 주는 것이 상책이다. 그리고 사무실에서 사용하는 전화기, 팩스, 컴퓨터, TV 등은 가급적 동쪽에 두도록 한다. 좋은 소식은 동쪽으로부터 들어오기 때문이다.

349. 상가와 식당의 풍수적 조건

상가의 위치는 양택적으로 풍수 원칙에 어느 정도 부합하는 곳에 위치하고 있는지를 살피고 주위의 건물들이 적당한 높이로 사신사 역할을 해 주는지도 확인한다. 특히 장삿집에서는 무엇보다 백호가 좋아야 하는데 이것은 사신사 중에서 백호는 금전(富)운과 연관되기 때문이다. 같은 지역에서 똑같은 업종의 가게가 있어도 어느 집은 손님으로 붐비고 어느 집은 파리만 날리고 있는 것을 가끔 목격하게 된다. 내부 시설이나 주인의 성격 등 뭔가 다른 점도 있겠지만 지기가 뭉친 곳과 그 공간 내부에 형성되는 생기의 영향을 무시할 수는 없다. 그런고로 가게 터를 잡을 때는 사람들의 왕래가 어느 쪽이 많은지 또한 지나가는 사람들이 어디에 서서 머무는 지를 확인하고 그 주위를 선택한다. 그리고 모든 조건을 갖춘 길지에 위치한 건물이라도 가상이 좋아야 한다. 먼저 점포 출입문의 방위 오행이 주인의 명(命)을 상생해주어야 부(富)가 따르게 되고 카운터 역시 동서사택 이론으로 길방에 위치하여야 한다.

장사가 안되는 가게에서 출입문을 바꾸자 손님이 늘어나는 경우를 종종 볼 수가 있다. 상가와 점포는 도로에 접해진 상점의 경우 앞면이 넓은 직사각형보다는 안으로 깊숙이 들어간 직사각형의 매장이 수입 면에서 훨씬 더 유리하다. 흔히 옆으로 넓은 상점이 더 많은 진열장을 확보하기 때문에 장사가 잘될 것이라 생각하지만 지나가던 행인이 도로변에 있는 상점의 진열된 상품을 보고 상점 안으로 들어가자마자 안쪽의 벽에 가로막히는 느낌과 바깥쪽의 오가는 사람들에게 시선을 빼앗기게 된다. 그리고 안쪽이 좁아 새로운 구경거리도 별로 없으므로 곧장 나오게 된다. 반면 안으로 깊숙하게 들어가 있는 상점은 출입구는 좁지만 안쪽에 들어서면 바깥의 분주한 모습도 보이지 않고 밖에서 보지 못한 뭔가 새로운 구경거리가 많아 자연적으로 오래 머물게 되고 물건구매에만 신경 쓰게 된다. 풍수 이론상으로도 앞면이 넓고 내부의 깊이가 얕으면 밖에서 들어온 기운이 머물 공간이 없어 점포 내부에는 항상 생기가 부족하지만 앞면이 좁고 내부가 깊으면 바깥의 기운이 점포 안에 들어와 생기가 오래토록 머무르기 때문이다.

일반건물이나 빌딩에서 사무실이나 점포를 구할 때 주의할 점은 첫째, 터 자체가 양택의 일반적 입지 조건을 갖추고 출입문이 동서사택이론에 합당한지를 보고 주인의 본명 궁과도 상생이 되는지를 따져 본다. 둘째, 높은 건물들 속에 숨겨진 낮은 건물은 압충을 당하고 옆 건물들의 뾰족한 모서리가 내 점포 쪽으로 충을 하지 않는지 잘 살펴라. 셋째, 사무실의 전면이 뒷산을 바라보아 꽉 막히면 발전이 없고 건물의 외부 모양이 불손하고 요철이 심한 건물은 좋지 않으며 사무실 내부에서 보아 북서쪽의 창문은 작아야 한다. 넷째, 가까운 도로나 주변의 물길은 건물을 환포하고 있는지를 살피고 건물 가까이에 고가도로나 큰 도로가 인접하거나 후면에 있으면 안 좋다. 다섯째, 창문으로만 둘러싸인 건물은 아닌지를 본다.[단 보험회사나 자동차 영업 등, 기타 영업용 사무실은 오히려 창문이 많을수록 길(吉)]

350. 상가 점포·식당의 인테리어 풍수

상가나 점포 및 식당의 목적은 수입 창출이 우선이다. 그러기 위해선 계산대나 주요 상품은 출입문을 기준으로 하여 같은 사택 방위에 배치되어져야 한다. 이 말은 출입문의 방위가 동사택이면 동사택(동·동남·남·북) 방위로, 서사택이면 서사택(서·서북·북동·남서) 방위로 배치한다는 것이다. 그러나 아무리 좋은 방위라 해도 출입문과 마주 보이지는 않게 한다. 그리고 한 가게에 두 개 이상의 출입문은 좋지 않다. 한 공간에 출입구가 두 개 이상이면 생기가 한곳에 모이지 않고 흩어진다.

또한 출입문 쪽에 전주나 가로수, 간판 등 장애 시설물들이 있으면 기의 흐름이 방해를 받아 가게 안쪽은 생기가 모이지 않고 탁한 기운이 형성된다. 이러한 곳은 손님의 출입에도 방해를 주지만 문을 막는 가로수는 막을 한(閑)자의 글자에서 보듯이 점포 안으로 들어오는 양기를 막아버린다. 음양으로 구분할 때 건물은 음이고 앞쪽 마당은 양이다. 음과 양이 조화를 이루어야 생기가 모이고 그러한 곳에 사람이 모인다. 내부 공간 배치에 있어서도 귀문방은 가급적 피한다. 귀문방이란 사무실의 중심에서 보아 남서(坤)와 동북(艮)방을 말한다. 음양이 혼합된 귀문방은 매우 예민한 방위로 출입문이나 화장실, 쓰레기 보관 장소, 주방, 보일러실, 하수구 등이 귀문방에 있지 않도록 한다. 좋지 못한 일이 자주 생기고 손재(損財)가 따른다.

공간에 비해 창이 지나치게 크면 좋지 않다. 공간에 비해 지나치게 큰 창문은 양의 기운이 과다해 편안하고 안정된 분위기를 깨뜨린다. 그러나 점포[건물]의 경우 사용 용도에 따라 창문의 많고 적음이 각각 다르다. 백화점의 경우는 창문이 적고 보험회사나 영업용 사무실의 경우는 창문이 많을수록 유리하다. 가게의 천장은 높지 않게 한다. 천장이 높으면 사람이 위압감을 느끼게 되고 안정감이 없어 손님이 오랫동안 머무르기를 꺼린다. 그러나 너무 낮으면 답답하고 사람이 보아 편안하고 아늑한 기분이 들 수 있는 적당한 높이로 한다. 천장은 반듯한 형태가 좋으며 지나친 장식은 손님이 상품에 집중하지 못한다.

영업을 목적으로 하는 식당의 위치는 상가 점포의 조건과 크게 다를 바 없다. 식당의 내부 공간은 크게 주방과 식사하는 홀로 구분된다. 식당에서는 역시 주방이 제일 중요한 기능을 담당하는 곳이라고 할 수 있다. 사람들이 식사하는 홀은 정사각형으로 만드는 것이 좋다. 주방은 홀 형태를 염두에 두고 좋은 방위에 자리 잡아야 한다. 식당이 전체적으로 동사택 방위를 이루고 있으면 주방도 동사택 방위에 두어야 하고, 서사택 방위에 있으면 주방도 서사택 방위에 두어야 한다. 남향 건물의 식당이라면 주방은 북쪽이나 동쪽의 동사택 방위에 배치하고 돈을 받아들이는 계산대도 반드시 길방인 동쪽이나 동남쪽으로 배치하는 것이 좋다. 그러나 화장실은 서사택 방위인 서쪽이나 남서쪽 혹은 서북쪽에 배치하여야 한다. 동향집 식당에서는 주방은 서쪽이 좋고 계산대는 북동쪽이 좋으며 화장실은 북쪽이나 남쪽 혹은 남동쪽이 좋다. 기타의 다른 조건들은 상가 점포의 조건과 같다.

351. 집안의 각종 장식품과 액자

집안의 각종 액세서리는 허한 곳을 보완하기 위해 사용한다. 그러나 집안에 이곳저곳 장식이 너무 많아 지나치게 화려하고 사치스런 집은 좋지 않다. 이것은 기의 소통이 원활하지 못하여 촛불의 마지막 불꽃처럼 기운을 쇠하게 하므로 오히려 흉하다. 특히 지나치게 뾰족하거나 쉽게 깨지는 것, 녹이 잘 스는 것, 흉기 모양의 액세서리, 먼지가 쉽게 달라붙는 것 등은 풍수적으로 좋지 않다. 그리고 대형거울, 골동품, 수석, 공구함, 동물의 박제품, 뻐꾸기시계 등은 액운을 방출시키므로 집안 장식에 있어서 주의를 요한다. 소재의 선택에 있어서도 플라스틱과 같이 인공적인 소재보다는 자연적인 원목 같은 소재를 선택하는 것이 좋다. 거실에 커다란 정원을 꾸미거나 지나치게 큰 수족관이나 비닐로 간이연못을 만드는 것은 극히 피해야 할 사항이다. 집안에 수족관을 설치하면 금전운은 있으나 교제운이 떨어진다. 풍수에서는 물을 부(富)와 연관 지어 해석하지만 물은 항상 맑고 깨끗하여야 금전운이 따른다. 자주 청소를 하지 못해 탁한 오염수를 방치하게 된다면 강한 음기가 방출되어 득(得)보다도 실(失)이 클 수가 있으니 주의를 요한다. 부득이 설치를 해야 한다면 동쪽이나 동남쪽에 설치를 하되 물을 자주 갈아주어 맑고 깨끗함을 유지하여야 한다.

침실 벽에는 되도록 못 자국을 내지 말 것. 우리나라 구전 중에 '집에 못질 자국을 막으면 집 나간 자식이 돌아온다.' 란 말이 있을 정도로 벽면은 자식에게 영향을 미친다. 침실의 못 자국은 일제 치하 전국의 명산에 쇠말뚝을 박는 원리와 같아 기의 소통에 상당한 악영향을 미친다. 시계나 액자 등도 가급적 줄이고, 꼭 필요한 한 두 개만 건다. 인물화나 추상화는 좋은 기운을 얻을 수 없으므로 가급적 피한다. 반대로 어느 방향에 걸어도 행운의 힘을 부르는 것은 꽃 그림이다. 또한 행복한 모습의 가족사진 역시 풍수로 볼 때 가장 좋은 아이템으로 현관이나 거실에서 바라볼 수 있는 곳에 걸어두면 좋다. 사진 밑에는 싱싱한 화분을 두어서 생명력 넘치는 식물의 생기가 가족들에게 전달되도록 한다.

특히 방위에 맞는 그림은 집안에 좋은 운을 상승시킨다. 동쪽에는 일출 장면이나 아침 풍경 혹은 어린아이들의 그림, 남쪽에는 넓은 바다나 여름 풍경, 서쪽에는 석양이나 저녁 풍경 혹은 가을의 풍경이나 열매가 익어가는 그림, 북쪽에는 대평원이나 설경 혹은 산이 그려진 그림을 걸어두는 것이 좋으나 산은 금전운과 재운에 영향을 미치므로 험한 바위산이 그려진 그림은 가급적 피한다. 집안 벽에 거는 액자는 용이나 호랑이 같은 큰 동물보다는 피어나는 꽃나무 그림이 좋고 활짝 핀 꽃 보다는 피기 직전의 작은 꽃봉오리가 있는 그림이 좋다. 액자를 걸 때는 액자마다 높이를 달리하는 것이 액자의 역동감으로 기의 흐름을 원활하게 하여 자연의 왕성한 기운이 집안으로 흘러 들어오게 한다. 사진을 걸 때도 부부 침실에는 부부 사진만을 두는 것이 좋으며 아이와 함께 찍은 사진이나 가족사진은 거실에 두는 편이 좋다. 그리고 그림을 벽에 장식할 때는 액자에 끼워서 거는 것이 풍수적으로 길하다.

352. 집안의 꽃과 화분

가정집이나 사무실 어디를 가나 한두 개의 관상용 화분은 다 갖고 있다. 이것은 풍수적으로 아주 좋은 현상으로 집안에 제철 꽃을 꽂아두기만 해도 온 식구가 건강해지고 행운이 들어온다고 한다. 식물은 나쁜 기운을 정화해주고 산소를 공급하며 생명의 기운을 사람의 몸에 불어넣어 준다. 그러므로 집안의 적재적소에 다양한 화분을 배치해 둔다는 것은 기의 흐름을 돕고 나쁜 공기를 없애준다. 나쁜 기운을 막아주거나 정화 시켜주는 화분이야말로 인테리어풍수의 필수조건이다. 단, 시든 꽃이나 분재, 죽은 식물을 그대로 방치하면 음의 기운이 방출되므로 좋지 않다.

드라이플라워(dry flower)도 마찬가지로 풍수에서는 죽은 기운을 내뿜기 때문에 매우 흉하다. 건강운을 좋게 하려면 방향에 상관없이 생명력이 강한 들꽃으로 장식하라. 여행지에서도 들꽃을 꺾어서 작은 컵에 꽂아 머리맡에 두면 다음 날 몸이 가뿐해지는 것을 느낄 수 있다. 향기가 좋은 꽃을 놓거나 꽃 그림을 걸어두면 애정운과 따뜻한 양의 기운이 상승해 집안이 행복하고 모든 식구가 건강한 삶을 살 수 있다. 재물운은 서쪽에서 시작된다. 창문이 서쪽으로 있다면 창문 쪽에 커다란 관엽식물이나 붉은색 화분, 혹은 흰색의 꽃을 둔다면 양의 기운을 억제할 수 있어 재물운을 상승시킬 수 있다. 일반적으로 구석진 모서리에 해로운 기운이 정체하므로 꽃을 장식해 나쁜 기운을 해소해 주는 것도 좋은 방법 중 하나다.

그러나 화분이 지나치게 많은 것도 집안의 기운을 사람보다 먼저 빼앗아 가고 사람의 키보다 더 큰 화분이나 나무는 사람의 기운을 오히려 빼앗아 간다. 집안에 둘 관상용 식물의 종류는 가늘고 뾰족한 침엽수 보다는 잎이 크고 넓은 활엽수가 좋다. 그러나 음침한 구석이나 기가 쇠한 흉한 방위에는 오히려 가시가 있는 식물을 놓아두면 나쁜 기운을 누를 수 있다. 이러한 화분들은 좋은 기운을 만들어내어 집안에 재물운과 더불어 평온한 가정을 만들어 준다. 관엽식물 중에서도 잎이 잘 떨어지지 않는 종류를 선택하되 잎이 처진 화분은 운기를 떨어뜨리므로 각별히 관리해야 한다. 침실의 경우 밤에 식물화분에서 나오는 이산화탄소가 걱정된다면 선인장이 좋다. 선인장이나 산세베리아 같이 잎이 두꺼운 다육식물은 낮에는 수분 방출을 최소화하기 위해 기공을 닫고 밤에 열어 대량의 이산화탄소를 흡수하기 때문이다.

선인장류는 빛을 많이 받을수록 이산화탄소 흡수율이 좋아지므로 낮에는 발코니에 내어놓았다가 밤에 침실로 들이면 더욱 효과적이다. 공부방에는 산세베리아나 로즈마리 같은 허브류를 두면 기억력과 집중력에 도움이 되며 발코니에는 빛을 많이 필요로 하는 팔손이나무, 화분에 심은 국화, 허브 등이 좋으며 현관 신발장 위에는 테이블 야자를 올려놓으면 냄새를 줄일 수 있다. 담배 연기흡수에는 네프로네피스 화분이 아주 효과적이다. 이러한 공기 정화 식물들은 특히 새집증후군 예방에도 탁월하다. 화분의 모양은 각진 사각보다 둥근 모양이 좋으며 화(火)의 기운을 갖는 인공플라스틱 소재보다는 토(土)의 기운이 있는 토기의 천연화분이 좋다.

353. 색깔과 방위

색상도 우리에게 주는 고유의 파장이 있다. [빨, 주, 노, 초, 파, 남, 보] 즉 우리가 흔히 무지개 빛으로 알고 있는 이 일곱 가지의 태양광선은 나름의 고유한 파장을 지니고 있는데 이것이 바로 색상의 에너지원이다. 이러한 색의 에너지 파장이 우리의 삶에 영향을 주고 인체 장기의 기능을 증가시키고 면역기능과 자연치유력을 높여준다는 사실을 주목할 필요가 있다. 예를 들어 색상을 빨강, 노랑 등의 너무 밝은 색으로만 집을 꾸민다면 양의 기운이 과다해 음양의 조화가 깨진다. 집을 꾸밀 때는 방위와 목적에 맞추어 적합한 색으로 음양의 조화를 이루도록 해야 집안에 안정된 기운이 형성된다. 부동산에 관계된 기운을 상승시키기 위해서는 방위 오행에 따른 상생(토생금)의 원리로 노란색을 함께 사용하는 것도 좋은 방법이 될 수가 있다. 예를 들어 테이블에 흰색 천을 씌우고 노란 매트를 깔면 보유하고 있는 부동산의 값이 오르는 등 집안에 재운을 상승시켜준다. 서쪽은 결실의 계절, 거둬들이는 계절로서 오행으로는 금(金)에 해당한다. 그래서 부(富)를 상징하는 방위이기 때문에 이쪽은 금전운을 높이는 최고의 방위이다. 노란색은 토(土)의 기운이고 서쪽이나 북서쪽의 오행은 금(金)에 해당함으로 (土生金)의 원리에 의한 노란색의 물건이나 액세서리를 장식하면 집안에 금전운이 따른다.

반대로 서쪽의 장식이 풍수 이론과 맞지 않을 경우는 금전운이 그만큼 나빠진다는 사실도 명심할 것. 방위에 맞는 색깔이 있듯이 사람의 성향과 성격에 따라서도 색깔이 달라진다. 일반적으로 아들이면 파란색, 딸이면 분홍색 하는 식의 막연한 선택보다는 개인의 성향이나 기질에 따라 색상을 선택하는 것이 좋다. 예를 들어 아주 활달한 다혈질의 어린이라면 불을 상징하는 붉은색 보다는 이를 차분히 진정시켜줄 수 있는 침착한 기운을 가진 흰색이나 연 노란색을, 반대로 어둡고 우울하거나 혼자 있는 것을 좋아하는 조용한 성격의 어린이라면 좀 밝고 화려한 색상으로 벽지나 가구, 소품들을 선택하여 인테리어를 해주는 것이 성장하는 어린이들의 성격 형성에 많은 도움이 될 것이다. 옷이나 개인의 소지품도 마찬가지다.

그다음 질병이 생겼을 때도 부족한 기운을 색의 기운으로 보충하면 치유에 많은 도움이 된다. 예를 들어 신장이 나쁜 사람은 검정색, 신장은 오행으로 물(水)이고 수(水)의 기운은 검정색이다. 심장과 눈은 화(火)로써 붉은색, 위장은 토(土)로써 황색, 폐(肺)는 금(金)의 기운으로써 백색, 간(肝)은 목(木)으로써 청색에 속하므로 각자 질병에 맞는 색깔의 옷이나 소지품을 사용한다. 또한 오행을 기준으로 하여 방위에 따라 정해진 색깔로 집안 내부를 인테리어 하기도 한다. 특히 서양에서는 방위에 따라 오행에 맞는 색상을 선택하여 인테리어의 조화를 이루고 있다고 한다. 집안 중심에서 보아 목(木)의 기운인 동쪽방향은 푸른색(녹색) 계통으로 도배하고, 금(金)의 기운인 서쪽은 흰색 계통, 화(火)의 기운인 남쪽은 핑크색(붉은색) 계통, 수(水)의 기운인 북쪽은 회(흑)색 계통으로 도배하는 것이 방위에 따른 기운과 합당하다.

354. 본인의 사주四柱와 색깔

풍수에서는 본인의 사주팔자를 보아 자기에게 필요한 색깔을 선택하여 인테리어에 참고하기도 한다. 이것은 본인이 타고난 팔자[八字]의 간지[干支]에서 목·화·토·금·수 오행의 비율을 보고 판단하여야 하는바, 명리학에서는 너무 많은 것도 금물이요 모자라도 좋지 않다고 보기 때문에 자신이 타고난 사주팔자(四柱八字)를 분석하여 사주를 도와주는 색깔로 벽지나 커튼, 가구 등을 선택하면 길하다. 사주(四柱)란 년주(年柱), 월주(月柱), 일주(一柱), 시주(時柱)의 네 기둥을 말하는데 사주(四柱)의 여덟 글자에 대한 오행의 색깔을 보고 부족한 색깔을 보충하던지 어느 특정한 오행이 지나치게 많아 운을 나쁘게 한다면 이를 제압(相剋)하는 색깔을 선택하기도 한다. 또한 일주(日柱)는 자신을 뜻하기 때문에 일주만의 색깔로 유리하게 선택하기도 한다. 그리고 자신의 생년 본명 궁에 맞추어 팔괘 색깔을 이용해야 한다는 이론도 많다. 예를 들어 1960년(庚子)생 남자의 경우 본명 궁이 손목(巽木)이므로 녹색 계통의 색깔을 이용하던가 목(木)을 상생해주는 수(水) 계통의 검은색을 이용하면 본인의 건강에 많은 도움이 된다는 것이다. 1985년(乙丑)생 남자의 경우 본명 궁이 건금(乾金)이므로 흰색 계통의 색깔을 이용하던가 금(金)을 상생해주는 토(土) 계통의 황색을 이용하면 본인의 건강에 많은 도움이 된다는 것이다.

인테리어 풍수에서 색상이란 방위에 따라, 사람의 성품에 따라, 성별에 따라, 연령에 따라, 환자일 경우 질환에 따라, 본인이 타고난 운명에 따라 등 이외에도 다양하게 사용되어지고 있다. 의복의 선택에서도 노인은 어두운색의 옷보다는 밝은색으로 치장을 해야 생활에 활기를 불어넣어 준다. 색의 종류가 많듯이 그것이 우리에게 주는 파장도 무궁하다. 그냥 멋을 내기 위해서 혹은 생활의 편리를 위해서라기보다는 방향과 위치 그리고 어떤 목적에 따라 맞는 색을 선택함으로써 건강과 재물운을 불러와 인테리어 풍수의 목적에도 부합하게 된다. 예를 들어 본명 궁이 남자는 태(兌)궁, 여자는 간(艮)궁인 부부가 있다. 둘 사이는 [兌男艮女]로 연년(延年)이라 길하다. 침실을 꾸밈에 있어 화목한 기운을 증대시키려면 태(兌)궁의 [금]氣와 간(艮)궁의 [토]氣는 [토생금]으로 상생이다. 이 경우는 [토]氣를 강화시켜 남자의 기운을 더 상승시켜주면 좋다. 그리고 방의 벽지는 아이보리색으로 하고 침대보는 황토색으로, 커튼은 노란색 그리고 흙으로 만든 도자기 그릇을 사용하는 것이 좋다는 것이다.

일반적으로는 집안의 벽지를 선택할 때 위에는 가벼운 느낌으로 하고 밑으로 내려올수록 무거운 느낌이 들어야 안전감이 있다. 통상적으로 천장의 색깔은 엷은 흰색을 사용하고 가운데 벽지는 천장보다도 조금 더 진한 것으로, 바닥의 색깔은 천장이나 벽지보다도 더 진한 색깔을 선택해야 한다. 이것은 천장의 색깔은 하늘을 의미하므로 가벼운 느낌이 들어야 하고 바닥의 색깔은 땅을 의미하므로 무거워야 하며 벽의 색상은 사람을 의미한다. 색깔의 선택에 있어서 만약 이와 반대되는 현상이면 집안사람들은 매사에 실패가 많아지고 모든 일에 굴곡이 생긴다고 한다.

355. 이귀문裏鬼門 방위

집 방위 중에서 반드시 피해야 할 방위가 이귀문 방위다. 이귀문 방위는 말 그대로 귀신이 출입하는 흉한 방위로 집의 거실 가운데서 보아 동북과 남서를 연결하는 대각선 방위다. 흔히 동북쪽인 간(艮)방을 표귀문(表鬼門), 남서쪽인 곤(坤)방을 이귀문(裏鬼門) 방이라 한다. 기운이란 색깔과 맛, 냄새도 없어 감지해낼 수 없지만 바다에도 보이지 않는 난류와 한류가 있고 우리의 몸속에 흐르는 혈액도 동맥과 정맥이 있듯이 우리가 살고있는 공간에도 음기와 양기가 흐르고 있다. 간(艮:북동)방은 음이 가장 많은 북쪽(坎) 방에서 점차 양의 기운으로 변하는 방위이고, 곤(坤:남서)방은 양이 가장 많은 남쪽(離) 방에서 점차 음의 기운으로 변화하는 방위이다. 음양의 기운이 변할 때는 외부의 침입이나 영향에 매우 취약하다. 계절이 변하는 환절기 때 사람이 병에 쉽게 걸리는 것도 기운이 갑자기 변하기 때문이다.

시간적으로 보아도 사람이 하루 중 가장 깊은 잠에 빠져들고 감기에 걸리기 쉬운 시간이 간(艮)궁이 시작되는 축[丑:01~03]시다. 사람이 활동하는 낮에는 기(氣)가 충만하기 때문에 어지간한 외부 기의 침범은 모두 방어해낼 수 있다. 하지만 수면 중에는 모든 기를 내려놓고 가사(假死) 상태에 빠지기 때문에 외부의 기운에 무방비상태가 된다. 감기의 경우에도 낮에는 괜찮다가 주로 자고 일어났을 때 걸려있다. 이것 역시 새벽 시간대인 축[丑:01~03]시를 전후해 많이 걸린다는 것이다. 통계에 의하면 각종 사고를 제외한 자연사의 경우 사망 시간의 70%가 축(丑:1~3)시와 인[寅:3~5]시 사이라고 한다. 그리고 사람이 활동하는 일과 중에는 가장 나른하고 피로를 느끼는 시간이 곤(坤)궁이 시작되는 미(未:13~15)시고 중식 후 식곤증으로 졸음이 제일 많이 오는 시간대이다. 시간과 마찬가지로 방위도 북동(艮)과 남서(坤)에서 음양이 바뀌므로 인간에게 민감한 영향을 준다. 만약 이 방향에 청결하지 않은 시설물이 있다면 다른 방위에 비해 화(禍)가 훨씬 크다. 이 때문에 옛사람들은 귀신이 드나드는 방위라는 뜻으로 귀문방이라 하였다.

귀문방을 좀 더 정확하게 구분하면 패철 상에 계축(癸丑:북동)의 중심과 정미(丁未:남서)의 중심을 연결하는 방위를 말한다. 방위상으로 계(癸)와 축(丑)은 동기(東氣)와 서기(西氣)의 한계선이다. 즉 임자계(壬子癸)까지는 동기가 흐르는 방위고, 축간인(丑艮寅)부터는 서기가 흐르는 방위다. 또 정미(丁未) 방위도 정(丁) 방위는 병오정(丙午丁)의 동기가 흐르는 동사택 마지막 방위이고, 미(未) 방위부터는 서기가 흐르는 서사택 방위다. 동기와 서기는 서로 화합하지 않는 기운이므로 흉한 방위가 되는 것이다. 이귀문 방위를 피하기 위해서는 집이나 건물의 중심축을 이귀문 방위에 두지 말아야 하며 이 방위는 귀신이 출입하는 흉한 방위라 하여 대문도 내지 않는다. 물을 많이 사용하는 부엌과 화장실도 가급적 피하고 집안에서 이쪽 방향에는 쓰레기도 두지 말아야 한다. 그러므로 귀문방에는 집안 전체에 나쁜 기운이 퍼지지 않도록 항상 깨끗하고 청결하게 유지하여야 한다.

356. 기운氣運이란?

풍수지리는 원래 동양과학의 근본이라 할 수 있는 주역의 원리로 하늘과 땅의 기운인 천기(天氣)와 지기(地氣)를 연구하는 학문이다. 여기서 천기란 하늘에서 내려주는 햇볕(溫氣), 바람(空氣), 빗물(水氣) 등을 말하고 지기란 말 그대로 땅(흙)속에 존재하는 기운을 말한다. 그러나 기운이란 것이 원래 눈에도 보이지 않고 손으로 만져지지도 않으며 오직 직감으로만 느껴볼 수 있기 때문에 누구나 선뜻 믿으려고 하지 않는다. 그렇지만 우주공간에는 분명 기운이란 것이 존재하고 지구상의 모든 생명체가 이러한 기운들을 섭취하여 생명을 유지해 나가고 있다. 그런데 햇볕과 바람, 물 등의 천기는 보이거나 만질 수는 없어도 어떤 것인지 인간의 머리속으로, 가슴속으로 대략 느낌이라도 오지만 땅(흙)속의 지기는 아무 느낌조차 없다. 그러나 이른 봄에 어떤 씨앗이나 묘목을 흙 속에 묻으면 쑥쑥 자라 오르는 것을 볼 수가 있어 흙에도 분명 기운이란 것이 존재한다는 것을 알 수 있다. 이러한 기운들이 만약 형체가 있어 눈으로 식별이 가능하다거나 촉감으로라도 느낄 수가 있다면 풍수의 모든 이론들은 소용이 없다 할 정도로 기운을 찾아낸다는 것은 풍수학문의 중요 핵심이다. 태초부터 조물주는 지구상의 모든 동·식물들의 생명 유지에 필요한 기운들을 눈에 띄지 않게 창조해 놓았다. 만약 기운이란 것이 어떤 형체가 있어 인간이 감지해 낼 수 있는 물질이라면 힘 있는 자와 가진 자의 전유물이 되어버리기 때문에 지구상의 모든 생명체들에게는 치명적인 문제점이 발생할 수가 있다.

예를 들어 우리가 매일 마시는 공기가 눈에 보이는 물체라면 신선하고 깨끗한 공기를 서로 많이 확보하느라 경쟁이 치열해질 것이고, 하늘에서 내려주는 따뜻한 햇볕(온기) 역시 각자 필요한 만큼 확보하느라 난리법석을 떨게 될 것이다. 또한 식물들을 자라게 하는 땅(흙)속의 지기도 모든 생명체들의 욕구로 똑같은 현상이 일어나게 된다. 물의 경우 공기 중에 존재하는 입자(H_2O)는 눈에 띄지 않지만 대량의 물은 식별이 가능하다. 그렇기 때문에 세계 오지의 물 부족국가에서는 물 1리터를 구하기 위해 10리, 20리를 걸어 어렵게 구해오는 모습을 종종 볼 수가 있다. 그러나 아무리 물이 부족한 국가라도 돈 있고 힘 있는 자들은 쉽게 구할 수가 있어 인간 생활에 불평등을 초래한다. 현실이 이러하다 보니 지구상의 모든 생명체들이 필요한 만큼 누구나 골고루 가질 수 있도록 조물주가 눈에 띄지 않게 만들어 놓았다는 것이다. 풍수가에서는 이러한 기운들을 찾아내기 위해 지속적인 연구를 해 나가고 있지만 이것은 인간 생활에서 영원한 숙제로 남아 있을 것이다. 이와 같이 우리의 일상생활에서는 아직 과학적으로 규명해내지 못한 기이한 현상들이 너무나 많다. 지금까지는 기운이란 것은 우주공간에 골고루 존재하지만 주변의 산세(山勢)나 수세(水勢) 그리고 지질의 형태에 따라 그 분포도가 많은 차이가 난다는 정도로 알려져 있다. 그래서 풍수가들은 땅의 길흉을 살피게 되는 것이고 어떻게 하면 생기 충만한 땅을 구하여 그 활력으로 건강한 삶을 영위해 나갈 수 있을까 하는 것이 풍수지리의 목적이기도 하다.

357. 현공풍수 이론 ㊤

풍수에서는 땅을 감별하는 방법이 크게 둘로 나누어진다. 하나는 산천의 형세를 육안으로만 보고 지기가 많이 모여 있는 곳을 가늠하는 형기학이고 다른 하나는 방위와 시간 등 음양오행의 원리를 이용하여 길을 추구하는 이기학이 있다. 여기서 이기학은 좌향론을 비롯하여 패철 사용법 그리고 다양한 수법 등 복잡 난해한 것들이 많기 때문에 이해가 쉽지 않아 형기학만 고집하는 풍수가들이 간혹 있다. 그러나 풍수에서는 형기학의 중요성이 무엇보다도 강조되지만 주역의 원리를 이용하여 자연의 이치를 규명해 놓은 이기학 역시 형기학 못지않게 중요하다는 것을 명심하여야 한다. 이기 풍수가 어렵다고 하여 형기학에만 치우치다 보면 좋은 혈처를 두고도 그 이유를 설명할 수가 없게 된다. 우주 속의 자연현상은 어디까지나 일정한 법칙이 있고 이것이 인간 생활에 많은 영향을 끼쳐왔음은 부인할 수 없는 사실이다. 동양과학의 근본 뿌리인 주역에는 팔괘와 음양오행의 원리를 이용하여 천지 현상과 인간관계에 대한 온갖 이 법을 규명해놓고 있다. 이것은 우주 만물의 모든 이치가 음양의 조화로 이루어져 있기 때문이고 이러한 음양오행을 기초로 하여 자연의 이치를 규명해놓은 이기학을 배제한 채 풍수에 대한 길흉의 전부를 판단한다는 것은 자칫 좋은 길지를 흉지로 만들어버릴 수가 있다.

현공풍수(玄空風水)는 주역의 낙서 구궁도에 의한 원리를 이용하여 천지의 기운에 대한 길흉을 살피는 학문이다. 이 이론은 당나라 양균송이 창안하였으며 그 이론이 너무나 정확하여 외부에 알려지는 것을 꺼려한 나머지 특별한 사제지간에만 비밀리에 전수해왔던 학문이였다고 한다. 이것은 『청낭오어[青囊奧語]』, 『천옥경[天玉經]』, 『도천보조경[都天寶照經]』 등의 책에 실려 있으나 원문이 워낙 난해하여 접근이 쉽지 않았고 청나라 초기에 이르러 장대홍(1616~1700)이 여기에 주를 달아 쉽게 풀이한 『지리변정[地理辯正]』이 발간되면서 활성화되었다. 지금은 전 세계적으로 확산추세에 있으며 대만을 비롯한 홍콩, 일본, 말레이지아 등지에서는 이기 풍수의 꽃으로 불리우며 많이 애용하고 있다. 우리나라에 보급된 것은 20여 년도 채 못 되어 그 역사가 매우 짧지만 요즘 들어 많은 풍수 학인들이 관심을 갖는 풍수학문의 한 분야로 앞으로 풍수적 길흉 분석에 많이 사용되어 질것으로 본다.

현공학은 하도와 낙서를 기본원리로 하여 만들어진 학문으로 주역 설괘전의 이론을 더욱 발전시킨 이론이라 활역경[活易經]이라고도 부른다. 이것은 좌향에 따라 시운[時運]이 달라지는 것이 주안점이다. 따라서 시간과 공간을 적절하게 조화시키는 학문으로 기존의 풍수 학설과는 개념이 약간 다르다. 이 이론은 세상에 영원한 것은 없는 것이며 만물은 항상 변화한다는 진리를 바탕으로 하고 있다. 그래서 아무리 혈증이 확실한 명당 길지라도 후손들에게 불행이 오는 것은 시기가 적합하지 않기 때문으로 해석한다. 그러므로 어느 공간이든 시간의 지배를 받고 있기 때문에 시간에 따라 길지가 흉지로 또는 흉지가 길지로 변할 수도 있다는 이론이다.

358. 현공풍수 이론 ㊦

현공풍수(玄空風水)에서는 사람의 운명이 매년 혹은 10년 단위로 바뀌듯 지운(地運)도 20년 단위로 움직이고 있다고 판단한다. 이러한 지운은 총 9개의 지운이 반복되면서 180년 단위로 전체 순환 주기를 가지고 있다. 또한 180년을 3개 원으로 구분하여 첫 번째 60년을 상원(上元), 두 번째 60년을 중원(中元), 마지막 세 번째 60년을 하원(下元)으로 하여 삼원으로 구분한다. 그래서 현공풍수를 삼원현공풍수 라고도 하며 근래 들어 대만을 비롯한 여러 나라에서 음·양택의 길흉 분석에 많이 사용하고 있다. 현공풍수는 동일한 장소에서 동일한 환경이라도 방위는 다를 수 있고 방위가 달라짐에 따라 시운(時運)도 달라지기 때문에 길흉이 달라진다는 이론이다. 어떤 구조물[건물, 묘소, 나무, 돌]도 없고 높낮이도 동일한 평지에서는 우주의 기본원소인 기(氣)가 통일이 되어 동일하지만 구조물을 세우게 되면 기의 변화가 발생한다. 대지 위에 건물이 지어지면 건물 중앙에는 천심(天心)이 형성되고 건물 내에는 방위가 생기므로 통일적 기(氣)는 방위적 기로 변한다.

즉 평지에서는 방위적 기가 없었으나 건물이 지어지면 방위적 기(氣)가 생기는데 양택 현공풍수는 정지된 기와 유행되는 기가 공간과 방위 그리고 시간에 따라 대립과 통일을 반복하는 동안 기가 어떻게 변화하는가를 나타낸다. 이것은 건물 내 기는 천심(天心)을 비롯해 9궁으로 구성되는 통일성을 지니고 통일된 기는 건물 좌향에 따라 다르게 변화하는 방향성을 가진다. 그러므로 같은 지면 위에 형성된 기도 시간에 따라 다르게 발생하고 또 다르게 변화하니 이웃한 건물이 같은 방향으로 지어져 있어도 지어진 시간이 다르면 다른 기(氣)를 가지게 된다. 이것을 건물 내의 기(氣)는 시간과 좌향에 따라 변하는 시운성(時運性)이 있다고 설명한다.

또 천지에 운행하는 기(氣)는 비록 눈에는 보이지 않으나 사람이 어떤 환경에서 오래 살면 자기도 모르게 그 기(氣)의 지배를 받는 것으로 설명한다. 그 결과 양택 현공풍수는 건물의 좌향과 지어진 시간을 두 축으로 삼아 건물 안에 형성된 기의 길하고 흉함을 9개의 공간으로 구분해 판단하는 방법이다. 기의 변화는 우주 만물이 존재하는 한 영원히 그치지 않을 것이므로 천지사방에 골고루 미쳐 우주 만물에 변화와 영향을 준다. 현공풍수의 시간적 요소는 삼원구운(三元九運)에 의해 운수(運數)가 정해진다. 삼원에는 상원(上元), 중원(中元), 하원(下元)이 있고, 각 원마다 20년씩 3개의 운(運)이 들어있다. 그리고 상원에는 1운, 2운, 3운이 속해있어 총 60년이고, 중원에도 4운, 5운, 6운이 속해있어 60년이 되고, 하원 역시 7운, 8운, 9운이 속해있어 60년이다. 이러하여 총 9개의 지운이 반복되면서 180년 단위로 전체 순환 주기를 가지고 있다. 60갑자의 간지 기년의 원년은 기원전 2697년의 갑자년을 기원으로 삼고 이것을 황제 원년이라 부른다. 지난 1983년(癸亥)까지 78번의 일원갑자(一元甲子:60년)가 지나갔고 현재는 1984년부터 2043년까지는 79번째의 갑자 기년에 속해있으며 그중에서도 2024년부터 2043년까지는 9운에 속한다.

359. 풍수 연재를 마치면서...

필자의 풍수 여정 중 경북신문, 경북 동부신문, 대경 일보 그리고 울산 매일신문, 경주 서라벌 신문과 함께한 약 9년이란 기간은 풍수 학인으로서 큰 행운이었다. 첫 회는 2016년 1월이고 마지막이 2024년 12월이니 약 9년이란 기간이 흘렀으며 회수로는 359회를 연재하였다. 먼저 이 기간 동안 신문사의 귀중한 지면을 할애해주신 사장님 이하 여러 관계자분들께 정중히 감사의 말씀을 드린다. 지나고 보니 연재 기간 중 애독자들로부터 재미있고 유익한 글이라는 칭찬도 있었고, 풍수에 관한 궁금한 문의도 많았으나 오류 지적이나 큰 시비의 풍수 논쟁은 거의 없었다. 필자는 풍수란 학문이 원래 시중에서 자칭 도사, 고수들이 많아 시비꺼리가 생길 것으로 예상하고 여기에 대비해 대응할 논리적 근거를 갖고 글을 쓰면서도 늘 긴장을 늦추지 않았다. 풍수 학인으로서 일반 애독자를 기준하여 풍수 글을 쓴다는 것이 참 애매하였다. 너무 쉽게 풀어 쓰면 풍수 학문을 아주 가벼운 학문이나 재미를 유발하는 만담꺼리로 만들어버리기 쉽고, 그렇다고 너무 어렵게 쓰면 흥미를 잃어 쳐다보지도 않기 때문이다. 필자 역시 두 마리 토끼를 다 잡을 수 없었기에 흥미를 잃은 글에 대해서는 늦었지만 애독자 여러분들께 양해를 구하는 바이다.

풍수는 우리나라에서 과거 고려와 조선시대를 합쳐 약 1천 년 동안이나 공인된 학문이었지만 구한말 서구문물의 유입과 일제강점기에 접어들면서 잠시 제도권 밖으로 밀려나기도 했다. 그러나 풍수는 우리의 오랜 전통문화 학문이고 실생활에 밀접한 관계가 있었기에 그 명맥은 계속 이어져 왔고, 근래 들어서는 오히려 풍수를 현대의 지리학과 자연과학에 접목시켜 한 단계 더 진일보된 학문으로 발돋움하고자 많은 노력을 기울이고 있다. 이렇게 오랜 전통을 가진 풍수 학문이 일반인들에게 그냥 재미를 유발하는 이야기나 만담 꺼리가 되어서는 안 되고 하루빨리 제도권 내로 들어와 인간 생활에 꼭 필요한 학문의 한 분야로 정착 되어져야 한다. 일부에서는 풍수가 현재의 대학 지리학과에 포함되는 것이 아니냐는 문의도 있으나 풍수는 어디까지나 땅의 길흉을 살피는 것이 목적이다. 현대의 지리학에서는 땅을 단순한 광물질로만 취급하여 그냥 인간의 생활 터전이고 사람이 살아가는데 필요한 재화 생산의 장 정도로만 간주한다. 그러나 풍수지리는 땅(흙)속에 무한한 생명 에너지(地氣)가 있어 만물을 키워내는 활력이 있다고 보고 이 활력의 후박(厚薄) 정도가 인간의 길흉화복에 절대적인 영향을 미친다고 생각한다. 좋은 땅에 심어진 나무가 무성하게 잘 자라 좋은 열매를 맺듯이 인간 역시 좋은 땅에 집을 짓거나 묘소를 쓰게 되면 그곳의 좋은 기운으로 건강과 행복을 만끽할 수 있다는 것이다. 그래서 풍수가들은 오랜 기간 땅의 길흉을 살펴왔고 앞으로도 계속적인 연구로 인간 생활에 이바지하고자 노력할 것이다.

끝으로 저의 글을 애독해주신 모든 독자 제위께 한 번 더 감사의 말씀을 드리고 다음에 또 기회가 주어진다면 더 유익한 글로 보답할 것을 약속드린다. 그리고 풍수학문의 저변확대에 도움을 주신 신문사의 무궁한 발전과 행운을 빌며 연재를 위한 그간의 노고에 진심으로 감사를 드린다.

참고문헌

1. 國內 著書 및 論文

경주최씨 교동 종친회, 『교동의 얼』, 대보사, 1988.
고재희, 정통 『풍수지리 교과서』 ①~④권, 문예마당, 2009.
곽박 著, 최창조 譯, 『錦囊經·靑烏經』, 민음사, 1993.
郭璞 著, 허찬구 譯, 『葬書譯註』, 比峰出版社, 2005.
김두규, 『風水學 辭典』, 比峰出版社, 2005.
卜應天 著, 申坪 譯, 『古典風水學 雪心賦』, 관음출판사, 1997.
徐善繼·徐善述 著, 김동규 譯, 『人子須知』, 명문당, 2008.
서유규 著, 안대희 譯, 『산수간에 집을 짓고』, 돌베개, 2005.
성재권, 『성재권의 풀어쓰는 풍수』, 한림인쇄사, 2007.
신광주, 『風水地理學 原典』, 「2권」, 한국자연지리학회, 1994.
신평 著, 『新 羅經硏究』, 동학사, 1996.
심호 著, 허찬구 譯, 『地學』, 2001.
楊均松 著, 김두규 譯, 『撼龍經·疑龍經』, 比峰出版社, 2009.
楊三烈, 「慶州 崔富者 家門의 陰·陽宅 風水立地分析」, 大邱가톨릭大 博士學位論文, 2018.
楊三烈, 『風水地理總論』, 도서출판 둥근네모, 2003.
楊三烈, 『風水地理陽宅總論』, 도서출판 둥근네모, 2003.
이규원, 『大韓民國 明堂』, 글로세움 출판사, 2009.
李載永, 「朝鮮王陵의 風水地理的 解釋과 計量的 分析硏究」, 東方大學院大學校 博士學位論文, 2009.
이중환 著, 이민수 譯, 『擇里志』, 平和出版社, 2005.
이화리, 「교리최부자 이야기」, 『경주문화논총』, 10, 2004.
一然 著, 金元中 옮김, 『三國遺事』, 을류문화사, 2002.
張龍得, 『明堂論』,南榮文化社, 1980.
鄭景衍, 『正統風水地理』, 평단, 2003.
조용헌, 『5백년 내력의 명문가 이야기』, 푸른역사, 2002.
조정동 著, 김경훈 譯, 『陽宅三要』, 자연과 삶, 2003.
조정동 著, 신평 譯, 『地理五訣』, 동학사 ,1993.
조철재, 「교촌최씨가의 가계형성과 경제적 기반」, 『경주문화논총』, 10, 2007.
채성우 著, 김두규 譯, 『明山論』, 比峰出版社, 2004.
천인호, 『風水地理學 硏究』, 한국학술정보(주), 2012.
村山智順 著, 崔吉城 옮김, 『朝鮮의 風水』, 민음사, 1991.

최창조, 『한국의 자생풍수』, Ⅰ, Ⅱ, 민음사, 1997.
최창조, 『좋은 땅이란 어디를 말함인가』, 서해문집, 1993.

2. 風水 古典

『林園經濟志』
『青烏經』
『琢玉斧』
『八宅明鏡』
『黃帝宅經』

기타

정경연의 풍수 기행
김두규 교수의 국운풍수
https://blog.naver.com/pulenamu/221503426330
http://news.chosun.com/site/data/html_dir/2012/12/07/2012120701487.html
https://blog.naver.com/baksj15/220380242785
https://m.blog.naver.com/kappy33/220201497520

★ 선비정신으로 충만한 조선의 8대 명당

1. 신숭겸 장군의 묘 - (강원도 춘천시)
2. 광산김씨 김극뉴의 묘 - (전북 순창군)
3. 안동김씨 김번의 묘 - (경기도 남양주시)
4. 청주한씨 중시조 한란의 묘 - (충북 청원군)
5. 동래정씨 시조 정문도의 묘 - (부산시 부산진구)
6. 동래정씨 중시조 정사의 묘 - (경북 예천군)
7. 광주이씨 시조 이당의 묘 - (경북 영천시)
8. 고령신씨 시조 신성용의 묘 - (경북 고령군)
9. 반남박씨 시조 박응주의 묘 - (전남 나주시)
10. 김인백의 처 안동권씨의 묘 - (경기도 의왕시)
11. 윤관 장군의 묘 - (경기도 파주시)
12. 세종대왕 영릉 - (경기도 여주시)
13. 풍양조씨 시조 조맹의 묘 - (경기도 남양주시)
14. 대구서씨 서성의 묘 - (경기도 포천시)
15. 흥선대원군의 부친 남연군의 묘 - (충남 예산군)
16. 안동권씨 권민수의 묘 - (경북 상주시)
17. 밀양박씨 박침의 처 밀산 박씨의 묘 - (전남 완주군)
18. 포은 정몽주와 저헌 이석형의 묘 - (경기도 용인시)
19. 선산공 이정의 묘 - (경북 안동시)
20. 함양박씨 박기림의 묘- (전북 임실군)

조선의 8대 명당은 풍수인들마다 각기 다르게 정하기도 하지만 일반적으로 상기의 (1~8) 번까지를 조선의 8대 명당으로 꼽고 있다. 그러나 요즈음은 20대 명당이라 하여 상기의 (1-20) 번에 속하는 묘를 조선조의 대표적인 명당으로 보고 있다. 이 외에도 충북 음성군의 안동권씨 권근, 권제, 권람의 3代 묘를 비롯한 경북 김천시 구성면의 연안이씨 이말정의 묘 등 전국 각지에 수 많은 명당 길지가 있지만 풍수인들이 가장 많이 찾아가는 간산(看山) 장소가 바로 상기의 묘소들이다.

양삼열의

재미있는 풍수 이야기

풍수 이론과 더불어 전국 길지 답산 록

1판1쇄 2025년 3월 20일

저자 양삼열
발행인 이경화

발행처 디자인21
주소 04560 서울특별시 중구 퇴계로 293-1 3층
전화 02-2269-6561(대)
팩스 02-2269-6568
이메일 21publish@naver.com
블로그 https://blog.naver.com/publish21
인스타 https://www.instagram.com/21publish.co.kr
홈페이지 https://21publish.co.kr

등록번호 제1-1128호
등록일자 1991.2.12

ISBN 978-89-6131-171-7 03180

정가 28,000원